L'audition dans le chaos

Laurent VERGNON

David AUBEL
Marie-Claude LACOMBE-SCOZZARO
Jean-François LANGUMIER

Illustrations : Sébastien VERGNON

Préface de Lionel COLLET

L'audition dans le chaos

avec la collaboration de :

Paul AVAN, Pascal BOULUD, Samir DHOUIB, Pierre ELBAZ,
Pierre LAFFOLÉ, Xavier PERROT, Marc PREVEL, Jean-Luc PUEL

ELSEVIER
MASSON

ISBN 978-2-294-70440-6

Elsevier Masson SAS – 62, rue Camille-Desmoulins – 92130 Issy-les-Moulineaux

À Nicole…

AUTEURS

David Aubel
Audioprothésiste
Audicornéa SAS
Enghien-les-Bains

Paul Avan
Laboratoire de Biophysique
Faculté de Médecine
Clermont-Ferrand

Pascal Boulud
Siemens Audiologie
Saint-Denis

Lionel Collet
Service d'Audiologie et Explorations Orofaciales
UMR 5020 CNRS – Université Lyon 1
Centre Hospitalier Lyon-Sud
Pierre-Bénite

Samir Dhouib
Service d'ORL et de Chirurgie Cervico-Faciale
Hôpital Simone Veil
Groupement hospitalier Eaubonne-Montmorency
Eaubonne

Pierre Elbaz
Service d'ORL
Fondation A. de Rothschild
Paris

Marie-Claude Lacombe-Scozzaro
Orthophoniste
Argenteuil

Pierre Laffolé
Ancien ORL praticien hospitalier
Service d'ORL et de Chirurgie Cervico-Faciale
Hôpital Simone Veil
Groupement hospitalier Eaubonne-Montmorency
Eaubonne

Ancien directeur d'enseignement
Faculté de médecine Lariboisière Saint-Louis
Paris

Jean-François Langumier
Ancien chef de service d'imagerie médicale
Hôpital Simone Veil
Groupement hospitalier Eaubonne-Montmorency
Eaubonne

Xavier Perrot
Service d'Audiologie et Explorations Orofaciales
UMR 5020 CNRS – Université Lyon 1
Centre Hospitalier Lyon-Sud
Pierre-Bénite

Marc Prevel
Service des Urgences
Centre Hospitalier de Saint-Denis
Saint-Denis

Jean-Luc Puel
INSERM UMR 583 – Université de Montpellier
Hôpital Saint-Eloi
Montpellier

Laurent Vergnon
Ancien chef de service d'ORL
et de Chirurgie Cervico-Faciale
Hôpital Simone Veil
Groupement hospitalier Eaubonne-Montmorency
Eaubonne

Ancien directeur d'enseignement
Faculté de médecine Lariboisière Saint-Louis
Paris

Sébastien Vergnon
Infographiste
Paris

Préface

Curieux paradoxe que ce livre qui vise à « montrer l'audition » au travers d'une remarquable iconographie, et à rapprocher chaos et organe de la perception mélodique ! Ouvrage original sur l'audition puisqu'il ne se résume pas à la description des structures et des mécanismes sous-jacents.

Développer l'hypothèse du chaos en lien avec l'audition aurait été audacieux lors des dernières décennies, mais comme le rappellent les auteurs, l'appropriation de la théorie du chaos par de nombreux champs disciplinaires (des mathématiques aux sciences économiques) justifie son étude dans les mécanismes princeps de la perception auditive.

Au-delà des aspects fondamentaux clairement explicités, ce livre, en rapprochant le chaos de l'audition trouve sa place dans le courant des recherches auditives « écologiques » où la condition de laboratoire perd sa référence au profit de situations environnementales. Même si le « la » du violon est un son pur, l'environnement soumet l'oreille à des sons complexes et l'audition à des situations d'écoute compétitive. Mais le chaos n'exclut pas la théorisation et donc la recherche d'une certaine logique sous-jacente (« régulation ») que les auteurs de ce livre argumentent avec brio en s'éloignant du simplisme.

La richesse de ce livre repose aussi sur d'authentiques vertus pédagogiques au travers des chapitres dédiés à l'anatomie fonctionnelle des voies auditives (depuis la périphérie jusqu'au cortex, en ne restreignant pas ce dernier au cortex auditif), à la presbyacousie et à la suppléance fonctionnelle instrumentale ou non. Les références et les encarts « en quelques lignes » à la fin de chaque chapitre traduisent l'effort de synthèse des auteurs.

Les auteurs ont produit un ouvrage, d'une grande originalité, destiné à tous ceux qui souhaitent comprendre l'audition.

Lionel COLLET

Professeur des universités – Praticien hospitalier

Remerciements

Au Docteur Catherine BISMUTH pour l'aide compétente et efficace qu'elle nous a apportée dans la rédaction de ce livre. On ne commence pas un si long travail sans avoir la certitude d'être soutenu et aidé. La pertinence de ses critiques nous a été d'un grand profit.

À Sophie COFFOUENIC pour son dévouement et sa patience sans limite dans la correction des épreuves.

À Mickaël MENARD pour ses précieux conseils.

Avant-propos

« Pour quoi d'autre que pour satisfaire un besoin qui fut d'abord le nôtre (il n'y a de travail valable qu'à cette condition) et que nous savons être le besoin de beaucoup ? »

Brigitte et Jean MASSIN,
Histoire de la Musique occidentale, Fayard.

Les écrits concernant l'oreille et l'audition sont assez nombreux mais, généralement, ils arrêtent leur description immédiatement après la partie haute du tronc cérébral (le mésencéphale). L'audition va pourtant bien au-delà et quelques lignes ne suffisent pas pour expliquer ce que deviennent les influx correspondants aux sons perçus et à leur interprétation. Il nous a semblé intéressant d'aller au-delà de cette limite, au demeurant très artificielle et de suivre le devenir des ondes sonores perçues, jusqu'au plus profond du cerveau, jusqu'au plus complexe, au plus intime de leur utilisation.

Bien sûr, nous n'allons pas rester purement descriptifs en suivant ces influx auditifs et nous tâcherons de montrer comment, pour ce qui concerne l'audition, on peut améliorer sa construction après la naissance, comment on peut prévenir sa dégradation tout au long de la vie et comment on peut compenser sa perte en fonction de son importance et des moyens dont nous disposons aujourd'hui (aides auditives et rééducation orthophonique).

L'audition est avec la vision, l'équilibration, le goût, l'olfaction et le tact l'un de nos six sens. L'ouïe est un mécanorécepteur comme le tact et l'équilibration mais il est le plus fin et le plus subtil de tous ces récepteurs. Nous montrerons que le son, qui fait, avec le chaos, l'objet du préambule de cet ouvrage, a besoin, pour être étudié, de faire appel à la théorie dudit chaos. Nous pensons également que les mécanismes de l'audition ne peuvent s'imaginer désormais qu'avec l'apport de cette nouvelle conception du monde qui nous entoure.

L'oreille, en relation avec le système nerveux, assure deux fonctions (l'audition et l'équilibration). Nous n'étudierons que celle qui amplifie et code les vibrations sonores. Le système nerveux gère les influx fournis aux centres auditifs après codage.

La manière dont l'homme exploite les informations qu'il tire des variations de pression qui l'entourent (appelé *son* quand elles entrent dans le champ de réception de l'oreille) est remarquable parce que simple dans sa complexité. Le moindre changement est source d'une analyse et de réponses qui permettent une adaptation adéquate. Conserver cette capacité d'adaptation est une garantie de qualité de vie autant que de survie. L'objectif de cet essai de synthèse est de montrer comment fonctionne l'ouïe depuis sa construction jusqu'à sa dégradation naturelle liée au vieillissement et à quel point elle est sensible à l'environnement. C'est également l'occasion d'expliquer pourquoi et comment il faut l'entretenir pour la conserver et comment on peut y suppléer quand elle s'altère.

Nous envisagerons simultanément l'anatomie et la physiologie des éléments étudiés. Puis, nous traiterons de la naissance, de la vie et de la mort de l'oreille pour finir par la presbyacousie ou vieillissement naturel des organes de l'audition, non sans avoir évoqué tout ce qui peut précipiter cette déficience ou au contraire diminuer ou pallier ses conséquences. Le bon fonctionnement de notre oreille (oreille et fonction) est conditionné par un certain nombre d'éléments : son apparition est liée aux gènes, son développement est lié au *bon usage* qui en est fait (langues maternelle et étrangères, musique, bruits de la vie…), on assure sa préservation en évitant les produits ototoxiques et les traumatismes sonores, l'adaptation de son propriétaire au vieillissement (acceptation, motivation et correction par une aide auditive, apprentissage d'un nouveau regard sur le langage), tous éléments qui devront faire l'objet de nos préoccupations.

L'œuvre vaut quelques efforts, elle est source de bonheur.

Table des matières

PARTIE IV

Organisation du cerveau

PARTIE V

Naissance, vie et mort de l'audition

PARTIE VIII

Un nouveau regard sur le langage

Partie I

Généralités

CHAPITRE 1

Le monde fascinant du chaos

Une manière de penser mieux adaptée à la conception du monde sonore et de l'audition

Nous allons proposer ici d'étudier ou de revoir les sens et tout particulièrement celui de l'audition, sous un aspect inhabituel car placés dans le monde du chaos qui, nous le verrons, est l'environnement dans lequel nous vivons. Le son, sa capture et sa transposition en influx nerveux ne peuvent pas être étudiés (sauf à un niveau basal) sans cette approche holistique qui bouleverse quelque peu nos vieilles habitudes. Au lieu de vous imposer des liens qui ne seraient que le reflet de la compréhension forcément limitée des auteurs, nous vous invitons à garder présent à l'esprit le texte de Marc Prevel qui suit et à élaborer vous-mêmes les liens amenant à une compréhension de l'intérêt que vous pourrez trouver au chaos.

« L'introduction de la théorie du chaos dans le champ de la conscience du praticien, lui impose un changement de paradigme. D'une linéarité cartésienne où une ou plusieurs causes produisaient un ou plusieurs effets, la prise en charge des pathologies et de leur traitement nécessitent le passage à une gestion de l'incertitude et à une adaptation de chaque instant aux modifications des paramètres qui influent sur le "système ouvert" qu'est le "patient". En ce sens l'appréhension de la théorie du chaos ouvre une manière différente de faire le deuil de la maîtrise des paramètres. »

Depuis les origines de l'homme, le chaos est considéré comme une situation mauvaise, faite d'anarchie et de désordre. On ne peut pas vivre dans le chaos, pense-t-on ! Ce n'est que depuis une cinquantaine d'années qu'un petit nombre d'intellectuels a compris que chercher à éliminer le chaos conduisait à éliminer la vie, le réel. Notre volonté d'être cohérent et logique ne menait qu'à rendre le monde incompréhensible.

Pourtant, à ses débuts, dans les années 1960, cette théorie du chaos a connu un véritable succès mais, faute d'être reprise par d'autres, a sombré rapidement dans l'oubli. Elle commence à peine aujourd'hui à renaître de ses cendres. Imaginez donc : les battements des ailes d'un papillon au Brésil pouvaient déclencher une tornade au Texas (Fig. 1.1). Quelle aventure !

Fig. 1.1 – *Allégorie pour le chaos*

Le Chaos déterministe : ces deux mots sont *a priori* contradictoires et pourtant, contre toute attente, quel couple extraordinaire ! Ensemble, ils forment le nom d'une branche entière des mathématiques (statistiques et probabilités), ils sont un nouvel outil aux mains des physiciens, des chimistes, des météorologues, des médecins… et des économistes. Mais, pour comprendre le bien-fondé de cette association étrange, un peu d'histoire des sciences peut être utile.

Rappel historique de la progression de la pensée dans ce domaine

Depuis les travaux d'Isaac Newton (1642-1727), la Science était dominée par le *déterminisme* : moyennant la connaissance des conditions initiales d'un système donné, par exemple les positions et vitesses initiales d'un ensemble d'objets, les scientifiques pensaient pouvoir prédire complètement et précisément le futur du système.

Cette théorie était conforme à la logique aristotélicienne. Un siècle plus tard, Pierre-Simon Laplace (1749-1827), faisant reposer les connaissances sur les seules méthodes physiques et mathématiques, suivait son illustre prédécesseur. Il fut le champion du déterminisme qu'il énonçait ainsi : « si les lois différentielles qui régissent le fonctionnement d'un système sont connues et si les conditions initiales sont données, alors la solution est bien déterminée ». Il affirmait que l'état présent de l'univers permettait en principe de prédire complètement son futur. Cependant, il ajoutait que, lorsque les éléments devenaient trop nombreux (systèmes complexes), le calcul de probabilité devenait nécessaire. Ainsi, le déterminisme ne laissait qu'une petite part au hasard.

Peu de temps après, le « *hasard* » sera défini par le philosophe Antoine-Augustin Cournot (1801-1877) comme un « concours de plusieurs séries de causes indépendantes pour la production d'un événement ». Il est, par définition, imprédictible et il faut utiliser les probabilités pour l'appréhender.

C'est à cette période (1850) que Rudolf Emanuel Clausius (1822-1888) énonça ce qui devint le 2e principe de la thermodynamique. Il introduisit la notion *d'entropie.*

On peut définir cette *entropie* comme la mesure du désordre d'un système ou celle de sa prédictibilité. Ainsi, « dans tout processus chimique, l'entropie reste constante ou augmente et, si elle augmente, le processus est irréversible ». L'irréversibilité s'explique par le fait que le nombre d'états possibles au final est si grand qu'il ne peut y avoir de retour exact à l'état antérieur. Par manque « d'informations » sur la marche des atomes ou des molécules, nous ne pouvons mesurer que le « désordre » du système, c'est-à-dire l'amplitude des variations qui y surviennent. Si nous pouvons dire à un instant donné qu'une situation est plus ordonnée qu'un instant auparavant, nous aurons quantifié, d'une certaine façon, le désordre. C'est l'entropie. Plus il y a de conditions initiales en fonction des contraintes du système, plus le degré de désordre sera élevé.

La quête de Ludwig Boltzmann (1844-1906) a, par la suite, consisté à tenter de comprendre les propriétés des systèmes macroscopiques composant notre monde à partir des propriétés des éléments de sa composition, en se situant à l'échelle atomique (micro-entropie). Or, leur nombre est si important qu'une telle entreprise est absolument impossible ; seules les probabilités et la *loi des grands nombres* permettent une interprétation assez fiable. Cette loi des grands nombres dit que « la fréquence de tirage d'un objet dans un échantillon est d'autant plus proche de la fréquence de cet objet dans l'ensemble sur lequel on a pris l'échantillon, que cet échantillon est grand par rapport à l'ensemble ; plus l'échantillon est grand en regard de l'ensemble, plus il en est représentatif ».

En prenant en compte le temps dans l'étude de ces phénomènes Alexandre Mikaïlovitch Lyapunov (1857-1918), mathématicien russe, introduisit une importante notion dite *temps de Lyapunov* (Fig. 1.2). Ce temps correspond à la durée pour parvenir au moment à partir duquel toute prévision se révèle impossible. La notion de « temps caractéristique » correspond au temps au bout duquel deux mouvements initialement semblables s'écartent notablement. On définira une durée, en tant que *temps de Lyapunov*, comme « le temps qu'il faut à deux mouvements instables initialement proches pour s'écarter notablement l'un de l'autre ».

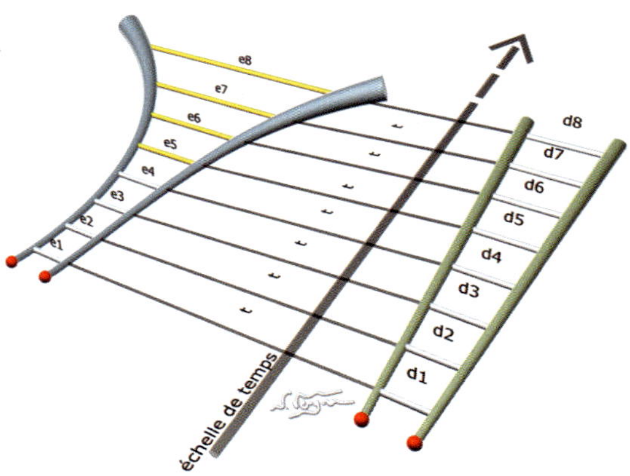

Fig. 1.2 – *Le temps de Lyapunov*

Dès 1876, James Maxwell (1831-1879), qui avait travaillé sur le problème des probabilités avec Boltzmann, disait : « Il est manifeste que l'existence de conditions instables rend impossible la prévision des événements futurs, si notre connaissance de l'état présent est seulement approximative et non exacte ».

En 1905, Henri Poincaré (1854-1912), le cousin du Président Raymond Poincaré, avait soulevé la question du chaos sans y penser vraiment et sans s'y attarder. Ainsi, il a été le premier à montrer que les équations différentielles posées avec trois objets n'avaient pas de solution. En mathématiques, une équation différentielle est une relation entre une ou plusieurs fonctions inconnues et leurs dérivées. L'ordre d'une équation différentielle correspond au degré maximal de différentiation auquel une des fonctions inconnues y a été soumise.

Et cependant les études de Poincaré ont inauguré la *Théorie des Systèmes dynamiques* ainsi que la *Théorie du Chaos*. Il définit pour la première fois la « sensibilité critique aux conditions initiales ». Il a ainsi établi que : « une cause très petite qui nous échappe détermine un effet considérable et alors nous disons que c'est l'effet du hasard [...]. Il peut arriver que de petites différences dans les conditions initiales en engendrent de très grandes dans les phénomènes finaux. La prédiction devient impossible ». Plus tard, cette idée donnera d'autres idées à Edward Lorenz. Nous le verrons.

De son côté (Fig. 1.3), Albert Einstein (1879-1955), bien qu'il ait par culture une tendance à être déterministe, renonce catégoriquement à sa conception fataliste lorsqu'il dit qu'on aura beaucoup de mal à expliquer et à exprimer ce que l'on ressent devant une Symphonie de Beethoven en tant que variation de la pression d'une onde ! Le génie ne se met pas en équation. La théorie du chaos implique l'inverse de la pensée depuis Euclide : ce qui est insignifiant peut avec le temps devenir le principal… tandis que le principal n'a parfois plus aucun intérêt, ni aucune importance.

En 1922, avec la thèse de Louis de Broglie naît la mécanique ondulatoire et apparaissent les bases de la mécanique quantique. Un étrange ordre caché a été révélé par la théorie du chaos.

Si nous introduisons dans l'ordinateur un grand nombre de variations d'équations simples, en affectant une couleur à chaque groupe de chiffres, il apparaît des motifs de base.

Fig. 1.3 – *Albert Einstein*

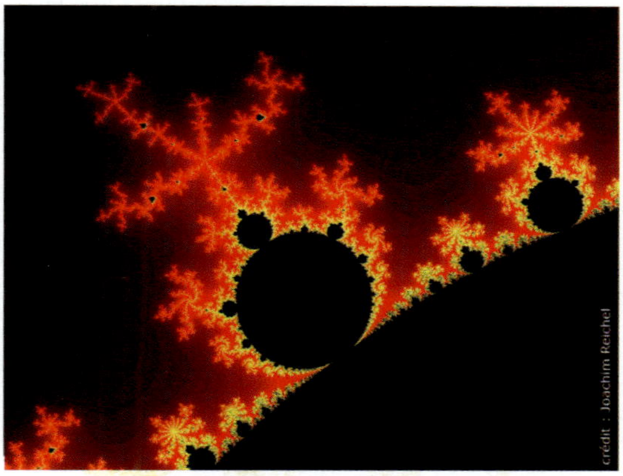

Fig. 1.4 – *Pain d'épice de Mandelbrot*

Le plus célèbre de ces modèles est *l'ensemble de Mandelbrot* (Fig. 1.4). Chaque élément (bonhomme de pain d'épice) est constitué d'éléments que le grossissement révèle être un même bonhomme de pain d'épice qui lui-même à d'autres grossissements contiendra les mêmes bonshommes de pain d'épice (invariant quelle que soit l'échelle). Ces modèles et les bonshommes de pain d'épice semblent illustrer l'infinité et représenter la complexité incroyablement créative et énergétique de la réalité.

On peut rapprocher ce phénomène du Maya. Le Maya est un concept de la philosophie, spéculative védique (Bouddhisme) assez difficile à définir dans des termes simples. Ce serait l'illusion d'un monde physique que notre conscience considèrerait comme la réalité. On peut le voir comme une toile d'illusions à plusieurs niveaux. Plus on pénètre la toile, plus l'illusion devient complexe et enchevêtrée.

Dans le domaine des mathématiques supérieures nous devons dire un mot du *théorème de Gödel* (1906-1978). En des termes simples, il affirme qu'il n'est pas possible de tout savoir sur une situation particulière depuis l'intérieur de cette situation. La démonstration de Gödel est très technique et sa lecture difficile. Son raisonnement rappelle le fameux paradoxe d'Épiménide, qui met en scène le philosophe crétois disant : « Les Crétois ne disent que des mensonges ».

Les deux théorèmes (1931) de Gödel sur l'inconsistance et l'incomplétude de l'arithmétique du premier ordre ont eu des répercussions importantes sur la pensée philosophique moderne. La première conséquence de ces théorèmes est que la *vérité* ne peut pas être exprimée en terme de démontrabilité. Une chose prouvable n'est pas nécessairement vraie et une chose vraie n'est pas toujours prouvable. Beaucoup de philosophes ont pensé le contraire et ont essayé de définir la vérité comme étant égale aux choses démontrables.

Werner Karl Heisenberg (1901-1976) est l'auteur du principe d'incertitude en mécanique quantique. Ce principe d'indétermination montre, par une formule mathématique, que l'on ne peut déterminer avec précision que la position *ou* la vitesse d'une particule mais jamais les deux à la fois. Ce principe se trouve à l'origine du système probabiliste de la mécanique ondulatoire. Il importe de souligner que ce principe ne s'applique à l'origine qu'à l'échelle atomique.

Comment présager de l'avenir lorsque le présent nous échappe ? Les conclusions d'Heisenberg impliquent un affaiblissement du déterminisme puisqu'il est impossible de prédire à la fois la position et la vitesse d'une particule.

Cette incertitude n'est pas sans remettre en question la conception de Laplace, selon laquelle la connaissance de la position et de la vitesse de toutes les particules à un certain moment permettrait la prédiction de leur mouvement ultérieur. Les inégalités d'Heisenberg énoncent en effet que des variables conjuguées comme la position et la vitesse d'une particule, ou l'énergie et la position, ne peuvent être déterminées simultanément. Ces inégalités seront d'ailleurs complétées par Einstein.

La théorie quantique est donc, elle aussi, par essence, *probabiliste*. Tout ceci nous conduit donc à une appréhension plus « statistique » ou « stochastique », du monde : la balle dont nous étudions le mouvement en Terminale a statistiquement x % de chances de tomber là où nous le prédisons, mais pourrait aussi bien tomber un peu moins loin ou un peu plus loin. En effet, il faudrait, pour prédire avec succès cette position d'arrivée, tenir compte précisément des frottements, ce qui est impossible puisque nous ne connaîtrons jamais avec la précision voulue, la composition des molécules de l'air présentes et bien d'autres détails…

Les débuts du chaos

Les débuts de la théorie du chaos sont réputés remonter à Henri Poincaré qui en avait jeté les bases dès 1905. L'Histoire concrétise les faits de manière souvent assez arbitraire et, pour le monde scientifique, les débuts de cette nouvelle science remontent à 1965 et au météorologiste Edward Lorenz (né en 1917). Reprenons donc notre parcours avec lui.

Dans les années 1960, Lorenz travaillait au MIT (*Massachussetts Institute of Technology*) sur les questions de prévisions météorologiques. Il tentait de décrire le plus simplement possible les mouvements de l'air et de l'eau (qui résument la météorologie) par de simples équations. Il pensait que, si ses données étaient précises, il aurait une météo précise, *non approximative*. Un jour, pressé, il voulut reprendre un calcul interrompu en n'introduisant que trois chiffres au lieu de six après la virgule. Le résultat qui, au début, était identique au premier se mit, après quelques heures, à n'avoir plus aucun rapport. Pour lui, il n'envisageait pas qu'une si petite modification puisse avoir de telles conséquences. Or ici, un *petit changement initial* avait entraîné un *énorme changement final*. Rappelons-nous que Poincaré l'avait déjà dit en 1905… Mais notons qu'à cette époque personne ne disposait d'un ordinateur.

Les prévisions à court terme, sur un ou deux jours et sur une petite superficie, sont assez fiables ; en revanche, au-delà de six ou sept jours (temps de Lyapunov), les prévisions deviennent carrément fausses. *Cette limite de la connaissance est incontournable*. Le chaos impose donc une limite fondamentale à notre aptitude à prévoir et pas seulement pour la météorologie. « L'esprit scientifique » des médecins ne devrait pas l'ignorer lorsqu'ils annoncent (souvent à tort) un pronostic…

« Un battement d'aile de papillon au Brésil peut-il déclencher une tornade au Texas ? » fut le titre d'une mémorable conférence de Lorenz en 1972 (Fig. 1.5). Pour les théoriciens du chaos, cette métaphore ne signifie pas désordre mais impossibilité de prévoir quoi que ce soit à long terme du fait du très grand nombre de facteurs incontrôlés régissant tous les systèmes complexes.

Fig. 1.5 – *Le papillon et la spirale d'une tornade*

On peut définir le chaos comme étant : « le mouvement désordonné imprévisible d'un système physique macroscopique, très sensible à la définition des conditions initiales, dépendant d'au moins trois paramètres et régi par une équation différentielle non linéaire ».

Pendant qu'il y était, Lorenz eut l'idée de cet attracteur étrange (Fig. 1.6) où les gouttes d'eau remplissent les wagonnets qui fuient goutte à goutte et font tourner l'ensemble dans un sens puis après un certain temps, non prévisible et *sans apparente raison*, dans l'autre sens…

D'infimes petits changements provoquent des réactions inverses.

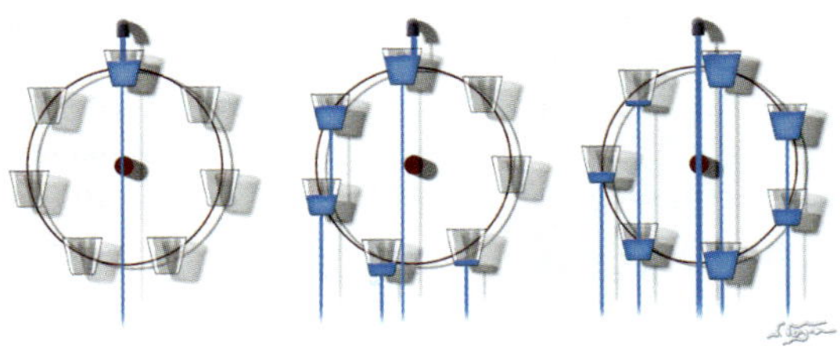

Fig. 1.6 – *La roue hydraulique de Lorenz*

Entrons dans le vif du sujet

Faute de pouvoir prédire les conditions météorologiques, Lorenz rechercha des moyens encore plus simples d'obtenir ce comportement complexe. C'est ainsi qu'il mit au point le premier système chaotique expérimental : « la roue hydraulique de Lorenz » que nous venons de voir et qui peut être décrite par trois équations non linéaires. Pour pouvoir analyser le comportement de son système, il se transporta dans un espace abstrait aux dimensions multiples : une construction mathématique qu'on appelle « l'espace des phases ».

Il constata que la courbe résultante signalait à la fois la présence d'un désordre à l'état pur (aucun point ou groupe de points n'apparaissait deux fois) et celle d'un ordre insoupçonné (la courbe décrivait une sorte de spirale en trois dimensions comme les ailes d'un papillon). Cette double spirale devint célèbre sous le nom d'attracteur de Lorenz. Cette vue tridimensionnelle de l'attracteur de Lorenz est particulièrement bien rendue sur ce diagramme bidimensionnel (Fig. 1.7 et 1.7 *bis*).

Fig. 1.7 – *Diagramme de Lorenz*

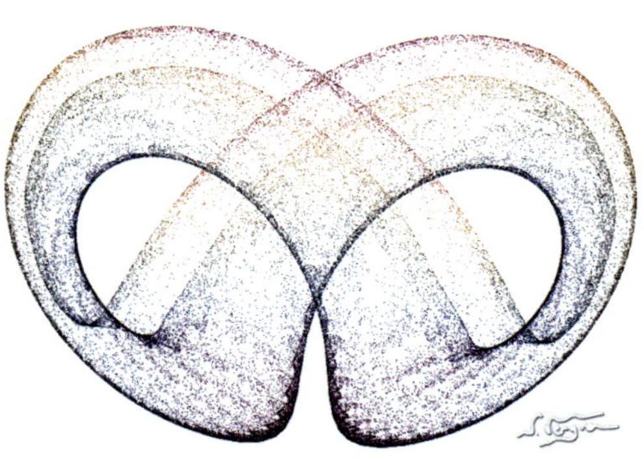

Fig. 1.7 *bis* – *Attracteur de Lorenz (pliures)*

Cet attracteur est stable, de faible dimension et non périodique. Les boucles et les spirales se serrent à l'infini, sans jamais réellement se joindre et sans qu'il n'y ait jamais d'intersection.

Pourtant, elles demeurent à l'intérieur d'un espace fini, dans un cube.

Le physicien mathématicien belge David Ruelle (1935) et le mathématicien hollandais Floris Takens (1940) purent ainsi constater que de nombreux phénomènes, vus jusque-là uniquement comme du désordre, se comportaient en fait comme s'ils étaient guidés par des modèles invisibles sous-jacents : *les attracteurs.*

La théorie du Chaos nomme « attracteur étrange » un phénomène de régulation à l'œuvre derrière l'anarchie apparente du hasard, tendant, par exemple, à diriger la fumée d'une cigarette ou les tourbillons d'un cours d'eau. L'attracteur étrange est une figure qui représente l'ensemble des trajectoires d'un système donné, en proie à un mouvement chaotique. On peut définir l'attracteur étrange comme une carte des états imprévisibles et chaotiques. Il révèle un ordre, une contrainte cachée, un « espace des phases » vers lesquels convergent des phénomènes chaotiques. On pourrait comparer cet « espace des phases » à une vallée dont toutes les eaux ruisselantes convergeraient vers un cours d'eau unique.

Il existe plusieurs sortes d'attracteurs :

- des attracteurs de points stables (représentés par un point d'équilibre sur le diagramme de phases, vers lequel tend le système) ;
- des attracteurs périodiques qui définissent des états du système revenant de manière cyclique ;
- et des attracteurs étranges ou chaotiques qui modélisent des états complexes, non parfaitement prévisibles.

On rencontre d'innombrables exemples de chaos dans notre vie quotidienne. Les trajectoires d'une feuille tombant d'un arbre, des volutes d'une fumée s'élevant dans les airs, d'un objet lancé dans un cours d'eau, en font partie et sont effectivement imprévisibles. D'infimes changements dans la direction initiale entraînent des trajectoires totalement différentes…

Encore un mot sur les attracteurs, pour qu'ils ne soient pas inconsistants et gardent leur caractère « étrange » dans l'esprit de ceux qui y réfléchissent pour la première fois. Lorsqu'on fait glisser une bille dans une cupule, quel que soit le point de départ, elle finira toujours dans le fond de la cupule à son endroit le plus profond. Ce point est un « attracteur » qui représente dans « l'espace des phases » (qu'il ne faut pas confondre avec l'espace à trois dimensions qui nous est enseigné à l'école) l'endroit d'équilibre final, déterminé.

L'espace des phases est constitué de toutes les variables qui peuvent influer sur la trajectoire que l'on étudie (vitesse, aspérités, résistance de l'air, température, gravité, temps…). Cet espace se résume à un point caractérisant l'état du système à un instant donné.

S'il s'agit d'un pendule au lieu de la cupule, c'est-à-dire d'un mouvement périodique entretenu, l'attracteur est double (selon l'impulsion que le pendule reçoit) : à l'opposé du point de départ et à la verticale de la suspension du pendule. On notera que les trajectoires ne passeront jamais exactement au même endroit mais qu'elles restent dans des limites liées à l'ensemble des données dont les variations sont elles-mêmes limitées (longueur du fil, pesanteur, impulsions…).

L'établissement de la trajectoire dans l'espace des phases demande une quantité astronomique de calculs et malgré cela, il subsistera toujours une variable qui n'aura pas été prise en compte d'où l'imprévisibilité des résultats.

Lorsque nous abordons les phénomènes complexes, il semble qu'on ne puisse même plus avoir un attracteur perceptible tellement les chiffres des itérations des fonctions sont exponentiels, imprévisibles, innombrables… Erreur ! C'est ce qu'a remarqué Edward Lorenz avec ses données météorologiques. Il avait beau refaire les calculs en changeant plus ou moins les données, la mise en graphique des trois chiffres à chaque instant dessinait toujours en final une sorte de papillon. La construction était étrange, ne passant jamais par le même point, changeant de direction sans aucune explication (comme au hasard) et pourtant aboutissant à chaque fois à une image identique. C'est la raison pour laquelle Ruelle lui a donné plus tard le nom « d'attracteur étrange ».

Des attracteurs étranges, nous en voyons tous les jours, la forme des vagues, des nuages, des montagnes, des arbres, des animaux, des organes qui nous composent et finalement notre propre forme. Pour prendre un exemple, l'enroulement de la cochlée et l'image fractale d'une spirale sont des attracteurs qui se ressemblent étrangement… (voir plus loin les figures 1.12 et 1.13).

Une dernière remarque avant d'aborder les fractales, tous ces attracteurs répètent indéfiniment leur forme quelle que soit l'échelle. C'est ce qu'on appelle *l'invariant d'échelle* : de l'infiniment petit (molécules et atomes) à l'infiniment grand (système céleste).

Les fractales

Venons-en maintenant au monde de Benoît Mandelbrot (Fig. 1.8). Ce mathématicien français d'origine polonaise, né en 1924, préférait de beaucoup la géométrie à l'arithmétique et à l'algèbre. Ancien normalien, il émigra aux USA. Avec lui on se doit de citer : Julia et Fatou, Scholz, Bamsley, Feigenbaum, Trorke, Lorenz, Hénon, Douady…

Fig. 1.8 – *Benoît Mandelbrot*

Benoît Mandelbrot est parti de l'idée que la géométrie euclidienne ne permettait de traiter que des cas particuliers n'existant pratiquement pas dans la nature.

Les calculs donnaient une très bonne idée d'un cube ou d'une pyramide mais ne valaient rien pour un chou-fleur ou une fougère.

Tout ce qui pouvait être traité avec une idée linéaire avait sa solution mais dès qu'une troisième dimension intervenait, il devenait impossible de se servir des mathématiques. « Aucun des calculs que nous faisions n'était exact et nous devions, en physique, calculer l'erreur ! ». Tout est faux mais le résultat est, dans bon nombre de cas, suffisant pour nous donner une idée « vraie » de ce que nous observons. Malheureusement, la plupart du temps, la complexité de ce qui nous entoure est telle que nous ne trouvons pas de modèle qui nous permette de calculer correctement tout ce qui a trait au monde de l'homme.

La mécanique des fluides, l'électroencéphalogramme, la fréquence des battements cardiaques, les cours de la bourse… ne peuvent pas entrer dans un modèle linéaire.

L'oto-rhino-laryngologiste constate qu'il en est de même pour un audiogramme qui teste des sons purs qui n'existent pas dans la nature. On connaît la perte mais nous n'avons aucun renseignement sur la nature de cette perte et ses conséquences individuelles.

Jusqu'à Mandelbrot on proposait une approche statistique dont la fiabilité était bonne, sans plus. Nous sentions bien le côté approximatif de nos raisonnements mais que faire d'autre ?

Le monde biologique ne pouvant être étudié avec des équations interminables, il fallait bien nous résoudre aux statistiques qui, bien sûr, n'apportaient aucune solution au cas particulier que représente un malade sorti de la multitude…

Avant Mandelbrot, certains avaient bien découvert des particularités mais ces formes originales n'apportaient aucune règle à l'ensemble des problèmes. Sierpensky, Peano, Cantor, Koch, Hilbert (Fig. 1.9) ont chacun contribué à l'édifice. Leurs images ont intrigué, interrogé et posé le problème.

Le flocon de neige du suédois Helge von Koch (1870-1924) permet d'envisager une surface relativement peu augmentée alors que sa périphérie tend vers l'infini, tandis qu'on multiplie les triangles sur chaque côté du premier.

Mandelbrot a tout de suite remarqué que ces images répètent à l'infini le même motif. Il lui a semblé qu'il s'agissait d'une *figure simple* qui se répétait sans fin (invariant d'échelle). Il devait s'agir non pas d'une affaire compliquée mais d'une multitude d'affaires simples. Il avait compris qu'une opération très simple répétée pouvait aboutir à la complexité qu'il observait. Partant de la ligne brisée du triangle de Koch, il dénomma « fractal » (brisé) ce qu'il observait. Pour un chou-fleur, il s'agit de branches qui se divisent en d'autres branches plus

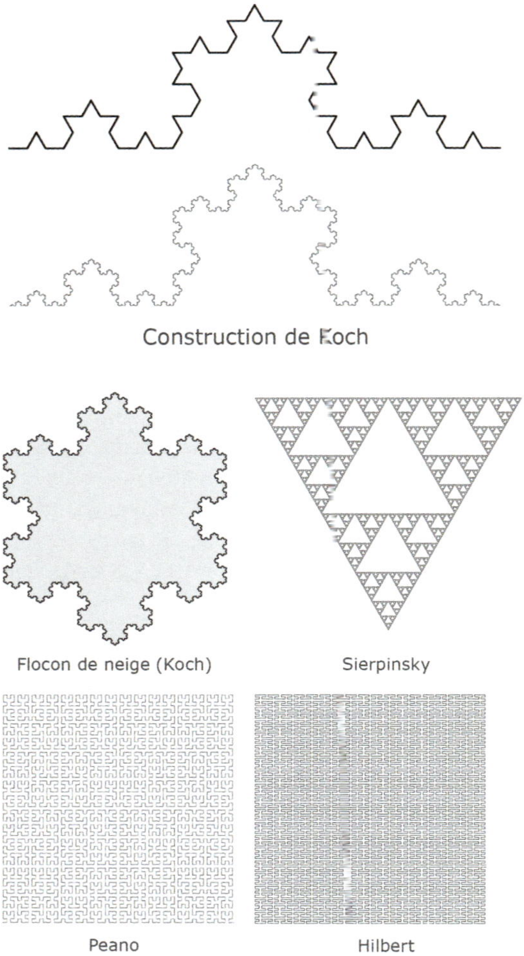

Fig. 1.9 – *Images de Koch, Sierpinsky, Peano et Hilbert*

fines mais le phénomène est le même, pour une fougère aussi. Il avait décrit des « objets fractals » dans une sorte de « géométrie fractale » qu'il venait de nommer.

Il lui fallait un initiateur : la forme initiale et un générateur par itérations (un ordinateur) pour obtenir ces « objets fractals ».

Il comprit alors que la mesure de la côte de Bretagne dépendait, non pas de la côte mais de l'unité de mesure et de l'arpenteur. Si on utilise un mètre, un centimètre ou un nanomètre, la précision de la mesure augmente et la longueur augmente aussi jusqu'à l'infini, comme le triangle de Koch. Pour autant la surface de la Bretagne est pratiquement restée la même.

Pour obtenir son fameux « pain d'épice », le calcul est le suivant :

$$z_1 = z_0^2 + z_0$$
$$z_2 = z_1^2 + z_0$$
$$z_3 = z_2^2 + z_{0...}$$

Si la séquence z_0, z_1, z_2, z_3,... revient, avec une distance de 2, régulièrement à son origine, le point z_0 est dit être situé dans l'ensemble de Mandelbrot (ensemble des phases) (Fig. 1.10). Dans le cas contraire, il ne s'y trouve pas.

Fig. 1.10 – *Hippocampe et pain d'épice de Mandelbrot*

On peut, avec un ordinateur, créer un grand nombre d'images, souvent d'une grande beauté. Michaël Bamsley a reconstitué des fougères (Fig. 1.11), des paysages très difficiles à différencier d'une photographie (effets spéciaux au cinéma).

Là où Mandelbrot a eu un trait de génie, ce fut lorsqu'il cessa de compter avec des nombres entiers pour donner une valeur aux objets qu'il voulait observer. On peut utiliser une abstraction consistant à donner une valeur à l'unité de base et à considérer son degré d'irrégularité. C'est ce que l'on fait avec le triangle de Koch, lorsqu'on décide de donner la valeur 1/3 à la « brisure » que l'on provoque en introduisant un nouveau triangle isocèle sur le côté du triangle initiateur.

Lorsqu'il s'agit d'une forme complexe, le processus est le même mais la richesse d'informations nouvelles donne (grâce aux couleurs attribuées arbitrairement à telle ou telle caractéristique de l'image) des images (Fig. 1.11) qui touchent une résonance, un écho propre à notre constitution et à notre culture.

Fig. 1.11 – *Fougère construite*

Durant toute la durée de la construction de l'image, les changements de forme permanents apportent à chaque fois de l'information à l'information initiale qui disparaît au profit de l'enrichissement qui passe par de nombreux *transitoires*. Eux aussi ajoutent à l'information et ont une très grande importance.

James Yorke (1941) et Robert May (1958), écologistes, découvrent, en l'étudiant avec un ordinateur, la curieuse évolution de la population des poissons d'un lac australien. Chaque année, une population nouvelle est égale à la population ancienne multipliée par un facteur de croissance et corrigée par la multiplication d'un facteur de freinage lié aux famines, guerres, épidémies, maladies… Cette équation logistique, si elle est itérée tous les ans, va montrer que :

- si le taux de natalité est faible (inférieur à un), la population s'éteint ;
- si le taux de natalité est modéré (entre un et trois), la population va se stabiliser au bout d'un certain temps vers 66 % de son chiffre initial (attracteur étrange) ;
- si le taux de natalité est supérieur, la population se met à osciller entre deux valeurs distinctes d'une année à l'autre ;
- si le taux de natalité dépasse 3,449 5, une deuxième bifurcation apparaît ; les oscillations sont multipliées par deux, puis quatre, puis huit, puis 16, etc.) et les cycles s'allongent de plus en plus.

Lorsque le taux atteint 4,669 201 609 0…, le chaos s'installe mais au milieu du chaos on voit apparaître ensuite des cycles parfaitement réguliers et de nouvelles bifurcations. Il se produit la même chose lorsque les influx nerveux arrivent à un centre, bien régulés ou sans aucun ordre et ces états se succèdent ne portant que des variations électriques sensées représenter des informations. Attention, si le taux d'informations devient trop bas, l'ensemble s'éteint…

C'est à Mitchell Feigenbaum (1944) que l'on doit d'avoir compris « l'universalité » de la théorie du chaos. Mais il lui fallut renoncer à tout ce qu'il avait appris jusqu'à ce jour. Revenant à la biologie des populations, il reprit l'équation qui avait servi à Robert May : $y = r\,(x - x^2)$; x étant la population de cette année et y celle de l'année suivante, la courbe résultante est une parabole. Mais au lieu d'effectuer une fois le calcul, il l'itéra à l'infini. Les valeurs de la 1re étape servant à la suivante et ce, sans arrêt. Son raisonnement était basé sur le complexe qui consiste à prendre un calcul simple et à l'itérer et non à chercher dans un raisonnement compliqué une unique solution !

Qu'il s'agisse du climat de Lorenz ou des populations, le problème est le même. Pour des valeurs faibles, on tend vers zéro puis les résultats se stabilisent pour des valeurs moyennes et à partir d'un certain chiffre une progression géométrique apparaît et enfin après 4,669, on bascule dans le chaos. Chaque transition pouvait être considérée comme un état limite comme ce qui se passe lors de la transition de l'eau qui se change en glace ou en vapeur. Tous les systèmes ont une apparence désordonnée mais recèlent des convergences, des régularités. Elles ne se produisent pas à des échelles différentes mais possèdent *un motif invariant d'échelle*. Quelle que soit la constante standard, le motif existe, 4,669. Que ce soit le jeu du chaos, les populations, le climat, le rythme cardiaque, les mots dans un livre, l'univers quantique, les cours de la bourse… l'invariant d'échelle est là. Il était possible de prédire le moment où le changement interviendrait. Mais la démonstration de Feigenbaum ne démontrait rien de pratique. Les systèmes dynamiques dont la forme change avec l'évolution échappaient encore à l'entendement commun. C'est Albert Libchaber qui fit la première expérience pratique de cet invariant d'échelle avec une minuscule cuve d'hélium qu'il chiffrait à un millième de degré de différence créant une double volute de circulation du gaz. Désormais on pouvait discuter, on avait une preuve qui venait illustrer par un attracteur étrange avec un fluide, la théorie de Feigenbaum.

Ainsi l'ordre suit le désordre qui suit l'ordre. Cette alternance imprévisible est rythmée par l'apparition et la disparition d'attracteurs étranges. Il va en être de même pour des connexions neuronales. Plus le réseau est complexe, plus il va être le siège de bouffées chaotiques et les doublements de période, engendrés par de petits détails, transforment l'ordre en chaos puis le chaos en ordre. Des physiologistes pensent qu'une certaine dose de chaos serait indispensable à la vie… Si toutes les cellules nerveuses fonctionnaient en même temps, il se produirait une crise d'épilepsie… Cela change le regard que nous portons par exemple sur l'audition.

Quel lien avec la pratique médicale ?

Ainsi, pour les déterministes, il n'existe pas de système désordonné mais des systèmes trop complexes pour être analysés ou plutôt donnant du fait de la multiplicité des facteurs une illusion de désordre lorsque le phénomène est observé par l'homme.

Mais il est certain que lorsqu'on a goûté aux théories sur le chaos, un certain nombre de problèmes réputés insolubles trouvent une solution concrète satisfaisante. La dynamique des fluides en est un exemple que tous les physiciens connaissent. Il en est de même des états intermédiaires de la matière : solide et liquide (glace et eau), conducteur et supraconducteur, fusion et surfusion, liquide et gazeux (eau et vapeur). C'est la loi du tout ou rien qui, flirtant avec le chaos, l'organise ou au contraire empêche toute organisation d'apparaître…

Pour commencer par une épreuve pratique, jouons avec le Chaos. Michaël Barnsley a eu l'idée de créer un jeu où, sur une feuille de papier, chaque point posé au hasard mais guidé par quelques instructions mathématiques simples, forme, au bout de nombreuses itérations, une image de fougère.

La règle consiste à générer un nombre aléatoire (« 0 » ou « 1 »). Si $X = 0$ on déplace le premier point de 5 cm vers le coin supérieur de la feuille et si $X = 1$ on réduit la distance qui sépare le dernier point d'1/4 par rapport à la distance du centre de la feuille. Voilà un jeu fractal qui ne peut qu'amener à s'interroger lorsqu'on voit apparaître une fougère comme celle qui est représentée par la figure 1.11.

La biologie est actuellement l'objet de tentatives de modélisation. On a vu des essais concernant le réseau de vaisseaux du myocarde (la description exponentielle standard de la ramification vasculaire s'avère totalement erronée tandis que la distribution fractale se trouve en accord avec les données d'observation anatomo-pathologiques) ou celles des alvéoles pulmonaires que l'on obtient de manière très simple à l'aide de l'ordinateur et d'une simple équation différentielle que l'on itère un grand nombre de fois. Il suffit de regarder une cochlée et la spirale fractale pour leur retrouver une bien curieuse ressemblance (Fig. 1.12, 1.13, 1.14 et 1.15).

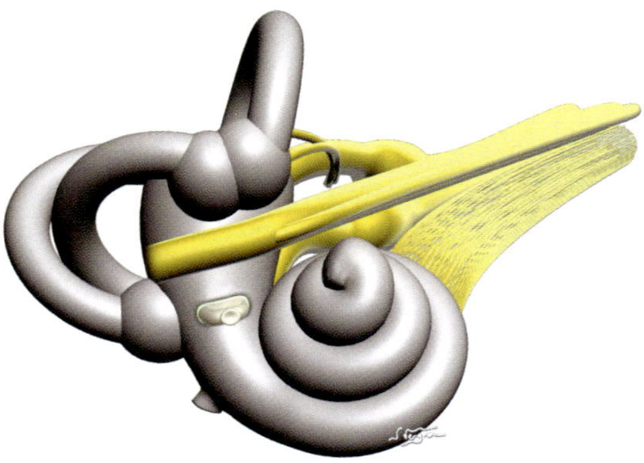

Fig. 1.12 – *Enroulement cochléaire*

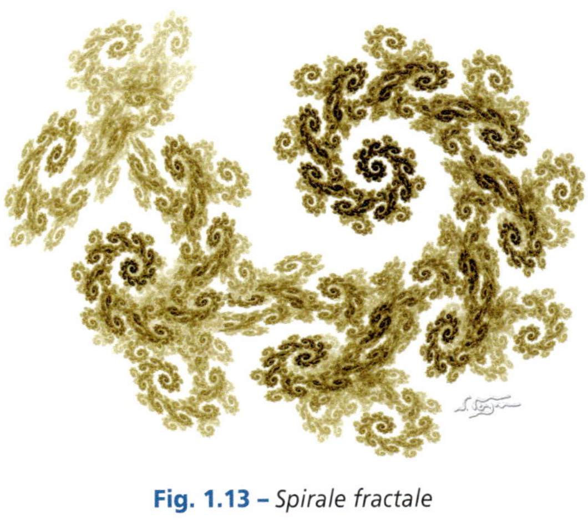

Fig. 1.13 – *Spirale fractale*

Fig. 1.14 – *Spirales naturelles*

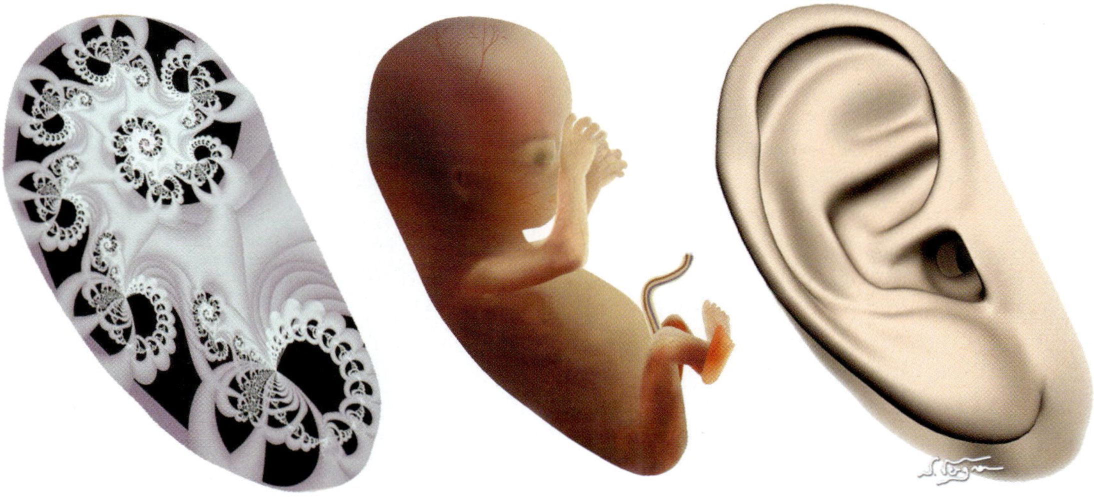

Fig. 1.15 – *Quelle étrange ressemblance, comme pour la cochlée, entre les fractales et la vie !*

L'approche fractale de la médecine permet de faire apparaître de nouveaux paradigmes. Il y a beaucoup de domaines qui s'intéressent à cette nouvelle manière de penser. Citons l'épidémiologie, la génétique médicale, l'ingénierie biomédicale et la médecine préventive ou encore l'étude des maladies de système, de la neurobiologie, des pathologies de « terrain », de la psychiatrie, de l'électrophysiologie, de l'embryologie, de l'anesthésiologie, de l'imagerie médicale...

Le chimiste Ilya Prigogine, prix Nobel, en 1977 refusant d'avoir à choisir entre déterminisme strict et hasard imprédictible a montré qu'il existait « quelque chose d'autre ». Il a montré qu'il existait des étapes d'équilibre et de non-équilibre, point de bifurcation où apparaît une nouvelle cohérence. « De même que l'excédent d'ordre engendre le désordre, la théorie du chaos nous enseigne qu'il contient en lui-même ses propres facteurs d'équilibre et d'ordre » (R. Vaillant). La théorie du chaos apparaît tout à fait cohérente. Admettons sa réalité, pour l'appliquer à notre monde. Dans ces conditions, nous allons voir que tout change : il s'agit d'une véritable révolution.

Les fourmis donnent un bon exemple de système complexe. Voyons comment, lors de leur quête de nourriture, l'intelligence va leur permettre de s'adapter même si la source, vers laquelle la fourmi est attirée par une odeur, se trouve à plusieurs mètres de la fourmilière. D'abord, les fourmis partent en tous sens. Certaines trouvent le lieu où la nourriture se trouve, d'autre pas. Ceci est tout à fait aléatoire. Mais lorsqu'une fourmi a trouvé, elle retourne avec la nourriture vers la fourmilière. À l'aller comme au retour, elle aura sécrété des phéromones qui marquent sa piste et indiquent aux autres la route qu'elle a suivie. Les phéromones sont volatiles. S'il y en a beaucoup, l'attirance est extrême. S'il y a peu ou pas de phéromones, il n'y a pas d'attirance. Petit à petit, puisqu'un maximum de fourmis passe par la même piste qui s'imprègne de phéromones « n » fois plus vite que partout ailleurs, cette piste voit la grande majorité des fourmis la suivre. Si un obstacle important est placé sur le trajet de ces fourmis et barre la route de la nourriture créant pour le contourner deux chemins de longueurs très différentes, les fourmis vont se répartir au début en deux groupes sensiblement égaux. Mais avec le temps, la route la plus courte sera bien plus imprégnée que l'autre et toutes les fourmis seront attirées par cette route. Leur « intelligence » collective leur aura donné la solution...

Il n'a été possible de penser chaos qu'avec la puissance de calcul de l'ordinateur. C'est également grâce à lui que l'on comprend l'auto-organisation des systèmes complexes et leur comportement dans le temps. Il suffit donc de programmer l'ordinateur avec un petit nombre de règles simples et d'itérer les opérations pour que, sans autre intervention, les résultats paraissent s'adapter à la solution la plus courte, la plus économique, la plus adaptée aux ressources, la plus pratique, la plus « intelligente » selon notre langage courant. Programmées dans des algorithmes génétiques, les règles simples du comportement engendrent les premiers réflexes adaptés. Il en est de même pour les abeilles et l'ordinateur permet de simuler la construction des ruches...

Le chaos et l'audition

On l'aura compris, il est, pour nous, impossible d'aborder le sens qu'est l'audition sans s'astreindre à la théorie du chaos.

Le monde de l'acoustique ne peut plus s'en passer, et nous avons toutes les peines du monde à comprendre comment le fait d'ajouter une toute petite harmonique à un son va en changer complètement la perception... Mais nous n'acceptons pas de changer de manière de penser. Ensuite, nous sommes bien mal à l'aise quand le patient porteur d'une prothèse qui compense très bien de manière linéaire ce que nous croyons qu'il a perdu, nous explique qu'il entend mais ne comprend pas !

L'onde sonore est un système complexe qui a une dynamique dont on ne peut suivre la progression que si on accepte d'abandonner le système de pensée euclidien que l'école nous a appris.

De même les influx nerveux qui vont remplacer l'onde sonore ne transportent pas l'information de manière analogique et ne la traitent pas selon une progression linéaire, même logarithmique...

En psychologie cognitive et en psychophysiologie, beaucoup de chercheurs développent des modèles de structures coopératives, des automates cellulaires, des réseaux neuronaux qui montrent comment l'ordre émerge du chaos puis se dissipe dans un nouveau désordre plus complexe. Le bulbe olfactif est un exemple de dynamique chaotique. De même, dans les stimulateurs cardiaques, l'introduction de notion chaotique entraîne une plus grande souplesse d'adaptation que l'organisation linéaire. Pour certains auteurs l'approche chaotique de la psychologie devrait tout changer dans un proche avenir.

James Gleick (1954), journaliste, a écrit dans son livre, daté de 1986 et intitulé *La Théorie du Chaos* : « avant 1986 aucun livre de physiologie ne contenait le mot fractal, en 1996, je pense que l'on ne trouvera pas un livre de physiologie qui ne contiendra pas ce mot ».

Cette approche scientifique consiste à comprendre comment de *petites variations* :

- entraînent dans le *temps* un niveau supérieur de *complexité* qui lui-même reste très sensible à de petites conditions initiales, *quelle que soit l'échelle* d'observation ;
- déterminent une complexité instable qui va s'organiser autour *d'attracteurs étranges* puis tendre à nouveau à se désorganiser en offrant des choix (loi du tout ou rien entraînant une inhibition) au niveau de *bifurcations* qui président à de nouvelles organisations autour d'autres attracteurs étranges…

■ En quelques lignes ■

Pour aborder le monde, nous avons mis en place depuis Euclide un système de pensée qui, à l'aide de lois linéaires relativement simples, nous apporte un certain nombre de solutions. Ces lois sont destinées à rendre prévisibles les manifestations que nous observons autour de nous. Dans beaucoup de circonstances de la vie courante, elles sont pratiques. La mathématique nous a permis de compter de zéro à l'infini sans nous préoccuper de la réalité des résultats. Mais dès que nous abordons le concret, nous sommes obligés d'introduire un système de correction d'erreur assez flou. Si nous nous trompons très peu sur un petit nombre, il est possible de tabler sur le résultat mais si l'erreur est multipliée par un chiffre considérable, il n'est plus possible de tenir compte du résultat qui devient imprévisible contrairement à ce qu'indiquait la loi. Sur une grande échelle, nous voulions mesurer l'ordre mais nous ne pouvons mesurer que le désordre (entropie).

Un certain nombre de phénomènes naturels échappent complètement aux raisonnements linéaires, euclidiens que nous employons habituellement, pour résoudre ces problèmes. C'est le cas de la dynamique des fluides, de la forme des vagues, de la fumée, des nuages ou encore des états limites comme le moment où la glace se change en eau, où le conducteur devient supraconducteur… Mais c'est également le cas du son, du récepteur (l'oreille) et du système nerveux qui traite des informations perçues.

Pour contourner ces écueils d'une extrême complexité du fait de l'immense quantité d'événements qui les engendre, il faut faire appel à une nouvelle conception : la théorie du chaos. Celle-ci indique que tous ces événements de la vie sont extrêmement sensibles aux conditions initiales du fait des répétitions qui les créent. Les perceptions sonores chaotiques sont imprédictibles mais ont un déterminisme auquel elles n'échappent pas. Les nombres entiers ne permettent pas de formuler des équations qui rendent compte des évolutions observées et il faut introduire des fractions. D'où l'expression inventée par Mandelbrot de « fractales ». Pour s'en convaincre, il suffit de songer au nombre π dont on ne connaît pas la valeur exacte mais dont nous nous servons, faute de mieux, pour calculer tout ce qui a trait à une circonférence ou à une sphère.

Nous avons besoin de cette théorie pour comprendre comment l'oreille s'est construite, comment le son se propage avant de l'atteindre, comment il se transforme en influx à travers elle et comment fonctionne le cerveau pour effectuer les travaux dont nous avons besoin pour profiter de notre environnement sonore.

Le fait de penser sous une forme non linéaire, stochastique, nous permet d'entrevoir comment les phénomènes et les organes qui les analysent nous ont permis de créer le langage, d'aimer la musique, de nous servir de tous les bruits qui nous entourent. Ce sera aussi le moyen de contourner les insuffisances que la maladie ou le vieillissement occasionnent.

Les grands nombres nous rendent les phénomènes imprédictibles à moyen et long termes. La loi du tout ou rien entraîne des bifurcations, mais dans l'ensemble ce monde reste déterministe et les attracteurs étranges ont tous une forme voisine sans jamais pourtant être identiques. Une énergie infime dont on ne perçoit même pas l'existence mais qui s'additionne des milliards et des milliards de fois peut générer un phénomène d'une très grande ampleur (le papillon et sa tornade). Chacun de nous perçoit presque le même son mais les petites différences peuvent à la longue tout changer.

Pour approfondir

CIATTONI JP. *Le bruit*, Privat, coll. Les classiques santé, 1997.

GIARD MH, PERRIN F, PERNIER J, BOUCHET P. Brain generators implicated in the processing of auditory stimulus deviance : a topographic event-related potential study. *Psychophysiol*, 1990, *27* : 627-640.

GLEICK J. *La théorie du chaos, vers une nouvelle science*, traduit de l'anglais par Jeanmougin J, Flammarion, 1991.

HAWKING S. *L'univers dans une coquille de noix*, traduit de l'anglais par CLER C., Odile Jacob, 2001.

HOFSTADTER D. *Gödel, Escher, Bach. Les brins d'une guirlande éternelle,* Dunod, Paris, 2000, 883 p.

LIÉNARD P. *Petite histoire de l'acoustique*, Lavoisier, 2001.

MATRAS JJ. *Le son*, coll. Que sais-je ?, Paris, Presses Universitaires de France, 1961.

ODIER M. Le bruit. *In* : *Le concours médical*, Paris, Masson, 1964, *86*-7 ; 1111-1118.

PUJOL R *et al.* « Promenade autour de la cochlée », Site Internet http://www.cochlee.info, université Montpellier 1-INSERM Unité 254, 1999-2007, France.

RICORDEAU C. *L'adieu au big-bang, une hypothèse sur l'évolution de l'Univers depuis la naissante de l'espace-temps jusqu'à aujourd'hui.* Aubin, 1999.

CHAPITRE 2

Le monde sonore

Quelques notions d'acoustique Sans oublier le chaos

Pour beaucoup, l'oreille est un organe dont l'anatomie, bien que compliquée, est connue et la transposition/transmission de l'influx a fait l'objet de nombreuses descriptions.

Par ailleurs nous savons pertinemment que notre oreille perçoit des sons et nous réduisons volontiers ce concept à celui de la perception d'une onde sinusoïdale. Loin de simplifier l'abord du problème, nous rendons la plupart des événements dont l'oreille est le siège, complètement incompréhensibles.

Or l'oreille est capable de reconnaître un nombre infini de nuances, de situations, d'ambiances… que cet influx sinusoïdal ne peut pas expliquer. Elle participe à d'autres fonctions, l'attention, la mémoire… elle aide à ressentir les émotions (aussi bien celles du locuteur que les nôtres), elle ressent tout ce que représente une voix, un soupir… elle interprète des nanogrammes de pressions comme des masses énormes, elle mesure la beauté, le charme autant que la laideur et le rejet…

Si cette oreille n'est pas replacée dans un monde de chaos, un monde de complexité, nous resterons avec la psychoacoustique dont à peu près personne ne sait ce que le mot signifie. C'est grâce à cette complexité que nous sommes sortis des grommellements pour arriver au langage et à la musique.

C'est ce parcours de l'audition dans le chaos que nous vous proposons de faire. C'est un chemin surprenant au début, surtout quand nous aborderons les indispensables notions de base : acoustique et cellule nerveuse ; mais qui devient bien vite passionnant. Comme nous, si nous avons rempli notre mission, vous aurez du mal à vous en passer par la suite.

Définition

L'onde sonore est une variation de pression appliquée aux molécules d'un milieu élastique.

Un son est une *vibration de la matière* (dans tous ses états : solide, liquide ou gazeux) à l'échelon moléculaire, susceptible d'être perçue par une oreille normale. Il n'y a donc pas de son dans le vide puisqu'il n'y a pas de matière. Lorsque la fréquence est trop lente ou trop rapide, *le son n'est pas perçu par l'oreille.* On parle alors d'*infrasons* ou d'*ultrasons.* Lorsque l'intensité est trop faible, le son n'est pas perçu non plus mais si l'intensité est trop forte la sensation sonore devient une sensation très douloureuse.

Il n'y a aucun transport de matière quand l'onde sonore se déplace comme les rides de l'eau dans laquelle on a jeté une pierre. Jean-Claude Lafon définissait l'onde sonore comme une pression impulsionnelle, ce qui rend compte à la fois de la vibration et d'une notion qui n'est pas souvent prise en compte, la variabilité dans le temps du phénomène sonore au moment de son installation ou de sa disparition appelée « transitoire ». Or l'oreille est extrêmement sensible à ces variations temporelles même infimes.

Le son pur

Ce son unifréquentiel n'existe pas dans la nature. Il est utilisé pour simplifier l'approche du monde sonore avec des règles simples. Elles donnent cependant une idée irréaliste des pressions acoustiques auxquelles l'oreille est soumise.

La vibration sonore est donc réduite *artificiellement* à une seule fréquence dont on étudie la forme générale (sinusoïdale), la hauteur (fréquence) et la force ou volume sonore (intensité).

Lorsqu'on choque les branches d'un diapason, l'ensemble du métal entre en vibration. Les molécules qui constituent le diapason reçoivent une pression et se déplacent sous la force appliquée tandis que l'élasticité du métal tend à annuler et à inverser le mouvement. Cette contre-pression dépasse le point d'équilibre, déplace les molécules en sens inverse et ainsi de suite jusqu'à la fin de l'amortissement de l'onde… (Fig. 2.1).

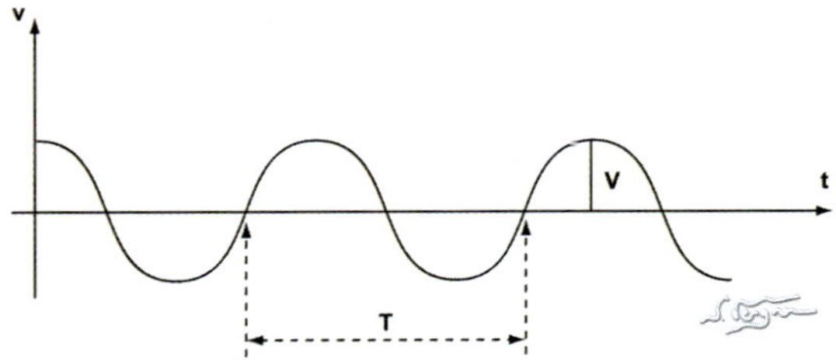

Fig. 2.1 – *Sinusoïde représentant un son pur dans le temps*

La vitesse de déplacement de la branche d'un diapason augmente, passe par un maximum, puis décroît pour devenir nulle et reprendre sa course après avoir changé de sens. La *sinusoïde* décrite reste constante dans sa forme. La durée d'une oscillation complète est la *période* (T), la *fréquence* est l'inverse de la période ou nombre d'oscillations par seconde.

L'onde peut être *plane* ou *sphérique* :

- plane, l'énergie (intensité) reste constante pendant la propagation longitudinale (tuyaux acoustiques) ;
- sphérique, partant du foyer dans toutes les directions, elle s'épuise.

On appelle *amplitude de vitesse* d'une onde sinusoïdale, la grandeur maximum de la vitesse de déplacement vertical des molécules. Contrairement à la fréquence qui ne change pas, l'amplitude de vitesse décroît lorsqu'on s'éloigne du foyer (plus vite pour les graves). Cela s'explique par le volume de matière oscillant qui augmente au fur et à mesure que la sphère grandit et disperse ainsi l'énergie et également dans une moindre mesure du fait du frottement des molécules entre elles. Dans le cas d'une onde plane, « tubulaire », l'amplitude reste quasi constante.

L'onde sonore, ainsi créée dans un tube, se déplace régulièrement. Elle serait inépuisable, si rien ne s'opposait à sa propagation. Plus la pression de cohésion de la matière est importante, plus le son se propage sans perte d'énergie dans le corps sonore. La vitesse du son (c'est-à-dire le déplacement de l'énergie sonore mais pas des molécules) ne dépend que de la nature, de la température et de la pression du milieu de propagation. Dans un même milieu, la vitesse du son est constante.

Les valeurs de base du son pur

Un son pur est plus ou moins fort. On dit qu'il est plus ou moins intense. Cette *intensité* (Fig. 2.2) est le reflet de *l'importance du déplacement des molécules* par rapport au point de repos. On la mesure en Watt par centimètre carré (W/m^2) ou en décibel (dB). La passage de dB en W/m^2 se fait par l'équation : $dB = 10 * \log(W/m^2) + 120$. L'oreille humaine ne commence à percevoir une variation de pression de l'air qu'a partir d'une certaine valeur, différente selon la fréquence considérée. Comme pour la mesure de la température (ou on a les degrés Celsius et Farenheit) et dans une optique clinique, on a crée l'échelle des dB HL (*hearing loss*) prenant pour référence (« 0 ») l'intensité moyenne enraînant une sensation auditive. Cette énergie, donc l'intensité, diminue dans le temps au fur et à mesure que la surface de la sphère de propagation augmente. De plus, l'onde s'amortit plus ou moins rapidement selon le milieu dans lequel elle se propage.

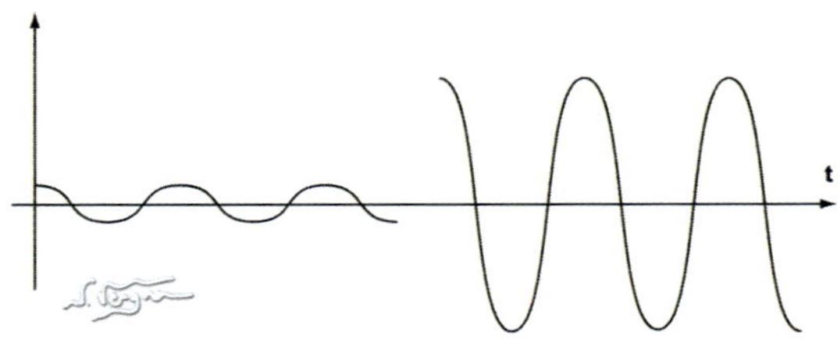

Fig. 2.2 – *L'intensité d'un son*

Lorsqu'on écoute deux sons de tonalité différente, l'un est perçu plus grave ou plus aigu que l'autre. Cette propriété du son est liée au *nombre d'allers et retours que la matière* fait dans une unité de temps (seconde). On l'appelle *fréquence* (Fig. 2.3) ou période ou nombre de cycles par seconde que l'on apprécie en Hertz (Hz). La fréquence est indépendante de l'intensité, elle ne varie pas dans le temps et reste constante tant que l'intensité permet la perception du son. Elle n'est liée ni aux propriétés physiques de la source (énergie) ni à celles de l'air.

L'*intensité* (dB) et la *fréquence* (Hz) perçues par l'oreille augmentent selon la loi de Weber Fechner, c'est-à-dire comme le logarithme de l'intensité (en W/cm^2) et de la fréquence (en Hz).

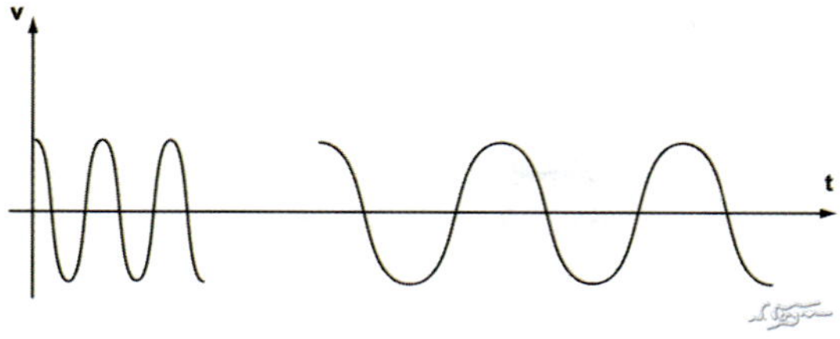

Fig. 2.3 – *La fréquence d'un son*

Le phénomène des *ondes stationnaires* permet d'expliquer les ventres et les nœuds de vitesse ou de pression. C'est la propagation simultanée d'ondes de même fréquence, dans le même milieu, individualisant des ventres (mobiles) et des nœuds (fixes, points rouges) (Fig. 2.3 *bis*).

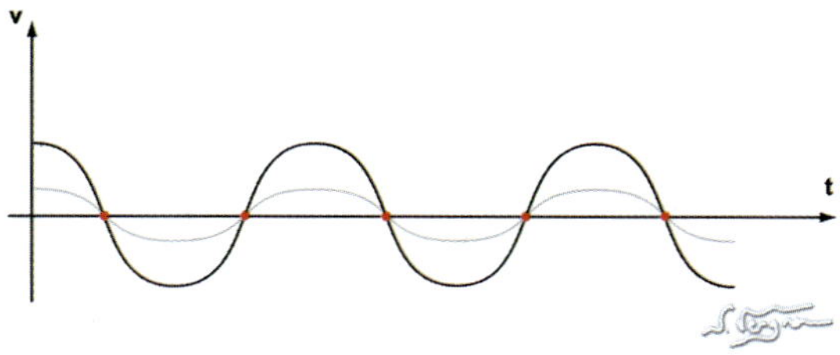

Fig. 2.3 *bis* – *Ondes stationnaires*

Une onde sinusoïdale arrive sur un mur et est totalement réfléchie en opposition de phase puisque le mur ne vibre pas (ou presque). Cette superposition à longueur identique crée une onde stationnaire. Un peu plus loin du mur, l'onde incidente et l'onde réfléchie sont en phase, donnant lieu à un ventre ou en opposition de phase, donnant lieu à un nœud, selon la position des molécules par rapport à la position de repos.

Un son injecté en permanence entre deux murs acquiert une énergie considérable : c'est le phénomène de *résonance* (relation entre les dimensions

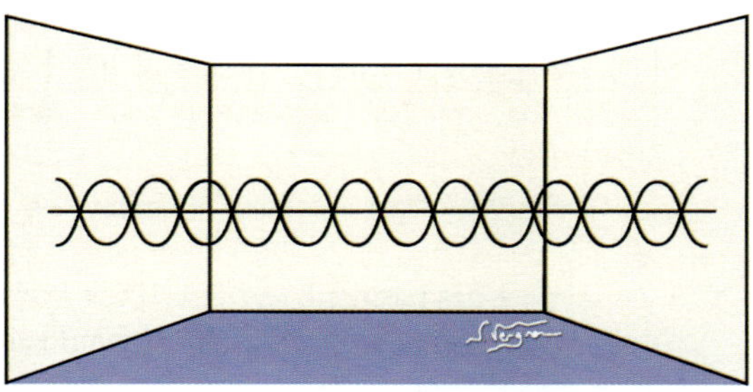

Fig. 2.4 – *Phénomène de résonance*

« δ » du résonateur et la longueur d'onde « λ »). L'onde se réfléchit alternativement sur chacun des murs et chaque tranche d'air sera soumise à un nombre d'ondes croissant continuellement. Si $\delta = 1/2$, les deux murs sont le siège de nœuds de vitesse (Fig. 2.4). L'énergie peut atteindre une valeur énorme (soldats au pas sur un pont, vitres d'une cathédrale qui se brisent lors de cris violents).

Les propriétés de l'onde sonore sinusoïdale

Comme tous les phénomènes ondulatoires, si l'onde sonore rencontre un obstacle, elle devient complexe et est dite *quelconque*.

Si l'onde sonore rencontre une surface de séparation avec un autre milieu, plusieurs possibilités se présentent :

- si le second milieu est indéformable, elle sera *réfléchie* dans son milieu initial (écho) ;
- si la consistance est différente, l'onde sera *réfractée* ou *réfractée et réfléchie* selon les propriétés physiques du deuxième milieu ;
- si les dimensions du second milieu où se propage le son sont très faibles, il y aura *diffraction* ; au contraire, si les dimensions sont grandes, il y aura *rayonnement* ; la caisse d'un violon, la membrane d'un haut-parleur rayonnent le son, un microphone le diffracte.

La *réfraction* est liée au fait que la propagation du son est variable (changement de direction et d'intensité) selon la densité du corps que l'onde traverse et la *diffraction* correspond à la capacité du son à contourner les obstacles, chaque particule mise en vibration se comportant comme une source sonore.

L'onde sonore peut enfin être *absorbée* par un milieu visqueux. Le frottement et la dispersion vont absorber l'onde et finir par la faire disparaître. Chaque réflexion, réfraction, absorption (qui peut être sélective), rayonnement et diffraction peuvent modifier considérablement l'onde sonore.

Une onde peut être *en phase* par rapport à une autre identique quand la première est produite exactement en même temps que la seconde.

Le *déphasage* (Fig. 2.5) est le décalage dans le temps d'une onde par rapport à une autre identique.

On dit qu'une onde est en *opposition de phase* par rapport à une autre identique quand la première est positive par rapport à la seconde qui est négative.

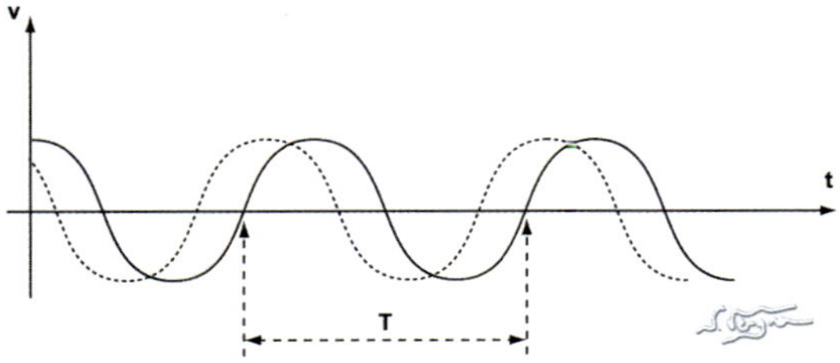

Fig. 2.5 – *Déphasage, le relief sonore*

Une oreille (audition monaurale) est insensible aux phases. En revanche, s'il existe un déphasage entre les deux oreilles (audition binaurale), l'effet est le relief sonore.

Dans une salle, la *réverbération* peut entraîner plusieurs fois la perception du son, décalée dans le temps (va-et-vient du son par rapport au point d'écoute).

➤ Remarques

L'impédance (Z) que présentent l'oreille moyenne et l'oreille interne aux sons qui leur arrivent, est l'inertie apportée par un système ou par un milieu au passage d'un phénomène périodique. La mesure de l'impédance pose

$$Z = \frac{\text{Amplitude complexe du phénomène cause}}{\text{Amplitude complexe du phénomène effet}}$$

Ces deux phénomènes étant supposés à la même fréquence, la grandeur « amplitude complexe du phénomène effet » est égale à 1/Z. Elle est l'inverse de l'impédance et appelée admittance ou *compliance*. On conçoit l'intérêt clinique des mesures de compliance de la caisse du tympan et des osselets qui s'y trouvent parce qu'elles dépendent du contenu de la caisse. Par exemple les résultats sont modifiés par la présence anormale d'un liquide, comme dans le cas d'une otite.

La pression de radiation et l'onde de choc méritent enfin une courte explication. La pression acoustique génère une pression de radiation qui provient du fait que les désordres positifs et négatifs ne s'annulent pas et lorsque l'onde sonore est quadratique et est intense, on ne peut pas la négliger. Lorsque le son est produit par une explosion ou un objet qui se déplace plus vite que la célérité du son (1 100 km/heure dans l'air), il se produit une onde de choc car la pression de radiation augmente progressivement puis chute brusquement, entraînant une variation considérable de cette pression, chute vite rattrapée par la vitesse du corps et ainsi de suite.

Quant aux *transitoires,* ils représentent la période durant laquelle s'établit ou s'éteint un son. Un son continu n'a pas de transitoire (sauf au début et à la fin) mais un son discontinu (ce qui est la règle) en présente des quantités. Ces transitoires ont une énorme importance dans la reconnaissance de la source sonore qui a produit le son. En musique, c'est l'attaque qui représente les transitoires les plus intéressants mais les transitoires de sortie peuvent se révéler d'utiles sources d'effets. Les consonnes dans le langage représentent les transitoires des voyelles.

Le son complexe

La totalité des sons naturels est un mélange de sons purs. On parle alors de sons complexes. Les sources sonores produisent un son pur principal (le fondamental), accompagné d'harmoniques qui sont des sons purs dont la fréquence est un multiple entier de la fréquence du son fondamental.

Fourier a démontré que toute onde complexe périodique de fréquence *N* pouvait être décomposée en une somme finie d'ondes sinusoïdales de fréquences respectives *N*, 2*N*, 3*N*, 4*N*… (multiples entiers de *N*). Analyser une onde périodique, c'est trouver les amplitudes et les phases respectives de la composante fondamentale – celles de fréquence *N* – et de ses composantes harmoniques (Fig. 2.6). Ce résultat a été étendu aux ondes complexes non périodiques qui sont composées d'une infinité de fréquences. L'analyse des ondes est appelée spectre de fréquences. On peut calculer le spectre mathématiquement, avec des résonateurs ou avec un spectromètre.

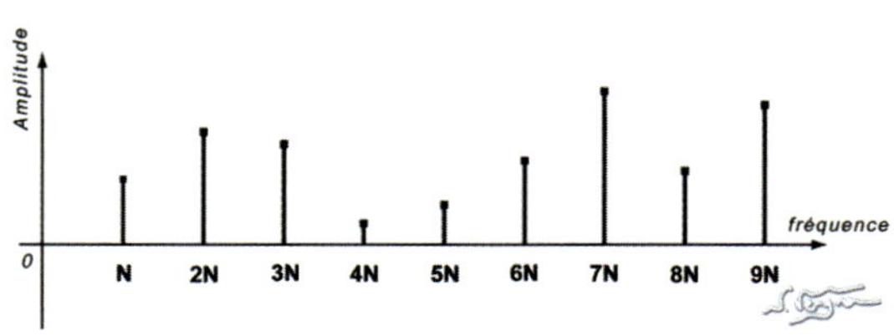

Fig. 2.6 – *Onde complexe périodique*

Le nombre des harmoniques caractérise *le timbre* d'un instrument ou d'une voix. Plus il y a d'harmoniques, plus le son est riche et le timbre somptueux. Le timbre nous permet de reconnaître le son d'un violon, d'une flûte ou d'une voix produisant la même note. Pour illustrer le timbre, il suffit de se placer devant un piano à queue ouvert et de frapper une note, un do par exemple. La corde frappée entre en vibration et provoque la résonance harmonique de tous les do du piano. Les notes de l'accord parfait (mi et sol) s'associent et d'autres multiples du do fondamental enrichissent (aux intensités audibles) plus ou moins le son d'origine. Les sons ainsi produits s'appellent des *sons harmonieux*.

Nous verrons plus loin que la définition du timbre est en fait plus complète si on précise que l'association et l'évolution dans le temps des fréquences et des intensités constituent le timbre (il faut encore y ajouter les transitoires).

Le fait de pouvoir analyser le timbre est une qualité extraordinaire de l'oreille qui se comporte comme si elle disposait de résonateurs sélectifs jouant le rôle de filtres acoustiques, isolant chacun une fréquence particulière.

Quant au *bruit*, il se caractérise par un fatras d'ondes anarchiques (non sinusoïdales) et *disharmonieuses* dont on ne peut vraiment préciser que l'intensité.

Le mélange de toutes les notes audibles constitue le bruit blanc. Si l'on découpe électroniquement un bruit blanc, on peut filtrer des bandes de bruits graves, médiums ou aigus.

Comme déjà évoqué, le son ne se propage jamais dans un corps homogène et de densité constante. Il traverse des zones d'air inhomogènes, contourne des obstacles et rencontre des surfaces réfléchissantes de densités variables… Le résultat est, en pratique, un son qui se complexifie à l'extrême.

Psychoacoustique

La psychoacoustique est l'étude des sensations psychiques perçues au niveau du cortex cérébral et correspondant à l'influx sonore transcodé par l'oreille et traité par les éléments nerveux sus-jacents. Elle fait, en outre, appel à la culture individuelle.

La pression acoustique instantanée, la vitesse de vibration et l'amplitude de la vibration sont les éléments que décode l'oreille. Il faut ajouter la brusquerie d'apparition de l'intensité (d'emblée maximale) ou au contraire sa lenteur ainsi que sa durée avec ou sans variations d'intensité ou de fréquence et sa disparition (transitoires).

Dans la nature, il existe une foule de bruits ou sons de toutes origines, de toutes natures, de toutes fréquences, de toutes intensités. Cet ensemble constitue un bruit de fond duquel émerge une onde sonore dont l'intensité lui permet ce dégagement et/ou dont la constitution lui donne une forme qui répond aux propriétés réceptrices de l'oreille.

Le cerveau peut ensuite en faire des sensations sonores, puis des images sonores, puis des concepts, des émotions et de l'art…

Un domaine, rarement abordé et très intéressant, est celui de la temporalité des sons, en particulier dans la musique. Le rythme, la durée, la période transitoire qui précède ou suit un son, le changement de fréquence qui peut accompagner un changement d'intensité sont autant de facteurs que l'oreille est capable d'analyser. La périodicité du rythme, le premier temps fort, la durée du son à la même fréquence, la progressivité des changements de ton ou d'intensité vont procurer des sensations qui aboutiront à des émotions…

À la lumière du chaos, parlons du « bruit »

Il nous semble intéressant de revenir sur le son vu par l'oto-rhino-laryngologiste et le bruit vu par le physicien. L'usage courant de ces deux mots ne pose en principe pas de problème. Un son est une vibration perçue par l'oreille et un bruit est tout ce qui n'est pas musical. Un son paraît ordonné, cohérent, plaisant, il est indispensable à la vie. Un bruit est désagréable, nocif, nuisible, il doit être éliminé.

Chacun y va de sa propre définition du bruit : c'est une vibration non périodique, un groupement de tous les sons à la fois (bruit blanc) ou seulement d'une partie (bruit coloré), c'est tout sauf de la musique, c'est le concurrent de l'information (bruit de fond), c'est la nuisance moderne…

Il n'y a cependant pas de définition univoque de ces deux mots qui se recouvrent et peuvent s'utiliser l'un pour l'autre. Ne dit-on pas le son des cloches pour le bruit ou le bruit du voisin qui joue du piano !

On peut envisager artificiellement le « bruit » sous six points de vue qui, tous, intéressent celui qui veut comprendre l'oreille et sa pathologie. Il peut s'agir : d'un son pur, d'un son complexe, d'un son musical transitoire, d'un bruit à caractère musical, d'un bruit type choc élémentaire et de l'itération de bruit de type choc élémentaire. Il faut

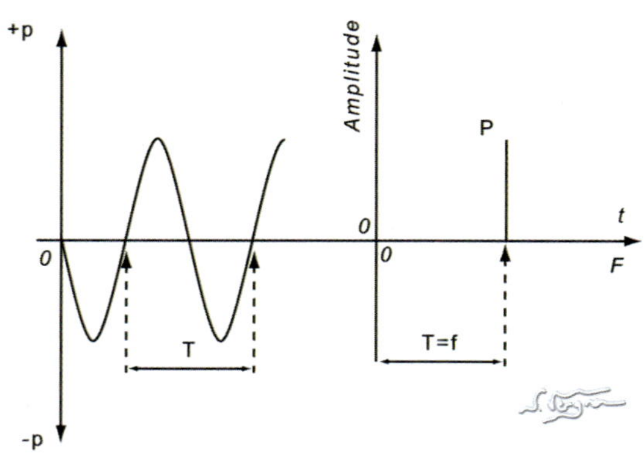

Fig. 2.7 – *Son pur avec son spectre*

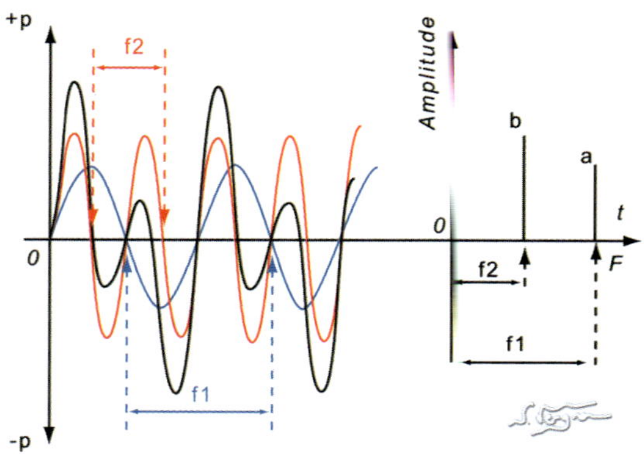

Fig. 2.8 – *Son complexe avec son spectre*

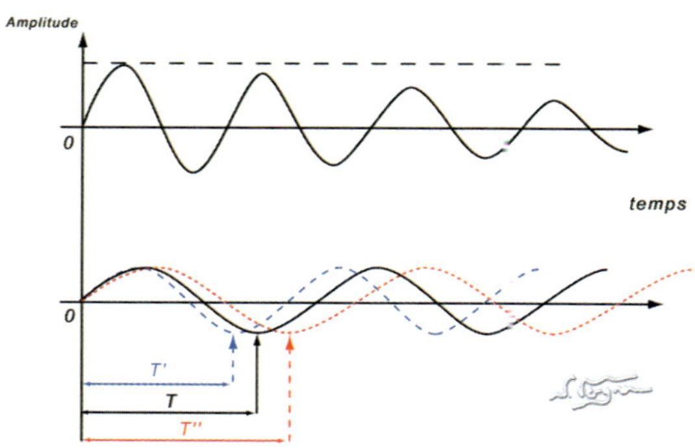

Fig. 2.9 – *Battement et amortissement*

enfin s'interroger sur la perception sensorielle que nous en avons dans son ensemble et non dans une petite partie de son tout.

Pour nous qui nous intéressons à l'audition, il faut cesser de ne s'occuper que des sons purs et voir tous les phénomènes non linéaires, chaotiques dont l'oreille capte l'existence au milieu d'autres perceptions.

Il faut considérer l'oreille comme un organisateur d'aléatoire, comme un attracteur étrange doué de mémoire, comme un outil permettant des comparaisons, imprévisible et évolutif, depuis notre naissance jusqu'à notre mort.

Nous avons vu que l'on pouvait caractériser *un son pur* par son amplitude et la fréquence de sa variation (Fig. 2.7). Dans la mesure où le phénomène se reproduit indéfiniment identique à lui-même, on peut éliminer le temps et ne représenter que le *spectre de fréquence,* c'est-à-dire la droite « P » (Fig. 2.7, partie droite).

Un *son complexe* correspond à deux ou plusieurs fréquences pures mélangées. De leur fusion résultera une courbe périodique non sinusoïdale (Fig. 2.8). On peut également représenter un son complexe par deux spectres de fréquences que l'on appelle *spectre de raies* (partie droite de la figure 2.8).

On appelle « *intervalle* » le rapport entre les deux fréquences composant le son complexe pris comme exemple. Si f2 est dans un rapport entier de f1, les deux sons sont dits *harmoniques* et le plus grave est appelé *son harmonique fondamental.* Si la fréquence fondamentale d'un son complexe « 2 C » est le double d'un son complexe plus grave « C », le son 2 C est dans un rapport d'octave (même sensation de hauteur mais plus aigu) avec le 1er. Dans ce cas, les harmoniques du son le plus aigu coïncident exactement avec les harmoniques paires du son plus grave.

Un « *battement* » (Fig. 2.9) est le résultat de la composition de deux fréquences très voisines (partie basse de la figure 2.9). Ce phénomène donne à l'oreille une sensation de modification de l'amplitude du son qui oscille et peut provoquer une sensation tantôt désagréable ou tantôt agréable. Lors d'un son complexe, les fréquences et les amplitudes restent constantes. Or les sons permanents n'existent pas non plus dans la vie courante et tout phénomène sonore subit un grand nombre de variations d'un ou de tous ses éléments constitutifs. Ainsi, aucun son n'a une fréquence pure ni une amplitude constante. Il faut considérer non pas une fréquence mais une bande de fréquences dont l'intensité varie à chaque instant (partie haute de la figure 2.9).

Le *son musical transitoire* est un son complexe dont l'amplitude varie en fonction du temps. Si une sinusoïde s'amortit (Fig. 2.10), l'oreille perçoit des variations de fréquence autour de la fréquence qui diminue d'amplitude, faisant perdre la notion de fréquence constante et rigoureuse que nous observions

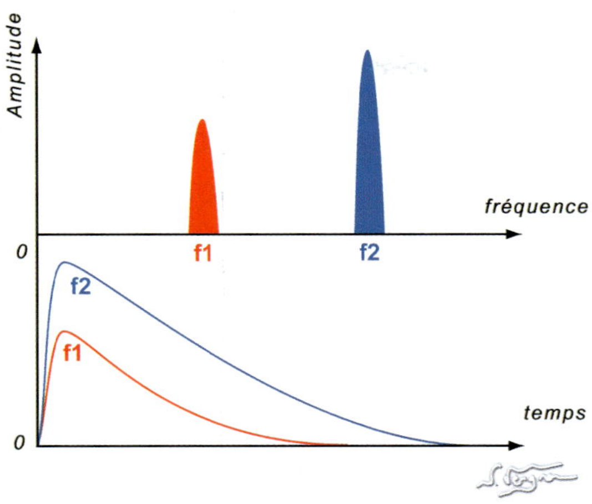

Fig. 2.10 – *Son musical transitoire et son amortissement dans le temps*

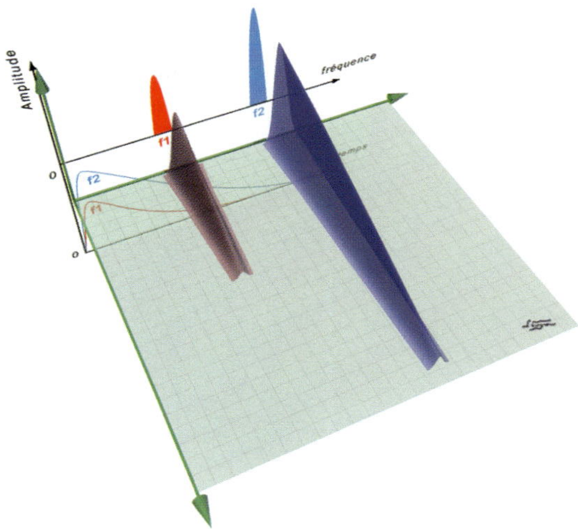

Fig. 2.11 – *Bruit à caractère musical*

jusqu'ici. Le train d'ondes de la figure 5, amorti, peut représenter la vibration d'un diapason non entretenu de 100 Hz par exemple.

Il faut alors représenter ces variations de fréquences en élargissant la base de la raie et on parlera alors de « spectre de bande » (partie haute de la figure 2.10).

Il n'est plus possible d'ignorer le temps puisque le son se modifie en permanence. On peut dans le cas très simple de deux sons en faire la représentation (partie basse de la figure 2.10).

C'est cette disparition des régimes permanents qui fait parler de sons musicaux transitoires (représentée dans sa dimension tridimensionnelle figure 2.11). Mais nous ne sommes pas encore au bout de nos peines pour nous rapprocher de la réalité et faire perdre aux sons leur aspect théorique.

Le *bruit à caractère musical* est donc un mélange de sons dont les fréquences et les amplitudes varient rapidement (Fig. 2.11). Tel composant sonore peut être si rapide que nous n'avons pas le temps d'en distinguer la fréquence, telles autres bandes de fréquence sont si nombreuses et variées qu'elles représentent un *continuum* (spectre continu).

Le *bruit du type choc élémentaire* est la phase suivante : les sons partiels sont si nombreux que le spectre de fréquence devient continu (Fig. 2.12). Certains partiels sont d'amplitude plus importante et se dégagent du fond sonore. L'amortissement est très rapide et la déformation de ce spectre est instantanée donnant sur un film continu l'aspect de vagues se modifiant en permanence.

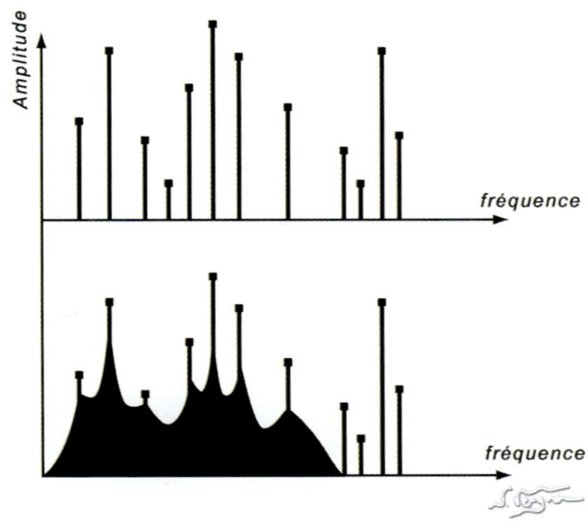

Fig. 2.12 – *Bruit de type choc élémentaire*

La figure 2.12 en haut, représente le spectre à l'instant de la percussion d'un xylophone et la figure 2.12 en bas, le même spectre une fraction de seconde après la percussion. Au bout d'un certain temps il persiste une seule raie appelée la « raie ultime » qui caractérise l'instrument.

Finalement *l'itération de bruits du type choc élémentaire* ne fait que répéter le bruit précédent et correspond à ce que nous rencontrons dans la vie courante.

S'il s'agit de *répétitions périodiques*, l'analyse spectrale montrera la superposition d'un spectre continu et des bandes de fréquences d'amplitude relative plus importante correspondant aux chocs

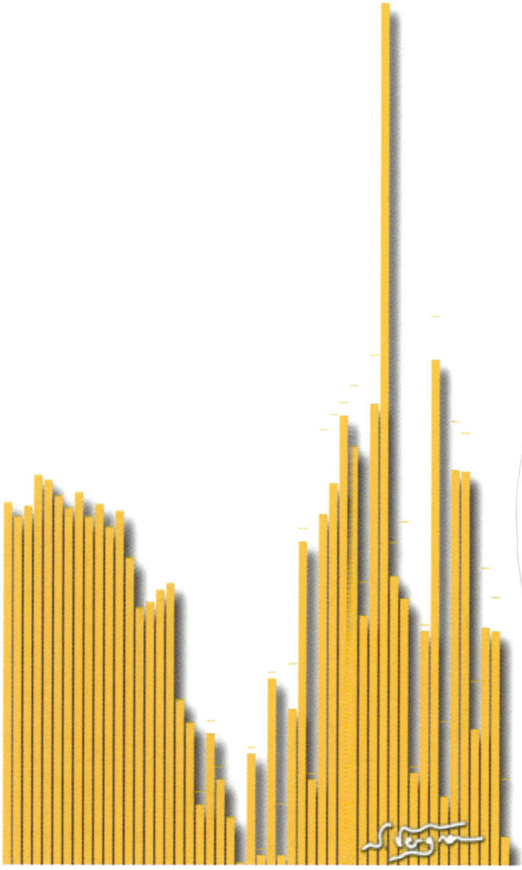

Fig. 2.13 – *Itération de bruits de type choc élémentaire*

élémentaires. Un petit orchestre jouant une mélodie rythmée donne le spectre qui sur un oscilloscope se déforme au rythme et à l'amplitude de la musique (Fig. 2.13).

S'il s'agit de *répétitions non périodiques* se reproduisant de manière aléatoire, l'appareil va faire une moyenne de la fréquence d'itération (ce n'est pas la fréquence du son) et donner un spectre de bruit blanc si elle dépasse dix répétitions par seconde. C'est le cas du bruit d'une averse sur un toit.

Dans la vie un certain nombre de bruits vont compromettre la perception d'informations parce qu'alors se constitue un bruit de fond qui se mélange à ces informations et élève le seuil de perception de ce qui nous intéresse.

L'attention, la lecture labiale, le rapprochement de la source sont souvent suffisants pour permettre de saisir l'information. Si la portion informante du message se trouve dans une zone de mauvaise perception (aigus de la zone conversationnelle non perçus), le message est entendu mais non signifiant. Le rapport signal bruit est trop petit.

Quelques notions de musique

En ce qui concerne l'intensité, l'oreille humaine est sensible à des écarts de pression de 0,5 décibel (dB). Le 0 dB est fixé à 20 micropascals et 128 dB correspondent à 20 000 000 de micropascals. C'est le champ d'intensité de l'oreille humaine.

Pour la fréquence, un cycle par seconde est égal à 1 Hertz (Hz). À titre d'exemple la voix humaine correspond à 500 Hz. Un soprano a un registre qui va de 80 à 1 150 Hz et un piano offre un champ de 27 à 4 150 Hz. L'oreille perçoit de 20 à 20 000 Hz, c'est le champ des fréquences audibles.

Si l'on indique l'intensité en ordonnée et la fréquence en abscisse on obtient le *champ auditif* (Fig. 2.14).

Entre un nombre de cycles par seconde et son doublement, il y a une octave. La gamme découpe l'octave en sept notes (Do, Ré, Mi, Fa, Sol, La, Si). La note perçue pour la première note de la gamme donne la même sensation que celle qui correspond à son doublement mais plus aiguë. Le La qui sert de référence pour s'accorder est arbitrairement et communément accepté à 440 Hz. Il en résulte la gamme descendante suivante :

- do = 523 Hz ;
- si = 494 Hz ;
- la = 440 Hz ;
- sol = 392 Hz ;
- fa = 349 Hz ;
- mi = 330 Hz ;
- ré = 311 Hz ;
- do = 262 Hz.

Entre deux notes, il y a un ton découpé en neuf *commas* (la plus petite différence sensible à l'oreille entre deux fréquences), sauf entre le mi et le fa et entre le si et le do où il n'y a qu'un demi-ton (4,5 *commas*). C'est Jean-Sébastien Bach qui a découpé les neuf *commas* au milieu, soit 4,5 pour les dièses ou les bémols qui normalement étaient différents, le dièse augmentant le son de cinq *commas* et le bémol le descendant de quatre. Mais les instruments à notes préétablies ne pouvaient pas réaliser cette découpe et Bach a décidé de « bien tempérer » le clavecin... L'oreille s'y est habituée.

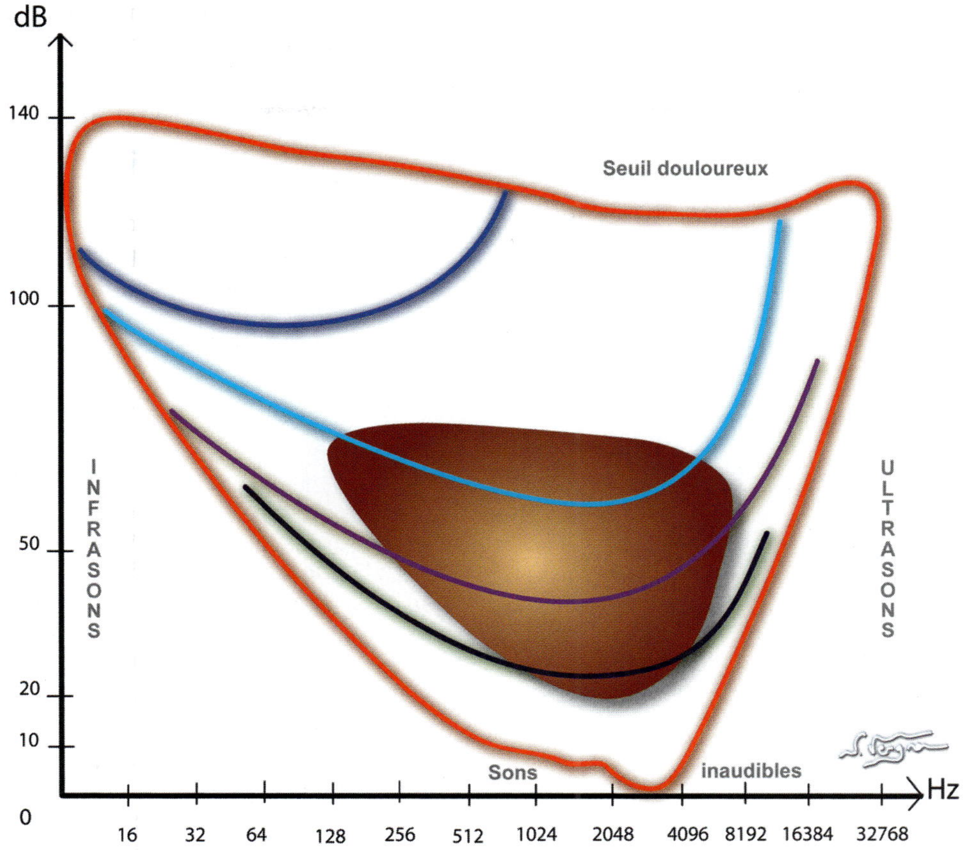

Fig. 2.14 – *Champ auditif*

La sensation harmonieuse que perçoit l'oreille est bien meilleure si la fréquence des harmoniques est un nombre entier. Il en résulte que l'accord parfait est celui qui fait intervenir comme 1re harmonique du son fondamental, la 12e et comme 2e note, la 17e harmonique du son fondamental ; do-mi-sol est un accord parfait.

L'oreille absolue compare le son à une référence prenant le « La 440 » comme base, l'oreille relative est seulement capable de comparer deux notes entre elles sans les situer par rapport à cette référence objective.

Certaines oreilles, en particulier celles des musiciens, sont capables de percevoir des intervalles infimes, d'autres n'en n'ont qu'une vague idée et nous avons là l'exemple du chaos dont l'attracteur étrange est la justesse. Dans l'ensemble, la plupart des oreilles, des plus fines aux plus grossières, reçoivent des messages différents mais s'adaptent pour en faire des images voisines qui peuvent être assimilées comme identiques. On retrouve partout le chaos :

- la modification entraînée par l'introduction d'une harmonique par exemple avec un changement de sonorité parfois surprenant ;
- l'invariant d'échelle d'octave en octave ;
- la non-linéarité de l'intensité et de la fréquence ;
- les attracteurs étranges que sont certaines mélodies, certains accords, certains rythmes, certains instruments ;
- le champ auditif…

Nous sommes bien dans le monde du chaos depuis les ondes sonores jusqu'à leurs réceptions et leurs interprétations.

■ En quelques lignes ■

Le son est une modification vibratoire d'une pression pulsionnelle de la matière. Comme toutes les ondes, l'onde sonore est susceptible d'être amortie, réfléchie, réverbérée, d'être réfractée ou diffractée, d'être absorbée. Elle est sphérique ou plane. L'onde sonore a une intensité et une fréquence audibles si les deux paramètres ont une valeur comprise dans les limites du champ auditif. Deux ondes sonores sont en phase ou déphasées selon que leur fréquence est la même ou non et se produit en même temps. Il n'y a pas de son pur dans la nature mais des sons complexes. C'est le nombre d'harmoniques qui timbre le son. Dans son champ, l'oreille analyse l'intensité, la fréquence et le timbre, les transitoires (période d'installation ou de disparition du son) de plusieurs sons mélangés. On distingue les sons harmonieux (vibrations sinusoïdales) des bruits (vibrations anarchiques), des bruits de type choc élémentaire et des successions de ce dernier type. Quelques notions de mesure théorique complètent ce chapitre dans lequel le chaos prend déjà toute sa place aussi bien dans la complexité sonore environnante que dans la traduction que notre cerveau en fait.

Pour approfondir

LAFON JC, L'oreille, horloge du temps II. *Bulletin d'Audiophonologie*, vol II, n° 4, Besançon, 1986b, 281 p.

LAFON JC. L'oreille, horloge du temps I. *Bulletin d'Audiophonologie*, vol II, n° 3, Besançon, (1986a), 255 p.

LAFON JC. L'oreille, horloge du temps III, *Bulletin d'Audiophonologie*, vol II, nos 5 et 6, Besançon, 1986c, 622 p.

MATRAS JJ. *Le son,* coll. Que sais-je ?, Presses Universitaires de France, Paris : 1961 ; 128 p.

ODIER M. Le bruit. *Le concours médical*, Paris, Masson, 1964, *86*-7 : 1111-1118.

Partie II

Anatomie et physiologie

CHAPITRE 3

Situation de l'oreille dans la boîte crânienne

Ce préambule est nécessaire afin de situer l'oreille par rapport à la boîte crânienne. Il ne sera peut-être pas inutile de revoir ces généralités après avoir pris connaissance de l'anatomie descriptive qui va suivre. Une vue d'ensemble de l'organe de l'audition (Fig. 3.1) permet de constater qu'il se compose de trois parties.

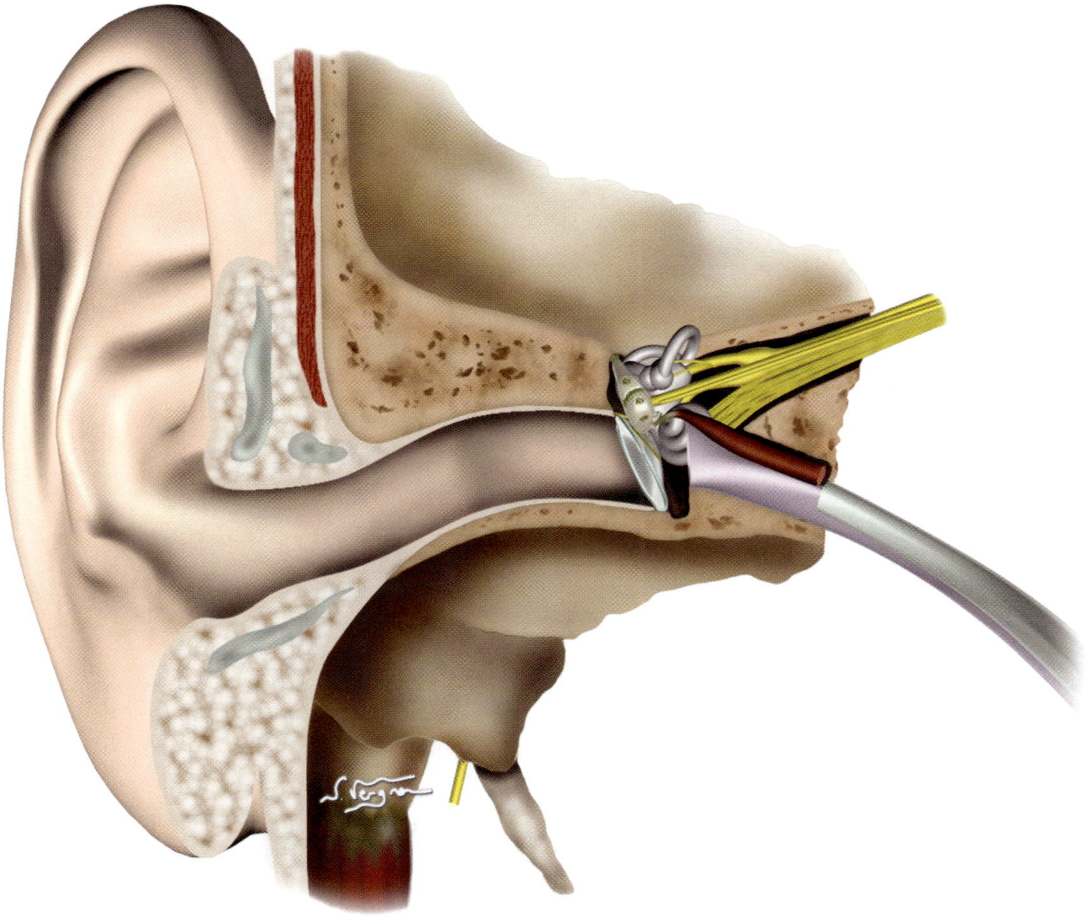

Fig. 3.1 – *L'organe sensoriel de l'audition : les trois oreilles vues par en avant*

Ces trois parties (Fig. 3.2) sont

- l'oreille externe (en bleu) constituée du pavillon ou auricule et du conduit auditif externe ;
- l'oreille moyenne (en vert) ou caisse du tympan, séparée du conduit auditif externe par la membrane tympanique ou tympan et contenant les trois osselets : le marteau, l'enclume et l'étrier, avec son prolongement pharyngé, la trompe auditive (ou d'Eustache) ; la caisse du tympan s'ouvre en arrière dans la mastoïde par l'*aditus ad antrum* ;
- l'oreille interne (en rouge) ou labyrinthe est divisée en deux parties ; la portion antérieure est appelée labyrinthe antérieur ou cochlée et est dédiée à l'audition ; le labyrinthe postérieur est plus spécialement consacré à l'équilibration et comprend le vestibule avec l'utricule et le saccule ainsi que les trois canaux semi-circulaires.

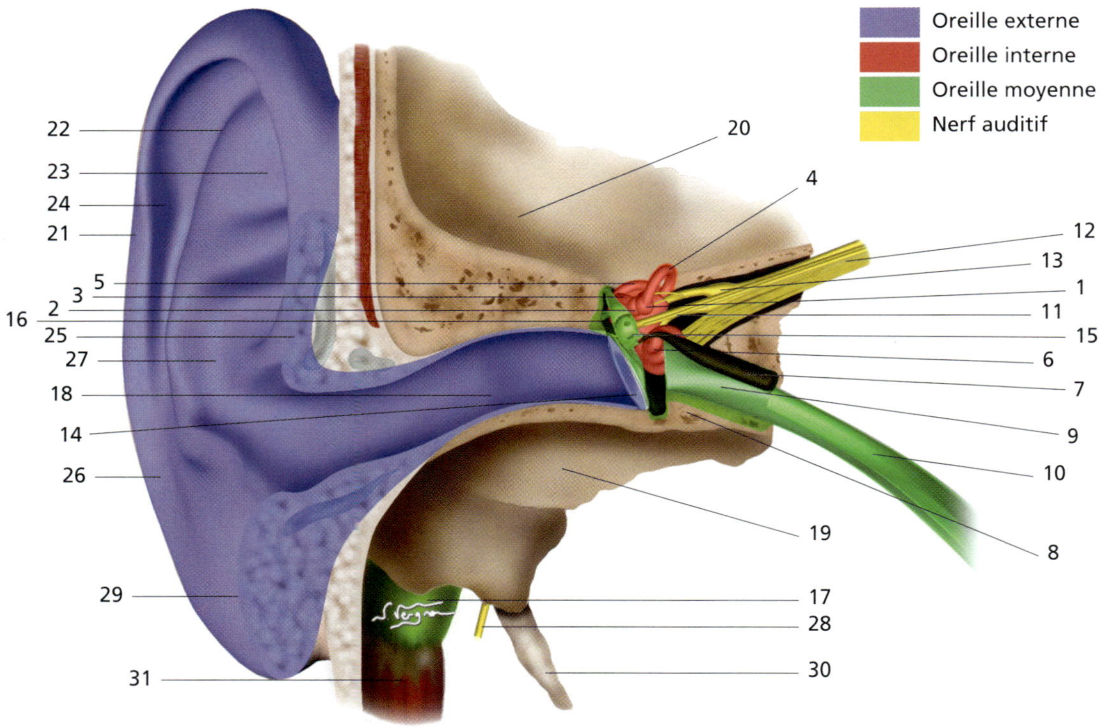

Fig. 3.2 – *Les trois oreilles*

1. Ampoule du canal semi-circulaire antérieur
2. Ampoule du canal semi-circulaire latéral
3. Canal semi-circulaire latéral
4. Canal semi-circulaire antérieur
5. Canal semi-circulaire postérieur
6. Cochlée (enroulement cochléaire)
7. Muscle du marteau
8. Trompe auditive osseuse (prototympanum)
9. Trompe auditive cartilagineuse
10. Muqueuse de la trompe auditive
11. Nerfs VII et VII *bis* dans le CAI (conduit auditif interne)
12. VIII – Nerf cochléaire dans le CAI (conduit auditif interne)
13. VIII – Nerf utriculaire dans le CAI (conduit auditif interne) et ganglion de Scarpa
14. Tympan engainant le manche du marteau
15. Marteau : tête et manche
16. Corps de l'enclume
17. Mastoïde
18. Conduit auditif externe débouchant dans la conque
19. Cavité glénoïde de l'articulation temporo-mandibulaire
20. Fosse crânienne moyenne (temporale)
21. Hélix
22. Anthélix
23. Fossette naviculaire
24. Gouttière de l'hélix
25. Racine de l'hélix
26. Queue de l'hélix
27. Conque
28. Nerf facial (sortant du trou stylo-mastoïdien)
29. Lobule
30. Processus styloïde
31. Muscle sterno-cleïdo-mastoïdien

L'oreille est un organe pair situé de part et d'autre de la tête. Les deux oreilles sont séparées l'une de l'autre par une dizaine de cm. Chaque oreille est située dans un espace long d'environ 4 cm et dont l'épaisseur est d'environ 1 cm. Ces éléments sont très importants pour le relief et la discrimination sonores. L'oreille interne est directement en relation avec tout le système nerveux.

La situation de l'oreille et ses dépendances dans le rocher permet de mieux comprendre ses relations et leurs conséquences dans les situations cliniques que l'on rencontre. Par exemple, une fracture du rocher selon son axe peut endommager tout ou partie de l'oreille mais peut également la laisser intacte. L'os tympanal qui constitue la paroi inférieure et antérieure du conduit auditif externe est également une partie de la glène qui reçoit le condyle mandibulaire. Un coup de poing sur la mâchoire peut léser le conduit et l'oreille moyenne.

La figure 3.3 montre l'oreille dans le rocher vue par en haut en surplombant la base du crâne par une vue endocrânienne.

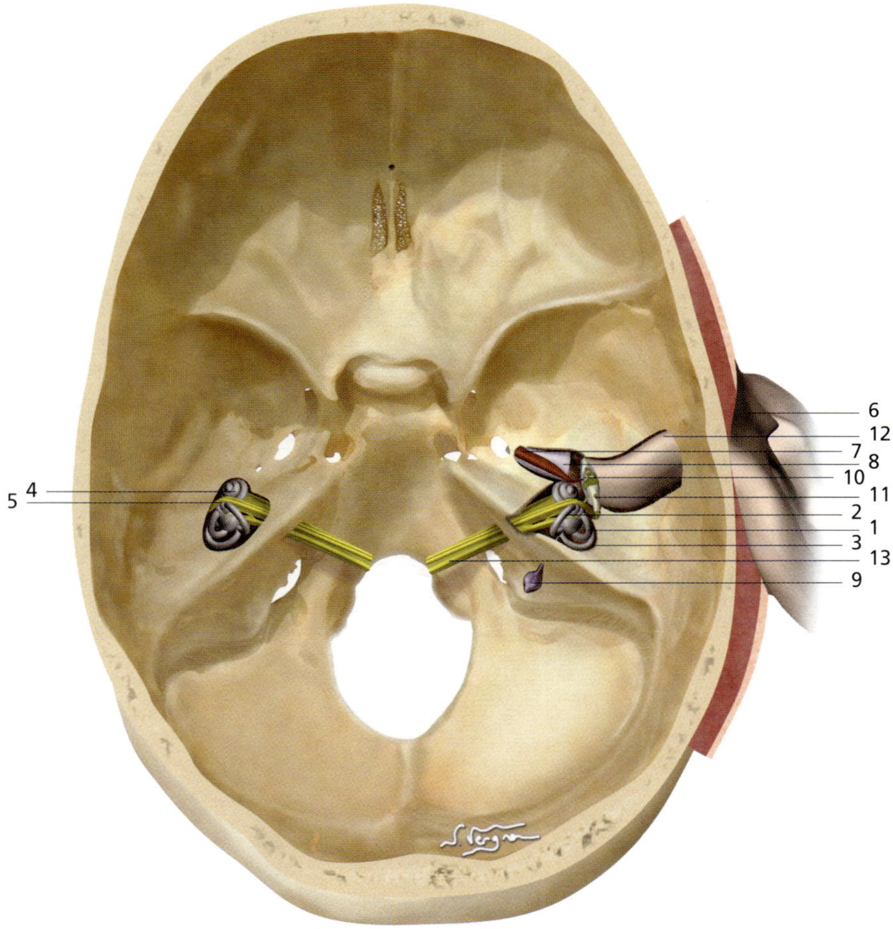

Fig. 3.3 – *Situation de l'oreille. Vue supérieure endocrânienne de l'oreille (ablation d'une partie des faces endocraniennes antérieures du rocher)*

1. Canal semi-circulaire latéral
2. Canal semi-circulaire antérieur
3. Canal semi-circulaire postérieur
4. Cochlée (enroulement cochléaire)
5. Nerfs VII et VII *bis*
6. Pavillon
7. Muscle du marteau
8. Muqueuse de la trompe auditive
9. Sac endolymphatique
10. Tête du marteau
11. Corps de l'enclume
12. Peau du conduit auditif externe
13. VIIIe paire crânienne

La figure 3.4 montre l'oreille vue par en dehors à travers les téguments et le pavillon de l'oreille rendus transparents. On voit bien le nerf facial et l'orientation de la trompe auditive.

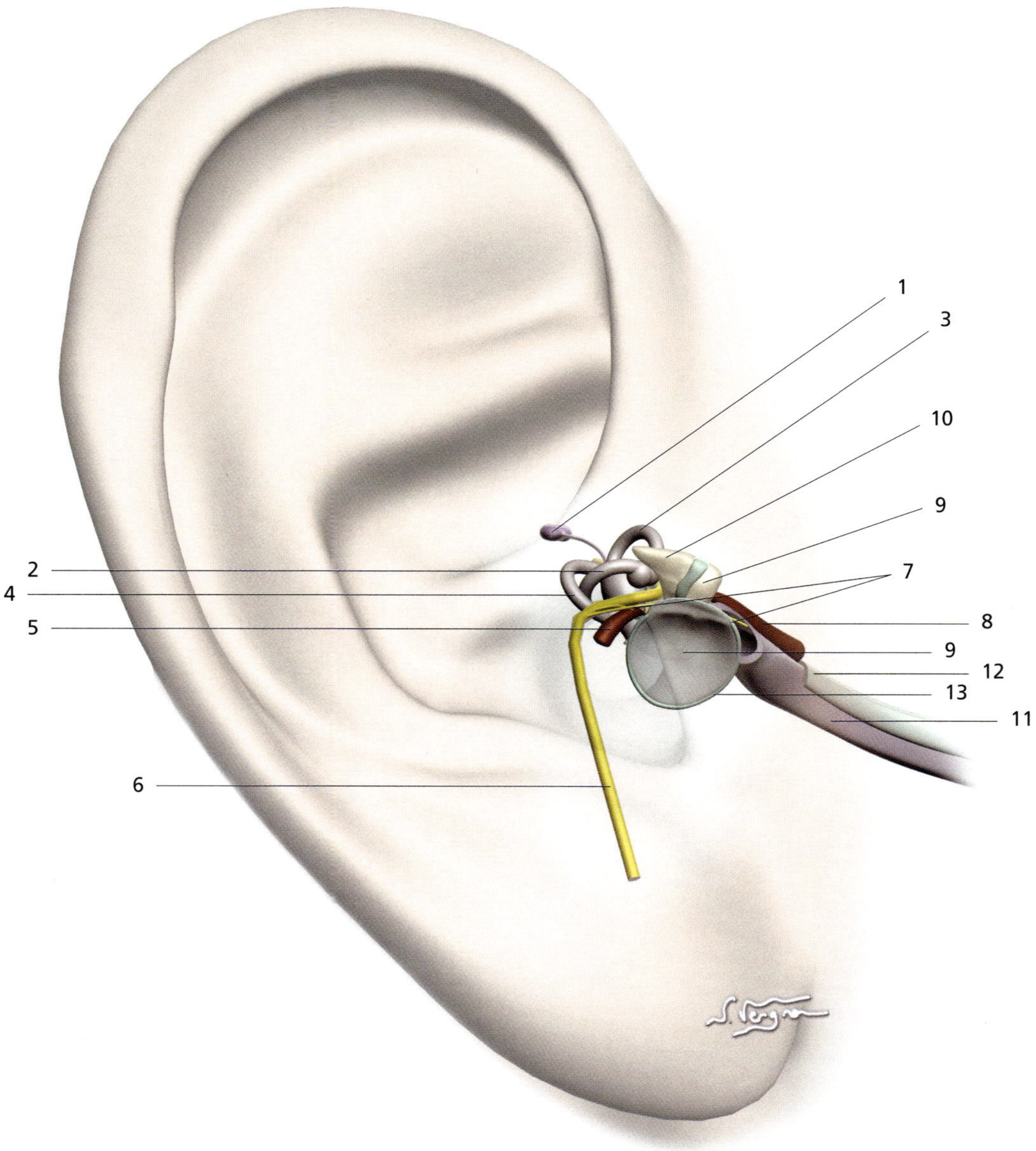

Fig. 3.4 – *Situation de l'oreille. Vue latérale ; oreille par transparence*

1. Sac endolymphatique
2. Canal semi-circulaire latéral
3. Canal semi-circulaire antérieur
4. Canal semi-circulaire postérieur
5. Muscle de l'étrier
6. Nerf facial
7. Corde du tympan
8. Muscle du marteau
9. Marteau : tête et manche à travers le tympan
10. Corps de l'enclume et sa courte apophyse
11. Muqueuse de la trompe
12. Cartilage de la trompe
13. Ligament annulaire

La figure 3.5 montre l'oreille vue par en dessous en regardant la base du crâne par en dehors.

On situera également la sortie de la trompe auditive et sa situation par rapport au *cavum*.

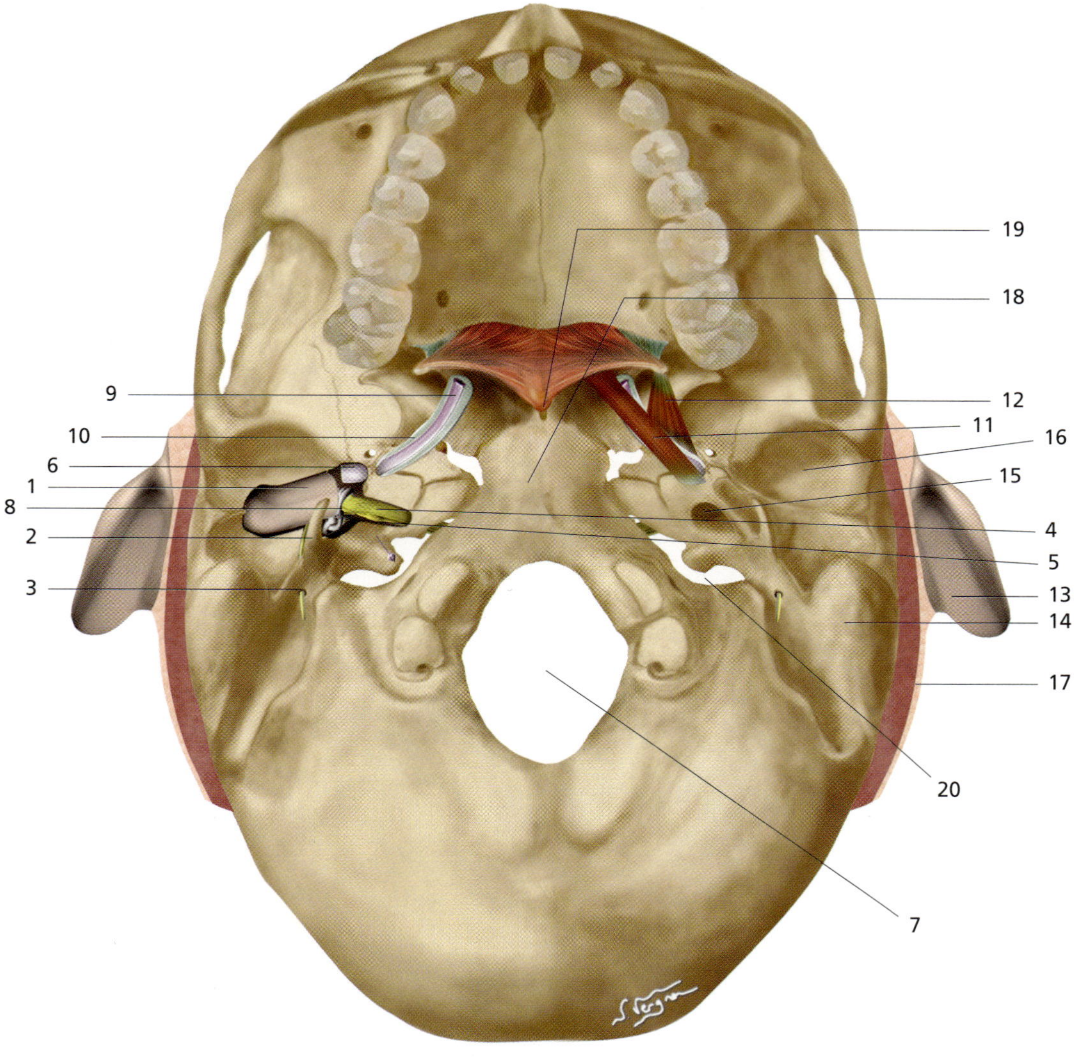

Fig. 3.5 – *Situation de l'oreille. Vue inférieure exocrânienne (paroi droite réséquée)*

1. Peau du conduit auditif externe
2. Processus styloïde
3. Foramen stylo-mastoïdien et le VII
4. VIII : Nerf cochléaire
5. VIII : Nerf sacculaire et ganglion de Scarpa
6. Muqueuse du prototympanum (une partie a été réséquée)
7. Trou occipital
8. Enroulement cochléaire
9. Muqueuse de la trompe auditive
10. Cartilage de la trompe
11. Muscle élévateur du voile du palais
12. Muscle tenseur du voile du palais
13. Pavillon de l'oreille
14. Processus mastoïdien
15. Canal carotidien
16. Fosse mandibulaire
17. Téguments
18. Tubercule pharyngien
19. Luette
20. Foramen déchiré

Chapitre 4

L'oreille externe

Le pavillon de l'oreille et le conduit auditif externe

Le pavillon de l'oreille (Fig. 4.1) comporte d'arrière en avant : l'*hélix*, l'*anthélix* et la conque. Le *tragus* borde en avant le méat auditif, l'*antitragus* lui fait face en arrière à l'extrémité inférieure de l'*anthélix*.

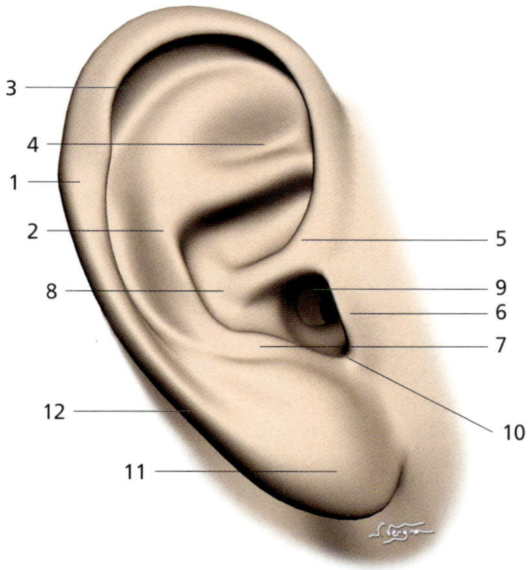

Fig. 4.1 *– Le pavillon et le méat du conduit auditif externe*

1. Hélix
2. Anthélix
3. Gouttière de l'hélix
4. Fossette naviculaire
5. Racine de l'hélix
6. Tragus
7. Antitragus
8. Conque
9. Méat auditif externe
10. Incisure intertragienne
11. Lobule
12. Queue de l'hélix

Grâce à sa forme, il capte plus facilement les sons latéraux et antérieurs. Les sons postérieurs lui parviennent assourdis. Ces différences d'intensité nous renseignent sur la localisation de la source sonore vers laquelle nous tournons la tête par réflexe pour une éventuelle identification plus précise par l'œil.

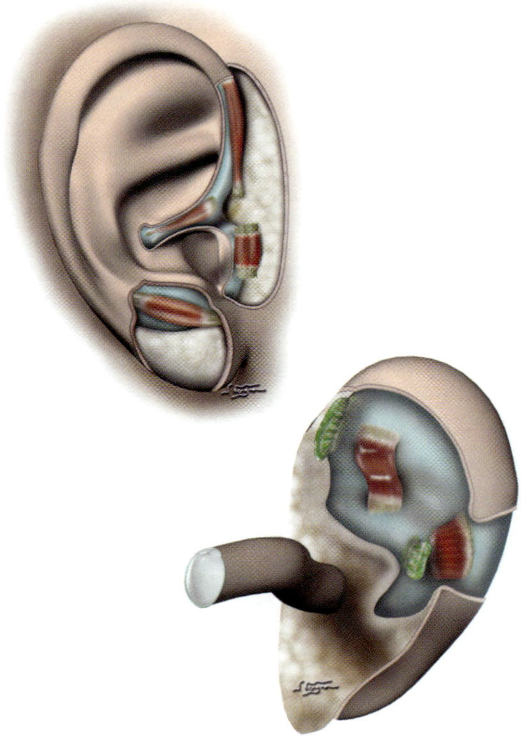

Fig. 4.2 – *Les muscles atrophiés de l'oreille externe, d'après Sobotta*

Le conduit auditif externe fait suite au méat, il mesure environ 3 cm et présente deux courbures dans les trois plans de l'espace, rendant difficile la vision totale du tympan (Fig. 4.2, 4.3 et 4.4) sans tirer le pavillon en haut et en arrière pour les redresser. Chez l'animal, des muscles permettent d'orienter le pavillon vers la source sonore. Chez l'homme ils sont atrophiés (Fig. 4.2). L'innervation des muscles est assurée par le nerf facial (rameau auriculaire du nerf auriculaire postérieur).

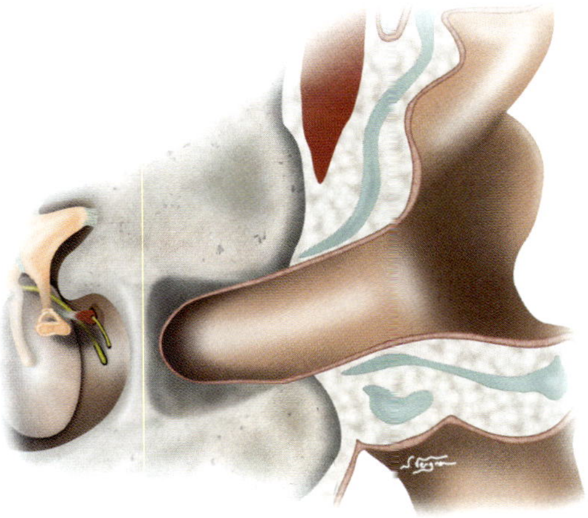

Fig. 4.3 – *Le conduit auditif vu par en arrière*

L'innervation sensitive de l'oreille externe est très complexe :

- le fond du méat acoustique et la partie postérieure du tympan sont innervés par la Xe paire crânienne ou nerf pneumogastrique (rameau auriculaire) ce qui explique l'otalgie réflexe de tumeurs éloignées de l'oreille (pharynx) ;
- la partie antérieure du tympan par le nerf auriculo-temporal, branche du nerf mandibulaire venu de la branche terminale du trijumeau (V_3) ;
- la conque par le nerf intermédiaire de Wrisberg (VII *bis*) et le reste du pavillon par le nerf grand auriculaire (C2/C3).

Pavillon et conduit auditif externe conduisent le son vers le tympan où l'onde sonore arrive amplifiée de 3 à 6 dB. Cela joue un grand rôle quand on parle près du conduit. En s'approchant de l'oreille d'un grand sourd, on peut lui faire entendre ce qu'il ne percevait pas à distance, même en criant.

Au conduit auditif externe, fermé par le tympan, fait suite l'oreille moyenne (Fig. 4). Le tympan est constitué de trois couches. La couche externe prolonge, au niveau du tympan, la couche épidermique de la peau du conduit auditif externe. La couche moyenne est une couche fibreuse solidement amarrée au *sulcus* par le ligament annulaire. La couche profonde, muqueuse, fait suite à la muqueuse respiratoire qui tapisse la caisse du tympan.

■ En quelques lignes ■

L'oreille externe est constituée par le pavillon et le conduit auditif externe. Le pavillon de l'oreille et le conduit auditif externe concentrent le son et le renforcent d'environ 3 à 6 dB. Le fait que le pavillon soit orienté vers l'avant et le dehors permet de distinguer les sons qui viennent de face de ceux qui parviennent de dos puisque les premiers sont perçus plus intensément.

Pour approfondir

Rosowski JI. Models of external- and middle-ear function. In : *Auditory Computation*, Hawkins HL, McMullen TA, Popper AN, Fay FR (eds), Springer, New York, 1996 : 55-61.

Rouvière H. (1954), *Anatomie humaine descriptive et topographique*, Révisé par Cordier G., tome I, *Tête et cou*, Paris, Masson, 1994.

Sobotta C. *Atlas d'anatomie humaine*, édité par Putz R., Pabst R., édition française Dhem A. et Gouazé A., Paris, Éditions Médicales Internationales, 1994.

Tortora GJ, Grabowski SR. *Principe d'anatomie et de physiologie*, Anjou (Québec), Centre éducatif et culturel Inc., 1997.

Wever EG, Lawrence M. *Physiological Acoustics*. Princeton, USA. Princeton Univ. Press, 1954.

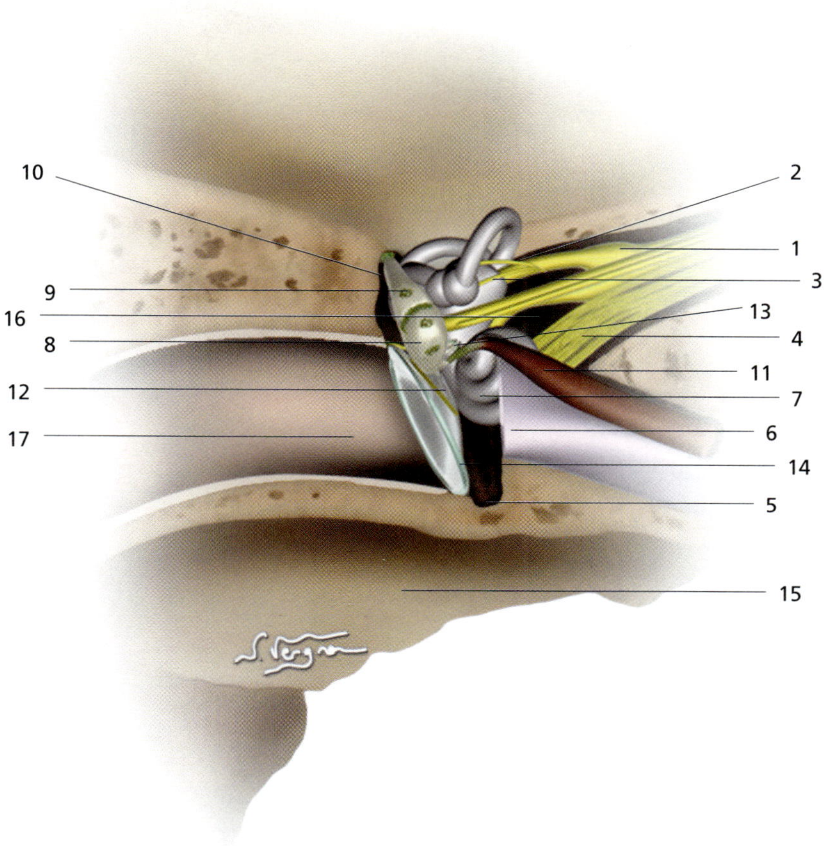

Fig. 4.4 – *Le fond du conduit auditif externe (coupe frontale)*

1. Nerf utriculaire et ganglion de Scarpa
2. Nerf ampullaire latéral
3. Nerf ampullaire antérieur
4. Nerf cochléaire
5. Hypotympanum
6. Orifice (muqueux) de la trompe auditive
7. Enroulement cochléaire
8. Tête du marteau
9. Corps de l'enclume
10. Attique
11. Muscle du marteau et sa poulie (bec de cuiller réséqué)
12. Manche du marteau
13. Étrier
14. Tympan et ligament annulaire
15. Fosse mandibulaire
16. Fond du conduit auditif interne
17. Fond du conduit auditif externe

CHAPITRE 5

L'oreille moyenne

La caisse du tympan, creusée dans l'os temporal, comprend deux parties inégales :

- l'une en forme de voûte, au-dessus de la membrane tympanique, est appelée attique et est remplie par les corps du marteau et de l'enclume ainsi que par leurs ligaments suspenseurs (Fig. 5.1 et 5.3) ;
- l'autre presque vide, appelée *atrium*, contenant l'articulation incudo-stapédienne et les fenêtres ronde et ovale. La trompe d'Eustache ou trompe auditive débouche dans la partie antérieure haute de l'*atrium* (Fig. 5.1).

La paroi externe de l'attique fait suite à la voûte et correspond uniquement à la *pars flaccida* du tympan. La paroi externe de l'*atrium* est constituée par le tympan (Fig. 5.1, 5.2 et 5.4) et l'os squameux sous-jacent.

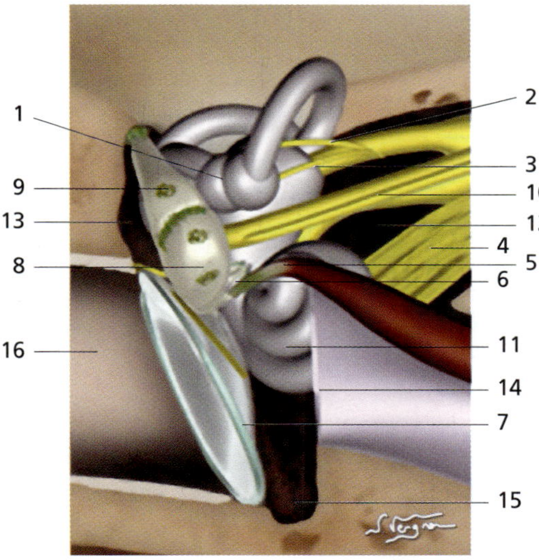

Fig. 5.1 – *La caisse vue par en avant et en haut (attique)*

1. Ampoules des canaux semi-circulaires : antérieure et latérale
2. Nerf ampullaire latéral
3. Nerf ampullaire antérieur
4. Nerf cochléaire
5. Muscle du marteau et sa poulie (bec de cuiller réséqué)
6. Étrier
7. Tympan et ligament annulaire
8. Tête du marteau et manche du marteau
9. Corps de l'enclume et sa branche courte
10. VII et VII *bis*
11. Enroulement cochléaire
12. Fond du conduit auditif interne
13. Attique
14. Orifice tubaire (muqueuse)
15. Hypotympanum
16. Fond du conduit auditif externe

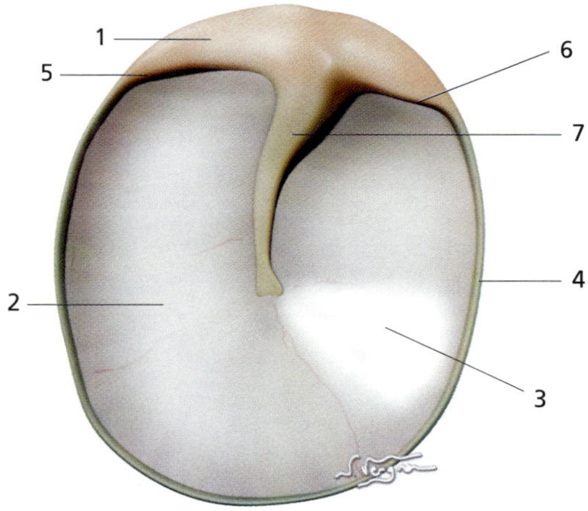

Fig. 5.2 – *Tympan droit (représentation 3D)*

1. Pars flacida
2. Pars tensa
3. Emplacement du triangle lumineux
4. Ligament annulaire
5. Ligament tympanomalléaire postérieur
6. Ligament tympanomalléaire antérieur
7. Emplacement du manche

La paroi interne de la caisse, barrée par le canal de Fallope contenant le nerf facial (Fig. 5.5, 5.6, 5.7 et 5.15), présente en haut, au niveau de l'attique, la saillie du canal semi-circulaire externe (Fig. 5.5) qui appartient au labyrinthe postérieur (équilibration) et en bas, au niveau de l'*atrium*, la saillie du

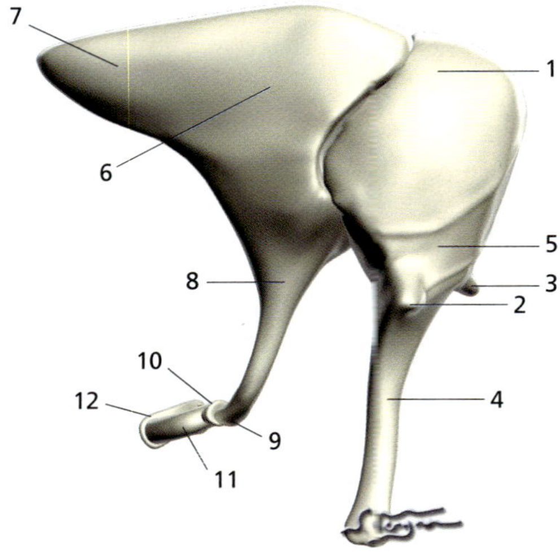

Fig. 5.3 – *Marteau, enclume et étrier*

1. Marteau
2. Processus court ou latéral
3. Processus antérieur (tendon du muscle du marteau)
4. Manche du marteau
5. Col du marteau
6. Corps de l'enclume
7. Branche courte
8. Branche longue
9. Processus lenticulaire
10. Tête de l'étrier
11. Branche postérieure de l'étrier
12. Base ou platine de l'étrier

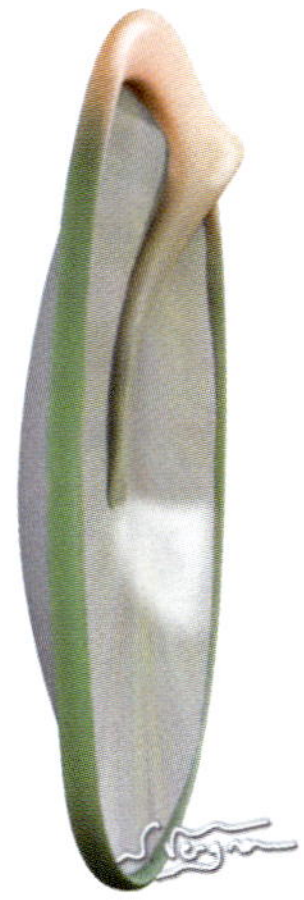

Fig. 5.4 – *Tympan droit (représentation 3D, profil)*

promontoire (Fig. 5.6, 5.7 et 5.15) qui correspond au tour basal de la cochlée (audition).

Sous le nerf facial, juste avant le genou, se trouve une cavité appelée *sinus tympani* (Fig. 5.6 et 5.7). Elle contient une saillie osseuse, la pyramide. Elle abrite le muscle de l'étrier et son nerf venu du nerf facial. Un peu en avant du *sinus tympani*, la fenêtre ovale reçoit la platine de l'étrier et ouvre la route à l'onde sonore qui change de milieu et va parcourir le liquide périlabyrinthique.

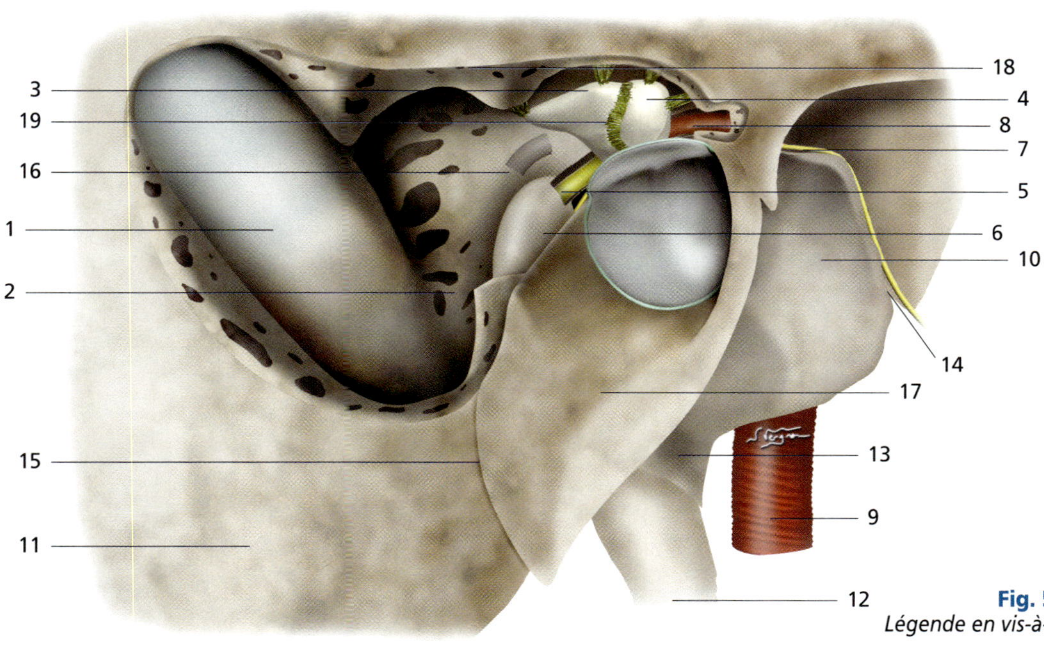

Fig. 5.5
Légende en vis-à-vis

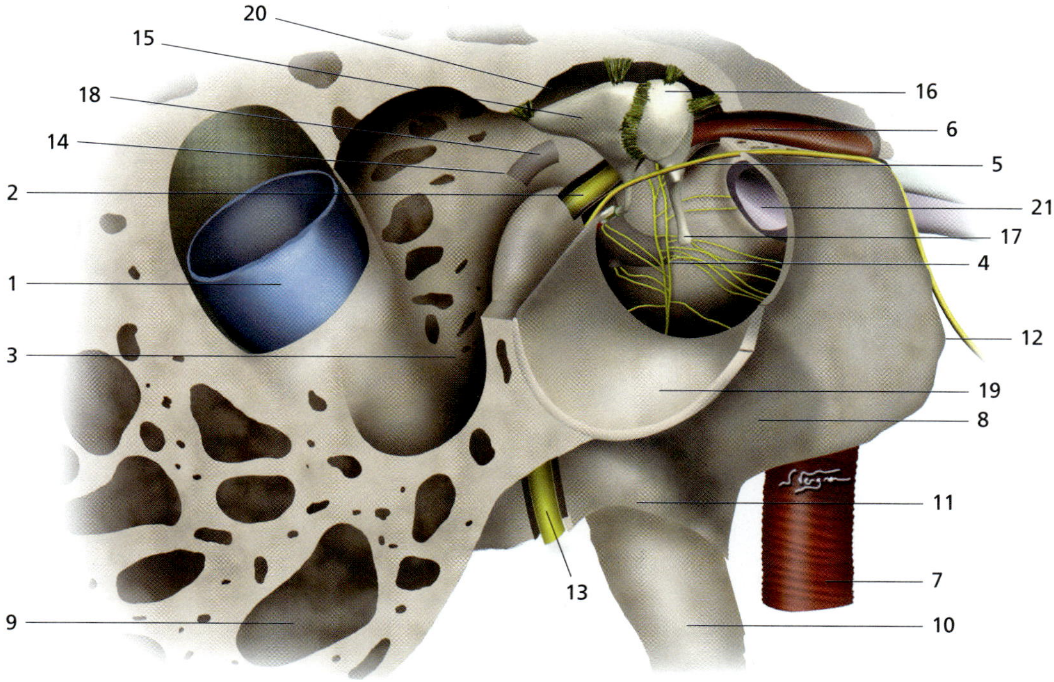

Fig. 5.6 – *Face interne de la caisse du tympan avec les osselets, le tympan étant enlevé*

1. Sinus sigmoïde, partiellement dénudé et interrompu
2. Canal facial dénudé au niveau de sa portion surplombant la fenêtre ovale
3. Antre mastoïdien
4. Nerf tympanique (anct. Jacobson) et ses branches, sur le promontoire
5. Corde du tympan
6. Muscle du marteau
7. Carotide interne
8. Fosse mandibulaire (ou cavité glénoïde de l'articulation temporo-mandibulaire)
9. Processus mastoïde et ses cellules
10. Processus styloïde
11. Crête vaginale du processus styloïde
12. Fissure pétro-tympanique
13. Nerf facial au trou stylo-mastoïdien
14. Relief du canal semi-circulaire latéral partiellement dénudé
15. Corps de l'enclume et ses ligaments
16. Tête du marteau et ses ligaments
17. Manche du marteau
18. Canal latéral, sa coque est abrasée
19. Os tympanal partiellement réséqué
20. Corticale méningée
21. Orifice tubaire

Fig. 5.5 – *Paroi externe de l'oreille moyenne (coupe superficielle)*

1. Sinus sigmoïde (anciennement : latéral) dénudé dans sa portion mastoïdienne
2. Antre et cellules mastoïdiennes
3. Corps de l'enclume et ses ligaments
4. Tête du marteau et ses ligaments
5. Nerf facial (VII) dont le canal est en partie ouvert au-dessus de la fenêtre ovale
6. Éminence pyramidale
7. Corde du tympan
8. Muscle du marteau
9. Carotide interne
10. Cavité glénoïde de l'ATM
11. Processus mastoïde
12. Processus styloïde
13. Crête vaginale du processus styloïde
14. Fissure pétrotympanique
15. Fissure tympanomastoïdienne
16. Relief du canal semi-circulaire latéral (dénudé)
17. Os tympanal
18. Corticale méningée
19. Manchon capsulaire entre marteau et enclume

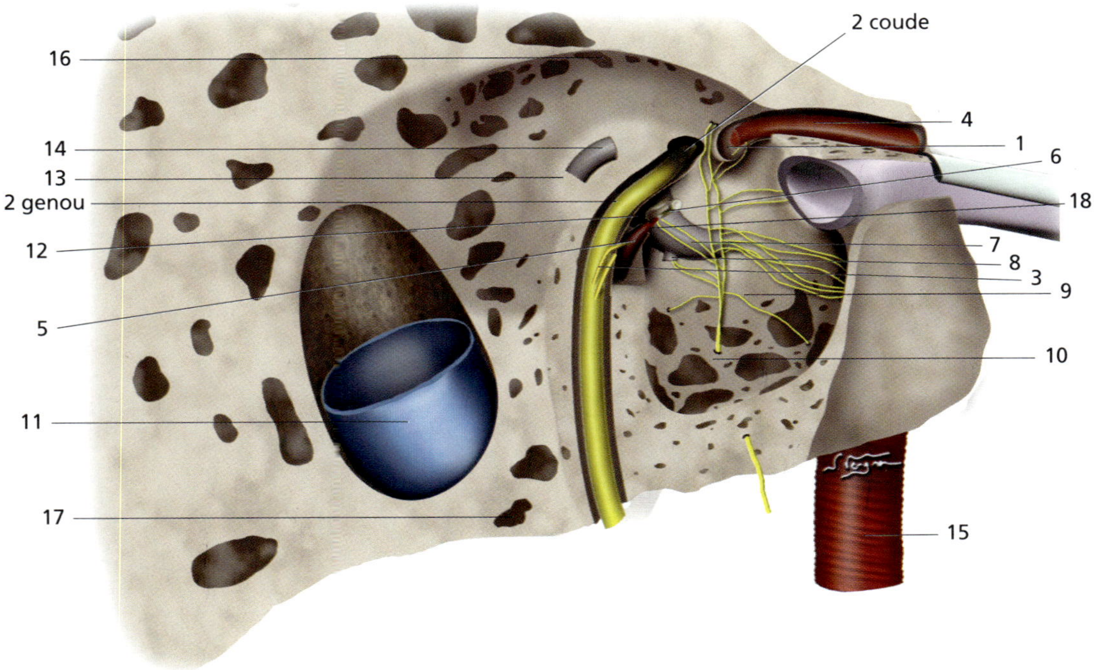

Fig. 5.7 – *Face interne de la caisse du tympan, le tympan et les osselets étant enlevés (coupe profonde)*

1. Bec de cuiller ou processus cochléariforme
2. Nerf facial : coude, 2e portion, genou, 3e portion
3. Corde du tympan
4. Muscle du marteau
5. Muscle de l'étrier et son nerf
6. Étrier dans la fenêtre ovale
7. Début du 1er tour de spire de la cochlée
8. Fenêtre ronde
9. Promontoire
10. Hypotympanum
11. Sinus sigmoïde
12. Récessus sous-facial ou sinus tympani
13. Relief du canal semi-circulaire latéral
14. Canal semi-circulaire latéral dénudé
15. Carotide
16. Corticale méningée
17. Cellules mastoïdiennes
18. Pyramide

Au-dessous du relief du tour basal de la cochlée appelé promontoire, une autre fenêtre appelée fenêtre ronde. Elle permet au liquide incompressible de trouver une échappatoire inverse au mouvement de la fenêtre ovale.

La paroi antérieure s'ouvre au niveau de l'*atrium* sur la trompe auditive (Fig. 5.5, 5.6, 5.7 et 5.9) et la paroi postérieure correspond à la mastoïde avec laquelle la caisse du tympan communique par un petit canal ouvert dans l'attique : l'*aditus ad antrum*. La corde du tympan naît du facial, juste en dessous du nerf du muscle de l'étrier. Elle contient des fibres du goût provenant du nerf intermédiaire de Wrisberg (VII *bis*). Elle suit la partie haute du tympan pour sortir au niveau de la scissure tympanosquameuse antérieure (Fig. 5.5 et 5.6).

Immédiatement dirigé par le pavillon et, si besoin, l'orientation de la tête vers la source sonore, le son subit déjà quelques modifications dans le conduit auditif externe en se réverbérant sur les parois et en se renforçant dans ce canal, le conduit transforme une onde sphérique en une onde longitudinale focalisant ainsi le son sur la membrane tympanique. Le tympan entre alors en vibration entraînant le manche du marteau (Fig. 5.2, 5.5 et 5.9) qui lui est solidement attaché. Ce dernier transmet à l'enclume la vibration amplifiée par le bras de levier que lui confèrent sa forme et ses attaches. L'enclume la transporte jusqu'à l'étrier dont la platine oscille dans la fenêtre ovale selon les axes du plan de cette fenêtre (Fig. 5.6, 5.7, 5.8, 5.13 et 5.14). Au total, la fréquence fondamentale du son a été préservée

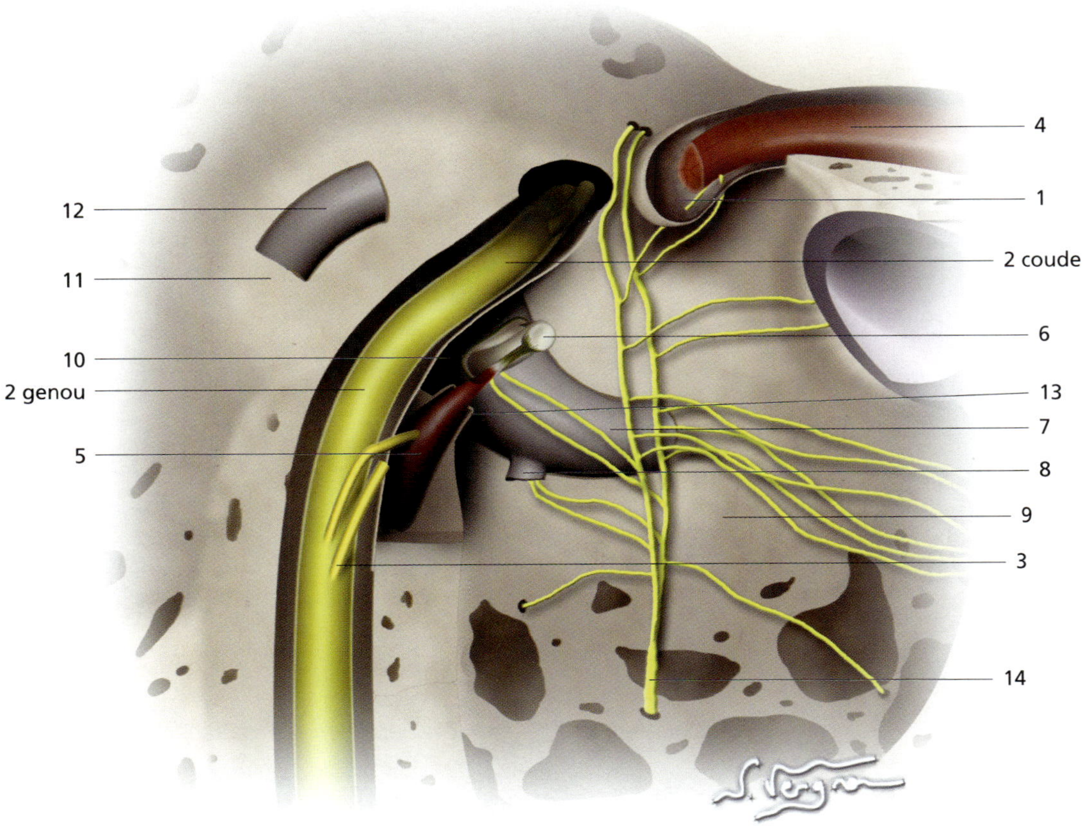

Fig. 5.8 – *Sinus tympani ou recessus sous-facial (grossissement)*

1. Bec de cuiller ou processus cochléariforme
2. Nerf facial : coude, 2e portion, genou, 3e portion
3. Corde du tympan, sectionnée près de son origine
4. Muscle du marteau
5. Canal de la pyramide contenant le muscle de l'étrier et son nerf
6. Étrier dans la fenêtre ovale
7. Début du 1er tour de spire de la cochlée
8. Fenêtre ronde
9. Promontoire
10. Récessus sous-facial
11. Relief du canal semi-circulaire latéral
12. Canal semi-circulaire latéral dénudé
13. Pyramide
14. Nerf tympanique

mais son intensité a été modifiée, le plus souvent renforcée mais parfois atténuée, s'il faut protéger l'oreille d'un son traumatisant. Ce système d'amplification est remarquablement efficace tout en ne consommant pratiquement pas d'énergie.

Qu'en est-il du timbre ? Il a été également modifié car en changeant l'intensité de chaque constituant du son, certaines harmoniques deviennent majeures et d'autres disparaissent, faute d'atteindre le seuil. Ainsi, toutes les oreilles externes et moyennes ne vont pas tout à fait transmettre le même son.

Il faut enfin insister sur le rôle des muscles du marteau et de l'étrier (Fig. 5.7, 5.8, 5.9, 5.12 et 5.14). Celui du marteau est innervé par le nerf trijumeau (V moteur) et celui de l'étrier par le nerf facial (VII). Les noyaux moteurs du VII et du V reçoivent directement des stimulations de l'olive protubérantielle. La contraction des muscles se fait selon toutes les variations possibles ; les deux muscles se contractent ou se décontractent ensemble ou à l'inverse l'un de l'autre.

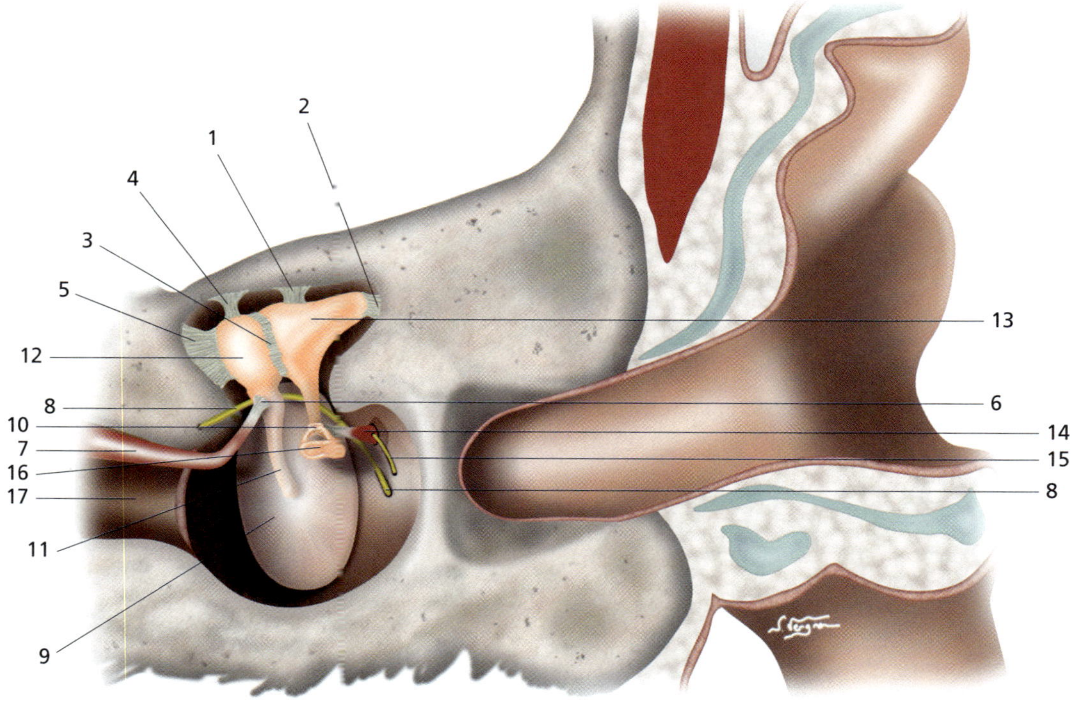

Fig. 5.9 – *La caisse, sa paroi antéro-externe et le conduit auditif externe (paroi postérieure réséquée)*

1. Ligament suspenseur de l'enclume
2. Ligament postérieur de l'enclume
3. Articulation incudo-malléaire et son manchon articulaire
4. Ligament suspenseur de la tête du marteau
5. Ligament antérieur de la tête du marteau
6. Processus antérieur et tendon du muscle du marteau
7. Muscle du marteau
8. Corde du tympan
9. Tympan
10. Étrier ou stapes
11. Manche du marteau
12. Marteau ou malleus (tête)
13. Enclume ou incus
14. Muscle de l'étrier
15. Nerf du muscle de l'étrier
16. Platine ou base de l'étrier
17. Trompe auditive osseuse ou prototympanum

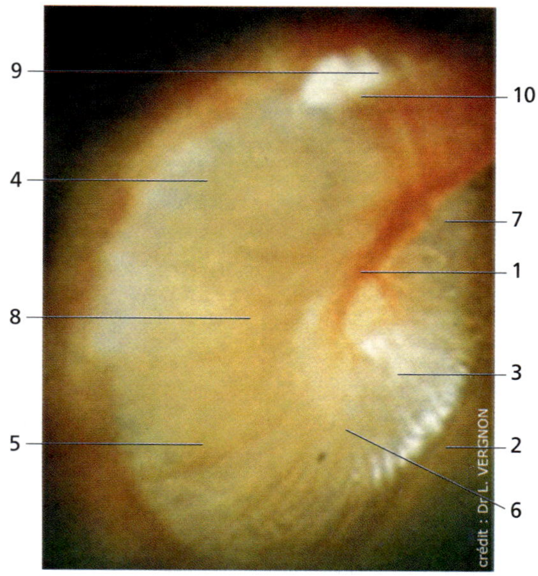

Fig. 5.10 – *Photographie d'un tympan (Collection personnelle)*

1. Manche du marteau et vaisseaux
2. Sulcus et ligament annulaire
3. Triangle lumineux
4. 1er quadrant
5. 2e quadrant
6. 3e quadrant
7. 4e quadrant
8. Pars tensa
9. Pars flacida
10. Pli ou ligament tympano-malléaire postérieur

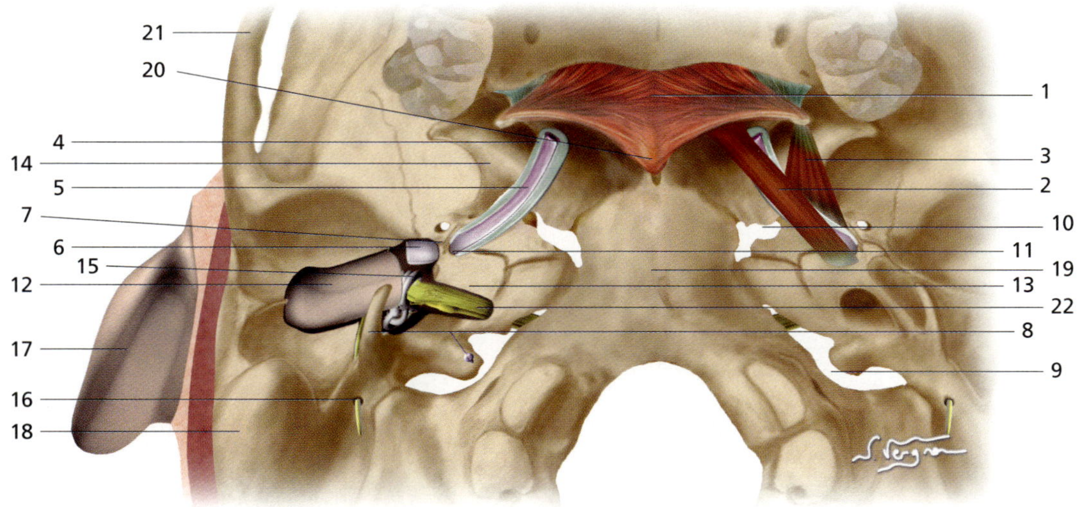

Fig. 5.11 – *Trompe d'Eustache*

1. Voile du palais (muqueuse retirée)
2. Muscle élévateur du voile (péristaphylin interne)
3. Muscle tenseur du voile (péristaphylin externe)
4. Trompe auditive cartilagineuse
5. Trompe auditive muqueuse
6. Muqueuse du prototympanum
7. Prototympanum ou trompe osseuse réséquée partiellement
8. Apophyse styloïde
9. Foramen jugulaire (trou déchiré postérieur)
10. Foramen déchiré (trou déchiré antérieur)
11. Isthme de la trompe auditive
12. Conduit auditif externe (os du rocher réséqué)
13. Conduit auditif interne (os du rocher réséqué)
14. Grande aile du sphénoïde
15. Enroulement cochléaire
16. Foramen stylo-mastoïdien et VII
17. Pavillon de l'oreille externe
18. Mastoïde
19. Tubercule pharyngien
20. Luette
21. Processus zygomatique
22. VIIIe paire crânienne

Le système tympano-ossiculaire (Fig. 5.3, 5.9, 5.12, 5.13 et 5.14) voit son impédance changer à chaque fois et devient plus ou moins sensible à telle ou telle intensité. Il peut également choisir une fréquence préférentielle ou s'en protéger. À chaque moment, l'oreille acquiert ou perd des propriétés. Le son complexe est donc sans cesse légèrement modifié.

Ainsi l'oreille est-t-elle capable de s'adapter à tous les univers sonores. Mais, en s'adaptant, elle acquiert aussi des capacités anatomiques (microscopiques) qui en changent la structure (muscles plus développés, articulations plus souples…). Progressivement, l'oreille devient un outil plus performant au regard des besoins de son propriétaire. Nous verrons plus loin que tout le système nerveux fait la même chose, sur une bien plus grande échelle.

Le fonctionnement normal de la trompe auditive (Fig. 5.1, 5.6, 5.7, 5.9, 5.11, 5.12 et 5.14) est indispensable à une bonne audition. Elle comprend deux parties : l'une postérieure, osseuse au-dessus de laquelle est creusée une gouttière pour le muscle du marteau, l'autre antérieure, cartilagineuse qui débouche dans le naso-pharynx ou *cavum* (Fig. 5.11). Deux muscles, le tenseur du voile et l'élévateur du voile, concourent à assurer le fonctionnement tubaire en permettant l'ouverture et la fermeture du conduit pour réguler le passage de l'air dans la caisse afin d'équilibrer les pressions de part et d'autre du tympan. Elle s'ouvre de manière réflexe, quand il est nécessaire d'équilibrer les pressions. Les trompes auditives peuvent s'ouvrir à la commande par l'ouverture de la bouche ou lors de la déglutition volontaire ou du bâillement (Fig. 5.11).

La pathologie de la caisse du tympan est conditionnée par la qualité de l'activité de cette trompe auditive. L'inflammation qu'engendre une infection des végétations adénoïdes par exemple est la cause

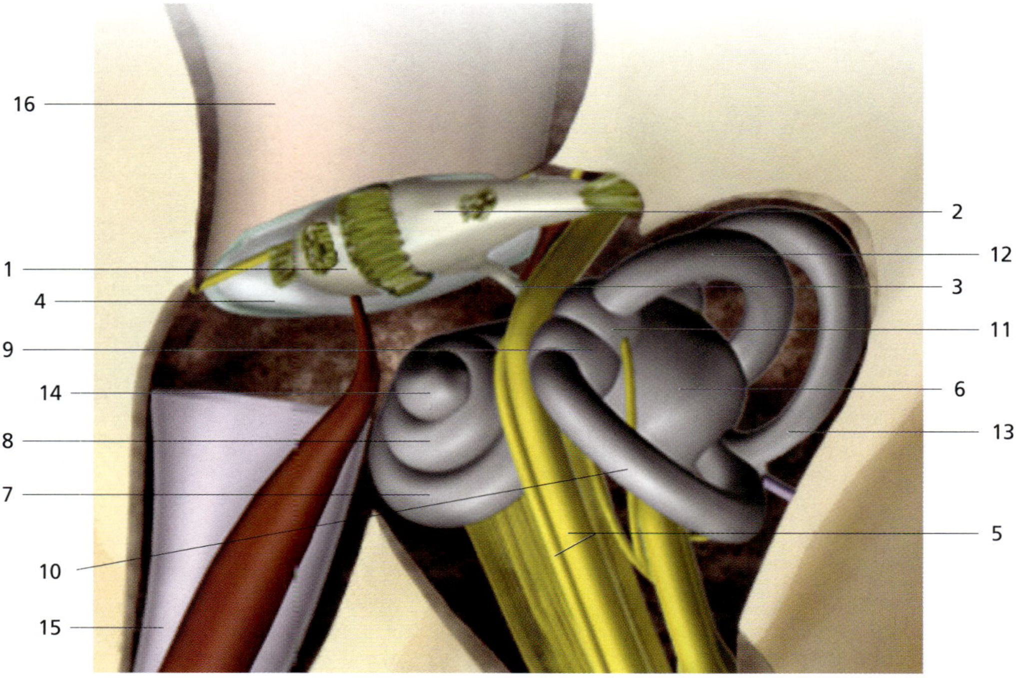

Fig. 5.12 – *Les oreilles moyenne et interne vues par en haut*
(Les faces endocrâniennes antérieure et postérieure de la pyramide pétreuse étant abrasées)

1. Tête du marteau (malleus)
2. Enclume (incus)
3. Étrier (stapes)
4. Tympan
5. Nerf facial (VII) et nerf intermédiaire (VII *bis*)
6. Vestibule
7. 1er tour de spire du limaçon
8. 2e tour de spire du limaçon
9. Ampoule du canal semi-circulaire antérieur
10. Canal semi-circulaire antérieur
11. Ampoule du canal semi-circulaire latéral (ampoule fusionnée à l'antérieure)
12. Canal semi-circulaire latéral
13. Canal semi-circulaire postérieur (branche fusionnée à l'antérieure)
14. Apex du limaçon
15. Muqueuse de la trompe auditive
16. Peau du conduit auditif externe

des otites récidivantes chez le jeune enfant. C'est aussi ce dysfonctionnement par œdème qui explique la baisse de l'audition qui apparaît lors d'un rhume.

Rappelons qu'au cours de son passage au travers de l'oreille externe et de l'oreille moyenne, le son se trouve amplifié de 60 dB sans pratiquement le moindre apport d'énergie. En tant qu'amplificateur, l'oreille moyenne fait donc preuve de qualités exceptionnelles. Elle augmente l'intensité sans apporter de distorsion importante mais en s'adaptant aux besoins et en protégeant l'oreille si nécessaire.

■ En quelques lignes ■

L'oreille moyenne à la forme d'un cube dont la paroi externe est le tympan et l'interne recouvre la cochlée. La paroi postérieure longée par le facial, ouvre sur la mastoïde et l'antérieure communique avec le cavum par la trompe auditive. Elle contient les osselets. Le système tympano-ossiculaire renforce le signal sonore et le transmet par la fenêtre ovale fermée par l'étrier aux liquides de l'oreille interne. La fenêtre ronde permet le déplacement des liquides de l'oreille en effectuant le mouvement inverse de la fenêtre ovale (nous y reviendrons). Cet amplificateur apporte un gain de 60 dB en moyenne, ce qui est considérable.

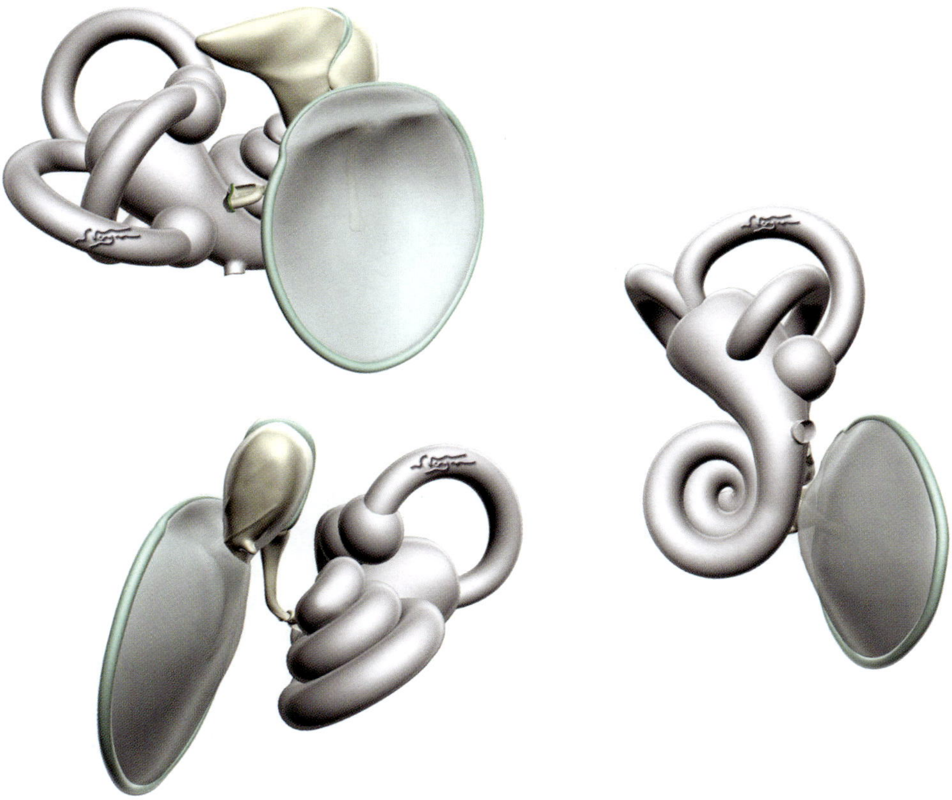

Fig. 5.13 – *Les relations du labyrinthe osseux avec la chaîne des osselets et le tympan*

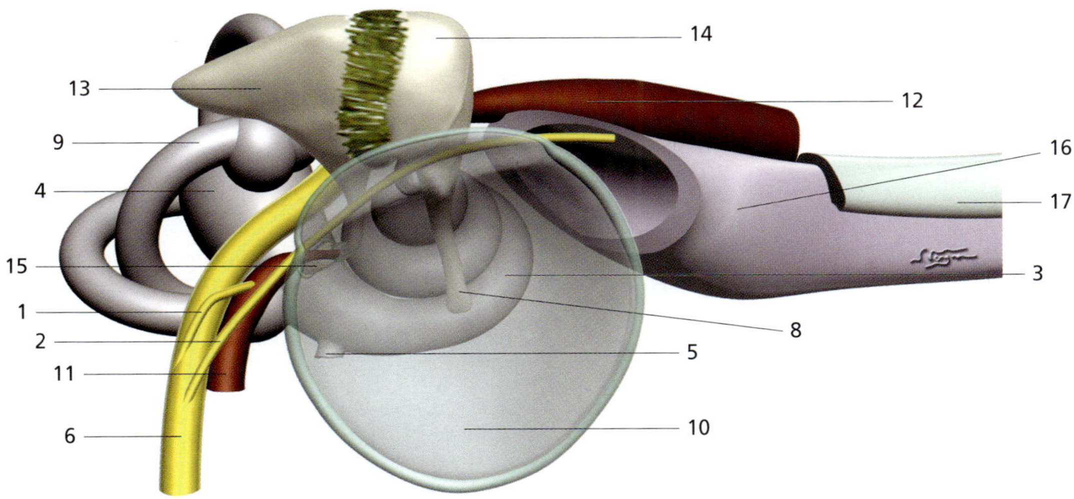

Fig. 5.14 – *Les relations du contenu de la caisse tympan (transparent) avec le labyrinthe*

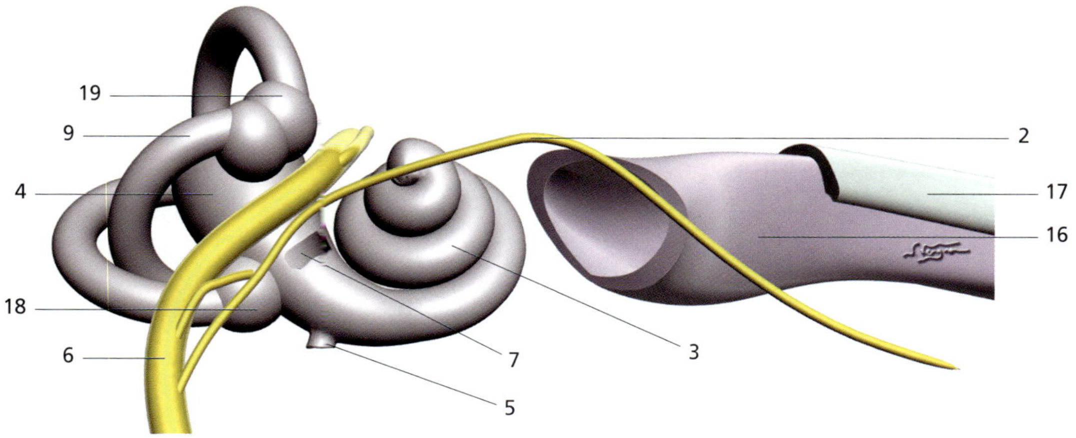

Fig. 5.15 – *Les relations entre le facial et le labyrinthe*
La position de la trompe auditive (la muqueuse en violet, en vert clair le cartilage). L'os pétreux est réséqué.

1. Nerf du muscle de l'étrier (Fig. 5.14)
2. Corde du tympan
3. Limaçon ou cochlée
4. Vestibule
5. Fenêtre ronde
6. Nerf facial (VII)
7. Fenêtre ovale (Fig. 5.15)
8. Manche du marteau (Fig. 5.14)
9. Canal semi-circulaire latéral et son ampoule
10. Tympan transparent (Fig. 5.14) ou retiré (Fig. 5.15)
11. Muscle de l'étrier (Fig. 5.14)
12. Muscle du marteau (Fig. 5.14)
13. Enclume (Fig. 5.14)
14. Marteau (Fig. 5.14)
15. Étrier (Fig. 5.14)
16. Trompe auditive muqueuse
17. Trompe auditive cartilagineuse
18. Ampoule du canal semi-circulaire postérieur (Fig. 5.15)
19. Ampoule du canal semi-circulaire antérieur (Fig. 5.15)

Pour approfondir

ARAN P. (1999). *L'oreille moyenne : filtre physique et fenêtre d'observation.* Rencontres IPSEN en ORL, tome 3, CHRISTEN Y, COLLET L, DROY-LEFAIX MT. (eds), Irvinn, Paris

AVAN P, BÜKI B, DORDAIN M, LEMAIRE JJ, CHAZAL J. Evoked otoacoustic emissions, a new tool for non-invasive analysis of middle-ear network in man. *In : Diversity in Auditory Mechanics*, LEWIS ER, LONG GR, LYON PM, NARINS PM, STEELE CR, HECHT-POINAR E (eds), World scientific, Singapore : 136-143.

BÜKI B, AVAN P, LEMAIRE JJ, DORDAIN M, CHAZAL, RIBARI O. Otoacoustic emissions, a new tool for monitoring intracranial pressure changes through stapes displacements. *Hear Res.*, 1996, *94* : 125-139.

MAGNAN P, AVAN P, DANCER A, SMURZYNSKI J, PROBST R. Reverse middle-ear transfer function in the guinea pig measured with cubic difference tones. *Hear Res*, 1997, *107* : 41-45.

ROSOWSKI JI. Models of external- and middle-ear function. In : *Auditory Computation*, HAWKINS HL, MCMULLEN TA, POPPER AN, FAY RR (eds), Springer, New York, 1996 : 55-61.

ROUVIÈRE H. (1954), *Anatomie humaine descriptive et topographique*, Révisé par CORDIER G., tome I. *Tête et cou*, Paris, Masson, 1994.

SOBOTTA C. *Atlas d'anatomie humaine*, édité par PUTZ R, PABST R, édition française, DHEM A, GOUAZÉ A, Paris, Éditions Médicales Internationales, 1994.

TORTORA GJ, GRABOWSKI SR. *Principe d'anatomie et de physiologie*, Anjou (Québec), Centre éducatif et culturel Inc., 1997.

Chapitre 6

L'oreille interne

L'oreille interne fait suite à l'oreille moyenne. Elle a pour rôle de transcoder l'onde sonore mécanique en un courant analogique : l'influx nerveux. Dans son ensemble l'oreille interne est un mécano-récepteur fin. La sensibilité de la cellule réceptrice est augmentée grâce à des cils (encore appelés stéréocils) ; d'où le nom de cellules ciliées que l'on donne aux cellules réceptrices (Fig. 6.1 et 6.2).

Fig. 6.1 – *Cils d'une cellule ciliée externe (photographie au microscope électronique : thèse C. Bismuth, cliché J.-M. Aran)*

On peut comparer l'audition au tact qui est également un mécano-récepteur (sans cils) et dont les performances sont bien moindres puisqu'il ne perçoit les vibrations que jusqu'à 700 cycles par seconde (c/s) à des seuils élevés, au lieu de 20 000 c/s à des seuils très bas, pour l'oreille.

L'oreille interne est située dans la pyramide pétreuse (Fig. 6.3) et comporte une partie antérieure entièrement réservée à l'audition et une partie postérieure qui participe à l'équilibration. Nous

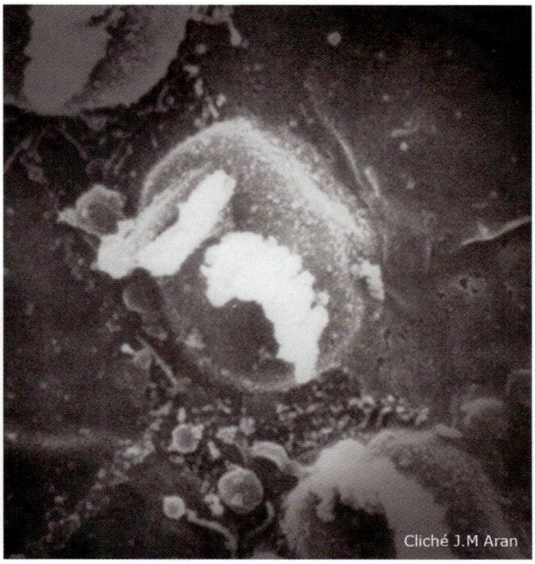

Fig. 6.2 – *Cils d'une cellule ciliée interne (thèse C. Bismuth, cliché J.-M. Aran)*

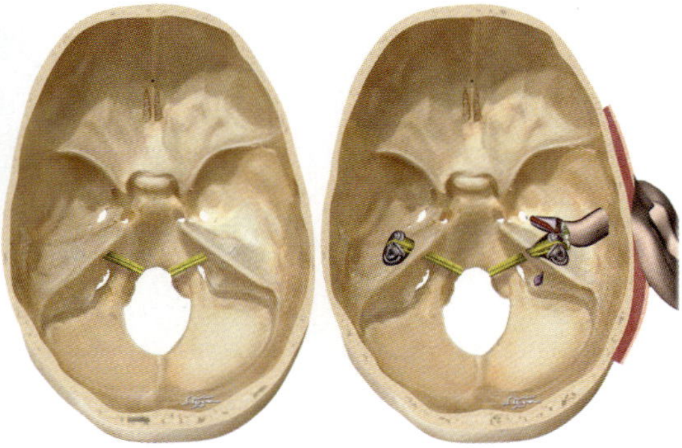

Fig. 6.3 – *Situation des oreilles moyennes et internes par rapport à la base du crâne*

n'étudierons que la *partie cochléaire*, antérieure, appelée encore labyrinthe antérieur. Il présente à décrire :

- *le labyrinthe osseux* (Fig. 6.4, 6.5, 6.6 et 6.13) qui, au sein de la pyramide pétreuse du temporal

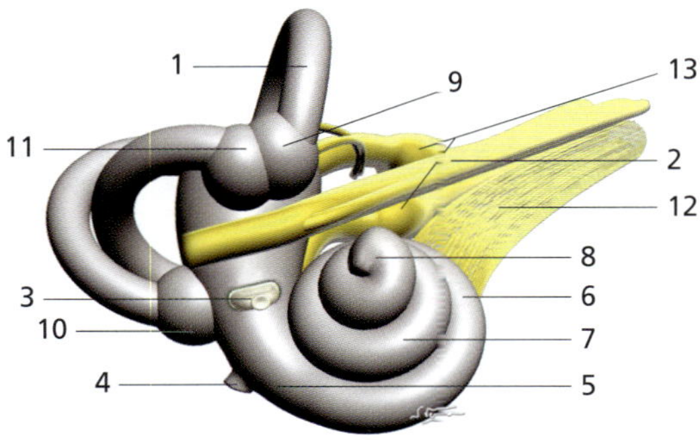

Fig. 6.4 – *Labyrinthe osseux droit, vue latérale*

1. Canal semi-circulaire antérieur
2. VII et VII *bis*
3. Étrier dans la fenêtre ovale
4. Fenêtre ronde
5. Début du premier tour de spire du limaçon (promontoire)
6. 1er tour de spire du limaçon (base de la cochlée)
7. 2e tour de spire du limaçon
8. 3e tour de spire du limaçon incomplet ou apex
9. Ampoule du canal semi-circulaire : antérieur
10. Ampoule du canal semi-circulaire : postérieur
11. Ampoule du canal semi-circulaire : latéral
12. Nerf cochléaire
13. Nerf vestibulaire (branches utriculaire et sacculaire, ganglion de Scarpa)

Fig. 6.5 – *Labyrinthe humain desséché (photographie d'une pièce anatomique, cliché J.-M. Aran)*

(faite d'os plat à deux corticales entourant du spongieux), est constitué *d'os embryonnaire* (deux corticales, sans spongieux), a un aspect plus nacré, plus dense, n'a aucun pouvoir de cicatrisation et sa fracture ne forme jamais de cal ;

- *le labyrinthe membraneux* contenu dans le précédent (Fig. 6.7, 6.8 et 6.13).

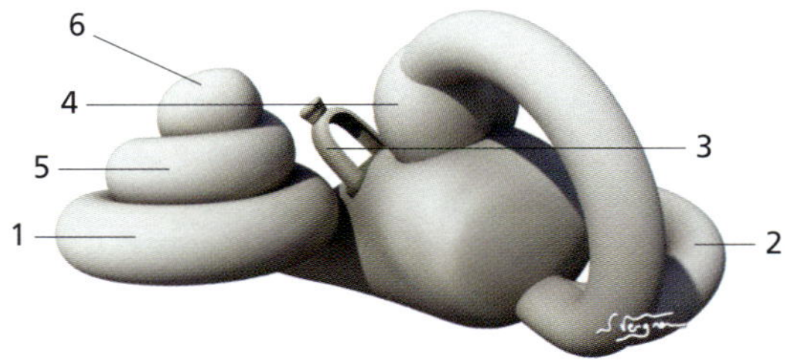

Fig. 6.6 – *Labyrinthe osseux, vue latérale et supérieure*

1. 1er tour de spire du limaçon
2. Canal semi-circulaire postérieur
3. Étrier
4. Ampoule du canal semi-circulaire : antérieur
5. 2e tour de spire du limaçon
6. 3e tour de spire du limaçon

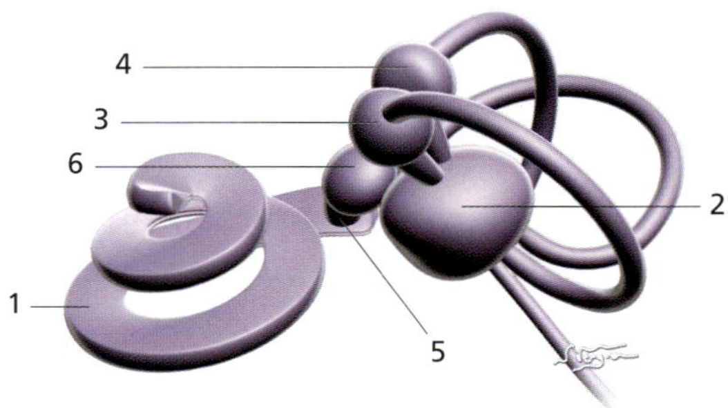

Fig. 6.7 – *Labyrinthe membraneux gauche, vue antéro-latérale*

1. Canal cochléaire membraneux
2. Utricule
3. Ampoule du canal semi-circulaire membraneux : antérieure
4. Ampoule du canal semi-circulaire membraneux : latérale
5. Ductus reuniens
6. Saccule

A – Le labyrinthe antérieur osseux ou *canal spiral* est enroulé sur deux tours et demi de spire autour d'un cône, appelé *mediolus* (Fig. 6.11), par où passe le paquet vasculo-nerveux cochléaire dans le fond du conduit auditif interne (Fig. 6.9 et 6.10). Le tour basal de la cochlée correspond, au niveau de la caisse du tympan, à la paroi interne de l'*atrium*.

Sur cette paroi, il existe deux fenêtres :

- l'ovale, fermée par l'étrier et le ligament annulaire ;
- la ronde, fermée par une membrane.

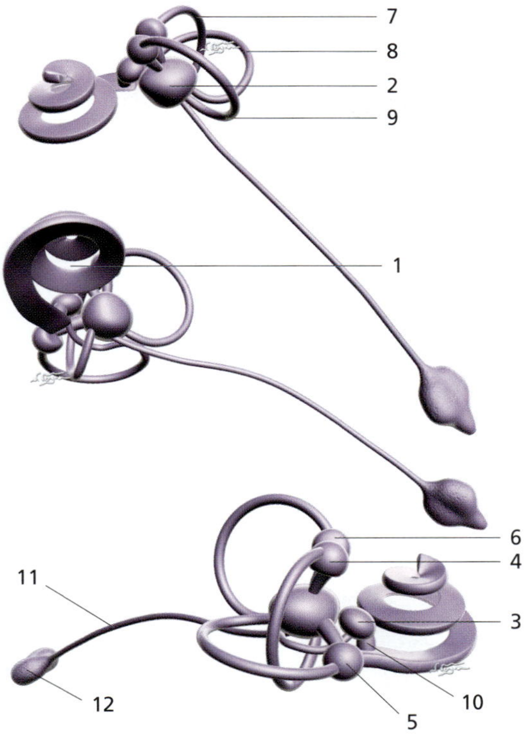

Fig. 6.8 – *Labyrinthe membraneux*

1. Mediolus formé par l'enroulement du canal cochléaire membraneux
2. Utricule
3. Saccule
4. Ampoule du canal semi-circulaire membraneux : latéral
5. Ampoule du canal semi-circulaire membraneux : postérieur
6. Ampoule du canal semi-circulaire membraneux : antérieur
7. Canal semi-circulaire membraneux latéral
8. Canal semi-circulaire membraneux postérieur
9. Canal semi-circulaire membraneux antérieur
10. Ductus reuniens
11. Canal endolymphatique
12. Sac endolymphatique

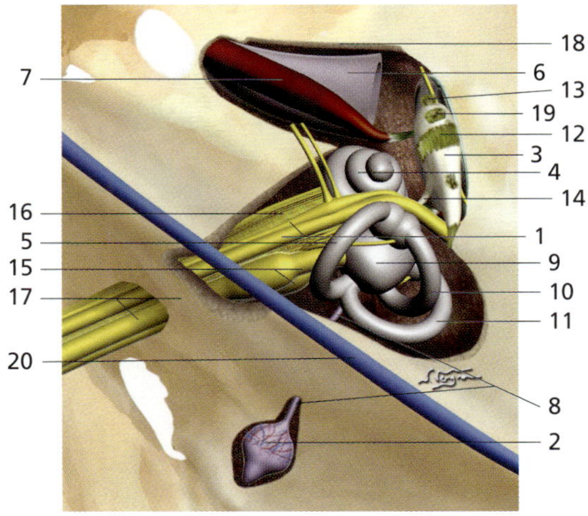

Fig. 6.9 – *Oreilles moyenne et interne et conduit auditif interne, vue supérieure*

1. Nerfs VII, VII *bis*
2. Sac endolymphatique
3. Corps de l'enclume
4. Limaçon
5. Canal semi-circulaire antérieur
6. Trompe auditive muqueuse (trompe osseuse réséquée partiellement)
7. Muscle du marteau
8. Canal endolymphatique
9. Vestibule osseux
10. Canal semi-circulaire latéral
11. Canal semi-circulaire postérieur
12. Articulation incudo-malléaire
13. Tympan
14. Articulation incudo-stapédienne
15. VIII vestibulaire
16. VIII cochléaire
17. Conduit auditif interne (réséqué partiellement)
18. Trompe osseuse
19. Tête du marteau
20. Sinus pétreux supérieur

B. – Le labyrinthe membraneux est un ensemble constitué de trois tubes.

Deux de ces trois tubes : *les rampes vestibulaire et tympanique* (Fig. 6.11 et 6.12) sont séparées par une lame appelée *lame spirale* (Fig. 6.11, 6.12 et 6.17), d'abord fine et osseuse (vers le *mediolus*) puis membraneuse, élastique, plus épaisse (vers la coque externe). Cette portion externe membraneuse est plus épaisse parce qu'elle se dédouble et constitue le troisième tube plus petit : *le canal cochléaire* (Fig. 6.11). C'est ce canal qui contient l'organe de réception, appelé *organe de Corti* (Fig. 6.11, 6.12, 6.17 et 6.18).

Reprenons chacun des éléments que nous venons de citer :

Les rampes vestibulaire et tympanique sont remplies d'un liquide comparable au liquide céphalo-rachidien : la *périlymphe* (Fig. 6.11). Elle est de densité voisine de 1 et contient du Na^+ et du Cl^- surtout. Ces rampes communiquent entre elles au sommet du limaçon. La rampe supérieure ou vestibulaire est en relation avec la fenêtre ovale tandis

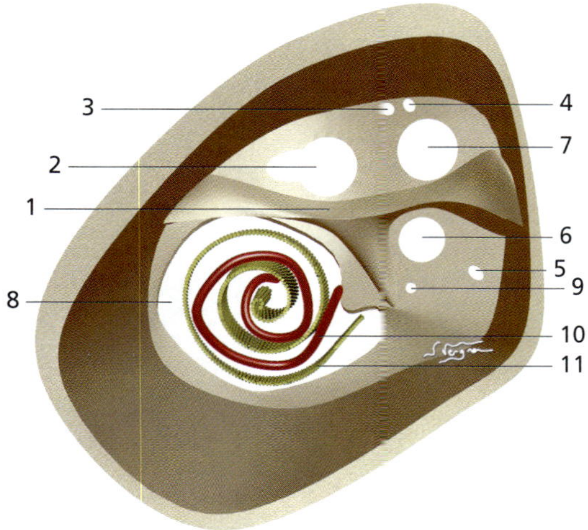

Fig. 6.10 – *Fond du conduit auditif interne, divisé par la crête falciforme*

1. Crête falciforme
2. Orifice des nerfs VII et VII *bis*
3. Orifice du nerf ampullaire antérieur
4. Orifice du nerf ampullaire latéral
5. Orifice du nerf ampullaire postérieur
6. Orifice du nerf sacculaire
7. Orifice du nerf utriculaire
8. Orifice du nerf cochléaire
9. Orifice du conduit endolymphatique
10. Artère cochléaire
11. Filets du nerf cochléaire

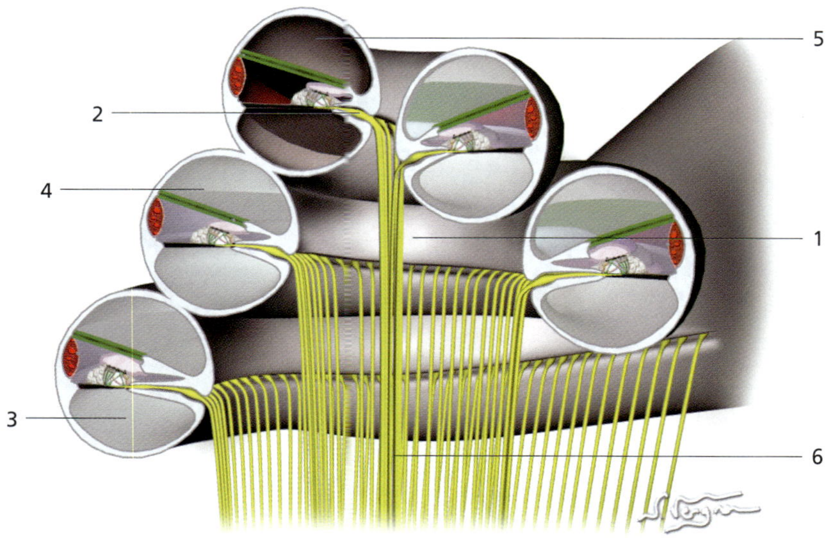

1. Mediolus
2. Ganglion spiral
3. Coupe du canal cochléaire (tour basal ou 1er tour)
4. Coupe du canal cochléaire (2e tour)
5. Coupe du canal cochléaire (3e demi-tour ou apex)
6. Filets du nerf cochléaire

Fig. 6.11 – *Coupe de la cochlée montrant le mediolus et origine du nerf cochléaire*

La coupe du 3e tour est montrée sans les liquides labyrinthiques. On notera l'épaisseur variable de la membrana tectoria et la longueur de la membrane basilaire inverse de la lame osseuse spirale, selon le niveau de la coupe.

que l'inférieure ou tympanique est en rapport avec la fenêtre ronde. Ainsi, lorsque l'étrier s'enfonce, les liquides étant incompressibles, la membrane de la fenêtre ronde est repoussée dans la caisse et, inversement, si l'étrier ressort. Les deux fenêtres oscillent en opposition de phase. Arrivée dans l'oreille interne, la vibration sonore se déplace dans les deux rampes sans perte d'intensité ni modification de fréquence.

Le canal spiral est divisé horizontalement en deux canaux (la rampe vestibulaire et la rampe tympanique) par une lame qui se dédouble à sa partie distale en un canal triangulaire, le *canal cochléaire* (Fig. 6.7, 6.8, 6.11, 6.12, 6.16 et 6.17). Alors que le canal spiral ne change pas de diamètre, le canal cochléaire créé par le dédoublement de la lame spirale va grandissant de la base à l'*apex* du limaçon. Dans ces conditions et puisque le diamètre de l'ensemble est constant, la lame spirale qui supporte le canal cochléaire décroît de façon inversement proportionnelle. Ainsi, comme les cordes d'un piano à queue, les zones (de membrane basale) courtes correspondent aux aigus et, en s'allongeant au fur et à mesure qu'on atteint l'*apex*, ces dernières coïncident avec les sons graves (Fig. 6.11 et 6.16). Car la sélectivité fréquentielle est dépendante de la longueur de la membrane. Cette longueur s'accorde à la longueur d'onde des sons.

Le canal cochléaire est séparé de la rampe tympanique par la *membrane basilaire* et de la rampe vestibulaire par la *membrane de Reissner*, faite de deux couches de cellules. Les deux membranes joignent le limbe à la paroi distale. Le canal cochléaire contient un autre liquide : l'*endolymphe*, plus dense que la périlymphe, visqueux, riche en K^+ et Cl^-. C'est la *strie vasculaire* (située tout en dehors, collée à la coque osseuse du limaçon) qui se charge de la production de l'endolymphe et le *sac endolymphatique* (situé en arrière près du trou déchiré postérieur) de son stockage et de sa résorption (Fig. 6.3, 6.8 et 6.9).

La strie vasculaire qui constitue la paroi externe du canal cochléaire (Fig. 6.12 et 6.17) est très riche en vaisseaux. Elle est à l'origine de la production de K^+ dans l'endolymphe. Cette richesse en ions K^+

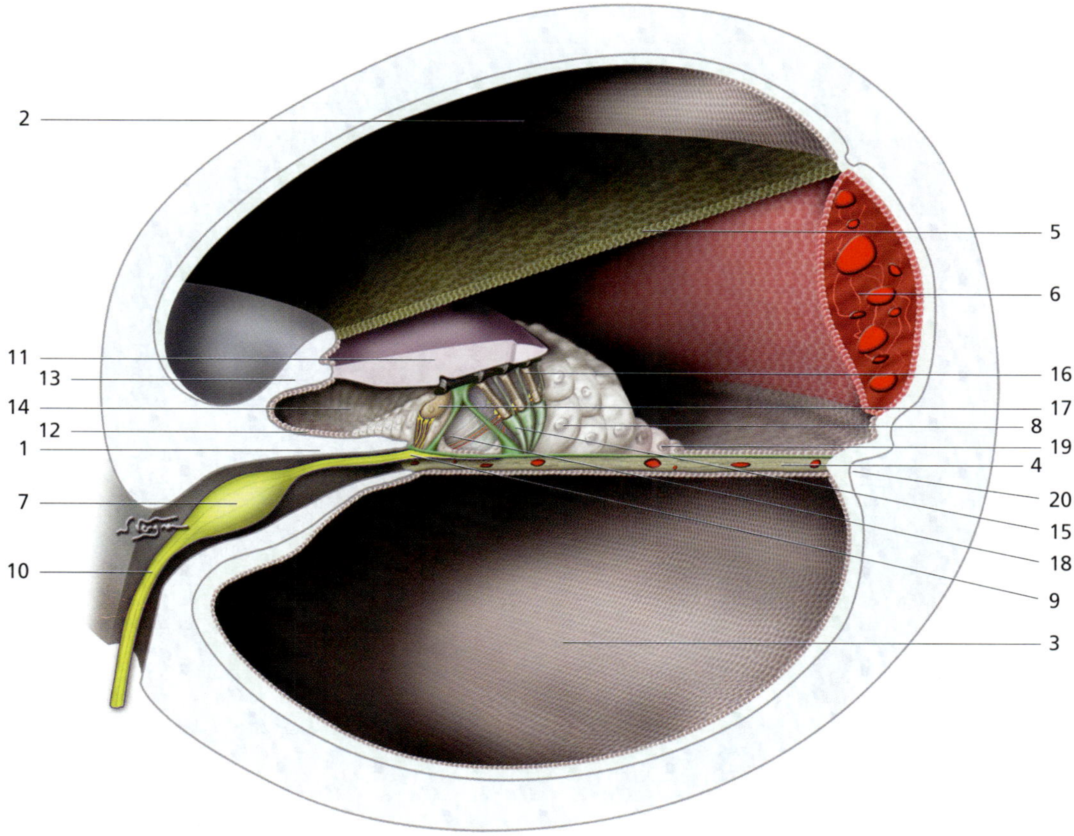

Fig. 6.12 – *Coupe de la cochlée, fin du 1er tour*

1. Lame spirale
2. Rampe vestibulaire
3. Rampe tympanique
4. Membrane basale
5. Membrane de Reisner
6. Strie vasculaire
7. Ganglion spiral ou de Corti
8. Cellule de Hensen
9. Habenula perforata
10. Nerf cochléaire
11. Membrana tectoria
12. Bandelette sillonnée
13. Bourrelet spiral
14. Sillon spiral interne
15. Cellule de Deiters
16. Cellule ciliée externe
17. Cellule ciliée interne
18. Tunnel de Corti
19. Cellule de Claudius
20. Crête spirale

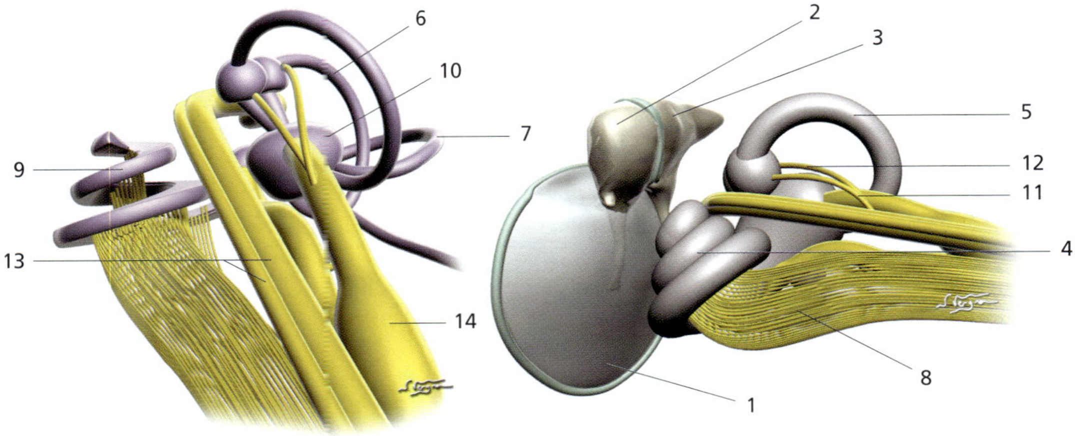

Fig. 6.13 – *Labyrinthes osseux et membraneux*

À gauche : seul le nerf cochléaire est représenté dans le *mediolus* du labyrinthe membraneux antérieur pour en montrer l'origine spirale.

À droite : le labyrinthe osseux est dans son environnement, oreille moyenne, nerf cochléaire, nerf facial...

1. Tympan
2. Marteau
3. Enclume
4. Cochlée
5. Canal semi-circulaire antérieur
6. Canal semi-circulaire latéral
7. Canal semi-circulaire postérieur
8. Nerf cochléaire
9. Enroulement du canal cochléaire
10. Utricule
11. Nerf ampullaire antérieur
12. Nerf ampullaire latéral
13. Nerfs facial et VII *bis*
14. Ganglion de Scarpa

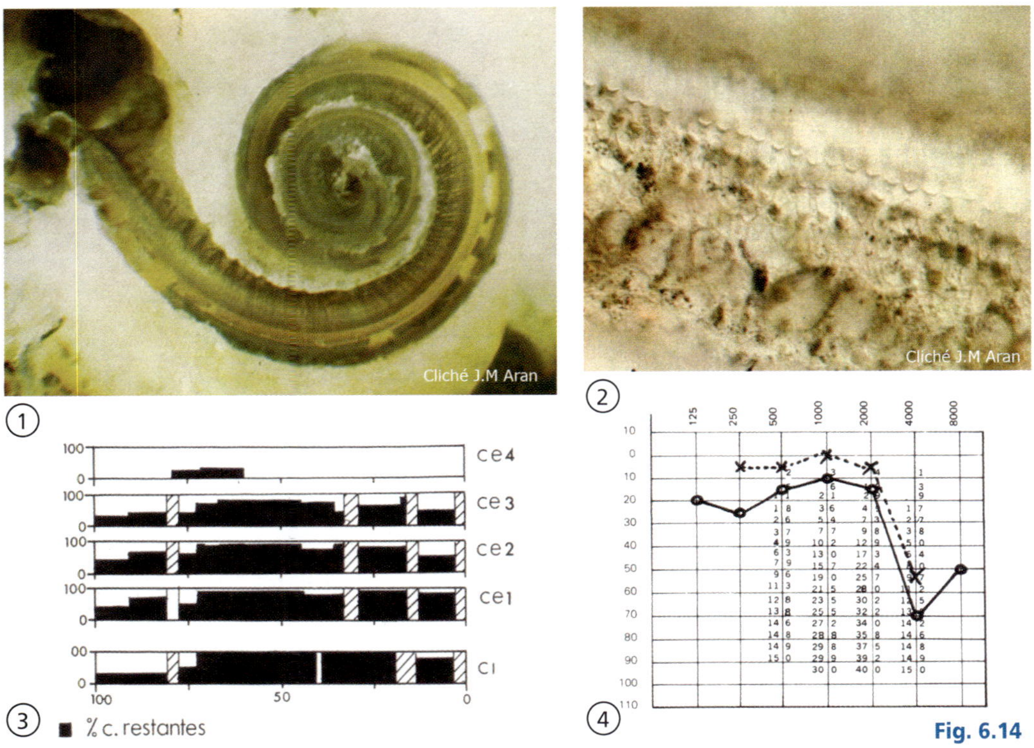

Fig. 6.14

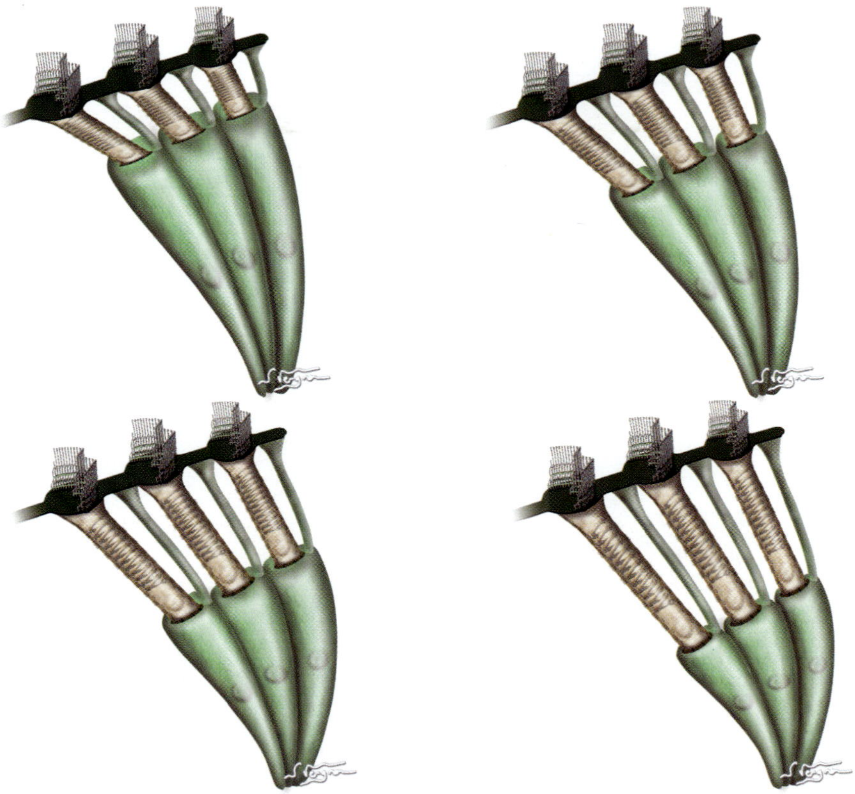

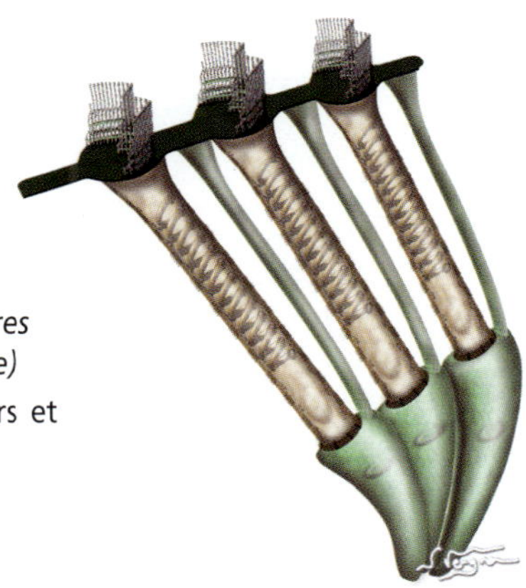

Fig. 6.15 – *Cellules ciliées externes et leurs supports cellulaires (cellule de Deiters, renforcement latéral : phalange, cuticule)*

Cinq ensembles différents pour chaque coupe des deux tours et demi de la cochlée de la figure 11. D'après R. Pujol.

Légende de la figure 6.14 en vis-à-vis

Fig. 6.14 – *Coupe d'une cochlée humaine (thèse C. Bismuth, cliché J.-M. Aran)*

Sur cette cochlée humaine qui a été préparée pour faire un comptage des cellules nerveuses, toutes les cellules restantes ont été comptabilisées rangée par rangée. Or un audiogramme avait été pratiqué avant la mort et on a pu vérifier que c'était bien les cellules correspondant aux fréquences perdues qui étaient mortes. Il nous a donc été possible de vérifier, anatomiquement, une partie de la physiologie que nous venons de décrire : la tonotopie.

1. Enroulement cochléaire (photographie au microscope)
2. Photographie au microscope à balayage de l'organe de Corti
3. Comptage des cellules ciliées avec les déficits
4. Audiogramme *pre mortem*

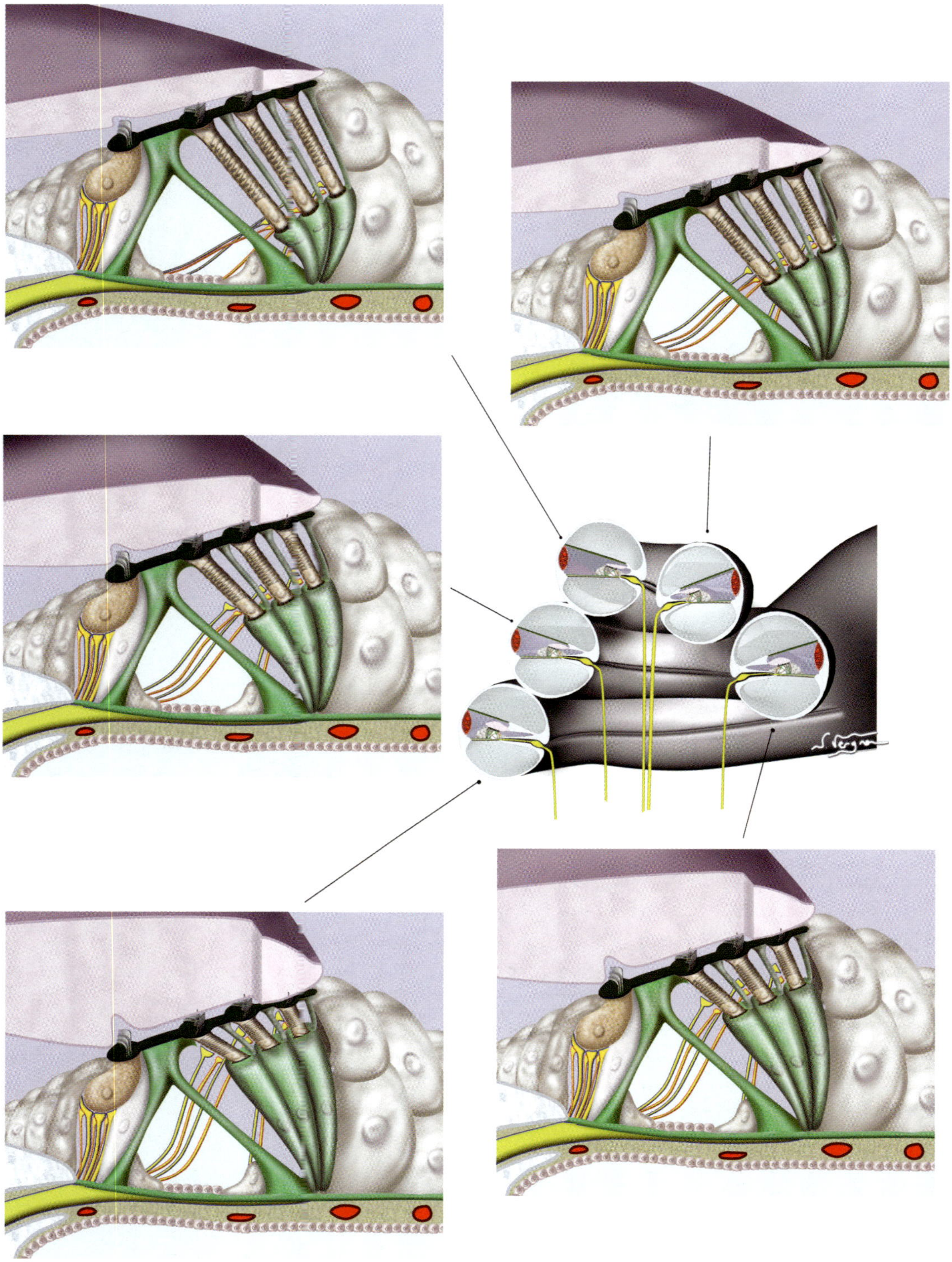

Fig. 6.16 – *Modification de l'organe de Corti selon les tours de spire du limaçon (cinq coupes étagées)*

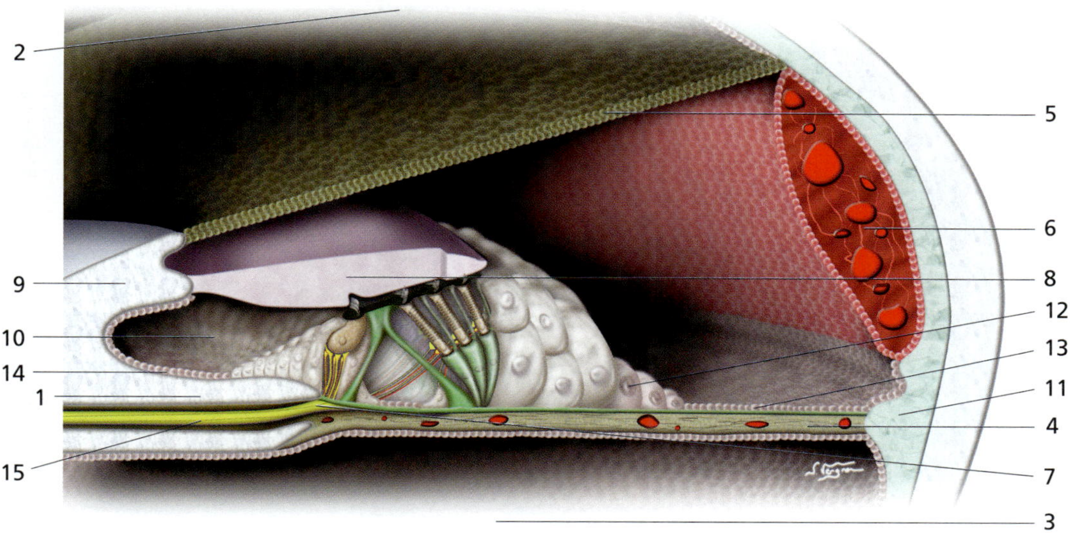

Fig. 6.17 – *Canal cochléaire*

1. Lame spirale
2. Rampe vestibulaire
3. Rampe tympanique
4. Membrane basale
5. Membrane de Reisner
6. Strie vasculaire
7. Habenula perforata
8. Membrana tectoria (fin du 2e tour)
9. Bourrelet spiral ou limbe vestibulaire
10. Sillon spiral interne
11. Crête spirale
12. Cellule de Claudius
13. Cellule de Bottcher
14. Bandelette sillonnée
15. Nerf cochléaire

est responsable d'une différence de potentiel énorme de – 80 mV. La strie vasculaire est la pile de l'oreille interne.

La lame spirale contient, dans un dédoublement, les éléments vasculo-nerveux qui joignent l'organe de Corti au *mediolus*. Dans un renflement de cette lame, se trouve le ganglion de Corti (Fig. 6.12). Il contient le corps cellulaire du nerf cochléaire, partie auditive de la VIIIe paire crânienne. *L'organe de Corti* repose sur la membrane basale (Fig. 6.12, 6.17 et 6.18), sous forme d'une excroissance.

C'est un mécanorécepteur dont les cellules réceptrices comportent des cils. On distingue la rangée de cellules ciliées internes (3 500) et les trois (ou quatre chez l'homme) rangées de cellules ciliées externes (12 500).

Entre les cellules ciliées internes et externes, de part et d'autre des piliers, se trouve le tunnel de Corti dans lequel circule la périlymphe. Les cellules de soutien (cellules de Deiters et plus loin de Hensen) entourent et portent les cellules sensorielles. Celles qui soutiennent les cellules externes font corps avec elles au point de constituer un ensemble rigide surtout au niveau du tour basal.

La membrane tectoriale est une sorte de long ruban épais et huileux (Fig. 6.12, 6.16, 6.17, 6.18) qui recouvre tout l'organe de Corti. Elle est solidement arrimée aux cils des cellules externes mais ne touche les cils des cellules ciliées internes que lorsque les contractions des cellules ciliées externes le permettent. Elle est d'autant plus épaisse que l'on se trouve au niveau du tour basal (Fig. 6.11 et 6.16).

Les cellules ciliées présentent au pôle supérieur (cuticule) une centaine de cils (Fig. 6.22 et 6.23), sur trois rangées. Ce sont les mêmes cils pour les cellules externes ou internes. Seuls la cuticule et les cils baignent dans le liquide endolymphatique, le reste des cellules baigne dans le liquide périlymphatique. Entre les cellules ciliées internes et les cellules ciliées externes, seules diffèrent la forme des cellules (Fig. 6.22 et 6.23) ainsi que la forme de la répartition des cils sur la cuticule (Fig. 6.21). Ces cellules ciliées sont différenciées et font leur

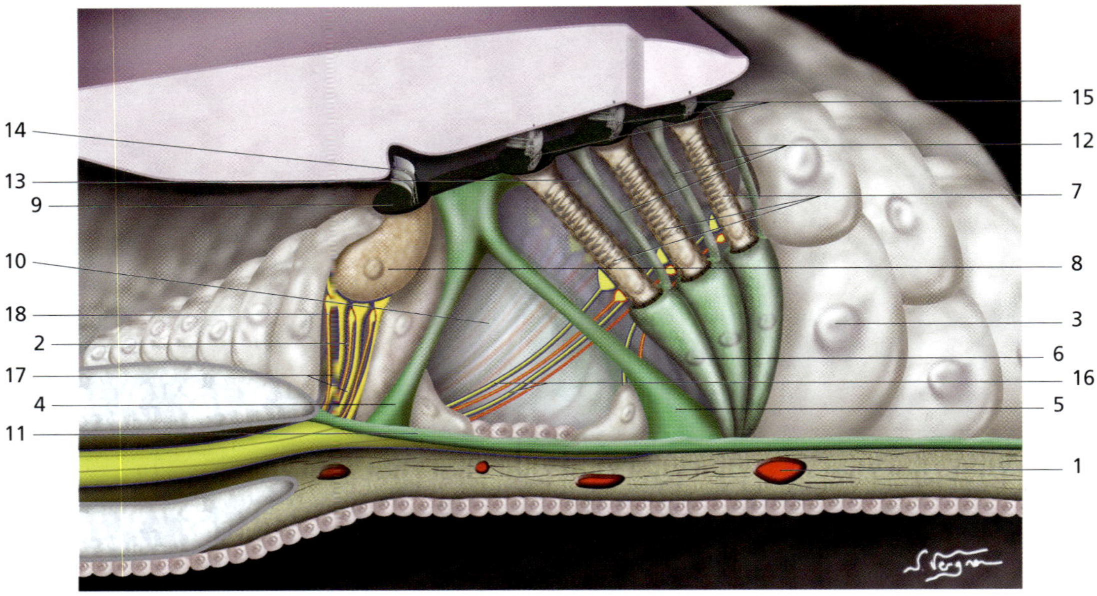

Fig. 6.18 – *Organe de Corti*

1. Membrane basale et ses vaisseaux
2. Dendrites du nerf cochléaire
3. Cellule de Hensen
4. Pilier médial du tunnel de Corti
5. Pilier latéral du tunnel de Corti
6. Cellule de Deiters (fin du 2e tour)
7. Cellule ciliée externe (fin du 2e tour)
8. Cellule ciliée interne
9. Membrane cuticulaire
10. Tunnel de Corti
11. Membrane basale : membrane fibro-élastique
12. Phalanges
13. Espace de Nuel
14. Cils (cellule ciliée interne)
15. Cils (cellule ciliée externe)
16. Filets nerveux de type II
17. Filets nerveux de type I
18. Filet olivo-cochléaire (synapse en « passant »)

dernière mitose lors de la 10e semaine de gestation. Toute cellule endommagée par la suite, ne sera jamais réparée, ni remplacée.

La cellule ciliée interne, en forme de poire avec un noyau central, est placée au sein des cellules de soutien et n'a aucun caractère particulier (Fig. 6.17, 6.18 et 6.22). Ses cils sont libres, les plus longs n'entrent en contact avec la *membrana tectoria* que si celle-ci vient à leur rencontre et les couche vers l'extérieur (Fig. 6.19 et 6.20). À ce moment, si la rhéobase est atteinte, la cellule ciliée interne se dépolarise et libère un médiateur le glutamate qui stimule les dendrites du premier neurone cochléaire. Chaque cellule est en contact avec 10 ou 20 fibres nerveuses. Ce sont les extrémités dendritiques de ces fibres qui reçoivent les efférences des centres, elles constituent les fibres spirales. Jamais la cellule interne ne reçoit directement de fibres efférentes sauf après une souffrance cellulaire en cas de régénération pathologique (Pujol).

La cellule ciliée externe, cylindrique avec un noyau basal, varie de longueur selon sa place dans le canal cochléaire (Fig. 6.15, 6.16, 6.17 et 6.23). Les cellules ciliées externes (CCEs) ne font qu'un avec la cuticule qui constitue une surface continue coiffant le sommet des cellules ciliées. Les cils des cellules externes sont fichés dans cette cuticule et sont solidement amarrés dans la *membrana tectoria.* Les cellules externes font également corps avec leurs cellules de soutien appelées cellules de Deiters (dont la taille est inversement proportionnelle à celle des cellules ciliées externes). Ces cellules de Deiters ont un appendice phalangial qui les unit à la cuticule, dans les espaces de Nuels.

Le système *membrana tectoria*, cils, cellules ciliées externes, phalanges, cellules de Deiters et la membrane basale en rapport, constituent un bloc d'autant plus solide et court qu'il est situé dans la région basale de la cochlée dédiée aux sons aigus (Fig. 6.11). La taille de la CCE varie (Fig. 6.15 et

Fig. 6.19 – *Mouvement ciliaire (CCI) et ses conséquences, d'après Pujol*

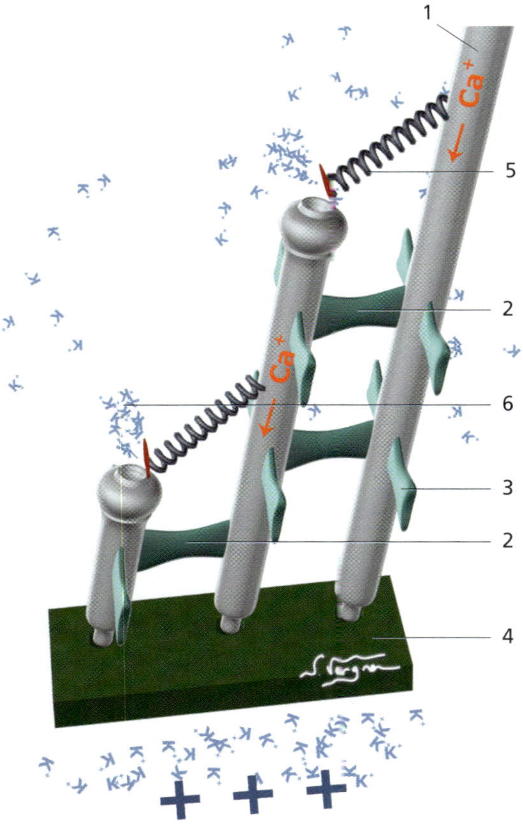

Fig. 6.20 – *Fonctionnement ciliaire (d'après Pujol)*

1. Cil qui contacte la membrana tectoria
2. Attachement latéral
3. Lien transversal
4. Cuticule
5. Lien terminal
6. Potassium

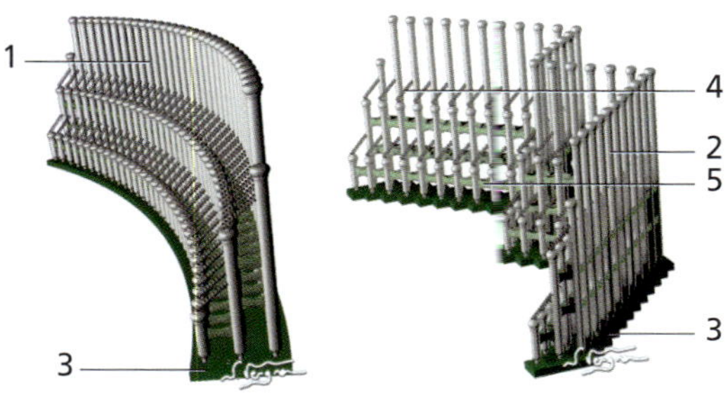

Fig. 6.21 – *Cils d'une cellule ciliée interne (à gauche) et externe (à droite)*

1. Cils en arc de cercle de la CCI
2. Cils en « W » des CCEs
3. Cuticule
4. Lien terminal
5. Lien transversal

Fig. 6.22 – *Cellule ciliée interne*

1. Corps cellulaire et noyau de la cellule ciliée interne
2. Cils
3. Cuticule
4. Extrémité dendritique de type I (contactée en passant par une fibre olivo-cochléaire de type II)
5. Fibre olivo-cochléaire de type II

6.16) : à la base, elle est très courte et correspond aux aigus, à l'*apex*, pour les graves, la cellule est plus longue et son attache à la cellule de Deiters beaucoup plus lâche. Entre la base (CCE courte) et l'*apex* (CCE longue), elle varie de taille pour correspondre aux sons médians. Sa paroi latérale présente des citernes latérales et des mitochondries au sein de protéines membranaires (prestine) aux propriétés contractiles ioniques. Ce réseau de moteurs voltage-sensibles autocontrôle rapidement son gain. Les cellules ciliées externes sont en contact avec les fibres radiales du nerf cochléaire. Une fibre innerve une dizaine de cellules ciliées externes. C'est la cellule externe qui fait l'essentiel de l'amplification cochléaire en attirant la membrane tectoriale jusqu'à incliner les cils de la cellule interne qui lui correspondent et à provoquer sa réponse (Fig. 6.19 et

6.20). Les cellules ciliées externes ont deux manières de répondre :

- *une première réponse dite rapide* : les CCEs voltage-sensibles sont capables de modifier leur longueur grâce à la prestine ; de 20 à 25 kHz, la prestine répond en modifiant la longueur de la CCE qui l'abrite ; à cela s'ajoute la capacité de réponse des stéréocils, l'oreille n'est donc pratiquement pas limitée pour reproduire dans le temps les vibrations fréquentielles qui constituent le champ auditif ;
- *il existe également une réponse lente* du cytosquelette, adaptant la CCE et contrôlée par le système efférent médian (SEM) de l'olive supérieure ; les CCEs sont en effet capables de s'accorder à leur environnement et cette propriété est fondamentale si l'on veut comprendre comment l'oreille s'adapte et ce qu'il faut faire pour ne pas gêner cette adaptation mais au contraire la faciliter.

Lorsqu'elles reçoivent des informations provenant des centres (SEM), les CCEs sont hyperpolarisées et le moteur (prestine) fait rentrer les CCEs en vibration synchrone, ajustant l'activité des CCI. À l'inverse une réponse lente liée à la réponse du cytosquelette (actine et spectrine entre autres) sollicitée par la libération de Ca^{2+} et l'activation des canaux K_{Ach} dépolarise la cellule et la contracte, les CCEs sollicitant alors d'autant plus l'activité des CCI mais leur rôle est essentiellement d'avertir les centres de leur état.

Les cils (Fig. 6.1, 6.2, 6.15, 6.16, 6.17, 6.18, 6.19, 6.20, 6.21, 6.22 et 6.23) ont un rôle capital dans l'information. Leur fonctionnement voltage-dépendant permet une réponse d'une extrême rapidité lorsqu'ils sont actionnés. Les deux cils courts sont dotés de canaux ioniques qui s'ouvrent mécaniquement mais se referment immédiatement permettant une réponse de retour, avant d'être assistée des fibres musculaires de sa structure, court-circuitant ainsi la mécanique ciliaire.

Du point de vue physiologique, les cellules ciliées, comme toutes les cellules sensorielles, présentent une rhéobase, un temps de latence, un temps réfractaire, de la fatigue, un niveau d'intolérance… Elles ne fonctionnent sans doute pas selon la loi du tout ou rien et bénéficient ou non de conditions plus ou moins favorables pour décharger leur courant d'action avec un certain degré d'amortissement.

Le mécanisme de transport de l'onde sonore jusqu'à la cellule externe va permettre de véhiculer la ou les fréquence(s) et les intensités correspondantes, de plusieurs manières.

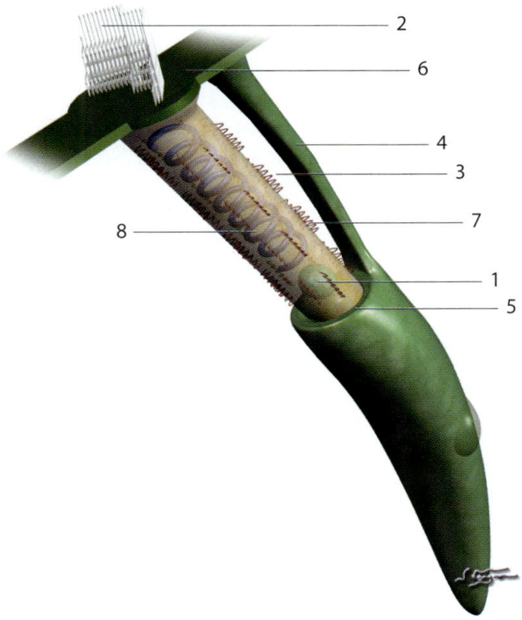

Fig. 6.23 – *Cellule ciliée externe*

1. Corps cellulaire et noyau de la cellule ciliée externe
2. Cils engagés
3. Espace de Nuel
4. Phalange
5. Jonction avec la cellule de Deiters à ce niveau (fin 2e tour) assez lâche
6. Cuticule
7. Protéine contractile (prestine) électro-voltaïque de la paroi
8. Protéine contractile classique

La cellule externe livre passage à l'onde sonore au niveau où elle vibre en accord avec la zone adéquate de la membrane basale (Fig. 6.11 et 6.16). Chaque zone correspond à une *fréquence caractéristique*. Il en résulte une tonotopie de l'oreille interne qui spécialise telle cellule ciliée, à tel endroit, pour telle fréquence. Si plusieurs fréquences différentes arrivent en même temps au seuil, chacune choisira sa cellule. Il se produit une première analyse fréquentielle. La cellule ciliée externe intervient ensuite par ses contractions, en affinant la sélectivité fréquentielle améliorant la sensibilité de l'oreille aux faibles intensités (elle la protège aussi en inhibant les sons trop violents).

Quant à la transduction de l intensité, elle est liée pour :

- une première partie si l'intensité est forte, à la colonisation des cellules voisines de celle qui a reçu le son au seuil d'intensité de la fréquence caractéristique ; ainsi la précision tonale diminue au fur et à mesure que l'intensité du son augmente ;
- une autre partie, si l'intensité est inférieure à 40 dB, peut être codée par la cellule ciliée interne elle-même dont la décharge a un seuil, un domaine dynamique et une saturation de son taux de décharge ; le seuil d'intensité d'une cellule interne est le plus bas lorsqu'elle est en accord fréquentiel avec le son et que les sons correspondent à des fréquences moyennes.

Tout va concourir à modifier la sensibilité de l'oreille interne et à l'adapter aux besoins. Un mécanisme de tension de la *membrana tectoria*, solidaire de la membrane basale et vibrant en résonance avec les sons, permet d'amorcer la sensibilité des cellules externes. Celles-ci en se contractant vont tirer périodiquement sur la *membrana tectoria*. Mais, en même temps, un potentiel d'action stimule la synapse des fibres non myélinisées qui entrent en contact avec les cellules ciliées externes. Des informations parviennent aux centres protubérantiels qui en retour adaptent le comportement des cellules externes aux besoins.

Dès que les cils des cellules ciliées internes sont couchés par la *membrana tectoria*, la dépolarisation des cellules ciliées a lieu et libère un neurotransmetteur (glutamate). Ce glutamate provoque l'apparition d'un potentiel sur les terminaisons nerveuses des boutons dendritiques du 1er neurone sous-jacent.

Ainsi l'organe peut s'adapter à tout moment. Il se produit, à la longue, des modifications anatomiques en rapport avec l'entraînement du sujet. Comme les mains du jardinier, du maçon, du professeur ou du pianiste ont un aspect qui trahit leur fonction, de même, les oreilles d'un sous-marinier, d'un chef d'orchestre ou d'un chaudronnier ne sont plus les mêmes à la fin de la vie. Si elles sont modifiées, cela signifie qu'elles perçoivent de manière différente les sons et donc puisque la fonction crée l'organe, l'organe s'adapte en modifiant et en améliorant ou en diminuant sa réception ou mieux ses performances.

C'est la contraction des cellules ciliées externes qui est à l'origine des oto-émissions acoustiques. On envoie des sons à l'oreille interne et on étudie le son que retournent les cellules ciliées externes.

À titre indicatif, les figures 6.14, 6.24 et 6.25 montrent des organes de Corti lésés.

Fig. 6.24 – *Lésions de l'organe de Corti chez l'homme*
Absence de quelques cellules ciliées internes et cellules externes de la 3e rangée. Présence de quatre cellules externes d'une 4e rangée (thèse C. Bismuth, cliché J.-M. Aran)

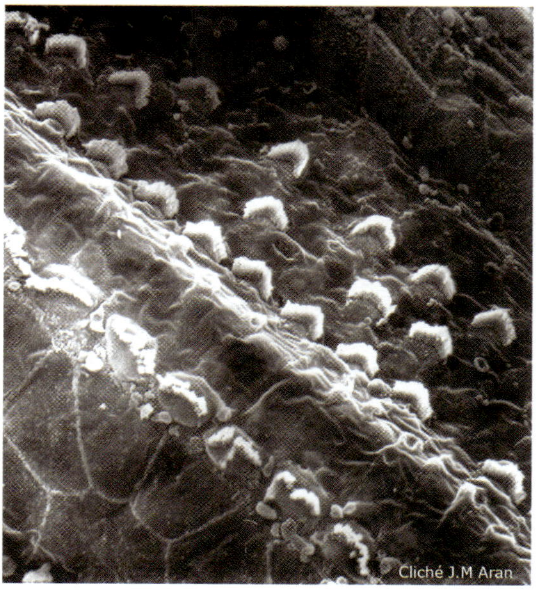

Fig. 6.25 – *Lésions de l'organe de Corti chez l'homme.*
Absence de quelques cellules ciliées externes des trois rangées (thèse C. Bismuth, cliché J.-M. Aran)

Synthèse des actions des oreilles externe, moyenne et interne dans le chaos

Il existe des phénomènes pressionnels ondulatoires complexes mettant en mouvement les molécules de l'air. L'oreille les capte. L'organe de Corti en assure une transduction qui se veut :

- amplificatrice, c'est-à-dire sensible à la plus petite quantité possible d'énergie ;
- fidèle, c'est-à-dire n'apportant pas trop d'informations inexistantes ;
- active, c'est-à-dire capable de s'adapter à toutes les circonstances qu'un individu peut rencontrer dans la vie avec un certain degré d'amplification ou d'amortissement ;
- utilisable par le système nerveux, c'est-à-dire offrant aux centres nerveux (dans leur langage) des informations compatibles, utiles, interprétables.

Le système de transduction est *amplificateur-amortisseur* à deux niveaux. La vibration sonore aérienne grâce aux deux oreilles précédentes : (externe et moyenne), s'est donc d'abord transformée en vibration membranaire (tympan) puis osseuse (osselets) et, désormais, en une vibration d'un liquide. Elle a subi une amplification qui n'a nécessité qu'une très faible énergie. L'oreille externe et l'oreille moyenne assurent donc une importante amplification de l'intensité sans endommager la fréquence. L'oreille interne complète cette sensibilité à l'intensité par une facilitation de la recherche de la fréquence et une remarquable adaptation à l'apprentissage. Le système des cellules ciliées externes donne à l'oreille une capacité extraordinaire de sélectivité, de choix, de captation d'événements sonores et les cellules ciliées internes amortissent quelque peu le système avant de l'offrir à leur manière au système nerveux.

Le système de transduction est *fidèle car il ne change pas la forme du signal,* bien au contraire, puisqu'il permet une analyse fréquentielle extrêmement fine d'une part en repérant toutes les fréquences (fondamentale ou harmoniques) contenues dans la forme sonore perçue et d'autre part en accentuant chacune d'elles pour en accroître la valeur informante et émotive pour le cerveau. Il existe sans doute des harmoniques subjectives comme les avait décrites intuitivement le violoniste G. Tartini (1692-1770), auteur de la sonate « Les trilles du diable », il y a plus de trois siècles. Elles ne font qu'ajouter une personnalisation de la forme auditive perçue, permettant à l'oreille artistique des créations très riches et communicables à l'ensemble des auditeurs.

Le système de transduction des cellules ciliées externes est actif car :

- il recherche et isole la ou les fréquence(s), augmentant le champ auditif en diminuant le seuil d'audition de manière sélective ;
- il permet d'entendre des fréquences fondamentales et des fréquences harmoniques qui auraient été inaudibles pour un système passif ;
- surtout, il offre à l'oreille une fabuleuse capacité d'intégrer le temps et l'espace dans la perception auditive en amortissant le système de façon très rapide ; les contractions des cellules externes, voltage-dépendantes, reproduisent les fréquences et leur durée ; la *membrana tectoria*, de consistance huileuse, contribue également à cet amortissement avec les cellules ciliées internes ; les cellules ciliées internes transcodent aussi les transitoires.

Pour conclure ce chapitre, il convient de replacer cette synthèse dans le chaos. Il a été en effet impossible jusqu'à aujourd'hui de construire un modèle mathématique d'oreille interne satisfaisant et nous pensons que ce type de travail est voué à l'échec car, Poincaré a montré qu'au-delà de deux équations différentielles, il n'y avait plus de solution. Nous allons retrouver toutes les règles du chaos.

Et les problèmes ne font que commencer car la situation, nous allons le voir, va encore se complexifier pour aboutir à l'impossibilité de prévoir à long terme la réponse du système auditif. Ce système est extrêmement sensible aux conditions initiales. Les attracteurs étranges permettent de construire des formes auditives aussi belles et aussi structurées que celles que l'on obtient pour les images de Mandelbrot. Simplement nous avons beaucoup de mal à les traduire sur le papier et les formes auditives sont tellement fugaces qu'elles ne permettent pas une observation suffisamment prolongée pour être analysées.

Essayons cependant d'aller plus loin dans l'analyse du phénomène. Jusqu'ici, on considérait la cochlée comme une boîte noire et on étudiait l'entrée sous forme de sons purs ou mieux complexes mais dont on connaissait la composition. On regardait l'effet produit au niveau du nerf cochléaire. On obtenait des courbes d'accord. Celles-ci montraient que le système présentait une grande sensibilité autour d'une fréquence caractéristique (FC), donnée correspondant à l'exact niveau de la membrane d'où provenait la fibre nerveuse mise en action par le son capté par l'oreille et transcodé. On dit que la relation entre la fibre et le son est monotone sur tout l'enroulement cochléaire. La sensibilité est telle qu'il ne faut pour déplacer l'étrier qu'1/10e de nanogramme (1 ng = 10^{-12} kg), c'est le zéro décibel. La perte de sensibilité va atteindre rapidement 60 dB si l'on s'écarte de la FC. Cette sélectivité fréquentielle est indispensable au décodage des sons complexes. Or la courbe entrée-sortie n'est absolument pas linéaire, c'est une donnée fractale. En revanche, plus on s'éloigne de la FC, plus cette courbe devient linéaire et perd toute signification pour l'oreille. Elle n'est plus exploitable. Pour entendre nous avons besoin du chaos. Tout sauf le linéaire, telle est la devise qu'il faut avoir à l'esprit pour suivre le son de l'oreille à la pensée.

Rien ne se fait de façon linéaire dans la cochlée, ni la localisation de la fréquence, ni surtout l'amplification qui est plus forte pour les sons faibles et atténuée pour les sons forts. Le chaos est bien installé et nous ne l'en ferons pas sortir avec des simplifications qui ne correspondent à rien. Mieux vaut prendre le problème sous un autre angle. À force de jouer au chaos comme les fourmis ou les abeilles, les trains d'*influx* finissent par créer un système d'une extraordinaire complexité et notre capacité à ressentir les attracteurs étranges qui les commandent nous procure alors joie fabuleuse ou énervement extrême. Notons au passage que la loi du tout ou rien, sorte d'obstacle placé sur le chemin de l'*influx*, nous aide à devenir intelligent en nous donnant le temps de choisir ce qui est le meilleur pour nous. Ce sont des modèles de ce type vers lesquels il faut maintenant diriger notre réflexion.

■ En quelques lignes ■

L'oreille interne est la partie antérieure du labyrinthe osseux. L'enroulement cochléaire (deux tours et demi) contient trois rampes : le canal cochléaire entouré des rampes vestibulaire et tympanique. Le canal cochléaire contient l'organe de Corti qui transcode l'onde sonore liquide en influx nerveux destiné aux centres. Les cellules ciliées externes relaient l'onde reçue passivement et la renforcent ou la font disparaître en fonction des ordres reçus avant de la livrer à la cellule ciliée interne qui la transcode.

Ainsi l'oreille interne transcode, pour le système nerveux, les vibrations sonores en les décomposant en fréquences et intensités. Les vibrations liquides reçues se déplacent sur un tapis de cellules ciliées, coiffées d'une membrane. Selon leur longueur, elles répondent à une fréquence caractéristique. Les trois cellules externes véritables petits muscles intensifient ou freinent les ondes sonores.

La cellule interne opportunément sollicitée va selon la loi du « tout ou rien aménagée » transmettre les influx aux centres. Les centres vont en retour modifier la sensibilité des cellules externes pour les adapter aux besoins, par exemple l'attention. Grâce à ses qualités extraordinaires, l'oreille interne va analyser avec finesse tout l'environnement sonore et l'adapter aux besoins du sujet.

Le chaos sonore qui l'entoure devient source d'informations pertinentes dans l'espace et dans le temps. La complexité devient partiellement mais nettement accessible au système nerveux.

Pour approfondir

ARAN JM. L'amplificateur cochléaire. *Méd. Sci.*, 1990, *6* : 740-742 L.

AVAN P, BONFILS P, LOTH D (1996). Effects of acoustic overstimulation on distortion-product and transient-evoked otoacoustic emissions. In : *Scientific basis of noise-induced hearing loss*, AXELSSON A *et al.* (eds), Thieme, New York, 65-81.

AVAN P, MAGNAN P, DANCER A. Biomécanique de la cochlée : des ondes de pressions aux cellules. In : *Rencontre IPSEN en ORL*, tome 1. CHRISTEN Y, COLLET L, DROY-LEFAIX MT, 1997, Irvinn, Paris, 52-67.

BERGLUND AM, BROWN MC. Central trajectories of type-II spiral ganglion cells from various cochlear regions in mice. *Hear Res.*, 1994, *75* : 121-130.

BÜKI B, AVAN P, LEMAIRE JJ, DORDAIN M, CHAZAL J, RIBARI O. Otoacoustic émissions : a new tool for monitoring intracranial pressure changes through stapes displacements. *Hear Res.*, 1996, *94* : 125-139.

COLLET L, VEUILLET E, DUCLAUX R, MORGON A. Influence of a contralateral auditory stimulation on evoked otoacoustic omissions. In : *Cochlear mechanisms and otoacoustic omissions*, GRANDORI F, CIANFRONE G. KEMP DT (eds), Karger, Basel, 1990, 164-170.

DULON E, BLANCHET C, BEURG M, ITO K, DAUMAN R, ARAN JM. Cellules ciliées externes : amplification cochléaire et adaptation par le système efférent médian. In ; *Rencontres IPSEN en ORL*, tome 5, COLLET L, CHRISTEN Y, 2001, Solal éditeur, Marseille, 59-69.

FERRARY E, COULOIGNER V, BOZORG-GRAYELI A, BUTLEN D, TEIXERA M, STERKERS O. Liquides de l'oreille interne. In ; *Rencontres IPSEN en ORL*, tome 5, COLLET L, CHRISTEN Y, 2001, Solal éditeur, Marseille, 49-58.

LAFON JC. L'oreille, horloge du temps I, *Bulletin d'Audiophonologie*, n° 1., II, n° 3, Besançon (1986a), 255 p.

LAFON JC. Le test phonétique, Mesure de l'audition et de la perception de la parole. *Bulletin d'audiophonologie*, Annales Scientifiques de l'Université de Franche-Comté, 1979, vol. 9, n° 9 ; 175-188.

PUEL JL, RUEL J, GUITTON M, PUJOL R. La physiologie cochléaire revisitée : nouvelles perspectives thérapeutiques. In : *Rencontres IPSEN en ORL*, COLLET L, CHRISTEN Y, Irwinn , 2001, vol. 5 : 71-82.

PUEL JL. Chemical synaptic transmission in the cochlea. *Progress in Neurobiology*, 1995, *447* : 449-476.

PUEL JL, GERVAIS D'ALDIN C, PUJOL R. Pharmacologie de la synapse glutamatergique de la cochlée. In : *Rencontre IPSEN en ORL*, tome 1, CHRISTEN Y, COLLET L, DROY-LEFAIX MT, 1997, Irvinn, Paris, 39-51.

PUJOL R *et al.* « Promenade autour de la cochlée », site Internet http://www.cochlee.info, Université Montpellier 1-INSERM Unité 254, 1999-2007, France.

ROUVIÈRE H (1954), *Anatomie humaine descriptive et topographique*, révisé par CORDIER G., tome I, *Tête et cou*, Paris, Masson, 1994.

SOBOTTA C. *Atlas d'anatomie humaine*, édité par PUTZ R, PABST R, édition française, DHEM A, GOUAZÉ A, Paris, Éditions Médicales Internationales, 1994.

STERKERS O, FERRARY E, TRAN BA HUY P. Production des liquides de l'oreille interne, *Med. Sci.*, 1990, *6* : 755-761.

TORTORA GJ, GRABOWSKI SR. *Principe d'anatomie et de physiologie*, Anjou (Québec), Centre éducatif et culturel Inc., 1997.

VERGNON L. Et l'audition, y pensez-vous ? « Au bonheur d'entendre ». *Revue de Gériatrie*, Edimedica, Asnières, tome 7, n° 3, 2002 : 145-148.

VERGNON L, ARAN JM, CAZALS Y *et al.* Étude de corrélations anatomo-cliniques dans l'oreille interne humaine. *La Vie Médicale*, 1983, *19* : 14-27.

VERGNON L, FRAISSE P, BISMUTH A, BISMUTH C. Abord de la tolérance cochléo-vestibulaire des aminosides chez l'homme. Mise au point d'une méthodologie à propos d'un essai contrôlé comparatif dibékacine *versus* gentamycine, *La nouvelle presse Médicale*, 18 novembre 1982, *11*, n° 46, Masson, 1982, Paris : 3459-3462.

WEVER EG, LAWRENCE M. *Physiological Acoustics*. Princeton, USA, Princeton Univ. Press, 1954.

Partie III

Le système nerveux auditif

Chapitre 7

Les neurones et leur fonctionnement

« La meilleure part de notre mémoire est hors de nous, dans un souffle pluvieux, dans l'odeur de renfermé d'une chambre ou dans l'odeur d'une première flambée, partout où nous retrouvons de nous-mêmes ce que notre intelligence, n'en ayant pas l'emploi, avait dédaigné. »

M. Proust.

Le système nerveux est constitué par des atomes qui se groupent en molécules puis en cellules dont le type est toujours le même et constitue l'unité de base : le neurone. Nous disposons de cent milliards de neurones à l'âge adulte (ce qui correspond à un million de milliards de connexions entre les neurones). Un tissu de soutien permet à ces neurones de vivre dans des conditions très précises d'équilibre. La moindre modification peut endommager définitivement le neurone car il n'a pas, dès que l'enfant dépasse sept ans, la possibilité de se remplacer comme le font les autres cellules de l'organisme. Il est doué en revanche d'une grande plasticité. Le réseau neuronal devient d'une énorme complexité du fait du nombre de neurones, ce qui constitue l'originalité du cerveau humain. La théorie du chaos s'y applique comme pour le reste de l'organisme mais ici, elle y règne en maître. Le neurone présente deux caractéristiques : il est excitable et a une fonction sécrétoire. Un neurone isolé n'existe pas, c'est pourquoi nous l'étudierons surtout dans sa complexité et la complexité de son environnement.

La cellule nerveuse

Le centre de contrôle du neurone (Fig. 7.1 et 7.2) est le corps cellulaire (appelé également *soma* ou *perikaryon*) où se trouve le noyau. Ce corps cellulaire reçoit les dendrites ou entrées synaptiques qui sont entre 1 000 et 10 000 par cellule nerveuse et envoie l'axone unique qui se divise en de multiples terminaisons axonales qui elles-mêmes portent 10 000 boutons présynaptiques.

Chaque extrémité dendritique reçoit des influx :

- soit des terminaisons axonales d'un autre neurone ;
- soit d'un récepteur sensoriel (ici l'oreille), ou un muscle ou un tendon ou une enveloppe d'organe…

Chaque axone est en contact avec :

- les dendrites d'autres neurones ;
- une plaque motrice d'un muscle (ici de l'étrier ou du marteau ou bien des cellules ciliées externes…) ;
- un organe glandulaire.

Ainsi, chaque neurone peut recevoir de 1 000 à 10 000 informations binaires (+ 1 ou – 1 mV) qu'il va véhiculer dans ses dendrites en perdant parfois de l'intensité. Au total, le corps cellulaire reçoit une somme de stimulations qu'il est capable d'amplifier si elle est positive jusqu'à atteindre le seuil de déclenchement (+ 30 mV) du potentiel d'action axonal qui est constant (égal à 100 mV) à partir du potentiel de base (– 70 mV) ou de ne rien envoyer parce que ce seuil n'est pas atteint.

Rappelons l'anatomie du neurone de type I, c'est-à-dire à axone myélinisé (Fig. 7.1 et 7.2). Chaque dendrite est un filet de taille très variable, non myélinisé (la dendrite est parfois myélinisée lorsque le trajet est long : nerf sciatique par exemple) qui conduit l'information binaire, postsynaptique, reçue, jusqu'au corps cellulaire (Fig. 7.3). Là, soit le solde entre les inhibitions et les excitations est positif et le corps se charge d'amplifier le courant jusqu'à ce qu'il déclenche le potentiel d'action de l'axone, soit il est négatif et aucune action n'est mise en route.

L'axone prend son origine au niveau du cône d'émergence qui n'est pas entouré de myéline. Cet endroit est appelé « zone gâchette » (Fig. 7.2). C'est à ce niveau que démarre le potentiel d'action du nerf si le niveau d'excitation atteint 100 mV.

L'axone est ensuite entouré par une gaine de myéline constituée, au niveau du système nerveux

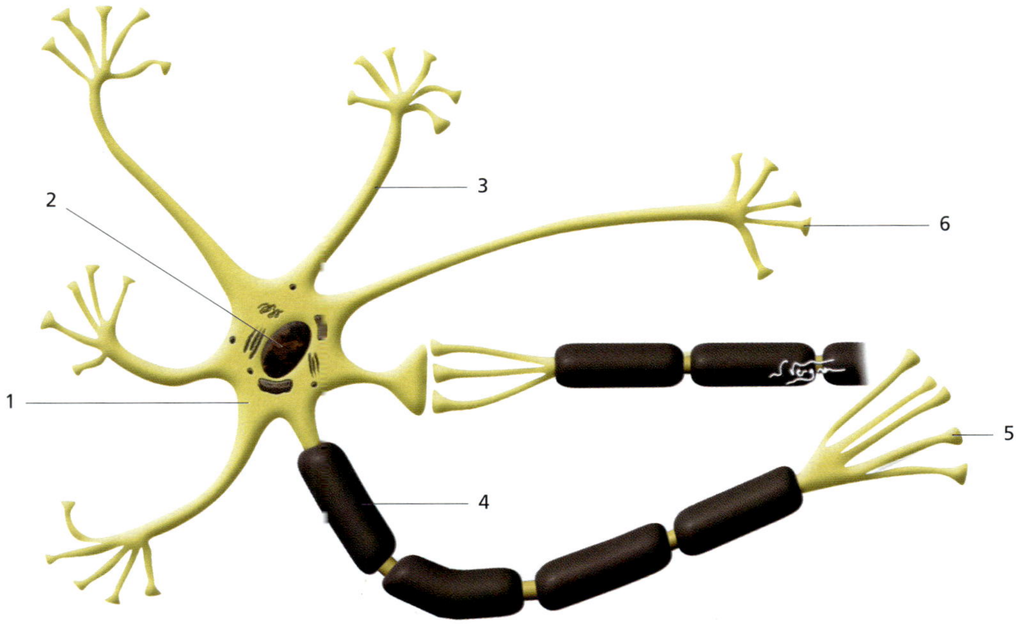

Fig. 7.1 – *Neurone de type I*

1. Corps cellulaire ou soma
2. Noyau
3. Dendrites
4. Axone
5. Bouton présynaptique
6. Bouton postsynaptique

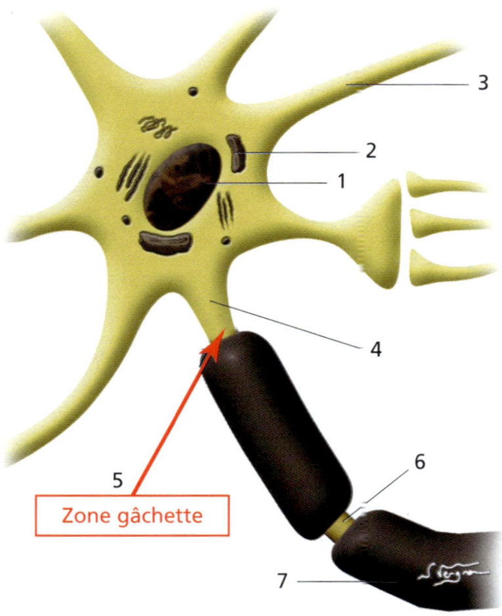

Fig. 7.2 – *Neurone de type I - soma*

1. Noyau
2. Mitochondrie
3. Dendrites
4. Axone
5. Zone gâchette
6. Nœud de Ranvier
7. Gaine de myéline

Fig. 7.3 – *Fibre de type I, relation avec la myéline*

1. Fibre nerveuse
2. Noyau du neurolemméocyte
3. Nœud de Ranvier
4. Gaine de Schwann ou gaine de myéline

périphérique, par les cellules de Schwann qui s'enroulent en spirale autour de lui sous forme d'une lamelle qui en fait 50 à 100 fois le tour. Précisément, les gaines de myéline sont constituées de neurolemmeocytes disposés tout au long de l'axone et séparés, tous les 0,2 à 2 mm, par un espace

Fig. 7.4 – *Coupe d'un neurone de type I.*
Disposition des canaux ioniques au niveau des nœuds de Ranvier

1. Fibre nerveuse
2. Noyau du neurolemméocyte
3. Nœud de Ranvier
4. Pompe ionique
5. Canaux ioniques
6. Cellule de Schwann (neurolemméocyte)

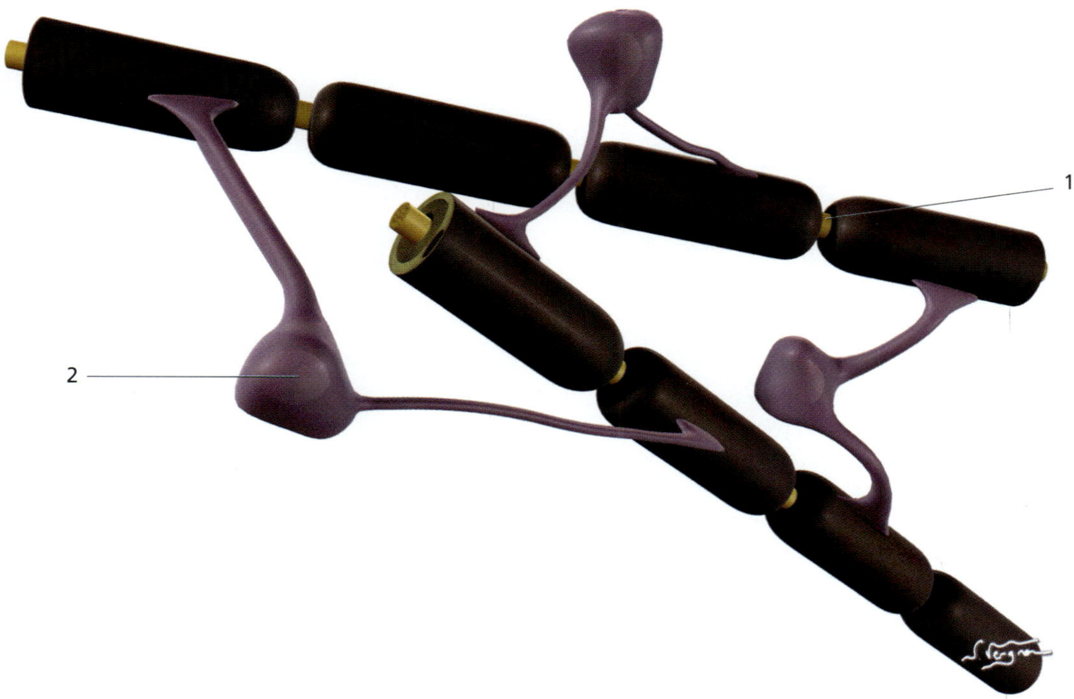

Fig. 7.5 – *Neurones de type I centraux et les oligodendrocytes fournissant la myéline*

1. Fibre nerveuse
2. Oligodendrocyte

appelé nœud de Ranvier (Fig. 7.3 et 7.4). Les cellules de Schwann se chargent de myéline pendant la vie embryonnaire. La myéline est produite, au niveau du système nerveux central par d'autres cellules : des cellules gliales appelées oligodendrocytes. Ce sont ces cellules qui constituent la gaine de myéline de la substance blanche. Un seul oligodendrocyte produit la myélinisation de deux ou trois éléments d'axones centraux (Fig. 7.5).

Rappelons l'anatomie du neurone de type II, c'est-à-dire non myélinisé (Fig. 7.6). Cette absence de myéline entourant la fibre a d'importantes conséquences sur le fonctionnement du neurone : non seulement la transmission de l'influx au niveau de

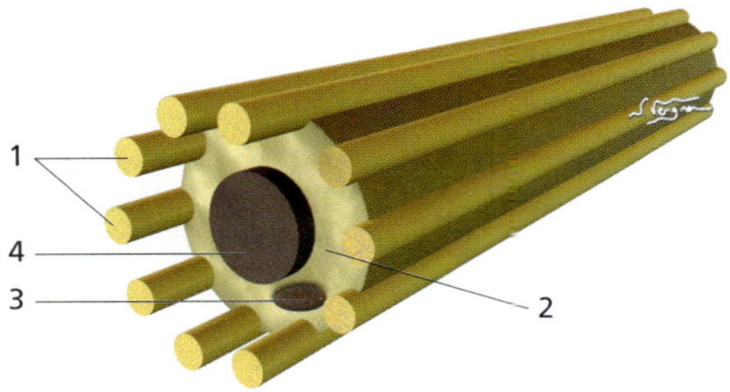

Fig. 7.6 – *Fibres périphériques de type II, relation avec la cellule de Schwann*

1. Fibre nerveuse
2. Cellule gliale de Schwann
3. Noyau
4. Myéline

Fig. 7.7 – *Fibres centrales de type II, relation avec l'oligodendrocyte*

1. Oligodendrocyte central
2. Fibres de type II

l'axone est de bien moins bonne qualité avec des pertes d'intensité mais aussi la progression de l'influx se fait beaucoup plus lentement.

Ce n'est pas pour autant que la cellule nerveuse périphérique de type II se prive de l'aide de la cellule gliale de Schwann. Celle-ci n'est plus autour de l'axone mais constitue l'axe central autour duquel se disposent les fibrilles (Fig. 7.6).

Cette myéline apporte l'assistance dont la fibre a besoin : alimentation, contact avec le milieu extérieur (puisque le neurone n'a aucun vaisseau), résorption du médiateur chimique et aide à la conduction.

En ce qui concerne les neurones centraux de type II, ils reçoivent leur myéline d'un oligodendrocyte pour une quarantaine de fibres (Fig. 7.7).

Le squelette du neurone

Les éléments fibrillaires qui constituent le squelette du neurone sont au nombre de quatre :

- les *microtubules,* d'origine centrosomique et disposés de manière radiale, sont les fibres les plus grosses ; ils sont constitués de deux types de protéines sphériques qui s'enroulent alternativement sur elles-mêmes constituant un tube creux ; ils vont servir de rail aux protéines transporteuses ;
- les *microfilaments* sont constitués d'actine et permettent à la cellule de se déformer ; ils ont joué un rôle important lors des mitoses de la vie embryonnaire ; ils sont particulièrement utiles à l'exocytose ou à l'endocytose en se constituant ou en se désintégrant selon les besoins ;
- les *filaments intermédiaires* sont des protéines très solides et rigides qui permettent de donner une solidité au tissu en intervenant dans les liaisons des fibrilles entre elles et à l'intérieur même de la cellule nerveuse ; c'est en participant à la constitution des desmosomes qu'ils jouent ce rôle de rivet entre les cellules ; ces plaques desmosomiques seraient reliées entre elles par les cadhérines, qui sont des molécules d'adhésions intercellulaires ;
- le réseau microtrabéculaire, contesté par certains, composerait la gélatine cellulaire.

Le fonctionnement

➤ Les transports intracellulaires

Les transports dans les fibres nerveuses sont assurés essentiellement par deux types de protéines contractiles (transporteuses) complexes (Fig. 7.8) : les kinésines et les dynéïnes. Elles se déplacent le long des éléments fibrillaires qui constituent le squelette des cellules soit du noyau vers la synapse (kinésine +) soit de la synapse vers le noyau (dynéïne –). Les éléments à transporter sont disposés, à la manière de guirlandes, le long des tubules et sont ramassés par les kinésines ou les dynéïnes. Les microtubules sont impliqués dans le transport axoplasmique. Le matériel à transporter est incorporé dans la membrane de vésicules particulières qui vont migrer du soma vers la partie terminale des axones grâce à l'action d'une protéine, la kinésine, se déplaçant le long des microtubules par un processus dépendant de l'adénosine triphosphate (ATP).

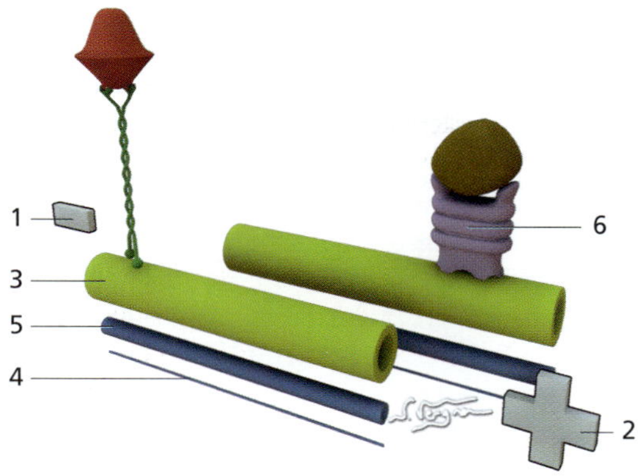

Fig. 7.8 – *Protéines transporteuses*

1. Pôle négatif
2. Pôle positif
3. Microtubule
4. Microfilament
5. Filament intermédiaire
6. Cargo (dynéine)
7. Cargo (kinésine)

Les kinésines et les dynéïnes circulent sur les microtubules en « boitant » ou en « rampant » (100 fois par seconde). On décrit habituellement trois parties à ces systèmes de transport :

- le cargo qui correspond à la charge utile et contient le matériau à transporter ;
- l'adaptateur variant avec le transporteur ;
- le moteur qui fait appel à l'ATP comme source d'énergie.

Dans ce moyen de transport par attirance électrique, le *soma* représente le pôle négatif et l'extrémité dendritique le pôle positif.

➤ La transmission fibrillaire

Le potentiel de repos (ou potentiel membranaire) de la fibre nerveuse constitue l'état inactif aussi instable et éphémère que l'état actif. Cet état est instantané et varie en permanence. La cellule nerveuse est dite « au repos » lorsqu'il existe une différence de potentiel de – 70 mV entre la face externe, chargée positivement (Na^+) et la face interne, chargée négativement (protéines$^-$), de sa membrane. Cette différence n'est pas passive, elle traduit que le neurone est en vie mais ne produit aucun influx. Le liquide extracellulaire est riche en Na^+ et à un moindre degré en Cl^-. Le cytosol est, pour sa part, riche en ions K^+ et surtout en protéines$^-$. La membrane ne permet d'échanges ioniques qu'au niveau des canaux ioniques (Fig. 7.9, 7.10) dont certains sont de véritables pompes actives pour quelques ions (Fig. 7.11). Les canaux ioniques

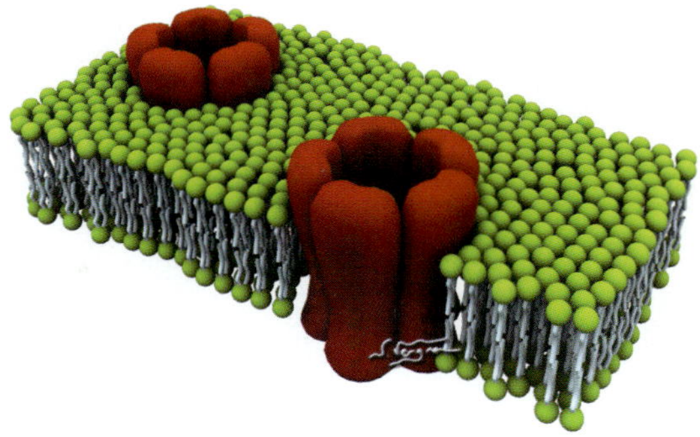

Fig. 7.9 – *Canaux ioniques dans la membrane cellulaire*

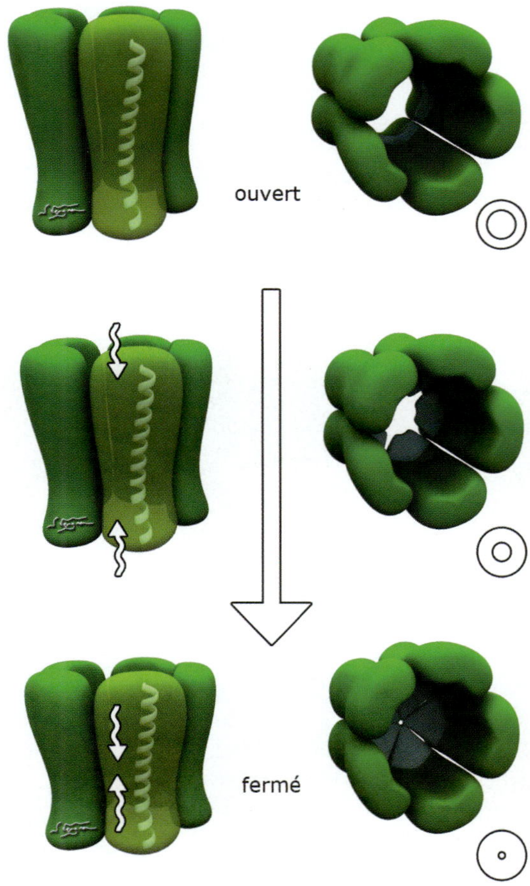

Fig. 7.10 – *Canal ionique : système d'ouverture ouvert ou fermé*

Le canal est successivement ouvert puis en position de demi-fermeture et fermé. Le canal diminue de hauteur selon le degré de fermeture. On peut voir, sur l'une des cinq pièces du pentamère, par transparence, la protéine en forme de ressort qui permet les mouvements du canal.

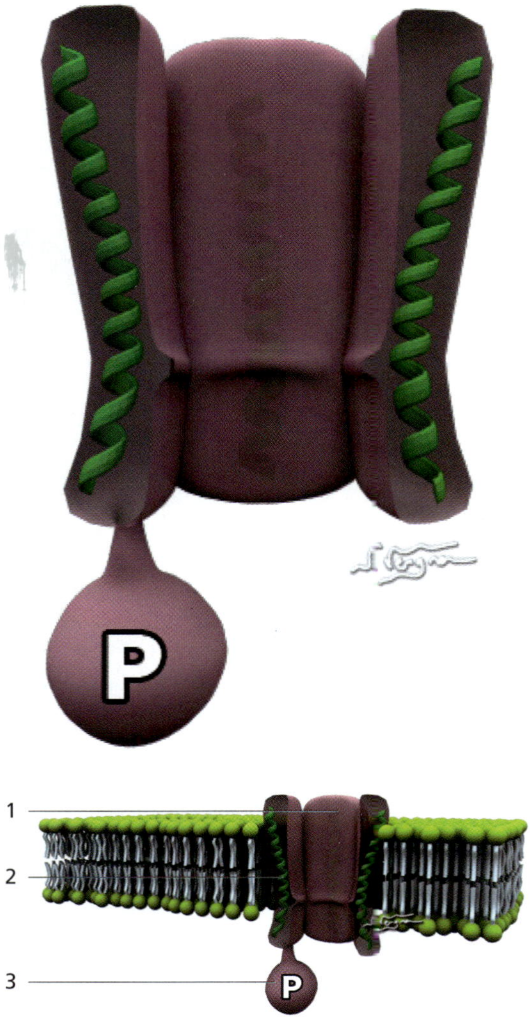

Fig. 7.11 – *Pompe ionique schématisée (NA+/K+-ATPase)*

1. Tétramère transmembranaire dont l'intérieur est retiré
2. Grosse molécule capable de changer de forme en expulsant les ions par affinité
3. P (phosphore) d'une molécule d'ATP qui devient ADP en libérant l'énergie nécessaire

à ouverture programmée par la tension électrique peuvent être :

- soit spécifiques d'un ion Na^+ ou K^+ et sont alors fermés à l'état de repos (Fig. 7.10) ;
- soit mixtes et ce sont cette fois-ci des pompes sodium-potassium qui restent ouvertes même en période de repos et permettent, en rejetant trois ions potassium de la cellule et en faisant entrer deux ions sodium à la place, de maintenir la membrane polarisée à – 70 mV, donc à l'état de repos (Fig. 7.11).

Au niveau de la dendrite, le potentiel d'action local est en moyenne de ± 1 mV (toutes les variations sont possibles entre 2 mV voire plus et 0,5 mV) selon que la synapse est excitatrice ou inhibitrice. Chaque dendrite véhicule sa charge qui atteint le corps cellulaire et s'additionne aux potentiels locaux des autres dendrites. On notera que le système de sommation qui fait le total des excitations reçues, n'est pas linéaire. Au total, en additionnant le potentiel des 10 000 dendrites d'un neurone, soit le chiffre de + 30 mV est atteint et il y a un potentiel d'action qui naît au niveau de la zone gâchette, soit ce chiffre n'est pas atteint et il ne se produit rien (Fig. 7.2).

Au niveau de l'axone, le potentiel d'action a un seuil de déclenchement (loi du tout ou rien) quand le potentiel membranaire est égal à 30 mV (– 70 à + 30). C'est-à-dire que le corps cellulaire, à un moment donné, a reçu (additions, soustractions et opérations cellulaires faites), de quoi réduire le potentiel de repos de – 70 mV à + 30 mV.

Avec un potentiel d'action de 100 mV dans l'axone, la cellule se trouve complètement dépolarisée (+ 30 mV) et doit reconstituer son potentiel de repos (– 70 mV) pour être de nouveau capable de fonctionner.

Dans le cas contraire, les opérations au niveau du *soma* se poursuivent sans déclenchement de potentiel d'action. S'il existe, le potentiel d'action axonal est toujours de 100 mV et ne varie jamais. Il entraîne derrière lui une période réfractaire de 0,5 à 1 milliseconde (temps nécessaire à la repolarisation).

Ce potentiel d'action se propage à partir de la zone gâchette (Fig. 7.2) tout le long de l'axone que la fibre soit de type I ou II.

Pour le type I, la gaine de myéline accélère considérablement la vitesse de propagation.

Pour le type II, dont l'axone n'a pas de gaine, la vitesse est lente mais le potentiel d'action peut gagner de la vitesse en diminuant sa résistance électrique interne par une augmentation de diamètre de la fibre. Plus le nerf est gros plus l'influx ira vite. Il ira tout de même moins vite que celui du neurone de type I qui, en sautant de nœuds de Ranvier en nœuds de Ranvier, gagne la terminaison axonale à la vitesse de 1 m jusqu'à 100 m par seconde. Les canaux ioniques (Fig. 7.9 et 7.10) et les pompes à sodium-potassium (Fig. 7.11) n'existent qu'au niveau des nœuds de Ranvier, ce qui économise beaucoup de temps.

De plus la gaine de myéline sert d'isolant à la fibre axonale. Ainsi, il n'y a pas de perte à ce niveau : la conduction est dite saltatoire. Au contraire pour les dendrites qui ne sont parfois pas entourées d'une gaine ou les fibres amyéliniques, non seulement l'influx va moins vite mais il existe, selon la longueur, des pertes plus ou moins importantes.

L'électro-bio-physiologie de la cellule nerveuse montre à quel point la théorie du chaos est indispensable à la compréhension globale des phénomènes que nous étudions généralement éléments par éléments sans en faire la synthèse. On considère qu'il y a 100 à 200 pompes sodium-potassium par μm^2 (il peut y en avoir beaucoup plus pour certains axones). Une pompe à sodium échange 200 ions sodium pour 130 ions potassium à la seconde.

Un petit neurone va déplacer au moins 200 millions d'ions sodium et 130 millions d'ions potassium chaque seconde et il y a 100 milliards de neurones dans le système nerveux adulte. Tout est donc possible et les corrections devront être nombreuses avant d'engendrer un résultat qui ait une chance d'être fiable et utilisable pour notre pensée sous la forme d'un attracteur étrange (ce qui est le propre du chaos). Rien n'est jamais linéaire dans cette physiologie.

La synapse

Zone jonctionnelle entre les deux extrémités du neurone, la synapse est l'élément essentiel du système nerveux au point que l'on peut dire que si l'intelligence se trouve quelque part, c'est au niveau de la synapse qu'il faut la chercher. Il en existe trois types : électriques, chimiques et mixtes.

1. La synapse électrique est peu répandue. Les cytoplasmes de deux fibres nerveuses entrent en contact par l'intermédiaire de jonctions lacunaires et ainsi l'influx est actif sur les deux fibres immédiatement et sans perte d'énergie.
2. La synapse chimique (Fig. 7.13 au verso) joint deux neurones. C'est la plus fréquente. Elle est elle-même constituée de trois parties :
   a) *le renflement présynaptique* appelé « bouton synaptique » appartient au neurone qui précède la synapse et libère son médiateur, contenu dans des vésicules, sous l'influence de l'influx nerveux qui lui arrive ;
   b) *la fente synaptique* est un espace très minime, presque virtuel, séparant les deux terminaisons (Fig. 7.12) ;
   c) *les neuromédiateurs,* extrêmement nombreux, circulent dans la fente ; ils ont chacun une action particulière ; citons : l'acétylcholine, l'adrénaline, la dopamine, la sérotonine, le GABA, et l'acide glutamique que nous prendrons souvent comme exemple compte tenu du fait qu'il est le neuromédiateur des organes des sens (Fig. 7.12).
3. Nous ne ferons que citer la synapse mixte qui mélange les deux.

Une synapse chimique peut être *excitatrice* ou au contraire *inhibitrice* :

- dans le 1er cas, le neuromédiateur libéré par les vésicules présynaptiques, au moment où le

Fig. 7.12 – *Fente synaptique grossie*

1. Membrane cellulaire
2. Canal ionique
3. Récepteur couplé
4. Neuromédiateur (Glutamate)
5. Ligand

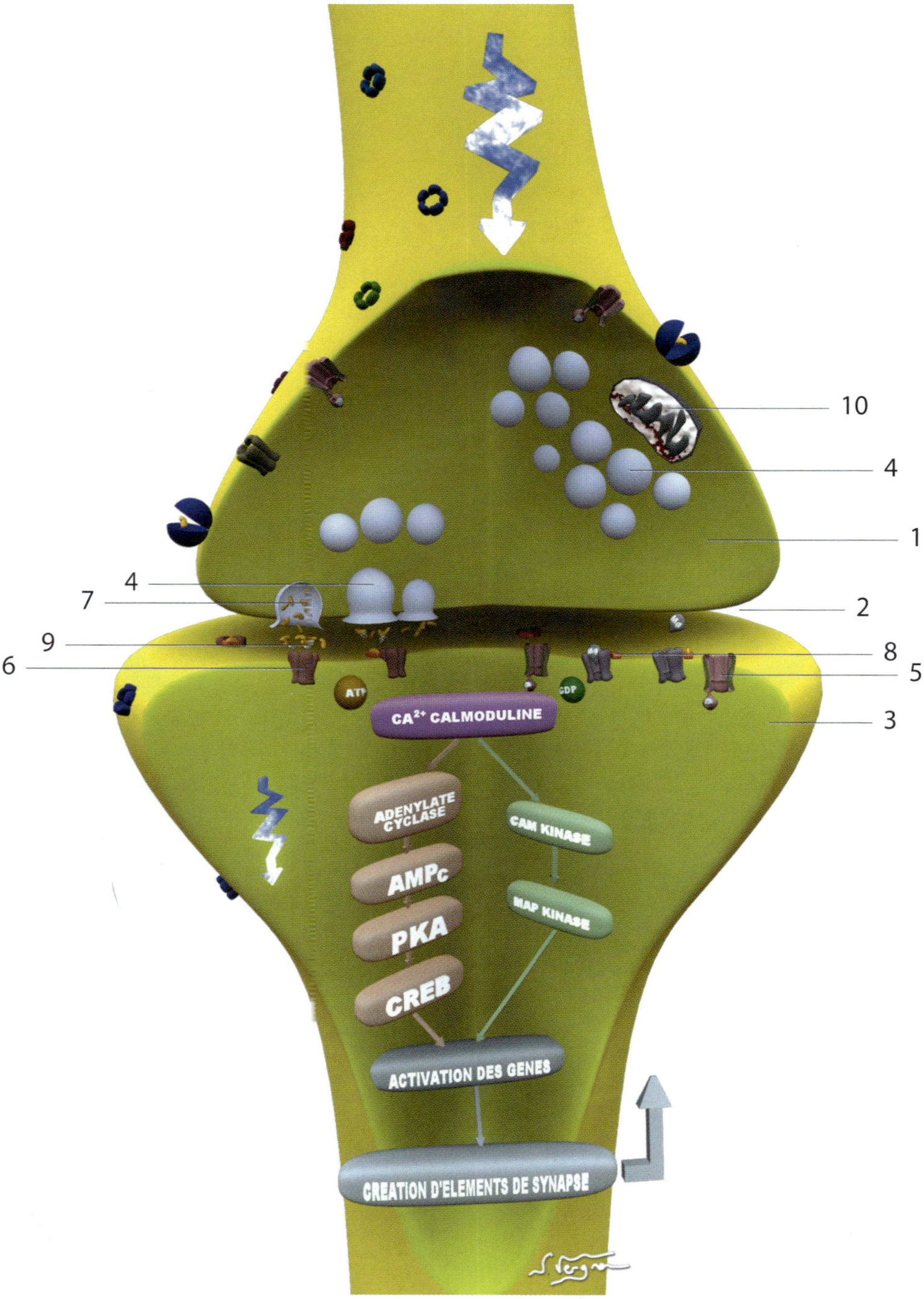

Fig. 7.13 – *Synapse chimique. Synapse glutamatergique*

1. Renflement présynaptique (axone) ou bouton synaptique
2. Fente synaptique
3. Extrémité post-synaptique (dendrite)
4. Vésicule présynaptique (médiateur : glutamate)
5. Pompe ionique
6. Canal ionique
7. Neuromédiateur
8. Récepteur
9. Transporteur
10. Mitochondrie

potentiel d'action l'atteint, traverse la fente synaptique et se fixe sur le récepteur de la membrane postsynaptique ; ce récepteur est couplé avec un *canal ionique* Na^+ (Fig. 7.12 et 7.13) et va engendrer une dépolarisation de la dendrite ;

- dans le 2e cas, le neuromédiateur est capté par un récepteur lui-même couplé à un canal ionique K^+ qui laisse passer du potassium, il en résulte une hyperpolarisation de la dendrite qui est alors inhibée.

Le neuromédiateur est ensuite, dans tous les cas, récupéré par la terminaison présynaptique et/ou la cellule gliale voisine de la fente (oligodendrocyte ou cellule de Schwann peuvent aider à la récupération du neuromédiateur). Ce neuromédiateur peut également être détruit sur place par une enzyme.

La transmission synaptique chimique

Le message sonore qui nous occupe ici (mais tous les autres sont du même type), après avoir été transcodé dans l'oreille interne sous forme d'un influx électrique va subir à chaque fois qu'il changera de neurone, c'est-à-dire des millions de fois, un codage chimique. Toutes ces complexifications, propres au monde du chaos ajoutent des subtilités qui enrichissent la perception et son intégration. Ces richesses proviennent du vécu, de la génétique, du message lui-même, de l'environnement, des autres sens… et finissent par constituer la personnalité auditive de l'instant.

Le potentiel d'action axonal de 100 mV arrive au niveau du renflement d'une des 10 000 terminaisons axonales d'un neurone chargé de transporter l'influx auditif.

L'avant-dernier canal ionique laisse entrer du Na^+ et ouvre son voisin (le dernier avant la synapse) qui est un canal calcique Ca^{2+}. Les ions calcium entrent dans la cellule par changement de gradient de pression (compte tenu du fait que l'ion Ca^{2+} est plus concentré à l'extérieur qu'à l'intérieur). Sa présence provoque la migration des vésicules synaptiques contenant le glutamate (Fig. 13) (neuromédiateur des synapses glutamatergiques des organes sensoriels) vers la fente synaptique où les vésicules vont s'ouvrir, libérant le glutamate dans la fente synaptique. À ce moment une pompe à calcium fait ressortir les ions calcium. Quant au neurotransmetteur, il est recapturé très rapidement par la vésicule et utilisable à nouveau ou bien détruit par une enzyme ou bien capturé par une cellule gliale de proximité. Les mitochondries apportent l'énergie nécessaire aux opérations.

La fente synaptique de 20 nm de largeur, empêchant toute transmission électrique à ce niveau, se voit donc traversée par le neurotransmetteur. Avant de disparaître de la fente synaptique, ce neurotransmetteur a le temps d'être attiré par chimiotropisme (et grâce à un transporteur) vers un chimiorécepteur voisin d'un canal ionique placé sur la membrane postsynaptique. Cette liaison du neurotransmetteur avec le chémorécepteur ouvre le canal ionique qui va laisser entrer dans la terminaison dendritique du neurone, suivant le type de canal, soit du sodium excitateur (dépolarisation) soit du potassium inhibiteur (hyperpolarisation).

La présynapse au niveau des neurones auditifs ou de la cellule ciliée interne, libère donc du glutamate qui diffuse dans la fente grâce à un transporteur et se fixe sur un récepteur glutamatergique (les trois principaux sont NMDA, AMPA ou Kaïnate). Il est récupéré, comme nous l'avons vu, par la terminaison présynaptique ou la cellule gliale voisine ou détruit.

La dendrite véhicule son potentiel local jusqu'au corps cellulaire. Une dendrite n'est jamais seule et les dendrites transportent jusqu'à 10 000 potentiels locaux, excitateurs (dépolarisation) ou inhibiteurs (hyperpolarisation), par fibre nerveuse vers le corps cellulaire. La sommation de ces potentiels locaux est à la fois :

- *spatiale,* les dendrites excitées occupent plus ou moins de place et donc l'espace informant est plus ou moins grand ;
- *temporelle*, si la fréquence des potentiels d'action libère coup sur coup le médiateur qui n'a plus le temps d'être éliminé avant l'arrivée de la dose suivante, le canal ionique reste bloqué et l'influx qui envahit la dendrite est bien plus important que s'il n'y avait eu que des décharges espacées.

Quoi qu'il en soit, il y a ou non une élévation du potentiel de repos jusqu'à + 30 mV et le potentiel d'action axonal est ou n'est pas produit. Les synapses chimiques sont lentes ou rapides, excitatrices ou inhibitrices, capables d'amplifier et d'interpréter le signal reçu. Elles possèdent deux avantages notoires : elles sont capables d'amplifier le signal et surtout de le « retoucher » par l'intermédiaire d'inter-neurones.

La probabilité qu'un potentiel d'action apparaisse dépend d'un processus d'intégration complexe et chaque type de terminaison interprète cet ensemble à sa façon ce qui rend impossible toute prévision un peu lointaine.

L'intégration neuronale

Beaucoup d'événements peuvent modifier le moment d'apparition des potentiels d'action :

- la distribution des boutons présynaptiques et des récepteurs postsynaptiques peut changer de neurone en neurone ;
- la répétition sur un même neurone de potentiels d'action change également sa réception et sa transmission…

Les influx sont innombrables et surtout se répètent en permanence dans la quasi-totalité du tissu nerveux. Ces bouffées d'influx peuvent varier dans leur forme, dans leur intensité et dans leur fréquence, dans leur vitesse, dans leur répétition, dans leur durée d'apparition ou de disparition, etc. Des excitations et surtout des inhibitions peuvent venir modifier, simplifier, complexifier cette myriade de potentiels d'action. Les influx auditifs vont se trouver mélangés à d'autres influx sensitifs, ils vont subir à chaque relais des modifications substantielles au point qu'il est impossible de prévoir à moyen ou long terme leur devenir. Il faut bien qu'ils s'estompent après avoir parcouru leur trajet, ne serait-ce que pour laisser la place aux nouvelles informations perçues. Ce sont les inhibitions qui les font disparaître. Mais, si les vagues d'influx disparaissent pour la plupart, certaines (celles des influx informants) vont laisser une trace plus ou moins persistante. La mémoire immédiate, à court et à long terme, devient l'élément essentiel de l'intégration.

La plasticité synaptique est aujourd'hui considérée comme la base de la mémoire.

Ce serait le fait que l'influx circule mieux au niveau de la synapse qui engendrerait la possibilité de conserver la trace mnésique de ce qui a été perçu.

Plusieurs phénomènes vont permettre de passer d'une mémoire immédiate très labile (lobe frontal et probablement un peu cortex entorhinal) à une mémoire à court terme (système limbique) puis à long terme (zones corticales spécifiques secondaires ici pour l'audition les aires 42 et 22). Toutes ces mémoires dépendent les unes des autres. L'apprentissage, les réflexes conditionnés ne font pas appel aux mêmes mécanismes que la mémoire explicite. Nous y reviendrons. On ne connaît pas chez l'homme, les mécanismes chimiques qui sont à l'origine des réflexes et des adaptations instinctives du tronc cérébral en ce qui concerne l'audition. Nous connaissons mieux ces mécanismes au niveau du cerveau non pas pour l'oreille mais pour l'œil. On peut supposer qu'ils sont proches pour l'audition.

Les synapses et la mémoire

Les mécanismes moléculaires de la mémoire auditive sont surtout connus dans leur processus à long terme. Les autres mécanismes sont, du point de vue chimique, beaucoup moins bien connus. Nous nous limiterons à étudier deux types de synapses : glutamatergique et cholinergique.

➤ La synapse glutamatergique

Elle représente à peu près les 2/3 des synapses du système nerveux central. Nous allons étudier successivement les éléments en présence, le déroulement du passage de l'influx et ses conséquences à plus ou moins long terme sur l'anatomie et la fonction de cette synapse (Fig. 7.14). Le glutamate est le principal neuro-transmetteur *excitateur* du système nerveux central. Il est localisé dans les vésicules synaptiques, sa libération « calcium dépendante » est provoquée par le potentiel d'action de l'axone et il produit une dépolarisation du neurone postsynaptique qu'il contacte.

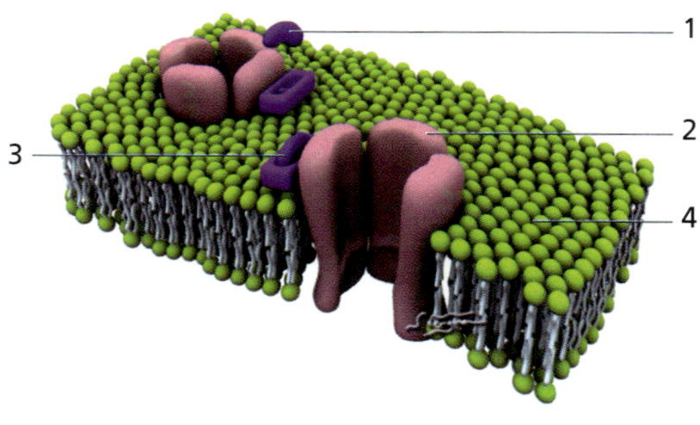

Fig. 7.14 – *Récepteur glutamatergique*

1. Glutamate
2. Éléments encochés pour permettre de voir l'intérieur du récepteur
3. Site couplé au canal ionique pour recevoir le ligand et son médiateur : glutamate
4. Membrane cellulaire

Les éléments en présence (Fig. 7.14 et 7.17) sont, outre le neuromédiateur : le glutamate (petites molécules dont les trois variétés ; les plus importantes sont : NMDA, AMPA, Kaïnate…) ; les ions actifs (Na^+ et Ca^{2+}), un ion particulier le Mg ; l'ATP, l'ADP, l'AMPc ; la calmoduline, l'adénylate cyclase, la kinase II, les MAP kinases et la protéine KREB et pour finir le gaz NO. On distingue également, selon leur action, les récepteurs iGluR (ceux qui provoquent sous l'influence du glutamate le potentiel d'action postsynaptique), les récepteurs vGluT (lorsque le glutamate est transporté dans les vésicules et dans la fente) et les récepteurs membranaires mGluR. Le glutamate a alors deux actions opposées :

- si le récepteur mGluR est présynaptique, il diminue la quantité de glutamate libéré et donc la réponse qui suit ;
- s'il est postsynaptique, il amplifie la réponse des iGluR et renforce leur action.

Le processus débute quand les 100 mV du potentiel d'action atteignent le bourgeon terminal. À ce moment, les canaux calciques (Ca^{2+}) s'ouvrent et laissent entrer le Ca^{2+} dans le cytosol. Ce dernier active les vésicules contenant le neurotransmetteur. Ces vésicules se déplacent jusqu'à la fente synaptique. Elles s'ouvrent et libèrent le glutamate. Certains récepteurs comme les kaïnates peuvent moduler la diffusion du glutamate dans le bourgeon présynaptique.

Les épines dendritiques de la membrane postsynaptique correspondent aux récepteurs ioniques et sont d'une très grande plasticité. Elles peuvent se modifier anatomiquement et fonctionnellement selon des facteurs extrêmement variés (âge, état hormonal, activité, expérience…). Ce sont elles qui participent à la création de la mémoire à long terme.

Un transporteur conduit le glutamate sur un récepteur NMDA ou AMPA. Le récepteur AMPA est lié à un canal sodique. Le glutamate, quand il est lié au récepteur, lui permet de s'ouvrir. Et le sodium s'engouffre dans la dendrite sous forme d'un potentiel local qui se dirige vers le corps cellulaire.

Le récepteur NMDA est également lié à un canal ionique dédié au calcium. Mais ce canal calcique est naturellement bloqué par une molécule de magnésium qui en interdit l'entrée. Pour l'ouvrir au Ca^{2+}, alors qu'il est activé par le glutamate, il faut que la membrane synaptique sous-jacente soit dépolarisée. Cette coïncidence, que détecte ce canal ionique pour devenir fonctionnel, est caractéristique de la mémoire à long terme (propriétés associatives). Il apparaît donc que si une intense stimulation libère du glutamate qui sollicite le récepteur AMPA et fait entrer une grande quantité de sodium dans la dendrite, cette situation libérera le magnésium du récepteur NMDA et permettra de laisser entrer le calcium dont le rôle est très important dans la mémoire.

Ainsi, quand une information traduite en influx est suffisamment répétée avec une forte intensité, elle crée une situation qui va perdurer au-delà du simple passage de courants électriques. Dans la dendrite, l'arrivée de Ca^{2+} entraîne une cascade de réactions dont nous signalerons seulement les plus importantes et de manière schématique sans entrer dans la complexité de la réalité (Fig. 7.16 et 7.17).

Le Ca^{2+} va se fixer sur la calmoduline et devient Ca^{2+} Calmoduline dont les propriétés changent. Il est alors capable d'activer deux protéines (l'adénylate cyclase et la Protéine kinase II calmoduline dépendante ou CaM kinase II). L'adénylate cyclase provoque la formation d'AMPc. Deux molécules d'AMPc se fixent sur la Protéine Kinase A (PKA) et l'activent, entraînant la phosphorylation des protéines et leur donnant ainsi l'énergie nécessaire à leurs actions. La PKA va alors phosphoryler le récepteur AMPA. Elle le rend beaucoup plus rapidement et intensément perméable au Na^+. Le renforcement du récepteur est donc une des étapes de la mémorisation. Cet état va persister quelques heures ou jours mais va finir par disparaître et il n'est donc pas suffisant pour parler de potentialisation à long terme.

La protéine CREB serait aussi une cible de la PKA. Cette protéine CREB joue un rôle important dans la transcription des gènes et son activation conduirait à la fabrication de nouveaux récepteurs AMPA par transcription des gènes spécifiques, susceptibles d'augmenter encore une fois l'efficacité synaptique.

Parlons également de « la mémoire moléculaire ». La Ca^{2+} Calmoduline a la faculté de s'auto-phosphoryler et donc de maintenir son activité enzymatique longtemps après que le calcium ait été évacué à l'extérieur de la cellule et que la Ca^{2+} Calmoduline ait été désactivée. La Ca^{2+} Calmoduline continue donc à phosphoryler d'autres protéines en particulier les récepteurs NMDA mais aussi les MAP kinases qui participent à la création du squelette (microtubules) du neurone et augmentent la densité des dendrites. Il peut ainsi se créer de nombreuses épines dendritiques avec leurs récepteurs supplémentaires. Le renforcement de la sécrétion-excrétion du glutamate au niveau du bouton présynaptique serait

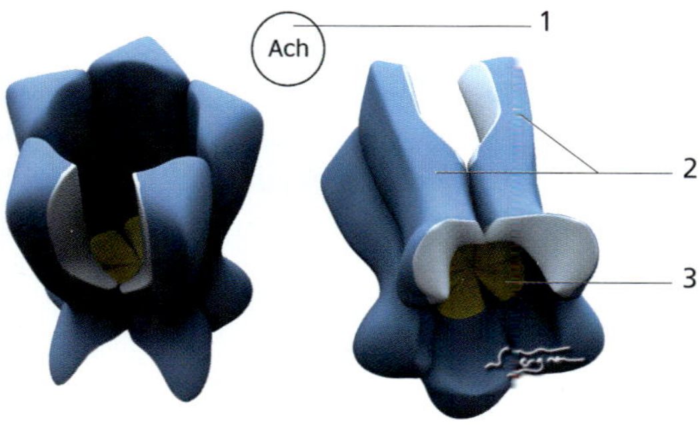

Fig. 7.15 – *Canal d'un récepteur pentamérique cholinergique*

1. Acétylcholine
2. Éléments encochés pour permettre de voir l'intérieur du canal ionique
3. Valve oblitérante

également lié à la formation de monoxyde d'azote (NO) qui participerait à la sécrétion du glutamate et en augmenterait la quantité. Les astrocytes joueraient un rôle grâce à la thrombospondine qu'ils sécrètent. Ce sont des glycoprotéines qui jouent un rôle dans la croissance des nerfs.

Citons pour finir des protéines qui sont maintenant mieux connues dans leur expression au niveau des synapses comme les protéines Homer et Shank qui interagissent sur mGluR ou les protéines adaptatrices comme rho ou la cortactine liées au cytosquelette ou les protéines d'adhérences comme les cadhérines, la neurexine, ou la neuroligine.

La synapse cholinergique

Elle est également très importante dans l'audition puisqu'elle est, entre autres, une des synapses participant à la mémoire. Comme pour la synapse glutamatergique, l'influx axonal déclenche un canal calcique qui provoque la libération de l'acétylcholine (ACh) contenue dans les vésicules présynaptiques dans la fente synaptique. Les récepteurs sont de deux types : nicotinique ionotrope et muscarinique métabotrope.

Le récepteur nicotinique, ionotrope, dispose de trois types de canaux Na^+, Ca^{2+}, et K^+. Dans un 1er temps la liaison du récepteur avec le médiateur acétylcholine stabilise transitoirement un état ouvert du canal, laissant passer les ions Na^+ et Ca^{2+} ce qui provoque une dépolarisation et l'apparition d'un potentiel local.

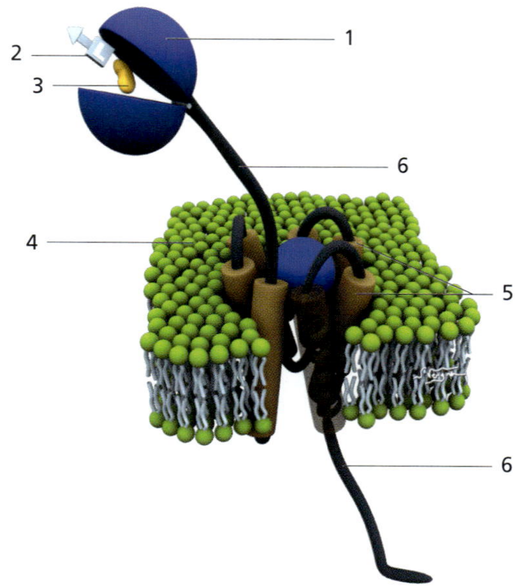

Fig. 7.16 – *Récepteur métabotropique*

La liaison du neurotransmetteur stabilise le récepteur dans un état actif qui permet son interaction avec une protéine G

1. Capteur
2. Ligand
3. Médiateur
4. Membrane cellulaire
5. Domaines transmembranaires
6. Protéine G

Dans un 2e temps, après action de la cholinestérase, le canal potassium expulse ses ions. On notera que la synapse cholinergique peut être activatrice, en particulier dans les aires secondaires de l'audition ou inhibitrice dans la cochlée par exemple. Ces phénomènes sont liés à la diversité des récepteurs et à la zone d'accrochage du ligand au niveau du récepteur pentamérique. Les synapses nicotiniques peuvent avoir une action sur l'expression de gènes.

Le récepteur muscarinique, métabotrope, présente à décrire trois types de récepteurs : M1, M2 et M3. M1 et M3 sont excitateurs, tandis que M2 est inhibiteur. Ce récepteur est une protéine à sept domaines transmembranaires couplé à une protéine G. C'est cette protéine G qui va fournir l'énergie nécessaire. Elle est composée de trois sous-unités : α, β, γ. Une molécule de guanyl-diphosphate (GDP) est accolée à la sous-unité α. En se fixant sur le récepteur, l'ACh active la protéine G qui remplace GDP par GTP (Fig. 7.15).

La sous-unité α et GTP vont alors se fixer sur la phospholipase C et l'activer. La phospholipase C découpe la PIP2 (phosphatidyl insitol 4, 5-biphosphate) et libère, entre autres, de l'IP3 (inositol 1, 4, 5-triphosphate). Ce dernier se fixe sur des canaux, inositol dépendant, appartenant à la paroi du reticulum endoplasmique et, les ouvrant, permet au calcium fixé dans le *reticulum* endoplasmatique de sortir du *reticulum* par gradient de pression et de se répandre dans le cytosol. Une dépolarisation est donc produite par excès d'ions + endodendritiques.

Comme dans le cas du glutamate, cette libération de Ca^{2+} va permettre d'activer la calmoduline qui devient Ca^{2+} Calmoduline. Ces Ca^{2+} Calmodulines se fixent sur l'AMPc et activent les PKA qui phosphorylent les canaux calciques, quelques très courts instants, en les empêchant de s'ouvrir. Grâce à ce mécanisme, la dépolarisation est encore augmentée (Fig. 7.17). L'acétylcholinestérase va très vite détruire l'acétylcholine et remettre le système au repos.

Ces deux synapses glutamatergique et cholinergique fonctionnent l'une après l'autre pour conditionner les mémoires à court et à long terme. Nous le reverrons dans le chapitre consacré au système limbique.

Le tissu neuronal

Le tissu nerveux est constitué de cellules nerveuses que nous venons de voir et qui représentent environ 10 % des cellules qui le composent. Ces neurones sont environ 400 millions à la naissance mais ils ne sont pas « câblés » et les synapses sont peu nombreuses. Au fur et à mesure du développement ce nombre de 400 millions de neurones va se réduire à 100 millions tandis que les synapses vont prendre la place laissée libre et même beaucoup plus puisque le volume de la boîte crânienne va croître de façon importante, jusqu'à l'âge adulte.

Le tissu de soutien

Ce tissu est beaucoup plus important qu'on ne l'a tout d'abord cru. Il est également moins bien connu que le neurone. Il est néanmoins acquis que les cellules gliales ont un rôle dans la croissance et le fonctionnement des neurones et en particulier des synapses. Le tissu de soutien représente les $9/10^{es}$ du tissu nerveux.

On distingue six types de cellules gliales dont les cinq premières forment la macroglie :

1. les cellules de Schwann qui entourent les axones ou les dendrites des neurones du système nerveux périphérique ; elles contiennent de la myéline qui protège et isole les fibres entre elles ; une cellule entoure tous les 1 ou 2 mm un fragment de prolongement nerveux entre ces fragments, les nœuds de Ranvier ;
2. les oligodendrocytes (A), contiennent également de la myéline et se chargent du même travail au niveau du système nerveux central ; leur anatomie est un peu différente puisqu'une cellule envoie des pseudopodes pour engainer 2 à 40 fragments de fibres nerveuses ;
3. les astrocytes (B) en forme d'étoiles, assurent une fonction de soutien, de protection et de nutrition ; ils ont un rôle de régulation de la concentration en ion K^+ de l'espace extracellulaire et certains régulent également la concentration des neurotransmetteurs libérés par les neurones pendant la transmission synaptique ; ces cellules gliales guident la migration des neurones et dirigent la croissance des axones ;
4. les cellules satellites entourent les neurones sensoriels et autonomes du système nerveux périphérique ; en entourant le neurone et la *fente synaptique*, elles empêchent la dispersion des *neurotransmetteurs* ; dans le système nerveux autonome (fibres de type II), elles constituent l'axe de la fibre nerveuse, les fibrilles étant autour ;
5. les épendymocytes dérivent des épendymoblastes ; ces cellules forment une paroi faite d'un *épithélium* simple qui délimite les différentes cavités du système nerveux central ;
6. les cellules microgliales appelées également microglies par opposition aux cinq catégories précédentes ; en situation habituelle, ces cellules envoient des prolongements « palpeurs » qui testent l'état des neurones et jugent de leur intégrité ; ces cellules correspondent à des monocytes qui détectent les anomalies ou les lésions et se transforment en macrophages si besoin, pour digérer les micro-organismes et les débris de neurones morts ; ces cellules forment également des jonctions imperméables entre les cellules endothéliales des capillaires sanguins délimitant ainsi une barrière.

Certains ont pensé que les cellules gliales participaient aux fonctions intellectuelles et qu'elles intervenaient plus particulièrement dans les jeux

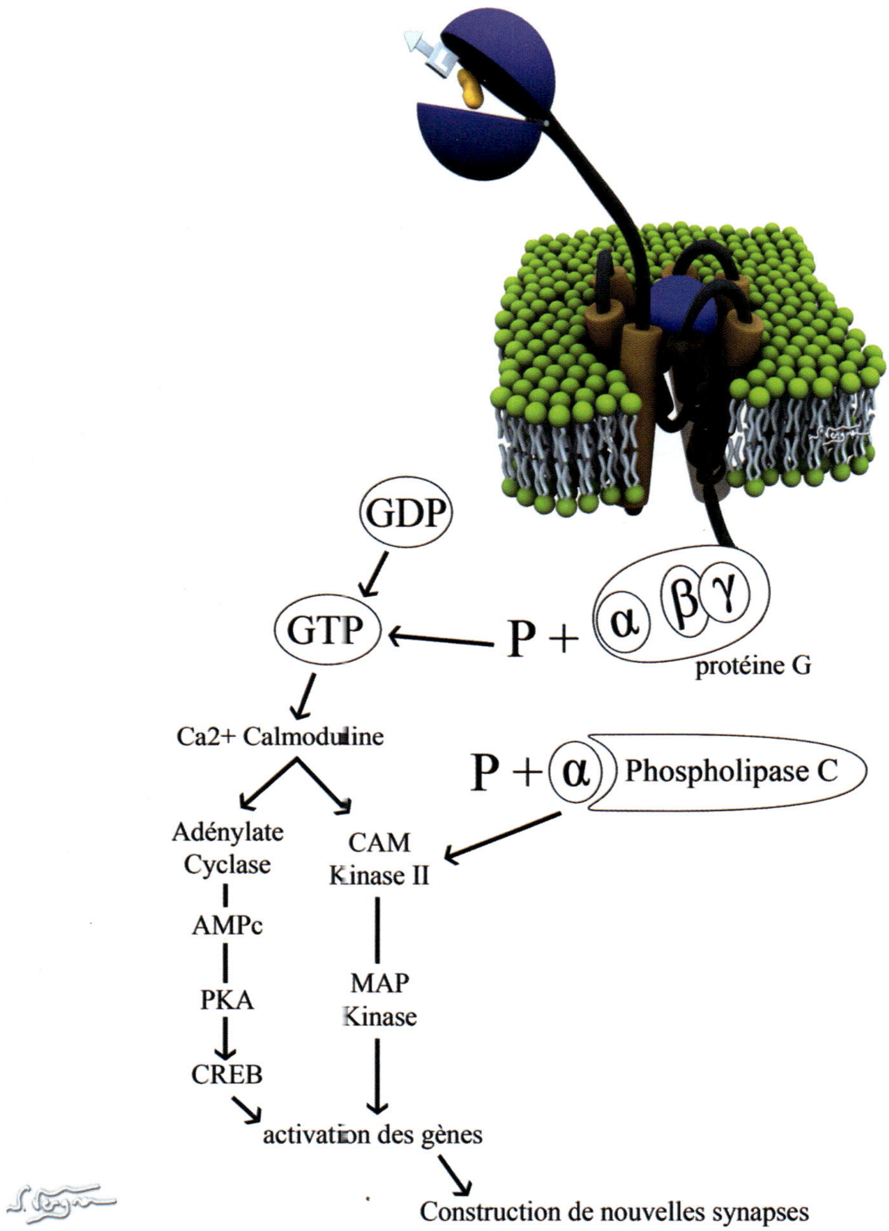

Fig. 7.17 – *Mécanisme chimique du fonctionnement post-synaptique*

intellectuels. Leur pratique entraînerait une augmentation des cellules gliales de manière substantielle. De toute façon, elles augmentent de façon considérable la vitesse de transmission de l'influx dans le nerf. Elles moduleraient également l'activité du neurone.

Sur la figure 7.18, on peut voir les cellules nerveuses et le tissu de soutien qui les fait vivre. La substance grise correspond aux *somas* des cellules nerveuses ou de soutien, tandis que la substance blanche correspond aux prolongements dendritiques ou axonaux et aux cellules gliales qui les accompagnent. La substance grise a un aspect granulaire et la substance blanche une apparence de structure fibreuse.

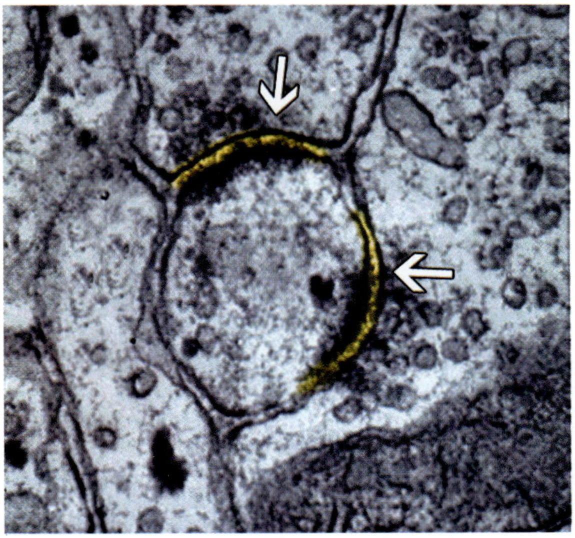

Fig. 7.18 – *Deux connexions d'une dendrite avec deux axones*
Les flèches blanches indiquent les synapses que l'on reconnaît à la densité des échanges intercellulaires.

■ En quelques lignes ■

Le rappel de la structure de base du système nerveux permet de mieux imaginer comment, dans la réalité, les informations auditives sont traitées. Se contenter d'un influx, d'un potentiel, d'une synapse, d'un ou deux caractères du son originel... condamne à n'avoir qu'une vue sans intérêt de notre perception du monde sonore.

Les neurones fonctionnent selon la loi du tout ou rien, véritable fabrique d'attracteurs étranges. Pour transmettre l'influx, le neurone demande un potentiel local de + 30 mV. L'axone envoie alors 100 mV de potentiel d'action. Ces + 30 mV sont créés à partir du potentiel de repos de – 70 mV grâce à l'addition des potentiels locaux reçus par les dendrites. Il s'agit d'une sommation de potentiels négatifs ou positifs sur lesquels le neurone peut agir soit au niveau du corps cellulaire soit au niveau de la synapse. Ainsi, il peut inhiber ou renforcer le courant et permettre d'atteindre ou non le niveau où l'axone déclenche son potentiel d'action.

Ce traitement des courants véhiculés jusqu'aux centres permet d'obtenir au milieu d'informations négligées, des influx majeurs sur lesquels l'analyse peut se concentrer. C'est avec les traces placées par la répétition de trains d'influx voisins, dans les synapses des centres auditifs que l'on enrichira la mémoire implicite et la mémoire explicite à court et à long terme. En ce qui concerne aussi le neurone, toutes les lois du chaos sont présentes.

Pour approfondir

GUYTON A. *Neurophysiologie*, Masson, Paris, 1984.

LAFLAMME D. « Neurone la cellule branchée ! », site Internet : http://www.csrs.qc.ca/montcalm/proj/neurones/menu.htm. 1999.

LODISH H, BERK A, MATSUDAIRA P, ZIPURSKY L, DARNELL J. *Biologie moléculaire de la cellule*, traduction française : FRANÇOIS C., 3e éd., De Boeck Université SA, New York.1997, 925-987.

PUEL JL, GERVAIS D'ALDIN C, PUJOL R (1997). Pharmacologie de la synapse glutamatergique de la cochlée. In : *Rencontres IPSEN en ORL*, tome I, CHRISTEN Y, COLLET L, DROY-LEFAIX MT, Irvinn, Paris, 39-51.

PUJOL R. « Promenade autour de la cochlée », Site Internet *www.iurc.montp.inserm.fr*, unité INSERM 254, Montpellier, 1999, France.

TORTORA GJ, GRABOWSKI SR. *Principe d'anatomie et de physiologie*, Anjou (Québec), Centre éducatif et culturel Inc., 1997.

Chapitre 8

Le nerf cochléaire

Rappel de la situation

Le système de transduction de l'organe de Corti offre aux centres nerveux des influx tirant le maximum de profit de l'information auditive perçue par l'oreille. Le volume sonore est produit par l'intensité des potentiels d'action de la cellule ciliée interne et par le recrutement des cellules voisines de celles qui ont été excitées par la traction de la *membrana tectoria*. Cette dernière vibre en regard des cellules externes correspondant à la hauteur du son perçu. C'est par cette localisation spatiale appelée tonotopie que se reconnaît la fréquence. La complexité du système ajoute une myriade d'autres informations, en particulier temporelles (transitoires). Leur description serait sans fin du fait du nombre de neurones qui interviennent.

➤ Les cellules ciliées

Chaque cellule ciliée externe ou interne est spécialisée dans une fréquence. Le nerf transporte l'information des cellules ciliées *internes* par un groupe de fibres nerveuses myélinisées (de type I à gros corps cellulaire), constituant *les fibres radiales*. Les informations venues des cellules ciliées *externes* sont véhiculées par des fibres non myélinisées (de type II à petit diamètre) et retournent aux cellules externes après intervention des noyaux olivaires pontiques.

Ainsi existe-t-il des efférences et afférences des cellules ciliées externes. Elles contactent une dizaine de cellules par fibre. On les appelle *les fibres spirales*. Les cellules ciliées internes, en revanche, ne reçoivent aucune fibre efférente directement. Leurs influx sont modulés par des fibres venues des centres qui contactent les terminaisons efférentes au niveau de leurs dendrites.

Les 3 500 cellules ciliées internes sont à l'origine de 95 % des afférences du noyau cochléaire et reçoivent indirectement 50 % des fibres efférentes venant des centres

Les 12 500 cellules ciliées externes communiquent avec les centres en envoyant et en recevant des informations par l'intermédiaire de 2 000 fibres de type II non myélinisées.

➤ Les synapses

Il faut insister sur les synapses situées entre les cellules ciliées et les dendrites des fibres du nerf cochléaire. Elles ne sont pas les mêmes selon qu'il s'agit de la cellule interne ou des cellules externes.

La synapse de la cellule ciliée interne est une synapse chimique dont le neurotransmetteur qui circule dans la fente synaptique est le glutamate. La fibre nerveuse de type I qui va suivre, est myélinisée, c'est-à-dire entourée d'une cellule gliale qui lui forme une gaine ayant la propriété d'isoler la fibre et d'accélérer l'influx. Dix à vingt fibres reçoivent des informations d'une seule cellule interne. Dépolarisée par l'entrée du potassium quand les cils sont couchés, la cellule ciliée interne crée un potentiel d'action et, fait remarquable, est capable de répondre à une augmentation de ce potentiel jusqu'à 40 dB en augmentant sa réponse. Ce potentiel atteint la base de la cellule et fait entrer des ions Ca^{2+} qui déséquilibrent le système et ouvrent les vésicules contenant du glutamate. Ce dernier est libéré dans la fente synaptique où il rencontre des chémorécepteurs qui, au contact du glutamate, provoquent l'ouverture des récepteurs ioniques Na^{+} voisins. Une dépolarisation est ainsi produite. La dendrite fait circuler l'influx qui va jusqu'au *soma* et provoque, à un certain seuil et selon la loi du tout ou rien, un potentiel d'action axonal le conduisant très rapidement (fibre myélinisée) jusqu'aux noyaux bulbaires ventral ou dorsal, ipsi- ou controlatéral.

Il faut redire que la fréquence est toujours véhiculée par la tonotopie qui est présente dans le nerf. Celui-ci dispose d'environ 35 000 fibres nerveuses de type I. Les trains d'influx, plus ou moins nombreux et intenses, transportent, avec le recrutement de fibres voisines, l'intensité.

La synapse de la cellule ciliée externe est, elle aussi, une synapse chimique mais dont on ne connaît pas le neurotransmetteur. Il pourrait s'agir du glutamate. La cellule ciliée externe présente :

- une machine motrice qui change la longueur de la cellule qui se raccourcit ou s'allonge par un double dispositif : l'un est voltage-dépendant réglé par la fréquence qu'elle est destinée à percevoir, l'autre modifie et règle ce premier mécanisme sur injonction centrale ;
- un appareil sensitif qui adresse aux centres nerveux un message sur l'état de la cellule externe.

Ainsi d'une dizaine de cellules part une fibre sensitive (afférente) destinée à renseigner les centres sur sa condition du moment et arrive une fibre motrice (efférente) qui adapte la cellule aux nécessités reconnues par les centres. Les médiateurs sont l'acétylcholine, le CGRP et le GABA.

Cette voie permet l'accommodation du système cilié externe. Les informations sur les états de la cellule externe sont transmises, après relais dans le noyau cochléaire, aux noyaux olivaires supérieurs qui font partie de la substance réticulée et empruntent en retour la voie motrice (qui transite par le nerf vestibulaire) pour réguler l'action de ce complexe cellulaire externe.

Certaines informations montent jusqu'au thalamus et même vont atteindre le cortex pré-rolandique, ce qui permet une action musculaire fine et consciente sur l'ensemble de l'organisme.

Le nerf cochléaire proprement dit

Le nerf cochléaire prend naissance dans le canal de Corti à partir des cellules ciliées. Le ganglion de Corti (premier neurone) est dans un dédoublement de la lame spirale juste avant le *modiolus*.

Il est donc d'emblée dans le fond du conduit auditif interne (Fig. 8.1). Ce fond de conduit auditif est divisé horizontalement en deux parties par la crête falciforme, un plan vertical permet d'isoler quatre régions. Le nerf cochléaire en occupe le quadrant inféro-interne. Le nerf facial (VII) est au-dessus de lui, longé en dedans par le nerf intermédiaire de Wrisberg (VII *bis*) dans le quadrant supéro-interne.

Les branches du nerf vestibulaire sont à ce niveau divisées en deux contingents qui occupent respectivement les autres compartiments de ce fond de conduit auditif. Le quadrant supéro-externe est occupé par le nerf utriculaire accompagné des petits nerfs des ampoules des canaux semi-circulaires antérieur et latéral. Le quadrant inféro-externe laisse passer le nerf sacculaire et le nerf ampullaire postérieur.

Rapidement dans le conduit auditif interne (Fig. 8.1), les nerfs utriculaire et sacculaire se rapprochent et se fusionnent dans un renflement bilobé : le ganglion de Scarpa qui contient les corps cellulaires des neurones du nerf vestibulaire.

C'est l'ensemble des nerfs VII, VII *bis* et VIII qui forme le paquet acoustico-facial. Dans tout son trajet dans le conduit auditif interne, le paquet acoustico-facial est accompagné par l'artère auditive interne, branche de l'artère cérébelleuse postérieure ou antéro-inférieure. Elle est sinueuse et souvent constituée de plusieurs artérioles.

Au sortir du conduit auditif interne (Fig. 8.2 et 8.3), les nerfs sont immédiatement dans l'espace ponto-cérébelleux et le nerf auditif est très près du sillon bulbo-protubérantiel dans lequel il pénètre pour atteindre le noyau cochléaire où il se termine en rejoignant les dendrites des cellules du noyau cochléaire ventral.

Dans cet angle ou espace ponto-cérébelleux et également dans le conduit auditif interne, les nerfs et tout particulièrement le nerf cochléaire sont susceptibles de produire des tumeurs dont l'exérèse chirurgicale est très délicate et actuellement discutée.

Les fibres qui constituent la majeure partie du nerf cochléaire sont de type I. Elles véhiculent l'influx auditif, proprement dit, vers les centres.

Ces fibres présentent les propriétés fonctionnelles suivantes :

- une activité spontanée faite de trains d'onde plus ou moins intenses ;
- un seuil de réponse plus ou moins bas ;
- un taux de décharge en fonction de l'intensité, couvrant environ 40 dB, entre le seuil de réponse et le seuil de saturation ; ce taux de décharge est toujours le même : l'activité spontanée augmente de façon très importante et très brusque et s'estompe progressivement suivant l'atténuation du son qui en est à l'origine ; ce taux de décharge peut disparaître ou au contraire se maintenir à un taux constant jusqu'à disparition de la stimulation sonore ;
- une sélectivité tonale superposable à celle des CCI avec lesquelles elles sont en contact (tonotopie) ; rappelons que chaque fibre de type I reçoit ses informations d'une cellule ciliée dont la situation

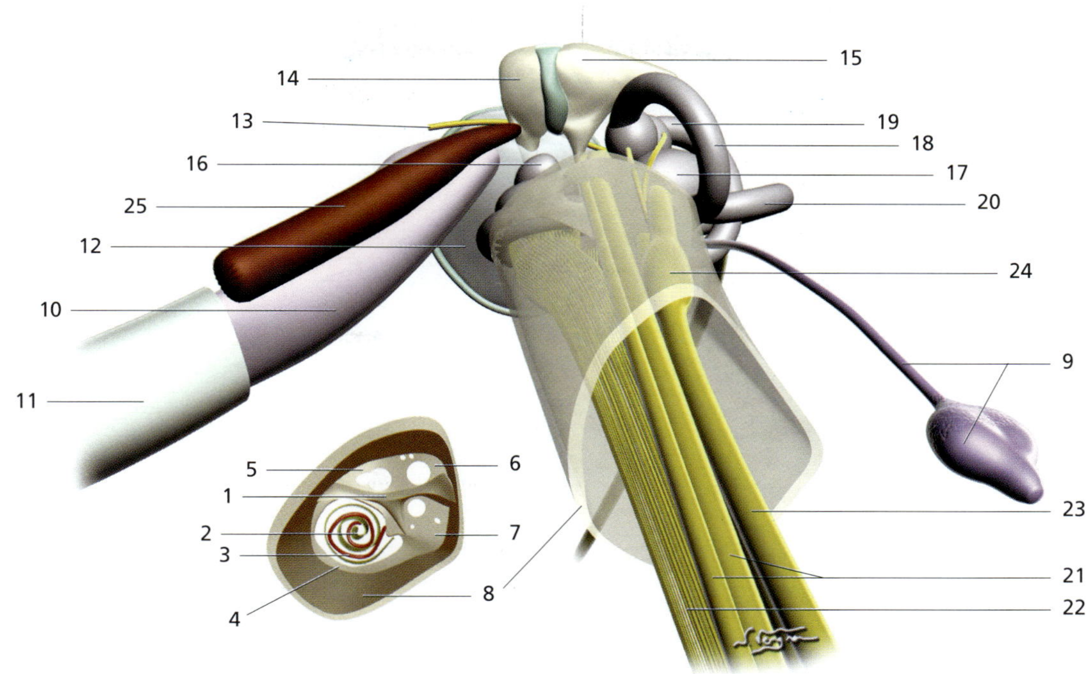

Fig. 8.1 – *Fond du conduit auditif interne*

1. Crête falciforme
2. Enroulement des fibres du nerf cochléaire dans le mediolus
3. Enroulement de l'artère auditive interne (branche cochléaire)
4. Quadrant inféro-interne
5. Quadrant supéro-interne
6. Quadrant supéro-externe
7. Quadrant inféro-externe
8. Os du conduit auditif interne rendu transparent et réduit au canal
9. Canal et sac endolymphatique
10. Muqueuse de la trompe auditive (portion osseuse)
11. Trompe auditive cartilagineuse
12. Tympan
13. Corde du tympan
14. Tête du marteau
15. Enclume
16. Cochlée
17. Vestibule
18. Canal semi-circulaire antérieur
19. Canal semi-circulaire latéral
20. Canal semi-circulaire postérieur
21. VII et VII *bis*
22. Nerf cochléaire
23. Nerf vestibulaire (branche utriculaire)
24. Ganglion de Scarpa
25. Muscle du marteau

lui confère l'exclusivité d'une fréquence ; elle se trouve donc tributaire de la même fréquence (on dit qu'elle est accordée) ; les centres repèrent la fréquence caractéristique en cherchant la cellule ciliée interne puis la fibre de type I qui a répondu à l'intensité la plus faible.

Un mot sur l'activité spontanée du nerf cochléaire. Chaque fibre présente en permanence et en dehors de toute stimulation une activité électrique. Selon l'importance de cette activité spontanée le seuil de réponse varie. Si cette activité est importante, cas le plus fréquent, le seuil est bas. Si l'activité est faible, le seuil est élevé. Les fibres véhiculent donc l'intensité de deux manières :

- soit elles augmentent les trains d'influx en fonction de l'intensité reçue, surtout si leur activité spontanée est faible ;
- soit (au-dessus de 40 dB) elles reçoivent les influx provenant des cellules ciliées internes voisines de celle qui correspond à la fréquence caractéristique (FC).

Aux basses intensités, les fréquences des flux de potentiels d'action des fibres de type I sont synchrones ou au moins correspondent à un multiple des fréquences sonores perçues, (*codage temporel*). Ce qui n'empêche pas l'intensité d'être reflétée par l'importance des flux de potentiels d'action.

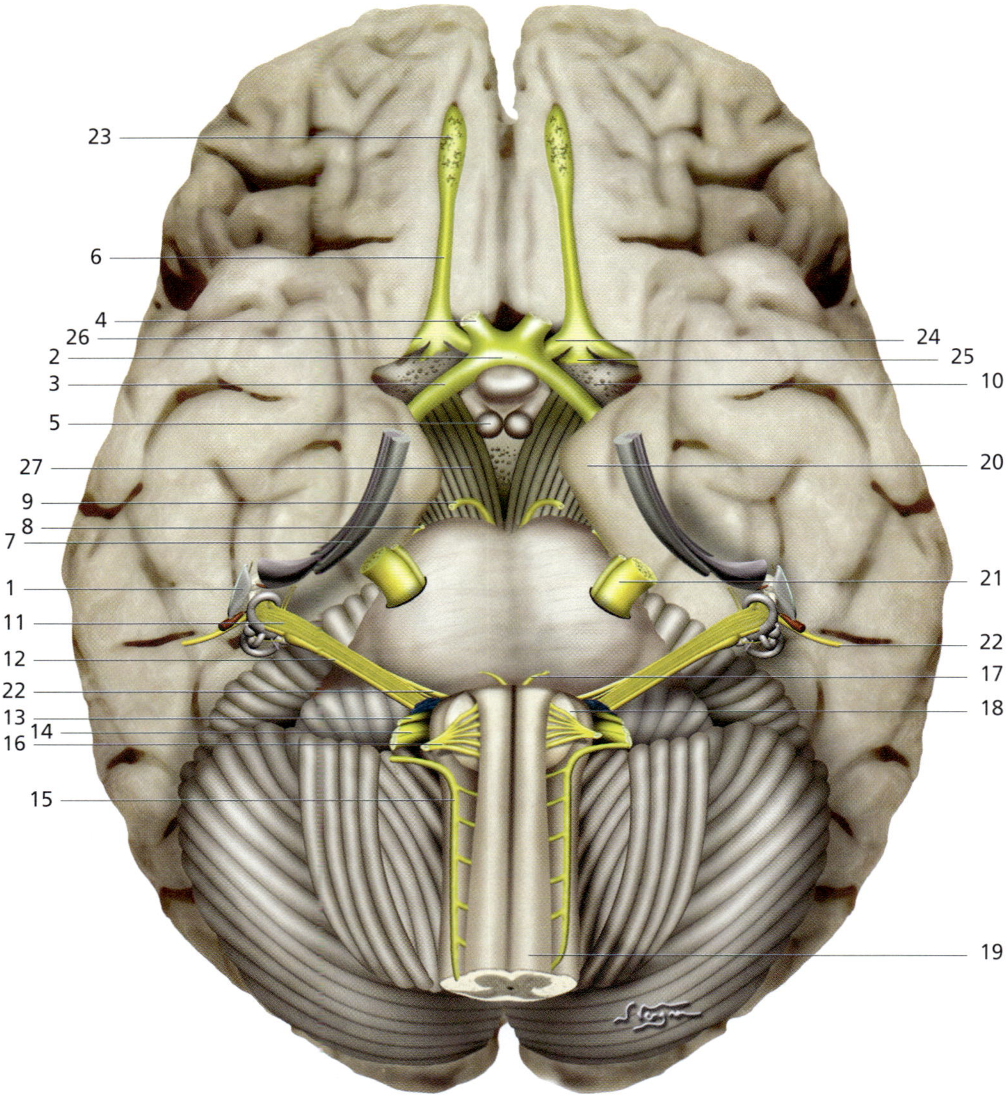

Fig. 8.2 – *Base de l'encéphale montrant la situation des nerfs crâniens*

1. Tympan
2. Chiasma optique
3. Bandelette optique
4. Nerf optique
5. Tubercule mamillaire
6. Bandelette olfactive
7. Trompe auditive
8. IV
9. III
10. Espace perforé antérieur
11. Nerf cochléaire
12. Nerf vestibulaire (branche sacculaire) et ganglion de Scarpa
13. IX
14. X
15. XI
16. XII
17. VI
18. Olive bulbaire
19. Moelle
20. Uncus
21. V et sa racine motrice
22. VII
23. Bulbe olfactif
24. Bandelette olfactive : racine médiale
25. Bandelette olfactive : racine moyenne
26. Bandelette olfactive : racine latérale
27. Pédoncule cérébral

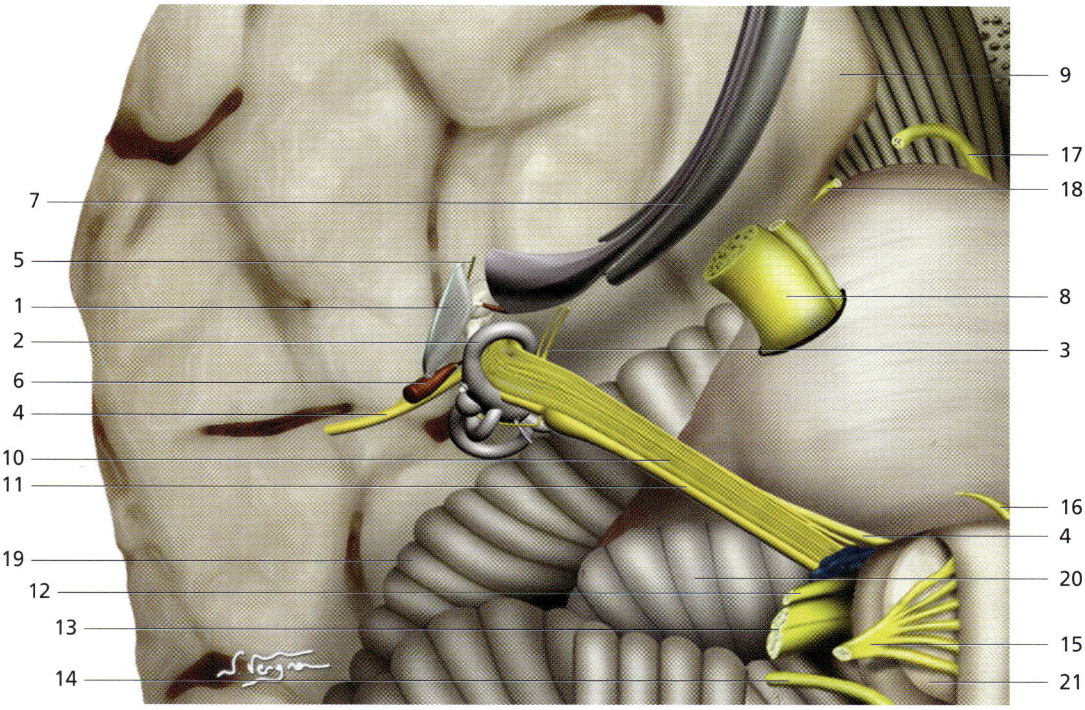

Fig. 8.3 – *Grossissement de la figure 2, centré sur le trajet et la terminaison du nerf cochléaire*

1. Tympan
2. Premier tour de spire du limaçon
3. Petit et grand nerfs pétreux profonds
4. VII
5. Corde du tympan
6. Muscle du marteau
7. Trompe auditive
8. V et sa racine motrice
9. Uncus
10. Nerf cochléaire
11. Nerf vestibulaire (branche sacculaire) et ganglion de Scarpa
12. IX
13. X
14. XI
15. XII
16. VI
17. III
18. IV
19. Hémisphère cérébelleux
20. Floculus
21. Olive bulbaire

Les fibres de type II qui viennent des cellules ciliées externes suivent également le trajet du nerf cochléaire jusqu'au noyau cochléaire ventral antérieur puis aux noyaux du complexe olivaire latéral et médial. Un important contingent va monter jusqu'au thalamus et au cortex prémoteur par le *lemniscus* latéral.

Les fibres de type II venant des centres et qui sont destinées aux cellules ciliées utilisent le nerf vestibulaire. Elles le quittent à l'entrée dans le *mediolus* pour atteindre l'organe de Corti.

Le nerf cochléaire (système afférent surtout) va faire monter jusqu'au tronc cérébral deux sortes d'informations qui ont été modulées par le système efférent : une information sur le message perçu (CCI) et sur l'état du récepteur (CCEs). Il existe donc une boucle de rétrocontrôle, en particulier des cellules ciliées externes, qui module cycle par cycle l'énergie générée dans la cochlée par la stimulation sonore.

Nous reviendrons sur les efférences qui empruntent la voie vestibulaire pour contacter :

- l'extrémité synaptique de la fibre nerveuse de type I sous la CCI ;
- directement le pôle inférieur de la CCE pour les fibres qui lui sont destinées.

Le corps cellulaire des fibres sensitives afférentes est situé dans un dédoublement du *mediolus* peu après que la fibre nerveuse soit sortie par l'*habenula perforata* du canal cochléaire.

Dans l'angle ponto-cérébelleux, les fibres du nerf cochléaire pénètrent dans le tronc cérébral à l'angle externe du sillon bulbo-protubérantiel, entre les nerfs VII, VII *bis* au-dessus et le IX en dessous (Fig. 8.2 et 8.3).

Nous connaissons maintenant assez bien le fonctionnement moléculaire de l'oreille et des centres qui lui sont rattachés mais nous l'avons observé de manière linéaire, euclidienne et *c'est encore et toujours à travers le monde fractal qu'il faut l'envisager.*

Le nerf cochléaire et le chaos

Rien ne se fait de façon linéaire dans l'oreille, ni la localisation de la fréquence, ni surtout l'amplification qui est plus forte pour les sons faibles et atténuée pour les sons forts. Il en est de même dans le nerf cochléaire qui reflète, en le complexifiant, ce qu'il a reçu de la cochlée.

Si nous concevons un influx ou une onde sonore, nous avons beaucoup plus de mal à imaginer des milliards de neurones qui sont traversés d'influx qui s'influencent entre eux et dont on ne perçoit ni la forme (sauf de manière holistique), ni le devenir.

Si nous ne pensons qu'aux molécules de l'air qui nous entoure, l'oreille se comporte comme un attracteur étrange par rapport aux pressions oscillantes qui constituent les formes sonores susceptibles de l'atteindre. L'oreille ne détecte que celles qui correspondent à sa capacité de perception et ignore complètement les autres.

Il existe exactement le même phénomène pour l'œil mais il s'agit d'une onde dont les secousses vibratoires mettent en jeu des photons et non plus des molécules.

C'est l'organisation invariante d'échelle qui va engendrer le comportement chaotique déterminé qui suit. Le même ordre de phénomène va se retrouver à tous les niveaux des voies nerveuses qui suivent.

À chaque fois, un autre attracteur étrange va régler le courant ionique mais la loi du « tout ou rien » va bousculer cette organisation en réorganisant un peu le chaos et ainsi de suite. Nous ne pouvons pas prévoir ce qu'elle sera, tout en sachant qu'elle restera déterminée.

Que se passe-t-il au niveau du tronc cérébral et au-delà ?

Le chaos retrouve sa place dans « le flux d'influx », du fait des inhibitions et des facilitations qui se produisent à chaque relais. Dans ce chaudron fait de millions d'informations, nous pouvons oser une comparaison avec l'évolution des populations que l'écologie étudie.

Rappelez-vous le chaos, chaque année une population nouvelle est égale à la population ancienne multipliée par un facteur de croissance et corrigée par la multiplication d'un facteur de freinage lié aux famines, guerres, épidémies, maladies… Cette équation logistique, si elle est itérée tous les ans, va montrer que :

- si le taux de natalité est faible (inférieur à 1), la population s'éteint ;
- si le taux de natalité est modéré (entre 1 et 3), la population va se stabiliser au bout d'un certain temps vers 66 % de son chiffre initial (attracteur étrange) ;
- si le taux est supérieur, la population se met à osciller entre deux valeurs distinctes d'une année à l'autre ;
- si le taux de natalité dépasse 3,449 5, une seconde bifurcation apparaît. Les oscillations sont multipliées par 2 puis 4 puis 8 puis 16, etc., et les cycles s'allongent de plus en plus.

Lorsque le taux atteint 4,669 10… (chiffre invariant quelle que soit la situation), le chaos s'installe mais, au milieu du chaos, on voit apparaître des cycles parfaitement réguliers et de nouvelles bifurcations.

Par invariance d'échelle, on entend le fait que des chiffres totalement aléatoires, notés sur de longues années comme les prix du coton aux USA, se succèdent de la même manière sur un jour, une semaine ou un mois. On observe l'invariance d'échelle dans les variations des cours boursiers, les débits fluviaux, les parasites dans les transmissions téléphoniques, les mots dans des textes… Benoît Mandelbrot en déduisit les objets fractals dont les poussières de Cantor ou les flocons de Koch sont des expressions mathématiques.

Il se produit la même chose lorsque les influx nerveux varient, des cycles réguliers vont de nouveau apparaître. Attention, si le taux d'informations devient trop bas, l'ensemble s'éteint… On le voit, cette approche rend le progrès, par l'usage régulier de nos sens, indispensable à la survie de la pensée. Plus le réseau est complexe, plus il va être le siège de bouffées chaotiques et les doublements de période, engendrés par de petits détails, transforment l'ordre en chaos puis le chaos en ordre.

Des physiologistes pensent qu'une certaine dose de chaos est indispensable à la vie… Si toutes les cellules du cerveau fonctionnaient en même temps, il se produirait une crise d'épilepsie… Cela change le regard que nous portons sur l'audition.

Nous ne pouvons plus parler de sons purs, d'influx nerveux comme d'un courant unique, de centre cortical isolé, comme nous venons de le faire. Ce sont des milliards de molécules qui vibrent les unes avec les autres et en fonction des autres pour aboutir à des formes sonores qui sont transcodées en influx, eux-mêmes transportés par des neurones très sensibles aux conditions initiales, évoluant vers des attracteurs étranges, des bifurcations…

Le chaos peut être présenté comme un phénomène caractérisé par un comportement qui ne se répétera jamais, extrêmement sensible aux conditions initiales mais cependant organisé dans le temps sans pour autant que l'on puisse en prévoir le résultat.

Le chaos est déterministe et totalement imprévisible. Le chaos semble engendrer l'ordre et, quand il peut l'atteindre, redevenir chaos avec une invariance d'échelle remarquable.

Notre capacité à voir des attracteurs étranges avec les qualités que nous venons d'exposer va se retrouver tout le long du tronc cérébral en suivant les voies auditives depuis le son perçu jusqu'à la conscience.

■ En quelques lignes ■

Les cellules ciliées externes dont le rôle mécanique est considérable n'ont qu'une faible représentation nerveuse (5 % des fibres) tandis que la cellule ciliée interne utilise les 95 % de fibres restantes. Cellules externes et internes reçoivent des ordres d'en haut, les externes directement, les internes par des modulations de l'extrémité dendritique du nerf. Une fois codée et modulée, l'information, sous forme de trains d'onde, se rend aux noyaux cochléaires pour y être traitée. Le nerf cochléaire (VIII) voisine dans le conduit auditif interne avec le nerf vestibulaire (VIII) qui véhicule, entre autres, les ordres des centres pour la cochlée ainsi qu'avec le nerf facial (VII) et l'intermédiaire (VII bis*). Une tumeur à ce niveau comprime tout le paquet.*

Le nerf auditif est à la fois sensitif (le nerf cochléaire envoie des influx auditifs dont le médiateur est le glutamate et des influx informant sur l'état des cellules externes et des efférences internes) pour la quasi-totalité des informations et moteur (dont le médiateur est inconnu) pour modifier le comportement des cellules ciliées externes et des boutons synaptiques des fibres sensitives internes en fonction des besoins (les influx passent par le nerf vestibulaire jusqu'au mediolus).

La multiplication des informations par la multiplication des transporteurs rend la complexité extrême dès le début de la phase nerveuse. Pour les CCI, 3 500 cellules branchées sur 10 à 20 terminaisons nerveuses chacune, donnent à 35 000 fibres nerveuses myélinisées qui vont communiquer leurs informations à une centaine de milliers de neurones des noyaux cochléaires. Tout s'y trouve codé : l'intensité par l'importance des pics et le recrutement des cellules voisines, la fréquence par la tonotopie, et les transitoires par l'exploitation des temps de passage. C'est le chaos.

Nota : En ce qui concerne les nerfs, nous utiliserons à partir de maintenant un code quatre couleurs pour indiquer la fonction ou la place du nerf dans le schéma présenté :

- *jaune* — *si le nerf n'a pas de fonctionnalité particulière et n'est utile que par sa présence à cet endroit en tant que rapport ;*
- *rouge* — *si le nerf est moteur pour un muscle auquel il se rend dans le cadre de l'action physiologique décrite par la figure ;*
- *bleu* — *si le nerf est sensitif et véhicule, dans l'action décrite par le dessin, des informations sensorielles nécessaires ;*
- *vert* — *si le nerf véhicule un influx nécessaire à l'action décrite ; dans ce cas l'influx n'est ni moteur, ni sensitif.*

Les amas de corps cellulaires appartenant à la voie proprement auditive sont en bleu tacheté de noir. Les autres noyaux sont bleus, rouges ou verts comme les nerfs.

Pour approfondir

CAZALS Y, LUCIANO M, HORNER K. Spectre moyen d'activité spontanée du nerf auditif et modèle de pathologies auditives avec acouphènes. Biologie, pharmacologie, pharmacologie de l'oreille interne In : *Rencontre IPSEN en ORL*, tome 5, Marseille, Solal éditeur, 2001.

DELMAS A. *Voies et centres nerveux*, 10e éd., Masson, Paris, 1991.

PUJOL R. « Promenade autour de la cochlée », Site Internet : www.iurc.montp.inserm.fr, Montpellier, France, unité INSERM 254, 1999.

ROUILLER EM. Rôle des différents relais des voies auditives centrales dans le traitement de l'information acoustique. In : *Rencontre IPSEN en ORL*, tome 2, CHRISTEN Y, COLLET L, DROY-LEFAIX MT (eds), Irvinn, Paris, 1998, 53-70.

ROUVIÈRE H (1954), *Anatomie humaine descriptive et topographique*, révisé par CORDIER G, tome I, *Tête et cou*, Paris, Masson, 1994.

SOBOTTA C. *Atlas d'anatomie humaine*, édité par PUTZ R, PABST R, édition française, DHEM A, GOUAZÉ A, Paris, Éditions Médicales Internationales, 1994.

TORTORA GJ, GRABOWSKI SR. *Principe d'anatomie et de physiologie*, Anjou (Québec), Centre éducatif et culturel Inc., 1997.

WEVER EG, LAWRENCE M. Physiological Acoustics. Princeton, USA, Princeton Univ. Press., 1954.

Chapitre 9

Voies et centres auditifs du tronc cérébral

Considéré dans son ensemble, le système nerveux présente, de bas en haut, les structures suivantes : le myélencéphale (bulbe rachidien) qui fait suite à la moelle, le métencéphale (pont et cervelet), le mésencéphale (pédoncules cérébraux et *tectum*), puis au-dessus le diencéphale et enfin le télencéphale (Fig. 9.1 et 9.4).

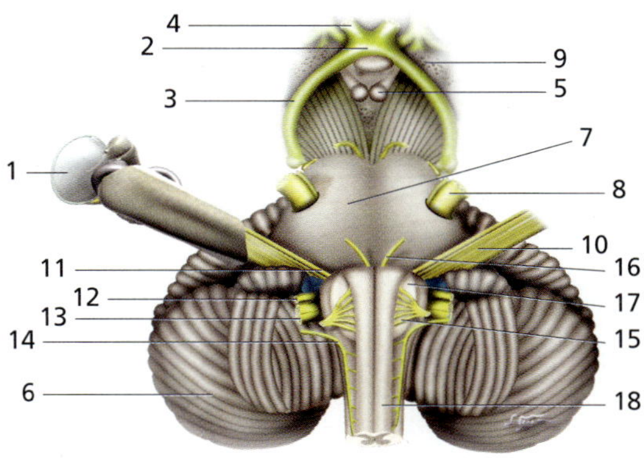

Fig. 9.1 – *Le tronc cérébral*

1. Tympan
2. Chiasma optique
3. Bandelette optique
4. Nerf optique
5. Tubercule mamillaire
6. Cervelet (lobe latéral)
7. Protubérance annulaire
8. V et sa racine motrice
9. Espace perforé antérieur
10. Nerf cochléire
11. VII
12. IX
13. X
14. XI
15. XII
16. VI
17. Olive bulbaire
18. Moelle

La poursuite de l'étude des centres et des voies auditives va nous conduire à nous intéresser particulièrement à certaines structures du système nerveux dédiées à l'audition.

Mais il ne faudra jamais ignorer les autres structures car, du fait des interactions, l'audition met en jeu tout le système nerveux. La décomplexification permet de simplifier la compréhension de chaque élément du tout. Il est impératif ensuite de recomplexifier l'ensemble pour donner à ce dernier sa juste valeur.

Le nerf cochléaire aboutit au noyau du même nom, situé à la partie basse de la protubérance annulaire, juste en dessus du sillon bulbo-protubérantiel. Le noyau cochléaire, dont certaines fibres vont atteindre le complexe olivaire supérieur, va faire relais successivement dans le noyau du *lemniscus* latéral puis le corps genouillé médian avec ou sans relais dans le *colliculus* inférieur et enfin rayonner ses efférences par les radiations acoustiques jusqu'au cortex temporal.

De plus, les fibres qui montent en suivant le *lemniscus* latéral, vont suivre pour les 2/3, la voie lemniscale controlatérale et, pour le 1/3 restant, la voie lemniscale du même côté. Ce faisant, elles vont relayer dans les noyaux du *lemniscus* situé à la partie supérieure de la protubérance où elles échangent encore avec le côté opposé avant de gagner les noyaux du toit (*colliculi* inférieurs) et les corps genouillés médiaux où elles croisent une fois de plus. Par les radiations auditives qui partent de ces corps genouillés, elles gagnent les aires auditives primaires (T1) qui n'appartiennent pas au tronc cérébral mais au télencéphale et croisent, encore, avec le cortex temporal controlatéral (Fig. 9.2, 9.3, 9.4)

Généralités

Avant d'aller plus loin, ces éléments anatomiques étant rapidement présentés, il apparaît nécessaire de nous intéresser aux modes opératoires de ces diverses structures.

Nous allons distinguer six opérations que l'anatomie du tronc cérébral rend possibles et que les influx en présence renforcent ou font disparaître en fonction à la fois de la culture, des intentions du

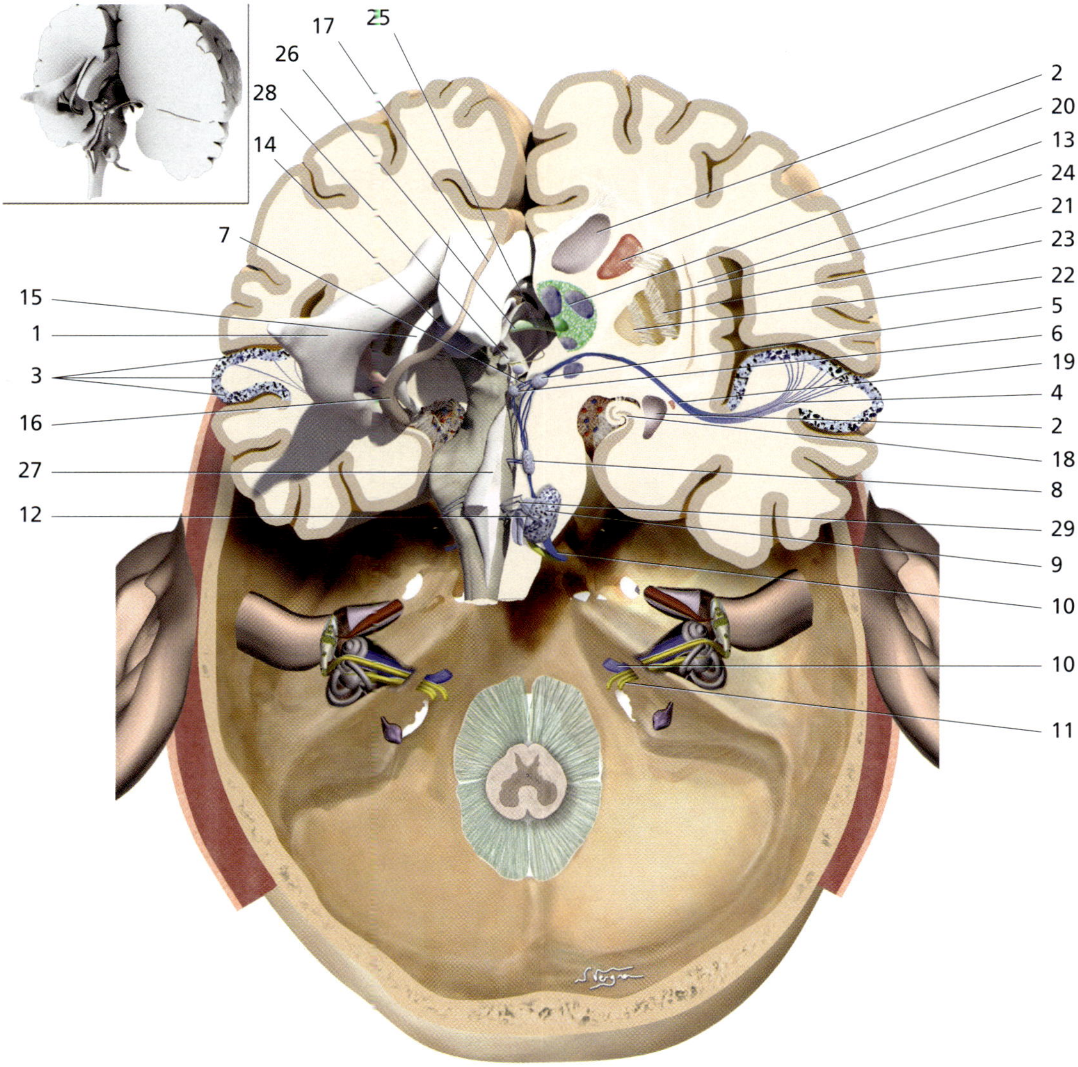

Fig. 9.2 – *L'oreille et les voies auditives*

Cette vue d'ensemble a été rendue possible grâce d'une part à une section du nerf auditif et du tronc cérébral, immédiatement au-dessus du trou occipital, associée d'autre part à une bascule de la partie antérieure du système nerveux central, afin de passer d'une vue par en haut (axiale) à une vue par en arrière (frontale) de ce dernier.

Il est ainsi possible de voir les trois oreilles externe, moyenne et interne et l'émergence du nerf auditif jusqu'à l'angle pontocérébelleux. Ensuite, après avoir soulevé le tronc cérébral et le cerveau et effectué une rotation de 90° autour d'un axe passant par les deux scissures de Sylvius, il est possible de voir la totalité des voies auditives.

Ici, un son est envoyé dans l'oreille gauche. Il est transformé en influx nerveux au sortir de la cochlée. Après décussation au niveau du complexe olivaire supérieur, la plupart des influx montent jusqu'au cortex : les 2/3 en controlatéral (à droite) et le 1/3 restant en ipsilatéral (à gauche).

1. Corne postérieure du ventricule latéra gauche
2. Coupe du ventricule latéral droit
3. Les aires 41, 42 et 22 de Brodmannn réparties sur T1
4. Radiations auditives
5. Corps genouillé médian droit
6. Colliculus inférieur droit
7. Bras conjonctival droit
8. Lemniscus latéral droit
9. Noyau cochléaire droit
10. Nerf cochléaire droit
11. Nerf vestibulaire droit
12. Noyaux vestibulaires droits
13. Thalamus droit (coupe)
14. Pulvinar gauche

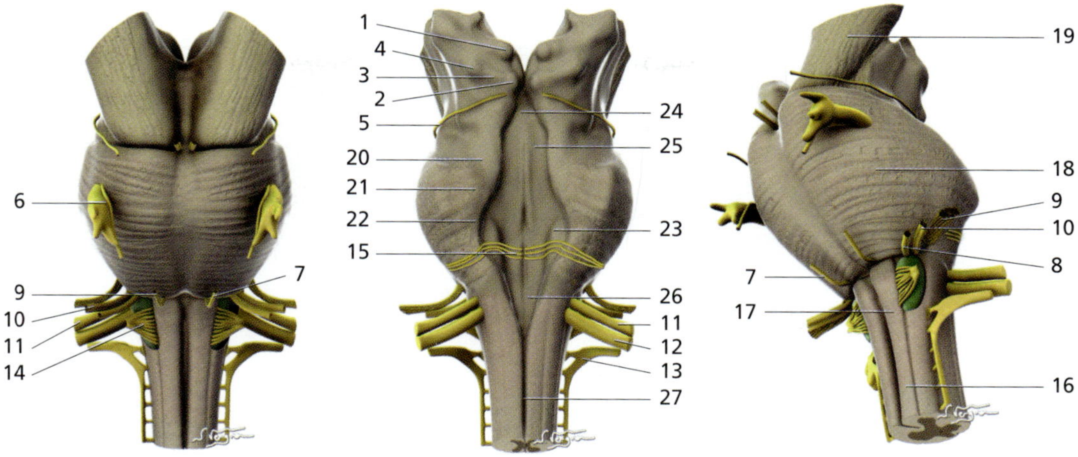

Fig. 9.3 – *Le tronc cérébral : face, dos, trois quarts*

1. Colliculus supérieur
2. Colliculus inférieur
3. Bras conjonctival
4. Corps genouillé médian
5. IV
6. V et sa racine motrice
7. VI
8. VII
9. VIII (cochléaire)
10. VIII (vestibulaire)
11. IX
12. X
13. XI
14. XII
15. Stries acoustiques dorsales
16. Moelle
17. Bulbe rachidien
18. Pont
19. Pédoncule cérébral
20. Pédoncule cérébelleux supérieur
21. Pédoncule cérébelleux moyen
22. Pédoncule cérébelleux inférieur
23. Relief du noyau cochléaire (aile blanche externe)
24. Lingula
25. Eminentia terres
26. Trigone du XII
27. Sillon médian postérieur

sujet, des informations fournies, de l'instant, du type de cellule nerveuse qui reçoit l'influx…

1. *la tonotopie* consiste à attribuer une place à une fréquence (une cellule sera donc dédiée à cette fréquence) ; cette situation permet de transporter une propriété de l'onde sonore qui n'aurait pu être codée autrement ; la tonotopie persiste, pour chaque fréquence audible, dans la partie du système nerveux spécifique de l'audition ; elle est donc conservée d'étage en étage et est présente dans l'ensemble de la voie auditive, de la cochlée (qui la crée) à l'aire primaire corticale (qui l'exploite) ; à ce dernier niveau, il est possible d'établir des cartes fréquentielles encore très précises ;
2. *les décussations* sont présentes à chaque relais et vont permettre de localiser la source sonore et d'apporter le relief sonore, avec une grande précision ; en ce qui concerne l'oreille les fibres indirectes, controlatérales, qui croisent, sont plus

(suite de la légende de la figure 9.2)

17. Fornix gauche
18. Gyrus fasciolaire gauche
19. Indusium gris médian gauche
20. Hippocampe droit
21. Queue du noyau caudé droit
22. Tête du noyau caudé droit
23. Putamen
24. Globus pallidus interne
25. Globus pallidus externe
26. Claustrum
27. Adhesio interthalamique
28. Paroi latérale gauche du IIIe ventricule
29. Moitié IVe ventricule
30. Épiphyse
31. Strie auditive dorsale

Fig. 9.4 – *Les noyaux du tronc cérébral, vue dorsale (à droite) vue ventrale (à gauche) : la complexité*

nombreuses (2/3) que celles homolatérales, directes (1/3) ;

3. *les divergences et convergences* permettent à une fibre d'informer des milliers de neurones ou à des milliers de terminaisons de se concentrer sur un neurone ; ces divergences et convergences sont une manière d'obtenir des attracteurs étranges au même titre que la loi du tout ou rien ; nous en avons besoin pour focaliser notre information sur telle ou telle propriété du son, tout en conservant l'ensemble des données ;
4. *les liaisons transversales* entre chaque centre homologue viennent s'ajouter aux décussations pour rendre à chaque information isolée, la place qu'elle a dans l'ensemble de notre monde sonore ;
5. *l'excitation ou l'inhibition* ajoutent encore à la loi du tout ou rien et permettent d'être attentif à une propriété en effaçant les autres soit momentanément soit définitivement ; elles mettent deux groupes de cellules nerveuses en jeu, les cellules EE (Excito-Excitatrices) et les cellules EI (Excito-Inhibitrices) permettant au cortex de focaliser sur une information intéressante qui sort ainsi du bruit de fond par inhibition latérale ;
6. *la spécialisation* vit des propriétés précédentes et donne à chaque neurone sa place en tenant compte à la fois de sa localisation particulière et des apprentissages dont elle a bénéficié au cours de la vie de l'individu.

Pourquoi cette complexité ? Pour nous, la réponse est simplifiée par notre adhésion à la pensée « chaotique » et non « linéaire euclidienne ». Chaque relais est l'occasion, dans l'*imbroglio* des informations présentes, de créer ou non un attracteur étrange, une propriété dont l'expérience, c'est-à-dire l'itération, nous permet de tirer profit.

Un message (il s'agit de bouffées d'influx) brut (holistique) est découpé à chaque relais en propriétés dont nous sommes capables de profiter (du fait de nos possibilités d'attention, des boucles de rétroaction, des émotions, de nos intentions…). Nous pouvons à chaque instant renforcer un influx, l'adapter dans ses caractéristiques, lui choisir une propriété particulière… Les centres nerveux corticaux auront tôt fait de s'en emparer ensuite, de le colorer par de nouvelles émotions, de lui adjoindre des propriétés neurovégétatives, de le mémoriser, de le comparer, de s'en servir pour un réflexe conditionné ou une action volontaire… parce que chaque attracteur existe sous une forme que nous lui avons donnée au fil du temps et qui nous permet justement cette reconnaissance et cette utilisation.

Le phénomène de l'inhibition latérale mérite une mention à part compte tenu de son importance dans la création de l'information auditive. Le noyau cochléaire dorsal est capable de donner vis-à-vis de l'influx lui parvenant deux sortes de réponses : les unes sont immédiates et ne peuvent coder que le rythme des bouffées d'influx et les autres plus lentes permettent de mesurer l'intensité et la durée de l'émission. Ainsi par inhibition de certaines fibres peut-on à la fois préciser l'intensité, la durée du son et son rythme. Cette fonction va se faire tout le long des voies ascendantes en affinant à chaque fois une parcelle d'information comme étant la plus petite variation entre les divers constituants des influx : intensités ou fréquences ou temps d'émission ou répétition régulière. Cependant, à ce niveau, nous ne sommes pas capables de mesurer précisément l'intensité, la fréquence, le rythme, la signification… La conscience n'est pas atteinte. Ainsi, à chaque relais, les conditions d'un attracteur étrange sont réunies. Le message, décomplexifié, se recomplexifie au fur et à mesure des relais, selon les besoins.

Le nerf cochléaire dispose de 35 000 fibres nerveuses qui ont chacune de 1 000 à 10 000 boutons synaptiques. Après, c'est-à-dire au niveau du tronc cérébral, la complexité dépasse l'imagination. La pensée devient alors holistique, elle contient tout selon une forme qui convient mais elle ne focalise sur rien de particulier qui pourrait effacer le tout. Les formes (attracteurs étranges) ne sont jamais les mêmes mais on les reconnaît à leur « air de famille ». Elles évoluent, bien sûr, avec l'expérience.

➤ Les noyaux cochléaires

Le noyau cochléaire est un gros noyau dont la face inférieure est placée au bord inférieur du pont. Il occupe la portion antérolatérale de la protubérance jouxtant les noyaux vestibulaires plus en arrière adossés aux pédoncules cérébelleux.

On lui distingue quatre portions (Fig. 9.5) : le noyau cochléaire ventral (NCV), lui-même divisé en deux noyaux : antérieur NCVA et postérieur NCVP par le noyau interstitiel (NI) et le noyau cochléaire dorsal (NCD).

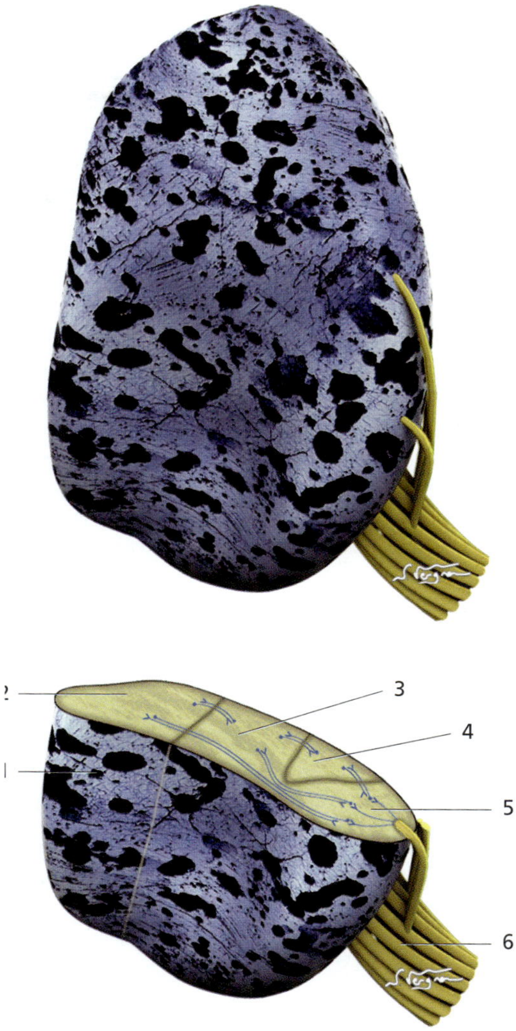

Fig. 9.5 – *Le noyau cochléaire gauche avec une coupe montrant ses divisions, d'avant en arrière : NCVA, NI, NCVP et NCD*

1. Coupe moyenne du noyau cochléaire
2. Noyau cochléaire dorsal
3. Noyau cochléaire ventral postérieur
4. Noyau cochléaire interstitiel
5. Noyau cochléaire ventral antérieur
6. Nerf cochléaire

Les afférences sont doubles :

- *les influx*, que véhicule le nerf auditif, sont *tous* conduits dans le noyau cochléaire ventral

antérieur ; le *nerf cochléaire* vient de la cochlée homolatérale avec des fibres de type I (90 à 95 % des fibres) ou de type II non myélinisées ; l'influx se divise ensuite en deux courants, l'un pour le noyau cochléaire ventral antérieur et le noyau interstitiel, l'autre pour le noyau cochléaire ventral postérieur et le noyau cochléaire dorsal ;
- les afférences centrales qui viennent des centres ou du complexe olivaire supérieur.

Rappelons que les retours d'information « motrice » ou « modificatrice » pour la cochlée passent par le nerf vestibulaire.

Les efférences sont de deux ordres selon leurs destinations : périphériques ou centrales, contro et/ou homolatérles. Elles se dirigent vers
- le noyau cochléaire controlatéral ;
- le complexe olivaire supérieur dont le noyau du corps trapézoïde : les influx sont contro ou homolatéraux ;
- le noyau du *lemniscus* latéral : les influx sont contro ou homolatéraux ;
- le *colliculus* inférieur : les influx sont contro- ou homolatéraux ;
- le corps genouillé médial : les influx sont contro- ou homolatéraux ;
- le noyau moteur du VI ;
- le noyau moteur du VII ;
- le noyau trigéminal moteur ;
- les noyaux *cuneatus* et gracile (Burdach et Goll) ;
- les noyaux réticulaires dorsaux de la calotte ;
- le *locus cœruleus* qui constitue une structure nucléaire complexe, noradrénergique mais aussi cholinergique, à la partie dorsale de la jonction ponto-mésencéphalique dans le plancher du 4e ventricule ; il représente l'origine essentielle du système réticulé noradrénergique, ascendant ; il est un « *pacemaker* » cérébral et surtout à l'origine de l'attention auditive ;
- le cervelet qui n'a pratiquement aucun rôle dans l'audition.

Le noyau cochléaire (subdivisé comme nous l'avons vu) est constitué de six types de cellules nerveuses. Chaque cellule communique grâce à un ou deux médiateurs différents pour chacune d'elles. Ces cellules ont toutes une action particulière (Fig. 9.6) :
- *les cellules sphériques* (noyau cochléaire ventral antérieur) conservent les propriétés reçues du nerf cochléaire (*primary like*) ;
- *les cellules globulaires* (noyau cochléaire ventral antérieur) échancrent la bouffée reçue ;
- *les cellules multipolaires* (noyau cochléaire ventral antérieur, noyau cochléaire ventral postérieur, noyau cochléaire dorsal) créent des dents de scie ;
- *les cellules octopus* (noyau cochléaire ventral postérieur) ne fournissent que le transitoire ;
- *les cellules géantes* (noyau cochléaire dorsal) offrent le transitoire avec pause ;
- *les cellules pyramidales* (noyau cochléaire dorsal) apportent une réponse croissante avec pause.

Le fonctionnement du noyau cochléaire est complexe du fait de la diversité des informations qu'il doit traiter et du nombre de possibilités que lui offre la richesse de son histologie.

Certaines régions du noyau cochléaire et en particulier le noyau cochléaire ventral antérieur transmettent l'influx sans modification, comme le nerf auditif l'a donné (*primary like*). D'autres (le noyau cochléaire dorsal surtout) vont modifier les influx qu'elles reçoivent pour en extraire une information particulière.

Ainsi commencent à apparaître dans la complexité, des ébauches « d'images sonores » faites d'influx dont la connaissance ajoute à l'intensité, à la fréquence, au timbre… la modulation, le transitoire, le rythme… Pour la latéralité, c'est le complexe olivaire supérieur et la décussation qui vont permettre d'en débuter l'analyse. Mais bien sûr à ce niveau ce ne sont que des amorces.

Légende de la figure en vis-à-vis

Fig. 9.6 – *Différents types de cellules du noyau cochléaire*

Les images illustrent le travail effectué par les cellules du noyau cochléaire pour tirer le maximum des influx que lui adresse le nerf cochléaire. Chaque relais cellulaire est l'occasion de préciser un point particulier, une différence entre les deux côtés… à propos de la périodicité, de la fréquence ou du niveau sonore. Quant aux sons complexes, il semble que le noyau cochléaire soit capable ou d'amplifier la synchronisation des transitoires ou bien d'apprécier la rapidité de changement des modulations de fréquences. Le noyau cochléaire est donc capable de simplifier les formes qu'il reçoit et de réaliser une discrimination temporelle très fine.

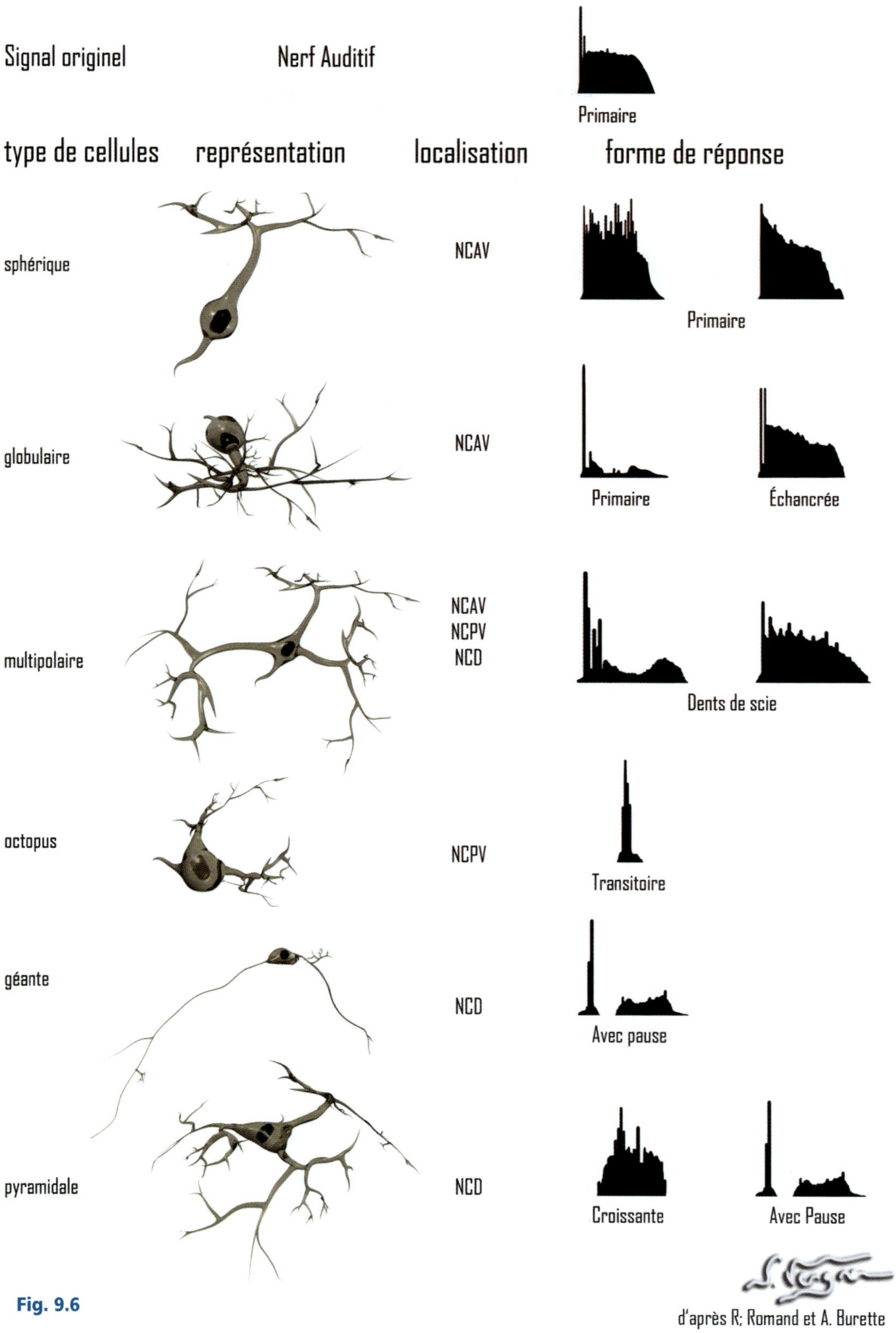
Signal originel
Nerf Auditif
Primaire
type de cellules
représentation
localisation
forme de réponse
sphérique
NCAV
Primaire
globulaire
NCAV
Primaire
Échancrée
multipolaire
NCAV
NCPV
NCD
Dents de scie
octopus
NCPV
Transitoire
géante
NCD
Avec pause
pyramidale
NCD
Croissante
Avec Pause
d'après R; Romand et A. Burette

Fig. 9.6

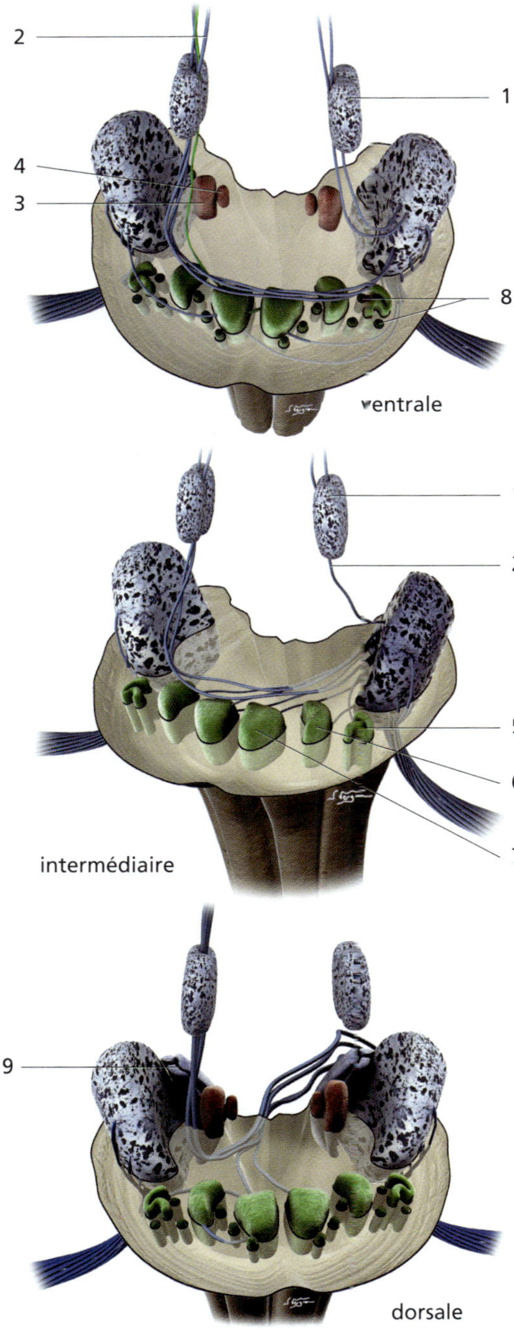

Fig. 9.7 – *Les trois stries acoustiques avec de haut en bas : les stries acoustiques : ventrale (SAV), intermédiaire (SAI) et dorsale (SAD)*

1. Noyau du lemniscus latéral
2. Lemniscus latéral
3. Noyau du VII
4. Noyau du VII *bis*
5. COS : noyau latéral

On voit que c'est le noyau dorsal qui est le plus impliqué dans le traitement de l'influx auditif. De plus, au niveau de la synapse peuvent se produire plusieurs sortes d'actions :

- une ouverture pure et simple ;
- une coupure sans appel ;
- une inhibition latérale par action d'une collatérale d'une cellule voisine qui vient interdire le passage de l'influx des fibres voisines au travers de la fente synaptique ;
- un rétrocontrôle lié au fait qu'une même cellule, après passage de l'influx envoie par une collatérale rétrograde un message d'arrêt à sa propre synapse ; il en résulte une distribution hachée et discrète des messages.

Il faut retenir que certaines cellules renforcent, d'autres modifient, beaucoup inhibent avec pour médiateur : le glutamate (très probablement), l'acétylcholine, la glycine, le GABA... Le noyau cochléaire reçoit donc du nerf auditif une information relativement stéréotypée et son action consiste à accentuer les caractéristiques (mêmes infimes) que peut contenir cette information tout en la transmettant aux centres le plus fidèlement possible.

Au niveau du noyau cochléaire, l'information est modifiée et complexifiée, tout en conservant ses propriétés : de monotonie, de taux de décharge, d'intensité, de fréquence, de synchronisation, de mode de codage des sons complexes. Nous y reviendrons. Ce comportement est à l'évidence un comportement chaotique en codant la périodicité du son complexe et en hiérarchisant les informations. Le noyau finit par faire des attracteurs sonores jamais identiques mais toujours comparables à d'autres.

Les efférences du noyau cochléaire sont *les stries acoustiques* que l'on peut diviser en trois (Fig. 9.7) :

- la strie acoustique ventrale se compose de fibres pour le noyau cochléaire ventral (en passant par le noyau du corps trapézoïde) et le *lemniscus* latéral controlatéraux, accessoirement (1/3 pour le *lemniscus* ipsilatéral) ; il fournit les entrées

(suite de la légende de la figure 9.7)

6. COS : noyau médial ou médian
7. COS : noyau du corps trapézoïde
8. COS : noyaux accessoires ou périolivaires
9. Noyaux vestibulaires

des trois principaux noyaux du complexe olivaire supérieur ipsilatéral (Fig. 9.7, sup.) ;

- la strie acoustique intermédiaire se projette sur le lemnisque latéral homo- (1/3) et contro-latéral (2/3) et accessoirement sur l'olive supérieure latérale et l'olive supérieure médiale du même côté (Fig. 9.7, moy.) ;
- la strie acoustique dorsale (visible au niveau du plancher du IVe ventricule), n'a pas de rapport avec le complexe olivaire supérieur et se rend directement au lemnisque latéral controlatéral dont elle constitue l'origine avec les fibres de la strie acoustique intermédiaire ; le *lemniscus* latéral conduit ensuite les influx jusqu'aux noyaux du même nom, aux *colliculi* inférieurs et même directement aux corps genouillés médians (Fig. 9.7, inf.).

Ce qu'il est important de remarquer c'est la dispersion que subissent les informations du nerf cochléaire à partir du noyau cochléaire. On peut y distinguer des voies ipsi (les moins nombreuses) ou controlatérales qui peuvent contacter des noyaux intermédiaires ou se rendre directement au relais thalamique précortical. De plus, leurs rapports avec la substance réticulée voisine leur offrent des possibilités d'action sur l'ensemble du système nerveux, dès le niveau protubérantiel.

En résumé, dans les noyaux cochléaires ventraux et accessoirement dorsaux, chaque bouton présynaptique voit son influx multiplié par 10 000 à chaque synapse d'un neurone contacté. De chaque côté, les 2/3 des fibres venant de chaque oreille, se croisent sur la ligne médiane. Cette myriade d'informations est porteuse de nuances de timbre, de temps et de volume… Cet ensemble chaotique est régi par les règles habituelles d'extrême sensibilité aux conditions initiales, d'attracteurs étranges, d'imprévisibilité à long terme tout en restant déterminé, d'invariant d'échelle… Plus on avancera dans les chapitres suivants, plus cette évidence se fera jour.

➤ Le complexe olivaire supérieur

Il convient de le traiter au chapitre consacré à la substance réticulée dont il fait partie.

➤ Le lemniscus latéral et ses noyaux (ancien ruban de Reil latéral)

Voie sensitive, le *lemniscus* latéral véhicule l'ensemble des informations auditives. Cette voie

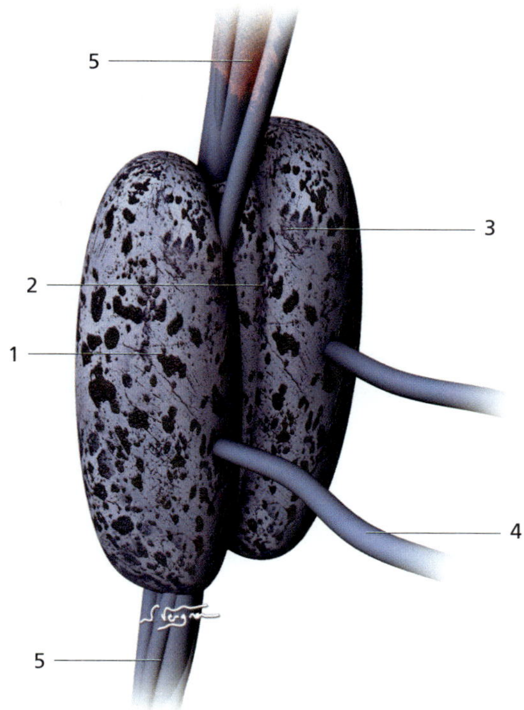

Fig. 9.8 – *Les noyaux du lemniscus*

1. Noyau du lemniscus ventral
2. Noyau du lemniscus médian
3. Noyau du lemniscus dorsal
4. Fibres communicantes entre les noyaux droit et gauche
5. Fibres du lemniscus latéral

présente des noyaux gris à la partie haute de la protubérance annulaire. Chaque noyau (Fig. 9.8) du *lemniscus* comporte trois groupes cellulaires : les *lemnisci* ventral, intermédiaire et dorsal. Au passage, le *lemniscus* latéral distribue des fibres à ces noyaux.

Ainsi, les axones des neurones véhiculant des informations auditives, voyagent en traversant le noyau du *lemniscus* ou en y faisant relais. Les fibres des noyaux cochléaires (type I) ou du complexe olivaire supérieur (type II) qui se rendent aux étages supérieurs en suivant le *lemniscus* latéral, vont :

- soit *indirectement* (de façon majoritaire, après avoir croisé sur la ligne médiane en traversant le corps trapézoïde) ;
- soit *directement* ;
- aborder le noyau du *lemniscus* où elles vont de nouveau échanger des fibres avec le côté opposé par des fibres réciproques (Fig. 9.9).

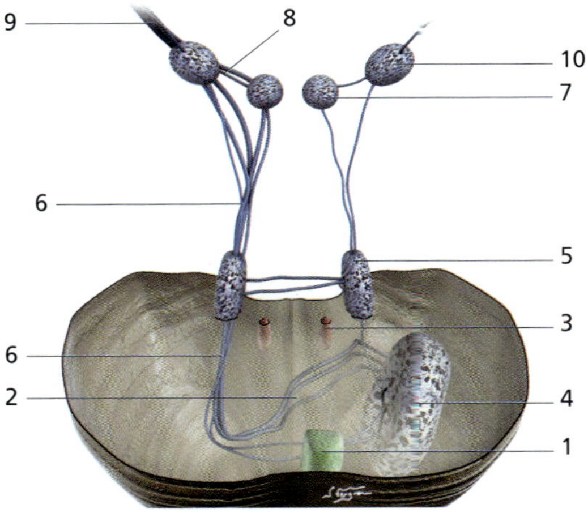

Fig. 9.9 – *Les noyaux du lemniscus latéral replacés dans la voie auditive*

1. Noyau du corps trapézoïde gauche
2. Strie acoustique dorsale gauche
3. Noyau du VI
4. Noyau cochléaire
5. Noyaux du lemniscus
6. Lemniscus latéral
7. Colliculus inférieur
8. Bras conjonctival
9. Radiations auditives
10. Corps genouillé médial

La fonction de ces regroupements nucléaires (noyaux ventral, intermédiaire et dorsal) qui servent de relais à certaines fibres lemniscales, n'est pas complètement élucidée. Ces noyaux auraient un rôle dans l'aptitude à discerner l'origine spatiale d'un son et ils ont des connexions avec les centres susceptibles de déclencher des mouvements de la tête.

C'est à ce niveau et à l'étage du cessus (*colliculus* inférieur) que la latéralisation du son est acquise. C'est le côté de la 1re oreille atteinte par le son qui indique son côté d'origine, en même temps qu'il donne les notions d'espace et de stéréophonie par comparaison avec l'autre oreille (Fig. 9.9).

On notera que le *colliculus* inférieur reçoit directement du faisceau lemniscal des fibres auditives. Le corps genouillé médial en reçoit également soit directement, soit par le bras conjonctival si les fibres sont passées par le *colliculus* inférieur. À ce niveau, outre la localisation, un important travail d'intégration inconscient est déjà entrepris, déclenchant en particulier une éventuelle réponse motrice générale réflexe.

Les fibres de type I se rendent en suivant les radiations auditives, *aux centres corticaux primaires de l'audition* sur T1, au niveau de l'aire 41 de Brodmann, située en profondeur (circonvolution de Heschl).

Les fibres de type II vont suivre un trajet différent. Après un relais dans le noyau cochléaire ventral, elles vont gagner, en formant les stries acoustiques intermédiaires, la *substance réticulée* sous la forme des noyaux du complexe olivaire supérieur latéral et médial. Là, elles effectuent trois à quatre relais dans les petits noyaux qui les entourent. On nomme ces fibres : voie cochléo-réticulaire. Au retour elles deviennent : réticulo-cochléaire en suivant le trajet du nerf vestibulaire pendant un instant.

Cette voie homolatérale va contribuer à l'accommodation auditive et à l'intégration de toutes les autres modalités sensorielles pour permettre à la substance réticulée de jouer son rôle, c'est-à-dire de trier, à chaque instant, toutes les informations que reçoit l'encéphale et d'extérioriser celle qui est prépondérante ou prioritaire. Plus haut, en passant par les *lemnisci* et les *colliculi*, cette voie va faire relais dans le thalamus non spécifique (*pulvinar*) et ensuite gagner le cortex moteur pré-rolandique où elle est à l'origine de réflexes toniques plus ou moins conscients.

Le colliculus inférieur ou tubercule quadrijumeau postérieur

On peut également l'appeler *noyau auditif postérieur du toit*. Il correspond au lobe auditif des vertébrés inférieurs chez lesquels il est particulièrement développé. Il peut être assimilé au thalamus pour les autres sens. Les informations portant sur la sélectivité tonale sont à ce niveau très précises, plus encore qu'au niveau des corps genouillés.

Il comprend un noyau central volumineux, un noyau péri-central et un noyau externe (Fig. 9.10). Les deux *colliculi* communiquent entre eux par la commissure de Gudden qui longe le bord postérieur de la bandelette optique et du *chiasma* au niveau du plancher du IIIe ventricule (Fig. 9.11).

Le noyau central va drainer les informations tonales avec une grande précision. Une tonotopie stricte y est retrouvée : la zone dorsale dédiée aux basses fréquences, la zone ventrale pour les hautes fréquences. L'oreille est capable de distinguer les

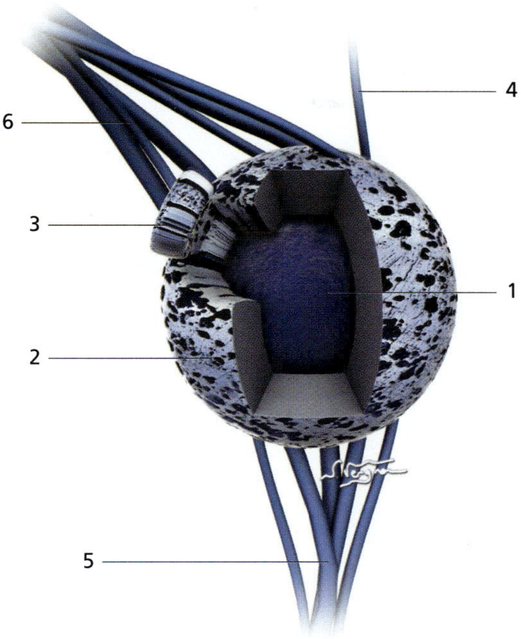

Fig. 9.10 – *Colliculus inférieur gauche, vue antérieure*

1. Noyau central du colliculus inférieur
2. Noyau périphérique
3. Noyau latéral
4. Fibre vers le colliculus supérieur
5. Lemniscus latéral
6. Bras conjonctival

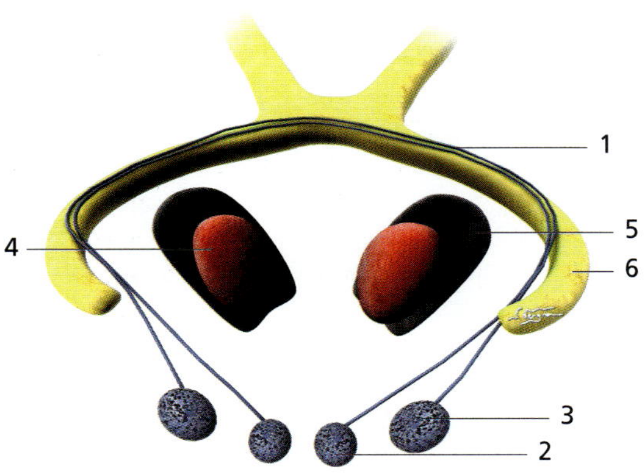

Fig. 9.11 – *Commissure de Gudden*

1. Commissure de Gudden
2. Colliculus inférieur
3. Corps genouillé médial
4. Noyau rouge
5. Locus niger
6. Voie optique (nerf, chiasma et bandelette optiques)

notes au *comma* près. Les sensibilités à la stabilité du son, à la forme de la modulation, aux écarts d'amplitude y sont moins précises.

On notera la richesse et la complexité des connexions à ce niveau. Le *colliculus* inférieur reçoit du *lemniscus* latéral et communique avec le corps genouillé médial par le bras conjonctival. Le *colliculus* inférieur émet des fibres qui l'unissent au *colliculus* supérieur du même côté mais également par la *commissure postérieure* avec le *pulvinar* et, par l'intermédiaire du pulvinar, avec le noyau rouge, le *locus niger* et les nerfs oculo-moteurs opposés (Fig. 9.12).

Le *colliculus* inférieur poursuit chez l'homme l'analyse de la structure du son. Sur le plan spatial la sensibilité des neurones y est plus fine que partout ailleurs tant sur le plan des disparités d'intensité que des différences de phase.

Au niveau du *colliculus* inférieur, un même neurone reçoit, plus qu'ailleurs, des terminaisons synaptiques soit excitatrices soit inhibitrices : c'est le phénomène de convergence, qui créant une sommation spatiale permet un accroissement de la sensibilité.

Lorsqu'un récepteur fonctionne par paire, par rapport au plan central, cette convergence offre une discrimination fine de la sensation d'espace. De même, certains sons complexes spécifiques deviennent reconnaissables avec une grande fiabilité grâce à cette même convergence.

Le *colliculus* inférieur joue le rôle d'un attracteur étrange par rapport aux influx perçus et traités par les noyaux sous-jacents.

Une des caractéristiques fondamentales de l'organisation des voies sensorielles primaires est l'existence d'une *correspondance topique*, c'est-à-dire point par point, *entre le récepteur périphérique et son aire de projection corticale*.

Ce qui précède vaut pour la somesthésie et la vision, c'est-à-dire pour des récepteurs à extension spatiale (surface du corps/rétine) comme pour l'audition (cochlée) à vocation temporelle.

A priori, cette organisation topique, point par point, laisse supposer l'existence de chaînes de transmission relativement linéaires du récepteur jusqu'au cortex.

Il existe, cependant, toujours d'importants *phénomènes de convergence et d'inhibitions latérales* entre ces chaînes parallèles qui viennent complexifier tout le système.

En résumé, le *colliculus* inférieur se charge donc :

- de la sélectivité tonale et de la localisation fine

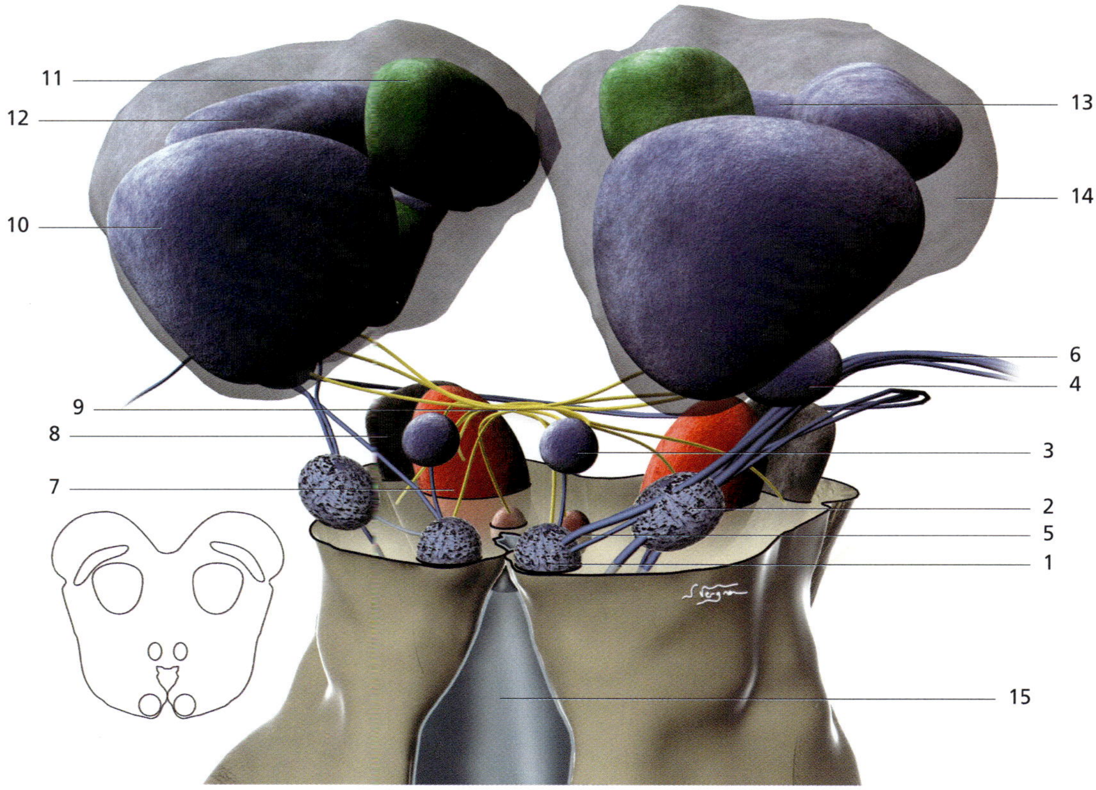

Fig. 9.12 – *Coupe pédonculaire basse (vue postérieure), montrant : les colliculi, les corps genouillés médians et leurs connexions passant par la commissure postérieure*

1. Colliculus inférieur
2. Corps genouillé médial
3. Colliculus supérieur
4. Corps genouillé latéral
5. Bras conjonctival
6. Radiations auditives
7. Noyau rouge
8. Locus Niger
9. Fibres de la commissure postérieure
10. Pulvinar
11. Noyau dorsal médian
12. Noyau dorsal latéral
13. Noyau antérieur
14. Enveloppe thalamique
15. 4e ventricule

des fréquences (sensibilité aux modulations de fréquence) ;

- de la localisation précise du son ;
- des réflexes d'orientation en fonction de la localisation ;
- du suivi du déplacement de la source sonore par rapport au plan médian ;
- de la reconnaissance des mélodies simples du fait de la convergence.

➤ Le colliculus supérieur ou tubercule quadrijumeau antérieur

Il est pour la vision ce que le *colliculus* inférieur est pour l'audition. Il a été montré que c'est à ce niveau que se fait l'extraction d'un signal de 10 dB supérieur au bruit de fond. C'est à ce niveau également que se réalise la coïncidence spatiale entre l'oreille et l'œil donnant une représentation audiovisuelle des phénomènes observés.

➤ Le ganglion géniculé interne ou corps genouillé medial

Cette structure nerveuse fait partie du thalamus et est souvent appelée métathalamus auditif. Il serait donc logique de l'étudier avec ce dernier mais la coutume le place ici en tant que relais auditif obligé, avant le cortex. Le corps genouillé médial ou médian est une petite masse de substance grise, comme les autres structures rencontrées dans le tronc cérébral. C'est le dernier relais des fibres venues du *lemniscus* latéral et du *colliculus* inférieur avant les centres corticaux.

Zone de transit des voies afférentes et efférentes :

- par le *bras conjonctival*, il reçoit du *colliculus* inférieur et envoie quelques fibres réflexes vers ce *colliculus* inférieur ;
- par la *radiation auditive*, il conduit la majorité des fibres au cortex auditif temporal primaire.

Il présente trois parties (Fig. 9.13) :

- la *partie latérale* est la plus concernée par l'audition ; les couches superficielles correspondent aux sons aigus et les couches profondes aux graves ; la tonotopie est donc conservée mais elle est moins fine qu'au niveau du *colliculus inférieur* ; elle semble sensible aux sons complexes et en inhibe un grand nombre ; elle reçoit des informations des deux oreilles et est sensible aux disparités d'intensité et de phase ;
- la *partie dorsale* et la *partie ventrale* semblent moins spécifiques aux stimulations auditives et sont considérées comme des aires associatives avec les autres sens ; l'intégration débute dans ces zones.

On notera que les zones organisées tonotopiquement transmettent leurs informations sans grande modification aux étages supérieurs. En revanche, les voies moins sélectives, que l'on appellera « diffuses », semblent peu sensibles aux *stimuli* simples, mais répondent mieux aux *stimuli* complexes avec des réponses labiles et à latence variable… Manifestement, à ce niveau, les événements deviennent de plus en plus chaotiques.

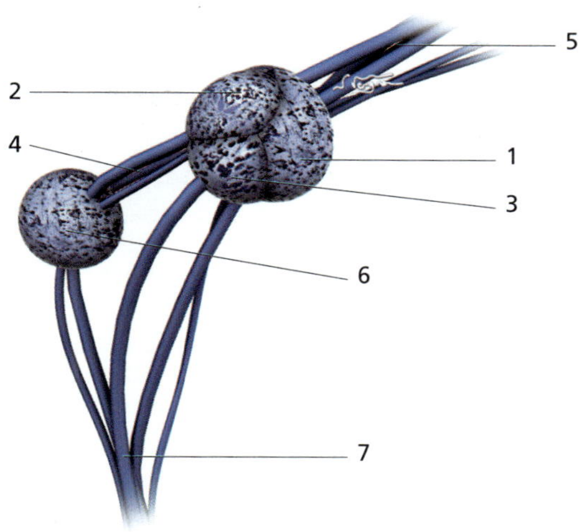

Fig. 9.13 – *Corps genouillé médial. Ses trois structures latérale, ventrale*

1. Noyau latéral
2. Noyau dorsal
3. Noyau ventral
4. Bras conjonctival
5. Radiations auditives
6. Colliculus inférieur
7. Lemniscus

Remarques

Une certaine quantité de bruit est indispensable à la vie. En revanche, les bruits violents et le silence absolu sont très difficiles à supporter longtemps. C'est la substance réticulée qui absorbe les sons répétitifs, non informants. Les personnes qui vivent dans un milieu bruyant n'y font plus attention (usine, autoroute…) mais l'incidence du bruit sur notre comportement reste importante. L'exposition à des bruits intenses et/ou prolongés provoque des troubles du caractère et engendre très vite fatigue et stress. À la longue se développe une agressivité disproportionnée avec la cause (maladie professionnelle en particulier). Quant au silence absolu, il peut conduire au délire.

La voie du *lemniscus* latéral véhicule l'information codée par la cochlée, chacun des relais effectuant un travail spécifique de décodage et d'interprétation qui est ensuite transmis aux relais supérieurs.

La partie réflexe est constituée :

- par des faisceaux d'association protubérantiels ; ces faisceaux sont à l'origine de réflexes d'accommodation auditive (noyau facial VII qui innerve le muscle de l'étrier, noyau du V moteur qui innerve le muscle du marteau), de réflexes oculaires (noyau du moteur oculaire externe VI, mouvement de latéralité du regard), de stimulations du système réticulé (noyau cochléaire dorsal, collatérales mésencéphaliques), enfin de réflexes toniques de la musculature (noyau du toit) ;
- par des faisceaux thalamiques, pour la sensibilité de l'oreille ;
- par des faisceaux corticaux, pour adapter consciemment le comportement aux sons.

Les influx sensitifs véhiculés par les fibres de type II provenant des cellules ciliées externes vont, après relais dans le NCV, gagner les noyaux de la substance réticulée (COS) et retourner aux cellules ciliées externes pour en moduler les performances.

En quelques lignes

Le noyau cochléaire reçoit toutes les fibres du nerf auditif (type I et type II). De manière tout à fait chaotique, il traite les influx :

- *en les laissant passer tels qu'ils sont,*
- *en les renforçant sur telle ou telle caractéristique (fréquence, intensité, rythme, transitoires...) par un phénomène d'inhibition latérale surtout.*

Puis il restitue les informations, reçues et éventuellement traitées, au complexe olivaire supérieur, à la substance réticulée voisine, au lemniscus latéral. Son rôle est essentiellement d'accentuer les caractéristiques, mêmes infimes, d'une information. Il renforce les contrastes de l'image sonore en tant qu'attracteur étrange.

Le lemnisque latéral ajoute à la complexité en affinant certains caractères du son complexe et poursuit la recherche précise de la localisation réflexe qui s'achèvera dans le colliculus inférieur. Le phénomène le plus important à ce niveau du tronc cérébral est la convergence des influx sur une cellule, focalisant ainsi (attracteur étrange) l'ensemble chaotique d'influx provenant des analyses précédentes.

Le colliculus inférieur se charge d'affiner la localisation spatiale du son et d'en préciser très finement les réponses réflexes (orientation yeux et tête). Il analyse toutes les modulations de fréquences qui lui parviennent et reconnaît les déplacements rapides des sources sonores. Le colliculus supérieur met en relation œil et oreille et permet d'extraire le signal du bruit de fond.

Le corps genouillé médial est le dernier relais avant les centres corticaux. Il envoie la majorité de ses fibres à la région auditive temporale primaire. Il alimente également le colliculus inférieur. Il participe enfin à l'analyse de la sélectivité tonale et de la latéralisation.

Pour approfondir

ARAN JM, LIMA DA COSTA D, CHIBOIS A, BLANCHET C, ERRE JP. Le système efférent médian et la physiologie et la physiopathologie cochléaires. In : *Rencontre IPSEN en ORL*, tome 1, CHRISTEN Y, COLLET L, DROY-LEFAIX MT, Irvinn, Paris, 1997, 69-89.

DELMAS A. *Voies et centres nerveux*. Masson, 10e éd., 1991.

MCADAMS S. L'organisation perceptive de l'environnement sonore. In : *Rencontre IPSEN en ORL*, tome 1, CHRISTEN Y, COLLET L, DROY-LEFAIX MT, 1997, Irvinn, Paris, 91-102.

PUJOL R. « Promenade autour de la cochlée », Site Internet : www.iurc.montp.inserm.fr ; Montpellier, France, unité INSERM 254, 1999.

ROMAND R, AVAN P (1997) Anatomical and functional aspects of the cochlear nucleus. In : *The central auditory system*, EHRET G, ROMAND R (eds), Oxford University Press, Oxford, 97-191.

ROMAND R, BURETTE A. Le noyau cochléaire dans le codage de l'information auditive. In : *Rencontre IPSEN en ORL*, tome 3, CHRISTEN Y, COLLET L, DROY-LEFAIX MT, Irvinn, Paris, 1997, 57-74.

ROUILLER E. Rôle des différents relais des voies auditives centrales dans le traitement de l'information acoustique. In : *Rencontre IPSEN en ORL*, tome 2, CHRISTEN Y, COLLET L, DROY-LEFAIX MT, Irvinn, Paris, 1998, 53-70.

ROUVIÈRE H. (1954), *Anatomie humaine descriptive et topographique*, révisé par CORDIER G, tome I, *Tête et cou*, Paris, Masson, 1994.

SOBOTTA C. ATLAS D'ANATOMIE HUMAINE, PUTZ R, PABST R (ed.), édition française, DHEM A, GOUAZÉ A, Paris, Éditions Médicales Internationales, 1994.

TORTORA GJ, GRABOWSKI SR. *Principe d'anatomie et de physiologie*, Anjou (Québec), Centre éducatif et culturel Inc., 1997.

WEVER EG, LAWRENCE M. *Physiological Acoustics*, Princeton, USA. Princeton Univ. Press, 1954.

Chapitre 10

La formation réticulée, le cervelet

Circuits et réflexes

La substance réticulée ou système réticulé ou formation réticulée fait suite à la formation réticulaire de la moelle et occupe toute la hauteur du tronc cérébral jusqu'au diencéphale (thalamus). De là, les fibres atteignent le cortex mais certaines, en court-circuitant le thalamus, y vont directement. Elle a un rôle particulier au niveau général de *l'organisation* du système nerveux qui lui confère une importance considérable dans l'harmonisation des données sensorielles et des ordres qui en découlent. Il est donc important d'intégrer son action dans cette étude de l'audition comme dans celle

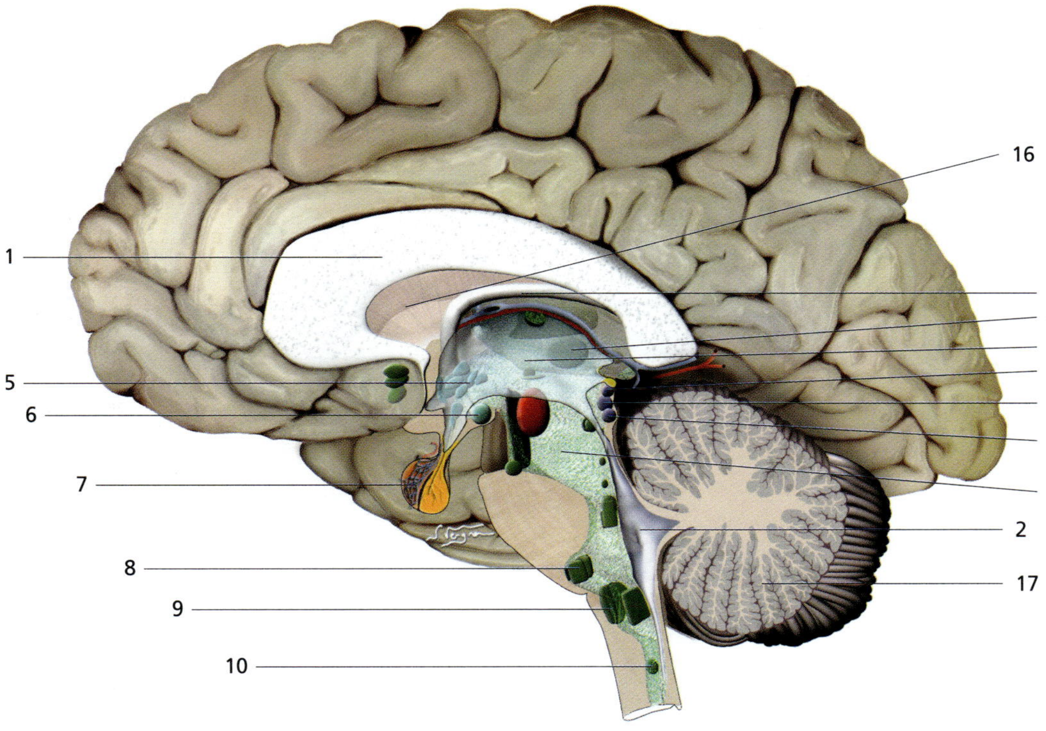

Fig. 10.1 – *Territoire de la formation réticulée. Le IIIe ventricule a été rendu transparent*

1. Corps calleux
2. IVe ventricule
3. IIIe ventricule (paroi droite transparente)
4. Thalamus réticulé (noyaux central et médiolatéral)
5. Hypothalamus
6. Corps mamillaire
7. Hypophyse
8. Complexe olivaire supérieur (COS)
9. Olive bulbaire
10. Noyau médullaire
11. Colliculus inférieur
12. Corps genouillé médial
13. Colliculus supérieur
14. Tissu réticulé
15. Fornix
16. Septum interventriculaire
17. Cervelet

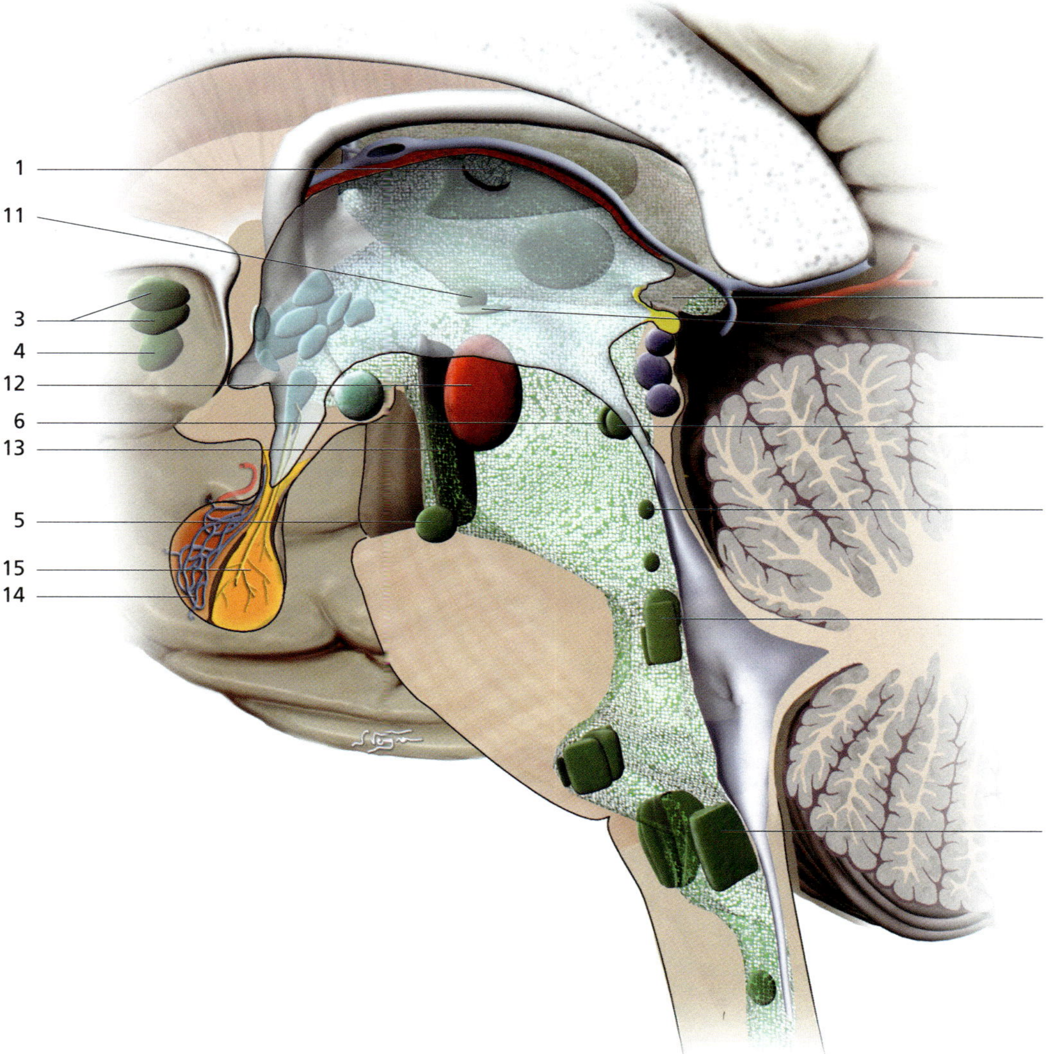

Fig. 10.2 – Le territoire de la substance réticulée (grossissement supérieur)

1. Noyau reuniens
2. Épiphyse
3. Noyaux du septum
4. Noyau accumbens
5. Noyau interpédonculaire
6. Noyau dorsal de la calotte
7. Locus cœruleus
8. Noyau du raphé pédonculaire
9. Noyau du raphé bulbaire
10. Corps de Luys
11. Zona incerta
12. Noyau rouge
13. Locus Niger
14. Hypophyse glandulaire
15. Hypophyse neurologique
16. Noyau du raphé du pont

des autres sens. En outre, cette partie du cerveau joue un rôle essentiel dans les comportements de veille-sommeil ainsi que dans la vigilance et l'attention.

Nous étudierons successivement l'ensemble de la formation réticulée comme elle est présentée dans la plupart des ouvrages qui en traitent. À partir de là, nous pourrons systématiser les circuits, souvent

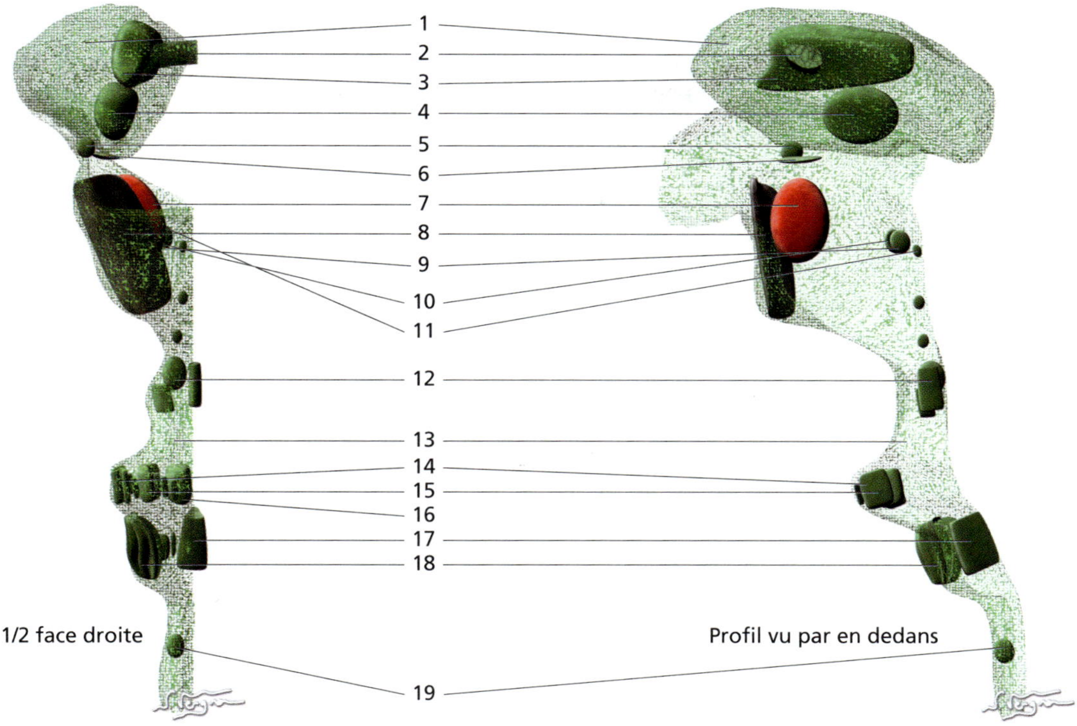

Fig. 10.3 – *Le réseau de la formation réticulaire avec ses principaux noyaux*

1. Thalamus
2. Jonction interthalamique
3. Noyau dorsomédian du thalamus
4. Noyau central du thalamus
5. Noyaux sous-thalamiques (corps de Luys)
6. Zona Incerta
7. Noyau rouge
8. Locus niger
9. Noyau dorsal de la calotte
10. Locus cœruleus
11. Noyau du raphé du toit
12. Noyaux du raphé pontique
13. Réticulum (répartition dans le tronc cérébral)
14. Noyau du corps trapézoïde du COS
15. Noyau médial du COS
16. Noyau latéral du COS
17. Noyau du raphé bulbaire
18. Olive bulbaire
19. Noyau médullaire

réflexes, qui mettent en jeu l'audition en regroupant ce que nous allons voir avec les voies et centres du tronc cérébral. Puis nous isolerons le complexe olivaire supérieur, partie intégrante de ce système dédié à l'audition. Nous insisterons sur les petits noyaux de ce complexe olivaire supérieur, eux aussi dédiés à l'adaptation de l'oreille grâce aux systèmes efférents médians et latéraux : SEM et SEL.

Situation et constitution de la formation réticulée

De la moelle épinière au thalamus, une longue bande de tissu composé de corps cellulaires isolés dans un maillage lâche mais dense en fibres, constitue le système réticulé. Il occupe, au niveau du tronc cérébral, les calottes bulbaire, pontique et mésencéphalique. Il se loge aux endroits laissés libres par les noyaux gris et les faisceaux ascendants ou descendants qui le traversent et est disposé profondément en trois colonnes (médiane, para-médiane ou latérale) (Fig. 10.1, 10.2 et 10.3).

Se rattachent au système réticulé, les olives bulbaires et pontiques, le noyau rouge, *le locus niger* (Fig. 10.3). On pourrait en rapprocher, mais ils sont distincts, les noyaux du toit (tubercules quadrijumeaux antérieur et postérieur appelés aujourd'hui *colliculus* supérieur et inférieur). Chez les mammifères et chez l'homme, les fibres ascendantes se prolongent jusqu'au thalamencéphale (thalamus proprement dit et métathalamus). En ce qui concerne l'audition, les relations avec la substance réticulée se font à chaque étape sous forme d'échange d'informations facilitant l'harmonisation des perceptions et des actions avec les autres données auditives fournies ou celles provenant de la globalité du système nerveux.

Les noyaux et centres du tronc cérébral

Chaque noyau réticulé présente deux parties : une partie latérale sensorielle en relation par ses innombrables synapses avec tout ce qui passe (avec les noyaux cochléaires entre autres) et une partie médiane effectrice à l'origine d'influx ascendants et descendants, soit en voie courte avec les noyaux de voisinage, soit en voie longue vers le mésencéphale et le cortex ou la moelle (Delmas).

Le système réticulé est attentif aux divers influx qu'il renforce ou non, inconsciemment ou non.

Parmi les noyaux du tronc cérébral, on distingue :

1. Les noyaux du raphé ou médians (Fig. 10.4) sont constitués par une agrégation de noyaux réticulaires, sur la ligne médiane, présents sur toute la hauteur du tronc cérébral. Ils produisent de la sérotonine (5-HT). Ce sont ces noyaux qui projettent par le système réticulaire ascendant vers l'hypothalamus et le cortex. Ils reçoivent des organes des sens et envoient au thalamus et au cortex.

Le noyau dorsal de la calotte, encore appelé de Gudden, en fait partie. Les noyaux du raphé sont reliés à l'hypothalamus et surtout au système olfactif (rhinencéphale) ainsi qu'au système végétatif de la moelle par le faisceau central de la calotte (ascendant).

On leur prête un rôle inhibiteur dans la transmission de la douleur.

Les noyaux dorsaux bulbaires constituent le *système réticulaire végétatif.* Ce dernier est relié à l'hypothalamus par l'intermédiaire du faisceau longitudinal dorsal (ascendant). Ces noyaux contrôlent les grandes fonctions végétatives : respiratoire, cardio-vasculaire, digestive, etc. (Fig. 10.3).

Le *locus cœruleus* (Fig. 10.3, 10.4 et 10.5) au niveau du pont, en arrière du tractus central, est adrénergique. Il constitue un véritable « *pacemaker* du cerveau » et projette sur tout le système

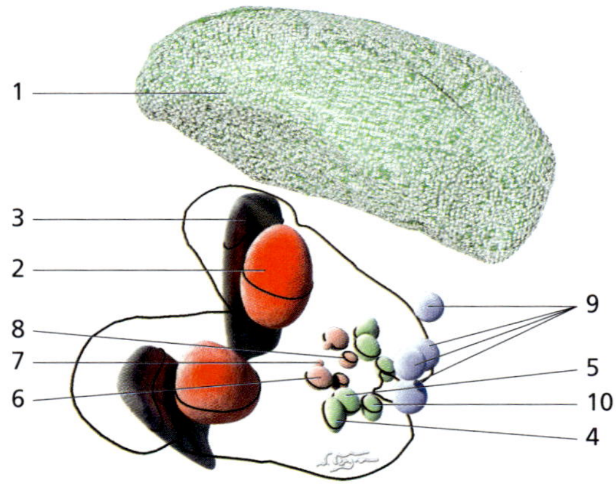

Fig. 10.4 – *Noyaux du raphé : noyau dorsal de la calotte et locus cœruleus (coupe pédonculaire haute)*

1. Enveloppe réticulée du thalamus
2. Noyau rouge
3. Locus niger
4. Locus cœruleus
5. Noyau dorsal de la calotte
6. III
7. Noyau pupillaire
8. IV
9. Noyaux du toit (colliculi et corps genouillés)
10. Noyau du raphé

nerveux. Il est activateur dans les situations d'alerte et de vigilance. Avec d'autres noyaux du raphé et de la calotte pontique, il utilise le faisceau ascendant central de ladite calotte

Tous ces noyaux jouent un rôle capital dans le sommeil, à la phase d'éveil. Ils jouent également un rôle dans la vigilance et l'attention (Fig. 10.5).

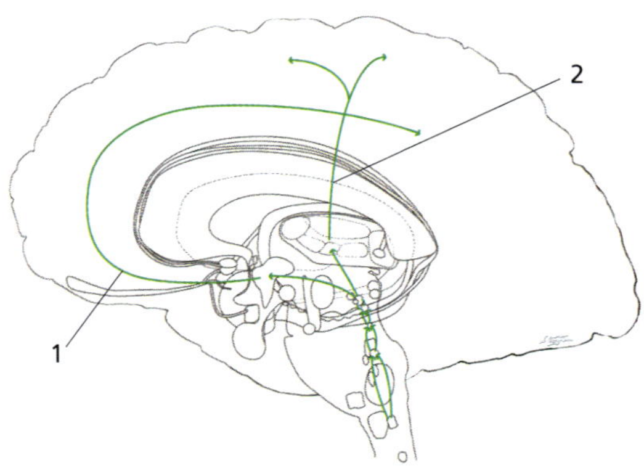

Fig. 10.5. – *Les deux voies de l'éveil*

1. Voie indirecte (thalamique)
2. Voie directe (hypothalamique)

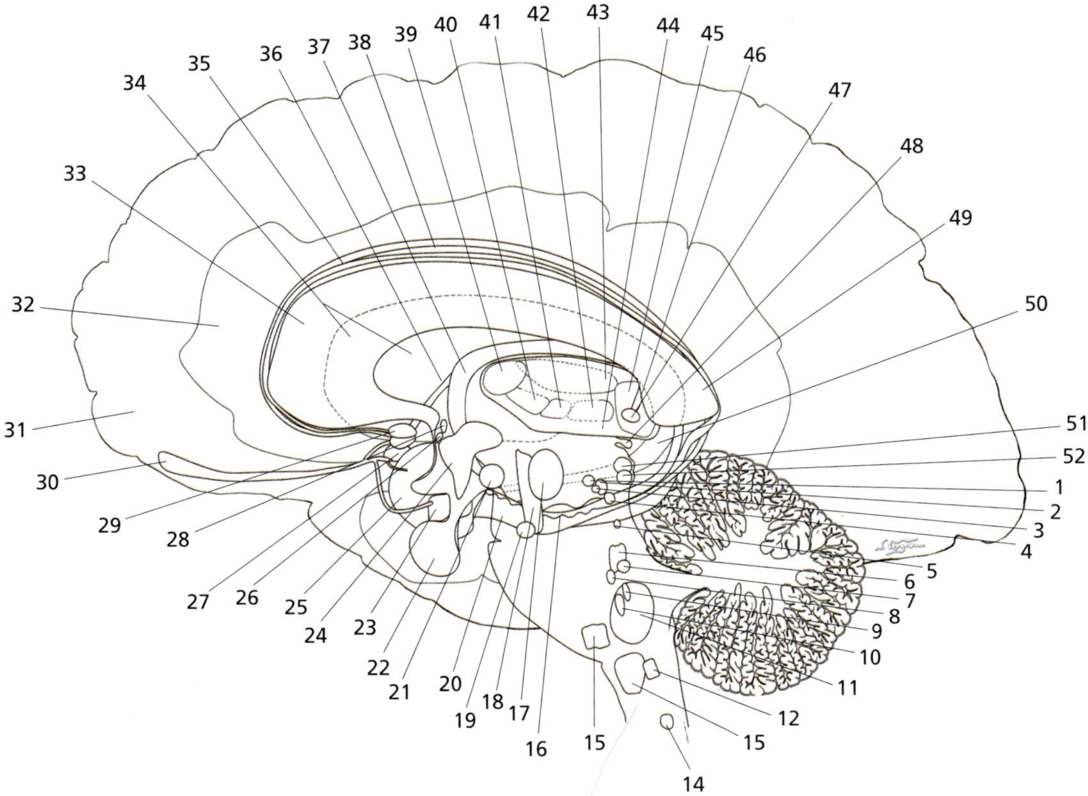

Fig. 10.5 *bis*. – *Les éléments en présence constituant le système réticulé et le système limbique*

1. Noyau du III
2. Noyau du IV
3. Noyau dorsal de la calotte
4. Locus cœruleus
5. Noyau du raphé pédonculaire
6. Noyau du lemniscus
7. Noyau réticulé protubérentiel
8. Noyau moteur du V
9. Noyau du VI
10. Noyaux du VII
11. Noyau cochléaire (VIII)
12. Noyau du raphé bulbaire
13. Olive bulbaire
14. Noyau du raphé médullaire
15. Complexe olivaire supérieur
16. Fimbria
17. Noyau rouge
18. Locus niger
19. Noyau interpédonculaire
20. Hippocampe (gyrus dente)
21. Corps mamillaire
22. Hypophyse
23. Uncus
24. Hypothalamus
25. Amygdale
26. Noyau de Meynert
27. Noyau accumbens
28. Commissure blanche antérieure
29. Noyaux du septum
30. Bulbe olfactif
31. Lobe préfrontal
32. Gyrus cingulaire
33. Corps calleux
34. Tête du noyau caudé
35. Indusium gris (strie terminale)
36. Habenula
37. Fornix
38. Indusium gris (nerf de Lancisi)
39. Noyau antérieur du Thalamus
40. Noyau ventro-latéral antérieur du Thalamus
41. Noyau ventro-latéral intermédiaire du Thalamus
42. Noyau ventro-latéral postérieur du Thalamus
43. Noyau dorso-latéral du Thalamus
44. Thalamus
45. Pulvinar
46. Habenula
47. Noyau de l'Habenula
48. Glande pinéale
49. Splenium
50. Fornix
51. Corps genouillé médian
52. Colliculus inférieur

Tandis que certains noyaux, au début, sont chargés de l'endormissement et du sommeil lent par inhibition du système d'éveil, d'autres par la suite et sous l'influence de stimulations sensorielles qui ne sont plus inhibées, vont activer une certaine motricité qui produirait le sommeil paradoxal et ses rêves.

Lorsque tous ces mécanismes, qui se sont succédés par vagues, ont épuisé leurs actions, la moindre stimulation sensorielle peut conduire à l'éveil. L'oreille joue un grand rôle dans l'éveil inopiné et l'alerte. Nous y reviendrons au chapitre des médiateurs.

L'attention également nous paraît procéder de ces centres réticulés, dans la mesure où le système d'éveil n'a pas à sortir le sujet de son sommeil. Il reste à la disposition d'une demande corticale personnelle ou environnementale. Il peut alors mettre en œuvre les noyaux réticulés centraux qui reçoivent les influx sensoriels (et donc souvent auditifs) et les diriger prioritairement vers les lobes pariétal et préfrontal.

2. Les noyaux paramédians et latéraux (Fig. 10.3 et 10.6) entourent les noyaux centraux. Leur rôle consiste essentiellement à entrer en relation avec le cervelet (voie réticulo-cérébello-réticulaire) et à apporter une coordination aux faisceaux cortico-réticulo-spinaux. Ces noyaux bulbo-ponto-mésencéphaliques constituent le système réticulaire descendant qui reçoit des afférences du noyau rouge et des cortex moteur et prémoteur. Ils projettent sur les motoneurones de la corne ventrale et sont impliqués dans le contrôle du tonus de posture. Les noyaux centraux mésencéphaliques sont activateurs du tonus, leurs axones empruntent le faisceau réticulo-spinal ventral. Les noyaux centraux bulbo-pontiques sont inhibiteurs du tonus, leurs axones empruntent le faisceau réticulo-spinal dorsal qui est mêlé au faisceau cortico-spinal latéral (croisé) médullaire.

3. Les noyaux centraux (Fig. 10.5, 10.6 et 10.7) sont bulbo-ponto-mésencéphaliques. Ils ont une double mission : coordonner les informations sensorielles, ce qui nous intéresse particulièrement et harmoniser la motricité. Ces noyaux vont donc avoir une activité qui sera effectrice par une voie montante (sensibilité sensorielle) et une autre, recevant ses ordres du cortex et des noyaux striés, dont les efférences suivront une voie descendante, pour tout ce qui est moteur.

Fig. 10.6 – *Coupe moyenne protubérantielle*

1. Noyau réticulaire du pont
2. Noyau du raphé pontique
3. Complexe olivaire supérieur (COS) : noyau latéral
4. (COS) : noyau médial
5. (COS) : noyau trapézoïde
6. Noyau cochléaire

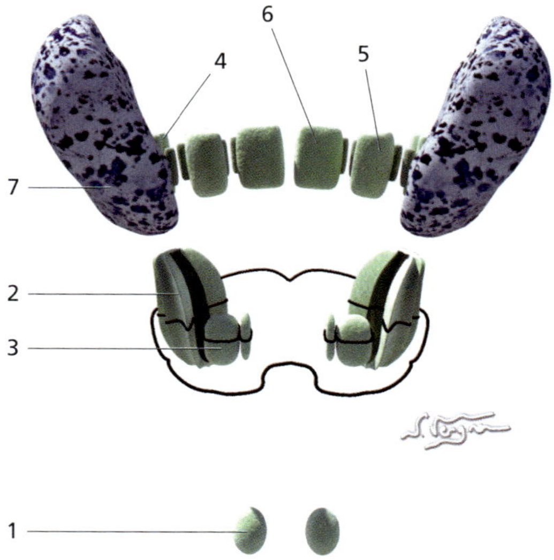

Fig. 10.7 – *Coupe basse bulbo-protubérantielle*

1. Noyau réticulé médullaire
2. Olive bulbaire
3. Noyau du raphé bulbaire
4. Complexe olivaire supérieur (COS) : noyau latéral
5. (COS) : noyau médial
6. (COS) : noyau trapézoïde
7. Noyau cochléaire

4. Il ne faut pas oublier **le complexe olivaire supérieur** (Fig. 10.7) que l'on rattache au système réticulé mais qui sera étudié plus loin car totalement dédié à l'oreille, il mérite une place à part.

Les noyaux de la base

Parmi les noyaux de la base (striatum, pallidum, noyaux sous-thalamiques…) A. Delmas rattache physiologiquement à la substance réticulée : le *locus niger* et le noyau rouge (Fig. 10.2, 10.3, 10.4 et 10.8) ; artificiellement, il ajoute l'olive bulbaire (Fig. 10.9).

➤ Le noyau rouge

Le noyau rouge se situe (Fig. 10.8) à la partie basse du pédoncule cérébral, légèrement au-dessus des noyaux du toit. Il participe essentiellement à la voie descendante gérant les entrées des noyaux réticulés centraux. Ceux-ci harmonisent les actions musculaires. À ce titre, il participe aux réflexes que nous allons étudier lors de l'alerte auditive, lorsque nous tournons les yeux, la tête et le cou vers la source sonore. Il reçoit essentiellement des corps striés et du cervelet.

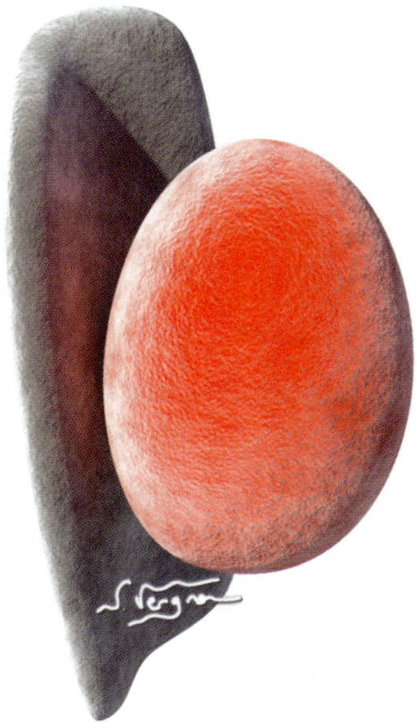

Fig. 10.8 – *Le noyau rouge et le locus niger*

➤ Le locus niger

Le *locus niger* ou substance noire (Fig. 10.8) est situé entre pédoncule et protubérance annulaire. Il se divise *pars compacta* et *pars reticulata*. Il est l'aboutissement des boucles fronto-striatales.

Son rôle est peu évident dans l'audition dans la mesure où il ne participe qu'aux mouvements associés aux mouvements volontaires mais il peut être spécifiquement sollicité par l'audition.

➤ L'olive bulbaire

L'olive bulbaire (Fig. 10.9), située sur la face antérieure du bulbe rachidien, participe aux circuits qui se greffent sur la voie extra-pyramidale.

Fig. 10.9 – *L'olive bulbaire*

Ainsi le noyau rouge, le cervelet, les corps striés, le noyau du toit, les noyaux vestibulaires, les noyaux visuels et auditifs, le cortex cérébral, les collatérales des grandes voies fournissent-ils des informations au système réticulé.

« Celui-ci les traduit en une information unique pour les étages de réception et d'exécution » (Delmas).

Le système réticulé à l'intérieur du thalamus et jusqu'au cortex

La substance réticulée entoure les gros noyaux thalamiques (Fig. 10.10). On peut présenter cette substance réticulée (qui occupait les places libres dans le tronc cérébral) comme des amas ganglionnaires et un réseau de fibres qui entourent et séparent les noyaux du thalamus. Le système réticulé constitue également la lame médullaire qui divise le thalamus en noyaux médians et latéraux et qui contient de nombreux petits noyaux. Le centre médian fait partie de cette lame médullaire (Fig. 10.10). La *zona incerta* (petit noyau sous-thalamique, proche du noyau rouge), prolonge la substance réticulée du tronc cérébral qui jouxte la voie épendymaire. Les petits ganglions qui l'entourent en font aussi partie. Le noyau reuniens ou adhésio-interthalamique réunit les deux thalamus réticulés.

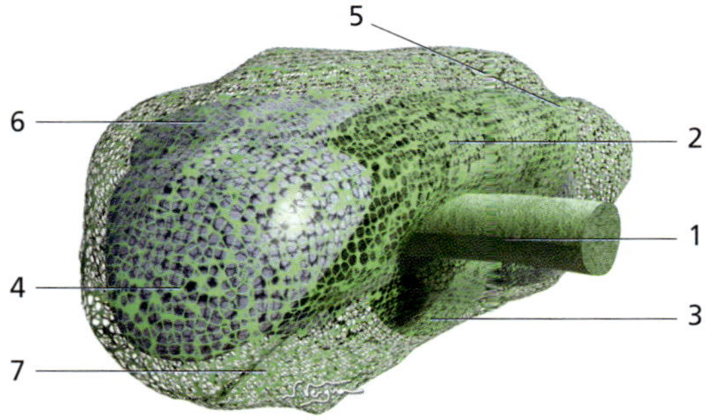

Fig. 10.10 – *Le feutrage réticulaire thalamique et intra-thalamique*

1. Adhesio inter-thalamique
2. Noyau médiodorsal
3. Noyau central
4. Noyau antérieur
5. Pulvinar
6. Noyau dorsolatéral
7. Feutrage réticulé périphérique et intra-thalamique

Nota : après le premier relais dans les noyaux cochléaires, commun à toutes les voies auditives, de petites fibres rejoignent la voie réticulaire ascendante commune à toutes les modalités sensorielles. Après plusieurs relais dans la formation réticulée, puis dans le thalamus non spécifique, cette voie aboutit au cortex polysensoriel. Le rôle de cette voie, qui regroupe les différents messages sensoriels envoyés simultanément au cerveau, est de permettre une sélection du type d'informations à traiter en priorité. Cette voie est reliée aux centres des motivations et de l'éveil, ainsi qu'aux centres de la vie végétative. Par exemple, lors de la lecture d'un livre pendant l'écoute d'un disque, ce système permet à l'attention de se fixer sur la tâche la plus captivante et/ou la plus importante. Partant du thalamus et du métathalamus (corps genouillés médians), certaines informations liées à l'audition vont atteindre le cortex aussi bien temporal que pariétal postérieur ou frontal (lobe sus-optique).

Certaines fibres réticulaires enfin, provenant des centres sensoriels, court-circuitent le thalamus et se rendent directement au cortex, l'informant de la situation de manière diffuse et peu précise mais d'une efficacité indiscutable et très rapide. Elles participent à l'attention.

Au total, c'est encore la partie supérieure de la substance réticulée (complexe olivaire supérieur et système réticulaire ascendant) qui atteint le thalamus au niveau de ses noyaux non spécifiques qui nous intéresse le plus du point de vue de l'audition. Car cette partie a des implications physiologiques concernant la vie végétative, l'affectivité, la mémoire, l'éveil de l'activité corticale et l'attention.

Efférences et afférences

Finalement, on distingue deux grands axes (Fig. 10.5) :

- une voie dorsale longue ou faisceau longitudinal dorsal ou tractus tegmental dorsal, ou faisceau de Schutz ;
- une voie ventrale plus courte ou faisceau médian du télencéphale ou tractus tegmental central ou faisceau olfactif basal ou *Medial Forebrain Bundle*.

Ces deux voies sont à double sens et vont donc s'appeler ascendantes ou descendantes selon leur origine.

➤ Le système réticulaire ascendant

Ce système est constitué par le faisceau central de la calotte ou système d'éveil ascendant (Fig. 10.11) et plus accessoirement par le *Medial Forebrain Bundle*. Le faisceau central de la calotte est constitué de fibres d'association denses et longues provenant du toit du mésencéphale. Ce toit reçoit entre autres des informations sensorielles auxquelles il fait subir des transformations (inhibition surtout et choix également). Il se dirige en haut vers le thalamus et le cortex. C'est la voie du sommeil et de l'éveil. Ce système présente deux voies pour atteindre le cortex :

- une 1re voie indirecte, thalamique, qui a pour origine les neurones des noyaux latéro-dorsal et pédiculo-pontin du *tegmentum* et qui envoient des fibres cholinergiques à de nombreuses cibles du cerveau antérieur par le thalamus ; cette voie régule ensuite l'activité corticale (Fig. 10.11) ;

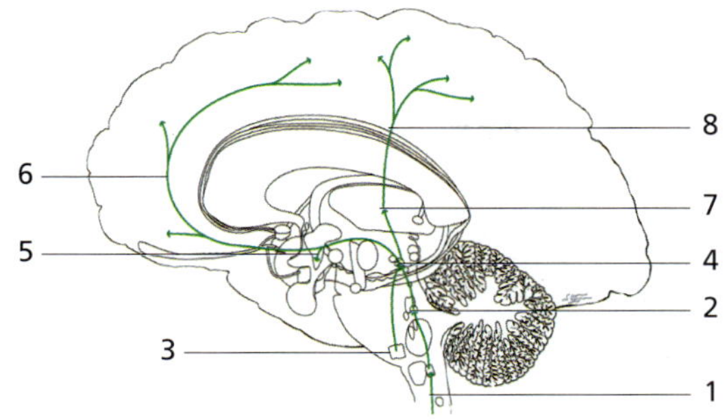

Fig. 10.11 – *Le système réticulé activateur ascendant*

1. Naissance médullaire
2. Relais pédonculaire
3. Naissance du noyau trapézoïde
4. Relais au noyau dorsal de la calotte
5. Relais hypothalamique
6. Diffusion corticale directe
7. Relais thalamique
8. Diffusion corticale indirecte

- une 2de voie directe, hypothalamique, atteint le cortex en évitant le thalamus. Elle a son origine dans les noyaux aminergiques et régule également le cortex et l'hypothalamus ; cette voie comprend :
  - les neurones du noyau tubero-mamillaire dont le médiateur est l'*histamine ;*
  - les neurones du raphé : la *sérotonine ;*
  - les neurones du *locus cœruleus* : la *noradrénaline* ;
  - une des voies importantes du système activateur représentée par les *neurones cholinergiques* du télencéphale basal qui activent directement les neurones corticaux (Fig. 10.11) ;
  - les neurones responsables du sommeil dont le médiateur est le GABA.

Il est important de rappeler le rôle des neurones à orexine ou hypocrétine (Fig. 10.12) situés dans l'hypothalamus latéral. Ils innervent toutes les composantes du système d'éveil, ainsi que le cortex cérébral et participent au maintien de l'éveil. Ce système d'éveil qui fait ainsi partie du système réticulaire ascendant comprend lui aussi deux voies :

- une voie thalamique où les neurones pontiques agissent sur le thalamus puis sur le cortex ;
- une voie hypothalamique regroupant les neurones du *locus cœruleus*, du raphé, du noyau tubéro-mamillaire et enfin du télencéphale basal ; elle aboutit directement au cortex.

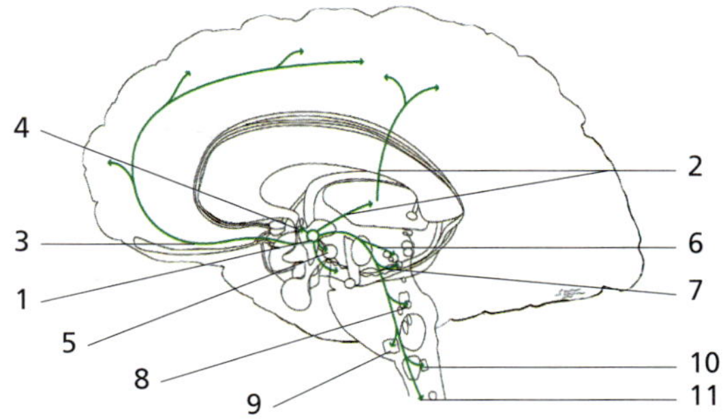

Fig. 10.12 – *Les neurones à orexine*

1. Naissance hypothalamique latérale postérieure
2. Vers thalamus et cortex
3. Vers lobe préfrontal
4. Vers noyau de Meynert
5. Vers corps mamillaire
6. Vers noyau dorsal de la calotte
7. Vers locus cœruleus
8. Vers noyaux du raphé protubérantiel
9. Vers complexe olivaire supérieur
10. Vers noyaux du raphé bulbaire
11. Vers voie réticulée de la moelle

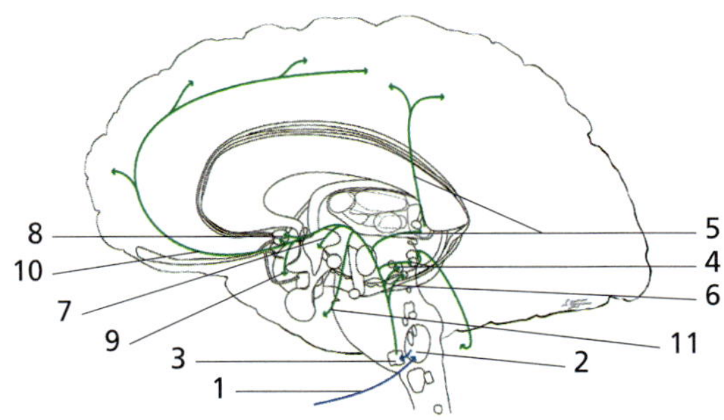

Fig. 10.13. – *Le système sensoriel (VIII) et la réticulée*

1. Nerf cochléaire
2. Noyau cochléaire
3. Noyau trapézoïde du complexe olivaire supérieur
4. Vers locus cœruleus et noyau dorsal de la calotte
5. Vers putamen puis cortex
6. Vers hippocampe
7. Vers hypothalamus
8. Vers noyaux du septum
9. Vers amygdale
10. Vers cortex frontal
11. Vers cortex entorhinal

Ce système réticulaire ascendant ou *système sensoriel* (Fig. 10.13) est activateur. Il va recevoir des informations, au passage des grandes voies sensorielles. Ces informations ne sont pas spécifiques d'un organe et sont distribuées par des collatérales :

- des voies spino-thalamiques lemniscales médiane et latérale ;
- directement des noyaux du V, du COS (VIII cochléaire) et des noyaux vestibulaires ;
- du faisceau solitaire gustatif pour le VII *bis*, le IX et le X.

Le système réticulaire ascendant se charge sans aucune spécificité pour tel ou tel organe sensoriel :

- soit de convertir ces informations en réflexes, (rôle du COS dans les réflexes d'accommodation auditive ou de posture) ;
- soit de les trier pour focaliser sur un influx plutôt qu'un autre ;
- soit de provoquer volontairement sur un influx le phénomène d'attention. Nous y reviendrons.

Ce système ascendant est une voie réticulaire poly-synaptique qui relie le mésencéphale au putamen, au lobe limbique et aux aires préfrontales. Il véhicule des fibres noradrénergiques, dopaminergiques et sérotoninergiques.

➤ Le système réticulaire descendant

Le noyau rouge (partie du système réticulé) reçoit des cortex moteur et prémoteur (Fig. 10.14). Il envoie après traitement ces influx à la substance réticulée du tronc cérébral et de la moelle. Les afférences cortico-réticulaires sont mêlées au faisceau pyramidal. Les efférences sont destinées (faisceaux réticulo-spinaux) aux motoneurones de la corne ventrale de la moelle. Ce système est impliqué dans le contrôle du tonus de posture. Les noyaux centraux mésencéphaliques sont activateurs du tonus, leurs axones empruntent le faisceau réticulo-spinal ventral. Les noyaux centraux bulbo-pontiques sont inhibiteurs du tonus, leurs axones empruntent le faisceau réticulo-spinal dorsal qui est mêlé au faisceau cortico-spinal latéral (croisé) médullaire. Une voie descendante nous intéresse particulièrement, celle qui, venant des centres thalamiques et corticaux de l'oreille, descend vers l'olive protubérantielle dont on verra l'importance dans l'accommodation auditive.

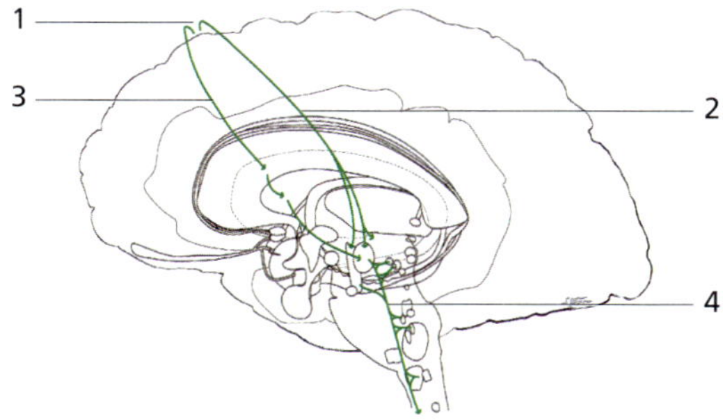

Fig. 10.14 – *Système réticulaire descendant : accommodation du VIII*

1. Départ région prérolandique extrapyramidale
2. Voie directe vers le noyau rouge
3. Voie indirecte vers le striatum puis le globus pallidus et enfin le noyau rouge
4. Vers les noyaux réticulés du tronc cérébral et de la moelle

Physiologie de l'ensemble

Le système est dit réticulé car il est fait de peu de corps cellulaires avec de nombreuses ramifications constituant un réseau à grosses mailles. Il a donc un travail de concentration sur quelques cellules d'une myriade d'informations provenant de contacts dendritiques avec tous les influx qui passent. Ce *reticulum* « touche-à-tout » a la faculté de simplifier en éliminant tout ce qui serait en opposition et ne serait pas le courant majeur qui se présente. Ce courant se trouve ainsi renforcé et rendu unique. Les influx que traite le système réticulé, ne sont ni sensitifs, ni végétatifs, ni moteurs mais inhibants ou facilitants. Le système nerveux évite les conflits qui ne manqueraient pas d'arriver, si le système réticulé n'était pas opérationnel (Delmas).

Pour réunir entre eux les centres nerveux et leur donner une cohésion, le système réticulé va servir de régulateur. Tronc cérébral, diencéphale, néocortex se trouvent ainsi dans l'obligation de travailler ensemble. Au niveau du tronc cérébral plus qu'ailleurs ce rôle de triage est essentiel pour éviter que les ordres ne se contredisent et que les réponses ne deviennent incompatibles entre elles.

Bien sûr, du fait de la quantité d'informations du même type qu'ils envoient dans la substance réticulée, la moelle et le cortex peuvent influencer de manière inconsciente mais très puissante l'action de ce système.

Du point de vue moteur, la formation réticulée est régulatrice.

Dans la transmission de la douleur, elle la diminue et se trouve donc avoir un rôle antalgique mais d'une manière assez particulière puisqu'elle nécessite d'avoir un courant fort pour occulter les éléments douloureux qui passent au second plan.

En ce qui concerne les sens et la sensibilité, fonctions qui nous intéressent tout particulièrement, la formation agit :

- soit en tant qu'amplificateur, parce qu'effectuant un certain tri (émergence d'une information du bruit de fond) ;
- soit en tant qu'inhibiteur, permettant l'éveil de la vigilance et de l'attention sur une information précise (bruits répétés qui ne sont plus entendus comme les trains, ou le ventilateur de l'unité centrale de l'ordinateur).

Quant à son action sur la conscience, elle entre en jeu dans l'éveil et l'attention mais également lors des comas. Comme tous les noyaux des nerfs crâniens lui sont connectés, la formation réticulée intervient dans de nombreux réflexes : éternuement, succion, déglutition ainsi que dans tous les réflexes végétatifs que régule le nerf pneumogastrique.

En ce qui concerne les réflexes liés à l'audition au niveau des noyaux du toit, les fibres ascendantes de la formation réticulée ne font qu'abandonner des fibres aux *colliculi* inférieurs qui, de leur côté, n'ont plus qu'à régler des problèmes de réflexes de base, sous-corticaux (latéralité, yeux et cou, corps entier…).

La projection de la formation réticulée sur les aires limbiques (cortex orbito-frontal, cingulaire antérieur, insulaire antérieur, amygdale temporale), joue un rôle dans l'apprentissage et la mémorisation des sensations auditives comme des sensations nociceptives ou visuelles… Ceci permet un comportement ultérieur adapté à des stimulations évoquant des stimulations connues (réponses d'évitement, de fuite, d'anticipation, de recherche…).

Il a été montré que le système réticulé présentait la particularité d'avoir des terminaisons libres dans le milieu extracellulaire des zones corticales qu'il dessert. Un seul de ces neurones peut donc en influencer plus de 100 000 autres grâce aux neuromodulateurs qu'il déverse dans l'espace extracellulaire plutôt que dans la fente synaptique. Il en résulte ainsi des effets, plus longs à s'établir mais qui durent plus longtemps que ceux des neurotransmetteurs des circuits du cerveau câblé. L'implication de seconds messagers dans le mode d'action des neuro-modulateurs n'est pas étrangère à cette dynamique.

Le complexe olivaire supérieur (entièrement dédié à l'audition)

Du point de vue anatomique le complexe olivaire supérieur comprend une série de neuf noyaux d'inégale taille, les trois plus importants (Fig. 10.15) sont :

- le noyau médian ou du corps trapézoïde ;
- le noyau olivaire supérieur médial ;
- le noyau olivaire supérieur latéral.

Fig. 10.15 – *Le complexe olivaire supérieur et les six noyaux périolivaires*

1. Noyau du corps trapézoïde
2. Noyau médian
3. Noyau latéral
4. Noyau péri-olivaire latéral
5. Noyau péri-olivaire médian

L'olive supérieure médiane (ou noyau du corps trapézoïde) est activée par des *stimuli* bilatéraux et son seuil de sensibilité est très bas. Elle se charge de l'adaptation des cellules ciliées externes et participe surtout à la transmission de l'intensité et des transitoires. La tonotopie y est très bien représentée.

L'olive supérieure médiale a les mêmes fonctions que le noyau du corps trapézoïde avec lequel elle échange en permanence.

L'olive supérieure latérale a la forme d'un « S » couché. Elle est riche en cellules multipolaires. Elle est activée par les *stimuli* unilatéraux et inhibée par les *stimuli* controlatéraux. La tonotopie y est représentée. Son rôle est d'adapter l'oreille moyenne.

Autour de ces trois noyaux principaux gravitent une série de six petits noyaux appelés noyaux périolivaires. Ils entourent souvent deux des trois noyaux principaux : le noyau latéral et le noyau médian et on les dénomme de ce fait : noyaux périolivaires médians ou latéraux, selon leur proximité.

Leurs afférences et leurs efférences commencent à être bien connues et sont appelées les systèmes olivo-cochléaires (Fig. 10.16, 10.17 et 10.18).

Certaines cellules du noyau cochléaire ventral qui préservent les entrées du nerf auditif, les redistribuent immédiatement et sans changement :

- par la strie auditive ventrale, au noyau cochléaire ventral controlatéral ou au *lemniscus* latéral également du côté opposé (les deux tiers des fibres) ;
- par la strie auditive intermédiaire, au complexe olivaire supérieur homo- et contro-latéral.

Ainsi se trouvent confrontées le plus rapidement possible des informations provenant des deux oreilles et permettant d'en faire une fine analyse temporo-spatiale (la tonotopie est respectée) afin de localiser le son.

Les cellules peuvent utiliser des indices pour permettre, *passivement*, la localisation de la source sonore :

- *pour préciser l'azimut,* la différence interaurale de temps d'arrivée et la différence interaurale d'intensité sont les deux indices les plus importants ; ils sont dus à la diffraction du son par la tête qui crée une zone d'ombre ; pour que cette diffraction soit possible, il faut que la fréquence soit supérieure à 1 kHz. Si ce n'est pas le cas, le son est pris en charge par d'autres cellules qui réalisent un déphasage en amplifiant le son du côté où il parvient en premier et en l'inhibant de l'autre côté (cellules Excito-Excitatrices ou Excito-Inhibitrices) ;
- *pour préciser la distance* : l'intensité le permet (s'il s'agit d'une source dont la puissance d'intensité habituelle est connue) par le rapport entre le son direct et le son réverbéré dans une pièce close ; le rapport d'intensité entre les fréquences basses (traversant moins bien l'espace) et les fréquences hautes le permet également ;
- *pour préciser la situation d'un son sur la verticale,* nous sommes plus maladroits : car en principe tout se trouve pour nous dans un plan horizontal.

Si l'on veut déterminer *activement* cette localisation, la précision devient plus facile. Il suffit par exemple de pencher la tête de côté pour l'élévation ou de se déplacer latéralement pour effectuer une triangulation avec l'azimut.

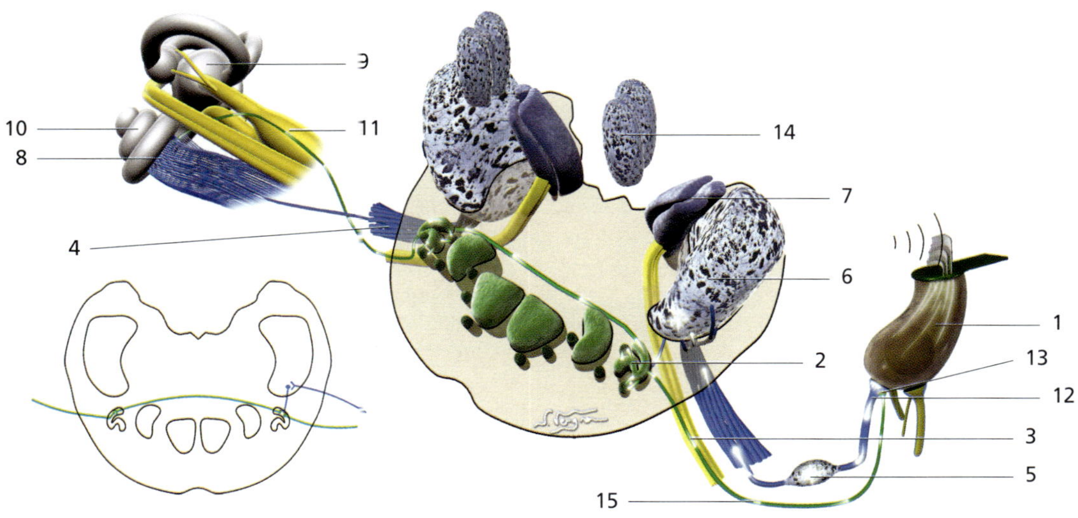

Fig 10.16 – *Le système efférent latéral (SEL)*

1. Cellule ciliée interne
2. COS latéral
3. Nerf vestibulaire
4. Nerf cochléaire
5. Ganglion spiral
6. Noyau cochléaire
7. Noyaux vestibulaires
8. Entrée dans le mediolus
9. Vestibule
10. Enroulement cochléaire
11. Ganglion de Scarpa
12. Bourgeon dendritique (nerf de type I)
13. Extrémité terminale de type II. Synapse « en passant »
14. Noyaux du lemniscus latéral
15. Faisceau olivo-cochléaire

Les voies du complexe olivaire supérieur

Le complexe olivaire supérieur comporte deux types de fibres efférentes appelées système efférent latéral et système efférent médian. Chacune de ces deux efférences joue un rôle particulier du fait des afférences, du traitement et de leur destinée.

1. *Le Système Efférent Latéral* (SEL) est le plus volumineux (Fig. 10.16). Il est constitué de fibres de type II provenant de l'olive latérale. Cette olive latérale, avec ses trois petits noyaux satellites, reçoit des fibres de type I ou de type II, provenant du noyau cochléaire ventral ipsilatéral donc de la cochlée et après plusieurs boucles de rétrocontrôle dans les noyaux latéraux, se projette dans les terminaisons dendritiques relevant des cellules ciliées internes ipsi- et controlatérales. Il s'agit donc d'un système d'adaptation local, à tendance :

- soit excitatrice dans les conditions d'audition normales ;
- soit inhibitrice si le volume sonore excède les normes, ce qui lui confère un rôle protecteur.

Ce système est donc également impliqué dans le réflexe stapédien et le réflexe du muscle du marteau. Nous y reviendrons. L'ensemble de ces fibres olivo-cochléaires emprunte le trajet du nerf vestibulaire et le quitte à l'entrée du *mediolus*. Les neurotransmetteurs sont l'acétylcholine, la dopamine et le GABA (Giraud et Collet).

1. *Le Système Efférent Médian* (SEM) est plus complexe (Fig. 10.17, 10.18 et 10.19). Il serait essentiellement inhibiteur et ses afférences centrales sont presque exclusivement controlatérales. Elles proviennent des centres auditifs supérieurs et du noyau médian du corps trapézoïde ainsi que du noyau cochléaire ventral postérieur ipsi- ou controlatéral dites « en passant ». Il est possible de lui décrire trois boucles (Giraud et Collet) :

- *une boucle de rétrocontrôle ipsilatérale* de la cellule ciliée interne à la cellule ciliée externe, à trois neurones (Fig. 10.17) : un neurone de type I (nerf cochléaire), un neurone du noyau cochléaire

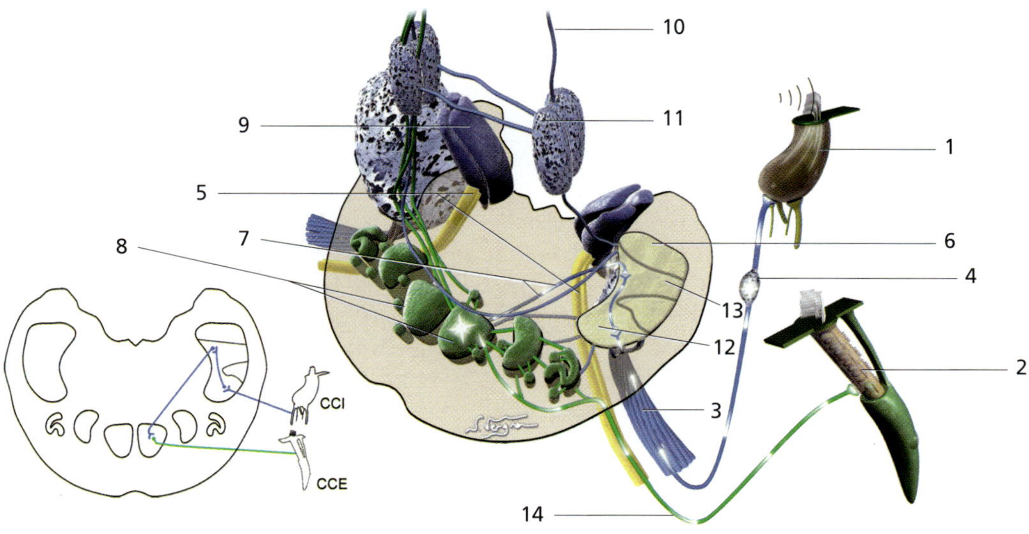

Fig. 10.17 – *Système efférent médian (SEM) – Boucle ipsilatérale à trois neurones : n° 1*

1. Cellule ciliée interne
2. Cellule ciliée externe
3. Nerf cochléaire
4. Ganglion spiral
5. Nerfs vestibulaires
6. Noyau cochléaire dorsal
7. Strie auditive intermédiaire
8. Noyaux du corps trapézoïde
9. Noyaux vestibulaires
10. Lemniscus latéral
11. Noyaux du lemniscus latéral
12. Noyau cochléaire ventral antérieur
13. Noyau cochléaire ventral postérieur
14. Faisceau olivo-cochléaire

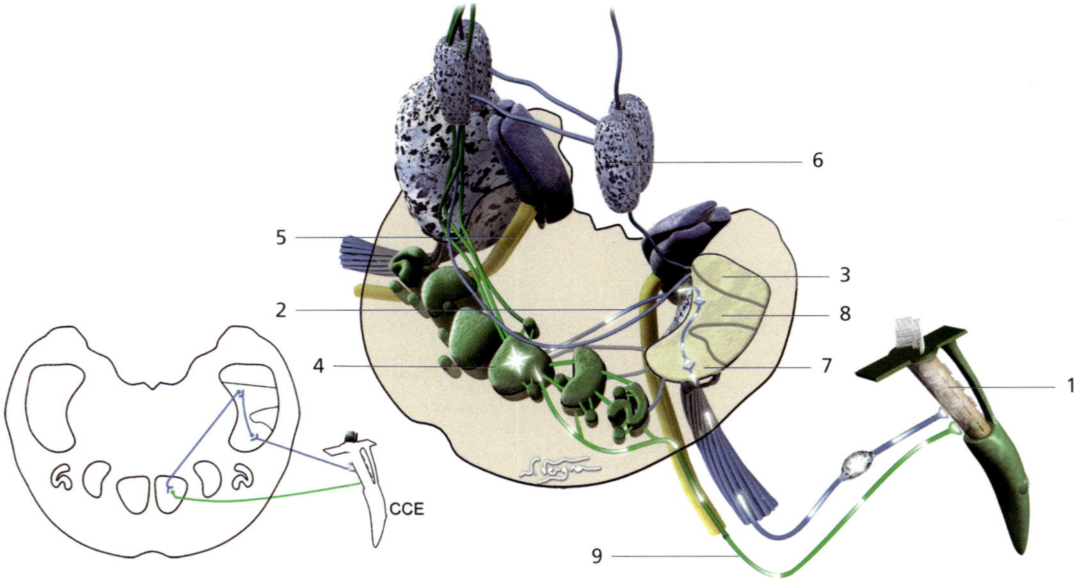

Fig. 10.18 – *SEM – Boucle de contrôle directe de la CCE à elle-même : n° 2*

1. Cellule ciliée externe
2. Strie auditive intermédiaire
3. Noyau cochléaire dorsal
4. Noyau du corps trapézoïde
5. Nerf vestibulaire
6. Noyaux du lemniscus latéral
7. Noyau cochléaire ventral antérieur
8. Noyau cochléaire ventral postérieur
9. Faisceau olivo-cochléaire

ventral postérieur qui se projette sur la région périolivaire médiane et un neurone olivo-cochléaire pour les cellules ciliées externes par le tractus vestibulaire.

- *une boucle de rétrocontrôle ipsilatérale* cochléo-cochléaire de la cellule ciliée externe à elle-même, à trois neurones (Fig. 10.18) : un neurone de type I, un neurone du noyau cochléaire ventral postérieur ipsilatéral qui se projette sur la région périolivaire médiane et un neurone olivo-cochléaire pour la cellule ciliée externe utilisant le tractus vestibulaire.
- *une boucle de rétrocontrôle croisée* cochléo-cochléaire (Fig. 10.19), utilisant un neurone à « détecteur de coïncidence » (fibre de type II) partant des cellules ciliées externes, relayant dans le noyau cochléaire ventral antérieur pour se terminer dans un neurone olivo-cochléaire pour les cellules ciliées externes controlatérales.

Ces trois boucles reçoivent des afférences d'origine centrale. Ces afférences proviennent du *colliculus* inférieur, du complexe olivaire supérieur et de la formation réticulée. Les influx qui proviennent de ces centres ne sont que partiellement destinés au complexe olivaire supérieur et un grand nombre d'entre eux contribue, par des injonctions motrices, à harmoniser les actions dépendant d'une perception auditive.

La région périolivaire médiane présenterait une certaine tonotopie correspondant à celle du noyau cochléaire.

Les efférences de cette région sont multiples :

- vers la cochlée controlatérale (voie olivo-cochléaire par le tractus vestibulaire) ; elles se terminent sur la base de la cellule ciliée externe ; au passage, elles peuvent envoyer des collatérales au ganglion spiral ;
- vers le noyau cochléaire ipsilatéral avec un effet inhibiteur ;
- vers le colliculus inférieur ipsilatéral avec un rôle excitateur ;
- vers les autres noyaux du complexe olivaire ;
- vers les noyaux vestibulaires qui participent aux réflexes de posture.

À partir des noyaux de l'olive pontique médiale vont partir des ordres vers les cellules ciliées externes, du côté où ils ont été reçus, par des fibres de type II suivant le nerf vestibulaire. Le fonctionnement de

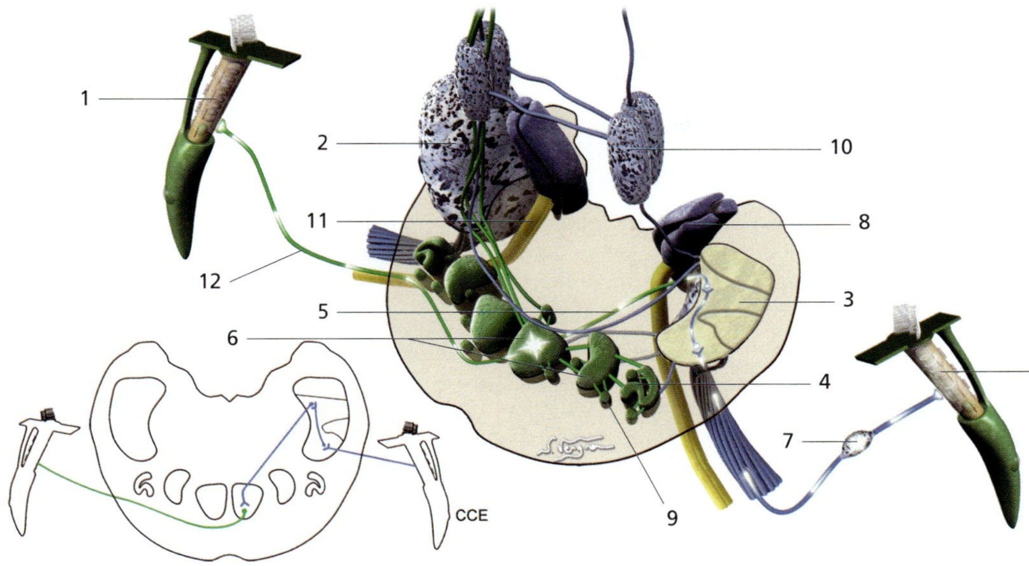

Fig. 10.19 – *SEM – Boucle de contrôle croisée de la CEE à la CEE controlatérale : n° 3*

1. Cellule ciliée externe
2. Noyau cochléaire
3. Noyau cochléaire ventral postérieur
4. Complexe olivaire supérieur latéral
5. Strie acoustique intermédiaire
6. Noyau du corps trapézoïde et noyau médian
7. Ganglion spiral
8. Noyaux vestibulaires
9. Noyau péri-olivaire
10. Noyaux du lemniscus
11. Nerf vestibulaire
12. Faisceau olivo-cochléaire

ces cellules est alors soit inhibé, soit activé (si on accorde une certaine attention au phénomène auditif).

C'est également là que débute la reconnaissance de la latéralité, l'apogée de cette reconnaissance se situant au niveau du *colliculus* inférieur puis du lobe pariétal.

Au niveau des noyaux olivaires du corps trapézoïde, les influx modulés dans les noyaux cochléaires sont également traités et distribués vers les centres supérieurs. Ils transportent toujours le codage, c'est-à-dire la fréquence, la durée, l'intensité, la forme, l'attaque, les transitoires… surtout dans leurs aspects temporels. La tonotopie est toujours véhiculée grâce à la localisation au niveau des fibres et l'intensité traduite par l'importance des trains de potentiels d'action ou l'association aux cellules voisines. Mais le filtrage, le découpage, les comparaisons permettent une richesse de combinaisons quasi infinie.

Des relations sont également prises avec les noyaux du VI, du VII et du V. Celles qui se font avec le VI vont coordonner certains réflexes audio-visuels, celles qui sont prises avec le VII gèrent le muscle de l'étrier et les muscles de la face (mimique) et celles qui sont prises avec le V vont coordonner l'action du muscle du marteau. L'impédance de l'oreille moyenne par l'intermédiaire des muscles de l'étrier et du marteau ainsi que la mimique qui accompagne l'attention auditive seront ainsi adaptées à la scène auditive perçue.

Des relations avec les muscles du cou (XI et racines cervicales) et finalement toute la musculature du corps, vont provoquer une rotation de la tête et du cou, du tronc, de tout le corps vers la source sonore, en cas d'alerte ou pour faire face par exemple.

Le cervelet

Quant au cervelet, il intervient ici comme dans l'équilibration par l'intermédiaire du faisceau réticulo-cérébello-réticulé à trois niveaux :

- sur les mécanismes réflexes de redressement et d'équilibration (archéocervelet) ;
- sur la motilité axiale et la motilité d'attitude (paléocervelet) ;
- sur le déroulement du mouvement (néocervelet).

En ce qui concerne l'audition, il n'a pas de rôle connu sauf sans doute, en ce qui concerne les réflexes des muscles de l'étrier, du marteau et les réflexes de posture.

Les circuits fonctionnels du tronc cérébral

L'audition est à l'origine d'un certain nombre de réflexes et de circuits non conscients ou secondairement conscients qui jouent un rôle très important dans la vie courante. Pour les comprendre, il faut tenir compte des complémentarités possibles entre chaque sens, de leurs possibilités d'analyse et d'action en commun, des actions qui découlent presque toujours de ces perceptions comparées.

Il faut contrôler :

- l'amplificateur mécanique que représente l'oreille moyenne par le muscle de l'étrier et celui du marteau ;
- le second modulateur amplificateur que sont les cellules ciliées externes ;
- l'utilisation qui est faite de ce contrôle pour l'adapter sans cesse à l'environnement sonore c'est-à-dire l'ensemble des centres et des voies auditifs.

Il est nécessaire de savoir d'où vient le son pour permettre aux réflexes d'alerte de confirmer la signification première attribuée au son et y adapter la réponse adéquate. La latéralité et les mouvements des yeux et du cou sont nécessaires. Ils sont sous la dépendance de réflexes d'origine auditive.

Par ailleurs, l'intensité, la fréquence fondamentale et le timbre sont également traités et sont soit renforcés soit, le plus souvent, atténués voire supprimés. Les transitoires, le rythme, les silences sont interprétés en gardant toujours les données essentielles de chaque modification perçue.

Revenons sur la fonction d'alerte liée à un message sonore. Elle atteint les centres qui mettent en jeu un certain nombre de réflexes qui sont tous, au départ, réglés dans le tronc cérébral et n'atteignent donc pas les centres conscients (sauf cas particuliers tardifs). Nous allons envisager chacun de ces circuits isolément, sans oublier que leur complexité et leur imbrication persistent malgré ces stratégies de rétrocontrôle.

➤ Le réflexe stapédien

Ce réflexe est lié à la contraction du muscle de l'étrier (Fig. 10.20) en réponse à un *stimulus* de pression acoustique élevée. Cette contraction modifie l'impédance de l'oreille en rigidifiant l'articulation incudo-stapédienne, rendant ainsi l'ensemble de la chaîne plus unitaire, en particulier du côté de la fenêtre ovale. Lors de la contraction du muscle, les sons passent moins bien (protection des sons intenses) mais les aigus sont mieux perçus. À l'inverse sa décontraction améliore la perception des graves mais les sons intenses ne sont pas atténués.

Son déclenchement est surtout provoqué par la perception d'un son hors norme au niveau des cellules ciliées internes. Selon son intensité et accessoirement sa fréquence (position sur la cochlée), l'influx sonore est véhiculé par le nerf cochléaire (fibre de type I) jusqu'au noyau cochléaire ventral antérieur ipsilatéral. De là, l'influx est adressé au noyau latéral du complexe olivaire supérieur qui envoie dans le même temps une partie de son contingent d'influx au côté opposé.

Selon l'intensité du son, l'oreille s'adapte en activant ou en inhibant la contraction du muscle de l'étrier en étroite relation avec le muscle du marteau. L'ordre parvient à son but par voie du noyau du nerf facial qui, au passage dans l'oreille moyenne, abandonne sa 1re branche collatérale : le nerf du muscle de l'étrier.

On étudie ce réflexe en adressant un bref son intense (80, 85 ou 90 dB au-dessus du seuil) à l'oreille sur les quatre fréquences 500, 1 000, 2 000 et 4 000 Hz. Si le son est perçu correctement, le muscle de l'étrier se contracte et provoque un déplacement de l'aiguille de l'impédancemètre tandis qu'il protège l'oreille avec 40 ms de retard. Lors de répétition des stimulations, plus le son est fort, plus le réflexe s'épuise vite.

L'action du muscle de l'étrier consiste :

- à augmenter le champ dynamique de l'oreille en diminuant l'intensité du son perçu ;
- à diminuer l'effet de masque des sons graves sur les aigus ;
- à permettre une plus grande adaptation de l'oreille à l'environnement sonore, si le son est faible (attention) par rapport au bruit de fond.

➤ Le réflexe du muscle du marteau

À l'origine, nous allons retrouver ici pour le muscle du marteau (Fig. 10.21) le même son intense qui tout à l'heure actionnait le réflexe du muscle de l'étrier. Ce réflexe provoque une réponse, non plus

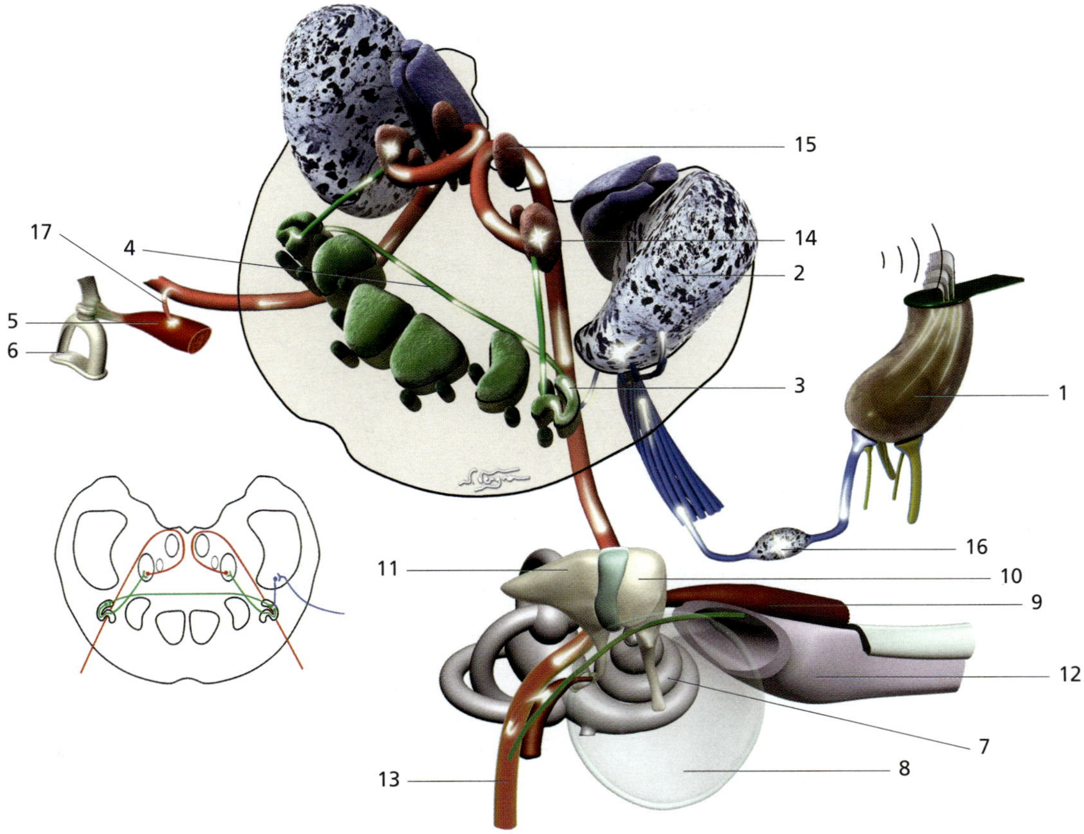

Fig. 10.20 – *Le réflexe stapédien*

1. Cellule ciliée interne
2. Noyau cochléaire
3. COS latéral
4. Strie acoustique ventrale
5. Muscle de l'étrier
6. Étrier
7. Enroulement cochléaire
8. Tympan
9. Muscle du marteau
10. Marteau
11. Enclume
12. Trompe auditive
13. Nerf facial
14. Noyau du nerf facial (VII)
15. Noyau du nerf abducens (VI)
16. Ganglion spiral
17. Nerf du muscle de l'étrier

du noyau du nerf facial, mais du noyau moteur, également appelé masticateur du V (nerf trijumeau) qui par sa branche mandibulaire véhicule les fibres motrices destinées au muscle du marteau (nerf du ptérygoïdien interne, du muscle élévateur du voile et du muscle du marteau).

Le muscle du marteau agit en tendant la membrane tympanique qui est tirée en dedans par le manche du marteau. On se souvient que ce manche fait corps avec le tympan. Cette tension du cône tympanique provoque des modifications de ses propriétés vibratiles en fonction des pressions acoustiques qui lui parviennent au travers du conduit auditif externe. Les pressions impulsionnelles délivrées à la fenêtre ovale par l'intermédiaire de la chaîne sont de ce fait moins importantes, en particulier les graves.

Lorsque le réflexe du muscle du marteau s'oppose à l'action du réflexe stapédien, la chaîne, selon les forces en présence, peut devenir plus ou moins sensible à certains types de vibrations. Ces réflexes entrent en jeu lors de l'attention (on tend l'oreille).

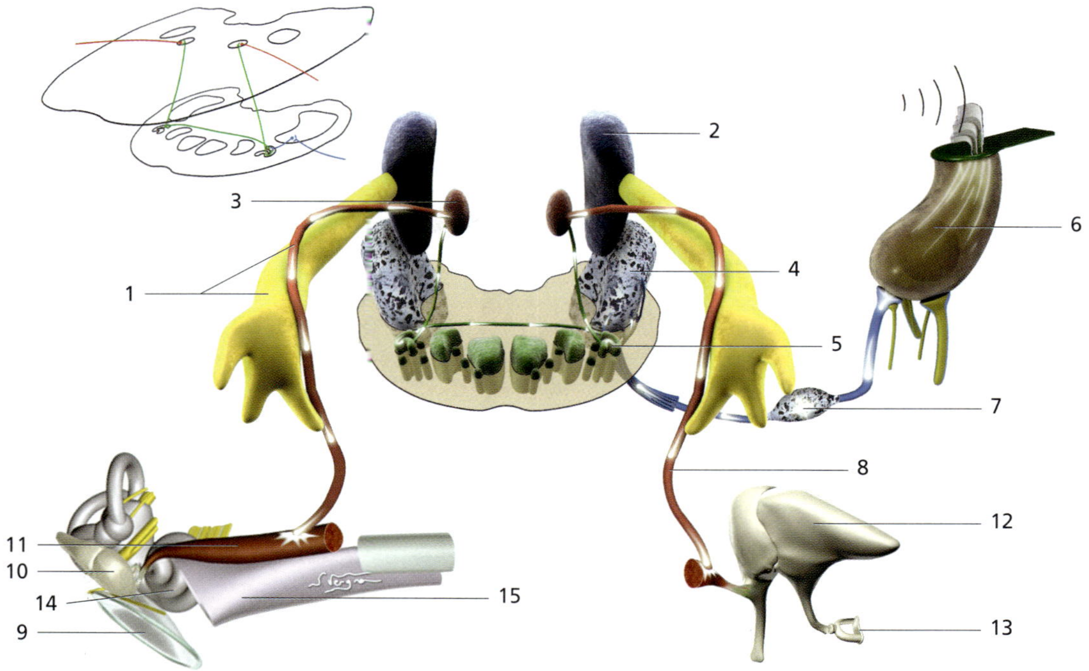

Fig. 10.21 – *Le réflexe du muscle du marteau*

1. Nerf V ou trijumeau (sensitif en jaune, racine motrice en rouge)
2. Noyau sensitif supérieur du V
3. Noyau moteur ou masticateur du V
4. Noyau cochléaire
5. Noyau latéral du complexe olivaire supérieur
6. Cellule ciliée interne
7. Ganglion spiral
8. Filet destiné au muscle du marteau (venu du V moteur)
9. Tympan
10. Marteau
11. Muscle du marteau
12. Enclume
13. Étrier
14. Cochlée
15. Trompe muqueuse

➤ Les propriétés contractiles de cellules ciliées externes

Les otoémissions (encore appelées produits de distorsions) permettent, depuis plus de 20 ans, d'étudier le fonctionnement des cellules ciliées externes. On produit une stimulation sonore et on analyse leurs réponses qui vont conditionner la réponse de la cellule ciliée interne.

Les cellules ciliées externes (Fig. 10.22) sont, elles, à la fois des amplificateurs et des ajusteurs d'ambiance sonore avec ou sans message particulier. Lorsque les centres reconnaissent une probabilité de message, ils ajustent leur fonctionnement pour améliorer la qualité de la réception. Il faut insister d'emblée sur la relation entre ce qui est perçu, dont on connaît la non-linéarité et la réponse qui ajoute encore de la non-linéarité.

Nous sommes définitivement dans le chaos et il faut garder à l'esprit que nous allons devoir traiter avec des attracteurs étranges dont nous pouvons comparer les ressemblances avec des images analogues conservées en mémoire. Par le travail, nous pouvons améliorer la réception tant dans la vitesse de reconnaissance que dans la capacité à percevoir la ressemblance de forme. Nous jouons sans cesse à la devinette.

Notre appareil auditif, comme d'ailleurs nos appareils visuel, tactile ou gustatif, est particulièrement compétent pour trouver une réponse avec des fragments d'information. Nous finissons la phrase : « Maître corbeau… » et même la fable, si nous l'avons bien apprise à l'école. En revanche, « *Crow Master…* » ne dit rien à un Anglais, ni à un Français d'ailleurs. Certains perçoivent la moindre fausse note alors que d'autres l'ignorent ; certains reconnaissent auto-

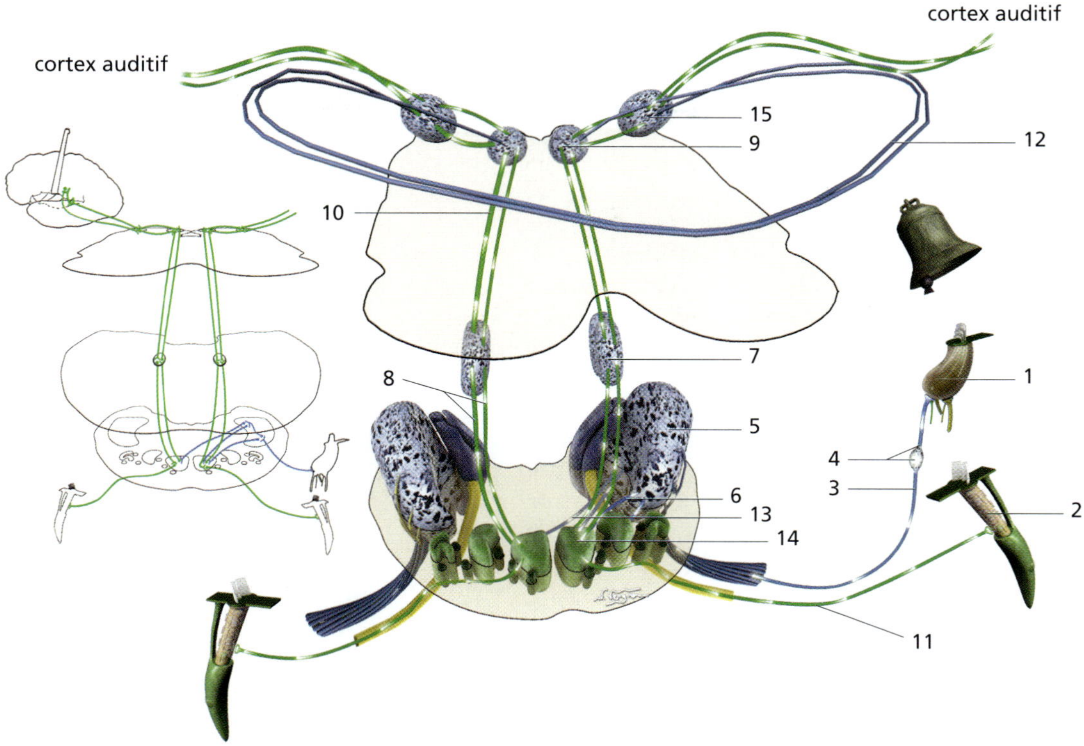

Fig. 10.22 – *Le contrôle des cellules ciliées externes*

1. Cellule ciliée interne
2. Cellule ciliée externe
3. Filet du nerf cochléaire
4. Ganglion spiral
5. Noyau cochléaire
6. Strie auditive ventrale
7. Noyau du lemniscus latéral
8. Lemniscus latéral
9. Colliculus inférieur
10. Voie lemniscale latérale (fonctionne dans les deux sens)
11. Fibres olivo-cochléaires
12. Commissure de Gudden
13. Strie auditive intermédiaire
14. Noyau du corps trapézoïde
15. Corps genouillé médian

matiquement le son d'une voix et peuvent l'imiter aussitôt, d'autres en sont incapables…

Les centres corticaux auditifs peuvent déceler le retard d'arrivée, même léger, d'un son à une oreille par rapport à l'autre ; ils perçoivent des différences de l'ordre de 1/10 000e de seconde, ce qui permet de localiser la source sonore, alors que les personnes sourdes d'une oreille n'en sont pas capables. L'effet stéréophonique est donné par la comparaison, dans le lobe frontal, de deux sons de qualité légèrement différente, fournie par chacune des oreilles. L'impression auditive est celle d'un relief correspondant à la place des éléments sonores environnants.

Avant de poursuivre donnons, comme Paul Avan, une définition de la non-linéarité du fonctionnement de la cochlée : « *le comportement de la cochlée n'est pas le même en présence de sons complexes que ce qui résulterait seulement de la superposition des réponses à chaque composante spectrale pure du son complexe* ». Il peut y avoir suppression ou ajout de fréquences qui n'existent pas dans le son complexe originel. Le cerveau a donc une propension à chercher une signification au travers des renseignements incomplets. Les traits qui forment les phonèmes, puis les mots, sont captés dans leur globalité s'ils sont d'une langue connue, ou dans leurs composants s'ils correspondent à une langue ignorée.

Pour comprendre le processus nerveux, il faut considérer les cellules ciliées externes comme de petits muscles susceptibles d'entrer en résonance électromagnétique active avec les mouvements de la membrane basilaire. Ils peuvent reproduire et renforcer l'onde sonore qui les a ébranlés.

Ce sont les cellules ciliées externes qui initient le système (Fig. 10.18 et 10.19). En résonant avec la membrane basilaire à la fréquence caractéristique qui est la sienne, la cellule ciliée externe envoie un message aux centres. Nous avons vu dans les chapitres précédents que la fréquence faisait appel à la tonotopie et qu'à la place qui lui revient, le seuil de réponse est le plus bas. C'est cette fréquence qui est appelée fréquence caractéristique (FC). Cela signifie que plus on s'éloigne de la région qui répond à cette FC, plus le seuil s'élève et il faudra alors, pour un même résultat, un son d'environ 40 dB au-dessus du seuil de référence. Une remarque : à sa place idéale, la fréquence caractéristique donne une réponse *non linéaire* alors que plus on s'en éloigne, plus la réponse correspond de façon linéaire à la stimulation.

Lors de l'ébranlement des liquides de la rampe vestibulaire, les cils des cellules ciliées externes sont décalés par rapport à leur position de repos, ce qui ouvre les canaux potassiques placés à leur extrémité supérieure et dépolarise la cellule lorsque le seuil est atteint. Le mouvement mécanique continu est devenu train d'ondes discret au niveau du nerf auditif.

Le ramassage des informations se fait de manière différente pour les cellules externes et les cellules internes.

Pour les cellules ciliées internes rappelons qu'elles disposent de dix à vingt terminaisons par cellule (ce qui leur permet de s'adapter à l'intensité en recrutant entre autres choses, de plus en plus de fibres au fur et à mesure que l'intensité augmente grâce à un contrôle synaptique central).

Les cellules ciliées externes qui n'ont qu'une fibre pour dix rangées de trois cellules, préviennent qu'elles subissent, du fait d'une impulsion pressionnelle, un allongement ou un raccourcissement de leur corps cellulaire. Informés de cette déformation, le noyau cochléaire ventral et l'olive supérieure (c'est l'olive supérieure médiane qui est en charge des cellules ciliées externes) répondent par un réflexe court (fibres olivo-cochléaires véhiculées par le nerf vestibulaire) en envoyant une inhibition qui ne laisse persister que l'excitation des cellules les mieux accordées avec l'onde mécanique reçue. Les cellules ciliées externes concernées reproduisent alors en l'amplifiant la fréquence la mieux perçue à l'exclusion des autres (grâce à leur protéine voltage dépendante : la prestine). Mais le réglage ne s'arrête pas là.

Par la voie lemniscale latérale, l'information, envoyée par les cellules externes, parvient aux noyaux du *lemniscus* et enfin aux *colliculi* inférieurs et mêmes supérieurs. À chaque relais, les informations subissent pour les deux tiers une décussation avec le côté opposé. Au final, les neurones de ces centres, à coups d'inhibitions latérales et d'inhibitions contro-latérales, finissent par ne garder que la rangée de cellules la plus sollicitée par l'onde sonore (fréquence caractéristique naturelle qui résonnait avec l'onde sonore). L'amplification ainsi obtenue est devenue la plus adéquate possible pour attirer la *membrana tectoria* vers les cils des cellules ciliées internes. Elle provoque la dépolarisation de la cellule et la création d'un influx *proportionnel* à l'intensité, au moins aux faibles intensités. C'est un bon début pour faire sortir un son du bruit de fond (c'est le domaine du *colliculus* supérieur).

Cette étape est donc très importante pour dégager et favoriser certains sons. Il faut y adjoindre les deux réflexes que nous avons déjà vus : celui du marteau et celui de l'étrier qui permettent d'adapter le système de transmission. On peut également compter sur l'orientation de la tête et du corps, si besoin, pour voir la source, contrôler, améliorer l'écoute par la position du pavillon de l'oreille.

Ajoutons que tout ceci s'apprend et que les propensions naturelles doivent s'accompagner d'un travail d'apprentissage qui seul peut réaliser le câblage et l'adaptation du système pour lui permettre des performances exceptionnelles (musiciens, oreilles d'or, imitateurs, etc.).

La latéralité

Cette capacité à connaître le lieu d'où provient le son nous est donnée par le fait que nous disposons de deux oreilles. Par comparaison entre les messages reçus par chacune d'elles, il nous est possible de connaître la situation de la source sonore. Cette capacité peut être fruste, limitée à des réflexes simples : un klaxon nous indique où se trouve la voiture qui en fait usage, une voix qui appelle nous incite à tourner la tête vers la source sonore. Mais ce pouvoir de localiser un son peut être poussé à l'extrême comme il l'est chez un chef d'orchestre qui est capable d'indiquer qui a fait une fausse note parmi ses musiciens, même si le coupable fait partie d'un groupe d'instrumentistes qui jouent du même instrument. Entre le réflexe de base et ce dernier exemple tous les intermédiaires sont possibles.

Le mécanisme de cette capacité à reconnaître la latéralité d'un son est surtout développé dans un plan perpendiculaire à l'axe du corps. Pour les oiseaux toutes les dimensions de l'espace sont possibles. Nos deux oreilles sont distantes de 13 cm environ et le pavillon favorise les sons qui proviennent de l'avant sur 180°. Ainsi les sons provenant de l'arrière sont amoindris par la forme des deux pavillons qui font un écran atténuateur.

Il en résulte que, par comparaison entre les deux oreilles, les sons qui proviennent de la droite sont plus forts à droite qu'à gauche et plus intenses s'ils proviennent de l'avant-droit que de l'arrière-droit. Par comparaison avec des sons identiques mémorisés, on peut préciser la localisation très finement et reconnaître l'objet sonore en complétant les informations par une recherche oculaire réflexe pour confirmation. Nous utilisons également pour réduire l'ambiguïté la capacité de l'oreille à discriminer la différence de phase entre deux sons identiques.

Par ailleurs, rappelons que lorsque des différences de fréquences sont très faibles, les deux sons provoquent un phénomène de battement et sont perçus comme une modulation d'intensité. Toutes ces analyses participent à la discrimination spatiale.

Les fibres du nerf cochléaire qui véhiculent ce son, du côté où il est le plus intense et dont il faut reconnaître la situation, atteignent le noyau cochléaire ventral antérieur et se divisent en deux contingents. L'un monte directement vers le noyau du *lemniscus* et le *colliculus* inférieur ipsilatéral et l'autre atteint les olives latérales supérieures (faisceaux direct et croisé) pour remonter jusqu'aux noyaux des *lemnisci* et des *colliculi* inférieurs par l'autre côté. Il se produit le même processus de l'autre côté mais *atténué* dans son intensité et *différent* dans sa phase.

Certaines cellules, lors des croisements sur la ligne médiane sont excitatrices-excitatrices (EE), d'autres sont excitatrices-inhibitrices (EI) selon le côté de provenance du son. Il en résulte la disparition du son le plus faible (inhibé), au profit du plus intense, le sujet localisant alors sans ambiguïté sa provenance.

Nous avons dû nous contenter ici d'une explication assez grossière des phénomènes qui dans la réalité sont beaucoup plus complexes et se déroulent avec infiniment plus de finesse, surtout au niveau du *colliculus* inférieur dont la sensibilité aux différences d'intensité, de phase et de fréquence est la plus remarquable de notre organisme. Tout l'art de ces centres est de faire apparaître un attracteur étrange là où il semblait n'y avoir que chaos tant les différences sont faibles et multiples entre les signaux. Nous y reviendrons au chapitre des noyaux de la base.

Ensuite, nous entrons dans la partie la moins connue mais tout aussi passionnante : le travail des centres qui vont comparer un sens à l'autre. Par exemple, il existe une projection du cortex auditif vers le cortex visuel, mais aussi vers la région d'association postérieure du lobe pariétal. Chacun entend, voit et finalement pense ce qu'il veut après avoir interprété ce qu'il peut du monde sonore ou plutôt du monde sensoriel qui l'entoure.

De Cheveigné insiste sur une idée qui nous semble très intéressante. Bien qu'assez rudimentaire cette capacité à situer la source dans l'espace est suffisante pour guider l'action qui « normalement » doit suivre. Il y a en effet continuité de la perception par l'action comme on l'a vu dans les réflexes étudiés.

De Cheveigné voit trois idées dans le petit poissonculi de Szentágothai et Arbib (Fig. 10.23) :

- il y a continuité entre les systèmes sensitifs et moteurs ;
- la qualité de la perception se juge à l'efficacité de l'action ;
- l'action elle-même peut participer à la perception et l'enrichir.

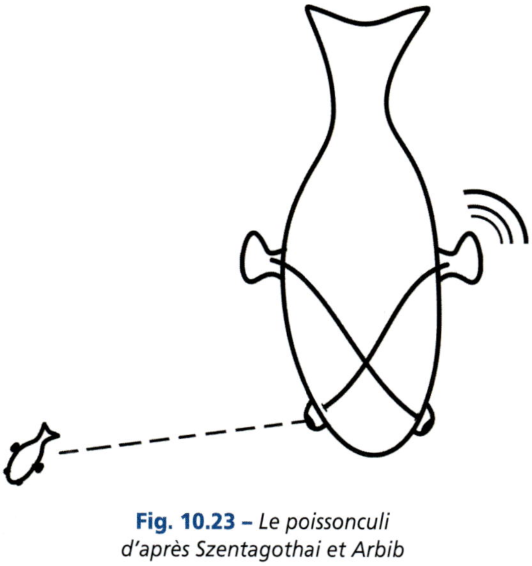

Fig. 10.23 – *Le poissonculi d'après Szentagothai et Arbib*

En ajoutant de la complexité au système, c'est-à-dire en multipliant les paramètres et en ayant la possibilité d'en retarder certains par rapport à d'autres (en les faisant tourner dans des boucles de rétroaction), toutes les ambiguïtés disparaissent. La seule condition est qu'une action prolonge la perception.

Il serait même possible de prévoir la localisation par l'action en retardant ou en atténuant le traitement des perceptions de l'une des deux oreilles. C'est ce que fait le cervelet quand il harmonise l'action en en « prévoyant » tous les paramètres.

Les cellules des noyaux périolivaires pourraient se comporter comme le petit poisson et leur nombre ajouté aux actions déclenchées aiderait à mieux expliquer ce qui se passe en réalité. Car décomplexifier pour comprendre n'a d'intérêt que si dans la situation recomplexifiée on retrouve un bénéfice rendu perceptible par une meilleure action.

➤ L'orientation des yeux vers la source sonore

Nous venons de le voir, cette alerte est traitée comme pour les trois réflexes précédents et passe par le complexe olivaire supérieur qui fournit l'information aux relais supérieurs et inférieurs (noyau du VI). Mais le traitement ne se fait pas de bas en haut mais de haut en bas (Fig. 10.24).

Il est nécessaire pour que ce réflexe entre en jeu que l'on ait d'abord reconnu d'où vient le son perçu.

C'est donc un premier réflexe qui va en entraîner un autre qui lui-même va modifier d'autres mécanismes utilisés par la vision. Nous le verrons ensuite mettre en jeu des réflexes posturaux (voir le chapitre des boucles fronto-striatales).

Lorsque le sujet a pu préciser finement (*colliculus* inférieur) d'où vient le son qui l'intéresse, ces noyaux du *colliculus* inférieur vont passer le message aux *colliculi* supérieurs qui eux-mêmes vont provoquer une cascade de réflexes posturaux comme par exemple le fait de tourner les yeux du côté de la source sonore.

Ces mécanismes sont parfaitement décrits par les ophtalmologistes.

➤ L'orientation de la tête et même de l'individu en entier vers la source sonore

Ces réflexes de posture représentent, pour l'audition, la suite des réflexes d'orientation des yeux (Fig. 10.24).

Il s'agit de réflexes qui dépendent de l'audition mais utilisent préférentiellement les circuits de l'équilibration et les centres temporaux d'association visio-auditives (aire 22 et voisines). Cette partie « de l'oreille » est très bien étudiée par les neurologues, les posturologues et certains ORL et les ouvrages qui en traitent sont nombreux.

Mais les conséquences de la perception d'un son mettent en jeu toute l'économie et les règles du chaos trouvent ici encore, à chaque étape, l'occasion de se manifester de plus en plus dans leur complexité. Nous les étudierons avec les aires corticales et les noyaux thalamo-striés.

➤ De l'éveil à l'attention, l'alerte, etc.

Il faut se demander ce qu'est l'attention dont, comme le disait Saint Augustin en parlant du temps : « Le temps (l'attention), si on ne me le demande pas, je crois savoir ce que c'est, mais si on me le demande, je ne le sais plus ».

L'attention n'est pas univoque et avant de se donner une définition, il faut savoir ce dont on parle. Le mot attention vient du mot latin « *attendere* » qui signifie tendre vers.

William James, en donne une définition devenue classique : « *L'attention est la prise de possession par l'esprit, sous une forme claire et vive, d'un objet ou d'une suite de pensées parmi plusieurs qui semblent possibles* [...] *Elle implique le retrait de certains objets afin de traiter plus efficacement les autres.* » C'est donc la faculté qu'a l'esprit de se concentrer volontairement ou involontairement sur un objet déterminé.

On lui reconnaît trois états :

1. l'attention réflexe que l'on nomme alerte ;
2. l'attention involontaire qui est provoquée quand la situation sensorielle paraît anormale ;
3. l'attention volontaire qui est la capacité de sélectionner, parmi l'ensemble des informations qui parviennent au sujet, celles qui l'intéressent tant pour ce qui concerne leur qualité (son, vue, goût, toucher, etc.) que leur localisation dans l'espace, dans le temps, etc.

Nous avions l'habitude pour connaître le fonctionnement d'un élément sensoriel de localiser le centre qui lui est dédié et de recueillir les résultats des conséquences des perceptions. Le raisonnement était linéaire.

En abordant l'attention, on ne peut pas échapper à la considération qu'il s'agit d'un système complexe.

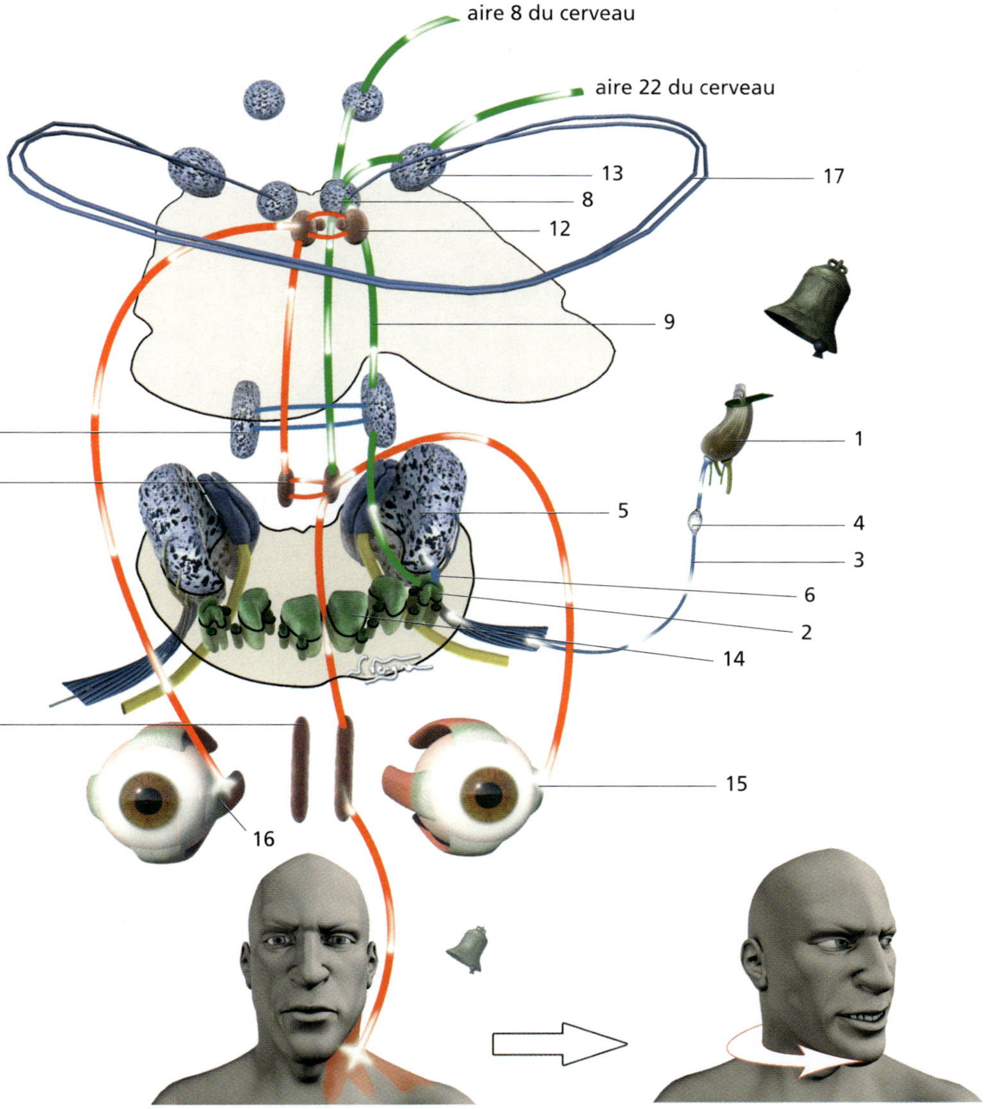

Fig. 10.24 – *Le phénomène de latéralité et les réflexes d'orientation des yeux et de la tête (d'après A. Delmas modifié)*

1. Cellule ciliée interne
2. Noyau olivaire supérieur latéral
3. Filet du nerf cochléaire
4. Ganglion spiral
5. Noyau cochléaire
6. Strie auditive ventrale
7. Noyau du lemniscus latéral
8. Colliculus inférieur
9. Voie lemniscale latérale (fonctionne dans les deux sens)
10. Noyau du VI (abducens)
11. Noyau du XI (nerf spinal)
12. Noyau du III
13. Corps genouillé médian
14. Noyau du corps trapézoïde
15. Muscle droit externe gauche
16. Muscle droit interne droit
17. Commissure de Gudden

Il ne s'agit plus de traiter une information puis une autre mais de traiter toutes les entrées, qu'elles soient redondantes ou non, qu'elles soient en relation avec l'action en cours ou non. Il faut également les comparer, les lier entre elles, les apprécier… On est dans le domaine du chaos.

On remarquera que le contrôle de l'attention requiert la maîtrise de l'espace de perception. Il faut également qu'il existe une cohérence et, s'il y a apport nouveau, suffisamment de relation avec le passé (mémoire) pour que ce « nouveau » puisse prendre une place dans un endroit connu.

L'attention suppose, pour être efficace, qu'elle soit suivie d'une comparaison et d'une abstraction. Elle doit sans cesse lutter contre la distraction qui l'interrompt et généralement l'oblige à reprendre tout ou partie de ce qui avait été acquis quelques instants auparavant.

À chaque instant, il faut valider ou refuser, alimenter ou intégrer, revenir sur un point pour le préciser avant d'aller plus loin, éluder… La substance réticulée et sa fonction d'éveil y prennent une part très importante (Fig. 10.25). Nous y reviendrons.

Les questions qui se posent sont sans fin : comment et dans quel centre prévoit-on ? Où se font les comparaisons ? Que devient l'abstraction et où est-elle mise en réserve ? Quels sont les centres de la prévision ? Etc. Le lobe frontal y joue sûrement un grand rôle. Ces questions sont passionnantes, encore faudrait-il y répondre et nous en sommes loin.

Reprenons les trois formes d'attention afin de les situer dans les centres qu'elles mettent en cause et en les reliant avec l'audition.

L'alerte

C'est l'attention de base, celle dont tous les animaux et en particulier les mammifères sont dotés. Il s'agit d'un signal auditif qui par sa soudaineté, son intensité, son incongruité, sa tonalité, son rythme, les reconnaissances provoquées, entraîne chez le sujet une réaction d'attention suivi d'un réflexe ou d'une interprétation si nécessaire. La fatigue, le stress, les caractéristiques de l'environnement et les problèmes personnels constituent les empêcheurs d'être aussi attentif qu'il le faudrait.

C'est la substance réticulée du tronc cérébral qui prend initialement le message. La richesse de ses connexions avec la pauvreté de sa quantité de cellules en fait un centre qui réduit la multitude des informations au minimum utile. Ce rôle de triage est fait, en ce qui concerne l'alerte, par le faisceau central de la calotte ou système d'éveil ascendant (Fig. 10.25).

C'est le même système, semble-t-il qui lorsqu'on est éveillé prend en charge les signaux auditifs d'alerte. Il suffit d'orienter le regard vers la source pour confirmer ou pour s'apercevoir qu'il s'agit d'une fausse alerte et que tout va en rester là. Sinon,

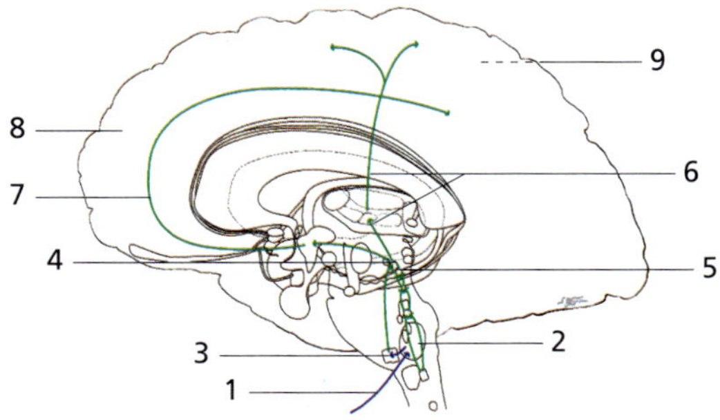

Fig. 10.25 – *L'alerte*

1. Fibre du nerf cochléaire
2. Noyau cochléaire
3. Complexe olivaire supérieur (noyau latéral)
4. Noyau dorsal de la calotte
5. Locus cœruleus
6. Voie indirecte (peu utilisée), thalamo-corticale
7. Voie directe (habituelle), d'emblée corticale
8. Lobe préfrontal
9. Aire pariétale postérieure

la situation se révèle plus complexe et mérite une analyse et une décision. La substance réticulée va offrir les informations au lobe frontal directement ou après relais dans le thalamus.

L'attention involontaire

Cette attention est intermédiaire entre le réflexe simple sans conscience et l'attention ordonnée par la conscience et réfléchie par le lobe frontal. Elle implique deux éléments fondamentaux : traiter l'information pertinente pour une tâche en cours et ignorer l'information non pertinente.

Il y a donc une véritable orientation de l'attention qui se fait sans aucune participation de la volonté. Nous verrons, qu'il en va différemment dans l'attention volontaire qui nécessite un effort. Les réflexes d'orientation ont été décrits pour l'alerte et sont la base de cette attention involontaire.

Ils correspondent à :

- un déplacement automatique des récepteurs sensoriels en direction d'un signal de notre environnement ;
- des caractéristiques facilitantes :
  - forte intensité ;
  - apparition soudaine ;
  - changements dans les contours ;
  - mouvements irréguliers ou imprévisibles dans le champ périphérique ;
  - retrait soudain d'un signal ;

– réflexe d'orientation impliquant l'interaction de plusieurs systèmes ;
- des conditions de perception ;
- des ajustements moteurs de la posture ;
- des réactions du système nerveux autonome (entraînant des changements de conduction de la peau, du rythme cardiaque avec dilatation des vaisseaux sanguins, pause dans la respiration, dilatation de la pupille).

Tous ces réflexes sont sujets à l'habituation qui se caractérise par une diminution de la réponse à un *stimulus* déjà connu.

La capture de cette attention est surtout visuelle et auditive :
- l'attention est captée et modulée par les objets et événements de notre environnement ;
- l'attention se déplace en fonction de la localisation des objets sélectionnés dans l'environnement ;
- les indices visuels ont souvent préséance sur les indices auditifs pour guider notre attention. C'est par exemple la ventriloquie qui fait croire aux grands mouvements de la bouche de la marionnette.

Par ailleurs les indices centraux n'influencent la performance que s'ils sont valides (informatifs) à la différence des indices périphériques qui l'influencent dans tous les cas.

Tous ces événements font appel aux structures du tronc cérébral et à la substance réticulée qui envoie et reçoit des *colliculi* inférieurs et supérieurs (*locus cœruleus* et noyau dorsal de la calotte). Ces centres sont essentiellement réflexes (Fig. 10.26). Ces réflexes sont facilités par la brusquerie d'apparition ou l'intensité du son, beaucoup plus que par une prise de conscience ou même une émotion. Peuvent être également sollicités le pulvinar, la partie postérieure du lobe pariétal et finalement le lobe frontal mais alors on passe de l'attention involontaire à l'attention volontaire. On le voit donc, tout est centré sur la création à partir d'informations des plus variables, de formes qui peuvent être considérées comme déjà entendues ou vues (effet facilitateur de la pratique). C'est toujours la politique de l'attracteur étrange. L'image sonore sans être rigoureusement identique, possède suffisamment de concordances pour être assimilée au modèle mémorisé. De plus la séparation entre attention involontaire et volontaire est loin d'être nette.

Pendant tout ce temps, il faut faire disparaître les informations qui n'ont pas de rapport avec celle qui fait l'objet de l'attention. La plupart des distracteurs disparaissent au niveau de la substance réticulée, ne trouvant pas assez de cellules nerveuses pour s'occuper d'eux, les autres sont traités par le thalamus et le pulvinar.

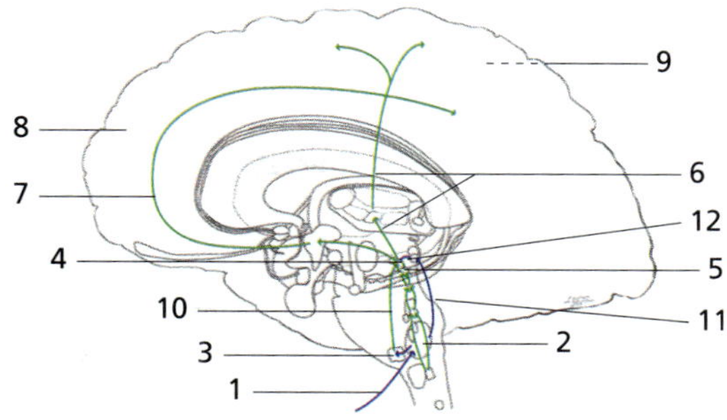

Fig. 10.26 – *L'attention involontaire*

1. Fibre du nerf cochléaire
2. Noyau cochléaire
3. Complexe olivaire supérieur (noyau latéral)
4. Noyau dorsal de la calotte
5. Locus cœruleus
6. Voie indirecte (peu utilisée), thalamo-corticale
7. Voie directe (habituelle), d'emblée corticale
8. Lobe préfrontal
9. Aire pariétale postérieure
10. Faisceau du lemniscus latéral
11. Jonction cochléo-colliculaire
12. Jonction du colliculus au noyau dorsal de la calotte

■ L'attention volontaire

Apanage du lobe frontal et du lobe pariétal, il est difficile de ne pas la traiter avec les deux précédentes mais nous la reverrons lors de l'étude du lobe frontal et du lobe pariétal pour en préciser la neuroanatomie et la neurophysiologie.

Pour cette attention volontaire, on peut parler d'une mise en disponibilité de tous les canaux sensoriels orientés vers la recherche et l'enregistrement des informations susceptibles d'être utiles. L'attention est un facteur *d'efficience cognitive,* qu'il s'agisse de percevoir, de mémoriser ou de résoudre des problèmes. Elle réclame un effort de volonté car elle impose de s'isoler. On notera que lorsque *l'attention* devient de *la concentration,* elle entraîne une réduction du champ d'attention.

La sélectivité de l'attention est intéressante lorsque deux entrées viennent compliquer les événements. S'il s'agit de deux sources de même nature : auditives par exemple, il y a distraction, si les sources sont différentes comme l'image et le son, elles se complètent et certaines ambiguïtés disparaissent. Une certaine facilitation s'installe.

L'attention volontaire suppose un effort pour, non seulement rechercher et sélectionner l'objet mais également pour faire durer ce niveau d'attention. Certains états peuvent nuire à l'attention : la fatigue, le stress, l'anxiété, le manque de temps... Le fait que l'on attende l'événement qui doit se produire est facilitant. Il existe un réseau impliquant les régions frontale, temporale et pariétale, responsables de la détection d'indices et de l'allocation de l'attention en direction d'une cible potentielle.

Le lobe pariétal droit joue un rôle prépondérant dans la répartition de l'attention dirigée, et son atteinte est à l'origine des cas les plus marqués de négligence spatiale unilatérale. C'est à son niveau que se produit l'intégration des différentes modalités sensorielles (audition, vision, toucher). Il intègre toutes les données ensemble dans le domaine de l'espace et de l'attention.

L'attention comme les émotions va conditionner une grande part de la mémoire.

➤ L'émergence d'un son informant hors du bruit de fond (*colliculus* supérieur)

Il est important de voir comment l'information (ici sonore) émerge du bruit de fond. Distinguons la donnée physique de l'information psychique.

Le bruit de fond est essentiel à la vie, il est une résonance stochastique qui est perturbée par une incongruité temporelle brève et évolutive que nous appelons information.

En physique les choses s'arrêtent là, en biologie l'information doit prendre du sens pour être utile. Cette signification n'est possible que si, à l'aide de la mémoire, une comparaison est faite avec une donnée équivalente à cette information. Il est enfin indispensable que le sujet soit conscient.

L'organe sensoriel, ici l'oreille, perçoit les sons en continu et envoie signaux sonores sur signaux sonores. Le cerveau, s'il n'a pas une irrégularité, un événement physique étranger (comme un changement de ton ou d'intensité), finit par ignorer ces signaux qu'il considère comme « un bruit de fond » sans importance. Sans oreille pas de son et les modulations de pression impulsionnelles ne sont pas perçues. Avec l'oreille, elles deviennent captables mais leur existence (qui est réelle) n'est pas connue du sujet (sauf si on détourne son attention).

Tout autour de nous, dans un *imbroglio* stochastique d'énergie appliquée à ces molécules, des pressions parviennent à l'oreille. Telles qu'elles sont, elles n'ont aucune signification mais dès qu'elles sont captées par une oreille, elles commencent à exister puis à pouvoir prendre du sens si on leur en laisse le temps. La répétition permet la comparaison et donne, au final, une signification. Par signification, nous entendons qu'elles représentent une sorte d'attracteur étrange qui fait « dresser l'oreille ». Tout va concourir à leur donner une forme adaptée au système nerveux dont nous disposons. L'oreille va commencer par les découper en leur donnant une place dans l'espace et dans le temps. Cette place est artificielle, c'est la cochlée qui distribue les sièges pour telle note ou tel accord avec telles harmoniques. L'intensité de chacune d'elles est notée et ce, deux fois et dans des conditions différentes (la tonotopie, la phase et l'intensité varient un peu pour chacune des deux oreilles). Avec toutes ces notions décrites, nous allons pouvoir faire travailler notre cerveau.

Ce n'est pas tout, nous allons enregistrer encore le rythme, les transitoires, la moindre irrégularité, les silences. Pour faire bonne mesure, nous allons avec des effets *feed-back* (boucles de rétroaction) aider l'oreille à accentuer les différences :

- par le rôle des muscles du marteau et de l'étrier ;
- par une orientation de la tête, voire de tout le corps, vers la source sonore qui nous intéresse ;
- par des directives des centres olivaires supérieurs et au-delà qui indiqueront aux cellules ciliées externes comment et quand doit répondre la cellule ciliée interne ;
- par les systèmes efférents médian et latéral qui vont modéliser l'influx et le comportement des cellules ;
- par la loi du tout ou rien qui va rendre « discret » un *input* dont la continuité n'est pas gérable.

Les influx informants ont une discontinuité non linéaire et sont à la fois déterminés et imprévisibles.

À chaque étape depuis la cellule ciliée interne jusqu'au cortex le message va être modifié. Non seulement les centres sensoriels du cerveau assemblent les informations fournies par les capteurs sensoriels, mais ils les complètent. À partir de quelques renseignements plus ou moins fragmentaires, ils reconstituent le tout ou mieux « un » tout. Le cortex fait appel à l'ensemble du système pour contrôler, donner une cohérence à cette information sortie du chaos. Notre mémoire entre en jeu à toutes les étapes pour donner du sens, notre sens. Nous ne percevons pas le réel, mais la composition, « l'interprétation » que notre cerveau nous en propose. Il peut tout aussi bien s'agir du message qui nous était envoyé que d'un contresens dont nous ne voudrons plus démordre par la suite ! « Ce qui limite la vérité ce n'est pas le faux mais l'insignifiant » a dit René Thom.

Ce qui peut intriguer, c'est que cette émergence d'une information puisse se faire au niveau du *colliculus* supérieur normalement dédié à la vision et qu'un certain degré de conscience puisse émerger à ce niveau. Il convient de se rappeler que pour la plupart des animaux, le cortex n'existe pratiquement pas et que ce sont les *colliculi* et le thalamus qui constituent l'étage supérieur. De plus, séparer l'audition de la vision, comme d'ailleurs de l'organisme en général, pour n'étudier qu'elle, est une hérésie. La confirmation qu'apporte l'œil est nécessaire à l'audition et la renforce comme le son renforce l'image et même lui donne du sens.

Une dernière précision : une information est un processus dynamique récursif toujours en devenir, en formation et qui n'atteint jamais sa forme parfaite, définitive. Son rôle est de réduire l'ambiguïté, diminuer l'incertitude. Ce mouvement est indispensable et une information figée n'est rien. Or nous n'avons pas l'habitude de la voir sous cet angle lorsque nous étudions les processus physiologiques. La théorie du chaos s'applique ici dans sa totalité et permet de rendre compte des phénomènes temporo-spatiaux dans leur plénitude. L'information s'oppose à l'entropie, elle est son contraire, elle diminue l'ambiguïté, tandis que l'entropie augmente l'incertitude.

L'effacement du bruit de fond

Nous savons tous que lorsqu'un bruit est régulier ou a lieu régulièrement, nous ne l'entendons pas ou plutôt nous ne l'entendons plus. Les personnes qui habitent près d'une gare, n'entendent plus les trains ; le ventilateur de l'ordinateur finit par disparaître dès que nous nous intéressons à notre travail sur cet ordinateur. Cet effacement du bruit de fond non informant est dû à l'action de la substance réticulée au moment où l'information prend tous les circuits disponibles. Bien sûr, il suffit d'un rien pour que le bruit, qui existe toujours, réapparaisse et vienne alors nous gêner. Nous aurons des difficultés à le faire disparaître à nouveau puisque nous en avons fait par ce regain d'attention, une information.

Le fait de faire sortir l'information du bruit de fond (c'est surtout la fonction du *colliculus* supérieur, donnant un « espace » de plus à l'information auditive qui devient audiovisuelle dans la tête) entraîne, comme corollaire, la disparition du bruit de fond absorbé par les noyaux de la substance réticulée. Les influx, « réduits » à l'information, par le système d'éveil de la substance réticulée, n'ont pas le nombre de neurones suffisant pour ouvrir d'autres voies à ce bruit de fond. Ils disparaissent donc ici. Il suffit que nous y prêtions de nouveau attention pour qu'ils réapparaissent.

■ En quelques lignes ■

La formation réticulée qui semble ne rien à voir avec l'audition est en fait un système d'une très grande importance dans l'adaptation auditive, tout en ne lui étant pas exclusivement dédiée. Elle va participer par le complexe olivaire supérieur à l'adaptation de l'oreille (réflexes d'accommodation : étrier, marteau, cellules ciliées externes ou internes). Elle joue également un rôle dans l'attention en permettant aux lobes pariétal et surtout frontal d'être directement informés des priorités.

Rien n'est uniquement construit pour l'oreille mais elle a sa place parmi les autres sens et bénéficie des capacités d'absorption des noyaux centraux pour faire disparaître les bruits gênants ou pour amorcer une attention réflexe ou surtout volontaire.

Avec le noyau rouge, le locus niger, les noyaux du raphé vont réguler la vie végétative et les noyaux centraux participer à un véritable triage pour renforcer ce qui est important et inhiber le reste. L'oreille (adaptation des réflexes de posture aux sons) assure par ailleurs avec l'œil et le cervelet l'harmonisation du système extrapyramidal.

Le complexe olivaire supérieur joue un rôle essentiel dans l'accommodation de l'oreille. La latéralité dépend d'abord de l'olive supérieure avant de dépendre très finement du colliculus inférieur. Le tractus olivo-cochléaire utilise la voie du nerf vestibulaire pour transporter les instructions jusqu'à la périphérie. Le complexe olivaire supérieur dirige ses efférences jusqu'aux centres par le lemniscus latéral et reçoit ses instructions par les voies descendantes provenant des aires auditives mais surtout des colliculi internes, des noyaux du lemniscus, de la substance réticulée elle-même et finalement du cortex dans son ensemble.

Les réflexes du muscle de l'étrier et du muscle du marteau adaptent l'oreille moyenne, les efférences olivocochléaires règlent le fonctionnement des cellules ciliées internes et des cellules ciliées externes permettant ainsi des prouesses à l'organe de Corti.

L'espace par la latéralisation est très bien étudié par l'oreille. Si elle est complétée par les autres sens et surtout par l'action, cette latéralisation offre une grande capacité d'adaptation à l'individu. Les réflexes de posture viennent par l'action enrichir la perception et lui donner une qualité qu'elle n'aurait pas sans eux. L'attention mérite d'être étudiée ici car la substance réticulée y joue un rôle considérable avec le pariétal et le lobe frontal évidemment. L'extraction des informations du bruit de fond, enfin, nous permet de focaliser sur ce qui nous semble l'essentiel du moment.

Une certaine quantité de bruit est indispensable à la vie, les bruits violents et le silence absolu sont très difficiles à supporter longtemps. C'est la substance réticulée qui absorbe les sons répétitifs, non informants. Les personnes qui vivent dans un milieu bruyant n'y font plus attention (usine, autoroute...) mais l'incidence du bruit sur notre comportement reste importante. L'exposition à des bruits intenses et/ou prolongés provoque des troubles du caractère et engendre très vite fatigue et stress. À la longue se développe une agressivité disproportionnée avec la cause.

Pour approfondir

ARAN JM, LIMA DA COSTA D, CHIBOIS A, BLANCHET C, ERRE JP. Le système efférent médian et la physiologie et la physiopathologie cochléaires. In : *Rencontre IPSEN en ORL*, tome 1, CHRISTEN Y, COLLET L, DROY-LEFAIX MT, Irvinn, Paris, 1997, 69-89.

BONFILS P, PUEL JL. Functional properties of the crossed part of the medial olivo-cochlear bundle. *Hear Res.*, 1987, *28*, 125-130.

COLLET L, KEMP DT, VEUILLET E, DUCLAUX R, MOULIN A, MORGON A. Effects of contralateral auditory stimuli on active micro-mecaninical properties in human subjects. *Hear Res.*, 1990a, *43*, 251-262.

COLLET L, VEUILLET E, BENE J, MORGON A. Effects of contralateral white noise on click-evoked in normal and sensoneurinal ears : Towards an exploration of the medial olivo-cochlear system. *Audiol.*, 1992a, 31, 1-7.

COLLET L, VEUILLET E, DUCLAUX R, MORGON A. Influence of a contralateral auditory stimulation on evoked otoacoustic emissions. In : *Cochlear mecanisms and otoacoustic emissions*, GRANDORI F, CIANFRONE G, KEMP DT (eds), Karger, Basel, 1990b, 164-170.

COLLET L, VEUILLET E, MICHEYL C, AMABILE MC, MORGON A. Involvement of medial olivo-cochlear system in loudness adaptation. In : *Auditory Physiology and perception. Advances in the Biosciences*, CAZALS Y, DEMANY L, HORNER K ((eds), Pergamon Press, Oxford, 83, 1992a, 297-303.

DE CHEVEIGNÉ A. The auditory system as a separation machine. In : *Physiological and Psychophysical Bases of Auditory Function*, BREEBAART J, HOUTSMA AJM, KOHLRAUSCH A, PRIJS VF, SCHOONHOVEN R (eds), Maastricht, The Netherlands : Shaker Publishing BV, 2001c, 453-460.

DE CHEVEIGNÉ A, Espace et Son. Colloque espaces de l'Homme, Collège de France, 14-15 octobre 2003, révisé le 21 décembre 2004. Site : http://recherche.ircam.fr/equipes/pcm/cheveign/pss/2004_Espace_Son. pdf.

DELMAS A. *Voies et centres nerveux*, 10e éd., Masson, 1991.

GIRAUD AL, VEUILLET E, COLLET L. Les voies auditives descendantes. In : *Rencontre IPSEN en ORL*, tome 2, CHRISTEN Y, COLLET, DROY-LEFAIX MT ((eds), Irvinn, 1998, Paris.

KHALFA S, COLLET L. Functional asymetry of medial olivocochlear system in humans. Towards a peripheral auditory lateralization. *Neuroreport*, 1996, *7*, 993-996.

MCADAMS S. L'organisation perceptive de l'environnement sonore. In : *Rencontre IPSEN en ORL*, tome 1, CHRISTEN Y, COLLET L, DROY-LEFAIX MT, Irvinn, Paris, 1997, 91-102.

MÉRIC C, COLLET L. Attention and otoacoustic emission : A review. *Neurosci Biobehav. Rev.*, 1994, *18*, 215-222.

PUJOL R. « Promenade autour de la cochlée », Site Internet : www.iurc.montp.inserm.fr ; Montpellier France, unité INSERM 254, 1999.

ROMAND R, BURETTE A. Le noyau cochléaire dans le codage de l'information auditive. In : *Rencontre IPSEN en ORL*, tome 3, CHRISTEN Y., COLLET L., DROY-LEFAIX M.-T, Irvinn, Paris, 1997, 57-74.

ROUILLER E. Rôle des différents relais des voies auditives centrales dans le traitement de l'information acoustique. In : *Rencontre IPSEN en ORL*, tome 2, CHRISTEN Y, COLLET L, DROY-LEFAIX MT, Irvinn, Paris, 1997, 53-70.

ROUVIÈRE H. (1954), *Anatomie humaine descriptive et topographique*, révisé par CORDIER G., tome I, *Tête et cou*, Paris, Masson, 1994.

SOBOTTA C. *Atlas d'anatomie humaine*, édité par PUTZ R, PABST R, édition française, DHEM A, GOUAZÉ A, Paris, Éditions Médicales Internationales, 1994.

TORTORA GJ, GRABOWSKI SR. *Principe d'anatomie et de physiologie*, Anjou (Québec), Centre éducatif et culturel Inc., 1997.

WABLE J, COLLET L. Can synchronized otoacoustic emissions really be identified with SOEAs ?, *Hear Res.*, *80*, 141-145, 1997.

WEVER EG, LAWRENCE M. *Physiological Acoustics*, Princeton, USA, Princeton Univ. Press., 1954.

Chapitre 11

Diencéphale : le thalamus et l'hypothalamus

Le système olfactif

Le thalamus

Le thalamus joue un rôle très important dans l'audition. Nous avons vu son rôle dans la formation réticulée. Reprenons ici son rôle en ce qui concerne les organes des sens (Fig. 11.1 et 11.2).

Fig. 11.1 – *Le thalamus et son enveloppe réticulée (vue postéro-latérale)*

1. Enveloppe réticulée thalamique
2. Pulvinar
3. Noyau dorsolatéral
4. Noyau ventro-latéral postérieur
5. Noyau ventro-latéral intermédiaire
6. Noyau ventro-latéral antérieur
7. Noyau antérieur

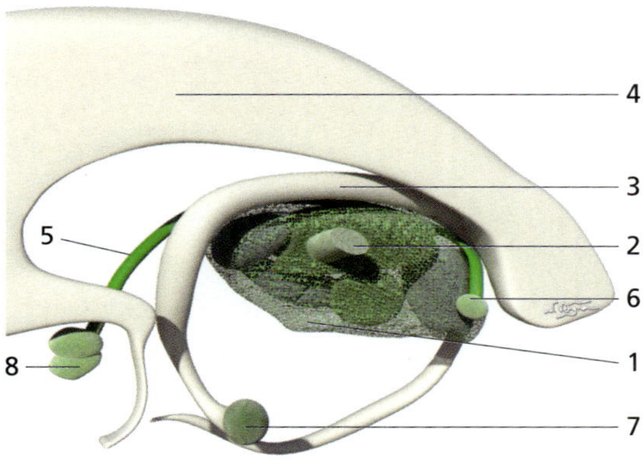

Fig. 11.2 – *Situation du thalamus, surmonté par le fornix et l'habenula*

1. Thalamus
2. Noyau reuniens
3. Fornix
4. Corps calleux
5. Habenula
6. Noyau de l'habenula
7. Corps mamillaire
8. Noyaux du septum

Le thalamus est composé, avec le métathalamus, de noyaux que l'on peut considérer (selon Delmas) comme :

- *des noyaux relais* : les noyaux ventral postérieur, intermédiaire et antérieur ainsi que les corps genouillés ;
- *des noyaux d'association* : le pulvinar, les noyaux latéro-dorsal et médio-dorsal ;
- *des noyaux d'association et d'activation diffuse* : le centre médian, les noyaux intralaminaires, les noyaux réticulaires, le noyau latéro-ventral antérieur.

Nous allons reprendre ces différents noyaux en insistant sur ceux dont le rôle est patent dans l'analyse sensorielle, en particulier à propos de l'audition.

Les noyaux dits de relais, en particulier le noyau antérieur

Le noyau antérieur (Fig. 11.3) a une grande importance à la fois dans la mémorisation et dans la charge émotive qui colore les sensations sonores. Il reçoit les fibres du *fornix*, c'est-à-dire la seule voie efférente de l'hippocampe et envoie ses efférences par le faisceau mamillo-thalamique (de Vicq d'Azyr) au noyau antérieur du thalamus. Du noyau antérieur du thalamus partent des fibres qui gagnent le *cingulum* et le cortex cingulaire.

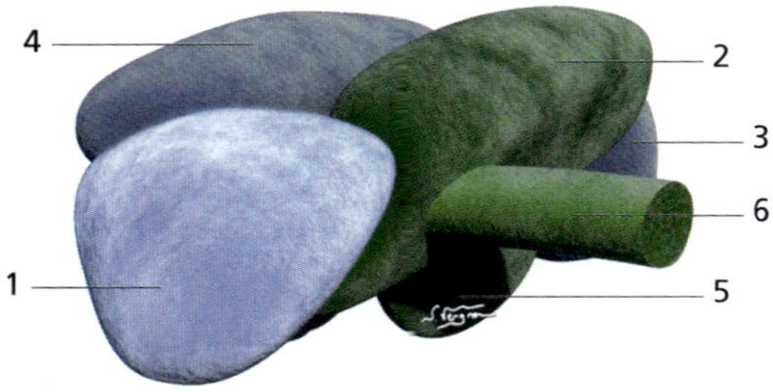

Fig. 11.3 – *Le noyau antérieur. Vue antéro-interne*

1. Noyau antérieur
2. Noyau dorso-médian
3. Pulvinar
4. Noyau dorso-latéral
5. Noyau central
6. Noyau reuniens

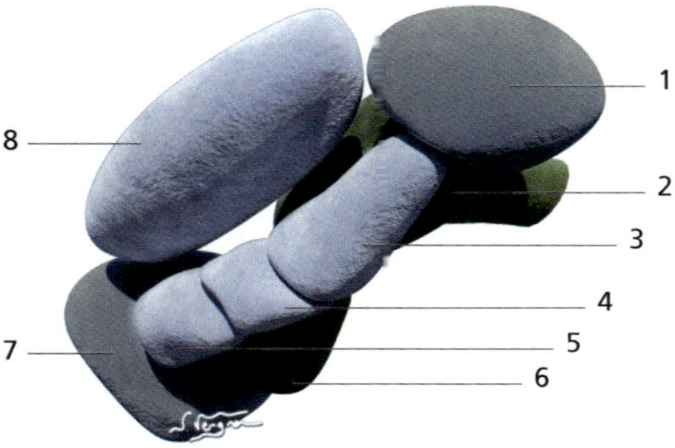

Fig. 11.4 – *Les noyaux dorso- et ventro-latéraux du thalamus*

1. Pulvinar
2. Noyau dorso-médian et noyau reuniens
3. Noyau ventro-latéral postérieur
4. Noyau ventro-latéral intermédiaire
5. Noyau ventro-latéral antérieur
6. Noyau central
7. Noyau antérieur
8. Noyau dorso-latéral

Ensuite :

- soit elles bouclent en suivant un trajet inverse pour revenir à l'hippocampe par le *fornix* ;
- soit, par la strie terminale, elles se jettent sur les noyaux du *septum* ou gagnent le lobe préfrontal.

Ces dernières boucles seront revues au chapitre consacré au système limbique.

Les autres noyaux du thalamus sont polysensoriels (Fig. 11.4) :

- *le noyau ventral postérieur* selon Delmas reçoit le *lemniscus* médian, le faisceau spino-thalamique, les fibres gustatives du noyau du faisceau solitaire (pour le noyau arqué) et les fibres du V (fibres sensitives de la face pour le noyau semi-lunaire) ; l'audition n'est pas exclue des réactions de ce noyau. Il suffit d'évoquer la mimique d'une personne qui reçoit des informations qui l'intriguent, qui la choquent, qui l'agressent, qui lui font peur, qui la révulsent, qui lui font plaisir… pour comprendre leur rôle dans ce domaine ;
- *le noyau latéro-ventral* intermédiaire reçoit les fibres venues du cervelet qu'il projette sur l'aire motrice précentrale ;
- *le corps genouillé médian* reçoit le *lemniscus* latéral entièrement dédié à l'audition ; le corps genouillé latéral est, lui, consacré uniquement à la vision et reçoit le tractus optique.

➤ Les noyaux dits d'association, en particulier le *pulvinar*

Le pulvinar (Fig. 11.5) est le noyau le plus postérieur du thalamus. Il permet l'intégration de toutes les voies sensitives et en particulier de l'audition.

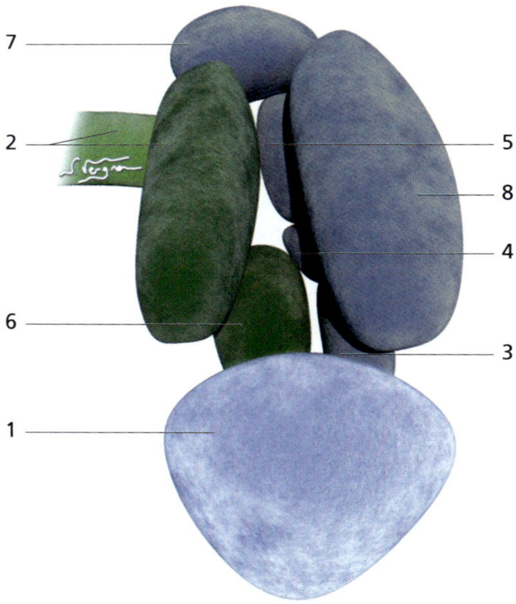

Fig. 11.5 – *Le pulvinar, vue supérieure*

1. Pulvinar
2. Noyau dorso-médian et noyau reuniens ou adhesio interthalamique
3. Noyau ventro-latéral postérieur
4. Noyau ventro-latéral intermédiaire
5. Noyau ventro-latéral antérieur
6. Noyau central
7. Noyau antérieur
8. Noyau dorso-latéral

Il représente avec les *colliculi* inférieurs ce qu'il est convenu d'appeler le thalamus et le métathalamus auditifs. Il reçoit. donc des afférences en particulier du corps genouillé médian pour l'audition et envoie entre autres des efférences dans l'aire du « schéma corporel ». Le pulvinar est un noyau associatif.

Ce noyau reçoit donc des afférences d'axones collatéraux directement du tractus auditif et par l'entremise du corps genouillé médian. Ainsi que plusieurs autres noyaux thalamiques relais, comme le noyau latéro-ventral, le pulvinar a longtemps été considéré comme un relais passif de l'information en route vers le cortex où le véritable traitement de l'information aurait lieu.

Mais l'accumulation de données montrant que les neurones du pulvinar ont des réponses visuelles et auditives sophistiquées que l'on croyait réservées au cortex, a radicalement changé cette conception.

Le *pulvinar* serait plutôt un centre d'interprétation des images, qu'elles soient visuelles ou auditives (les phénomènes visuels ont été davantage étudiés). Il jouerait un rôle important dans l'attention visuelle ou auditive et dans la perception du mouvement. Il contribuerait par exemple au maintien de la stabilité de notre environnement audiovisuel en compensant l'effet qu'ont les mouvements du corps sur le positionnement des images sur la rétine ou sur la latéralité auditive avec le *colliculus* inférieur. Il n'est donc pas surprenant qu'on ait découvert que les neurones du *pulvinar* projettent vers les aires visuelles et/ou auditives secondaires impliquées dans la détection du mouvement.

Les noyaux du thalamus consacrés à l'audition, *pulvinar* et *colliculus* représentent la voie principale d'informations auditives entre le tronc cérébral et le cortex où commence vraiment l'intégration.

Le noyau latéro-dorsal reçoit la sensibilité extéroceptive du noyau latéro-ventral sous-jacent et la redistribue à la pariétale ascendante.

Le noyau médio-dorsal est en relation avec le centre médian du thalamus, l'hypothalamus et le lobe frontal (Fig. 11.6 et 11.8).

Fig. 11.6 – *Les noyaux thalamiques appartenant à la substance réticulée*

1. Noyau central
2. Noyau antérieur
3. Adhesio interthalamique
4. Noyau dorso-médian

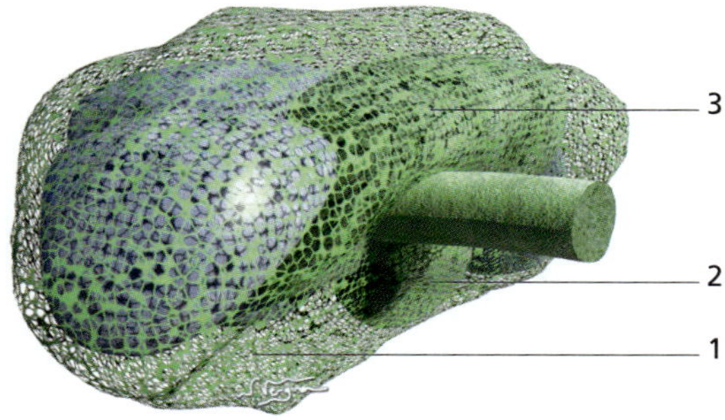

Fig. 11.7 – *Le thalamus réticulé*

1. Enveloppe réticulée
2. Noyau central
3. Noyau dorso-médian

Les noyaux d'association et d'activation diffuse, en particulier ceux de la substance réticulée (Delmas)

Les noyaux du centre intra-laminaire du thalamus (Fig. 11.7) : le centre médian, le noyau dorso-médian, le noyau *reuniens* et tous les petits noyaux qui entourent les noyaux gris du thalamus forment la lame médullaire qui prolonge dans le thalamus la colonne réticulée du tronc cérébral. Leur rôle, nous l'avons vu, est de réguler l'hypothalamus et de maintenir l'organisme en état d'éveil ou d'alerte. Ils participent à l'attention soutenue et dans ce sens sont très utiles à l'audition. Rappelons que le thalamus est court-circuité par de nombreuses fibres réticulées qui entrent directement en contact avec le cortex.

Le noyau latéro-ventral antérieur reçoit des noyaux moteurs striés et en retour contacte l'aire extrapyramidale frontale.

Le noyau reuniens ou commissure grise ou adhésio-interthalamique fait partie de ces noyaux réticulés d'association puisqu'il unit les deux thalamus.

Les noyaux sous-thalamiques

Les noyaux sous-thalamiques font partie de la substance réticulée déjà vue. Il s'agit des noyaux rouges et des *loci niger* mais aussi des corps de Luys (noyaux sous-thalamiques) et des *zona incerta* collées à la face inférieure des thalamus. Ces deux derniers noyaux jouent un rôle dans le balancement des bras lors de la marche.

Les afférences thalamiques

Les afférences sont utiles à revoir pour les regrouper et leur donner un sens général. Elles se divisent en trois groupes : de relais, d'association et de diffusion, selon leurs fonctions.

Il s'agit :

- des faisceaux gracile et cunéiforme qui se réunissent en *lemniscus* médial pour le tact et gagnent le noyau latéro-ventral postérieur ;
- du faisceau spino-thalamique qui se jette également sur le noyau latéro-ventral postérieur ;
- des corps genouillés latéral et surtout médian qui reçoivent l'un pour la vision (CGL) et l'autre pour l'audition (CGM) ; le corps genouillé médian reçoit du *lemniscus* latéral ou du *colliculus* inférieur par le bras conjonctival ; il adresse une partie de ses fibres au *pulvinar* dont il constitue une afférence mais la plupart de ses influx sont adressés par les radiations auditives au cortex primaire ou *gyrus* de Heschl ;
- du faisceau cérébello-rubro-thalamique qui conduit les fibres en provenance du pédoncule cérébelleux supérieur au noyau rouge puis jusqu'au noyau latéro-ventral intermédiaire ;
- du *lemniscus* médian qui conduit également les afférences thalamiques provenant des noyaux du V au noyau arqué et des noyaux du VII *bis*, du IX et du X au noyau semi-lunaire ;
- de certaines fibres des noyaux vestibulaires qui atteignent le thalamus mais leur majeure partie reste au niveau du tronc cérébral et agit par purs réflexes ;
- du faisceau mamillo-thalamique qui conduit les influx en provenance du corps mamillaire et donc en provenance du système limbique, dans le noyau antérieur ;
- de l'ensemble du système réticulé qui adresse des influx aux noyaux thalamiques soit médian ventral, soit médian dorsal, soit à la multitude de petits noyaux intrathalamiques et sous-thalamiques qui vont servir d'harmonisateur ou d'activateur du système ;
- du cortex qui envoie en retour les influx qu'il a reçus du thalamus lui permettant le contrôle de celui-ci en le laissant sous surveillance.

Les efférences thalamiques

Elles montrent le rôle « touche-à-tout » du thalamus qui communique, après traitement dans ses noyaux, avec l'ensemble du cortex (Fig. 11.8).

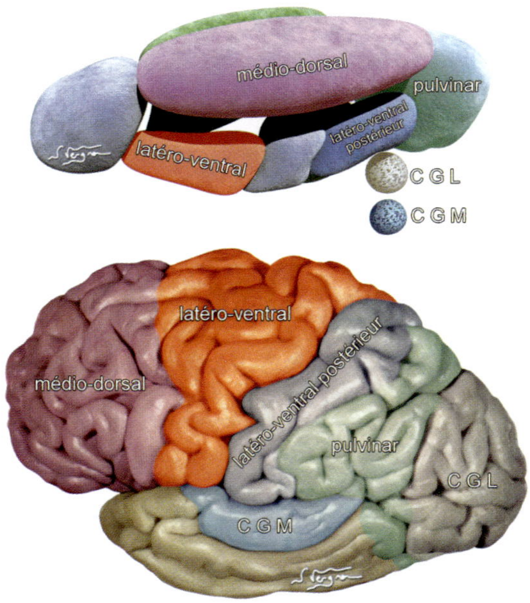

Fig. 11.8 – *Les projections corticales du thalamus*

Ces efférences sont :

- le noyau latéro-ventral postérieur qui envoie les influx sensoriels reçus par les radiations thalamiques au cortex pariétal ascendant ;
- le noyau latéro-ventral intermédiaire qui envoie ses influx cérébelleux au cortex préfrontal moteur secondaire ;
- le noyau latéro-ventral antérieur qui communique avec les noyaux striés par le faisceau lenticulaire et le faisceau thalamique ;
- le noyau antérieur qui envoie au *gyrus* cingulaire ;
- le noyau latéro-dorsal qui reçoit ses afférences des noyaux thalamiques ventraux, les envoie dans la région pariétale extrapyramidale ;
- le noyau médiodorsal qui reçoit de l'hypothalamus et du lobe préfrontal leur retourne leurs influx ;
- le *pulvinar* qui envoie dans la région de l'aire du schéma corporel ;

- les noyaux végétatifs qui vont envoyer d'une manière diffuse, soit en retour au système végétatif, soit à l'hypothalamus avec lequel ils échangent, soit enfin au cortex pour le tenir en éveil.

L'hypothalamus

L'hypothalamus joue un rôle important dans l'audition ; d'abord en étant l'aboutissant de la voie ascendante réticulée ; ensuite au travers du thalamus qui met l'audition en contact avec lui ; enfin dans sa relation avec le système limbique avec lequel le thalamus est également étroitement lié.

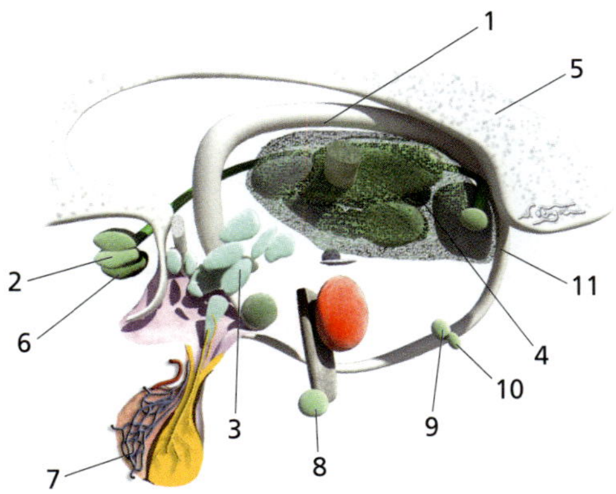

Fig. 11.9 – *L'hypothalamus*

1. Fornix
2. Noyaux du septum
3. Hypothalamus
4. Thalamus
5. Corps calleux (splenium)
6. Accumbens
7. Hypophyse
8. Noyau interpédonculaire
9. Noyau dorsal de la calotte
10. Locus coeruleus
11. Noyau habenula

La peur, les émotions auditives et, d'une manière générale, tout ce qui entraîne des réactions neurovégétatives à la suite d'un *stimulus* auditif, concernent cet hypothalamus par l'intermédiaire des centres extrapyramidaux, du thalamus, des noyaux du tronc cérébral, du rhinencéphale…

C'est l'apport indispensable à l'audition pour lui permettre de mémoriser à court et à long termes mais également pour la colorer d'émotions (mots, musique, alerte…).

Rappelons que l'hypothalamus est le centre qui gouverne le système végétatif et qu'en ce sens, il intervient dans les réactions de joie, de peur, de rejet, d'attirance (rhinencéphaliques) par des sensations viscérales (malaise, pâleur, sueurs, nausées…) dont nous avons conscience. À titre d'exemple, citons le bruit qui nous inquiète et qui provoque chez nous une accélération cardiaque en même temps que l'état d'alerte.

➤ Les noyaux

Au milieu d'une substance composée de petites cellules claires avec des noyaux plus sombres qui tapissent tout le diencéphale, les amas ganglionnaires de l'hypothalamus sont répartis en trois couches (Fig. 11.9 et 11.10) :

- *la 1re couche périventriculaire* (parois inférieures du IIIe ventricule) est l'appareil diencéphalique sécrétoire en relation avec l'hypophyse ; cette couche contient le noyau arqué (petit noyau jouant un rôle capital dans l'appétance), elle est trophotrope (ralentit le pouls, la respiration…) ;
- *la 2e couche médiale* ou *hypothalamus végétatif* proprement dit, présente :
  - *l'hypothalamus médial-antérieur* (préoptique, suprachiasmatique et supraoptique ainsi que le noyau paraventriculaire) ;
  - *l'hypothalamus médial-postérieur* (noyaux dorsal, ventral et postérieur), ergotrope accélérant le pouls, la respiration ;
  - quant aux *corps mamillaires,* ils comportent plusieurs noyaux, (le noyau dorsal envoie les faisceaux mamillo-thalamique et mamillo-tegmental, et le noyau latéral reçoit le pilier antérieur du *fornix*) ;
- *l'aire latérale* ou 3e couche se poursuit vers les régions sous-thalamique et sous-lenticulaire ; elle comporte des noyaux latéraux et ventraux ; ce sont eux qui sécrètent l'hypocrétine A et B ou orexine que nous avons vu avec la substance réticulée et le faisceau central de la calotte (ascendant) ; en ce qui concerne l'audition, ces noyaux innervent toutes les composantes du système d'éveil, ainsi que le cortex cérébral et participent au maintien de l'éveil et donc de l'attention.

➤ Les afférences

Tout le rhinencéphale (qui sera vu plus loin) adresse des afférences à l'hypothalamus. Y participent, non seulement l'olfaction (qui adresse des influx pour les noyaux préoptique et latérobasal du *tuber*) mais aussi tous les sens et en particulier l'audition que ce soit directement par le thalamus

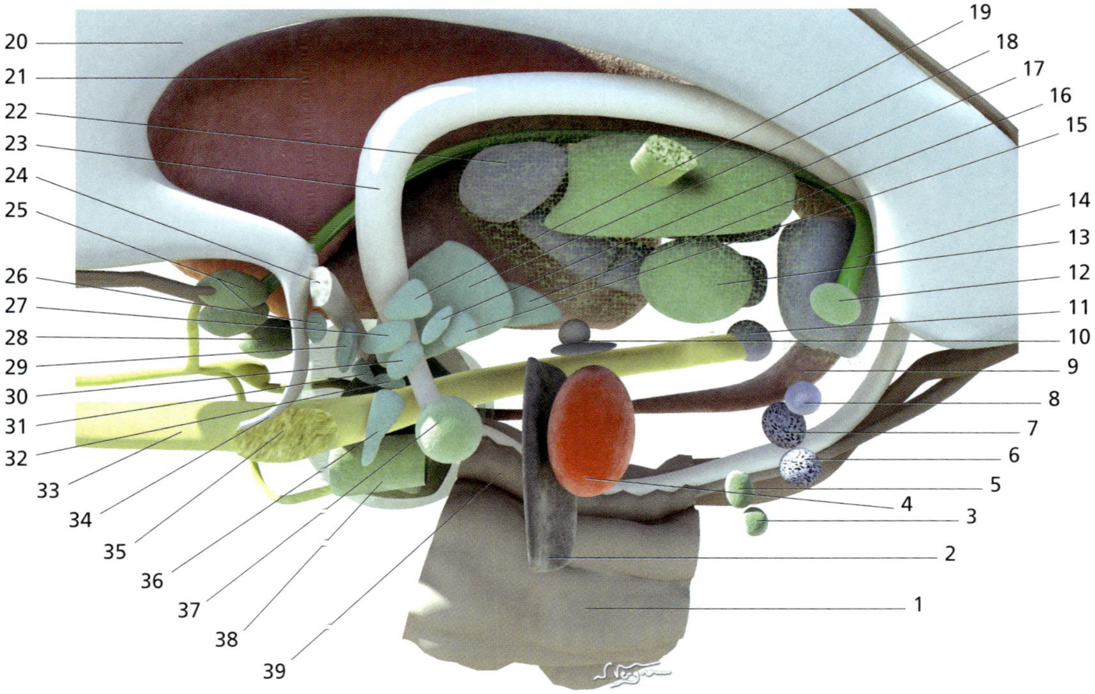

Fig. 11.10 – *Situation de l'hypothalamus. Les noyaux hypothalamiques*

1. Fragment de cortex entorhinal
2. Locus niger
3. Locus cœruleus
4. Noyau rouge
5. Noyau dorsal de la calotte
6. Colliculus inférieur
7. Corps genouillé médian
8. Colliculus supérieur
9. Queue du noyau caudé
10. Noyaux sous-thalamiques (zona incerta, corps de Luys)
11. Corps genouillé latéral (recevant la bandelette optique)
12. Noyau de l'habenula
13. Noyau central du thalamus
14. Habenula
15. Noyau hypothalamique dorsal
16. Noyaux hypothalamiques tegmentaux
17. Noyau hypothalamique dorso-médial
18. Noyau hypothalamique ventro-latéral
19. Noyau hypothalamique para-ventriculaire
20. Corps calleux
21. Tête du noyau caudé
22. Noyau antérieur du thalamus
23. Fornix
24. Commissure antérieure
25. Noyaux du septum
26. Noyau de Meynert
27. Noyau hypothalamique antérieur
28. Noyau accumbens
29. Noyaux hypothalamiques préoptiques
30. Noyaux hypothalamiques tubéraux et infundibulaires
31. Noyau hypothalamique suprachiasmatique
32. Noyau hypothalamique supra-optique
33. Nerf optique droit
34. Lame terminale du corps calleux
35. Chiasma optique
36. Noyau hypothalamique supra-optico-infundibulaire
37. Corps mamillaire
38. Uncus
39. Gyrus dente

ou par le faisceau central de la calotte, le système limbique, les ganglions du *septum*…

Comme les autres sens, l'oreille adresse des messages qui trouvent une réponse appropriée dans les centres de commande du système végétatif. Le corps mamillaire, le noyau interpédonculaire, l'*habenula* envoient des messages au noyau du *tuber*. Citons les voies optiques, le thalamus, les corps striés, l'hypophyse, les noyaux du *septum*… qui envoient leurs influx.

L'audition est également en relation avec l'incidence sexuelle très importante de ces centres. Entendre comme voir ou sentir participe à l'acte sexuel.

Les efférences

Outre tous les centres végétatifs situés en aval qui reçoivent des efférences, le thalamus, les centres extrapyramidaux, l'œil, l'oreille, l'hypophyse... reçoivent également des influx de l'hypothalamus

Nous n'insisterons pas sur la neurosecrétion, la neurocrinie et l'épendymocrinie qui sont hors sujet, encore que la voix dans l'érotisme pourraient prêter à discussion mais alors tout est audition...

On peut considérer l'hypothalamus comme l'effecteur émotionnel puisqu'il est à l'origine de toutes les réactions somatiques ou viscérales qu'entraînent les émotions. Ainsi, tandis que la région septale est à l'origine du plaisir et de la satisfaction et l'amygdale de la peur et de l'agressivité, c'est l'hypothalamus qui procure les sensations physiques adéquates aux *stimuli*.

Le lobe préfrontal est chargé, en ce qui le concerne, de maîtriser autant que faire se peut ces émotions. Il leur donne un sens et surtout, par la prise de conscience qu'il entraîne, les transforme en sentiments plus élaborés, plus complexes, plus humains.

En somme l'hypothalamus remplit plusieurs fonctions principales :

- contrôle des sécrétions de l'hypophyse ;
- contrôle du système nerveux autonome (SNA, sympathique et parasympathique) ;
- rôle dans les émotions et le comportement ;
- rôle dans le contrôle du cycle nycthéméral (jour-nuit, éveil-sommeil).

Les connexions et commissures du diencéphale

Le faisceau de Gudden

Il fait communiquer entre eux les corps genouillés médiaux et les *colliculi* inférieurs par une longue bandelette qui fait le tour du diencéphale en longeant le bord postéro-supérieur de la bandelette optique et du chiasma. Ces fibres sont entièrement dédiées à l'audition (Fig. 9.11).

La commissure blanche postérieure

Il s'agit d'un groupement de fibres qui font communiquer entre eux les organes du plancher du diencéphale postérieur en croisant sur la ligne médiane (Fig. 11.11, au verso).

On reconnaît des fibres qui joignent ;

- le *colliculus* supérieur avec son homologue controlatéral ;
- le noyau rouge avec son homologue controlatéral ;
- le *locus niger* avec son homologue controlatéral ;
- le *pulvinar* avec son homologue controlatéral ;
- le *pulvinar* droit avec le *colliculus* supérieur gauche ;
- le *pulvinar* gauche avec le *colliculus* supérieur droit ;
- le *pulvinar* droit avec le corps genouillé latéral gauche ;
- le *pulvinar* gauche avec le corps genouillé latéral droit ;
- le *pulvinar* droit avec le noyau du III gauche ;
- le *pulvinar* gauche avec le noyau du III droit.

La commissure sous-thalamique postérieure

La commissure sous-thalamique postérieure unit les noyaux sous-thalamiques entre eux en passant en arrière des corps mamillaires.

La commissure inter-thalamique

La commissure inter-thalamique ou commissure grise passe en pont au-dessus du IIIe ventricule unissant les deux enveloppes réticulées du thalamus, c'est une véritable partie du système réticulé, souvent appelée noyau réuniens.

La commissure inter-habénulaire

La commissure inter-habénulaire réunit les deux noyaux de l'*habenula*, passe au-dessus de l'épiphyse et fait partie du système limbique.

La commissure de Meynert

La commissure de Meynert unit les deux noyaux du même nom, en avant du *tuber*.

La commissure transverse du tuber

La commissure transverse du tuber ou faisceaux transverses du tuber, passe derrière le tuber à sa partie haute.

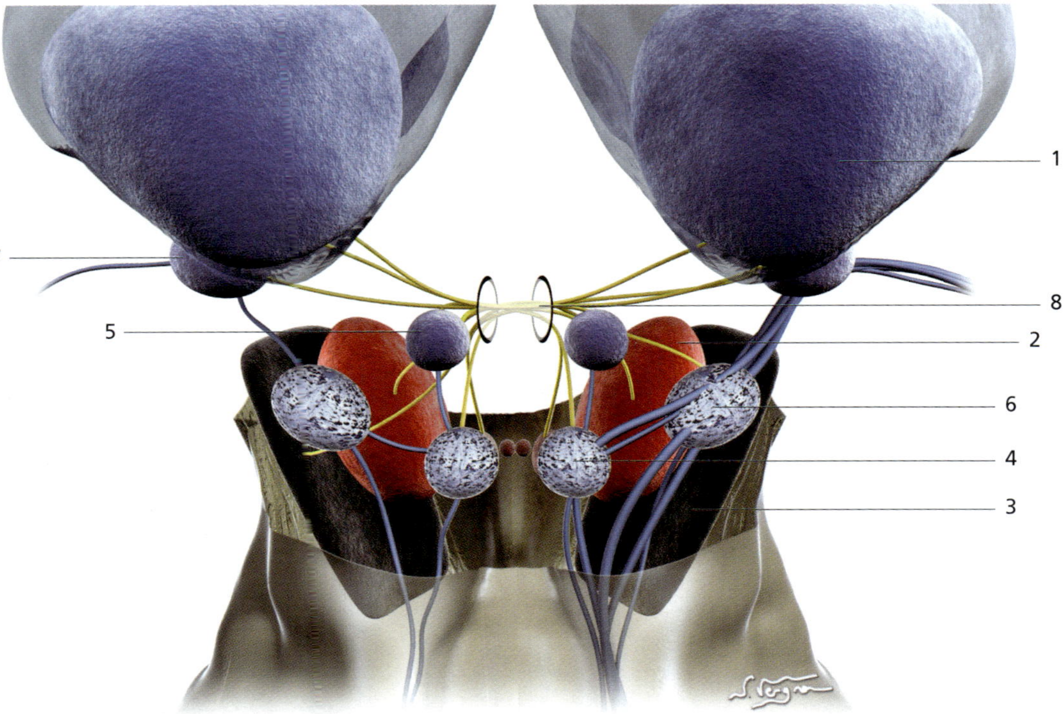

Fig. 11.11 – *Les éléments de la commissure postérieure*

1. Pulvinar
2. Noyau rouge
3. Locus niger
4. Colliculus inférieur
5. Colliculus supérieur
6. Corps genouillé médian
7. Corps genouillé latéral
8. Commissure postérieure

➤ La commissure sous-optique

La commissure sous-optique fait communiquer les éléments les plus postérieurs et ventraux de l'hypothalamus en passant sous la bandelette optique.

➤ Pour conclure

Thalamus et hypothalamus représentent l'étage le plus élevé du cerveau végétatif. Ils sont en relation avec le cerveau instinctif que représente le lobe limbique. Ils échangent avec le lobe préfrontal en apportant leur part à la réflexion. Ils surveillent le système réticulé sous-jacent et supervisent les réflexes de base. Ils commandent au système sympathique et parasympathique. Ils sont encore à la direction de l'hypophyse et de ses actions neuroglandulaires. Ils ont enfin un rôle dans l'action des noyaux de la base[1] et des noyaux sous-opto-striés. Nous y reviendrons. Le *Medial Forebrain Bundle* est leur moyen de communication privilégié. Le rôle de ce cerveau est donc capital pour l'audition au même titre que pour les autres sens. C'est grâce à lui que l'audition se charge d'émotions et peut utiliser les circuits de mémoire dont elle a besoin.

Les émotions, rappelons-le, sont le fait de rassembler des sensations psychiques liées surtout au cortex limbique et des sensations physiques apportées par l'hypothalamus. C'est le système olfactif qui initie les émotions. Ces émotions seront ajoutées à chaque perception sensorielle, à l'audition comme aux autres.

L'olfaction et le rhinencéphale : les émotions et l'audition

L'olfaction, telle que nos connaissances actuelles permettent de l'envisager, est beaucoup plus que la

1. La *zona incerta*, le corps de Luys, le *locus niger* (*pars compacta*/*pars reticulata*), le noyau amygdalien, le noyau *accumbens*, le noyau basal de Meynert et la substance innominée ou noyau sous-thalamique.

simple perception des odeurs. Les deux neurones qui la composent ont des prolongements qui affectent l'ensemble du système nerveux et qui jouent un rôle capital dans toutes les perceptions et tout particulièrement dans l'audition. Nous allons donc l'envisager dans sa totalité afin de pouvoir concevoir son rôle propre aux perceptions par rapport au simple sens olfactif.

La perception des odeurs est fournie par un chimiorécepteur qui nous renseigne sur notre environnement chimique, sous condition qu'il s'agisse de corps capables d'atteindre le récepteur olfactif parce que volatils et solubles dans l'eau.

Rappelons brièvement la physiologie de la respiration nasale sur des schémas de l'anatomie du nez qui situent la tache jaune, zone principale de la perception olfactive (Fig. 11.12). Il existe trois modes de perception des odeurs, selon les mouvements respiratoires. Lors de la respiration normale, une très faible partie de l'air inspiré parvient au sommet de la voûte nasale. Lors du reniflement au contraire, c'est la majorité du courant d'air inspiré qui est détourné vers la tache jaune. Lors de l'alimentation, enfin, le courant d'air expiré remonte jusqu'à la tache jaune et provoque la flaveur dont l'importance est considérable dans la physiologie du goût.

L'organe olfactif

On distingue deux systèmes de perception olfactive :

- la tache jaune, ainsi appelée car elle contient un pigment dérivé du carotène ; elle est située au sommet de la voûte nasale ;
- un système accessoire comprenant l'organe voméronasal (dont l'existence ne semble plus être discutée chez l'homme) et l'organe septal (Fig. 11.13).

La muqueuse olfactive contient trois types de cellules : les cellules neurosensorielles, les cellules de soutien qui participent au maintien de l'homéostasie des cellules sensorielles, les cellules basales enfin dont le rôle est capital dans le renouvellement permanent des cellules neurosensorielles.

Ce sont les cellules sous-muqueuses qui, par de longs canaux, libèrent un mucus à deux phases : l'une très liquide contenant essentiellement de l'eau et l'autre plus visqueuse dans laquelle baignent les cils coiffant les cellules neurosensorielles. Le *mucus* contient des protéines dénommées « *odorant binding proteins* » (OBP).

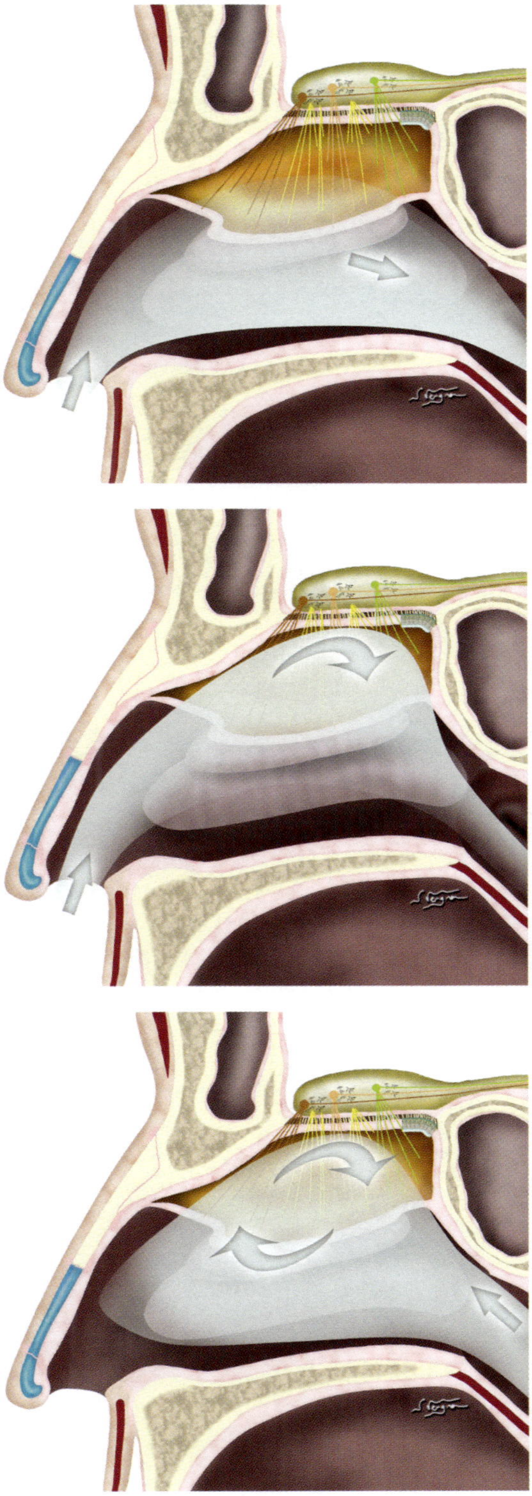

Fig. 11.12 – *Perception des odeurs, de haut en bas : inspiration, reniflement, flaveur*

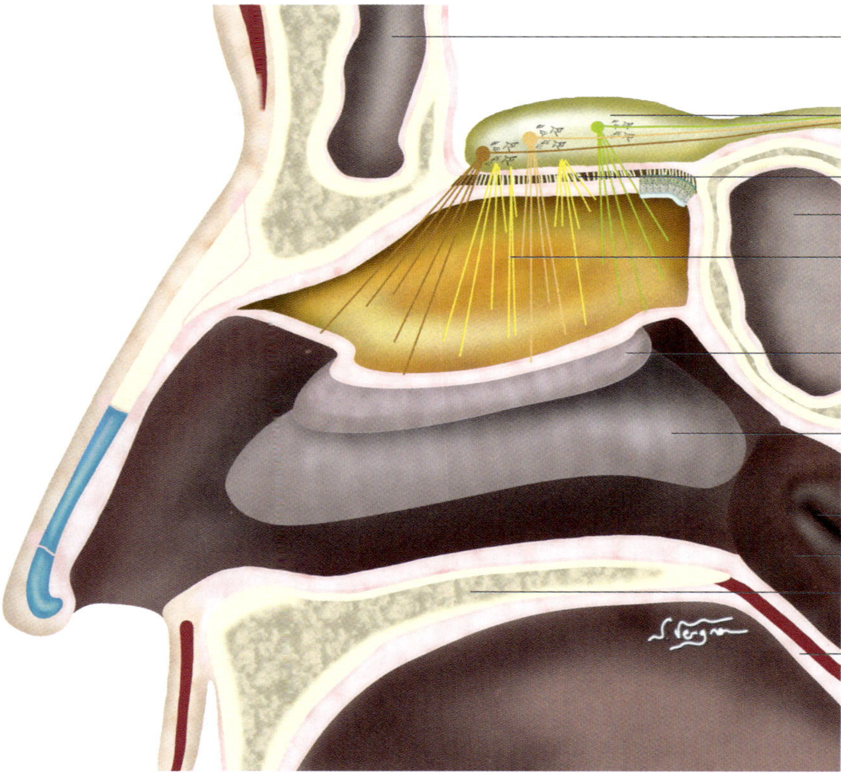
9
10
11
8
1
2
3
7
4
5
6

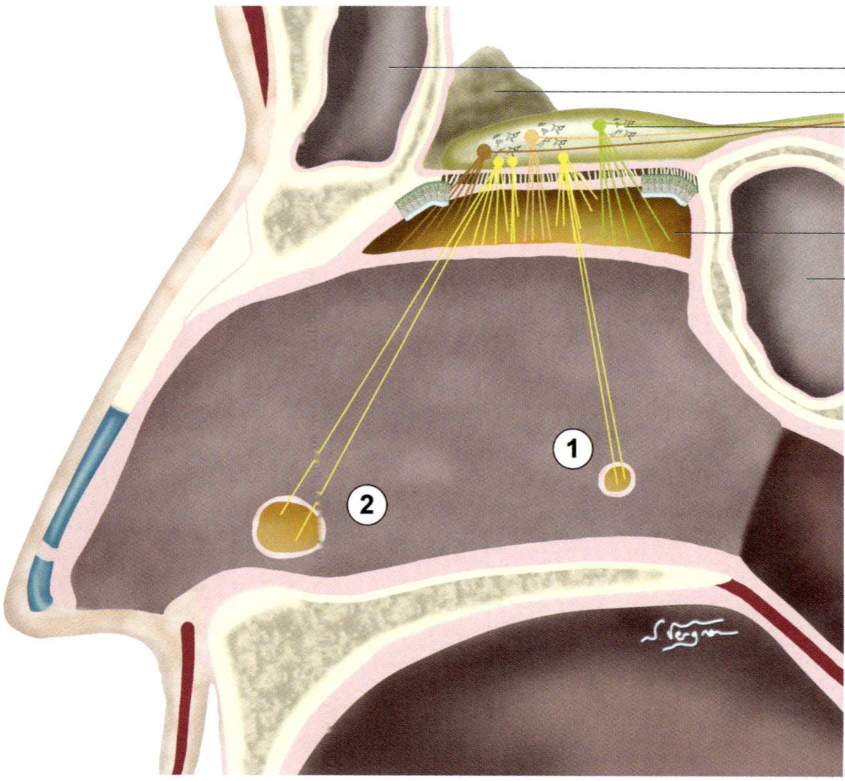
9
12
10
13
8
1
2

Les neurones olfactifs décrits par Schultze, seraient au nombre de 16 000. Ils sont bipolaires. Les dendrites présentent un renflement portant les cils qui baignent dans le *mucus* et contiennent les récepteurs protéiques sensibles aux molécules odorantes. L'axone de la cellule de Schultze est amyélinique (donc de conduction très lente). Les axones se groupent en faisceaux puis s'entourent d'astrocytes pour traverser engainés la lame criblée de l'ethmoïde (Fig. 11.11, 11.13 et 11.15) et entrer dans l'étage antérieur de la base du crâne. Les cellules gliales engainantes auraient de propriétés permettant le remplacement des cellules réceptrices. Ce sont ces faisceaux qui sont décrits sous le nom de nerf olfactif (Fig. 11.14).

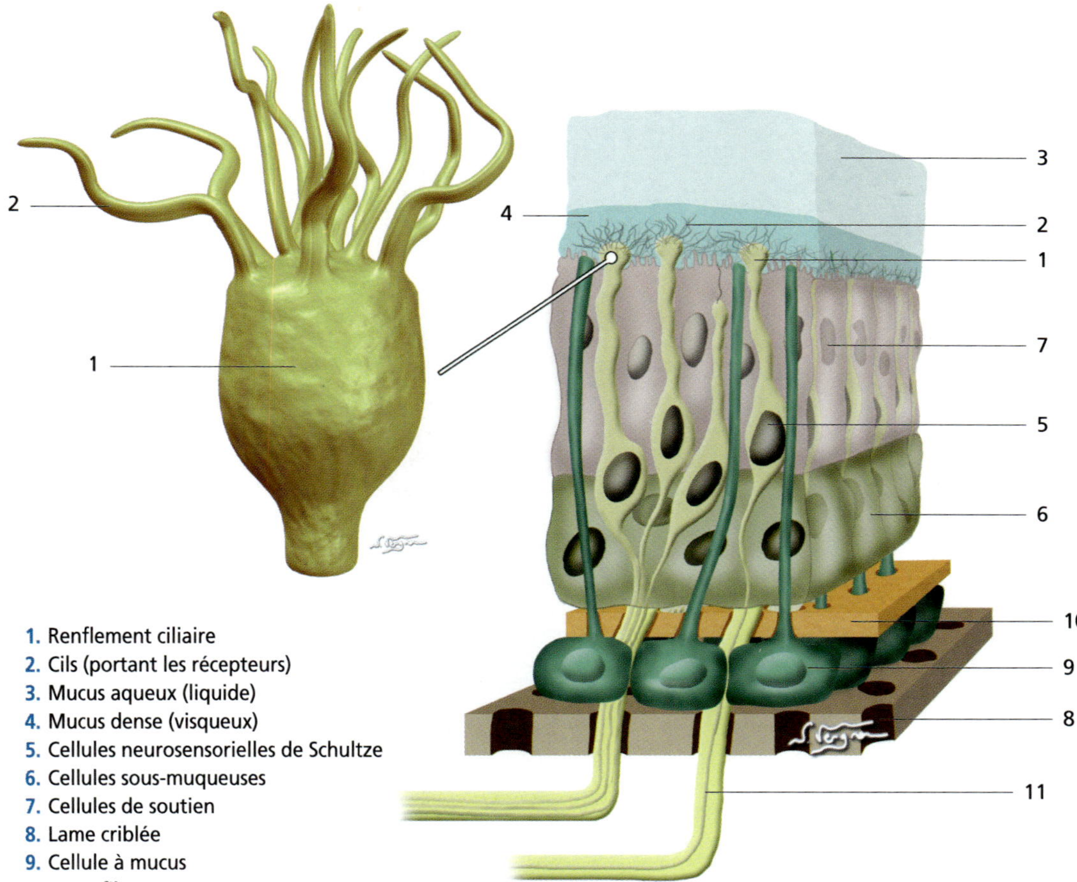

1. Renflement ciliaire
2. Cils (portant les récepteurs)
3. Mucus aqueux (liquide)
4. Mucus dense (visqueux)
5. Cellules neurosensorielles de Schultze
6. Cellules sous-muqueuses
7. Cellules de soutien
8. Lame criblée
9. Cellule à mucus
10. Lame fibreuse
11. Fibres nerveuses du nerf olfactif

Fig. 11.14 – *La muqueuse olfactive (à droite) et l'extrémité libre ciliaire d'une cellule neuro-réceptrice (à gauche)*

Légende de la figure en vis-à-vis

Fig. 11.13 – *La tache jaune sur la paroi externe en haut et la paroi interne (cloison nasale) en bas.*
Sur la cloison, les organes accessoires : ① organe voméro-nasal ; ② organe septal

1. Tache jaune externe
2. Cornet moyen
3. Cornet inférieur
4. Cavum
5. Palais osseux
6. Voile du palais
7. Orifice de la trompe auditive
8. Sinus sphénoïdal
9. Sinus frontal
10. Bulbe olfactif
11. Lame criblée
12. Apophyse crista-galli
13. Tache jaune interne (cloison)

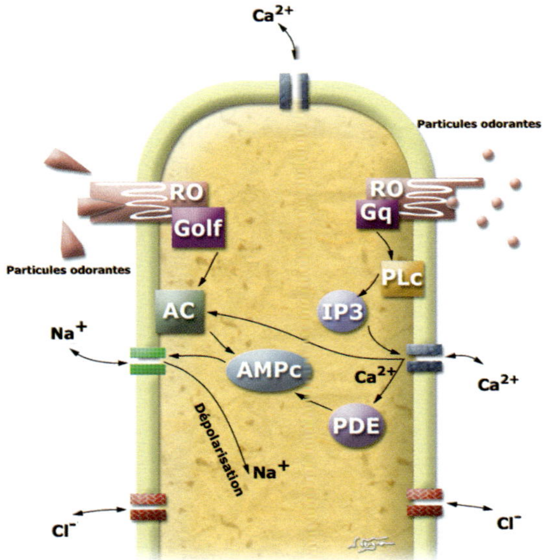

Fig. 11.15 – *Extrémité d'un cil olfactif, le récepteur olfactif*

Après liaison des molécules odorantes avec un ligand dans le mucus des fosses nasales, selon la structure chimique de l'odorant, l'adénylyl-cyclase (AC) ou la phospholipase C (PLC) sont activés. Il en résulte une augmentation de l'AMPc qui déclenche l'ouverture d'un canal de sodium (Na^{+}) et la dépolarisation de la cellule de Schultze. Parallèlement, l'inositol triphosphate (IP_3) provoque l'entrée du calcium (Ca^{2+}) dans la cellule en ouvrant le canal calcique. Le Ca^{2+} stimule la phosphodiestérase.

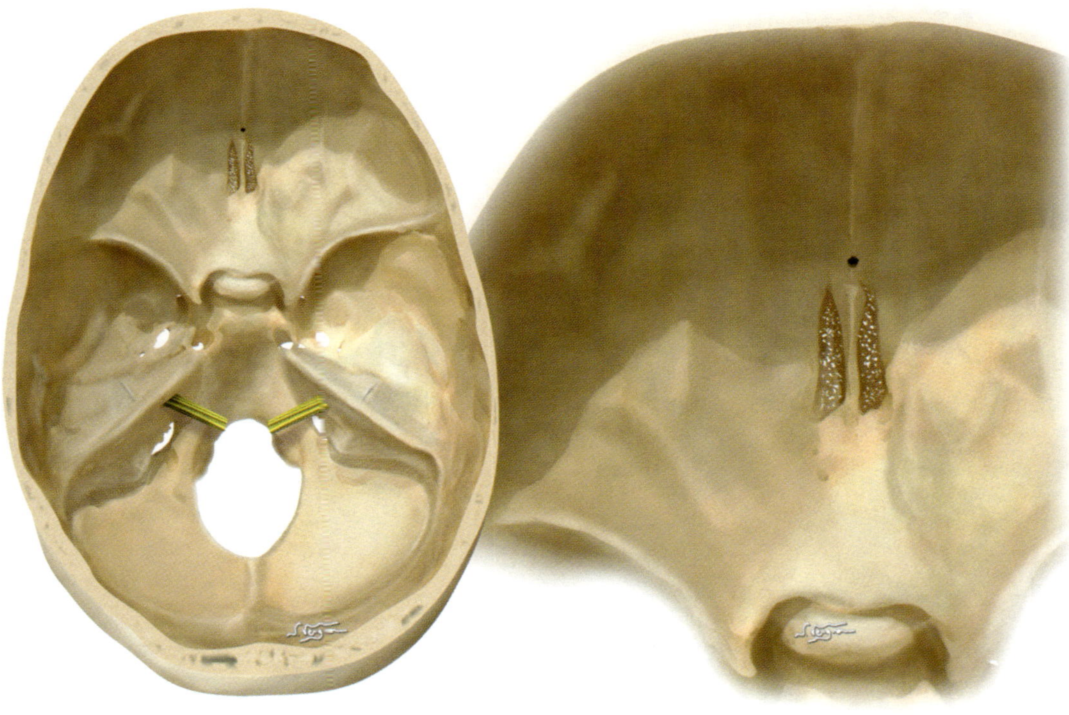

Fig. 11.16 – *La lame criblée*

La forme des fosses nasales conduit l'air à contacter plus ou moins intensément la tache jaune. Les cils n'ont pas de mobilité propre mais oscillent sans cesse au gré des inspirations-expirations. La membrane cellulaire dispose du nécessaire pour transformer l'information chimique en courant électrique (Fig. 11.15).

Contrairement à tous les autres sens, le premier neurone fait synapse dans le télencéphale et va se joindre aux dendrites des cellules mitrales du bulbe olfactif, sans décussation, dès son entrée dans le bulbe olfactif, au niveau du glomérule (Fig. 11.16 et 11.17). Le bulbe est couché sur la lame criblée, face endocrânienne. Chaque zone de la muqueuse olfactive correspond à des zones du bulbe. Les influx qui parviennent au glomérule voient leur action modifiée par les cellules granulaires et périglomérulaires.

Le glomérule reçoit donc directement l'influx en correspondance étroite avec une zone muqueuse précise. Il le renforce du fait :

- du petit nombre de cellules mitrales (1 000 à 2 000) ;
- de l'effet inhibiteur des cellules périglomérulaires pour les zones avoisinantes glomérulaires ;
- de l'effet de boucle des cellules granulaires sur les cellules mitrales (Fig. 11.17).

Le bulbe olfactif est une formation de type cortical, d'une structure concentrique à six couches. Le bulbe olfactif peut être divisé en deux sous-structures : le bulbe olfactif principal et le bulbe olfactif accessoire. Leur aspect anatomique est voisin mais la neurochimie, les efférences (tache jaune ou organe voméronasal et septal) et les fonctions sont différentes.

L'ensemble des fibres des nerfs olfactifs, qu'elles appartiennent à la tache jaune, à l'organe septal ou à l'organe voméronasal, est destiné aux bulbes olfactifs.

La conscience olfactive n'est pas souvent atteinte et cette notion est encore plus valable si l'on considère les organes d'olfaction accessoires comme l'organe voméronasal.

Pour conclure ce chapitre, chaque neurone olfactif et chaque glomérule qui en dépend, répondent à différents types d'odeurs et chaque odeur active une région spécifique de la tache jaune et du bulbe olfactif.

Chaque mélange odorant a sa carte au niveau de la tache jaune et au niveau du bulbe olfactif. Mais ce n'est jamais exactement la même carte puisque, dans ce monde chaotique, il n'y a jamais le même mélange d'odeurs.

➤ Les organes olfactifs accessoires

Il en existe deux : l'organe voméronasal et l'organe septal.

L'organe voméronasal est situé dans la muqueuse en arrière du pied de cloison. Il ne se distingue pas de la muqueuse nasale mais son innervation est double : l'une est olfactive et gagne par le nerf voméronasal le bulbe accessoire, l'autre est tactile et constitue des fibres du nerf trijumeau

L'organe septal correspond à la partie septale de la tache jaune et n'a pas non plus de différence anatomique avec l'épithélium olfactif. Mais il trouve son individualité dans le fait qu'il reste séparé du reste de l'appareil olfactif jusqu'en haut dans le bulbe olfactif (Fig. 11.12).

L'organe voméronasal n'est maintenant plus contesté mais son rôle est en revanche plus ou moins discuté. Pendant longtemps les scientifiques sont restés sceptiques sur les possibles effets des phéromones sur l'homme.

Une grande quantité de travaux récents ont établi que l'homme réagissait à partir du système olfactif accessoire, au même titre que les animaux. Les phéromones attirent le sexe opposé, jouent un rôle dans la régulation du cycle menstruel de la femme. Elles peuvent affecter le caractère et nous font sentir certaines émotions comme la peur.

➤ Du point de vue physiologique

L'absence de descripteur rend l'étude de la physiologie de l'olfaction extrêmement délicate. Du point de vue électrophysiologique les molécules qui ont le pouvoir d'être reconnues par la tache jaune lui adressent un signal qui est perçu mais dont la description consciente reste imprécise, floue et ramenée à quelques expressions plus hédoniques que qualificatives. Nous sommes sans cesse à la frontière de plusieurs sensations comme on peut parfois hésiter entre un bleu ou un vert… Ce qui est rare et marginal pour l'œil, est le quotidien pour l'olfaction.

Dans l'air, il n'y a pas une molécule mais des molécules, des milliards de milliards de molécules. Chez l'homme, il existe environ un millier de gènes qui codent pour des récepteurs olfactifs différents.

Il n'existe pas une odeur mais un ensemble complexe et variable de différentes molécules odorantes. Pour être reconnaissable par le sens de l'olfaction, une molécule doit avoir des propriétés : être volatile et soluble dans l'eau.

Une inspiration fait entrer de l'air avec des molécules de toutes sortes. La grande majorité d'entre elles prises au hasard, va monter jusqu'à la tache jaune où elle se mélangera avec le *mucus* liquide. Elles rencontreront ensuite forcément un ligand nageant dans la phase plus dense de ce *mucus* et,

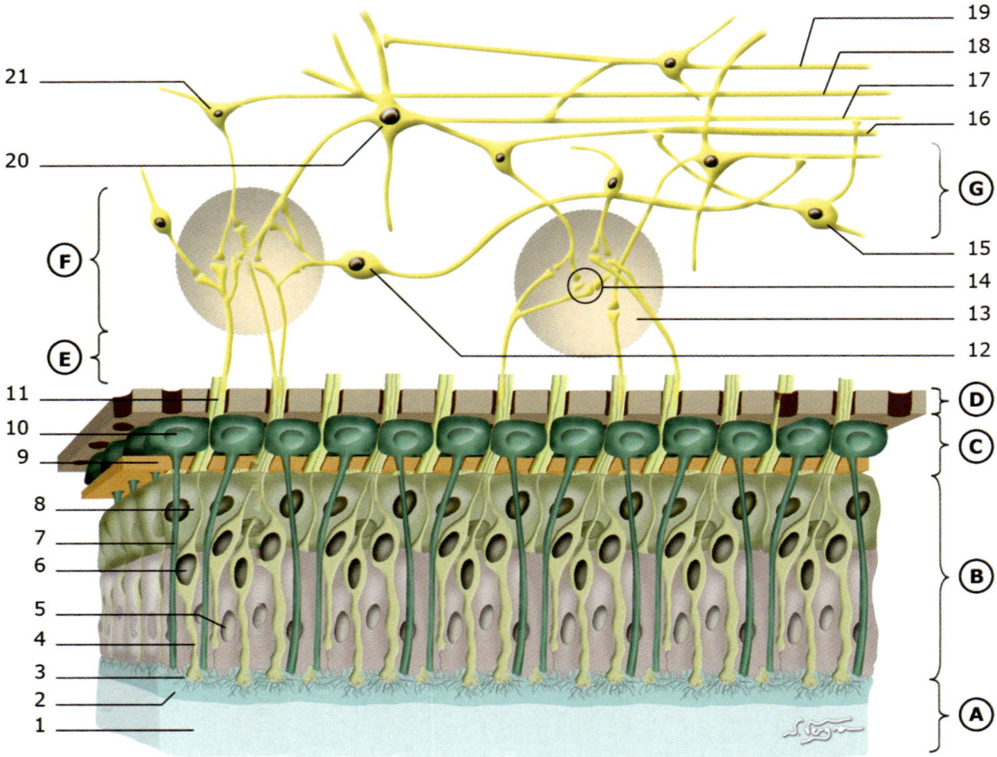

Fig. 11.17 – *L'ensemble du système olfactif : muqueuse et câblage bulbaire*

A : Mucus – **B :** Couche muqueuse – **C :** Couche sous-muqueuse – **D :** Lame criblée de l'ethmoïde
E : Nerf olfactif – **F :** Couche glomérulaire – **G :** Couche granulaire.

1. Mucus clair et superficiel
2. Mucus épais et profond. C'est à ce niveau profond que le mucus rencontre les particules odorantes et que les ligands les mettent en contact avec les cils
3. Touffe ciliaire (20 cils) portant les récepteurs sensoriels
4. Dendrite de la cellule de Schultze
5. Cellule de soutien
6. Cellule sensorielle de Schultze
7. Canal excréteur des cellules à mucus
8. Cellule basale assurant la régénération des cellules de Schultze
9. Lame fibreuse
10. Cellule à mucus sous-muqueuse
11. Filets du nerf olfactif (axones engainés par des cellules gliales)
12. Cellules périglomérulaires : interneurones GABAergiques et dopaminergiques
13. Jonction glomérulaire des neurones olfactifs avec les cellules mitrales
14. Glomérule
15. Cellules granulaires
16. Faisceau centrifuge provenant du mésencéphale
17. Faisceau centrifuge provenant du paléoencéphale
18. Faisceau centrifuge provenant de l'archéoencéphale
19. Faisceau centrifuge controlatéral (par la commissure blanche antérieure)
20. Cellule mitrale (traite des influx olfactifs)
21. Les cellules à panache ou cellules touffues qui ont un aspect et un rôle voisins des cellules mitrales.

L'influx provenant des cellules neurosensorielles se concentre sur un glomérule. Les cellules mitrales et les cellules à panache sont le second et dernier relais du système olfactif à l'exception d'un petit contingent qui atteint le cortex olfactif. Elles reçoivent un influx qui est modulé (dans le sens de l'inhibition) par les cellules périglomérulaires qui elles aussi reçoivent des influx provenant d'autres cellules neurosensorielles. Ces cellules périglomérulaires sont également informées par les cellules mitrales. Elles envoient en retour des inhibitions aux cellules mitrales voisines. Quant aux cellules de la couche granulaire, excitées par des collatérales des cellules mitrales, elles retournent leur inhibition (comme les cellules glomérulaires) aux cellules mitrales voisines. À coup d'inhibitions, ces deux relais permettent de renforcer une information d'une cellule mitrale, clarifiant le chaos provenant de la perception du milieu odorant ambiant. Des circuits privilégiés par l'habitude et le travail, les qualités génétiques et le milieu dans lequel on respire, vont être à l'origine de reconnaissances d'odeurs pour une petite part et de sensations, interprétées comme des émotions la plupart du temps.

par chimiotopie olfactive, chacune des molécules de ce complexe sera présentée à un récepteur placé sur un cil, ballotté au gré des mouvements respiratoires.

La molécule est alors reconnue. Un influx va parcourir la dendrite, le corps cellulaire et, quand l'intensité sera suffisante, actionner la zone gâchette pour déclencher la dépolarisation de l'axone. L'addition de tous les éléments conduit à apporter aux glomérules, une carte caractéristique du complexe odorant, à une certaine intensité.

Au niveau du bulbe olfactif (Fig. 11.18), il existe en permanence une intense activité électrique dite de repos. Activité qui se voit brusquement modifiée par l'arrivée de cette carte épithéliale représentant « l'odeur à analyser ». Une importante réduction se fait au niveau des glomérules qui regroupent tous les récepteurs d'une molécule avant de transmettre l'influx aux dendrites des cellules mitrales (Fig. 11.17).

C'est l'exemple d'un chaos qui s'auto-organise autour d'attracteurs étranges et qui, étapes après étapes, donne la possibilité d'une reconnaissance très fine, presque maximale à une foule d'odeurs que nous pourrons diversifier durant toute la vie.

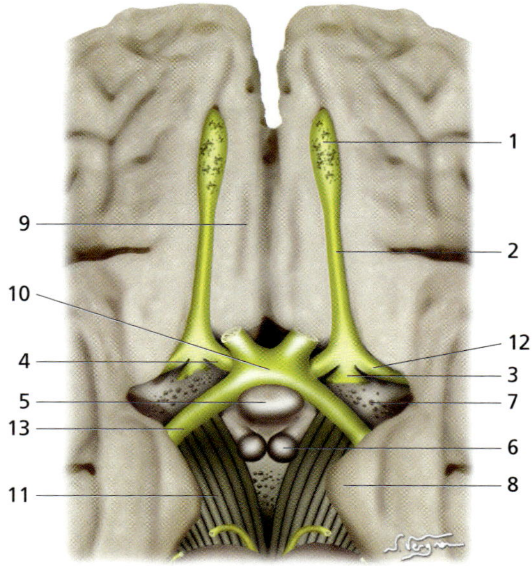

Fig. 11.18 – *Le bulbe et le pédicule olfactifs*

1. Bulbe olfactif
2. Bandelette olfactive
3. Racine moyenne et tubercule olfactif
4. Racine médiale
5. Infundibulum de l'hypophyse
6. Tubercule mamillaire
7. Espace perforé antérieur
8. Uncus
9. Gyrus rectus
10. Chiasma
11. Pédoncule cérébral
12. Racine latérale
13. Bandelette optique

Le rhinencéphale et ses dépendances

Si l'on ne considère que la reconnaissance des odeurs, il suffit d'ajouter que le tractus olfactif qui fait suite au bulbe olfactif va conduire quelques fibres jusqu'au cortex situé dans le rostre du *gyrus* temporal T5, juste en dedans de l'hippocampe (Fig. 11.19).

Là, les rares odeurs que nous sommes capables de reconnaître vont devenir conscientes et nous procurer soit du désagrément, soit du plaisir. Si nous ajoutons que quelques fibres vont également gagner le lobe frontal dans le *gyrus* sus-orbitaire juste en dehors du *gyrus rectus*, tout est écrit. En réalité, le devenir des perceptions moléculaires que nous apporte le système olfactif a beaucoup plus d'importance que celle que nous lui avons reconnue jusqu'ici.

Revenons à l'anatomie. Nous avons vu que le bulbe recevait des influx de quatre origines :

1. faisceau centrifuge provenant du mésencéphale ;
2. faisceau centrifuge provenant du paléoencéphale (olfaction) ;
3. faisceau centrifuge provenant de l'archéoencéphale (hippocampe) ;
4. faisceau centrifuge controlatéral (permettant une ébauche de localisation de l'odeur).

Le bulbe, lui-même, envoie des influx à ces mêmes centres. Ainsi se constitue une boucle de rétroaction permettant d'orienter le bulbe dans ses recherches olfactives. Ce bulbe peut alors offrir des variétés d'odeurs qui, déjà connues, sont étiquetées attirantes ou repoussantes.

Il convient d'étudier maintenant les cortex :

- les *gyri* piriforme (T5) et pré-piriforme (T4), et l'espace perforé antérieur sur le lobe temporal ;
- le *gyrus* sous-calleux (aire paraolfactive, circonvolution sous-calleuse sur le lobe frontal) ;
- le noyau olfactif antérieur (le long du *tractus* olfactif) ;

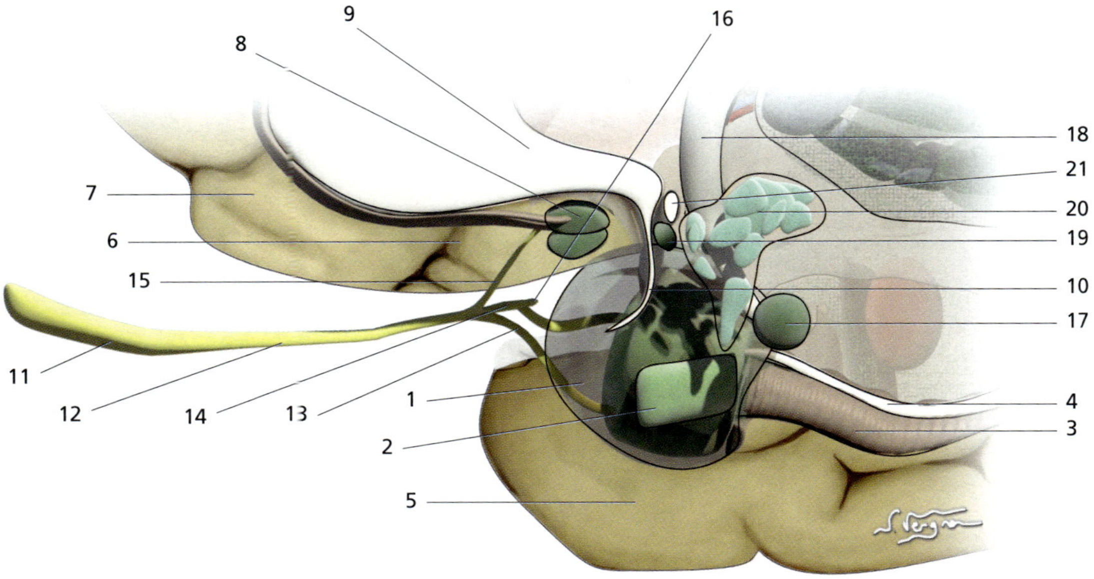

Fig. 11.19 – *Le rhinencéphale temporal et le cortex préfrontal*

1. Amydale
2. Uncus
3. Hippocampe
4. Fimbria
5. Rhinencéphale
6. Aire frontale paraolfactive sous-calleuse
7. Cortex frontal sous-calleux
8. Noyaux du septum
9. Corps calleux (bec)
10. Lame terminale
11. Bulbe olfactif
12. Tractus olfactif
13. Racine olfactive latérale
14. Racine olfactive moyenne
15. Racine olfactive médiale
16. Tubercule olfactif
17. Corps mamillaire
18. Fornix
19. Noyau de Meynert
20. Hypothalamus
21. Commissure antérieure

- le tubercule olfactif (au niveau de la substance perforée antérieure) ;
- le cortex entorhinal rostral ;

  et :
- les noyaux du *septum* ;
- l'amygdale ;
- les *gyri* péri-amygdaloïdes (*uncus*, *ambiens*, diagonal, *intra-limbicus* et semi-lunaire).

  et
- par là, l'ensemble du système limbique, dont l'olfaction fait complètement partie (voir système limbique).

Le rhinencéphale est situé sur T5. Ce cortex, composé de deux à cinq ou six couches de neurones, est le plus ancien et sa complexité est donc moindre par rapport au néocortex. Il reçoit non seulement les influx olfactifs mais aussi des influx tactiles, visuels, auditifs. On connaît son rôle dans la mémoire qu'il vient « mettre en route » et « renforcer » : on n'oublie pas les circonstances de l'accident évité mais où on a eu très peur (relation avec l'amygdale). Cet ajout d'émotion est capital pour la mémorisation. Tout se passe comme si l'importance de l'émotion ajoutée à l'influx auditif par exemple, conditionnait la qualité de la trace que cet influx va laisser. En coordonnant quelque peu ces états émotionnels, le rhinencéphale joue donc également un rôle dans l'affectivité et dans la coordination des instincts de base. Il sera revu plus complètement avec le système limbique.

■ En quelques lignes ■

C'est la dernière étape avant l'intégration corticale et elle présente un intérêt considérable au regard des fonctions exercées. On peut regrouper les noyaux du thalamus en trois catégories :

- *les noyaux relais comme les corps genouillés et en particulier le corps genouillé médial mais également le noyau antérieur ou le noyau ventral postérieur (sensibilité) ;*
- *les noyaux d'association et en particulier le pulvinar qui intervient en recevant du corps genouillé médian et en envoyant des fibres dans l'aire du schéma corporel ;*
- *les noyaux d'activation diffuse ; c'est le cas du centre médian qui constitue le dernier relais d'une grande partie des fibres du système réticulé dont on a vu l'importance dans les réflexes auditifs ; ce centre intervient sur l'hypothalamus dont on connaît le rôle dans les émotions.*

Car la peur, les émotions auditives et d'une manière générale tout ce qui entraîne des réactions neuro-végétatives à la suite d'un stimulus auditif vont entrer en relation avec cet hypothalamus par l'intermédiaire des centres extrapyramidaux, du thalamus, des noyaux du tronc cérébral, du rhinencéphale... C'est l'apport indispensable à l'audition pour lui permettre de mémoriser à court et à long termes mais également pour colorer l'audition d'émotions (mots, musique, alerte...).

L'audition, au même titre que la sensibilité proprioceptive, la vision ou le goût, bénéficie de l'amorce d'intégration ou de la préparation à l'intégration que lui apporte le niveau thalamique.

Quant au rhinencéphale, son rôle est d'une très grande importance si l'on veut dépasser le rôle de l'intégration auditive pour aborder celui de ce qu'est l'audition dans la vie courante.

Des milliers de molécules sont capables d'engendrer des interactions de l'organisme. Très peu correspondent à des « odeurs » mais toutes ces molécules entraînent des réactions d'attirance ou de rejet. Certaines zones du lobe frontal reçoivent directement des fibres olfactives et leur travail consiste sans doute en une analyse réfléchie des odeurs. Le rhinencéphale a de son côté un rôle beaucoup plus basique et apporte une composante émotionnelle qu'il partage avec l'amygdale à l'échelon inférieur. Ces émotions sont responsables d'une très grande quantité de modifications de la perception auditive allant de la capacité à mémoriser à l'importance que nous attachons aux messages reçus. Nous y reviendrons dans les prochains chapitres.

C'est la raison qui nous a poussé à traiter ici de l'olfaction. Ce sens est indissociable de toute perception sensorielle.

Pour approfondir

AMOORE JE. Stereochemical and vibrational theories of odour, *Nature*, 1971, *233*, (5317), 270-1.

ASTIC L, SAUCIER D. Anatomical mapping of the neuroepithelial projection to the olfactory bulb in the rat, *Brain Res. Bull.*, 1986, *16*, (4) : 445-54.

BOCKAERT J, PIN, JP. Utiliser un récepteur couplé aux protéines G pour communiquer. Un succès évolutif. *CR Acad. Sci.,* Paris. 1998, *321* : 529-620.

BUONVISO N, CHAPUT M. Response similarity to odors in olfactory bulb output cells : electrophysiological study using simultaneous single-unit recordings. *J Neurophysiol.*, 1990, *63* : 447-454.

BUONVISO N, CHAPUT MA, SCOTT JW. Mitral cell-to-glomerulus connectivity : an HRP study of the orientation of mitral cell apical dendrites. *J. Comp. neurol.*, 1991a, *307*, 57-64.

CARMICHAEL ST, PRICE JL. Architectonic subdivision of the orbital and medial prefrontal cortex in the macaque monkey. *J Comp Neurol.*, 1994, *346* : 366-402.

DELMAS A. *Voies et centres nerveux*, 10e éd., Masson, Paris, 1991.

DHOUIB S, VERGNON L. L'olfaction : un sens à ne pas méconnaître en particulier chez les personnes âgées : rappel anatomophysiologique, *La Revue de Gériatrie*, tome 31, n° 1, janv. 2006 : 19-25.

DHOUIB S, VERGNON L. L'olfaction : un sens à ne pas méconnaître en particulier chez les personnes âgées. Naissance vie et mort. *La Revue de Gériatrie*, tome 31, n° 2, février 2006 : 95-104.

DRAVNIEKS A. Measuring industrial odors, In : *Chemical Engineering*, McGraw-Hill Inc, New York, 1974.

DULAY MF, MURPHY C. Olfactory acuity and cognitive function converge in older adulthood : support for the common cause hypothesis. *Psychol Aging*, 2002, *17* : 392-404.

FÉRON F. *Nez, neurones et neurogenèse. Analyse* in vivo *et* in vitro *des conditions permettant de reproduire le processus de neurogenèse observé dans l'épithélium olfactif de rongeurs adultes*, thèse univ. Claude-Bernard, Lyon. 1995

Freeman W. La physiologie de la perception. *Pour La Science*, 1991, *162* : 70-8.

Gros-Isserof R, Lancet D. Concentration-dependent changes of perceived odor quality. *Chem Senses*, 1988, *13* : 191-204.

Kettenmann B, Hummel C, Stephan H, Kobal G. Multiple olfactory activity in the human neocortex identified by magnetic source imaging. *Chemical Senses*, 1997, *22* : 493-502

Lledo PM, Vincent JD. Odeurs. In : *Médecine et sciences*, 2002, *23* : 9-16

Moulton DG. Dynamics of cell populations in the olfactory epithelium. *Ann NY Acad Sci.*, 1974, *237* : 52-61.

Moulton DG. Spatial patterning of responses to odors in the peripheral olfactory system. *Physiol Rev.*, 1976, *56* : 578-593.

Mouly AM, Kindermann U, Gervais R, Holley A. Involvement of the olfactory bulb in consolidation processes associated with long-term memory in tats. *Behav Neurosc.*, I, 1993, *107* : 451-7.

Reed RR. Signaling pathways. In : Odorant detection. *Neuron.*, 1992, *8* : 205-209.

Ressler KJ, Sullivan SL, Buck LB. A zonal organization of odorant receptor gene expression in the olfactory epithelium. *Cell.*, 1993, *73* : 597-609.

Rouiller EM. Rôle des différents relais des voies auditives centrales dans le traitement de l'information acoustique. In : *Rencontre IPSEN en ORL*, tome 2, Christen Y., Collet L., Droy-Lefaix MT (eds), Irvinn, Paris, 1998, 53-70

San Jullian M, Dhouib S. Un sens à découvrir : l'olfaction. *Revue Objectif soins*, 2004, *123* : 16-20.

Sobotta C. *Atlas d'anatomie humaine*, édité par Putz R, Pabst R, édition française, Dhem A, Gouazé A, Paris, Éditions Médicales Internationales, 1994.

Warren DW, Walker JC, Drake AF, Lutz RW. Assessing the effects of odorants on nasal airway size and breathing. *Physiol Behav.*, 1992, *51*, 425-430.

Wilson DA. Receptive fields in the rat piriform cortex. *Chem Senses*, 2001, *26* : 577-84.

Le chapitre sur l'olfaction a été écrit à partir de deux articles de la Revue de Gériatrie *parus en janvier et février 2006 et cités en références.*

CHAPITRE 12

Le cortex auditif primaire

Introduction à l'étude du cortex

Aborder le télencéphale change complètement l'approche que l'on pouvait avoir de l'audition jusqu'ici. L'oreille et sa fonction ne sont maintenant plus individualisables des autres fonctions cérébrales, rien n'allant seul à ce niveau. Les images mouvantes sonores seront difficiles à isoler sans leur faire perdre leur réelle signification.

Toutes les fonctions sensorielles (à l'exception de l'olfaction) présentent à décrire, dans chaque hémisphère, trois cortex. Un cortex primaire qui « reconnaît » (c'est le niveau de la prise de conscience), un cortex secondaire qui donne du « sens » et un cortex associatif qui « met en relation » les influx sonores avec les autres aires corticales. Chaque modalité sensorielle a ses propres aires de projection corticale : somesthésiques (pariétales), visuelles (occipitales), auditives (temporales)...

Les aires primaires reçoivent les projections de noyaux relais thalamiques spécifiques et sont organisées topographiquement comme des cartes, c'est-à-dire qu'à chaque élément périphérique innervé correspond une région précise au niveau cérébral (peau et somatotopie, portion du champ visuel et rétinotopie, partie de la cochlée et cochléotopie).

À la naissance, avec les 400 milliards de neurones non câblés à sa disposition, le petit être va créer, en une vingtaine d'années, des réseaux d'une immense complexité, constitués seulement de 100 milliards de neurones (les neurones redondants ou inactifs ayant disparu) très richement câblés entre eux. L'organogenèse du cortex procède donc en stabilisant les neurones dont les connexions semblent suffisamment utilisées et en faisant disparaître les neurones qui ne sont pas employés. Ces opérations nous semblent s'organiser selon le modèle du « *feed-forward neural network* » qui consiste à créer des couches dans lesquelles le neurone suivant est connecté à tous les neurones précédents. Ce système aboutit à une *classification* de chaque zone en couches dont l'accumulation va créer des « *colonnes* » corticales (Fig. 12.1), ayant une spécificité pour une parcelle d'action. Chaque influx passe toutes les couches d'une colonne en revue cherchant s'il y a ou non des coïncidences avant d'en sortir.

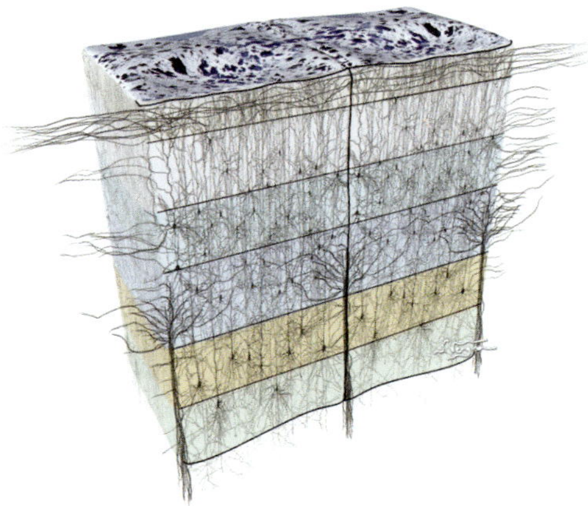

Fig. 12.1 – *Deux colonnes corticales voisines*

Depuis l'apparition du système nerveux jusqu'à sa maturité, une sorte de « vagues de classification » se dirige d'arrière en avant vers le lobe frontal ordonnant le système nerveux. Ainsi, les neurones s'auto-structurent entre eux en unités élémentaires faites de colonnes qui perçoivent chacune une parcelle d'informations. Ces colonnes sont entourées d'autres colonnes tout aussi spécialisées qu'elles mais destinées à ajouter d'autres fragments de cette information, afin d'en analyser la globalité. Ces amas de colonnes fonctionnent, pour une information, du centre vers la périphérie et s'appellent des « maxi-colonnes » (Fig. 12.2). Dans une même « *maxi-colonne* », peuvent se développer des liens inhibiteurs (cellules EI) ou facilitateurs (cellules EE). L'intensité et la rapidité de la réponse des neurones dépendent de l'habituation qu'ils ont de travailler ensemble c'est-à-dire du câblage et du développement synaptique réalisés à ce niveau depuis l'enfance. Le fonctionnement temporal se fait à partir de boucles de rétroaction.

Fig. 12.2 – *Représentation d'une « maxi-colonne »*

La boucle de rétroaction stoppe la marche du temps pour permettre de traiter l'information. Prenons l'exemple d'un influx sonore. L'influx est intégré en tant que son par l'aire primaire et immédiatement adressé à l'aire secondaire. Grâce à la boucle de rétroaction, l'aire secondaire va avoir le temps de conceptualiser, de mémoriser, de choisir quelques points d'une image sonore et cela en interrogeant le voisinage (maxi-colonnes à distance, côté opposé, zone associative, autre zone sensorielle, lobe frontal…). On notera que les boucles de rétroaction existent à tous les niveaux du système nerveux mais qu'elles sont tout à fait spécifiques du lobe frontal.

Cette conception du fonctionnement nerveux s'inscrit parfaitement dans le système chaotique qui nous paraît nécessaire à la compréhension du développement et des mises en route des processus neurologiques que nous observons. Nous y retrouvons les itérations qui provoquent l'habituation et rendent le système extrêmement sensible aux conditions initiales, l'extrême complexité qui se manifeste à tous les niveaux, les bifurcations imprévisibles que l'on rencontre lorsque le temps de Lyapounov est atteint. Bien qu'imprévisible, l'ensemble reste parfaitement déterministe. Chacune de nos pensées peut s'assimiler à un attracteur étrange, invariant d'échelle et qui n'aura pourtant jamais deux fois exactement la même forme, nous permettant ainsi de progresser et d'évoluer.

Du point de vue anatomique, une colonne corticale est un petit parallélépipède de cortex de 2 ou 3 mm d'épaisseur et d'environ 300 µm de large. À l'intérieur de cette colonne, les neurones sont activés par le même type de récepteurs situés dans une même zone de l'organe sensoriel (pour l'audition, c'est la tonotopie).

Le cortex sensitivo-sensoriel est donc constitué par la juxtaposition d'innombrables colonnes corticales qui constituent la carte somatotopique du corps : par exemple « homonculus sensitif » ou tonotopie de la cochlée. Cette organisation est due à la présence d'interneurones inhibiteurs GABAergiques dont les axones horizontaux touchent essentiellement la partie basale des cellules pyramidales. Ce processus inhibiteur se manifeste au final comme un renforçateur de contraste.

Certains neurones du cortex auditif primaire sont capables de détecter la direction du *stimulus* dans le champ récepteur. D'autres détectent également l'intensité du *stimulus*, l'intensité de la décharge neuronale étant fonction de l'intensité de la stimulation du champ.

Les cartes corticales ainsi constituées sont *dynamiques* et dépendent de l'information sensorielle reçue. En effet, des modifications des « entrées » sensorielles peuvent entraîner des changements de ces représentations. Ainsi, en interférant avec l'expérience sensorielle (en particulier, au cours du développement) on peut observer des réorganisations importantes des cartes corticales. Cette *plasticité* synaptique (dont, répétons-le, tous les processus sont maximaux au cours du développement mais qui persistent toute la vie), est liée à l'apprentissage et à la mémoire.

Rappelons la constitution du cortex sensitif. Horizontalement, on distingue six couches numérotées de I à VI de la surface vers la profondeur (Fig. 12.3).

Les *aires sensorielles secondaires et associatives* entourent les aires sensorielles primaires. Les informations leur parviennent après relais dans le cortex primaire qui a fait subir à l'information un prétraitement. Ces aires secondaires et associatives reçoivent aussi des afférences cortico-corticales provenant d'autres régions du cortex et des afférences thalamiques provenant de certains noyaux *non spécifiques* du *thalamus*. Les *stimuli* auxquels les neurones deviennent les plus sensibles s'y complexifient de plus en plus. Ces aires sensorielles sont, par leurs connexions cortico-corticales, directement impliquées dans de multiples tâches sensorimotrices qui associent, par exemple, les cortex

Couche I ou couche moléculaire, pauvre en cellules nerveuses, constituée surtout des cellules gliales et des fibres nerveuses à trajets parallèles à la surface corticale. Les échanges sont lointains.

Couche II ou couche granulaire externe, essentiellement constituée de petits neurones pyramidaux. Cette couche et la couche III échangent localement.

Couche III ou couche pyramidale externe, contient la majorité des neurones pyramidaux. Les axones de ces neurones forment les fibres intrahémisphériques et interhémisphériques ou commissurales, dans la substance blanche tandis que les dendrites apicales atteignent la couche moléculaire.

Couche IV ou couche granulaire interne, formée de petits neurones non pyramidaux représentés essentiellement par des cellules étoilées. Ces cellules échangent sur place et servent de relais soit vers d'autres zones corticales (I, II, ou III) soit vers la sortie (couches V et VI).

Couche V ou couche pyramidale interne, contient essentiellement des neurones pyramidaux dont les dendrites apicales se projettent soit dans la couche moléculaire (couche I) soit dans la couche granulaire interne (couche IV). Les axones de ces neurones se projettent à distance (striatum, tronc cérébral, moelle épinière...) contrairement à ceux de la couche III. C'est avec la couche VI, la couche de sortie vers les autres régions corticales.

Couche VI ou multiforme, source principale des neurones qui se projettent sur le thalamus. Elle est à l'origine aussi des fibres commissurales et des fibres d'association.

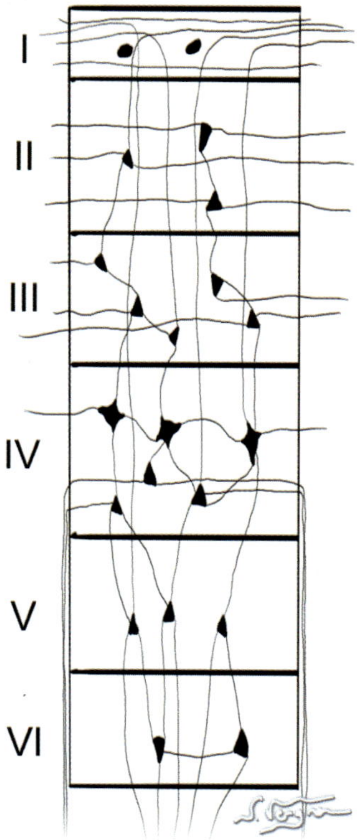

Fig. 12.3 – *Les six couches corticales*

somesthésique et visuel ou les cortex moteur et auditif…

On remarquera que l'aire secondaire ne renvoie pas ou peu d'influx à l'aire primaire.

Les aires sensorielles associatives peuvent atteindre un degré d'élaboration qui dépasse tout ce qu'il est possible d'imaginer : nous sommes dans un chaos où seuls les attracteurs étranges portent les informations reconnaissables et utilisables.

Revenons au *traitement des messages dans les premiers relais sensoriels.* Ce traitement est *lui-même contrôlé par des fibres provenant des aires corticales***.** Le rôle de ces fibres corticofuges est variable d'un système sensoriel à l'autre. En ce qui concerne l'audition, cette action est très importante car elle vise à contrôler directement et en temps réel les récepteurs sensoriels eux-mêmes et à les adapter à tous les niveaux ultérieurs. L'état d'éveil de la personne et donc son état d'*attention*, dépendent entre autres du message reçu.

Selon la reconnaissance des sons et leur utilité, le traitement des informations sera différent. Le cerveau conserve un certain pouvoir de choisir.

Situation des aires auditives

Nous allons retrouver les trois aires qui existent pour chaque sens. L'aire auditive primaire (Fig. 12.4) est située au niveau de la face supérieure de la première circonvolution temporale, profondément

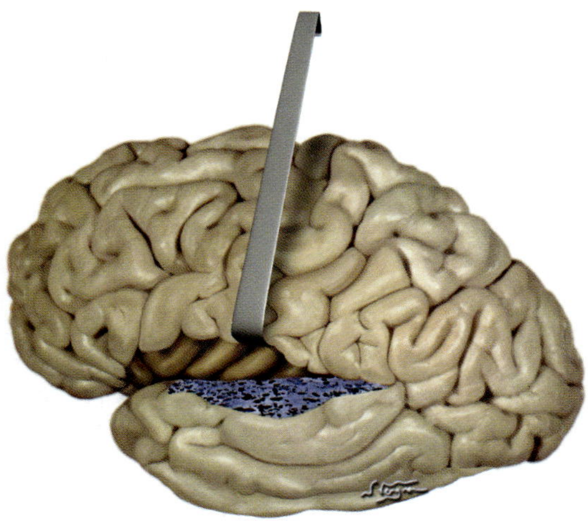

Fig. 12.4 – *Aire sensorielle auditive primaire*

enfouie dans la scissure de Sylvius. Cette face supérieure présente, à sa partie moyenne, le *gyrus* de Heschl (circonvolution transverse représentant le cortex auditif primaire).

Ce cortex primaire est appelé « *core* » par les Anglo-Saxons, nous l'appellerons désormais « cœur ».

Les aires secondaire et associative sont appelées ceinture et paraceinture (*belt* et *parabelt*) (Fig. 12.5). Elles entourent l'aire primaire et se prolongent à la fois jusqu'au niveau du *planum temporale*, en arrière, et vers le bas jusqu'au sillon supérieur de la première circonvolution temporale. Pour les situer correctement, il faut comprendre que l'aire secondaire ou ceinture fait totalement le tour de l'aire primaire et qu'elle fait face à l'insula, à la face interne du lobe temporal (Fig. 12.5).

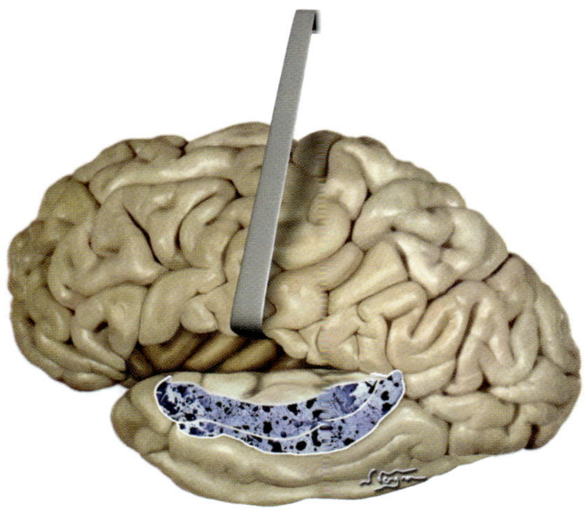

Fig. 12.5 – *Les cortex auditifs secondaire et associatif*

L'aire associative couvre ce qui reste de T1 uniquement sur la face externe du lobe temporal.

Le cortex auditif primaire

➤ Le cortex lui-même

Le cortex auditif primaire est situé sur la face supérieure de la première circonvolution temporale. Il est masqué par la face inféro-externe du lobe frontal dont il est séparé par la scissure de Sylvius (Fig. 12.4, 12.6 et 12.7). Le cortex auditif primaire correspond à la zone 41 de Brodmann ou *gyrus* de Heschl.

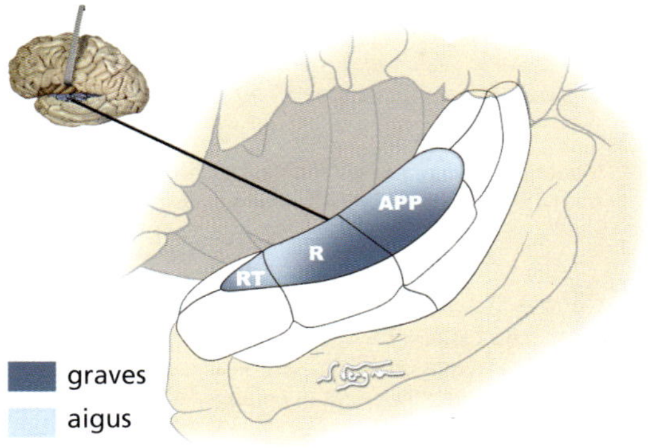

Fig. 12.6 – *Schéma de l'aire auditive primaire et son découpage fonctionnel*

APP = auditive primaire principale – RT = rostre temporal – R = rostre

Le cœur est souvent constitué de deux, voire même de trois circonvolutions à droite et d'une ou deux à gauche, du fait de sillons transverses supplémentaires. Les aires auditives secondaires (Fig. 12.5 et 12.7) entourent cette aire primaire et se prolongent à la fois jusqu'au niveau du *planum temporale*, en arrière et vers le bas jusqu'au sillon supérieur de la première circonvolution temporale.

L'aire primaire présente une certaine épaisseur qui correspond aux six couches de cellules corticales. Les fréquences allant des aigus aux graves se répartissent en courbes concentriques selon des lignes iso-fréquentielles encore très précises, Nous les avons représentées par un dégradé de bleus, les graves étant sombres et les aigus clairs (Fig. 12.5). Dans les trois régions et d'arrière en avant, la succession des octaves s'inverse à chaque fois, allant des aigus aux graves puis des graves aux aigus et enfin à nouveau des aigus aux graves.

Le cœur a la forme d'une langue légèrement plus large en arrière qu'en avant (Fig. 12.6). Ce noyau est divisé en trois parties : en arrière la zone auditive primaire principale (APP) puis plus en avant le rostre (R) et enfin la zone rostro-temporale (RT). Ce « cœur », entouré par la ceinture surplombe la paraceinture.

La correspondance du cœur avec les aires de Brodmann montre que l'aire primaire comporte une partie de la pointe antérieure du *gyrus* temporal (aire 51 qui correspond au cortex rudimentaire de la région prépiriforme et du tubercule olfactif) et la totalité du *gyrus* de Heschl soit l'aire 41 (en tout 4 cm^2 en moyenne).

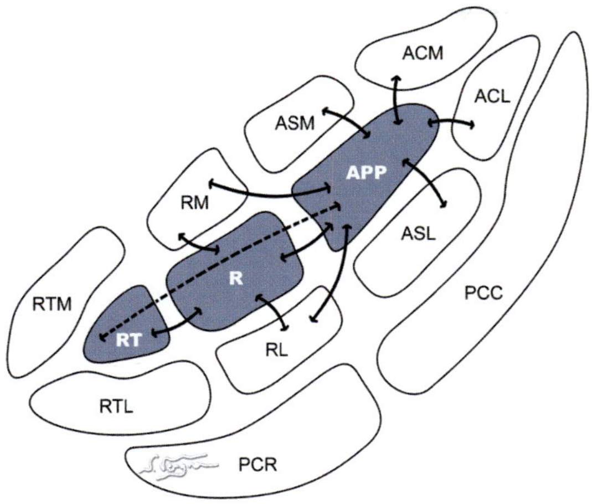

Fig. 12.7 – *L'aire auditive primaire (les lobes temporal et frontal enlevés, surfaces aplaties)*

Planum polare : en avant vers le pole temporal.

Gyri temporaux transverses antérieur et postérieur de Heschl : sous l'opercule central, la face supérieure de T1 (opercule temporal) présente deux circonvolutions obliques en dedans et en arrière, parfois trois. Elles sont séparées par un sillon temporal transverse. Il faut ouvrir le sillon latéral pour bien les distinguer (écarteur de Farabeuf : Fig. 12.4 et 12.5). Elles correspondent à l'aire auditive primaire (aire 41).

Planum temporale plus en arrière. Pour l'hémisphère dominant pour le langage, il comprend l'***aire de Wernicke***

APP = auditive primaire principale – R = rostre – RT = rostre temporal – ASL = aire auditive secondaire latérale – ASM = aire auditive secondaire médiale – ACL = aire auditive caudale latérale – ACM = aire auditive caudale médiale – RL = aire rostrale latérale – RM = aire rostrale médiale – RTL = aire rostro-temporale latérale – RTM = aire rostro-temporale médiale – PCC = para-ceinture caudale – PCR = para-ceinture rostrale

Les connexions (Fig. 12.7) sont schématisées au niveau même du cortex comme le représente le schéma. Elles se font majoritairement dans les deux sens mais peuvent n'être qu'à sens unique. Les connexions enfin peuvent aussi sauter une région et échanger plus à distance.

Le *planum temporale* est à la limite postérieure de l'aire primaire. Il est situé, en effet, immédiatement en arrière de l'aire primaire et remonte, au-delà de la scissure de Sylvius, sur la face latérale du lobe pariétal, augmentant ainsi beaucoup la surface de l'aire secondaire et de l'aire associative (l'aire de Wernicke en fait partie) (Fig. 12.4, 12.5, 12.6 et 12.7).

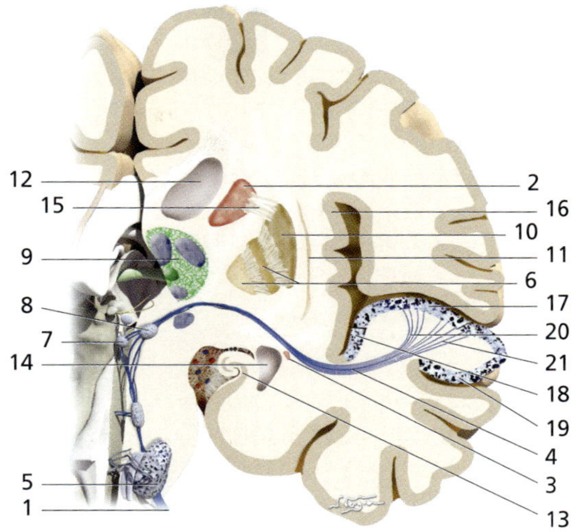

Fig. 12.8 – *Les radiations auditives*

1. Nerf cochléaire
2. Tête du noyau caudé
3. Queue du noyau caudé
4. Radiations auditives
5. Noyau cochléaire
6. Globus pallidus (interne et externe)
7. Colliculus inférieur
8. Corps genouillé médial
9. Thalamus
10. Putamen
11. Claustrum
12. Ventricule latéral droit
13. Hippocampe
14. Ventricule latéral droit (prolongement temporal)
15. Fibres putamino-caudées
16. Insula
17. Aire 41
18. Aire 42
19. Aire 22
20. Sons aigus
21. Sons graves

➤ Les afférences

Sortant des corps genouillés médians, les fibres réservées à l'audition forment les radiations auditives (Fig. 12.8). Elles contournent les radiations optiques et aboutissent au cortex temporal en ayant conservé leur répartition tonotopique. Dans le corps genouillé, les fibres aiguës étaient superficielles et les sons graves situés dans les couches profondes. Là, dans les radiations, les fibres supérieures sont aiguës et les fibres inférieures graves.

Outre des influx sensoriels venus du métathalamus, le thalamus par le *pulvinar* peut adresser des informations au cœur mais les échanges de ce type se font surtout avec les aires secondaires ou associatives.

Ces afférences enfin ne sont adressées qu'au cortex primaire et ne vont jamais directement dans les cortex secondaires ou associatifs

➤ Les efférences

Le cortex primitif envoie ses efférences essentiellement aux aires secondaires. Il retourne également des influx à tous les étages inférieurs des voies auditives, y compris à la cochlée. Il le fait par l'intermédiaire du *lemniscus* latéral, puis par le système efférent latéral et/ou par le système efférent médian, puis enfin par le faisceau olivo-cochléaire, pour atteindre la cochlée.

La complexité des influx efférents ne fait qu'ajouter à la complexité des influx afférents, offrant une nuance ici, une impression différente là. Les échanges locaux ne doivent pas non plus être oubliés si nous voulons comprendre cet ensemble chaotique.

Le fonctionnement de l'aire auditive primaire

Il consiste, au niveau du cortex auditif primaire à assurer deux rôles essentiels :

- décoder la fréquence ;
- localiser le message.

Il doit aussi commencer à donner une signification aux messages…

Rappelons la constitution du cortex sensitif. Horizontalement, on distingue six couches numérotées de I à VI de la surface vers la profondeur (Fig. 12.3).

Le cortex auditif primaire, comme tous les cortex sensitivo-sensoriels (en dehors de l'olfaction et de l'hippocampe), est composé de colonnes radiales, en général six couches cellulaires parfois plus et de liaisons transversales, en moyenne trois, formant des lames de fibres (Fig. 12.3). Des échanges réunissent en maxi-colonnes un ensemble de colonnes dédiées à une opération spécifique.

Le procédé prépondérant est l'inhibition, pour extraire de l'information. Du fait de ces inhibitions et des multiples informations que le cortex reçoit de toutes parts, celui-ci se trouve devant un ensemble disparate. Ses choix doivent entraîner une certaine cohérence mono- ou pauci-informative (réalisation d'attracteurs étranges du chaos).

La tonotopie y est toujours bien présente alors que les autres éléments du son deviennent plus inconsistants. En ce qui concerne chaque fréquence, elle est représentée par une colonne corticale ou une maxi-colonne selon l'importance ou le travail réalisé dans le passé. Cette tonotopie a bénéficié, jusqu'ici, de fibres qui lui étaient propres depuis la cellule ciliée interne.

Cette aire a tous les moyens de faire l'ensemble des reconnaissances élémentaires dont nous avons besoin. Le cerveau auditif primaire est relié à son homologue controlatéral, il échange des informations avec lui. Il semble capable de le remplacer, s'il vient à être détruit et pourtant, à droite, il est plus spécialisé dans la logique et la musique alors qu'à gauche, il s'occupe plus spécialement de la parole, dans le langage maternel.

À partir de l'aire 41, le cortex auditif spécifique permet de commencer à comprendre l'image sonore perçue ou plus exactement s'il y a une image sonore à comprendre. Toutes les connexions qui partent de cette aire vers l'ensemble des centres nerveux doivent être considérées comme l'interprétation du signal et non comme sa perception. Ainsi l'aire secondaire qui va suivre aura déjà le rôle d'un centre associatif. Au début c'est seulement la présence de la sensation sonore qui enclenche des réactions et petit à petit, bien au-delà de l'aire primaire, ce sera sa signification qui l'emportera sur sa présence.

Chaque colonne, comme nous l'avons vu, a une correspondance topique et reçoit donc des chaînes de transmission linéaires depuis la cellule ciliée interne. Il existe par ailleurs des phénomènes de convergence et d'inhibition latérales entre les chaînes parallèles.

Une dernière remarque : il existe des colonnes qui se correspondent d'un hémisphère à l'autre et concernent une même fréquence caractéristique. Ces colonnes sont dites Excitatrices-Excitatrices (cellules EE). Autour d'elles, des colonnes moins spécifiques par rapport à la FC sont Excitatrices d'un côté et Inhibitrices de l'autre (cellules EI). Cette disposition renforce la perception et favorise la localisation qui se fait, rappelons-le, de deux manières :

- soit (de 20 à 2 000 Hz) l'oreille utilise le décalage de phases entre les deux oreilles ;

• soit à partir de 2 000 Hz (hautes fréquences), la longueur d'onde n'est plus utilisable et c'est la différence d'intensité qui localise le son.

Mais les deux systèmes peuvent interférer l'un avec l'autre et il est probable qu'ils sont utilisés en même temps mais avec une préférence pour l'un ou l'autre selon la situation.

En dessous de 100 ou 150 Hz, l'oreille ne localise pas bien l'origine du son, c'est la raison pour laquelle il est possible de placer un caisson de graves n'importe où dans la pièce sans altérer la sensation de provenance du son par rapport aux deux haut-parleurs de la chaîne haute-fidélité.

Les aires associatives qui entourent la zone de cortex primaire reçoivent uniquement de cette aire primaire.

Il y a une profonde différence entre la carte cochléotopique que les radiations auditives véhiculent jusqu'à l'aire primaire et la carte spectrale, partiellement intégrée, que transmet l'aire primaire aux aires auditives voisines.

Lorsqu'un son est pur, son analyse, de la cochlée au corps genouillé, ne consiste qu'à préciser grossièrement son existence, son intensité, sa fréquence si possible et l'endroit d'où il vient.

Lorsqu'un son est complexe, ce qui est la règle dans la vie courante, les analyses sont de même nature que pour le son pur mais à partir du cortex auditif primaire, il est possible de lui donner du sens par comparaison avec un son précédemment entendu. La complexité devient de plus en plus forte et de plus en plus importante. Cette première aire est celle de la reconnaissance vague. Cette complexité qui nous rebute dans notre travail de simplification pour comprendre l'audition est au contraire le principal attrait d'une écoute normale. Elle ne fait que débuter ici.

À ce niveau, vouloir étudier les sons purs de manière simpliste, linéaire serait comparable à vouloir étudier les espaces blancs dans un texte écrit en noir !

Nous avons vu que, jusqu'au cortex et, dans une moindre mesure, au *thalamus*, quel que soit l'influx, le noyau engendrait des réactions qui étaient relativement proportionnelles aux caractéristiques reçues.

À partir des étages supérieurs tout va changer car l'apprentissage, l'habituation à la réponse proposée, vont sans cesse modifier la réception et l'intégration (plasticité du cerveau qui efface ou améliore chaque groupe de sons). Un son faible peut devenir l'essentiel, un son habituel peut provoquer l'attention...

■ En quelques lignes ■

C'est la dernière fois que nous allons réduire l'influx auditif à la simple audition. Si jusqu'ici nous pouvions parler de perception, il va maintenant s'agir d'une interprétation des phénomènes sonores. Chaque sens à son aire corticale. Pour l'audition, elle siège dans la première circonvolution temporale.

Les radiations auditives sortant du corps genouillé médian, après avoir contourné les radiations optiques, atteignent le toit du lobe temporal. Ce sont les afférences de cette aire. Là, ces radiations dirigent leurs fibres sur une surface grossièrement quadrangulaire, toujours spécifique pour chacune des fréquences mais qui présente également des zones non tonotopiques. Cette zone porte deux noms : circonvolution de Heschl et planum temporale.

Le cortex auditif primaire fonctionne comme le cortex en général et donc pour l'audition dans le cadre de la fréquence caractéristique en « colonnes ». Cette unité fonctionnelle traite malgré tout, quelques fréquences voisines de la fréquence caractéristique (1/3 d'octave). La colonne communique à distance et à proximité, transversalement et verticalement. Elle échange avec le côté opposé.

Les efférences sont essentiellement l'aire auditive secondaire (qui ne reçoit jamais d'information en direct) mais également le corps genouillé médian et le thalamus qui transmettent les ordres aux étages inférieurs jusqu'à la cochlée afin de l'adapter le plus possible à la réception désirée.

Ainsi, outre une première intégration avec interprétation (décodage de la fréquence et localisation de l'émetteur), la première analyse corticale s'accompagne d'un contrôle actif des étages sous-jacents jusqu'aux cellules ciliées. Ce contrôle permet une adaptation fine et consciente. C'est le début de signification qui permet de faire ce travail d'adaptation, de choix dans l'ensemble sonore qui nous entoure.

Pour approfondir

ARAN JM, LIMA DA COSTA D, CHIBOIS A, BLANCHET C, ERRE JP. Le système efférent médian et la physiologie et la physiopathologie cochléaires. In : *Rencontre IPSEN en ORL*, tome 1, CHRISTEN Y, COLLET L, DROY-LEFAIX MT, Irvinn, Paris, 1997 : 69-89.

DE CHEVEIGNÉ A. The auditory system as a separation machine. In : *Physiological and Psychophysical Bases of Auditory Function,* BREEBAART J, HOUTSMA AJM, KOHLRAUSCH A, PRIJS VF, SCHOONHOVEN R (eds) Maastricht, The Netherlands, Shaker Publishing BV, 2001c, 453-460.

DE CHEVEIGNÉ A. Espace et Son. Colloque espaces de l'Homme, Collège de France, 14 au 14 octobre 2003, révisé le 21 décembre 2004. Site : http://recherche.ircam.fr/equipes/pcm/cheveign/pss/2004_Espace_Son.pdf.

DELMAS A. *Voies et centres nerveux*, 10e éd., Masson, 1991.

GIRAUD AL, VEUILLET E, COLLET L. Les voies auditives descendantes. In : *Rencontre IPSEN en ORL*, tome 2, CHRISTEN Y, COLLET L, DROY-LEFAIX MT ((eds), Irvinn, Paris, 1998.

MCADAMS S. L'organisation perceptive de l'environnement sonore. In : *Rencontre IPSEN en ORL*, tome 1, CHRISTEN Y, COLLET L, DROY-LEFAIX MT, Irvinn, Paris, 1997 : 91-102.

PUJOL R. « Promenade autour de la cochlée », Site Internet : www.iurc.montp.inserm.fr, Montpellier, France, unité INSERM 254, 1999.

ROUILLER E. Rôle des différents relais des voies auditives centrales dans le traitement de l'information acoustique. In : *Rencontre IPSEN en ORL*, tome 2, CHRISTEN Y, COLLET L, DROY-LEFAIX MT, Irvinn, Paris, 1997, 53-70.

ROUVIÈRE H (1954), *Anatomie humaine descriptive et topographique*, révisé par CORDIER G, tome I, *Tête et cou*, Paris, Masson, 1994.

SOBOTTA C. *Atlas d'anatomie humaine*, édité par PUTZ R., PABST R., édition française, DHEM A, GOUAZÉ A, Paris, Éditions Médicales Internationales, 1994.

TORTORA GJ, GRABOWSKI SR. *Principe d'anatomie et de physiologie*, Anjou (Québec), Centre éducatif et culturel Inc., 1997.

VERKINDT C, BERTRAND O, PERRIN F, ECHALLIER JF, PERNIER J. Tonotopic organization of the human auditory cortex : N100 topography and multiple dipole model analysis. *Electroencephalography and Clinical Neurophysiology*, 1995, *96* : 143-156.

WEVER EG, LAWRENCE M. *Physiological Acoustics*, Princeton, USA, Princeton Univ. Press., 1954.

CHAPITRE 13

Les cortex auditifs secondaire et associatif

Connexions et voies corticales

Introduction

L'aire auditive secondaire jouxte l'aire auditive primaire, nous l'avons vu. Ce cœur est situé au niveau de la face supérieure de la première circonvolution temporale profondément enfoui dans la scissure de Sylvius. Cette face supérieure présente, à sa partie moyenne, le *gyrus* de Heschl (circonvolution transverse représentant ce cortex auditif primaire).

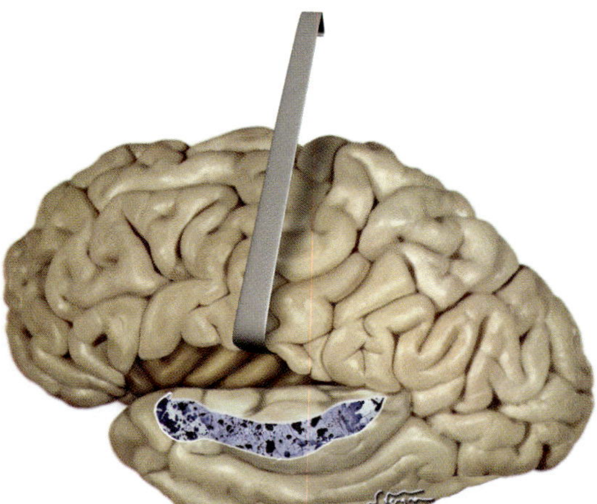

Fig. 13.1 – *Le cortex auditif secondaire*

Les aires auditives secondaire et associative (Fig. 13.1) entourent cette aire primaire et se prolongent à la fois jusqu'au niveau du *planum temporale*, en arrière et vers le bas jusqu'au sillon supérieur de la première circonvolution temporale. Ainsi la correspondance avec les aires de Brodmann s'établit comme suit :

- l'aire primaire comporte une partie de la pointe antérieure du *gyrus* temporal (aire 51 qui correspond au cortex rudimentaire de la région prépiriforme et du tubercule olfactif) et la totalité du *gyrus* de Heschl soit l'aire 41 (en tout 4 cm^2 en moyenne), nous l'avons déjà vu ;
- l'aire secondaire (aire 42) entoure en avant, en arrière, en dedans et en dehors l'aire 41, comprenant le *planum temporale* ;
- l'aire associative (aire 22) est située autour de l'aire 42 et se prolonge sur la face externe de T1 jusqu'au sillon temporal supérieur.

Les aires secondaire et associative sont appelées ceinture et paraceinture (*belt* et *parabelt* pour les Anglo-Saxons).

Elles ne reçoivent pas directement les informations du thalamus mais de l'aire primaire. La cochléotopie y est beaucoup moins nette que dans l'aire primaire.

L'aire secondaire

➤ Description

On distingue à ce niveau plusieurs régions qui vont prendre le même nom que le cœur mais avec l'adjonction de la localisation latérale ou médiale. L'aire secondaire latérale (ASL) est l'aire la plus importante, lui correspond l'aire secondaire médiale (ASM). Nous aurons ensuite successivement : les régions rostrales latérale (RL) et médiale (RM), puis plus en avant les régions rostro-temporales latérale (RTL) et médiale (RTM). En arrière et correspondant au *planum temporale*, nous trouvons deux régions dénommées : aire caudale latérale (ACL) et aire caudale médiale (ACM) (Fig. 13.2).

Le centre de la surdité verbale du quadrilatère de Pierre Marie se trouve dans cette région et mord un peu sur la para-ceinture. L'aire secondaire reçoit toutes ses informations de l'aire primaire.

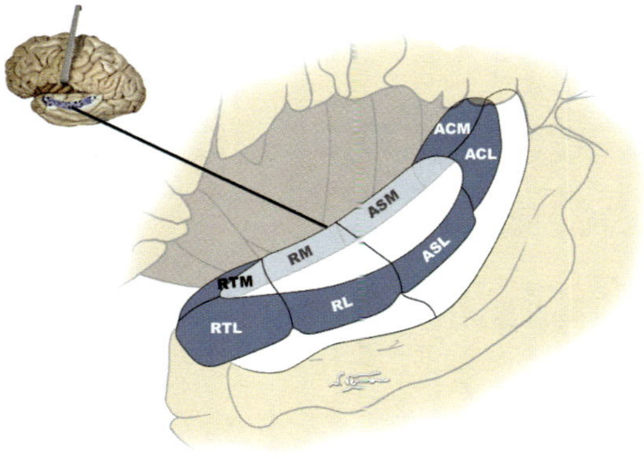

Fig. 13.2 – *Aire secondaire ou ceinture. Configuration et situation*

ASL = aire auditive secondaire latérale – ASM = aire auditive secondaire médiale – ACL = aire auditive caudale latérale – ACM = aire auditive caudale médiale – RL = aire rostrale latérale – RM = aire rostrale médiale – RTL = aire rostro-temporale latérale – RTM = aire rostro-temporale médiale

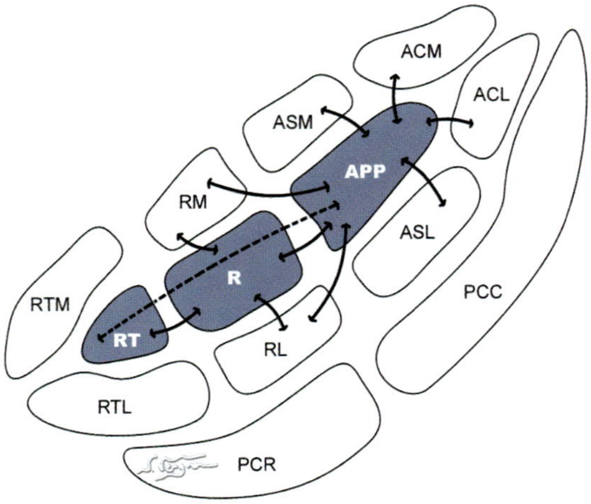

Fig. 13.3 – *Connexions de l'aire secondaire avec l'aire auditive primaire,*

(D'après Kass et Hackett, modifié)

ASL = aire auditive secondaire latérale – ASM = aire auditive secondaire médiale – ACL = aire auditive caudale latérale – ACM = aire auditive caudale médiale – RL = aire rostrale latéral – RM = aire rostrale médiale – RTL = aire rostro-temporale latérale – RTM = aire rostro-temporale médiale – PCC = para-ceinture caudale – PCR = para-ceinture rostrale – APP = aire primaire principale R = rostre – RT = rostre temporal

L'influx, qui suivait une route stéréotypée jusqu'à l'aire secondaire, va maintenant suivre d'autres directions qui vont être fonction de l'attention du sujet, de ses habitudes, de sa culture, de l'instant, de la source sonore, du type d'influx, de l'environnement, de la fatigue, de l'âge…

On retrouve dans ce cortex secondaire les mêmes configurations en colonnes et en maxi-colonnes. Mais il n'est plus possible de leur reconnaître, comme dans l'aire primaire, un rôle précis tels que la tonotopie, l'intensité, la latéralité… Tous ces éléments sont devenus très flous à ce niveau.

L'énumération des connexions qui va maintenant nous retenir est sans fin, montrant bien que, si pendant quelques instants, on avait pu croire à une vague linéarité de la perception sonore, nous retombons très vite dans le monde du chaos.

Les connexions locales

Elles se font essentiellement dans la ceinture elle-même (Fig. 13.3). Il n'y a pratiquement pas de retour au cœur (aire primaire). Si tous les influx viennent de l'aire primaire, il ne s'instaure ensuite avec elle aucun dialogue.

C'est la ceinture voisine de l'aire auditive primaire principale (APP) que nous appellerons aire secondaire latérale (ASL) qui semble la plus intéressée par ces échanges. La densité des échanges diminue beaucoup avec les autres régions, plus distales. En réalité, l'activité de cette zone dépend du type d'informations traitées.

Les connexions avec la paraceinture (Fig. 13.4) sont importantes et se font de façon égale tant avec la paraceinture caudale qu'avec la paraceinture rostrale.

Les connexions à distance

Plus loin, cette région communique avec la ceinture controlatérale mais aussi avec le cortex pariétal, en particulier en ce qui concerne l'amorçage de l'attention et avec le cortex visuel, aire de la cécité verbale du quadrilatère de Pierre Marie.

Cette région adresse également des informations aux aires des mouvements oculaires, vers le rhinencéphale pour se charger d'émotions et pour amorcer les processus de mémoire à court terme et à long terme.

Elle communique enfin avec le lobe préfrontal pour mettre en route les processus de manipulation

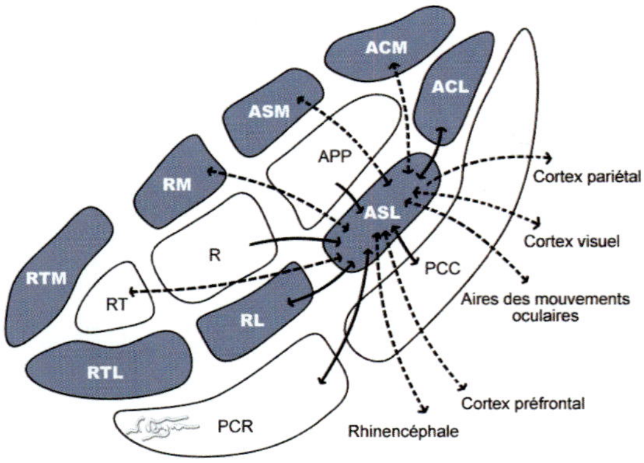

Fig. 13.4 – *Connexions de la ceinture avec elle-même et l'aire associative (étalée)*

(D'après Kass et Hackett, modifié)

ASL = aire auditive secondaire latérale – ASM = aire auditive secondaire médiale – ACL = aire auditive caudale latérale – ACM = aire auditive caudale médiale – RL = aire rostrale latéral – RM = aire rostrale médiale – RTL = aire rostro-temporale latérale – RTM = aire rostro-temporale médiale – PCC = para-ceinture caudale – PCR = para-ceinture rostrale – APP = aire primaire principale – R = rostre – RT = rostre temporal

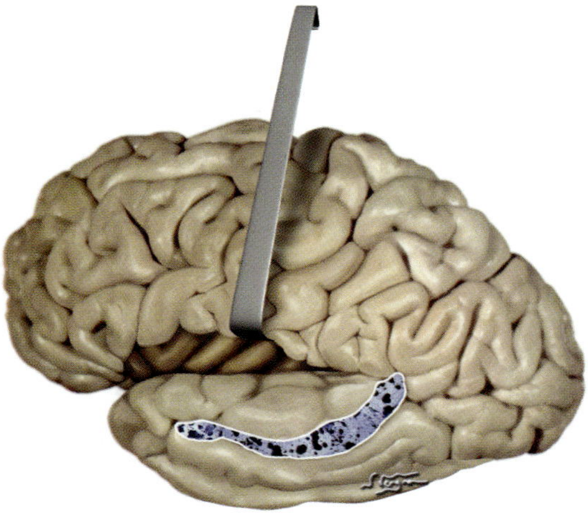

Fig. 13.5 – *Le cortex auditif associatif*

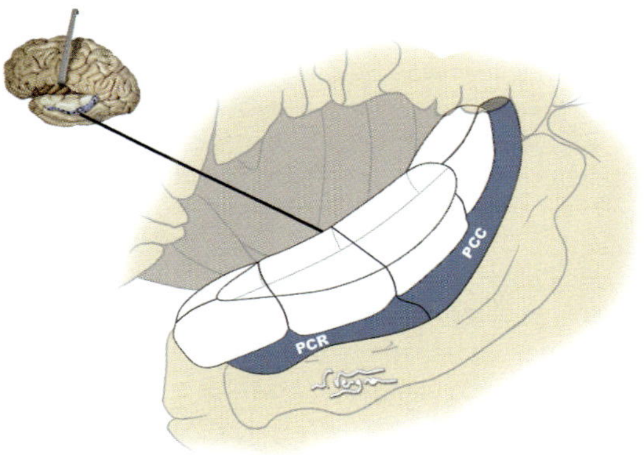

Fig. 13.6 – *Situation et configuration de la para-ceinture ou aire associative 22.*

PCC = para-ceinture caudale – PCR = para-ceinture rostrale

des informations et de construction de la pensée à l'aide :

- de la mémoire de travail ;
- des rythmes biologiques internes reçus de la substance réticulée ou du *striatum*.

Les connexions s'établissent également avec toutes les aires corticales et avec les noyaux de la base.

L'aire associative

➤ Situation

Elle n'entoure pas l'aire secondaire comme la ceinture borde le « cœur », mais se situe immédiatement en dessous, remplissant tout l'espace laissé libre par les deux autres aires jusqu'à la scissure temporale supérieure (Fig. 13.5).

C'est une bande de tissu cortical qui comme toutes les régions associatives va servir de trait d'union entre les aires auditives et les autres aires sensorielles ou motrices du système nerveux Elle remonte en arrière sur le *planum temporale.*

On distingue la para-ceinture caudale en arrière (PCC) et la para-ceinture rostrale (PCR) en avant (Fig. 13.5, 13.6 et 13.7).

C'est la région de la para-ceinture caudale qui représente le poste de contrôle de l'aire 22 de Brodmann.

➤ Les connexions locales

Toutes les régions de l'aire secondaire communiquent avec l'aire associative et celle-ci travaille en réciproque avec la para-ceinture rostrale.

➤ Les connexions régionales

Elles commencent dès l'aire secondaire. En ce qui concerne l'aire associative, on peut suivre les influx dans toutes les directions. Cette para-ceinture

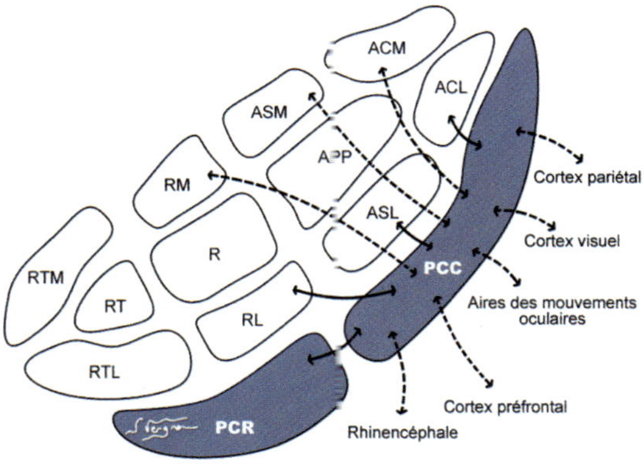

Fig. 13.7 – *Connexions de la para-ceinture (ceinture et para-ceinture étalées).*

D'après Kass et Hackett, modifié

APP = auditive primaire principale – R = rostre – RT = rostre temporal – ASL = aire auditive secondaire latérale – ASM = aire auditive secondaire médiale – ACL = aire auditive caudale latérale – ACM = aire auditive caudale médiale – RL = aire rostrale latérale – RM = aire rostrale médiale – RTL = aire rostro-temporale latérale – RTM = aire rostro-temporale médiale – PCC = para-ceinture caudale – PCR = para-ceinture rostrale

se comporte apparemment de la même manière que la ceinture (Fig. 13.7 et 13.8). La majeure partie des connexions de la para-ceinture, aussi bien rostrale que caudale, est dirigée :

- vers la zone des mouvements oculaires en cas de *stimulus* « qui vaut le coup d'œil » ;
- vers le cortex préfrontal en ce qui concerne le travail de mémoire et de réflexion.

La région rostrale de la para-ceinture a des connexions très importantes au regard des fonctions psychologiques et émotionnelles : l'amygdale et le cortex entorhinal.

On notera que plus on s'éloigne de l'aire auditive primaire plus la latence « à voir quelque chose » augmente comme le montrent les potentiels évoqués auditifs (PEA), la tomographie par émissions de positons (TEP) et l'imagerie en résonance magnétique fonctionnelle (IRMf).

Deux régions retiennent notre attention : l'aire postérieure visuo-auditive et la région plus médiale pré-olfactive puis, par elle, l'hippocampe. Ce sont les régions les plus proches des aires auditives et leur importance dans la communication et la mémoire n'est plus à démontrer (émotions).

Quant aux connexions distales (Fig. 13.7 et 13.8), elles sont principalement assurées par le faisceau

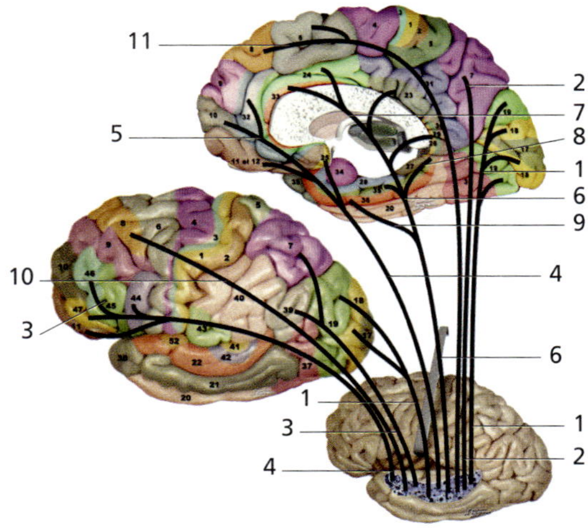

Fig. 13.8 – *Connexions régionales des aires auditives secondaire et associative.*

(Les connexions avec les aires auditives controlatérales ne sont pas représentées)

1. Avec l'aire visuelle
2. Avec l'aire pariétale postérieure
3. Avec la région préfrontale dorso-latérale
4. Avec l'aire orbito-frontale
5. Avec la région préfrontale médiale
6. Avec l'aire entorhinale
7. Avec l'aire cingulaire
8. Avec l'aire parahippocampique
9. Avec l'amygdale
10. Avec l'aire extrapyramidale
11. Avec l'aire de la motricité oculaire

unciné qui va conduire les influx en relation avec l'audition jusqu'au lobe préfrontal. Cette région temporale supérieure communique avec tout et se trouve particulièrement bien située pour cette communication en particulier avec les aires associatives : aires de Brodmann 44, 45, 40, 37 et 32.

Physiologie des aires primaire, secondaire et associative

Lorsque le « torrent d'influx d'origine cochléaire » parvient dans l'aire auditive principale du « cœur », il est déjà partiellement décomposé en transitoires, fréquence, intensité, latéralité… par la chaîne des neurones qui sont sur son chemin avant d'accéder au lobe temporal. L'aire primaire va parachever cette décomposition et amorcer sa reconstruction pour lui attribuer un sens que nous considérons comme vrai. Cette vérité apparaît sous forme d'images sonores à peine conscientes mais dont l'utilité réflexe ou associée à d'autres perceptions ou actions, est importante. Si nous introduisons le temps de réponse (ce que nous n'avons pas fait jusqu'à présent), nous assistons à l'évolution d'une succession d'indices, qu'il convient de tenter d'interpréter en fonction des méthodes d'exploration proposées. Somme toute, son rôle consiste à décoder la fréquence et localiser la source.

Le cœur va rechercher si « le son » est déjà enregistré dans la mémoire par la quête de concordances en dialoguant avec l'aire auditive secondaire latérale. Seuls les transitoires semblent être utilisés pour cette première reconnaissance, ce qui raccourcit le temps nécessaire à la comparaison. Cet échange de transitoires permet donc très rapidement de retrouver la majorité des sons et si besoin de prendre un peu de temps si la première concordance retrouvée n'est pas celle qui est confirmée par la suite en utilisant les autres composants du son. Si ce sont les influx représentant les transitoires qui sont les mieux placés pour entamer la recherche de concordance, la phase du son établi va vite prendre le relais. En une ou deux secondes, les cinq premières notes de la cinquième symphonie de Beethoven ou les quatre premières notes de la Marseillaise suffisent à les reconnaître…

Parallèlement, d'autres indices vont si besoin donner d'autres précisions qui, petit à petit si le son est moins connu, permettront avec plus de temps de parvenir au même résultat. Des échanges plus poussés se font au même moment avec d'autres actions par exemple pour effacer les sons parasites ou inutiles et il semble que ce soit le rostre et plus tard le rostre temporal qui se chargent de ces actions qui permettent de focaliser l'analyse sur ce qui a attiré l'attention.

Quant à la zone associative elle permettrait de faire de l'audiovisuel, de l'audio-tactile, de l'audio-olfactif ou de l'audio-gustatif (penser aux biscottes par exemple).

Erich Seifritz et collaborateurs objectivent un « courant d'informations » grâce à l'étude des images d'IRMf en même temps qu'à celle du signal évoqué par la mesure du niveau du flux d'oxygène (BOLD : *Blood Oxygen Level Dependent*) qui suit une stimulation acoustique.

Voici le résultat de cette étude portant sur huit sujets qui ont reçu la même stimulation sonore dans à peu près les mêmes conditions. Les enregistrements ont été pratiqués avec les mêmes règles.

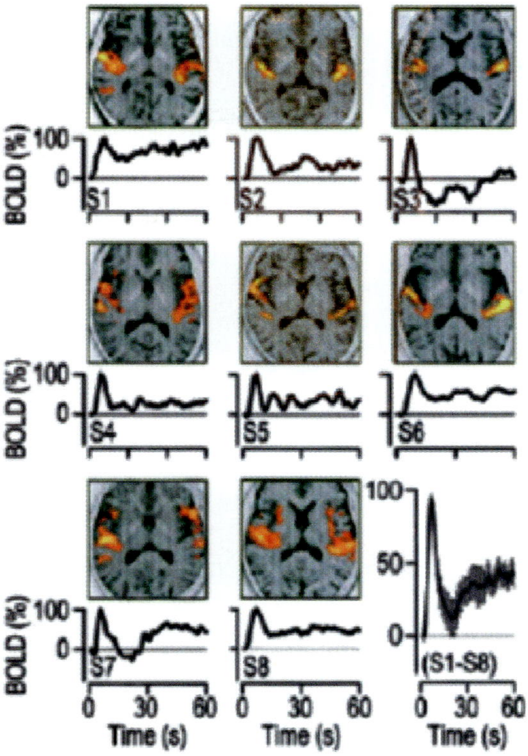

Fig. 13.9 – *IRMf : Réponses BOLD à un même signal acoustique*

Seifritz *et al.* ont comparé les réponses de huit sujets soumis à la même stimulation.

Il y a une certaine homogénéité dans les réponses mais le moins qu'on puisse dire est qu'elles ne se ressemblent pas vraiment (Fig. 13.9).

Les raisons qui permettent d'expliquer ces différences tiennent à la multiplicité des facteurs, en particulier individuels, qui intervient dans une telle étude et rend toute comparaison d'égal à égal impossible.

Les prédictions, dès que l'on dépasse les deux ou neuf premières étapes, sont sans valeur. Le problème est seulement de rechercher l'attracteur étrange, qui se cache dans ces figures.

Quoi qu'il en soit, tous les sons qui arrivent à l'aire primaire passent ensuite par l'aire secondaire, en particulier les phénomènes sonores liés au langage qui sont connus depuis Pierre Marie et Wernicke. Cette fonction des aires secondaires est une étape clef dans le traitement cortical des différents mécanismes perceptifs du langage et de la voix humaine. Ils empruntent ensuite le faisceau unciné et, dans une moindre mesure, des faisceaux arqués pour rejoindre le système limbique, le lobe temporal opposé, le lobe pariétal, le lobe occipital et le lobe préfrontal.

L'hémisphère gauche, normalement dominant pour le langage, est le siège de la mémoire lexicale, de la syntaxe, du traitement phonologique et de la production de la parole. Il est capable de générer volontairement des expressions faciales. Concernant les capacités d'attention spatiale et de recherche visuelle, c'est cet hémisphère qui assure la détection systématique d'un objet quel que soit l'environnement. Son rôle est plutôt analytique car il est capable de décomposer un ensemble en ses éléments. Son fonctionnement aboutit à des réflexions concrètes car il est plus concerné par la linguistique (en particulier pour ce qui concerne la sémantique et la syntaxe).

L'hémisphère droit dispose de quelques capacités de traitement de la parole qui semblent plus rudimentaires et moins organisées qu'à gauche. Il est mieux à même de reconnaître des visages, surtout s'ils ne sont pas familiers. Il est responsable de l'interprétation des multiples expressions faciales involontaires. Il est dominant pour la synthèse des formes, le séquençage, la vision spatiale, les calculs musicaux, le traitement des aspects non mathématiques, les aptitudes artistiques et linguistiques de la communication, l'abstraction et autres fonctions similaires.

Il est temps d'aborder le problème de la trace que laisse l'influx « sonore » dans cette région qui est celle de la mémoire auditive à long terme.

Il s'agit sans doute pour partie de traces indélébiles au niveau de la synapse qui change de forme mais il est aussi intéressant de penser qu'il pourrait s'agir d'une mémoire qui se reconstruirait à partir d'évocations (J.-P. Changeux) qui restaureraient les réseaux constitués des mêmes groupes de fibres que lors de la première expérience. Cette mémoire serait non plus statique mais dynamique. Comme l'exprime la théorie du chaos, elle ne serait ni aléatoire, ni finement prédictible. Ce ne serait plus la mémoire qui donnerait le sens mais le sens qui reconstruirait la mémoire. Ces mécanismes pourraient mettre en jeu les molécules d'adhésion cellulaire (CAM) comme l'exprime G.M. Edelman. Bien sûr, tout ceci devrait faire appel au contexte émotionnel.

Selon Bernard Golse qui cite S. Freud « *Cette activité va à la rencontre des impressions, des sens, au lieu d'attendre passivement leur apparition* »... « *C'est ainsi que le test des « otoémissions provoquées » renvoie exactement à cette conception* [...] *de la perception. Elle est fondée sur l'analyse de la qualité de la reproduction du stimulus sonore par la cochlée. En effet, quand nous recevons un stimulus sonore, ce n'est pas celui-ci directement qui va être transmis par le tympan et les osselets* [...] *aux nerfs auditifs chargés d'acheminer le stimulus jusqu'aux lobes temporaux* via *les corps genouillés internes. Ce qui est acheminé jusqu'au cortex auditif est en fait un stimulus bel et bien recréé au niveau de la cochlée, un stimulus en quelque sorte en miniature et isomorphe, quand tout va bien, au stimulus externe, c'est-à-dire reconnaissant la même structure quant à son spectre de fréquences. Le stimulus qui gagne le cortex est ainsi un stimulus d'origine endogène (cochléaire) mais reconstruit en référence au stimulus externe, et ce qui fait l'objet de l'évaluation par le test des oto-émissions provoquées correspond donc à l'écart structural entre le stimulus externe (sonore) et le stimulus interne (électrique), écart lié à d'éventuelles déformations dues à des dysfonctionnements...* »

Le langage

Les fonctions et les connexions des neurones sont actives, dynamiques et plastiques. Elles « apprennent » par l'expérience. De même, les fonctions auditives que nous attribuons au système auditif central sont complexes et nombreuses.

La perception d'un son, sa discrimination dans un bruit ambiant, son évaluation sous tous ses aspects, l'attention qu'on lui porte, sa reconnaissance comme étant familier, la compréhension du sens..., sont toutes des fonctions cérébrales (Musiek et Chermak, 1997). Ces fonctions réclament des connexions de tous ordres.

N'oublions pas les centres de reconnaissance qui sont situés dans le lobe temporal en particulier les centres du langage :

- celui de la surdité verbale dans l'aire de Wernicke de l'hémisphère gauche (en arrière des centres de projection de l'audition) ; c'est le siège de la reconnaissance des phrases ;
- celui de la cécité verbale qui siège entre le lobe temporal et le lobe occipital ; il est responsable de la reconnaissance des mots écrits.

Si on y ajoute les deux centres moteurs de l'hémisphère gauche (chez un droitier) :

- du langage dans l'aire de Broca, en avant de la frontale ascendante en regard des territoires réservés aux muscles du larynx ;
- de l'écriture (au pied de cette circonvolution en regard des territoires destinés à la main), on peut délimiter la zone quadrilatère du langage de Pierre Marie (Fig. 13.10). (On notera qu'il existe également à droite un tel quadrilatère mais il n'est pratiquement pas fonctionnel).

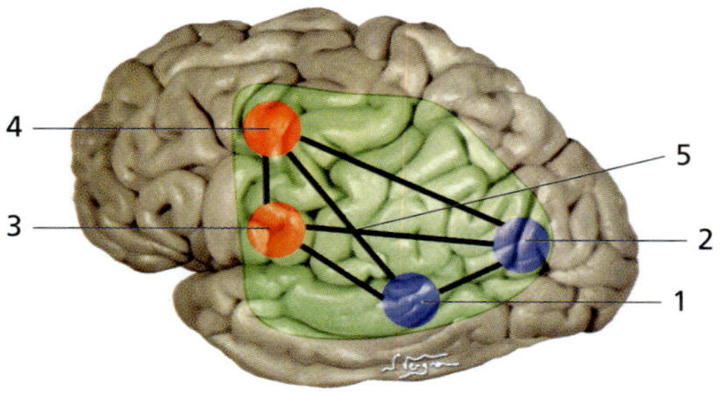

Fig. 13.10 – *Le quadrilatère de Pierre Marie (d'après Delmas)*

1. Centre de la surdité verbale
2. Centre de la cécité verbale
3. Centre de l'anarthrie
4. Centre de l'agraphie
5. Connexions réciproques

Chaque centre de ce quadrilatère et leurs zones périphériques (idéatoire, praxique et gnosique) sont très richement connectés et échangent un grand nombre de fibres par des faisceaux arqués. N'oublions pas non plus le non-verbal qui prend sa source ici, dans la mesure où il reste cohérent avec la pensée. Cette région est donc connectée avec les muscles de la face, les membres supérieurs, surtout les mains et finalement toute la motricité.

En ce qui concerne la para-ceinture ou « *parabelt* », aussi bien rostrale que caudale, la majeure partie des connexions est dirigée :

- vers la zone des mouvements oculaires en cas de *stimulus* considéré comme intéressant ;
- vers le cortex préfrontal en ce qui concerne le travail de mémoire nécessaire à l'idée.

La région rostrale de la para-ceinture a des connexions très importantes au regard des fonctions psychologiques et émotionnelles (vers l'amygdale).

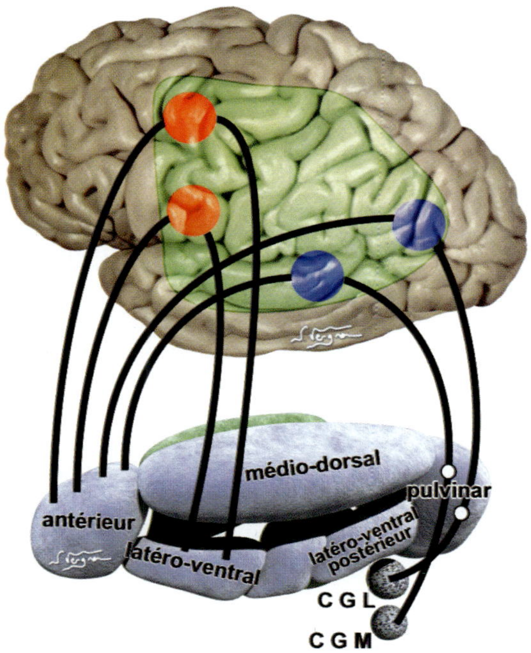

Fig. 13.11 – *Connexions avec le thalamus des cortex impliqués dans le langage (d'après Delmas)*

Le tronc cérébral, le thalamus (Fig. 13.11), le système limbique, le lobe frontal, toutes les aires associatives des autres sens vont entrer en scène si besoin :

- soit sur programmation éducative ou génétique ;
- soit lors d'un évènement immédiat…

Tout est bon pour mettre en route un cerveau normal…

Signalons enfin qu'il existe deux types de cellules corticales dans l'aire primaire ou secondaire : celles qui traitent le transitoire et celles qui ne gèrent qu'un son établi, un peu pérenne et susceptible d'avoir suffisamment de « consistance » pour signifier quelque chose. Cette capacité de traiter le signal dans le temps, dans un espace contigu, de deux manières différentes, permet de comprendre que lorsque l'influx arrive, il est immédiatement reconnu grâce à ce transitoire qui annonce un son déjà mémorisé qui avait le même transitoire et qui pourrait être celui qui débute. Cette prédiction explique la rapidité avec laquelle (selon l'habitude) nous pouvons reconnaître une mélodie, un mot avant qu'ils ne soient finis d'être émis.

Le décodage plus approfondi de ces cascades d'influx pourrait permettre une approche plus concrète de la manière dont le cerveau humain déchiffre les bruits, les formes auditives et les transforme en concepts cognitifs et émotionnels pour tout ce qui dépend de l'audition (langage, musique, environnement).

Le lobe de l'insula

Il existe un 5e lobe, l'insula (Fig. 13.12) qui présente cinq petites circonvolutions. Celles-ci sont impliquées dans des fonctions viscérales et végétatives pour sa moitié antérieure et dans la sensibilité consciente d'origine végétative pour sa moitié postérieure. L'oreille est donc concernée. Ce serait la région où des sensations physiques se transformeraient en émotions. Le phénomène d'addiction au tabac y aurait son siège. Les aires corticales secondaires et associatives sont reliées avec l'insula dans sa partie postérieure par des fibres réciproques.

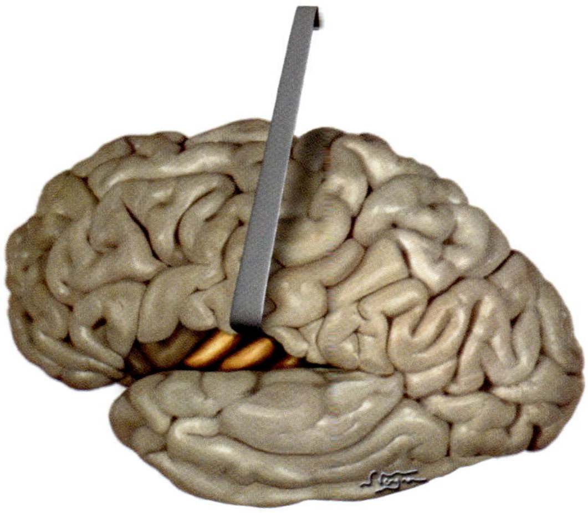

Fig. 13.12 – *Insula*

Les voies corticales descendantes et les connexions centrales

Des neurones qui réagissent aux *stimuli* auditifs se trouvent, comme on s'y attend, dans le lobe temporal, mais aussi dans pratiquement toutes les zones du cerveau, y compris les cortex pariétal, frontal et occipital.

Les centres auditifs secondaires vont communiquer avec la totalité du système nerveux. Rappelons les destinations des influx sonores dans les zones corticales avec lesquelles ils s'associent.

Le lobe temporal est le site du cortex auditif primaire et des aires d'associations auditives mais également d'une grande partie du système limbique (T5). Le lobe pariétal traite les perceptions tactiles et élabore les sensations somatiques. Il intègre les informations d'autres modalités :

- l'attention sélective et l'allocation d'attention ;
- la détermination de la relation spatiale entre les objets.

Le lobe occipital contient les cortex visuels primaire et secondaire. Le lobe frontal est responsable de l'organisation et de la réalisation des activités motrices mais aussi de la réflexion, du traitement des informations et des choix des comportements appropriés, du contrôle des réactions neurovégétatives, de la mémoire de travail…

Tout cet ensemble est susceptible d'une très grande plasticité qui n'est possible que grâce aux importantes possibilités de modification des synapses. Elle dure toute la vie.

Parmi les connexions, nous distinguerons les voies descendantes qui contrôlent et adaptent l'oreille et les connexions avec les différents autres centres qui utilisent le message, lui donnent son sens…

Les connexions cortico-cochléaires

Nous avons vu les voies sous-corticales descendantes aux chapitres précédents. Il est nécessaire de voir l'influence du cortex sur les étages sous-jacents et les récepteurs. Malheureusement, cette influence est mal connue. Dans le résultat de ses actions, on retrouve plus que jamais une structure chaotique.

Il existe des associations possibles ou inévitables. Les messages complexes faits de situations sonores habituelles seront analysés sans insister sur les situations privilégiées ou choisies pour faire une démonstration (que l'on ne rencontre pratiquement jamais dans la vie courante).

Les voies cortico-cochléaires (fibres de projection) sont représentées par trois neurones :

- le premier part des cortex auditifs primaire et secondaire (l'influx gagne par le premier neurone le *colliculus* inférieur, ce sont les fibres cortico-colliculaires) puis ;
- le deuxième neurone véhicule l'influx du *colliculus* vers les noyaux péri-olivaires et enfin ;
- le troisième neurone, empruntant *le nerf vestibulaire*, va de l'olive à la cochlée (olivo-cochléaire).

L'influx qui part du cortex primaire est bilatéral et présente une certaine tonotopie induisant une inhibition colliculaire. Celui qui part du cortex auditif secondaire est ipsilatéral, non tonotopique et exciterait le *colliculus*. Le message véhiculé n'aurait aucune ressemblance avec le *stimulus* acoustique...

Répétons-le, toutes les études qui ont été faites sur ces voies montrent que leurs réponses ne sont *jamais linéaires* et introduisent toujours des *réactions stochastiques*.

Les connexions avec le cortex temporal du côté opposé

Les échanges entre les deux hémisphères sont capitaux pour le bon fonctionnement de l'audition. Ces échanges se font essentiellement par le corps calleux (*tapetum*) (Fig. 13.15), le faisceau commissural longitudinal inférieur, le faisceau unciné, etc., et la commissure postérieure de manière indirecte. Rappelons la commissure de Gudden (Fig. 13.13) qui fait communiquer entre eux les deux *colliculi* inférieurs et également les deux corps genouillés médians.

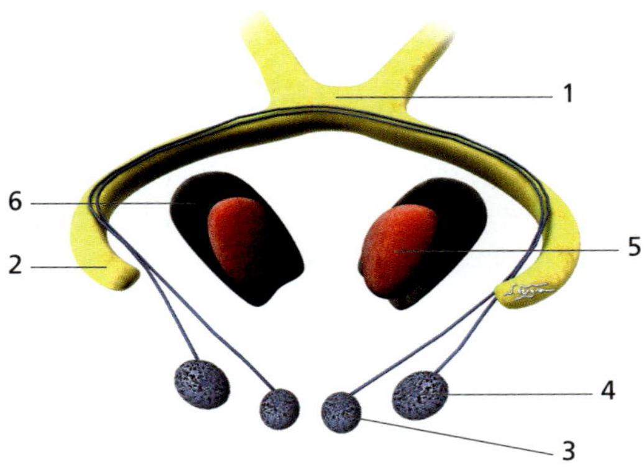

Fig. 13.13 – *Commissure de Gudden*

1. Chiasma
2. Bandelette optique
3. Colliculus inférieur
4. Corps genouillé médial
5. Noyau rouge
6. Locus niger

Ces connexions sont essentielles compte tenu des nombreuses comparaisons qu'impliquent la latéralité et les fonctions particulières de chaque lobe.

Elles mettent souvent deux groupes de cellules nerveuses en jeu, les cellules EE (Excito-Excitatrices) et les cellules EI (Excito-Inhibitrices) permettant au cortex de focaliser sur une information intéressante qui sort ainsi du bruit de fond par inhibition latérale.

Les connexions avec l'aire visuelle

Les connexions avec l'aire visuelle sont également très importantes. Elles se faisaient déjà, à l'étage inférieur, entre les *colliculi* et les corps genouillés. Nous avons vu également les réflexes oculo-céphalogyres lors de l'alerte auditive...

Voyons plus grand. Il s'agit maintenant de mettre en relation non pas tant la zone de la cécité verbale qui n'est fonctionnelle qu'à gauche mais, des deux côtés, toutes les informations dans lesquelles le temps joue un rôle important : le rythme, les transitoires, le timbre, l'intonation, les hésitations, les *tempi*, les coupures...

Ces informations mettent en jeu, comme plus haut, les deux groupes de cellules nerveuses, les cellules EE et les cellules EI.

Que ce soit avec le cortex entorhinal, pariétal ou occipital, les influx vont utiliser des faisceaux :

- fronto-occipital supérieur au-dessus et en dehors du noyau caudé, en dedans de la capsule interne, réunissant le lobe frontal aux lobes temporal et occipital ;
- fronto-occipital inférieur, dans la partie ventrale de la capsule extrême, entre les régions latérales et ventro-latérales du lobe frontal et le lobe occipital ;
- unciné composant du même système d'association avec le faisceau fronto-temporal inférieur, entre le lobe frontal (surtout région orbitaire) et le lobe temporal (*uncus* et pôle temporal) ;
- vertical ou latéral (faisceau de Wernicke), faisceau vertical dans les parties antérieure du lobe occipital et postérieure des lobes pariétal et temporal, réunissant ainsi ces lobes.

Les images sonores sont alors associées à des images visuelles et il n'est plus possible de les individualiser en tant que purement liées à l'audition, dans les traitements ultérieurs.

Les connexions avec le rhinencéphale et le système limbique

Ces connexions souvent méconnues sont d'une immense richesse et fondamentales si l'on veut comprendre la mémoire auditive et surtout l'importance émotionnelle qu'elle revêt chez l'homme.

D'une manière quasi systématique, les aires auditives associatives sont en relation avec le cortex entorhinal et l'hippocampe (*subiculum*). Cette relation se fait par des fibres courtes directes allant de T1 à T5 (Fig. 13.14).

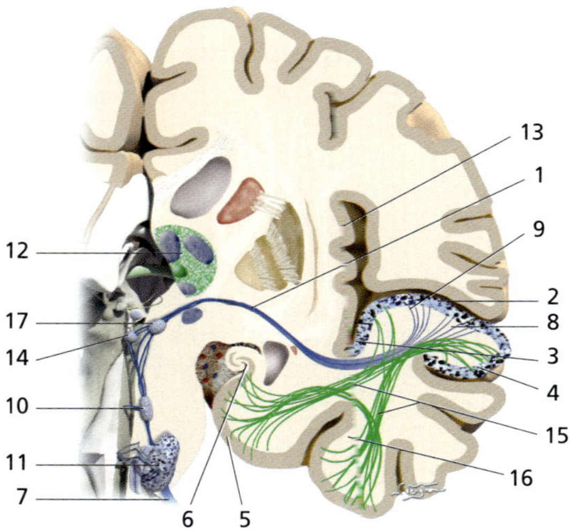

Fig. 13.14 – *Connexions des aires auditives avec le rhinencéphale*

1. Radiations auditives
2. Cortex auditif primaire (cœur)
3. Aire secondaire (ceinture)
4. Aire associative (para-ceinture)
5. Cortex entorhinal
6. Hippocampe (subiculum)
7. Nerf cochléaire
8. Sons graves (latéraux)
9. Sons aigus (médians)
10. Noyau du lemniscus latéral
11. Noyau cochléaire
12. Thalamus
13. Insula
14. Colliculus inférieur
15. Connexions aires auditives
16. Rhinencéphale
17. Corps genouillé médial

Dès que l'information sonore a reçu de l'amygdale « son lot d'émotions », elle va dans la région préfrontale. Nous y reviendrons.

Parallèlement, directement ou en étant passée par le lobe frontal et avec ou sans la participation du lobe pariétal, l'information va, si « nécessaire », gagner l'hippocampe et tourner dans le circuit de Papez jusqu'à ce qu'elle entre ou non dans la mémoire à long terme en revenant dans les aires secondaires et associatives auditives temporales, si l'information le mérite.

Ce circuit simplifié est infiniment plus complexe dans la réalité puisque d'autres informations venues de l'ensemble du cortex peuvent venir changer le cours de l'histoire. Nous sommes totalement plongés dans le chaos avec toutes ses règles : les images sont imprévisibles mais déterminées.

Les connexions avec le lobe frontal

Les informations auditives peuvent venir :

- directement du cortex auditif secondaire par le faisceau unciné ;
- ou indirectement ;
  - du système limbique par la strie terminale, le faisceau longitudinal supérieur ;
  - du cortex entorhinal ou de l'amygdale par le faisceau unciné ;
  - du cortex pariétal ou visuel par le faisceau longitudinal supérieur ;
  - de la substance réticulée qui peut attaquer directement le lobe frontal sans avoir d'autre relais préparatoire lors de l'alerte ou dans l'attention involontaire, ou bien passer par le *cingulum* (faisceau d'association du lobe limbique, cette substance blanche est située dans la profondeur du *gyrus* cingulaire et s'étend de la région septale, en arrière du *gyrus* subcalleux, jusqu'au *gyrus* parahippocampique).

Nous verrons plus loin le traitement que les sons peuvent subir. Ces changements terminés, les informations sonores repartent vers l'oubli ou vers l'une des mémoires à court ou à long terme ou vers le cortex moteur en vue d'une action…

Les connexions avec le lobe pariétal

Les informations auditives peuvent venir :

- directement du cortex auditif secondaire par le faisceau occipital vertical ;
- ou indirectement en étant passées au travers du système limbique et/ou du cortex visuel et/ou de la substance réticulée quand les informations nécessitent certains adjuvants, en particulier l'attention.

Ce lobe est souvent ignoré dans l'idée que l'on se fait des circuits auditifs et nous pensons qu'il s'agit d'une importante erreur si l'on veut coller le plus possible à la réalité. Il joue un rôle important dans l'attention. Nous en avons déjà parlé.

Les connexions avec la substance réticulée

Elles ont été déjà évoquées mais il faut y revenir car des informations peuvent descendre à travers la substance réticulée au lieu de venir d'elle. Cette voie descendante est destinée à adapter l'oreille interne aux besoins (PEA, TEP, IRMf).

Ce faisant, le fonctionnement de l'oreille est modifié lors de l'attention volontaire par exemple. La voie suivie par les influx est alors la voie descendante *via* le *lemniscus* mais aussi le noyau rouge et le *locus niger* puis les voies motrices, si nécessaire.

Les connexions avec les noyaux centraux

Cette voie est celle des réflexes auditifs conditionnés comme le « garde-à-vous » des militaires. Ces réflexes passent directement de l'ordre à peine conscient à la réaction motrice de tout le corps. À la longue tout peut se passer au niveau des *colliculi,* voire de la substance réticulée contactée au niveau de la protubérance et utilisant le faisceau rubro-spinal.

Les connexions avec le corps calleux

S'il ne constitue pas, à proprement parler, une voie auditive, le corps calleux (Fig. 13.15) participe aux échanges inter-hémisphériques et transporte bon nombre d'informations dont l'origine est auditive. Mais surtout le *tapetum*, dont les fibres passent en dehors de la corne temporale des ventricules latéraux, permet des échanges entre les deux circonvolutions temporales T1.

Fig. 13.15 – *Les fibres du corps calleux centrées sur le tapetum*

■ *En quelques lignes* ■

L'audition « consciente et pensante » commence ici. On distingue l'aire auditive primaire des aires adjacentes : aires auditives secondaire et d'association. À elles trois, elles occupent la quasi-totalité du gyrus temporal supérieur jusqu'au sillon temporal supérieur laissant libre une petite partie du pôle antérieur de ce gyrus mais débordant plus ou moins selon le côté sur le lobe pariétal (planum temporale).

L'aire secondaire ne reçoit de fibres que de l'aire primaire. En revanche, elle va distribuer ses efférences dans toutes les parties de l'encéphale. D'abord à l'intérieur d'elle-même et dans l'aire associative (en particulier visuelle) mais également dans l'hippocampe par le lobe préolfactif. C'est à l'occasion des échanges que les informations auditives se chargent d'émotions.

La richesse des efférences explique les traitements des influx qui vont mettre en jeu tous les centres. Au premier chef le lobe frontal pour la réflexion, le lobe pariétal pour l'attention, le goût, le tact, mais également toutes les zones motrices et en particulier la portion motrice (Broca) de l'aire de Pierre Marie à gauche pour l'articulation du langage oral et écrit... et tous les réflexes de mimiques et de postures...

Pour approfondir

ARAN JM, LIMA DA COSTA D, CHIBOIS A, BLANCHET C, ERRE JP. Le système efférent médian et la physiologie et la physiopathologie cochléaires. In : *Rencontre IPSEN en ORL*, tome 1, CHRISTEN Y, COLLET L, DROY-LEFAIX MT, Irvinn, Paris, 1997, 69-89.

COWAN N. Visual and auditory working memory capacity. *Trends Cogn. Neurosci.*, *2*, 1998 : 77-78.

DE CHEVEIGNÉ A. The auditory system as a separation machine. In : *Physiological and Psychophysical Bases of Auditory Function. Maastricht*, BREEBAART J, HOUTSMA AJM, KOHLRAUSCH A, PRIJS VF, SCHOONHOVEN R (eds), The Netherlands, Shaker Publishing BV, 2001c, 453-460.

DE CHEVEIGNÉ A. Espace et Son. Colloque espaces de l'Homme, Collège de France, 14 au 15 octobre 2003, révisé le 21 décembre 2004. Site : http://recherche.ircam.fr/equipes/pcm/cheveign/pss/2004_Espace_Son. pdf.

DELMAS A. *Voies et centres nerveux*, 10e éd., Masson, 1991.

GIRAUD AL, VEUILLET E, COLLET L. Les voies auditives descendantes. In : *Rencontre IPSEN en ORL*, tome 2, CHRISTEN Y, COLLET L, DROY-LEFAIX MT (eds), Irvinn, Paris, 1998.

KAAS JH, HACKETT TA. Subdivisions of auditory cortex and processing streams in primates. *Proc Natl Acad Sci USA*, 2000 oct 24, *97* (22) : 11793-9. Disponible en ligne à l'adresses suivante : http://www.pnas.org/cgi/content/full/97/22/11793.

MCADAMS S. L'organisation perceptive de l'environnement sonore. In : *Rencontre IPSEN en ORL*, tome 1, CHRISTEN Y, COLLET L, DROY-LEFAIX MT, Irvinn, Paris, 1997, 91-102.

PUJOL R. « Promenade autour de la cochlée », Site Internet : www.iurc.montp.inserm.fr ; Montpellier, France, unité INSERM 254, 1999.

ROUILLER E. Rôle des différents relais des voies auditives centrales dans le traitement de l'information acoustique. In : *Rencontre IPSEN en ORL*, tome 2, CHRISTEN Y, COLLET L, DROY-LEFAIX MT, Irvinn, Paris, 1997, 53-70.

SEIFRITZ E, ESPOSITO F, HENNEL F, MUSTOVIC H, NEUHOFF J, BILECEN D, TEDESCHI G, SCHEFER K, DI SALLE D. Spatiotemporal Pattern of Neural Processing in the Human Auditory Cortex. *Science*, 6 september 2002, 1706 DOI : 10.1126/science.1074355 www.sciencemag.org/cgi/content/full/297/5587/1706

SOBOTTA C. *Atlas d'anatomie humaine*, édité par PUTZ R, PABST R, édition française, DHEM A, GOUAZÉ A, Paris, Éditions Médicales Internationales, 1994.

WEVER EG, LAWRENCE M. *Physiological Acoustics*, Princeton, USA. Princeton Univ. Press., 1954.

CHAPITRE 14

Le système limbique

Généralités

Le système limbique fait partie intégrante de l'audition et son étude ici va de soi. Chez les mammifères supérieurs, les structures qui président aux fonctions de ce système sont réduites, enroulées sur elles-mêmes dans une petite région sous-corticale, occupant la face médiale du lobe temporal. On remarquera que son volume varie très peu du chat à l'homme, (Fig. 14.1) alors que le cortex par ailleurs prend de plus en plus d'importance lorsque l'on monte dans l'échelle animale. Les domaines de l'émotion et de la mémoire sont donc, à la base, chez tous les mammifères, sensiblement les mêmes. L'important développement du cortex en permettra seulement un meilleur contrôle.

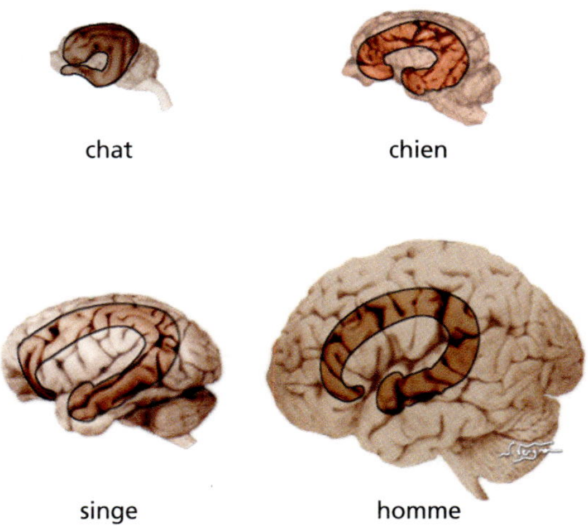

Fig. 14.1 – *Tous les systèmes limbiques ont à peu près la même taille*

Situation du système limbique

Limbique veut dire lisière. Ce système, à la lisière de l'encéphale, comprend une série de centres nerveux situés précisément au bord interne du cerveau, sur le plancher du diencéphale. Ces formations sous-corticales, prennent différents noms selon les descriptions qui en ont été faites. De ce fait, il devient alors difficile de savoir de quoi on parle, sauf si on est familiarisé avec ce vocabulaire.

Le système limbique est essentiellement constitué par l'hippocampe qui est l'élément tout interne de la Ve circonvolution temporale (T5). Il occupe la moitié antérieure de cette circonvolution (Fig. 14.2, 14.3, 14.4 et 14.5).

Du point de vue historique et phylogénétique

Le système limbique apparaît chez les mammifères, leur permettant d'adapter de mieux en mieux leur comportement au milieu environnant. Ils deviennent ainsi capables de ressentir des émotions et d'en maintenir le souvenir pour reproduire ou éviter selon les circonstances, les conduites ou les attitudes qui les ont provoquées.

Le cerveau reptilien (archencéphale) a été doté par l'évolution d'une enveloppe corticale permettant à l'animal de s'évader d'un comportement stéréotypé, inapproprié à ce qui l'entoure. Broca l'avait nommé, en 1878, lobe limbique en y associant, à juste titre, l'appareil olfactif (rhinencéphale).

Papez en 1937 en décrivit les fonctions émotionnelles, endocrines, viscéro-somatiques… MacLean en 1952 proposa le terme de système limbique à l'ensemble arché et paléencéphale, y compris les structures sous-corticales en relation avec lui.

Pour comprendre le fonctionnement de l'ensemble, il faut y ajouter les aires associatives, le thalamus, l'hypothalamus, les aires préfrontales et même… le cortex dans son ensemble. Il est donc tout à fait indispensable de l'étudier lorsque nous nous interrogeons sur le devenir des influx auditifs parvenus dans les aires secondaires et associatives. Bien entendu, le système limbique n'est pas propre à l'audition mais lui est dédié au même titre qu'aux autres sens.

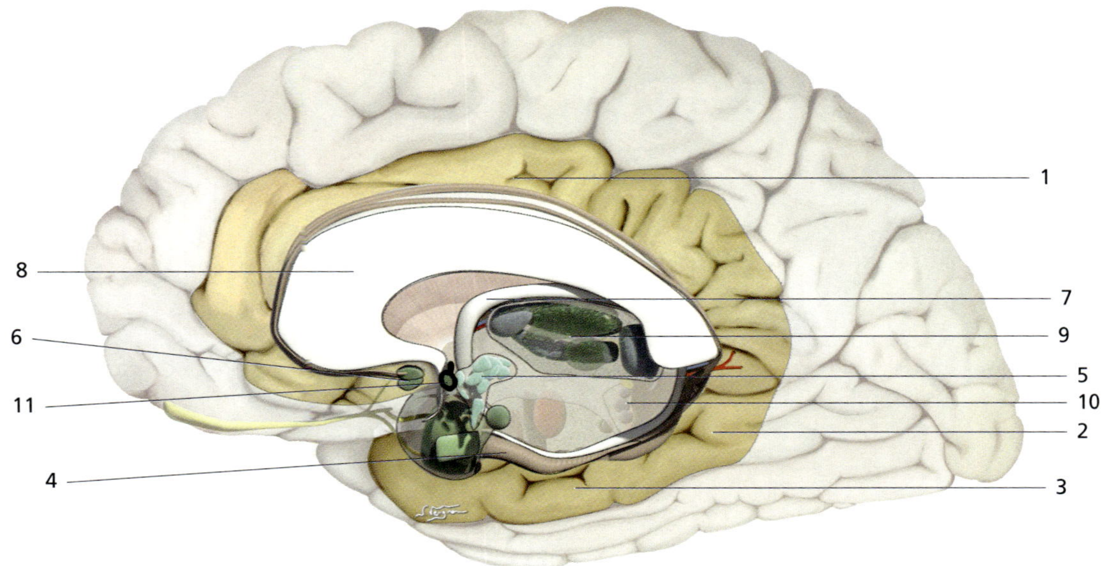

Fig. 14.2 – *Situation des principaux éléments du système limbique*

1. Cortex cingulaire
2. Cortex parahippocampique
3. Cortex entorhinal
4. Gyrus dente
5. Hypothalamus
6. Ganglions du septum
7. Fornix
8. Corps calleux
9. Thalamus et ses noyaux
10. Noyaux du toit en transparence
11. Noyau de Meynert

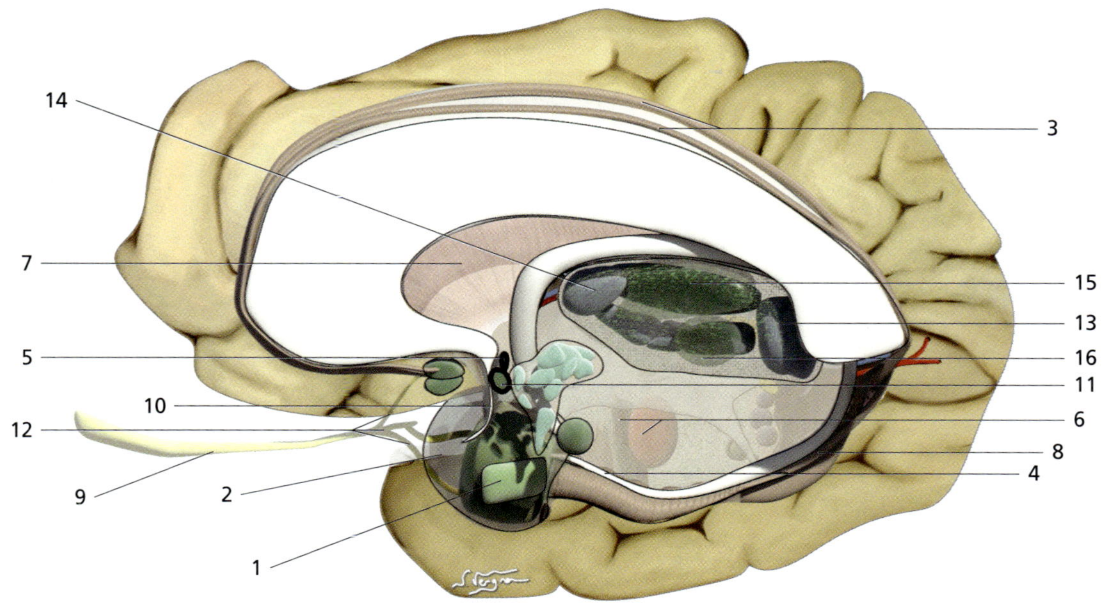

Fig. 14.3 – *Détails des éléments constitutifs du système limbique (olfacto-limbique)*

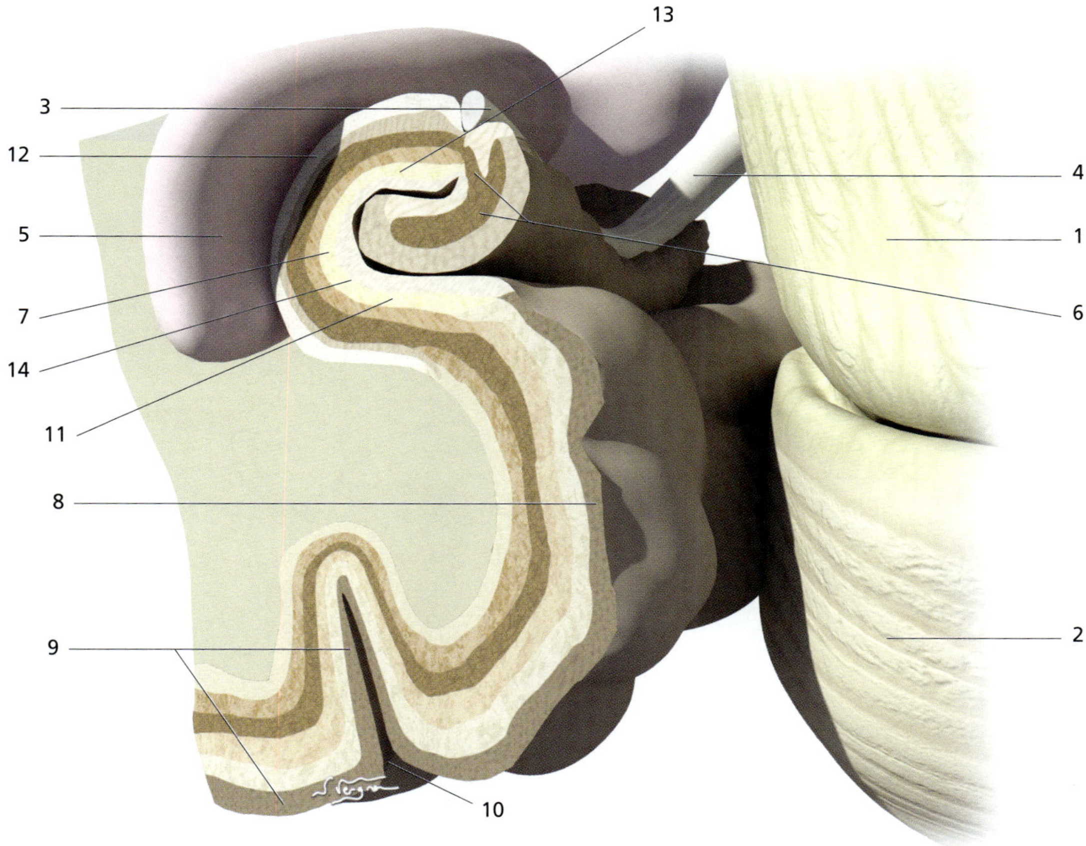

Fig. 14.4 – *Coupe de l'hippocampe antérieur près de l'amygdale*

1. Pédoncule cérébral
2. Protubérance annulaire
3. Fimbria
4. Fornix
5. Corne temporale du ventricule droit
6. Gyrus dente et CA4
7. Hippocampe. Corne d'Ammon (CA2)
8. Cortex entorhinal (T5)
9. Cortex prépiriforme (T4)
10. Sillon rhinal
11. Subiculum
12. Alveus
13. CA3
14. CA1

Légende de la figure 14.3 en vis-à-vis

1. Uncus
2. Amygdale
3. Indusium gris (strie terminale et nerf de Lancisi)
4. Fimbria
5. Commissure blanche antérieure
6. Noyau rouge et locus niger en transparence
7. Septum pellucidum
8. Fasciola cinerea ou gyrus fasciolaire
9. Tractus olfactif
10. Lame terminale
11. Noyau de Meynert
12. Racines olfactives latérale, médiale et moyenne
13. Pulvinar
14. Noyau antérieur du thalamus
15. Noyau dorsomédian du thalamus
16. Noyau central du thalamus

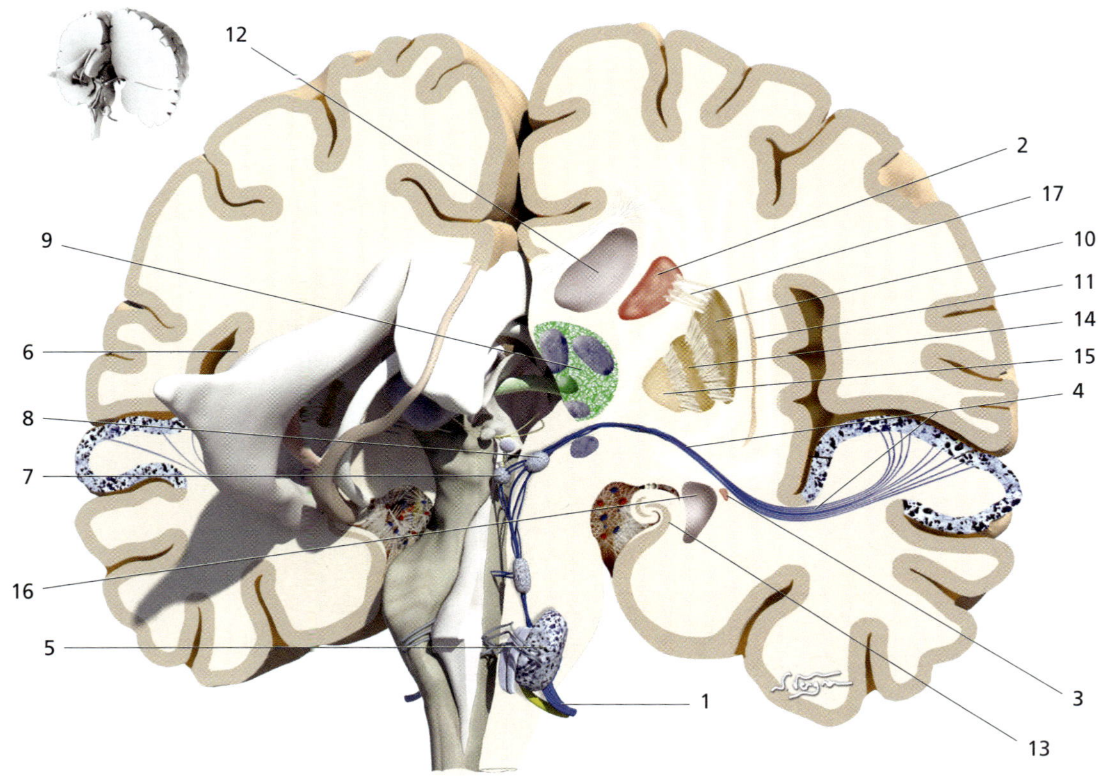

Fig. 14.5 – *Situation de l'hippocampe*

1. Nerf cochléaire
2. Tête du noyau caudé
3. Queue du noyau caudé
4. Radiations auditives
5. Noyau cochléaire
6. Insula
7. Colliculus inférieur
8. Corps genouillé médial
9. Thalamus
10. Putamen
11. Claustrum
12. Ventricule latéral droit
13. Hippocampe
14. Globus pallidus externe
15. Globus pallidus interne
16. Ventricule latéral droit (prolongement temporal)
17. Fibres putamino-caudées

Constitution anatomique du système limbique

Il convient de décrire une série de centres et de voies qui regroupent l'archéencéphale et le paléencéphale. Le système limbique comprend donc des centres sous-corticaux (noyaux), des cortex et des voies nerveuses (Fig. 14.2 et 14.3) :

Les noyaux

- L'amygdale (noyau amygdaloïde).
- Le corps mamillaire.
- Le thalamus (noyau antérieur et dorsal médian).
- L'hypothalamus.
- Le noyau basal de Meynert.
- La région septale (noyaux sous-calleux, noyaux du *septum* et le petit cortex qui les entoure).
- Le noyau *accumbens septi*.
- Le noyau de l'*uncus*.
- Le noyau opto-strié (*pallidum* et *striatum* surtout).
- Le noyau de l'*habenula*.

Les cortex

- L'hippocampe ventral (ou corne d'Ammon), comprenant le *subiculum*, l'*uncus* (et quatre autres

petits *gyri*), l'*alveus*, le *gyrus dente* (ou *area dentata)* et la *fimbria*.
- Le cortex cingulaire.
- Le cortex entorhinal.
- Le cortex parahippocampal
- Le cortex préhinal.
- L'hippocampe dorsal ou *indusium* gris.

➤ Les voies nerveuses

- La *fimbria*.
- Le *fornix* (ou trigone).
- Le *tractus* mamillo-thalamique (ou de Vicq d'Azyr).
- Les fibres thalamocingulaires.
- La strie terminale et le nerf de Lancisi (hippocampe dorsal).
- Le cingulum.
- La strie thalamique ou *habenula* ou strie médullaire.
- Les fibres commissurales antérieures.
- Les fibres commissurales postérieures.
- La commissure *interfornix* encore appelée le *psalterium* ou lyre de David.

Il convient d'ajouter à cette énumération et du point de vue fonctionnel :
- La région préfrontale (cortex sus-orbitaire surtout).
- Le système olfactif dans son entier.

L'étude du système olfactif, que nous avons déjà vu, sera terminée ici. En effet, par ses liaisons avec le système limbique dont il constitue l'information émotionnelle indispensable à la mémoire, l'olfaction offre, le plus souvent inconsciemment, une richesse de motivations indispensables à notre comportement. Sa vraie place est probablement autant, sinon plus, ici que dans un travail qui ne traiterait que de l'olfaction.

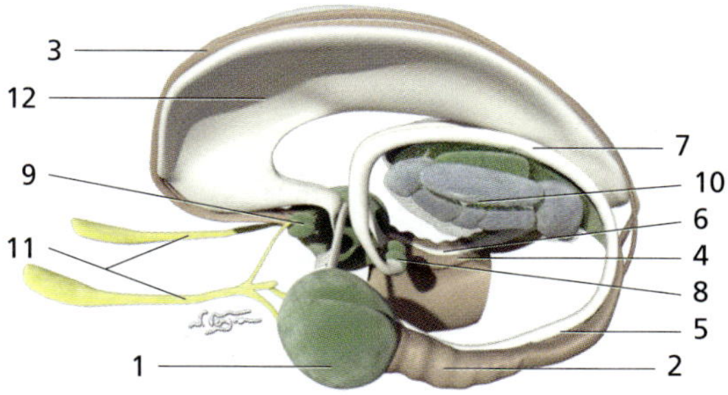

Fig. 14.6 – *Les pièces du système limbique*

1. Amygdale gauche
2. Hippocampe gauche
3. Strie terminale
4. Gyrus dente
5. Fimbria gauche
6. Fimbria droite
7. Fornix gauche
8. Corps mamillaire
9. Noyaux du septum gauches
10. Thalamus droit et ses noyaux
11. Bandelettes olfactives droite et gauche
12. Corps calleux

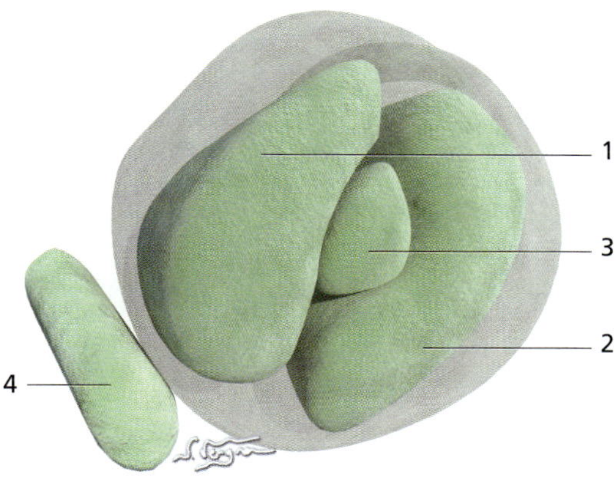

Fig. 14.7 – *L'amygdale hippocampique et l'uncus*

1. Noyau cortico-médian
2. Noyau basolatéral
3. Noyau central
4. Uncus

Description des éléments du système limbique

➤ Les noyaux

L'amygdale hippocampique (Fig. 14.6 et 14.7) se compose de trois noyaux principaux : le noyau cortico-médian, le noyau basolatéral et le noyau central. Les échanges se font entre tous les systèmes sensoriels (donc l'audition), avec l'amygdale de l'autre côté, avec la racine olfactive latérale, le cortex frontal supra-optique, le *gyrus* parahippocampique, l'*insula*, les anneaux limbiques et surtout avec la strie terminale à ses deux extrémités, sans oublier le noyau caudé...

Autour de l'amygdale, on distingue plusieurs petits *gyri* appelés : diagonal, *ambiens*, semi-lunaire, *intra-limbicus* et *gyrus* de l'*uncus*.

L'amygdale envoie des axones vers la région septale, le noyau *accumbens*, la substance innominée,

Fig. 14.8 – *Le corps mamillaire*

1. Fornix
2. Noyau médial
3. Noyau latéral

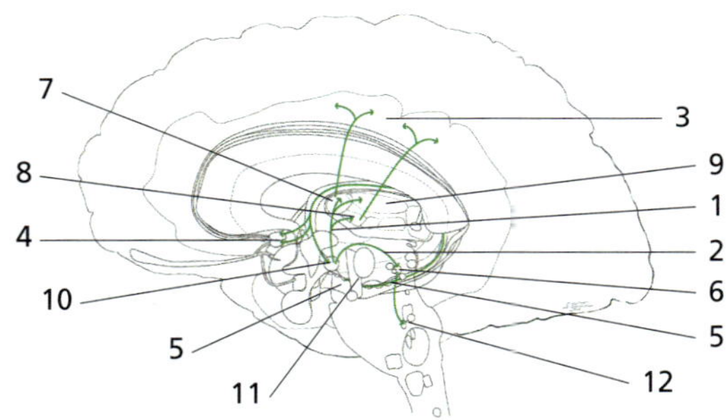

Fig. 14.9 – *Les connexions mamillaires*

1. Faisceau de Vicq d'Azyr ou mamillo-thalamique
2. Faisceau mamillo-tegmental
3. Gyrus cingulaire
4. Noyaux du septum
5. Hippocampe
6. Noyau dorsal de la calotte
7. Noyau antérieur du thalamus
8. Noyau antéroventral du thalamus
9. Noyau médiodorsal du thalamus
10. Corps mamillaire
11. Locus niger
12. Noyaux protubérantiels du raphé

l'hypothalamus, le thalamus et l'hippocampe bien sûr :

- *le noyau cortico-médian* de l'amygdale reçoit les fibres axonales des bandelettes olfactives ; il envoie des projections vers la strie terminale et vers la région de l'hypothalamus qui contrôle l'appétit ; c'est par l'intermédiaire du noyau amygdalien et de l'hypothalamus que les odeurs peuvent induire des nausées ou des sensations de faim ;
- *le noyau baso-latéral* possède des connections réciproques avec les aires sensorielles secondaires du néocortex et la formation hippocampique ; il confère un contenu émotionnel aux événements sensoriels ;
- *le noyau central* compare les réponses du système nerveux autonome à des expériences passées en envoyant des projections axonales à l'hypothalamus et également au noyau dorsal du vague, le long du tronc cérébral.

L'amygdale est le point où convergent tous les messages en provenance des aires secondaires sensorielles et donc parmi celles-ci des aires auditives. Elle contrôle les états affectifs qui découlent des émotions ressenties en relation avec le message sensoriel (camaraderie, amour ou comportement de colère, de rage, d'agressivité…). C'est à son niveau que la sensation de danger prend corps et permet une vigilance et une attention accrue. Fuir ou se battre pour sauver sa vie assure la préservation de l'individu (Delmas).

Les corps mamillaires (Fig. 14.6, 14.8, 14.9 et 14.10) font à la fois partie des noyaux de la base, du système limbique et de la substance réticulée. Nous les étudierons ici. Les tubercules mamillaires de l'hypothalamus, ou *corpora albicantia*, sont deux petites masses rondes et blanches (imagées en vert figure 14.8), à peu près de la taille d'un petit pois, situées sur la face inférieure du cerveau, à côté de la glande pituitaire. Chaque corps mamillaire comporte plusieurs petits noyaux dont le noyau médial et le noyau latéral. L'afférence essentielle est le *fornix* qui le met en relation avec l'hippocampe. Il en part deux courants d'influx : l'un vers le noyau antérieur du thalamus (faisceau de Vicq d'Azyr ou mamillo-thalamique) dont l'importance est capitale dans la mémoire et les émotions, l'autre se rend aux noyaux réticulés mésencéphaliques par le faisceau mamillo-tegmental et assure la réalisation des réflexes olfactifs (Fig. 14.9).

Les thalamus (noyaux antérieurs et dorsomédians) : le noyau antérieur fait partie du circuit de Papez. Il reçoit les informations du *tractus* mamillo-thalamique venu du corps mamillaire et les transfère dans l'aire cingulaire. Le noyau dorsomédian est, lui, en relation avec le système réticulé dont il fait également partie fonctionnellement (Fig. 14.3 et 14.6).

L'hypothalamus a des attaches avec le système limbique. Il assure la partie viscérale des émotions qui, pour exister en tant qu'entité physiologique, a justement besoin de ces réactions concrètes vécues à l'occasion de l'émoi perçu (Fig. 14.3).

Le noyau basal de Meynert ou *nucleus basalis* de Meynert, ou encore noyau *basalis* magnocellulaire est une structure nerveuse, située sous la commissure antérieure en arrière du corps calleux. Il est impliqué dans l'éveil, l'attention et la vigilance (Fig. 14.2 et 14.3).

Les noyaux des régions septales (ou aire septale, décomposée en *gyrus* sous-calleux et aire paraolfactive) (Fig. 14.2, 14.3, 14.9 et 14.10) sont constitués essentiellement par le ganglion du *septum* et le noyau sous-calleux. Ils reçoivent outre la racine médiale olfactive, des filets de l'hippocampe par le trigone, du noyau amygdalien par la strie terminale et du cortex frontal voisin.

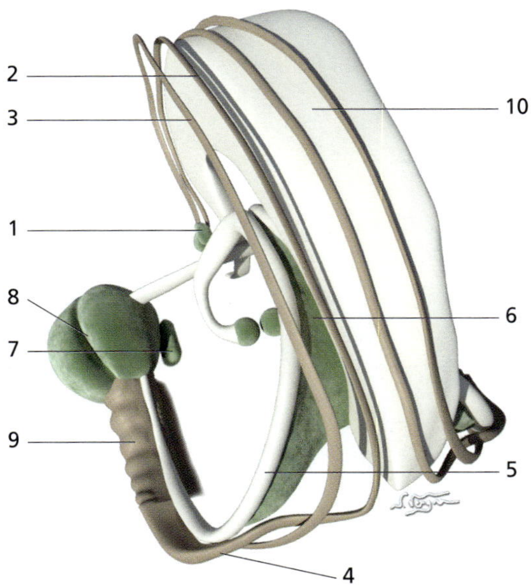

Fig. 14.10 – *L'indusium gris et les noyaux du septum*

1. Ganglions du septum
2. Strie terminale
3. Nerf de Lancisi
4. Fasciola cinerea
5. Fornix
6. Commissure inter-fornix
7. Uncus
8. Amygdale
9. Hippocampe
10. Hémi-corps calleux droit

Ils envoient des fibres efférentes :

- à l'hypothalamus et au corps mamillaire qui les adresseront à la calotte du tronc cérébral (faisceau olfactif basal ou *Medial Forebrain Bundle*)
- au thalamus et au noyau de l'*habenula* par la strie thalamique, participant ainsi aux circuits essentiels des émotions et des pulsions viscérales (faim, soif…).

Cette entité anatomique est très importante à connaître du point de vue de ses interactions sensorielles et compte tenu de son rôle dans la sexualité et le plaisir. C'est, phylogénétiquement, le premier élément du télencéphale qui va venir coiffer les deux autres, à savoir : paléencéphale et archencéphale (Delmas).

Le noyau accumbens ou « *nucleus accumbens septi* » ou « noyau du plaisir » (Fig. 14.11) fait également partie du système limbique. Il est couché sous la jonction putamino-caudée (*accumbens* = couché) ; il est également dans l'axe du *septum* inter-ventriculaire ; il aurait, outre son rôle dans le plaisir, la signification d'un « *striatum* ventral » c'est-à-dire d'un centre effecteur sous-cortical, couplé directement avec un centre moteur (poisson de Szentagothai et Arbib), permettant une adaptation automatique sans participation du cortex.

Les uncus (Fig. 14.7 et 14.10) sont des noyaux situés à la face interne de l'amygdale qui participent par l'olfaction à la constitution des émotions. Ce sont des structures olfactives.

Les noyaux opto-striés (Fig. 14.12), en particulier le *striatum* ventral, font également partie du système limbique (Nous y reviendrons). Ce *striatum* constitue l'entrée de l'une des boucles anatomiques des ganglions de la base appelée : *boucle limbique*. Elle implique des structures du système limbique. Le noyau d'entrée de la boucle limbique est le *striatum* ventral, composé des parties ventrales et médiales du noyau caudé, du *putamen* ainsi que du noyau *accumbens*. Le *striatum* ventral reçoit des projections de l'amygdale, de la formation hippocampique et du cortex associatif limbique. Le noyau de sortie de la boucle limbique : le *pallidum* ventral, projette sur le noyau dorsal médial du thalamus, qui projette à son tour sur le cortex préfrontal, le cortex orbitofrontal médial et le *gyrus* cingulaire antérieur.

Les noyaux de l'habenula (Fig. 14.12 et 14.13) ou noyaux habénulaires sont placés en avant et de chaque côté de la glande pinéale dont l'*habenula* (ou strie médullaire ou strie thalamique faite de

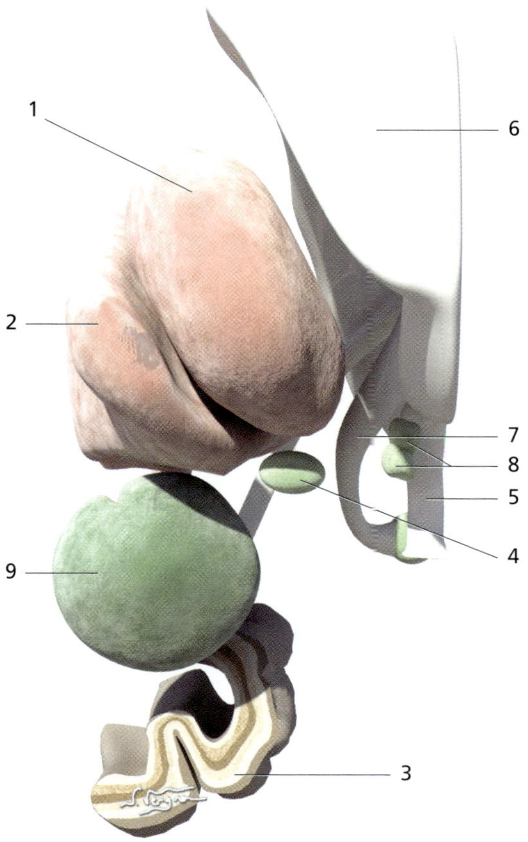

Fig. 14.11 – *Le noyau accumbens*

1. Tête du noyau caudé
2. Putamen
3. Coupe de T5 et T4
4. Noyau accumbens
5. Lame terminale
6. Corps calleux
7. Fornix
8. Noyaux du septum
9. Amygdale

substance blanche) constitue, en quelque sorte, les « petites rênes » (*habenula* se traduit par rênes en français). Ces noyaux de substance grise sont composés de deux sous-noyaux : un latéral et un médial. Ils reçoivent leurs afférences de la strie médullaire et ont pour efférences le faisceau rétroflexe de Meynert qui se jette sur le noyau interpédonculaire et la substance réticulée du *tegmentum*. Ils joueraient un rôle dans l'olfaction et dans les grandes fonctions végétatives. Les ganglions de l'*habenula* n'ont aucun rapport avec l'épiphyse.

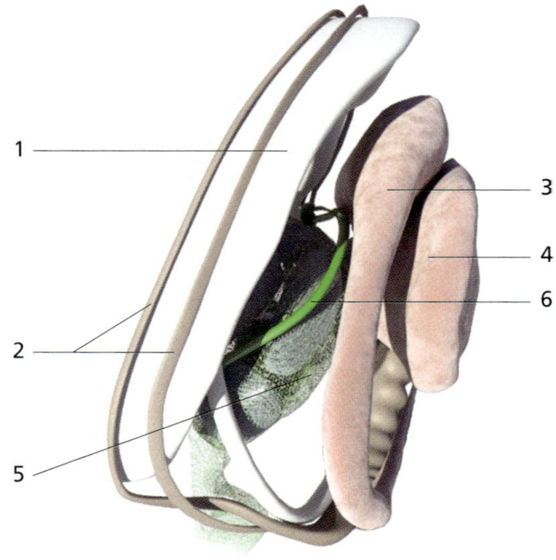

Fig. 14.12 – *Les noyaux opto-striés et l'habenula*

1. Hémi-corps calleux droit
2. Indusium gris
3. Tête, corps et queue du noyau caudé
4. Noyau lenticulaire
5. Substance réticulée du thalamus
6. Habenula

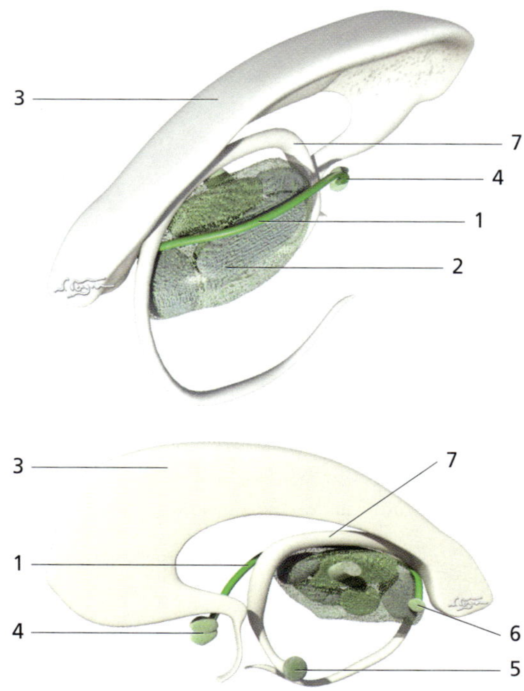

Fig. 14.13 – *Habenula*

1. Habenula
2. Thalamus
3. Corps calleux
4. Noyaux du septum
5. Corps mamillaire
6. Noyau de l'habenula
7. Fornix

➤ Les cortex

L'hippocampe ventral comprend :

L'hippocampe proprement dit (Fig. 14.14 et 14.16) est enroulé sur lui-même dans les trois plans de l'espace. L'hippocampe et ses prolongements, dont la forme ressemble à *une corne d'Ammon (CA)*, montrent une image à la coupe qui évoque celle d'un hippocampe, d'où son nom.

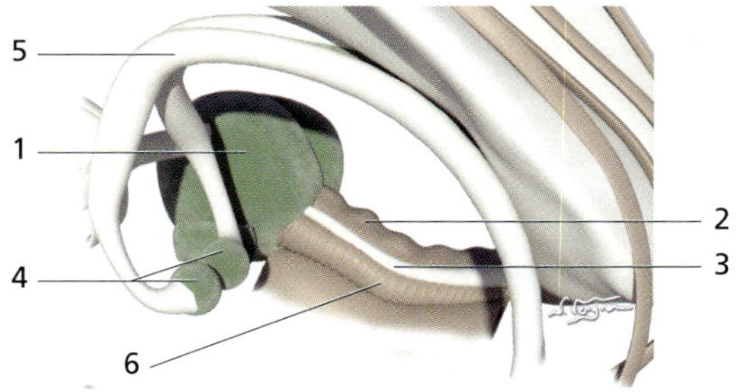

Fig. 14.14 – *L'hippocampe et le gyrus denté*

1. Amygdale
2. Hippocampe
3. Fimbria
4. Corps mamillaire
5. Fornix
6. Gyrus dente

Dans cette formation, la substance blanche enrubanne la substance grise (contrairement au reste du cortex). Les fibres s'enroulent autour du ruban gris sur tout son trajet. Il en résulte un aspect extérieur torsadé tout à fait particulier à cette corne d'Ammon. Nous verrons que ces torsades, propres à ce système archaïque, se rencontrent également au niveau du *gyrus dente* et du *cingulum.*

L'hippocampe, est prolongé en arrière par le *gyrus* fasciolaire qui lui-même devient la partie médiale de l'*indusium* gris (strie terminale et nerf de Lancisi). Dans l'hippocampe, la circulation de l'influx se fait dans les deux sens (Fig. 14.21).

L'hippocampe reçoit des *afférences* de l'amygdale à laquelle il fait suite et du cortex entorhinal.

Les *efférences* sont nombreuses : en dehors des retours vers l'amygdale et vers le cortex entorhinal, l'hippocampe communique avec :

- les corps mamillaires par la *fimbria* que suit le *fornix* ;
- les noyaux du *septum* et l'*uncus* par la strie terminale ;
- le thalamus (circuit de Papez), et l'hypothalamus ;
- l'autre côté par les commissures postérieures et antérieures et la commissure *inter-fornix* (*psalterium*) ;
- le *gyrus dente* en intra-hippocampe.

La corne d'Ammon, l'autre nom de l'hippocampe, est subdivisée en : CA1, CA2, CA3 dont l'extrémité vient s'enfoncer dans la concavité du *gyrus dente* et devient CA4 ou hile.

L'*alveus* recouvre la convexité de la corne d'Ammon en regard de la corne temporale du ventricule latéral et la *fimbria* collecte les fibres qui partent de l'hippocampe. Tout à fait en avant, la corne d'Ammon est séparée de l'amygdale par les petits *gyri* qui l'entourent dont l'*uncus* qui fait saillie en dedans au niveau de l'extrémité antérieure de T5. En arrière, la corne d'Ammon voit ses fibres se raréfier et se confondre avec le *gyrus* parahippocampique, l'*indusium* gris et surtout le *gyrus* cingulaire.

Le *subiculum* va prolonger en bas CA1 (toujours dans l'hippocampe). C'est une circonvolution qui se continue dans le *gyrus* parahippocampique dont il constitue la face supérieure.

Le *gyrus dente* ou *gyrus dentatus* ou *gyrus dentate* ou corps bordant ou *fascia* de Tarin, ou circonvolution de Duval… siège en dedans de l'hippocampe. Il a un aspect encore plus torsadé que l'hippocampe. Il devient en arrière la *strie terminale* (partie latérale de l'*indusium* gris). Le *gyrus dente* échange donc essentiellement avec l'hippocampe et le *subiculum* mais aussi par l'intermédiaire de l'*indusium* gris avec les noyaux du *septum,* le lobe frontal et l'amygdale… enfin et par l'intermédiaire du *cingulum* avec le *gyrus* cingulaire (Fig. 14-16).

■ Du point de vue histologique (Fig. 14.15)

La structure du cortex hippocampique est très différente de celle du néocortex. Au lieu de six, l'hippocampe ne comporte que cinq couches : le *stratum oriens*, le *stratum* pyramidale, le *stratum lucidum stratum radiatum, stratum lacunosum.* On n'oubliera pas l'*alveus* (couche blanche qui apporte ou reprend l'influx) et en profondeur le *stratum moleculare.* Le gyrus dente, lui, dispose seulement de trois couches : couche moléculaire, *stratum granulosum* et couche polymorphe (Fig. 14.15).

Les cellules les plus nombreuses sont de grandes cellules pyramidales (corne d'Ammon) et les cellules granulaires (*gyrus dente*). Leur neurotransmetteur est le glutamate, excitateur.

Environ 12 % des cellules nerveuses sont ni pyramidales, ni granulaires. Il s'agit d'interneurones dont le neurotransmetteur serait le GABA, inhibiteur. L'architecture de l'hippocampe serait de type lamellaire contrairement à celle du cortex dont la structure fonctionnelle est basée sur la colonne.

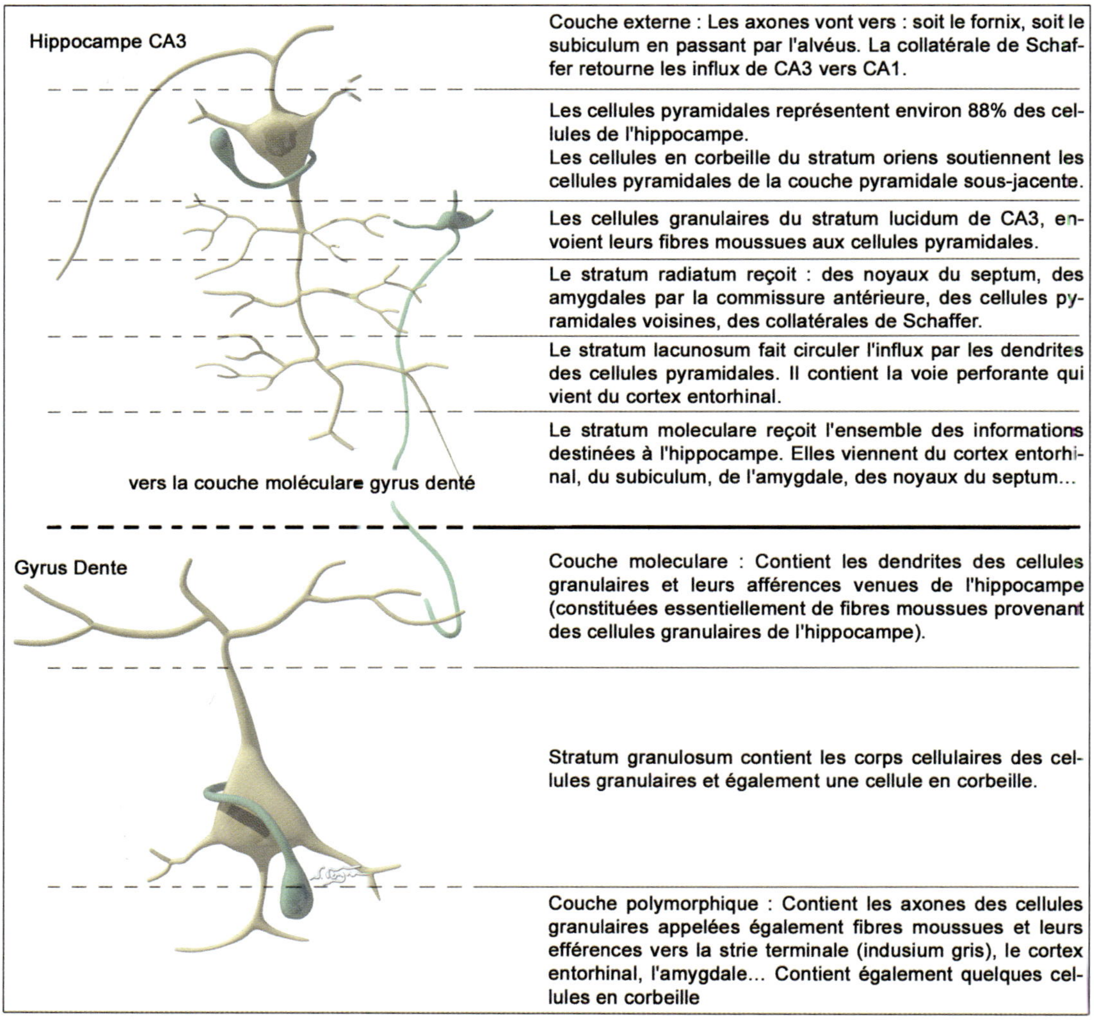

Fig. 14.15 - *Histologie de l'hippocampe et du gyrus dente*

■ Macroscopiquement

Sur une coupe transversale de l'hippocampe, on voit les deux structures en forme de « C » qui se font face. Le *gyrus dente* regarde en dehors et la corne d'Ammon en dedans (Fig. 14.21).

Cette corne d'Ammon est divisée en quatre secteurs : CA1, proche du *subiculum*, CA2 et CA3 qui possèdent une couche de cellules pyramidales très grandes ayant la particularité d'avoir un axone, situé dans l'*alveus,* d'où part la collatérale de Schaffer (reliant CA3 à CA1) et CA4 qui répond au hile de l'hippocampe. Cet *alveus* envoie les influx vers la *fimbria* pour le *fornix* ou vers le *subiculum*. Les dendrites situées dans le *stratum moleculare* reçoivent de l'amygdale et du cortex entorhinal (Fig. 14.16 et 14.17).

La corne d'Ammon est recouverte au niveau de CA1 et du *subiculum* par le cortex entorhinal. CA4 forme le hile de la corne d'Ammon.

L'hippocampe dorsal (Fig. 14.16) est réduit à quelques éléments de substance grise qui entourent deux bandelettes. C'est l'*indusium* gris.

On lui distingue :

- l'*indusium* latéral ou strie terminale latérale ou nerf de Lancisi qui prolonge le *fasciola cinerea* qui fait lui-même suite à l'hippocampe ;
- l'*indusium* médial ou strie terminale qui prolonge le *gyrus dente*.

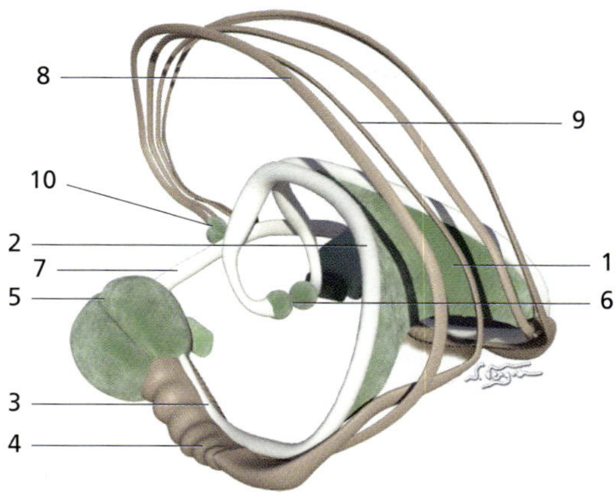

Fig. 14.16 – *L'hippocampe dorsal*

1. Lame commissurale inter-fornix (psalterium)
2. Fornix
3. Fimbria
4. Hippocampe
5. Amygdale
6. Corps mamillaire
7. Commissure antérieure
8. Nerf de Lancisi (indusium gris latéral)
9. Strie terminale (indusium gris médial)
10. Noyaux du septum

Ces deux formations se jettent sur les ganglions du *septum*, l'amygdale et le lobe préfrontal surtout sus-optique, après un trajet circulaire entourant l'isthme de l'hémisphère et recouvrant le corps calleux depuis le *gyrus* sous-calleux jusqu'à l'hippocampe ventral. L'hippocampe dorsal est surmonté du *gyrus* cingulaire ou aire limbique de Broca. Ce *gyrus* cingulaire se prolonge en arrière dans le *gyrus* parahippocampal.

Le gyrus cingulaire (Fig. 14.17) est limité en haut et en avant par la scissure calloso-marginale dont la forme est celle d'un « S » italique. Il se trouve entre le corps calleux, les structures supérieures fronto-pariétales, les voies descendantes et le cortex préfrontal. Il est dévolu à la planification de l'action de l'hippocampe. Il serait une interface entre les régions inférieures instinctives et le néocortex dont les réactions sont plus élaborées. Le cortex cingulaire contribuerait aussi à focaliser l'attention sur notre propre corps ou sur des sentiments négatifs. À ce titre, le cortex cingulaire antérieur serait impliqué dans la dépression.

Le cortex entorhinal ou rhinencéphale ou cortex piriforme ou cortex hippocampique (Fig. 14.18) est constitué par le cortex qui entoure le rostre de T5. Plus bas, au niveau de T4, le cortex prépiriforme et plus en arrière le cortex parahippocampique occupent la partie rostrale de T5, juste sous l'hippocampe qu'ils tendent à masquer.

Son caractère archaïque lui laisse une place à part dans la coloration émotive des perceptions olfactives, visuelles et auditives.

Reprenons les voies et formations grises qui constituent *le système olfactif* (cf. le chapitre qui lui est consacré) :

- le bulbe olfactif reçoit de la tache jaune (toit des fosses nasales) où sont situés les récepteurs (cellules de Schultze) et les filets du nerf olfactif ; ces filets traversent la lame criblée de l'ethmoïde pour gagner le bulbe ; dans le bulbe, les filets du nerf olfactif prennent contact avec les dendrites des cellules mitrales au niveau de glomérules qui concentrent chez l'homme 16 000 fibres nerveuses

Fig. 14.17 – *Gyrus cingulaire*

1. Gyrus cingulaire contenant le cingulum
2. Hypothalamus
3. Tractus olfactif
4. Corps calleux
5. Indusium gris
6. Thalamus
7. Uncus
8. Amygdale
9. Noyaux du septum

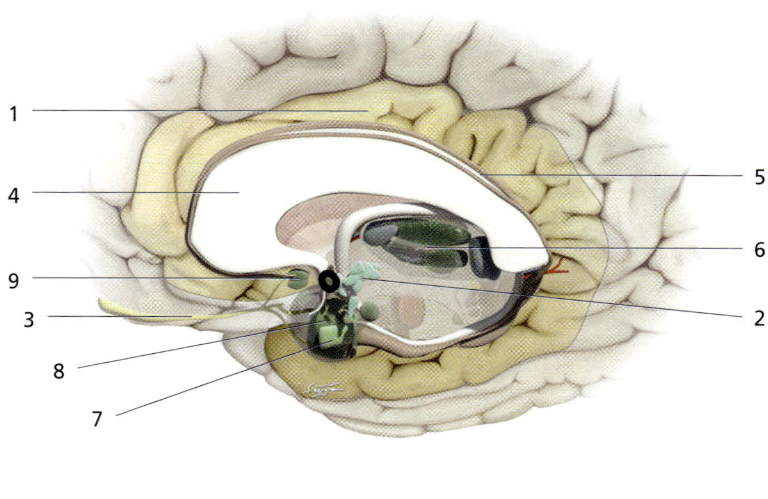

sur un peu plus de 1 000 glomérules ; les axones des cellules mitrales empruntent la bandelette olfactive pour gagner les centres ;

- la bandelette olfactive se divise en trois racines : la latérale gagne l'*uncus* de l'aire entorhinale, la médiale s'étale sur l'aire septale en avant du bec du corps calleux (*gyrus* sous-calleux et aire para-olfactive) et la moyenne gagne l'espace perforé antérieur et l'amygdale ;
- le cortex rhinal qui entoure l'uncus et se confond en arrière avec le cortex entorhinal.

La cellule de Schultze et la cellule mitrale constituent l'ensemble du système olfactif qui ne dispose pas d'un troisième neurone diencéphalique contrairement aux autres nerfs sensitifs. On peut distinguer deux aires dépendant de l'olfaction :

- l'aire sensorielle (lobe piriforme) ;
- les aires d'association auxquelles on rattache les centres réflexes (aire septale, espace perforé antérieur et lobe frontal voisin).

Le rhinencéphale semble amorcer nos réactions instinctives de goût et de dégoût, de tristesse et de satisfaction, d'angoisse et d'agressivité ; les instances supérieures, c'est-à-dire le néo-cortex, décidant de suivre ou non, nos impulsions premières.

Le gyrus para-hippocampique prolonge la corne d'Ammon (CA1, CA2, CA3 et le *subiculum*) à la face interne du lobe temporal vers la partie arrière de T5. Il est séparé du *gyrus* adjacent par le « sillon collatéral » qui s'enfonce jusqu'au bas-fond de la corne temporale ventriculaire en formant l'éminence collatérale (Fig. 14.3, 14.4 et 14.18).

Le cortex préhrinal complète l'ensemble. Il est séparé du cortex entorhinal par la scissure rhinal et siège sur T4.

Les gyri peri-amygdaloïdes : *ambiens*, *intralimbicus*, semi-lunaire, diagonal et *uncus*.

Rappelons *l'indusium gris* (strie terminale et nerf de Lancisi).

Citons enfin, la région préfrontale (cortex sus-orbitaire surtout) (Fig. 14.2). Nous y reviendrons.

➤ Les voies nerveuses

La fimbria reçoit de l'*alveus* les axones de l'hippocampe qu'elle longe dans la gouttière créée par le *gyrus dente* et l'hippocampe. Cette *fimbria* devient le *fornix* dès qu'elle quitte l'hippocampe en arrière (Fig. 14.16 et 14.19).

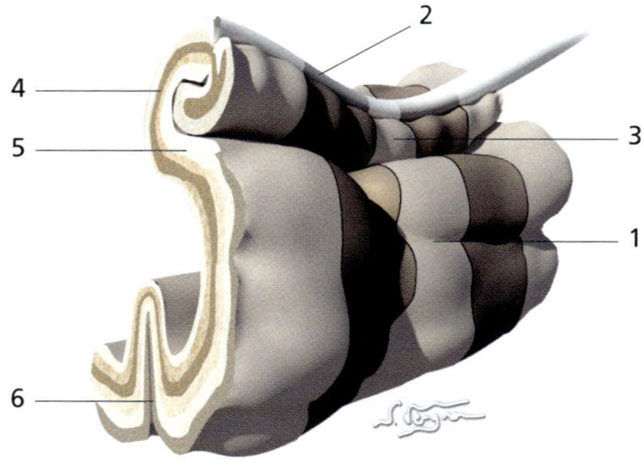

Fig. 14.18 – *Gyrus entorhinal*

1. Cortex entorhinal
2. Fimbria
3. Gyrus dente
4. Corne d'Ammon
5. Subiculum
6. Fente rhinale

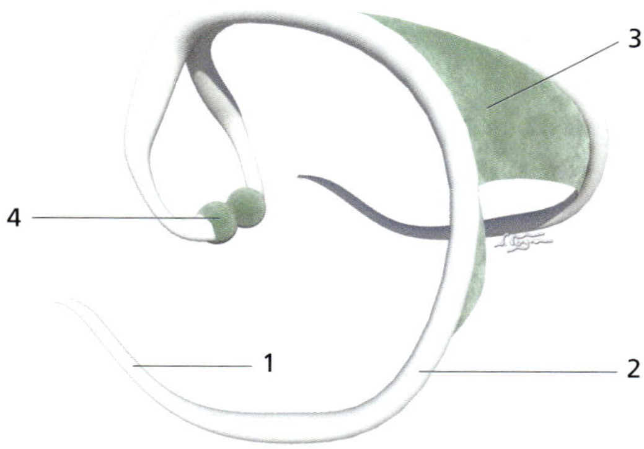

Fig. 14.19 – *Fornix*

1. Fimbria
2. Fornix
3. Psalterium ou commissure inter-fornix
4. Corps mamillaire

Le fornix ou trigone est né de la *fimbria* Il est constitué d'arrière en avant par le pilier postérieur (*crus fornicis*), le corps et la colonne ou pilier antérieur. Il emporte des influx provenant de l'hippocampe (axones des cellules pyramidales de la corne d'Ammon).

Le *fornix* échange des fibres avec le *fornix* controlatéral :

- en arrière au niveau de la commissure postérieure ;
- durant presque tout son trajet au-dessous du corps

calleux par la commissure *inter-fornix* ou *psalterium* ;

- puis plus en avant au niveau de sa colonne, il échange avec son homologue par la commissure antérieure.

Il échange également avec le thalamus, les noyaux du *septum* et de la région hypothalamique. Il termine sa course dans le corps mamillaire.

Le tractus mamillo-thalamique (ou de Vicq d'Azyr) unit le corps mamillaire avec le noyau antérieur du thalamus. Il participe au circuit de Papez.

Les fibres thalamo-cingulaires unissent le noyau antérieur du thalamus avec l'aire cingulaire et font partie du circuit de Papez.

La strie terminale fait partie de l'hippocampe dorsal (*indusium* gris latéral). Elle suit la face supérieure du corps calleux sur toute sa longueur (tronc, genou et rostre) jusqu'aux noyaux du *septum* et au lobe préfrontal sus-optique.

La strie terminale forme la moitié externe de l'indusium gris (partie latérale). Elle se termine également dans l'hypothalamus, l'amygdale et le noyau de Meynert.

Le nerf de Lancisi est la partie médiale de l'*indusium* gris. Il unit le *gyrus* fasciolaire avec les noyaux de l'aire septale.

Le cingulum est une bande de substance blanche située dans le *gyrus* cingulaire et d'aspect torsadé comme d'ailleurs presque tous les éléments constituant l'hippocampe. Il prolonge les fibres qui viennent de l'hippocampe et du *gyrus dente* au-dessus du corps calleux et se termine dans la région septale après avoir traversé tout le *gyrus* cingulaire.

La strie thalamique ou strie médullaire thalamique ou habenula (Fig. 14.13), est un tractus de substance blanche qui part des noyaux du *septum* et surplombe le thalamus pour atteindre le noyau de l'*habenula*. De ce dernier part un nouveau neurone ou faisceau rétroflexe de Meynert en direction du noyau inter-pédonculaire et de la substance réticulée du tronc cérébral. André Delmas la considère comme faisant également partie de l'olfaction. Les ganglions du *septum* commanderaient donc aux émotions par l'intermédiaire du ganglion de l'*habenula* et du ganglion interpédonculaire (en colorant de réactions végétatives les perceptions sensorielles conscientes ou non, tandis que le système limbique s'occuperait plus particulièrement des émois émotifs corticaux).

Les fibres commissurales antérieures unissent entre eux :

- en avant les deux bulbes olfactifs ;
- en arrière : les deux amygdales, les *uncus* et les *gyri* para-amygdaloïdes.

Les fibres commissurales postérieures unissent (Fig. 14.20) les deux *pulvinars* et tous les noyaux mésencéphaliques (voir connexions diencéphaliques).

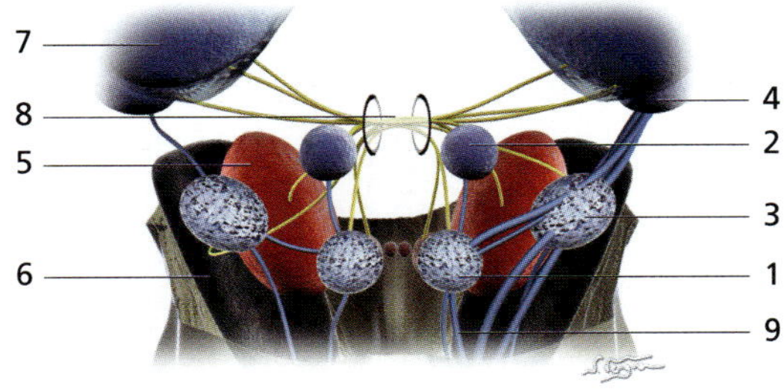

Fig. 14.20 – *La commissure postérieure*

1. Colliculus inférieur
2. Colliculus supérieur
3. Corps genouillé médial
4. Corps genouillé latéral
5. Noyau rouge
6. Locus niger
7. Pulvinar
8. Commissure blanche postérieure
9. Lemniscus latéral

La commissure inter-fornix unit les deux *fornix* sous la forme d'une lame de fibres situées au niveau des colonnes des *fornix* (*psalterium*).

Connexions du système limbique

Connexions internes

Du fait d'une subdivision lamellaire, il semble que d'étroites bandes de cortex hippocampal puissent opérer comme des unités fonctionnelles indépendantes. La corne d'Ammon, nous l'avons vu, est divisée en quatre secteurs : CA1, proche du *subiculum*, CA2, CA3 et CA4 qui répond au hile de l'hippocampe.

Le flux d'informations venues du rhinencéphale et qui traverse l'hippocampe est unidirectionnel.

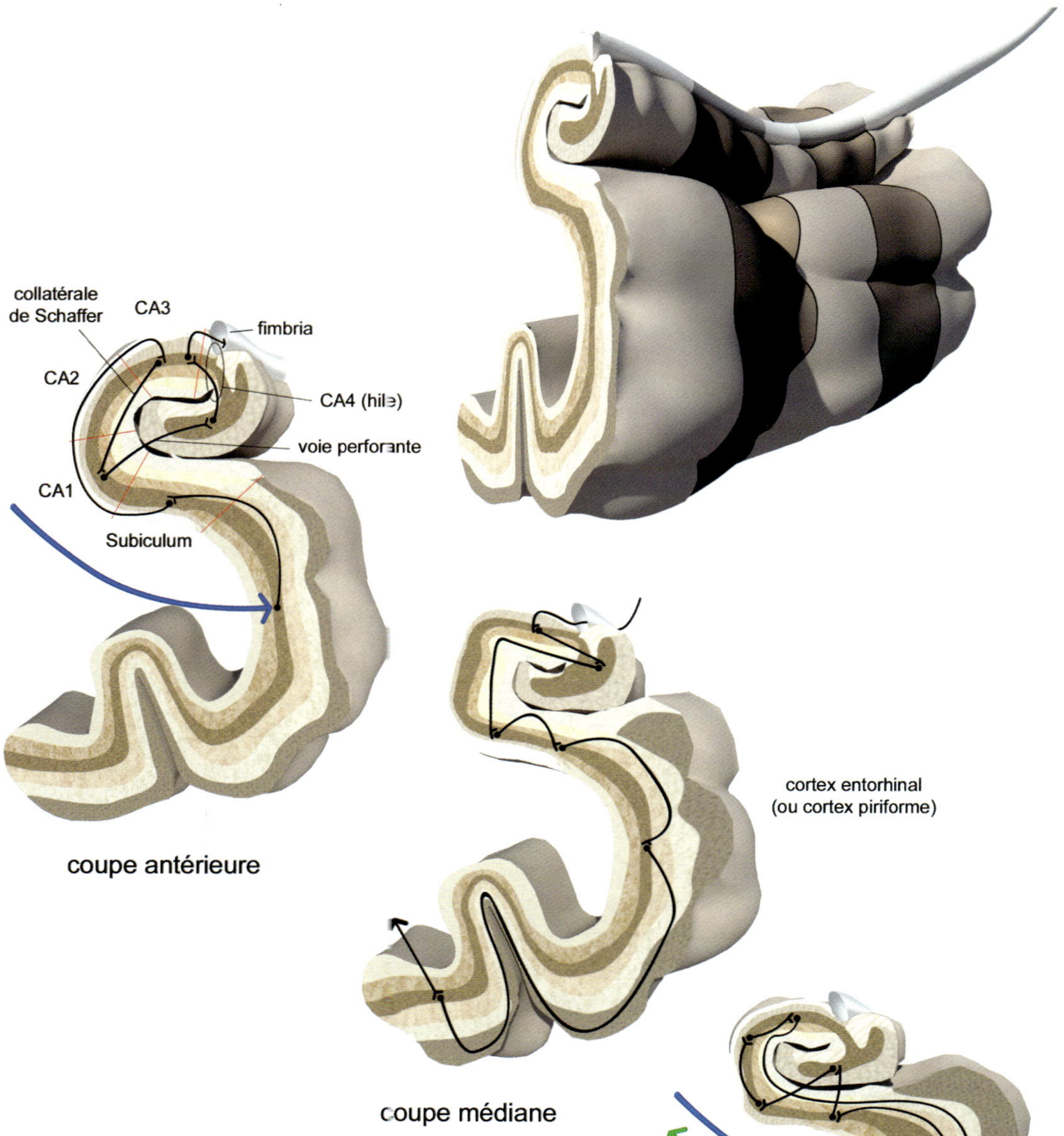

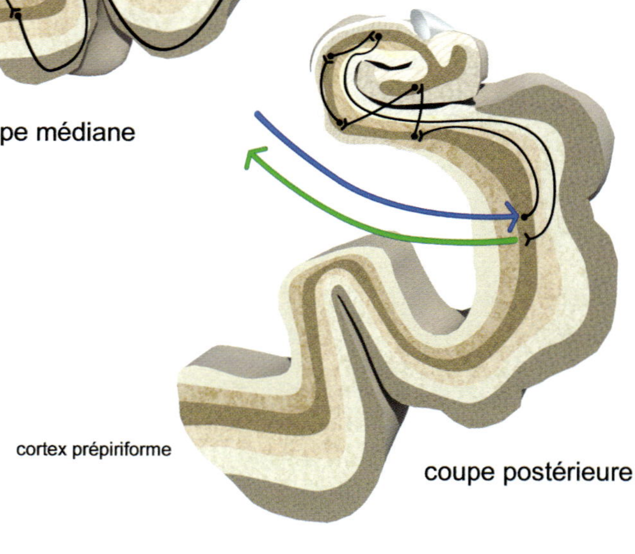

Sur les trois coupes présentées d'avant en arrière, il est possible de voir trois circuits possibles dans l'hippocampe. On notera également les trois couches cellulaires du gyrus dente, les cinq couches qui existent au niveau de la corne d'Ammon (CA) et au niveau du subiculum et enfin on voit progressivement apparaître les six couches du cortex normal au niveau du cortex entorhinal dont, rappelons-le, l'épaisseur est très variable (2 à 5 couches en moyenne)

Fig. 14.21 – *L'hippocampe et trois coupes*

Il s'agit, au départ, de quatre neurones qui se succèdent (Fig. 14.21) :

- les cellules pyramidales du cortex entorhinal envoient leurs *fibres perforantes* vers les cellules granulaires du *gyrus dente ;*
- les axones des cellules granulaires de ce *gyrus*, appelées *fibres moussues*, gagnent le CA3 ;
- dont les axones (fibres collatérales de Schaffer) gagnent le CA1 puis se terminent sur les dendrites des cellules pyramidales du *subiculum* ;
- les fibres axonales des cellules pyramidales du *subiculum* traversent l'*alveus* et la *fimbria* et se terminent soit vers les régions sous-corticales pour établir des contacts synaptiques avec :
  - soit les dendrites des petites cellules pyramidales de cette région,
  - soit vers le cortex entorhinal pour fermer la boucle.

On peut encore considérer comme des connexions internes les échanges entre les deux hippocampes droit et gauche. Ces connexions se font grâce à la commissure du *fornix*. Certaines régions se correspondent point par point, d'autres sont non homotopiques.

Afférences

L'hippocampe reçoit et intègre des informations hautement analysées de toutes les modalités sensitives sans spécificité aucune. Ces afférences sont corticales ou sous-corticales. Les afférences corticales proviennent des aires sensorielles secondaires de l'ensemble du cortex, en particulier « auditives ». Ces connexions se font par le cortex entorhinal, comme nous l'avons vu plus haut, qui reçoit des afférences directes venant de l'amygdale hippocampique et du cortex cingulaire.

Les afférences sous-corticales viennent, outre de l'hippocampe opposé, par la commissure blanche antérieure, de l'amygdale, de l'aire septale et de différents sites du tronc cérébral. Ces afférences ont surtout un caractère inhibiteur, empruntant le *fornix* pour les noyaux du *septum* ou *via* la strie médullaire thalamique pour le noyau médian du raphé ou le noyau basal de Meynert.

Efférences

Le circuit de Papez (Fig. 14.22) est le premier anneau du système limbique. C'est le circuit qui serait suivi par l'information à mémoriser à court terme (ce circuit décrit par Papez il y a plus de 50 ans est aujourd'hui discuté).

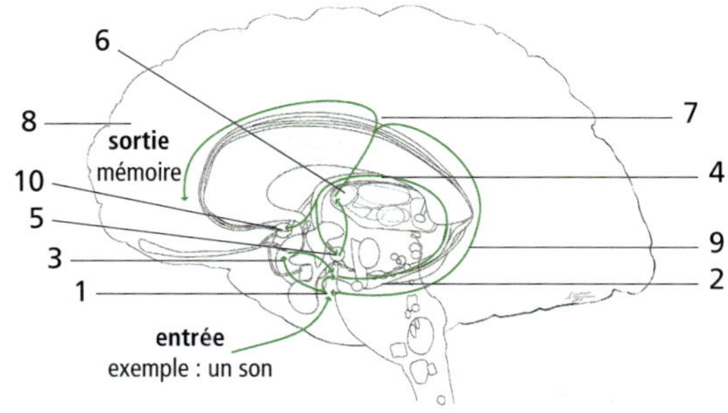

Fig. 14.22 – *Circuit de Papez (modifié)*

1. Cortex entorhinal
2. Hippocampe
3. Amygdale
4. Fornix
5. Corps mamillaire
6. Noyau antérieur du thalamus
7. Gyrus cingulaire
8. Lobe préfrontal
9. Gyrus parahippocampique
10. Noyaux du septum

L'influx décrit une boucle. L'aire entorhinale reçoit les informations auditives venant des aires secondaires ou associatives auditives (informations auditives) par exemple, auxquelles se joignent des influx amygdaliens (émotions) et des influx préfrontaux (mémoire immédiate de travail). Ces diverses informations traitant du même sujet entrent dans l'hippocampe par le *subiculum* (fibres perforantes). Elles vont circuler dans les cinq couches de l'hippocampe (CA3 vers CA1 par la collatérale de Schaeffer) et échanger avec les trois couches du *gyrus dente*. Ensuite, ces influx traités sortent de l'hippocampe par la *fimbria* qui devient le *fornix* et atteint le corps mamillaire. Ce dernier l'envoie par le faisceau mamillo-thalamique dans le noyau antérieur du thalamus qui le fait passer par le *gyrus* cingulaire. L'influx retourne enfin dans l'hippocampe soit directement par la strie terminale ou le nerf de Lancisi ou le *fornix* soit indirectement en passant par le cortex parahippocampique qui le renvoie au cortex entorhinal et enfin, à l'hippocampe. L'influx reste en boucle dans le circuit un temps plus ou moins long. S'il doit être oublié, ce temps est bref. S'il doit être retenu (émotions mais aussi attention, motivation…), il va, après ces boucles, être pris en charge par le circuit de l'acétylcholine pour être adressé aux aires associatives ou secondaires (ici 14.22 et 14.42) où il marquera sa trace dans la mémoire à long terme. L'hippocampe ne garderait pas la trace mnésique mais simplement l'adresse de l'information. Il participerait ainsi au rappel des souvenirs.

On ne peut pas ne pas voir le chaos dans cette gestion de la mémoire à court terme où tout est déterminé mais aussi totalement imprévisible.

De plus, il semble que la complexité des boucles soit bien plus grande que ce qui est décrit ici, le circuit nouvellement proposé serait cependant suffisamment voisin de celui de Papez pour justifier de le conserver.

Un deuxième anneau du système limbique (Fig. 14.23) serait formé par les fibres axonales des cellules pyramidales du *gyrus dente* et par l'hippocampe (par l'intermédiaire d'un retour au cortex entorhinal), par le *gyrus* parahippocampal et le *gyrus* cingulaire pour atteindre les noyaux du *septum* et l'amygdale *via* la strie terminale et revenir à leur point de départ après traitement par la même voie qu'à l'aller.

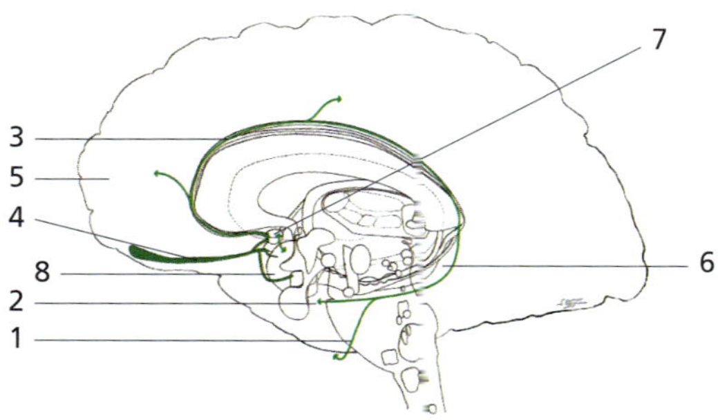

Fig. 14.23 – *Circuit des émotions*

1. Vers aire auditive
2. Cortex entorhinal
3. Strie terminale
4. Tractus olfactif
5. Lobe préfrontal
6. Gyrus parahippocampi-que
7. Noyaux du septum
8. Amydale

Le point de départ serait les aires associatives en particulier l'aire auditive qui apporte l'élément intellectuel traité dans l'aire 22. Cet élément va se charger d'émotion. L'ensemble des voies permet des échanges à chaque étape avec l'hypothalamus qui apporte sa part physique à l'émotion psychique.

Ce circuit dit *des émotions* utilise le *gyrus* fasciolaire puis la strie terminale vers les noyaux du *septum*, l'hypothalamus et le lobe préfrontal. Cette strie terminale retourne les influx par le chemin inverse vers la corne d'Ammon.

Un troisième anneau du système limbique (Fig. 14.24) aurait comme point de départ, l'amygdale. Ce circuit met en communication l'amygdale, l'appareil olfactif, les noyaux du septum, le lobe préfrontal, l'hippocampe, l'hypothalamus et le noyau *accumbens*. Ce circuit dit du plaisir ou de la *motivation* fait partie du circuit dopaminergique de la récompense. Il naît dans l'aire tegmentale ventrale et emprunte le *Medial Forebrain Bundle* vers la strie terminale, le lobe préfrontal, le noyau *accumbens* et l'amygdale.

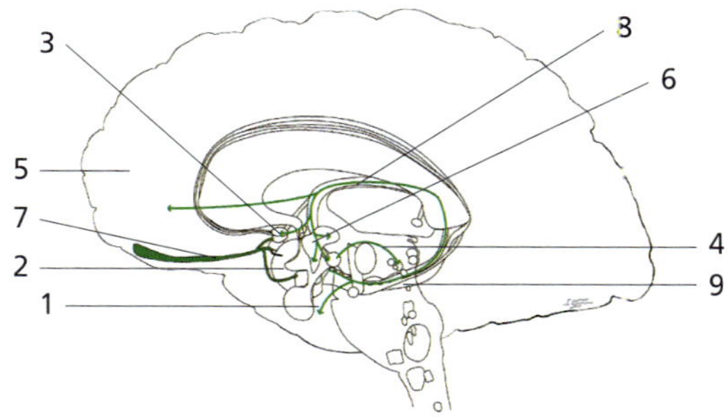

Fig. 14.24 – *Circuit de la motivation*

1. Cortex entorhinal
2. Amygdale
3. Noyaux du septum
4. Medial forebrain bundle
5. Lobe préfrontal
6. Hypothalamus
7. Tractus olfactif
8. Fornix
9. Hippocampe

Quant à la peur, son circuit a été récemment décrit par J. LeDoux. Ce circuit consisterait à faire passer l'information auditive ou visuelle directement (voie rapide) de l'amygdale au cortex moteur ou de faire transiter cette information par le thalamus (voie lente) avant le cortex moteur.

Le sujet utilise naturellement la voie rapide pour se soustraire au danger mais peut avec l'entraînement préférer une analyse plus fine avant la réponse, en passant par la voie thalamique.

Rappelons que ces trois derniers anneaux ont un point commun : la région septale car ils aboutissent tous à ces noyaux septaux par le *fornix* ou la strie terminale.

Le rôle de cette région est capital en tant que relais entre le cortex frontal, le rhinencéphale, le cortex viscéral, l'hypothalamus, l'épithalamus. Broca distinguait ainsi ce cerveau sagittal comme celui des instincts et l'opposait au cerveau transversal supportant la pensée (Delmas).

Synthèse du système limbique

Le système limbique comporte :

- les structures limbiques proprement dites, à savoir le cortex entorhinal, la formation hippocampique, le noyau *accumbens*, le noyau basal de Meynert, les noyaux du *septum*, le *striatum* ventral et l'amygdale ;
- les structures paralimbiques qui constituent la partie corticale du système et qui comprennent le *gyrus* parahippocampique, le *gyrus* cingulaire, le cortex rétro-splénial et l'aire septale ;
- les structures qui sont considérées comme apparentées au système limbique en raison de leurs connexions avec certaines des régions décrites ci-dessus et qui incluent l'aire tegmentale ventrale, certains noyaux du thalamus (noyaux dorso-médian et ventral antérieur), l'hypothalamus, le bulbe olfactif.

Le rôle du système limbique peut se résumer ainsi :

1. le système limbique fonctionne sans aucun rapport avec la logique linéaire. Il se construit autour d'attracteurs étranges créant des circuits (itérations nécessaires à la création d'attracteurs étranges) qui imposent ensuite des sensations émotionnelles couplant perceptions corticales et réactions viscérales. Il est alimenté par les sens et donc l'audition ; en fonction de l'intensité émotionnelle :
   - il a le rôle d'un détecteur d'information qu'il repère en fonction de l'attention ;
   - il filtre les informations et sélectionne celles qu'il faudrait retenir ;

   Ces deux mécanismes sont assez mal contrôlés par le cortex (lobe préfrontal interne) ;
2. il enregistre les épisodes de la vie, les rend comparables à d'autres informations qui sont déjà en mémoire ou qui vont suivre ; il permet l'expérimentation soumise à l'action (informations sensorielles suivies d'actions) ;
3. il envoie les informations à retenir pour stockage dans les zones appropriées ; il provoque le conditionnement actif (musculaire) des actions complexes d'adaptation (vélo par exemple) ;
4. il permet la connaissance par l'image : visuelle (iconique), *sonore (échoïque)*, tactile (haptique) ;
5. il aide à la gestion des comportements en fonction des émotions.

La projection à partir de la formation réticulée sur les aires limbiques : cortex orbito-frontal, cingulaire antérieur, insulaire antérieur et sur l'amygdale temporale, joue un rôle dans l'apprentissage et la mémorisation des sensations auditives comme des sensations nociceptives, visuelles, etc. Cette projection permet un comportement ultérieur adapté à des stimulations évoquant des stimulations connues (réponses d'évitement, de fuite, d'anticipation, de recherche...).

■ *En quelques lignes* ■

Le système limbique présente à peu près le même volume chez le chat que chez l'homme. Il est intimement lié au rhinencéphale et situé au niveau de la cinquième circonvolution temporale. Son importance dans l'audition est considérable tant par les émotions qu'il ajoute aux messages que par la mémoire des informations auditives qu'il permet.

Il est composé de deux parties : l'hippocampe ventral et l'hippocampe dorsal. L'hippocampe ventral comporte les éléments suivants : les noyaux amygdaliens, l'hippocampe proprement dit avec la corne d'Ammon, le gyrus dentate, l'uncus, le subiculum et la fimbria. L'hippocampe dorsal comprend l'indusium gris, le fornix, la strie terminale et le gyrus cingulaire entourant le cingulum. On lui adjoint tout le système olfactif et pas seulement le rhinencéphale, les corps mamillaires et le tractus mamillo-thalamique, les noyaux de la région septale, l'hypothalamus et des éléments de la substance réticulée. On en rapproche également le noyau accumbens, le striatum et la région préfrontale.

Le cortex hippocampique a une structure histologique moins riche (cinq ou trois couches de cellules) que le néocortex. On peut lui décrire deux corps de région enroulés l'un sur l'autre à l'image de deux « C » qui s'impactent l'un dans l'autre. Au devant de cette structure, les trois noyaux amygdaliens (olfaction, émotions et système nerveux autonome) se chargent respectivement d'un renforcement contrôlé de leur domaine. Pour ce qui concerne l'audition, c'est le noyau latéro-basal qui charge d'émotions le contenu sensoriel qui lui est présenté.

Le gyrus dente et l'hippocampe lui-même vont faire tourner dans trois circuits différents les informations reçues. Le premier est le fameux circuit de Papez destiné à la mémorisation de courte durée et au choix des informations à retenir pour une plus longue durée. Les émotions prennent une grande place dans ce circuit. Le deuxième circuit (émotions) emprunte la strie terminale pour gagner les noyaux du septum et retour. Le troisième (motivation) suit la strie terminale allant de l'hippocampe aux noyaux du septum pour retourner à l'amygdale.

Le système limbique est capable de repérer les informations en fonction de l'attention et de leur contenu émotionnel offert lors du passage de celles-ci dans le rhinencéphale. Il choisit celles qu'il faut retenir. Il mémorise les comportements actifs résultant d'expériences. Il s'appuie sur l'image sans concept pour réaliser ce travail. Il gère les comportements en fonction des émotions.

Pour approfondir

Banquet JP, Contreras-Vidal JL, Gaussier P, GIisslerand Burnod Y. The cortico-hippocampal system as a multirange temporo-spatial processor : A neural model. In : *Fundamentals of neural network modelling for neuropsychologists,* Park R, Levine D (eds), Boston, MIT Press, 1997.

Delmas A. *Voies et centres nerveux*, 10e éd., Masson, 1991.

Insausti R, Tunon T, Sobrievela T, Insausti AM, Gonzalo LM. The human entorhinal cortex : A cytoarchitectonic analysis, *J Comp Neurol*, 1995, 355 : 171.

Ishizuka N, Cowan WM, Amaral DG. A quantitative analysis of the dendritic organization of pyramidal cells in the rat hippocampus. *J Comp Neurol.*, 1995 nov. 6, *362* (1) : 17-45.

Isingrini M, Fontaine R. Vieillissement normal et maladie d'Alzheimer. *Psychologie Française*, 1997, *42*, 303-403.

Lambert J, Nespoulous JL *et al*. *Perception auditive et compréhension du langage : état initial, état stable et pathologie*, 1997, 352 p., Solal.

Lechevalier B. *Le corps et le sens*, Lausanne, Delachaux et Nieslé, 1998.

Michel BF, Touchon J, Pancrazi MP, Verdier JM (ss dir.). *Affect, amygdale*, Alzheimer 1999, 360 p.

Pujol R. « Promenade autour de la cochlée », Site Internet : www.iurc.montp.inserm.fr ; Montpellier, France, unité INSERM 254, 1999.

Schacter DL, Tulving E (ss dir.). *Les systèmes de mémoire chez l'animal et chez l'homme*, traduit par B. Deweer, 1996, 400 p., Solal.

Seron X, Jeannerod M. *Neuropsychologie humaine*, Bruxelles, Mardaga, 1994.

Sobotta C. *Atlas d'anatomie humaine*, édité par Putz R, Pabst R, édition française, Dhem A, Gouazé A, Paris, Éditions Médicales Internationales, 1994.

Van der Linden M., Hupet M. *Le vieillissement cognitif*, Paris, PUF, 1994.

Wiener SI, Arleo A. Persistent activity in limbic system neurons : Neurophysiological and modeling perspectives. *J. Physiol.* (Paris), 2003, *97* : 547-555.

Wiener SI, Berthoz A, Zugaro MB. Multisensory processing for the elaboration of place and head direction responses in the limbic system. *Cognitive Brain Res.*, 2002, *14* : 75-90.

Wiener SI, Shibata R, Tabuchi E, Trullier O, Albertin SV, Mulder AB. Spatial and behavioral correlates in nucleus accumbens neurons in zones receiving hippocampal or prefrontal cortical inputs. In : *Cognition and Emotion in the Brain*, T. Ono *et al.* (eds), Elsevier, NY, 2003.

CHAPITRE 15

Les connexions diencéphaliques et corticales, les médiateurs

Revenons, une fois encore, sur les connexions de l'ensemble des centres nerveux mais avec l'acquis des chapitres précédents et en pensant que l'audition, comme les autres sens, se trouve mêlée à tout et interagit avec tout. Tantôt son rôle domine, tantôt elle est noyée dans l'ensemble des perceptions et n'apporte que des nuances ou des confirmations, tantôt enfin, elle est inhibée et disparaît sans même avoir été consciente.

Quelques milliers d'informations peuvent aboutir à quelques milliards d'interprétations. Par réflexe, par habitude, par expérience, après réflexion, par obligation, par instinct, nous choisissons. Ces choix sont des mécanismes d'inhibition (attracteurs étranges au milieu du désordre apparent) qui ne laissent persister qu'une action en évitant les contradictions trop criantes.

Comme pour le chaos, seules les prédictions à très court terme ont une réelle valeur anticipative. Le système est extrêmement sensible aux conditions initiales. Une organisation fait place au chaos et un nouveau désordre s'installe, suivi d'une nouvelle organisation…

Nous sommes incapables, même *a posteriori*, d'expliquer « raisonnablement » ce qui justifie les choix de notre cerveau (même si nous sommes persuadés du contraire).

Les connexions du système limbique sont complexes. Il reçoit de toutes les aires corticales et envoie principalement selon trois modes :

- le circuit de Papez pour la *mémoire* à court terme ;
- le circuit des *émotions* par le *gyrus* fasciolaire vers le *septum* ;
- le circuit de la *motivation* par le *Medial Forebrain Bundle*.

Les connexions diencéphaliques et corticales

Nous avons déjà vu un grand nombre de connexions, soit entre les aires primaires et secondaires, soit entre les aires associatives.

Connexions inter-hémisphériques

Trois commissures méritent une place à part, celles qui font communiquer les deux hémisphères : le corps calleux, la commissure blanche antérieure, et le fornix qui, en plus, participe aux circuits du système limbique ipsilatéral.

Le corps calleux (Fig. 15.1) est la communication principale entre les deux hémisphères cérébraux. Cette lame de substance blanche s'enroule autour du diencéphale et est constituée d'avant en arrière par : le *rostrum* ou bec, le genou et le *splenium* ou bourrelet qui surplombe les *colliculi*. Chaque point d'un hémisphère est relié à son homologue par des fibres qui lui sont propres : en avant le *forceps minor*, en arrière le *forceps major* mais également par des fibres commissurales supérieures et inférieures. C'est par le corps calleux que communiquent les deux *gyri* cingulaires. Les lobes temporaux utilisent le tapetum.

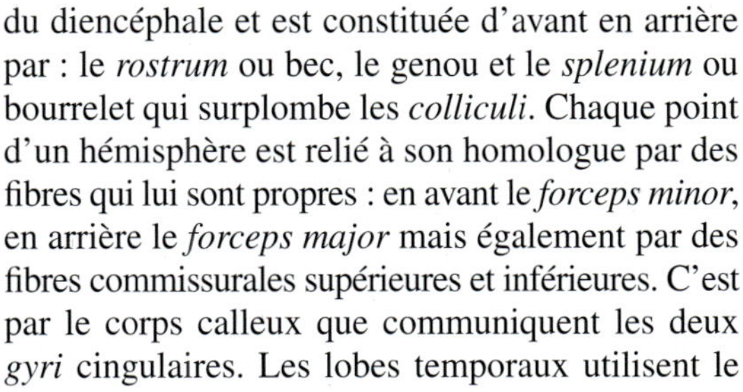

Fig. 15.1 – *Fibres du corps calleux*

1. Forceps minor ou antérieur
2. Forceps major ou postérieur
3. Tapetum

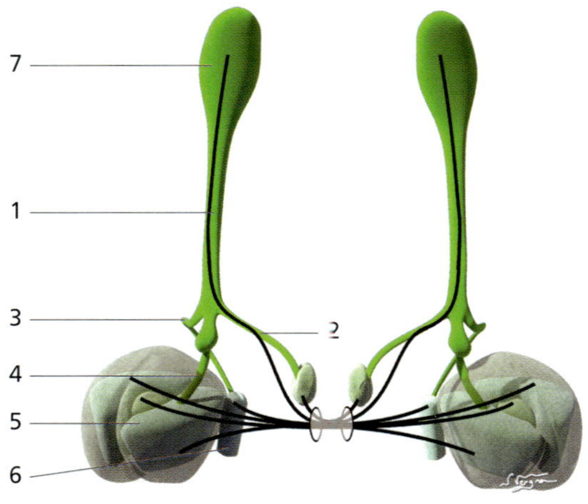

Fig. 15.2 – *La commissure antérieure*

1. Bandelette olfactive
2. Racine olfactive médiale
3. Racine olfactive latérale
4. Racine olfactive moyenne
5. Amygdale et ses noyaux cortico-médian, baso-latéral et central
6. Uncus
7. Bulbe olfactif

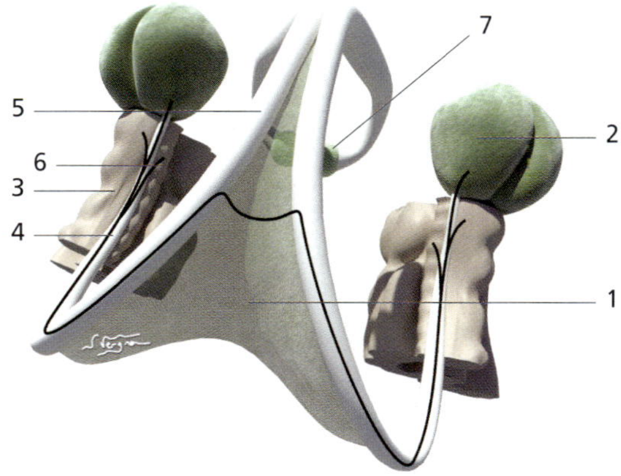

Fig. 15.3 – *Fornix : échanges bilatéraux*

1. Psalterium ou commissure inter-fornix
2. Amygdale
3. Hippocampe
4. Fimbria
5. Fornix
6. Gyrus dente
7. Corps mamillaire

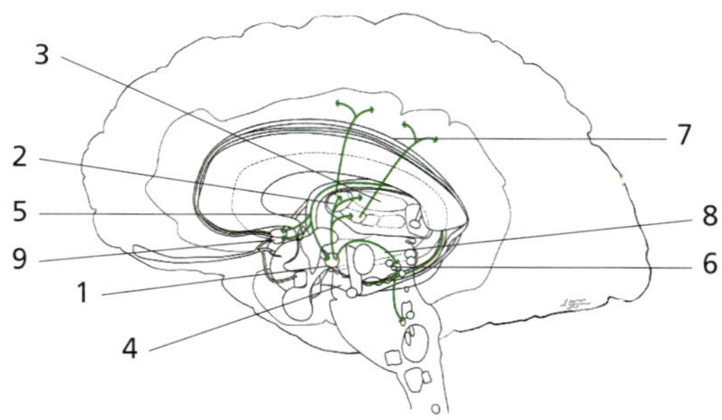

Fig. 15.4 – *Les connexions mamillaires, thalamiques et cingulaires*

1. Corps mamillaire
2. Noyau antérieur du thalamus
3. Noyau dorsomédian du thalamus
4. Hippocampe
5. Fornix
6. Noyau dorsal de la calotte
7. Gyrus cingulaire
8. Medial forebrain bundle
9. Noyaux du septum

La *commissure blanche antérieure* (Fig. 15.2) met en relation les deux amygdales droite et gauche et les deux systèmes olfactifs, entre eux.

Les émotions et la peur en particulier passent par cette voie pour échanger avec le côté opposé en faisant intervenir les noyaux du *septum*.

Le fornix contient 1 200 000 fibres et constitue la voie efférente principale de la formation hippocampique. L'influx y circule dans les deux sens. Les *fornix* droit et gauche (Fig. 15.3) échangent une partie de leurs fibres au cours de leur trajet. Cette communication appelée *psalterium* est essentielle à la relation des deux hippocampes entre eux. Chaque *fornix* se dirige en haut et en dedans vers le corps calleux. Les deux colonnes échangent des fibres en se réunissant pour former le corps du *fornix* qui court sous le corps calleux d'arrière en avant. Parvenus en avant du thalamus, les deux *fornix* se séparent à nouveau formant deux colonnes antérieures.

Les fibres de chaque colonne se divisent en deux :

- les unes en avant de la commissure blanche se terminent dans l'hypothalamus latéral, les noyaux du *septum* et la paroi antérieure du IIIe ventricule ;
- les autres, post-commissurales, se terminent dans le corps mamillaire puis par le faisceau mamillo-thalamique dans le noyau antérieur du thalamus (noyau antéro-médian et noyau antéro-ventral) et dans le noyau médio-dorsal. Un contingent de fibres post-commissurales se prolonge dans le plancher du IIIe ventricule jusqu'à la substance

grise péri-aqueducale et les noyaux du pont. *Le circuit limbique* (Fig. 15.4) est fermé par les fibres qui unissent les corps mamillaires aux noyaux antérieurs du thalamus, puis ces derniers au *gyrus* cingulaire qui les ramène soit aux noyaux du *septum* soit à l'hippocampe.

➤ Connexions à l'intérieur de l'hémisphère

Les efférences du corps mamillaire (Fig. 15.5), l'un des noyaux constitutif de l'hypothalamus. Situé dans le plancher du IIIe ventricule, il est composé, chez l'homme, principalement par le noyau mamillaire médian avec de petits neurones qui le différencient du noyau mamillaire latéral, formé de cellules plus volumineuses.

Le noyau latéral reçoit, la seule afférence du corps mamillaire : *le fornix*.

Le noyau médial envoie deux efférences :

- le faisceau mamillo-thalamique ou de Vicq d'Azyr pour le noyau antérieur et antéro-ventral du thalamus qui contient des fibres réciproques ;
- le faisceau mamillo-tegmental qui descend dans la partie haute du tronc cérébral pour se terminer dans les noyaux dorsaux et ventraux du *tegmentum* mésencéphalique, ses fibres sont aussi réciproques.

Fig. 15.5 – *Corps mamillaire*

1. Noyau médian
2. Noyau latéral
3. Fornix

Les efférences thalamiques : les noyaux thalamiques antérieur et antéro-ventral ainsi que et noyau latéro-dorsal sont connectés également de façon réciproque avec le *gyrus* cingulaire. Les deux premiers de ces noyaux reçoivent des fibres issues de la formation hippocampique, soit par l'intermédiaire du corps mamillaire, soit directement du *fornix*. Le dernier noyau, latéro-dorsal reçoit des fibres directement du *fornix* et est relié à la formation hippocampique. Le caractère réciproque de ces connexions thalamo-cingulaires est aussi prouvé.

Les connexions du cortex cingulaire : celui-ci surplombe le corps calleux. Il est composé de deux aires, antérieure et postérieure. L'aire antérieure est connectée avec le noyau thalamique antéro-médian et l'aire postérieure avec les noyaux antéro-ventral et latéro-dorsal. Un faisceau de fibres blanches court à l'intérieur du *gyrus* cingulaire : le *cingulum*. Il réunit les cortex entorhinal et périrhinal avec l'aire cingulaire postérieure ainsi que les deux aires cingulaires entre elles par le *fornix*.

Les connexions du gyrus dente, bien que recevant de nombreuses fibres du cortex entorhinal, ne sont pas le faisceau principal de sortie de la formation hippocampique (Fig. 15.6). La conception classique

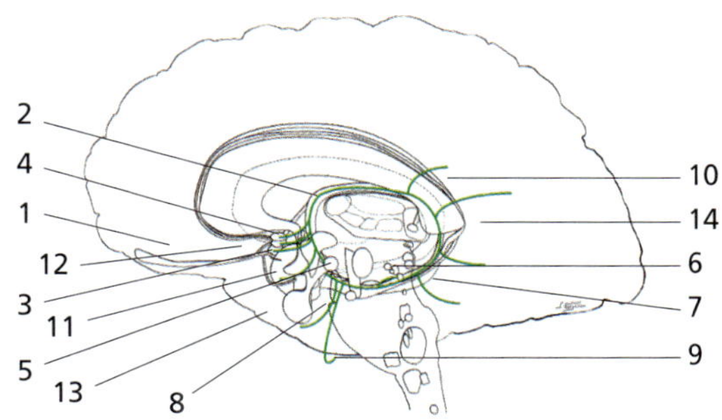

Fig. 15.6 – *Connexions du gyrus dente*

1. Cortex orbito-frontal
2. Fornix
3. Noyau accumbens
4. Noyaux du septum
5. Corps mamillaire
6. Locus cœruleus
7. Cortex parahippocampique
8. Cortex entorhinal
9. Vers cortex auditifs secondaire et associatif
10. Cortex cingulaire
11. Amygdale
12. Aire septale
13. Cortex périrhinal
14. Cortex rétrosplénial

du circuit de Papez selon laquelle l'*alveus*, la *fimbria* et le *fornix* seraient constitués par les axones myélinisés des cellules pyramidales de l'hippocampe proprement dit (champs CA1, CA2, CA3 et CA4) semble discutable puisque la seule projection connue de ces cellules pyramidales se fait sur les noyaux du *septum*.

L'important contingent de fibres qui constitue le *fornix* provient du complexe subiculaire, source pratiquement exclusive des projections de la formation hippocampique sur les corps mamillaires et les noyaux antérieurs du thalamus. Par ailleurs, le *subiculum* ne se projette pas uniquement sur les structures cibles du *fornix* mais aussi sur de nombreuses aires corticales ou sous-corticales appartenant au lobe limbique :

- certaines d'entre elles sont situées à la face interne du lobe temporal (cortex entorhinal, cortex perirhinal, *gyrus* parahippocampique caudal) ;
- d'autres sont locales : la face orbitaire du lobe frontal et l'aire septale en avant et au-dessous du genou du corps calleux ;
- d'autres enfin sont postérieures, en arrière du *splenium* du corps calleux, (*gyrus* cingulaire postérieur et cortex rétrosplénial).

Deux structures sous-corticales sont également connectées directement avec le *subiculum*. Il s'agit de l'amygdale (Fig. 15.7) ou complexe amygdalien médio-basal et du *nucleus accumbens septi* (situé entre la tête du noyau caudé et le *putamen*).

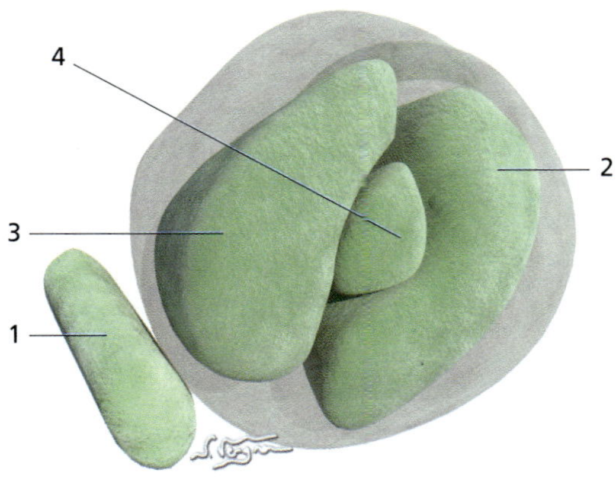

Fig. 15.7 – *L'uncus et l'amygdale*

1. Uncus
2. Noyau cortico-médian
3. Noyau baso-latéral
4. Noyau central

Il apparaît ainsi que le modèle hippocampo-mamillaire du circuit de Papez ne rend compte que d'une partie de la réalité anatomique

Les connexions du complexe amygdalien (Fig. 15.8) se composent de trois noyaux principaux : le noyau cortico-médian, le noyau central et le noyau baso-latéral. Le cortico-médian reçoit des afférences en provenance directe du bulbe olfactif qui empruntent la strie olfactive latérale alors que le noyau baso-latéral reçoit des informations olfactives uniquement par l'intermédiaire du cortex olfactif piriforme.

L'ensemble du complexe amygdalien reçoit des afférences de l'hypothalamus antérieur et envoie un contingent de fibres, *la strie terminale*, dans l'hypothalamus et les noyaux de substance grise situés immédiatement à l'extérieur des colonnes antérieures du *fornix*, (noyaux du *septum*). Un circuit de voies réciproques unit le complexe amygdalien au noyau médio-dorsal du thalamus, lequel est connecté au *gyrus* cingulaire postérieur et au cortex frontal.

Insistons sur le fait que séparés des aires corticales qui reçoivent et intègrent les messages sensoriels, les circuits limbiques seraient privés de toute entrée d'informations.

Finalement, les connexions du noyau amygdalien se font en étoile avec toutes les formations primitives (Fig. 15.8) :

- le noyau amygdalien opposé, par la commissure antérieure ;
- la racine olfactive latérale directement ;
- le cortex fronto-basal en avant par les noyaux du *septum* ou directement ;
- le *gyrus* parahippocampique en dessous de lui ;
- l'*insula* en dehors ;
- les anneaux limbiques et notamment la strie terminale à ses deux extrémités ;
- la tête et la queue du noyau caudé ;
- le noyau *accumbens* ;
- la substance innominée de Reichert, (lame de substance grise allant de l'hypothalamus au noyau amygdalien en passant sous le *pallidum* et la commissure antérieure et au-dessus du *tractus* optique) ;
- le thalamus ;
- l'hypothalamus.

Entre le néocortex sensoriel et le système limbique, il existe des zones dites « interfaces ».

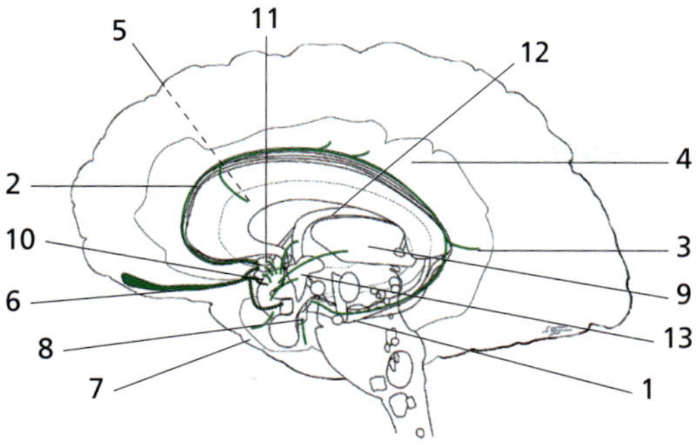

Fig. 15.8 – *Connexions de l'amygdale*

1. Hippocampe
2. Strie terminale
3. Cortex rétro-splénial de l'aire cingulaire
4. Cortex cingulaire
5. Noyau caudé
6. Tractus olfactif
7. Cortex périrhinal
8. Cortex entorhinal
9. Thalamus
10. Noyau accumbens
11. Noyaux du septum
12. Fornix
13. Hypothalamus

Le gyrus parahippocampique est situé en arrière du gyrus hippocampique et ses connexions sont l'un de ces relais pivots où les informations convergent par des voies multisynaptiques, avant d'entrer dans la formation hippocampique. Ce *gyrus*, contigu à la formation hippocampique, situé à la face interne du lobe temporal, peut être divisé en deux aires :

- la première, antérieure, correspond à l'aire entorhinale ; elle est limitée en bas par le sillon rhinal ;
- la seconde, postérieure, jouxte le *presubiculum* ; le sillon occipito-temporal marque la limite inférieure de cette portion caudale du *gyrus* parahippocampique ; ce *gyrus* est connecté aux aires associatives *auditives*, visuelles et somesthésiques ; ces connexions sont réciproques ; elles constituent le nœud d'un réseau synaptique entre le cortex limbique et le néocortex associatif, permettant des échanges multidirectionnels.

La portion postérieure du gyrus cingulaire est considérée comme une « interface » entre le cortex du système limbique et le néocortex associatif. En effet, des connexions réciproques existent entre les aires associatives pariétales (visio-somesthésiques) et temporales (auditives ou polysensorielles) et le *gyrus* cingulaire postérieur. Par ailleurs, *gyrus* parahippocampique et *gyrus* cingulaire postérieur ont en commun d'être reliés de façon réciproque au cortex prémoteur de la face externe du lobe frontal, lequel intervient dans la commande des comportements d'exploration.

D'autres contacts entre système limbique et néocortex peuvent être établis par l'intermédiaire de noyaux thalamiques comme le *pulvinar* médian, relié à la fois au cortex pariétal postérieur et à l'aire cingulaire antérieure.

Pour conclure ce chapitre des connexions corticales, on peut penser que l'information qui entre dans le système limbique a été préalablement traitée par les cortex sensoriels. En effet, aucune connexion n'unit directement les aires sensorielles primaires au système limbique. Il semble que ce soit un processus de convergence qui sous-tende le traitement cortical de l'information. Les messages parviennent donc au système limbique sous une forme « conceptualisée » dense et compacte.

À l'inverse, l'intégration corticale s'effectuant selon un processus divergent par la mise en jeu d'un nombre croissant de neurones, les structures limbiques sont informées de l'état du système de traitement cortical plus que de la nature même et du contenu de l'information traitée. Les connexions entre système limbique et néocortex associatif sont réciproques. On peut donc supposer que les structures limbiques ont accès aux informations stockées dans les circuits néocorticaux à condition d'en connaître les adresses. Ainsi, l'hippocampe, microprocesseur plus qu'unité-mémoire, pourrait grâce à son système anatomique d'entrée-sortie, avoir pour seul « souvenir » celui des procédures de stockage et de rappel des informations.

Les deux systèmes de traitement divergent et convergent agissent très probablement simultanément. Ainsi, du fait du caractère itératif des opérations portant sur les informations traitées et adressées au lobe préfrontal, dans sa partie fronto-latérale, aboutit-on à force de répétitions à la création d'images comparables à celles que nous avons vu apparaître avec les équations différentielles de Mandelbrot (Fig. 15.9) qui, répétant inlassablement le même motif, finissent par créer de superbes figures.

Le noyau de l'habenula et l'habenula constituent à eux seuls l'épithalamus. Il couvre la surface dorsomédiale du thalamus, en avant et en haut par rapport à la commissure blanche postérieure. C'est l'aboutissant d'une partie des fibres du rhinencéphale.

Fig. 15.9 – *De beaux attracteurs étranges (images de Mandelbrot)*

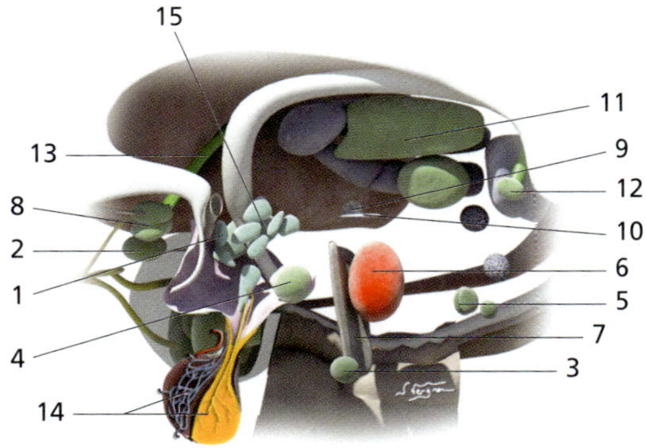

Fig. 15.10 – *Les noyaux de Meynert, interpédonculaire et accumbens*

1. Noyau de Meynert
2. Noyau accumbens
3. Noyau interpédonculaire
4. Corps mamillaire
5. Noyau dorsal de la calotte
6. Noyau rouge
7. Locus niger
8. Noyaux du septum
9. Corps de Luys
10. Zona incerta
11. Thalamus
12. Noyau de l'habenula
13. Habenula
14. Hypophyse (neuro-hypophyse en arrière et adéno-hypophyse en avant)
15. Hypothalamus

Le ganglion de l'*habenula* adresse, par la strie thalamique, des fibres aux ganglions du *septum* et au ganglion interpédonculaire par le faisceau rétroflexe de Meynert.

Le noyau basal de Meynert (Fig. 15.10) fait partie des noyaux de la substance innominée ; situé sous la commissure antérieure sur le plancher du IIIe ventricule. Il est cholinergique et en situation d'interface entre les formations primitives et la totalité du cortex : il aurait la signification d'un « *pallidum* ventral » (c'est-à-dire d'un centre moteur réflexe à une réception sensorielle) et jouerait un rôle important dans la vascularisation cérébrale et les phénomènes d'attention et de mémoire.

Le noyau interpédonculaire (Fig. 15.10) ou centre régulateur des activités corticales (Delmas) est considéré comme un centre inhibiteur que nous avons vu recevoir le faisceau rétroflexe de Meynert provenant du noyau de l'*habenula*. Avec la substance réticulée, il a un rôle d'éveil des activités corticales.

Le noyau accumbens (Fig. 15.10 et 15.11) que nous avons vu dans le chapitre du système limbique fait également partie de la boucle striato-pallido-thalamo-corticale, il est en situation de contrôler nos motivations et son neurotransmetteur à la dopamine. Des travaux récents lui donne un rôle capital dans l'effet placebo. Il joue également un rôle important dans la dépendance et l'assuétude.

Il aurait, outre son rôle dans le plaisir, la signification d'un « *striatum* ventral » c'est-à-dire d'un centre effecteur sous-cortical, couplé directement avec un centre moteur (poisson de Szentagothai et Arbib), permettant une adaptation automatique sans participation du cortex.

Le septum interventriculaire est formé par :

- le « *septum lucidum* » : cloison entre les ventricules latéraux ;
- le « *septum verum* » : épais et riche en tissu gris, dont les racines s'enfoncent dans la région septale et qui comporte deux ganglions : le ganglion sous-calleux et celui du septum proprement dit.

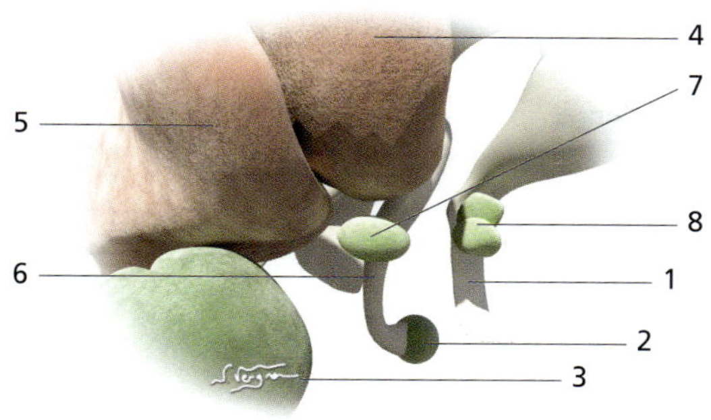

Fig. 15.11 – *Noyaux accumbens et du septum*

1. Lame terminale
2. Corps mamillaire
3. Amygdale
4. Tête du noyau caudé
5. Noyau lenticulaire
6. Fornix
7. Noyau accumbens
8. Noyaux du septum

Le cingulum est un faisceau de substance blanche qui naît dans la région septale, se poursuit en arrière au centre de la circonvolution limbique ou *gyrus* cingulaire, puis gagne le *gyrus* parahippocampique et se termine dans l'amygdale. Il constitue le plus long des faisceaux d'association hémisphérique mais peu de fibres font le trajet complet du *septum* à l'amygdale.

La commissure postérieure enfin, a un rôle secondaire en ce qui concerne l'audition.

Les médiateurs

Nous allons les passer en revue pour avoir une idée de leur rôle. Mais revoyons d'abord comment procède le cerveau pour trier et choisir les informations. Les zones sensorielles adressent un message à une zone corticale à laquelle elles sont reliées. Prenons l'exemple des neurones striataux et voyons comment les ganglions de la base sont organisés (voir chapitre boucles fronto-striatales). La figure 15.12 illustre la complexité de ces systèmes de médiation.

Les informations corticales accèdent aux ganglions de la base par le *striatum.* Une forte synchronisation des afférences excitatrices corticales est nécessaire pour induire la décharge des neurones de sortie du *striatum.* L'activité de ces neurones GABAergiques produit une inhibition des structures de sortie des ganglions de la base et conduit, par un processus de désinhibition, à l'excitation des noyaux prémoteurs. Ce phénomène déterminant dans le rôle des ganglions de la base, dépend de la probabilité avec laquelle les neurones striataux émettent des potentiels d'action en réponse à une entrée corticale donnée. Une stimulation directe des neurones striataux augmente à court terme l'excitabilité membranaire de ces cellules. Cette plasticité intrinsèque, qui résulte de la modulation de conductances ioniques non synaptiques et qui favorise l'apparition de potentiels synaptiques supraliminaires dans les neurones striataux, facilite la transmission cortico-striatale. Il existe donc une « mémoire intrinsèque » fonctionnelle qui détermine les relations entrée-sortie au niveau des connexions cortico-striatales.

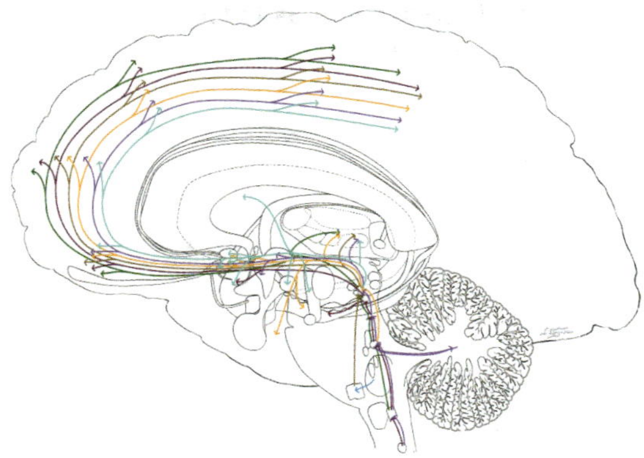

Fig. 15.12 – *La complexité des systèmes*

Un mécanisme cellulaire non synaptique permet au neurone de contrôler, à chaque instant et en fonction de son histoire préalable, sa capacité à décharger un potentiel d'action. À l'origine de ce phénomène existe un lien temporel entre des informations corticales sensorielles et des informations motrices au niveau de cellules striatales. Cette facilitation pourrait constituer l'événement cellulaire responsable de l'apprentissage sensori-moteur au niveau du *striatum.*

Il ne s'agit là que d'un aspect particulier d'une réaction non synaptique montrant l'importance des réseaux et l'extraordinaire complexité de la moindre décision d'une quelconque zone corticale ou subcorticale.

Les quatre grands systèmes de médiation

Quatre grands systèmes neuronaux modulent de façon globale l'activité cérébrale par l'intermédiaire de neurotransmetteurs parfaitement identifiés. Ils apparaissent en liaison avec le système limbique.

Le premier des quatre systèmes (la *dopamine*) est présent en plusieurs points du système limbique, principalement dans le complexe amygdalien, dans la région septale et le *nucleus accumbens septi,* et dans les parois de l'hypothalamus. La *sérotonine* interviendrait dans l'entretien du sommeil lent tandis que la *noradrénaline* favorise l'éveil. L'*acétylcholine,* elle, serait impliquée dans les processus d'attention et de mémoire.

Ces trois derniers systèmes établissent des connexions particulièrement riches entre eux et la formation hippocampique. Le *gyrus dente* et les champs CA4, CA3 et CA1 sont connectés avec le *locus cœruleus*, noyau pair et symétrique principalement noradrénergique situé à la partie haute du tronc cérébral. Le cinquième des fibres noradrénergiques issues du *locus cœruleus* se termine sous forme de synapses axodendritiques dans le hile du *gyrus dente* ipsilatéral.

Les noyaux du raphé médian et dorsal, formations sérotoninergiques impaires et médianes du tronc cérébral, sont également articulés avec le *gyrus dente* et les champs cellulaires ammoniens[1].

Les axones issus de la région septale et des noyaux du septum, à médiation cholinergique, empruntent la bandelette diagonale pour se terminer dans le cortex entorhinal, dans le *gyrus dente* et dans les champs CA4, CA3 et CA1.

■ Le système dopaminergique

Le système dopaminergique cérébral est issu de deux types de noyaux (Fig. 15.13) :

- le *tegmentum* ou aire tegmentale ventrale (ATV) qui innerve le cortex frontal, le système limbique (*septum,* amygdale…) et le noyau *accumbens* ; ce circuit fait partie du système de récompense ou de renforcement qui est à la base des processus de motivation et d'aversion ; il est aussi impliqué dans des processus cognitifs et lié à l'affectivité ;
- la substance noire innerve le *striatum* (noyau caudé et *putamen*) et est impliquée dans la motricité.

Les atteintes affectant la substance noire entraînent une perte de la neurotransmission dopaminergique dans le *striatum* et provoquent des troubles moteurs (maladie de Parkinson).

1. (corne d'Ammon).

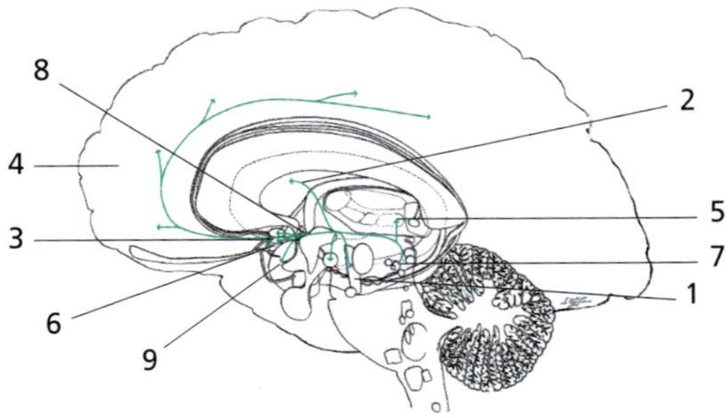

Fig. 15.13 – *Le système dopaminergique*

1. Locus niger
2. Vers le striatum
3. Noyaux du septum
4. Cortex préfrontal
5. Thalamus (noyau dorso-latéral postérieur)
6. Noyau accumbens
7. Noyau dorsal de la calotte
8. Noyau de Meynert
9. Amygdale

■ Le système sérotoninergique

Le système sérotoninergique est issu des noyaux du raphé (Fig. 15.14) :

- groupe du raphé postérieur (raphés *obscurus* et *pallidus*) ;
- groupe du raphé intermédiaire protubérantiel (raphés *pontis* et *niguns*) ;
- groupe du raphé antérieur (raphés *centralis* supérieur et *dorsalis*).

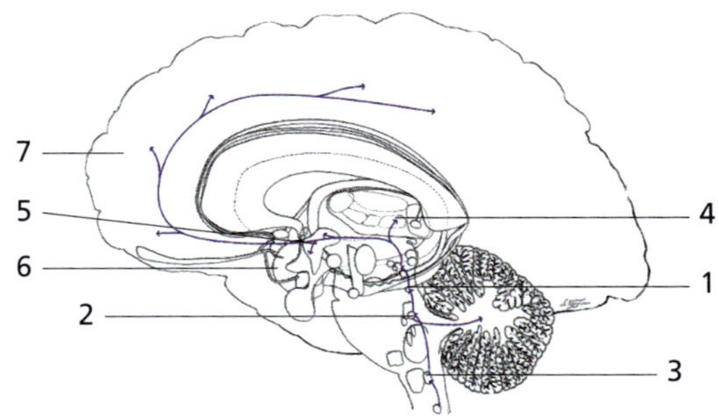

Fig. 15.14 – *Système sérotoninergique*

1. Noyau du raphé pédonculaire
2. Noyau du raphé pontique
3. Noyau du raphé bulbaire
4. Thalamus
5. Hypothalamus
6. Amygdale
7. Lobe préfrontal

Ce système emprunte trois voies :
- le faisceau médian du télencéphale pour l'hypothalamus ;
- des voies latérales pour le cortex ;
- des voies descendantes pour la moelle.

■ Le système cholinergique

Le noyau de Meynert est à l'origine de ce système, ses cellules synthétisent le neurotransmetteur : l'acétylcholine (Fig. 15.15). En dehors du noyau basal de Meynert, le système provient également du *locus cœruleus*, des noyaux du *septum* et des noyaux médians du thalamus. L'acétylcholine agit, à distance, sur de nombreuses autres structures.

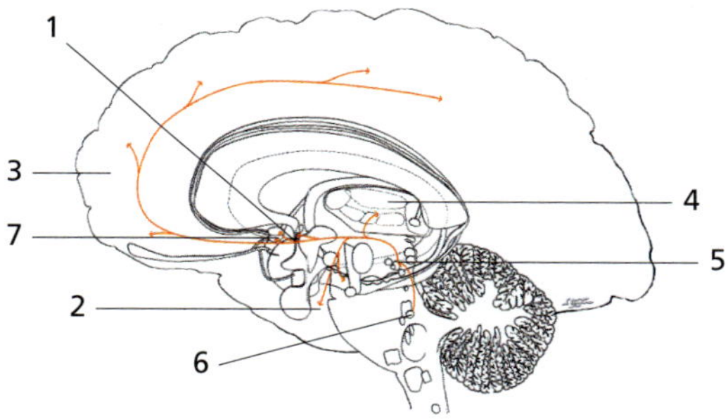

Fig. 15.15 – *Le système acétylcholinergique. En relation avec tous les cortex secondaires ou associatifs*

1. Noyau de Meynert
2. Cortex entorhinal
3. Cortex prefrontal
4. Thalamus
5. Noyau dorsal de la calotte
6. Réticulée pontique
7. Noyaux du septum

On sait qu'un patient atteint d'une maladie d'Alzheimer présente un déficit en acetylcholine. Les cellules qui produisent ce médiateur « acétylcholine » présentent très tôt les stigmates de la maladie.

Les projections se font selon trois voies :
- voie tegmentale ventrale : apprentissage intrinsèque (Meynert) ;
- voie dorsale (éveil et vigilance) ;
- système limbique (apprentissage extrinsèque).

■ Le système noradrénergique

Il existe trois origines à ce système noradrénergique (Fig. 15.16) :
- le système dorsal provenant essentiellement du *locus cœruleus* situé sous le noyau dorsal de la calotte ; ce système ascendant couvre tout le cortex, le *striatum,* le thalamus et le *gyrus dente* ;
- le système ventral réticulaire part des noyaux réticulaires du bulbe rachidien pour l'hypothalamus par le faisceau ascendant activateur ;
- le système descendant provenant des noyaux bulbaires gagne la moelle.

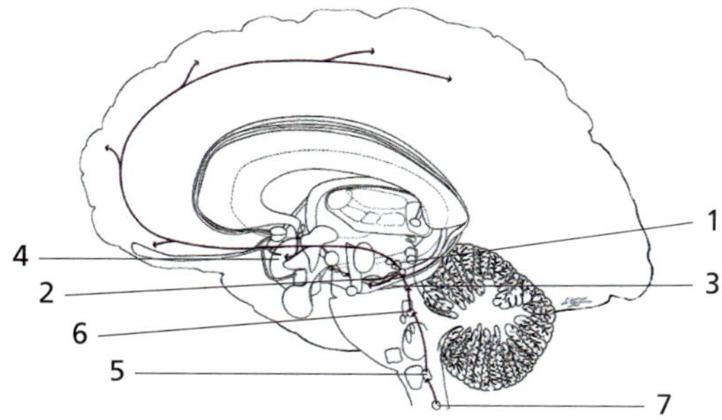

Fig. 15.16 – *Système noradrénergique*

1. Locus cœruleus
2. Gyrus dente
3. Hippocampe
4. Amygdale
5. Réticulée bulbaire
6. Réticulée pontique
7. Réticulée médullaire

Ce système noradrénergique joue un grand rôle dans l'activation de l'attention et pourrait jouer un rôle dans la mémoire car, nous l'avons vu, le cinquième des fibres adrénergiques partant du *locus cœruleus* aboutit dans le hile du *gyrus dente.*

➤ Les autres systèmes de médiation

Les plus importants sont l'histamine, le glutamate et l'orexine.

■ Les neurones à histamine

On trouve de tels neurones dans l'hypothalamus et plus précisément l'hypothalamus postérieur (en particulier dans le corps mamillaire).

Ces neurones histaminergiques participent activement à l'éveil sans pour autant être indispensables.

Les neurones à histamine envoient leurs projections dans le cerveau antérieur et également dans une moindre mesure dans le cerveau postérieur (Fig. 15.17).

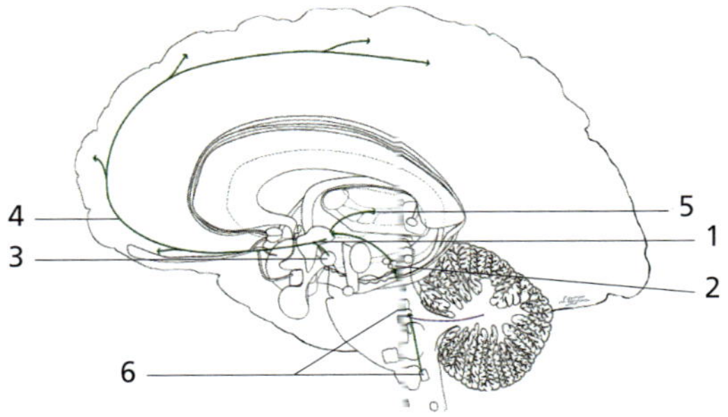

Fig. 15.17 – *Le circuit de l'histamine (corps mamillaire)*

1. Hypothalamus
2. Noyau dorsal de la calotte
3. Corps mamillaire
4. Cortex préfrontal
5. Thalamus
6. Noyaux réticulés pontiques et bulbaires

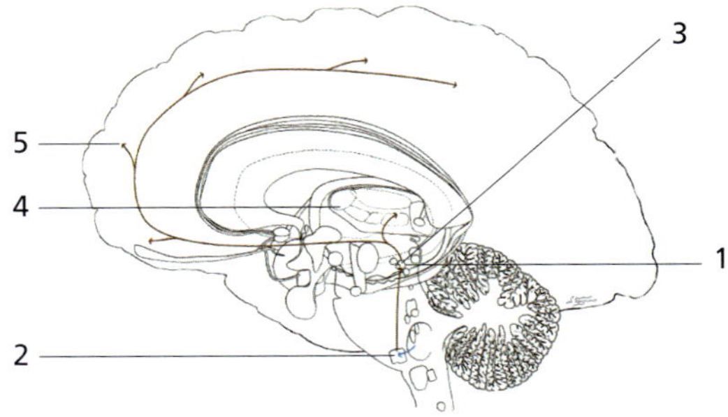

Fig. 15.18 – *Le circuit du glutamate*

1. Formation réticulée mésencéphalique
2. Complexe olivaire supérieur
3. Noyau dorsal de la calotte
4. Thalamus
5. Cortex préfrontal

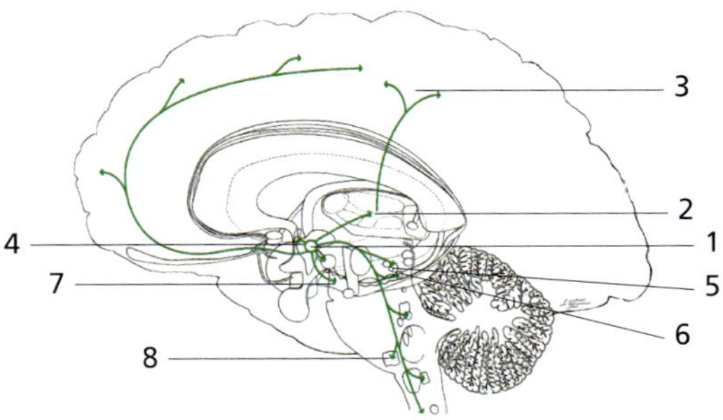

Fig. 15.19 – *Neurone à orexine*

1. Hypothalamus postérieur
2. Thalamus
3. Cortex
4. Noyau de Meynert
5. Noyau dorsal de la calotte
6. Locus cœruleus
7. Hippocampe
8. Complexe olivaire supérieur

Tous les autres noyaux de l'éveil reçoivent des neurones à histamine.

C'est l'inhibition du rôle que joue l'histamine dans l'éveil qui explique la somnolence rencontrée lors de la prise d'antihistaminiques. C'est, semble-t-il, l'histamine qui, projetée sur les autres neurones, les active au tout début de l'éveil. Ces neurones joueraient également un rôle dans la locomotion et la thermorégulation. Ils sont en connexion avec pratiquement tous les types de neurones à médiateurs.

Les neurones à glutamate

Le glutamate est un neurotransmetteur excitateur majeur associé à l'apprentissage et à la mémoire. Sa production en excès entraînerait la mort cellulaire (Fig. 15.18). On trouve des neurones à glutamate dans la formation réticulée bulbaire et mésencéphalique. On en trouve également dans les noyaux intra-laminaires du thalamus.

Le glutamate est le médiateur des afférences cortico-striatales (apprentissage), de l'hippocampe (mémoire) et du gyrus dente (éveil, entre autres).

Les neurones à orexine

Il existe deux types d'orexine appelés hypocrétine A et B (Fig. 15.19). Cette substance ne semble exister que dans la région périfornicale (pendant sa traversée pour se rendre au corps mamillaire) de l'hypothalamus postérieur. L'orexine participe à l'éveil en projetant sur les neurones à sérotonine, à noradrénaline et à histamine.

Son action consisterait à inhiber les effets de l'hypotonie rencontrée dans le sommeil paradoxal et son absence engendrerait la narcolepsie (image célèbre du chien qui ronfle le museau enfoncé dans sa gamelle pleine).

Comme les neurones à orexine projettent également sur le cortex, ils doivent également agir sur l'activité corticale.

Ils projettent également de façon abondante dans le système limbique.

Le rôle des médiateurs dans l'éveil et l'attention

Tous les circuits des médiateurs que nous venons de voir vont être utilisés et même davantage puisque les intervenants vont se révéler encore plus nombreux. Rappelons les deux voies utilisées : l'une dorsale réticulo-thalamo-corticale et l'autre ventrale (médiane) réticulo-hypothalamo-corticale.

L'éveil est un événement beaucoup plus complexe que les premières descriptions ne le laissaient supposer (Fig. 15.20).

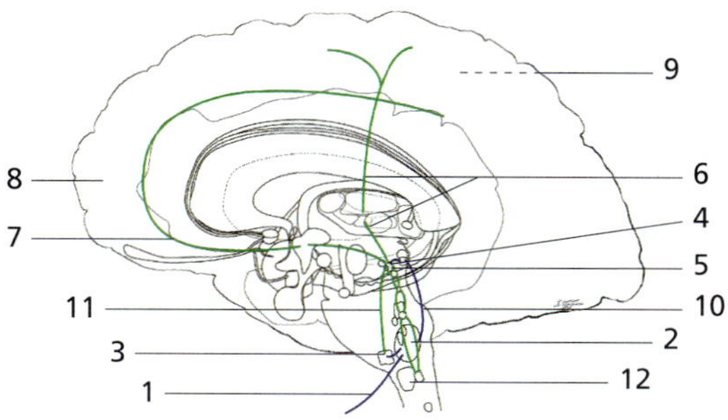

Fig. 15.20 – *Les voies de l'attention*

1. Fibre du nerf cochléaire
2. Noyau cochléaire
3. Complexe olivaire supérieur (noyau latéral)
4. Noyau dorsal de la calotte
5. Locus cœruleus
6. Voie ascendante indirecte (peu utilisée) thalamo-corticale
7. Voie ascendante directe (habituelle), d'emblée corticale
8. Lobe préfrontal
9. Aire pariétale postérieure
10. Faisceau du lemniscus latéral
11. Jonction colliculus vers noyau dorsal de la calotte
12. Réticulée du tronc cérébral

Les médiateurs sont l'acétylcholine, le glutamate, l'histamine, la noradrénaline et la sérotonine. Interviennent également, la *Corticotropin Releasing Hormone* (CRH) qui, en cas de stress, active surrénale et hypophyse, l'ACTH et les endorphines qui stimulent le réseau de l'éveil. Il faut enfin parler du noyau suprachiasmatique (horloge biologique avec l'épiphyse) qui agirait par la vasopressine qu'il produit. Les noyaux réticulés du thalamus recevraient tous les neurones des médiateurs induisant le sommeil. C'est leur inhibition qui entamerait le processus d'éveil. Cette inhibition permettrait au thalamus d'initier l'éveil, à la moindre sollicitation sensorielle et tout particulièrement auditive.

L'histamine qui est produite dans les noyaux postérieurs de l'hypothalamus et se distribue à tous les noyaux participant à l'éveil en serait également un possible initiateur. Elle diffuse ensuite à tout le cortex.

Participe également au mécanisme : la noradrénaline que nous venons de voir naître dans le *locus cœruleus* et diffuser dans le hile du *gyrus dente* et dans tout le cortex. Il en est de même pour la sérotonine qui naît des noyaux du raphé et peut aussi bien induire le sommeil qu'activer l'éveil selon les circonstances. Quant à l'acétylcholine, elle peut aussi bien jouer un rôle dans l'éveil que dans la mémoire à long terme, comme nous l'avons vu. Ce système d'éveil est modulable ; il doit maintenir le sujet éveillé (noyaux à orexine) et surtout s'hyperactiver lorsque le sujet fait appel à l'attention. C'est ce phénomène d'alerte (souvent auditive) qui nous a amené à étudier cette partie du système veille-sommeil.

L'attention est donc essentiellement un échange entre le système d'éveil (qui sert à focaliser), la substance réticulée (qui par sa capacité à trier nous aide à choisir ce qui va primer) et le lobe frontal (qui nous conseille ce qu'il faut finalement garder après réflexion).

Le schéma corporel

Le schéma corporel intègre les informations relatives à l'ensemble du corps et sert de référence à l'acte moteur adapté (on parle aussi de modèle postural). Il représente le résultat des connexions que nous avons présentées dans ce chapitre. Il est parfois confondu, à tort, avec l'image du corps. Le sentiment d'unité et d'individualité du corps lui-même serait le résultat de l'intégration neurologique de ces sensations et d'un investissement affectif de l'ensemble de l'individu.

Des connexions de l'aire somesthésique située sur la pariétale ascendante avec d'autres zones sensorielles (aires temporales de l'audition, aires occipitales de la vision), mais aussi avec le thalamus, permettent de supposer que la coordination des diverses informations sensorielles est assurée par un ensemble de régions du cerveau appelées parfois globalement « aire du schéma corporel ». Des connexions entre aires corticales sensorielles et motrices (cortex préfrontal), supposées permettre la prévision et le contrôle des mouvements volontaires par exemple, suggèrent l'existence de véritables « unités sensorimotrices » corticales.

De tout cela, nous pouvons déduire que les connexions fonctionnent dans les deux sens. Les aires sensorielles contactent les aires d'association et leur adressent leurs informations mais, en retour, les aires associatives peuvent demander à telle ou telle aire sensorielle des renseignements particuliers. Ainsi, l'ensemble fonctionne en permanence dans les deux sens et finit par construire des images mentales faites d'informations sensorielles et du souvenir d'autres informations mises en mémoire. Nous nous constituons des images mentales composites qui servent de support à notre pensée.

On pense actuellement qu'une entité cognitive ne peut se structurer qu'avec des fonctions organiques. En somme, pas « d'intelligence *artificielle* » sans « émotions *artificielles* ».

■ En quelques lignes ■

Nous allons une fois encore revoir les connexions mais d'une manière plus pratique et plus fonctionnelle. Les connexions du système limbique sont complexes. En effet, il reçoit de toutes les aires corticales et envoie selon trois modes : le circuit de Papez pour la mémoire à court terme, le circuit des émotions par le gyrus fasciolaire vers le septum et le circuit de la motivation par le Medial Forebrain Bundle. Les connexions du cerveau se font par :

- *le corps calleux (interhémisphérique) ;*
- *la commissure antérieure pour les deux systèmes olfactfs, les deux amygdales et l'hippocampe ;*
- *le fornix pour les deux hippocampes vers le septum et le lobe préfrontal ; le corps mamillaire reçoit le fornix et envoie le faisceau mamillo-thalamique et le faisceau mamillo-tegmental ;*
- *le cingulum réunit le cortex cingulaire avec en avant le thalamus et en arrière le cortex entorhinal.*

L'hippocampe n'a pas que le circuit de Papez comme sortie mais par le subiculum, il entre en relation avec : les cortex voisins (enthorhinal, prérhinal, para-hippocampique), la face orbitaire du lobe frontal, le gyrus cingulaire postérieur, le cortex rétrosplénial, l'amygdale, le nucleus accumbens septi. Le circuit de Papez ne rend compte que d'une partie de la réalité. On notera surtout que toutes les connexions du système limbique aboutissent aux noyaux du septum et au noyau accumbens. Le corps mamillaire reçoit le fornix et envoie soit au thalamus antérieur (mamillo-thalamique), soit au toit du mésencéphale (faisceau mamillo-tegmental). Les connexions du corps mamillaire avec le gyrus cingulaire crânial et avec l'hippocampe par le gyrus cingulaire caudal, permettent aux trois systèmes : réticulé, sensoriel et limbique, de travailler entre eux.

Le complexe subiculaire de l'hippocampe fournit par la fimbria le courant majeur du fornix mais également contacte les cortex voisins, l'aire septale, le cortex orbito-frontal, les noyaux sous-corticaux : amygdale et accumbens.

Les connexions du noyau amygdalien se font en étoile avec toutes les formations primitives : le noyau amygdalien opposé, par la commissure antérieure, la racine olfactive latérale directement, le cortex fronto-basal en avant par les noyaux du septum ou directement, le gyrus para-hippocampique en dessous, l'insula en dehors, les anneaux limbiques et notamment la strie terminale à ses deux extrémités, la tête et la queue du noyau caudé, le noyau accumbens, la substance innominée, le thalamus et l'hypothalamus.

Entre le néocortex sensoriel et système limbique, il existe des zones « interfaces ». Le gyrus parahippocampique est l'un de ces relais pivots où les informations convergent par des voies multisynaptiques avant d'entrer dans la formation hippocampique. La portion postérieure du gyrus cingulaire est considérée comme une « interface » entre le cortex du système limbique et le néocortex associatif.

Pour conclure, on peut penser que l'information qui entre dans le système limbique a été préalablement traitée par les cortex sensoriels. Les messages parviennent au système limbique sous une forme « conceptualisée » dense et compacte. Les zones sensorielles adressent un message à une zone corticale à laquelle elles sont reliées. Par exemple, les informations corticales accèdent aux ganglions de la base, synchronisées par le striatum si les influx sont suffisants. Ces accès aux neurones ne sont pas synaptiques. Quatre grands modes chimiques modulent de façon globale l'activité cérébrale, en liaison avec le système limbique : les réseaux dopaminergiques, adrénergiques, sérotoninergiques et cholinergiques.

Le schéma corporel intègre les informations relatives à l'ensemble du corps et sert de référence à l'acte moteur adapté. Il est parfois confondu, à tort, avec l'image du corps. On pense actuellement qu'une entité cognitive ne peut se structurer qu'avec des fonctions organiques. En somme, pas « d'intelligence artificielle » sans « émotions artificielles ».

Pour approfondir

BROADBENT D. *Perception and communication*, Pergamon Press, London, 1958.

CESARO P, KERAVEL Y, OLLAT H, PECHANSKI M, SINDOU M. Système limbique. *Neuroanatomie fonctionnelle*, vol. 2, 1994, 241-298.

DAMASIO A. *Le sentiment même de soi*, Odile Jacob, 2002.

DAMASIO AR. *L'erreur de Descartes. La raison des émotions.* Odile Jacob Sciences, Paris, 1995.

DATICHE F, LITAUDON P, CATTARELLI M. The intrinsic association fiber system of the piriform cortex : a quantitative study based on a cholera toxin B subunit (CTb) tracing in the rat. *J. Comp. Neurol.*, 1996, *376*, 265-277.

DELACOUR J. *Biologie de la conscience*, Que sais-je ?, PUF, Paris 1994.

DELMAS A. Voies et centres nerveux. Ed. Masson, 10e éd., 1991.

ENGEL AK, SINGER W. Temporal binding and the neural correlates of sensory awareness. *Trends Cogn. Sci.*, 2001, *5* (1) : 16-25.

HABERLY LB. Neuronal circuitry in olfactory cortex : anatomy and functional implications. *Chem. Senses*, 1985, *10* : 219-238.

HABIB M, JOANETTE Y, ROCHE LECOURS A. Le cerveau humain et les origines du langage. *M/S*, 2000, *116* : 171-180

La mémoire, comment notre cerveau apprend, se souvient et oublie. Les dossiers de la recherche, février-avril 2006, N°22.

LAFLAMME D. « Neurone la cellule branchée ! », site Internet : http://www.csrs.qc.ca/montcalm/proj/neurones/menu.htm. 1999.

MCCARTHY RA, WARRINGTON EK. *Neuropsychologie cognitive*, PUF, Paris, 1994.

MESULAM MM, MUFSON EJ, WAINER BH, LEVEY AI. Central cholinergic pathways in the rat : an overview based on an alternative nomenclature (Ch1-Ch6). *Neuroscience*, 1983, *10* : 1185-1201.

OKADA YC, SALENIUS S. Roles of attention, memory and motor preparation in modulating human brain activity in a spatial working memory task, *Cereb. Cortex*, 1998, *8* : 80-96.

PHELPS E. *Science et vie* Hors série n° 212, Quand l'émotion renforce la mémoire, septembre 2000.

PRICE JL. The central olfactory and accessory olfactory systems. In : *Neurobioloy of Taste and Smell*, FINGER TE, SILVER WL ((eds), New York, John Wiley, 1987, 179-203.

SEARLE JR. Deux biologistes et un physicien en quête de l'âme. *La Recherche*, 1996, *287* : 62-77

VARELA F, LACHAUX JP, RODRIGUEZ E, MARTINERIE J. The brainweb : phase synchronization and large-scale integration. *Nat Rev Neurosci.*, 2001, *2* (4), 229-39.

Chapitre 16

Le cortex préfrontal. Les boucles fronto-striatales

Après le système réticulé et le système limbique, étudions maintenant le lobe frontal et plus particulièrement ce qui se passe dans le lobe préfrontal. À la différence du système limbique qui garde la même taille du lapin à l'homme, le lobe préfrontal croit au fur et à mesure que l'on monte dans l'échelle animale (Fig. 16.1).

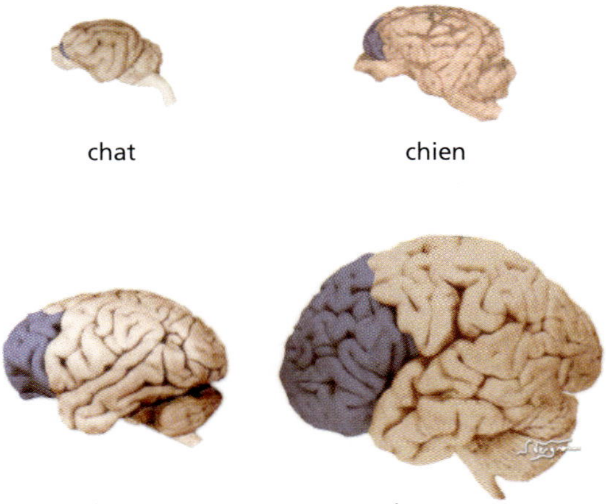

Fig. 16.1 – *L'importance de la région préfrontale du chat à l'homme*

Un mot d'organisation générale du cerveau : chez l'animal le cortex se résume aux aires sensitives et aux aires motrices, le thalamus distribuant à chacune des zones sensorielles les influx qu'il a lui-même reçus. Ce qui fait la singularité de l'homme, c'est l'importance de zones qui s'intercalent entre les zones sensorielles et les zones motrices. Ces zones interposées sont tellement importantes qu'elles représentent sensiblement la moitié de notre cerveau : c'est essentiellement le lobe préfrontal.

En ce qui concerne spécifiquement l'audition, c'est le corps genouillé médian qui représente le métathalamus auditif et sert de dernier relais avant le cortex auditif primaire. Le *colliculus* inférieur est aussi considéré comme un thalamus et distribue par l'intermédiaire du corps genouillé médian (CGM), la presque totalité des fibres restantes à l'aire auditive primaire. Ensuite le cortex auditif primaire adresse les influx aux cortex secondaire et associatif qui l'enverront au cortex préfrontal.

Mais au même titre que d'autres zones prioritaires (comme le *gyrus* de Heschl), la région préfrontale reçoit directement l'information du corps genouillé interne. Son organisation fonctionnelle fait que l'aire préfrontale répond même à des sollicitations minimes. Elle est toujours prête à répondre. C'est là que commencent conscience, imagination et pensée…

Nous verrons que le cortex préfrontal va permettre d'enclencher une boucle de niveau supérieur en rompant le cycle perception-action. L'homme (par rapport à l'animal) est capable de comportements adaptés plus élaborés, plus personnels (expérience), plus en rapport avec l'environnement dans lequel il vit.

Du point de vue anatomique

Le lobe frontal comprend trois parties (Fig. 16.2 et 16.3) : le cortex moteur, le cortex prémoteur et le lobe préfrontal qui nous intéresse au premier chef. Le lobe préfrontal représente la partie la plus antérieure de ce lobe frontal et constitue lui-même plus de 30 % du cortex. Tout ce qui n'est pas moteur ou associé constitue le lobe préfrontal. On décrit à ce dernier trois régions distinctes :

- la région dorso-latérale (Fig. 16.2) ;
- la région orbito-frontale (Fig. 16.3) ;
- la région médiale interne (Fig. 16.3 et 16.5).

Ces trois régions nouent des relations avec tous les cortex associatifs mais aussi, directement avec

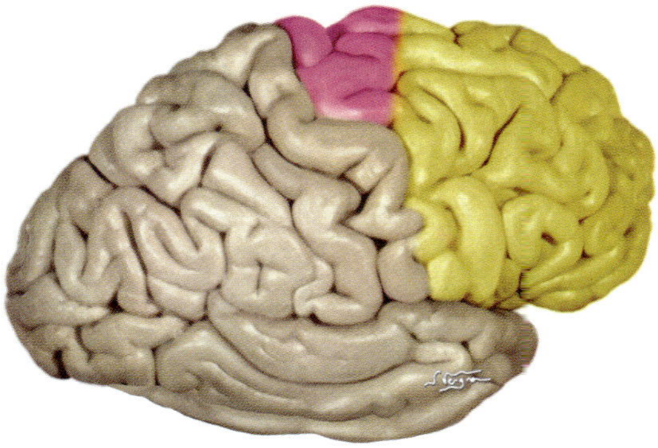

Fig. 16.2 – *La région préfrontale latéro-dorsale, l'aire motrice extra-pyramidale*

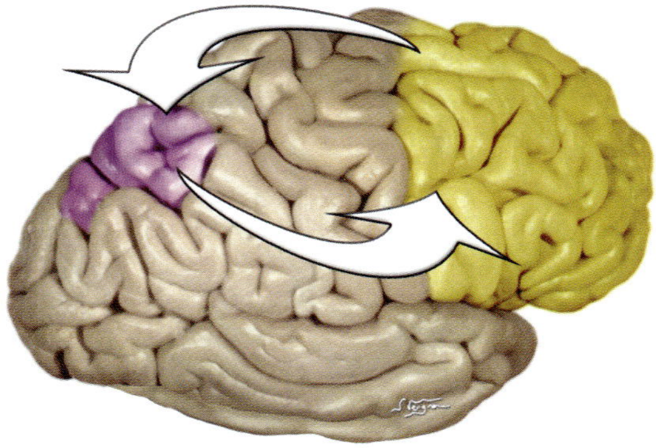

Fig. 16.4 – *Les relations du lobe préfrontal avec la région pariétale postérieure*

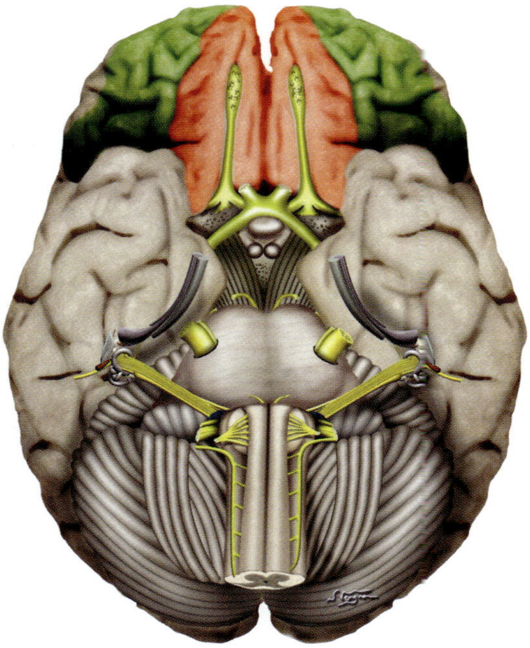

Fig. 16.3 – *Les régions du lobe préfrontal orbito-frontale et médiale interne*

le thalamus, l'hippocampe et l'hypothalamus, ce qui est tout à fait particulier à ce lobe préfrontal.

➤ Cortex préfrontal dorso-latéral

La région dorso-latérale est essentiellement impliquée dans la mémoire de travail. Cette mémoire, qui est très fugace, permet cependant la manipulation d'objets ayant une certaine complexité. Elle persiste uniquement le temps nécessaire à la manipulation de l'information.

Dans cet « espace-temps », cette région effectue une transformation par allongement du temps. Elle peut analyser la question et la ou les réponses possibles, puis choisir celle qui paraît la meilleure et enfin vérifier sa pertinence avant de provoquer ou non l'action.

Pour faire un parallèle avec la programmation informatique, le cortex préfrontal agit comme on le fait en écrivant : *If... Then.* Si les informations sensorielles sont ceci, alors les réponses motrices peuvent être cela.

Ainsi, passons-nous de la réponse stéréotypée à la réponse adaptée, soit par réflexe, soit par expérience, soit de l'acceptation d'une règle sociale, etc.

Chaque zone sensorielle envoie à une zone correspondante préfrontale. L'aire secondaire auditive envoie dans une zone qui lui est dédiée et le cortex préfrontal lui retourne une réponse qui lui est spécifique et qui se veut être la meilleure possible.

Dans cet ordre d'idées, il est important de savoir que l'hypothalamus n'envoie de fibres qu'au cortex préfrontal, lui donnant ainsi un avis sur la situation interne de l'organisme qui vient s'ajouter aux informations venues de l'extérieur.

Il existe enfin de riches connexions avec le système limbique ajoutant à tout ce qui vient d'être exposé une « émotion » dont on connaît l'importance dans la prise de décision (Fig. 16.4).

Les lésions du cortex dorso-latéral entraînent une absence de motivation. Les informations ne sont plus planifiées et organisées. En l'absence d'anticipation du résultat, celui-ci n'est plus espéré. Le cortex préfrontal est le moteur de la prise de décision.

Le moindre dysfonctionnement dans cette région corticale entraîne des erreurs de planification dans les actions, mais également dans l'organisation de la pensée, ce qui fait que la vie quotidienne est toujours perturbée.

Les systèmes frontaux interagissent avec tous les cortex des autres systèmes en rapport avec la tâche qui est envisagée. Ils gèrent des moments brefs libres et utiles à la décision qui viennent lui apporter cohérence et subtilité. De plus les décisions ont besoin d'être consolidées et c'est cette région du cerveau qui, par itération des boucles avec d'autres régions, vient apporter la confirmation nécessaire.

C'est donc essentiellement dans cette région que se situe la mémoire de travail constituée par des boucles successives qui permettent d'attendre que l'on choisisse de passer à autre chose.

Cortex orbito-frontal

Il est le siège d'échanges avec les structures limbiques voisines (Fig. 16.5). Cette région participe ainsi à la conscience des émotions.

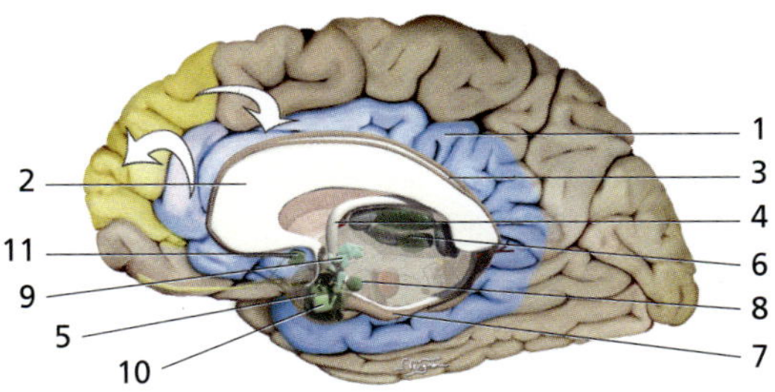

Fig. 16.5 – *Les relations du lobe préfrontal avec le lobe limbique*

1. Aire cingulaire
2. Corps calleux
3. Indusium gris
4. Fornix
5. Amygdale
6. Thalamus
7. Hippocampe
8. Corps mamillaire
9. Hypothalamus
10. Uncus
11. Noyaux du septum

Il est possible de diviser le cortex orbito-frontal en deux régions :

- l'une postérieure extrêmement sensible à la moindre stimulation (cette structure est comparable au cortex préfrontal des mammifères inférieurs) ; la réponse est obligatoire et rapide ne laissant pratiquement aucun choix à l'individu ;
- l'autre antérieure, spécifique à l'homme, nécessite un niveau de stimulation plus élevé et répond beaucoup plus lentement ; les délais associatifs permettent un choix et des réponses variables.

Le cortex orbito-frontal antérieur se comporte comme un « mélangeur » des informations mémorisées et permet la fabrication de nouvelles constructions mentales. Le tout trouve sa source dans des manifestations sous-corticales, des émotions, des réflexes mémorisés… L'imagination part sans doute de cette zone.

L'enfant qui naît, construit d'abord ses circuits courts vers la zone postérieure et petit à petit, à partir de quatre ans, va prolonger ses échanges vers la zone antérieure.

Cortex préfrontal médial

Son rôle serait d'empêcher les états somatiques d'interférer dans le traitement des informations. On entend par état somatique le résultat de modifications biologiques (végétatives et un peu affectives) associées aux actions-réponses possibles. Ce sont en particulier les connexions au système limbique qui permettent de prendre une décision à partir de l'évaluation de ces états somatiques dont les informations proviennent de l'hypothalamus *via* le thalamus.

Cette région communique également richement avec le système limbique et le tronc cérébral.

Au total, le cortex préfrontal présente, du point de vue phylogénique, deux régions physiologiquement distinctes :

- l'une, postérieure, à axones courts, que l'on trouve chez le mammifère inférieur et chez l'homme ; sous l'impulsion des informations internes (végétatives) et externes (sensorielles), elle permet une réponse stéréotypée ;
- l'autre, antérieure, à axones longs, et qui n'existe que chez l'homme offrant la possibilité de sortir du stéréotype.

Du point de vue physiologique

Cortex préfrontaux droit et gauche

La stimulation des cortex préfrontaux droit et gauche n'est pas équivalente. Le côté droit est synonyme de négatif, de dépressif tandis que le côté gauche est synonyme de positif et mène à la joie, voire à l'euphorie (Fig. 16.6).

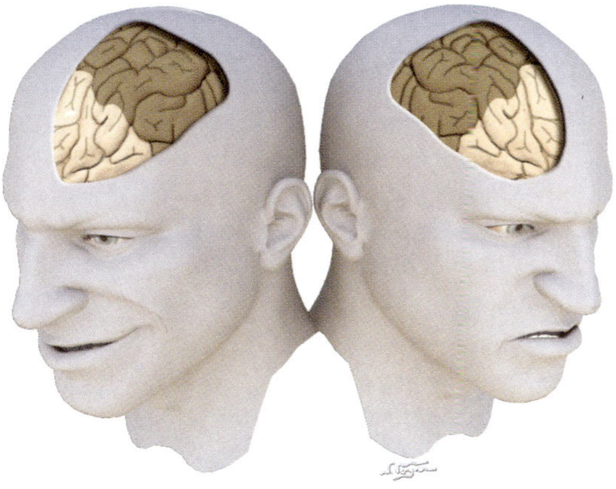

Fig. 16.6 – *Rôle des cortex préfrontaux sur l'humeur*

Cette différence se rencontre également dans les états pathologiques.

Dans l'ensemble

Le cortex préfrontal est donc le responsable du choix du comportement approprié dans une situation donnée. Il examine la conséquence d'un acte avant de l'effectuer. Il met en corrélation toutes les données disponibles pour résoudre un problème. Surtout, quand il est complexe, il permet l'idéation, l'imagination…

Le cortex préfrontal dorso-latéral serait impliqué dans les tâches théoriques et le cortex préfrontal orbito-frontal serait mis en jeu dans le comportement quotidien.

Les cent milliards de neurones de notre cerveau qui se contactent grâce à des milliards de milliards d'épines dendritiques permettent l'auto-construction (chaos, attracteurs étranges), depuis la conception jusqu'à la mort, avec une nette prédilection pour la période postnatale. Ce n'est pas la conscience qui met en marche le cerveau mais la construction du cerveau qui active la conscience (attracteur étrange). Elle est, entre autres, le fruit de la mémoire et de l'imagination. Seules les synapses qui fonctionnent auront le droit de vivre, les autres seront éliminées.

Le noyau médio-dorsal du thalamus est le lieu de convergence entre la vie végétative (hypothalamus), la vie affective (système limbique) et les innombrables modulations que proposent les aires associatives.

Chez les animaux primitifs qui ne possèdent que des axones courts (réponse très rapide) c'est la vie végétative qui enclenche l'action et tout s'arrête là.

Chez l'homme où les axones longs sont grandement majoritaires (réponse retardée), ce n'est qu'après examen qu'une réponse sera proposée, tenant compte de tout. Le sujet retarde une réponse à un stimulus afin d'analyser l'information et de choisir la réponse la plus adéquate. Il pèse les conséquences d'un acte avant de l'effectuer. Il met en corrélation toutes les données disponibles pour résoudre un problème complexe. Les lobes préfrontaux jouent un rôle majeur dans l'élaboration de la pensée.

Ainsi le déterminisme est-il moins évident mais cependant toujours là.

Les trois étages du cerveau humain

Nous avons été séduit par la conception de Mesulam qui, reprenant la construction de MacLean et ses trois cerveaux, regroupe l'ensemble et le décrit comme suit :

- un cerveau reptilien qui comporte le tronc cérébral, l'olfaction et les noyaux de la base et se charge des actes basiques nécessaires à la vie, manger, respirer, assurer la circulation sanguine… ;
- un cerveau limbique qui entoure et prolonge le précédent avec l'amygdale et l'hippocampe, la région septale et le *gyrus* cingulaire, assure la préservation de soi, la procréation, la survie de l'espèce et s'occupe de la vie en société en apportant la conscience de l'autre ;
- un cerveau néo-mammalien qui apporte la pensée, contrôle les émotions, retarde, pour les élaborer, les réponses et finit par créer des sentiments.

À ce sujet, il faut insister sur le rôle de l'attention que le lobe préfrontal partage avec la partie postérieure et interne du lobe pariétal. Grâce à cette attention, le lobe préfrontal peut prendre du temps ou plutôt en créer avec une ou plusieurs boucles de rétroaction qui retardent la réponse et permettent de mieux l'adapter. Il tend ainsi à diminuer la part involontaire, neurovégétative, émotionnelle qui ne permet pas de choix et est souvent inappropriée.

C'est aussi le siège de la mémoire de travail dont nous avons vu les caractéristiques de temps et l'empan (pour les chiffres = 7 ± 2). L'attention et la répétition jouent un rôle dans la capacité de transformation de cette courte mémoire en mémoire à court ou à long terme mais nous dépassons le lobe préfrontal.

Les boucles fronto striatales. Les aires cortico-oculo-céphalogyres

Compte tenu de leur rôle plutôt moteur, on peut s'étonner de voir apparaître ici les noyaux moteurs centraux alors que nous traitons d'un organe sensitif. Mais nous avons vu que cette sensibilité auditive est tributaire des autres sens, du système limbique et également du système neurovégétatif. Nous allons voir aussi que le système d'apprentissage moteur est également concerné dans cette étude de l'audition. C'est ici le message du *poissonculi* qui nous fait comprendre qu'une sensation même très élaborée n'est rien si aucune action ne suit et, si l'action a besoin des sens, la réciproque est vraie. De plus, notre conscience, notre pensée ne peuvent s'élaborer à un niveau supérieur qu'avec les deux.

➤ Les boucles fronto-striatales

■ Les noyaux gris centraux

Encore appelés noyaux de la base, ces noyaux se composent du thalamus que nous avons déjà vu et des noyaux striés. Ces derniers comprennent le noyau caudé et le noyau lenticulaire (lui-même subdivisé en *putamen* et *pallidum*). En réalité, il faut subdiviser, du point de vue physiologique, ces deux amas gris en deux entités différentes :

- l'union du noyau caudé et du *putamen* qui s'appelle le *striatum ;*
- le reste du noyau lenticulaire dénommé *pallidum ;* de plus, ce dernier comporte deux sous-noyaux : le *globus pallidus* interne (GPI) et le *globus pallidus* externe (GPE) (Fig. 16.8).

Cette nouvelle division est le résultat de l'analyse des afférences et des efférences de ces amas de substance grise et plus généralement de leur physiologie. On remarquera que le *striatum* est la plus grosse unité grise du cerveau humain. Dans le *striatum*, le noyau caudé s'articule avec le *putamen* par des fibres en dent de peigne en haut et *via* le noyau *accumbens* en bas.

■ Les afférences

Le *striatum* reçoit du *gyrus* fronto-orbitaire et du système limbique ainsi que des régions associatives temporales, pariétales, occipitales et sensori-motrices (Fig. 16.7). Le *pallidum* (noyaux interne et externe du *globus pallidus*) reçoit du *striatum*. Le *locus niger*, pour sa part, reçoit des afférences directement du *striatum*, du *pallidum* et du cortex.

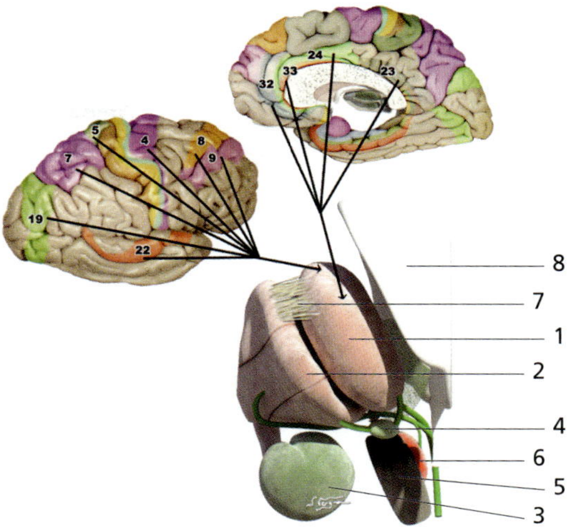

Fig. 16.7 – *Les éléments en présence et leurs afférences*

Les aires corticales concernées projettent sur le noyau caudé, partie du striatum.

1. Tête du noyau caudé } striatum
2. Putamen } striatum
3. Amygdale
4. Noyau accumbens
5. Locus niger
6. Noyau rouge
7. Fibres putamino-caudées
8. Corps calleux

■ Les efférences

Le *striatum* envoie ses fibres au *pallidum* et au *locus niger.*

Les efférences du *pallidum* sont complexes :

- les fibres du GPE donnent naissance, à la jonction du GPE et du *putamen*, à *l'anse lenticulaire* qui contourne le *pallidum* par en bas avant de se joindre au faisceau lenticulaire et d'envoyer des fibres au noyau rouge en déterminant le champ H de Forel ;
- les fibres du GPI donnent naissance au faisceau lenticulaire qui gagne la région sous-thalamique et la formation réticulée à qui ce faisceau est destiné ; il forme le champ H2 de Forel et envoie un contingent au thalamus qui délimite le champ H1 de Forel (Fig. 16.8).

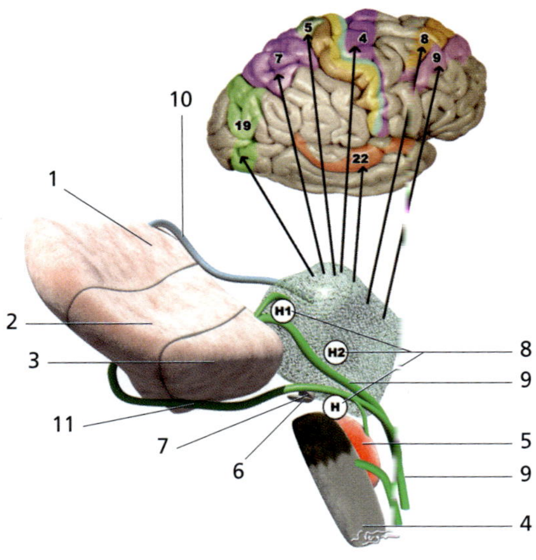

Fig. 16.8 – *Efférences des noyaux de la base. Le système cortico sous-cortical*

1. Putamen
2. Globus pallidus externe
3. Globus pallidus interne
4. Locus niger
5. Noyau rouge
6. Zona incerta
7. Corps de Luys
8. H, H1, H2 = champs de Forel
9. Faisceau lenticulaire
10. Jonction putamino-thalamique
11. Anse lenticulaire

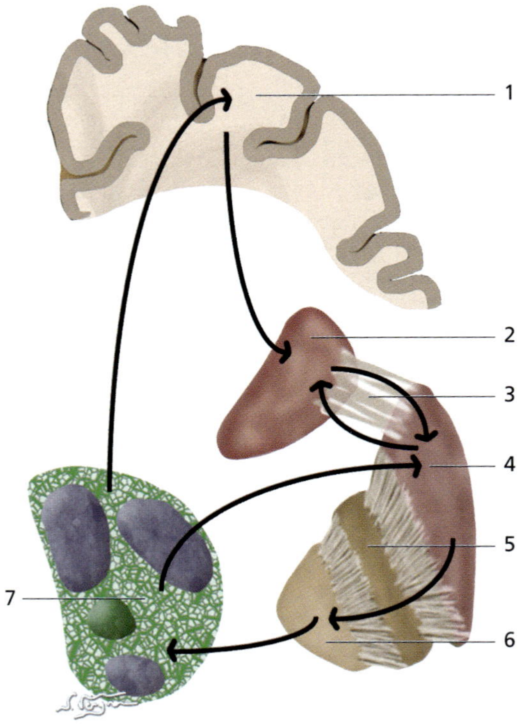

Fig. 16.9 – *Circuit extrapyramidal principal*

1. Cortex extrapyramidal
2. Tête du noyau caudé
3. Fibres putamino-caudées
4. Putamen
5. Globus pallidus externe
6. Globus pallidus interne
7. Thalamus

Sur cette figure, on remarquera un retour du thalamus vers le *putamen* qui court-circuite le retour au cortex que projette normalement le thalamus après le passage dans les noyaux striés (voir plus loin le circuit principal). Ce retour permet un traitement des influx d'une grande précision. Nous y reviendrons.

Au total, le *striatum* et le *pallidum* n'ont qu'une sortie : le faisceau lenticulaire qui se voit renforcé par les efférences du *locus niger* et de l'anse lenticulaire.

Il n'est pas facile de réduire ce fonctionnement très complexe mais il nous paraît intéressant de comprendre le mécanisme physiologique de ces noyaux de la base pour comprendre les raisons qui font que la cognition participe à leur activité.

Physiologie du système

Chaque cellule du *striatum* reçoit un nombre incommensurable de fibres des divers cortex. Les lobe préfrontal aidé des autres cortex, vont retentir sur le fonctionnement des noyaux de la base de manière chaotique et obliger les centres à focaliser sur une action, à favoriser l'accompagnement de cette action, tout en inhibant les actions contradictoires ou autres (des attracteurs étranges vont se dessiner). Cette gymnastique peut, avec du travail, devenir « miraculeuse » et offrir des résultats surprenant : manipulation d'un prestidigitateur, gestes d'un pianiste ou d'un violoniste pour interpréter une œuvre ; ou au contraire ne pas permettre la réussite. Voyons un peu plus dans le détail le déroulement des événements.

Les chemins qui s'offrent aux influx provenant des cortex, sont les suivants :

- la voie directe, qui passe du *striatum* au *globus pallidus* interne (GPI) et se trouve sur la voie unique de sortie, constitue le faisceau lenticulaire ;

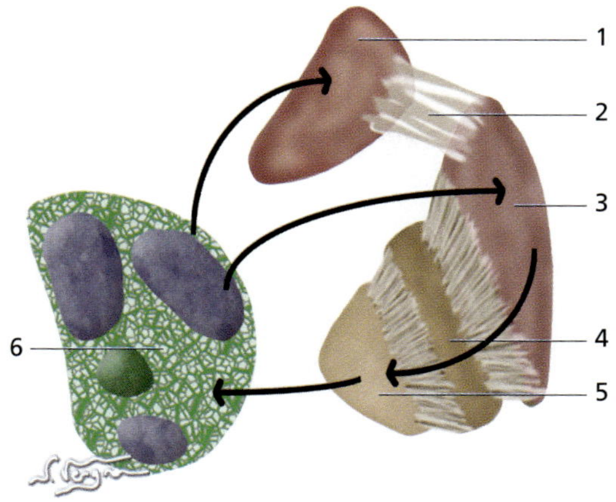

Fig. 16.10 – *Circuit thalamo-striatal*

1. Tête du noyau caudé
2. Fibres putamino-caudées
3. Putamen
4. Globus pallidus externe
5. Globus pallidus interne
6. Thalamus

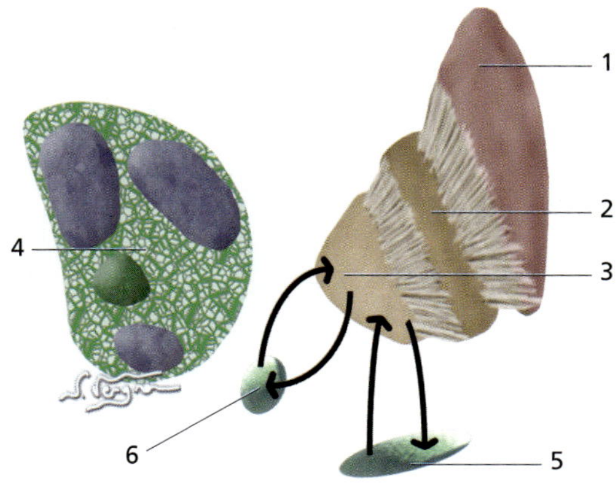

Fig. 16.11 – *Circuit pallido-sous-thalamique*

1. Putamen
2. Globus pallidus externe
3. Globus pallidus interne
4. Thalamus
5. Zona incerta
6. Corps de Luys

elle se rend à la substance réticulée diencéphalique et mésencéphalique ;

- la voie indirecte, qui passe du *striatum* au *globus pallidus* externe (GPE) puis dans les noyaux sous-thalamiques (corps de Luys et *zona incerta*) et le *locus niger* pour rejoindre en sortant le faisceau lenticulaire et la formation réticulée ;
- une voie modulatrice enfin, utilisant un circuit nigro-strié dont le rôle est de réguler les deux voies précédentes.

Schématiquement le système extrapyramidal utilise pour sa part un circuit de base (Fig. 16.9) qui, partant du cortex, aboutit au *striatum,* utilise la voie directe pallidale, relaie dans le thalamus et retourne au cortex.

Trois circuits adjacents vont compléter le système :

- un premier circuit thalamo-striatal (Fig. 16.10) qui après passage dans les noyaux intralaminaires du thalamus voit ses influx modifiés par des influx venus du cervelet et de la substance réticulée, avant de retourner au striatum sans passer par le cortex ;
- une deuxième boucle secondaire (Fig. 16.11) qui prélève des influx au niveau du *pallidum* (GPI et GPE dans une moindre mesure) et les retourne, après traitement, par les noyaux sous-thalamiques au *globus pallidus* interne ;
- un troisième et dernier circuit nigro-strié (Fig. 16.12) qui correspond au circuit de modulation va utiliser des échanges aller et retour avec le *striatum* (noyau caudé et *putamen*) et le *locus niger* (*pars compacta*) ; la dopamine lui sert de médiateur.

Tous ces circuits agissent dans le même espace de temps, avec une relative indépendance les uns des autres mais avec une certaine hiérarchisation.

Les boucles fronto-sous-corticales

Une 1re remarque : il ne faut pas confondre l'inhibition que nous avons décrite, tout au long des voies auditives. Celle-ci est locale, ne s'adressant qu'aux neurones immédiatement adjacents au neurone dont il faut majorer l'influx.

Il ne faut pas confondre donc, cette inhibition avec l'inhibition de ces boucles fronto-sous-corticales dont l'action est lointaine, très « à distance ». Nous l'avons constaté, le circuit principal est inhibiteur et les actions qui vont suivre seront destinées à lever ou non cette inhibition.

Par un jeu de boucles, les noyaux de la base vont libérer certains influx au détriment d'autres qui seront supprimés, sans pour autant porter atteinte aux mouvements d'accompagnement dont l'action principale, focalisée, a besoin.

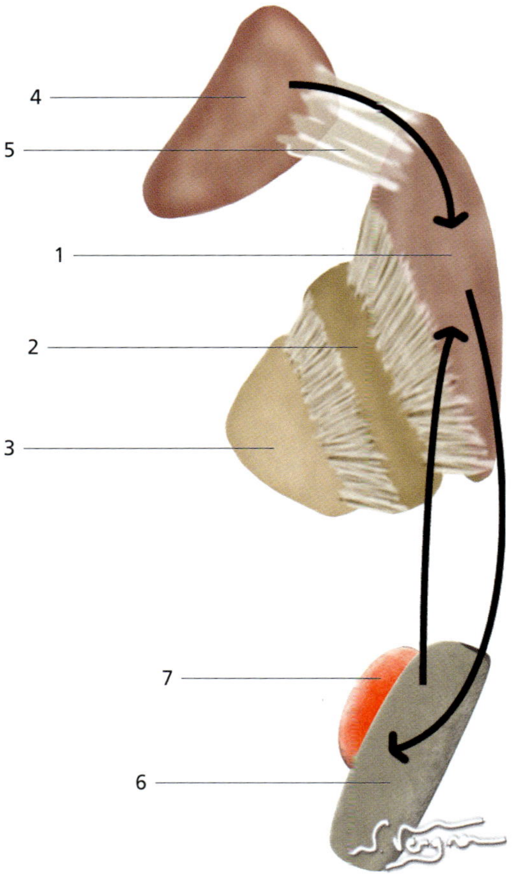

Fig. 16.12 – *Circuit nigro-strié*

1. Putamen
2. Globus pallidus externe
3. Globus pallidus interne
4. Tête du noyau caudé
5. Fibres putamino-caudées
6. Locus niger
7. Noyau rouge

Le but de l'action de ces boucles est d'exercer une inhibition sur les *colliculi* interne et externe, la substance réticulée et le thalamus. Elles y parviennent en agissant au travers de deux boucles contradictoires branchées sur le circuit principal.

Des deux voies possibles pour les influx venant du *striatum*, l'une, directe, est inhibitrice, l'autre indirecte, oscille entre inhibition et activation et s'oppose donc plus ou moins à la voie directe. Le système est soit au repos, il est alors dit « tranquille », les deux voies s'opposant ; soit en « action » c'est-à-dire que l'activation libérant des médiateurs empêche l'inhibition de la voie directe. Ce qui signifie que l'inhibition naturelle du circuit principal est levée.

Pour compléter ce système et lui donner encore plus de finesse dans l'exécution de ses tâches, la boucle nigro-striée (Fig. 16.12) vient assurer une modulation de l'ensemble.

La somatotopie est préservée depuis toutes les aires corticales frontales ou autres avec les projections sur le *striatum*, le pallidum, le noyau sous-thalamique et le *locus niger* (*pars condensa*). Ce qui entraîne une préservation pour chaque circuit de ses attributions initiales et rend chacun distinct des autres.

On a décrit essentiellement sept circuits qui vont boucler selon le circuit principal (Fig. 16.9) à partir du cortex préfrontal, des cortex moteurs et sensoriels, et du cortex limbique.

On peut distinguer :

- un circuit moteur, qui correspond aux aires motrices, prémotrices, et somato-sensorielles parmi lesquelles nous trouvons *les aires auditives* pour leur apport dans le réglage d'actes comme la frappe sur un clavier d'ordinateur ou mieux encore comme la main gauche d'un violoniste et la justesse… qui après passage dans les noyaux de la base revient au cortex d'origine ;
- un circuit préfrontal, qui peut se décomposer en *un circuit dorsal* qui correspond aux circonvolutions dorso-latérales du lobe préfrontal avec sa correspondance dorsale sur le noyau caudé et *un circuit ventral* qui projette les influx du lobe orbito-frontal (ventral) sur la région ventrale du noyau caudé ; lui aussi retourne au cortex d'origine ;
- un circuit limbique qui se subdivise lui-même en deux : l'un bénéficie d'informations viscérales et d'informations psychiques venant du noyau amygdalien sur l'état de l'organisme ; l'autre reçoit du cortex limbique, des noyaux du *septum* et du noyau *accumbens* des renseignements sur l'état émotionnel du sujet ; ce dernier circuit montre, comme les circuits sensorimoteurs, que l'on ne peut pas considérer les boucles fronto-sous-corticales comme purement motrices.

Les voies directe et indirecte ainsi que la voie modulatrice se retrouvent dans chacun des circuits que nous venons de voir.

Il faut encore introduire le temps car l'utilisation de la voie directe est plus rapide que celle de la voie indirecte et la voie modulatrice intervient toujours avec un peu de retard. Leur antagonisme et la modulation qui résout le problème agissent donc de manière discrète. Leurs successions peuvent se moduler aussi bien dans le temps que dans la qualité des réponses.

Pour complexifier encore un peu plus l'ensemble et nous conforter dans l'idée que le chaos est partout, il faut maintenant ajouter la notion d'inhibition tonique. Elle résulte de la concurrence entre les circuits qui aboutissent, au final, à la substance réticulée. Dans l'ensemble, au repos, la substance réticulée inhibe en laissant persister un certain tonus. Pour s'en convaincre il suffit de se souvenir par exemple de ce qui se passe pour l'œil. La fixité oculaire est nécessaire à la netteté (chaque muscle est en équilibre tonique avec les autres) mais cet équilibre doit régulièrement libérer l'œil de sa fixité pour lui permettre de se replacer avec des saccades (récupération extrêmement rapide des mouvements lents de poursuite ou de vergence). Il en est de même pour la marche qui réclame tonus et mouvement en même temps et successivement. Pour ce qui concerne les mécanismes de l'audition, nous avons l'exemple des muscles du marteau et de l'étrier pour illustrer ces boucles et cet équilibre entre tonus et action. Le frein striatal est donc une inhibition d'ensemble laissant persister un certain niveau de tonus et des actions focalisées.

Le mouvement et son anticipation sont dévolus au cortex moteur spécifique des muscles concernés. À côté de lui, le système extrapyramidal et les ganglions de la base aboutissent à donner naissance au frein striatal qui permet d'harmoniser l'environnement musculaire en facilitant les mouvements annexes dont l'action principale a besoin et en commutant l'ensemble des mouvements dans une succession temporelle adéquate. Ainsi l'action focalisée n'est-elle pas parasitée par des mouvements inadaptés, contraires ou absurdes.

Pour finir, il ne faut pas oublier le rôle de ces boucles fronto-striatales :

- dans l'apport de la motivation-récompense qu'offre le passage de l'influx par l'*accumbens* entre *pallidum* et *striatum*, en bas, qui renforce l'idée d'amélioration de l'acte ;
- dans l'adaptation du mouvement contrôlé en permanence par les sens et en particulier l'oreille pour effectuer les corrections nécessaires à la recherche de la qualité.

On voit ainsi se dessiner dans l'ensemble du système nerveux des images dont la vision presque instantanée est un attracteur étrange permettant de concevoir une action et son résultat espéré. Et tout en ayant peu de valeur prédictive, la volonté d'accomplissement et l'espoir d'une récompense sont indispensables au succès. Ce dernier est d'autant plus facilement obtenu que l'ensemble des circuits permettent une adaptation permanente avec de grandes possibilités de corrections au fur à mesure du déroulement de l'acte. Cet acte reste dépendant du contexte et du sujet.

Le système cortico-oculo-céphalogyre

Les aires cortico-oculo-céphalogyres

Elles sont multiples car les raisons de solliciter cet ensemble de fonctions sont diverses. Celle qui est parfaitement décrite dans tous les manuels d'ophtalmologie met en relation les muscles de l'œil et du cou (XI) sous la dépendance d'une aire corticale située dans la région frontale, en avant de la frontale ascendante (aire n° 8 dans la classification de Brodmann), dans la IIe circonvolution frontale qui fait partie de l'aire extrapyramidale. Cette région corticale est elle-même en relation avec l'aire 19 de Brodmann située dans le lobe occipital en arrière de l'aire 22, aire auditive associative. C'est de cette aire 19 que part la commande du suivi des yeux si besoin avec accompagnement par des mouvements de rotation de la tête.

L'aire 22 pour l'oreille est également capable de faire le travail que l'aire 19 fait pour l'œil (Fig. 16.13).

À partir de là et dans tous les cas volontaires et/ou réflexes, ce sont les noyaux *abducens* (VI) qui sont les premiers sollicités. Le droit externe gauche, entraîne l'œil gauche vers la gauche tandis que le nerf moteur oculaire droit, sollicité en second, excite le muscle droit interne droit faisant également tourner l'œil droit vers la gauche. Travaillant dans un système EI (Excito-Inhibiteur), chaque noyau combine ses efforts dans le sens souhaité. Lors de ces mouvements, d'autres sollicitations corticales plus ou moins conscientes viennent contribuer à l'action.

Sont mis en jeu conjointement les aires corticales concernées et de nombreux relais : noyaux striés, thalamus, noyau rouge et *locus niger*, noyaux du toit (*colliculi*), noyaux vestibulaires (par des fibres rétrogrades partant du noyau du corps trapézoïde pour gagner les noyaux vestibulaires en remontant le courant du nerf vestibulaire : fibres olivo-vestibulaires) et finalement l'olive bulbaire.

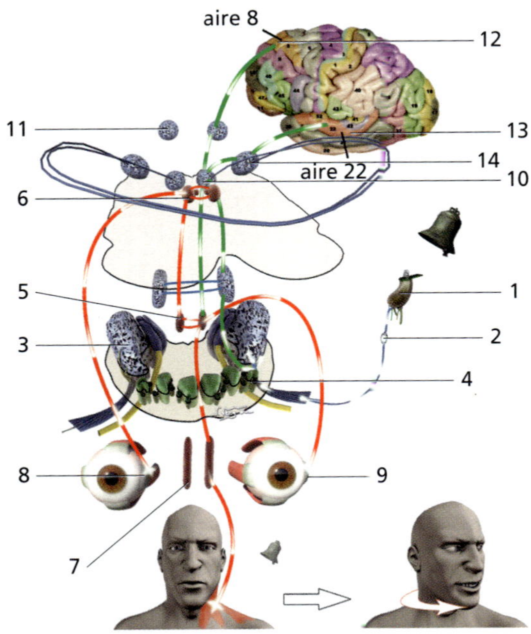

Fig. 16.13 – *Les voies cortico-oculo-céphalogyres*

1. Cellule ciliée interne
2. Ganglion spiral
3. Noyau cochléaire
4. Complexe olivaire, noyau latéral
5. Noyau du VI
6. Noyau du III
7. Noyau du XI
8. Muscle droit interne droit
9. Muscle droit externe gauche
10. Colliculus inférieur
11. Colliculus supérieur
12. Aire centrale 8
13. Aire centrale 22
14. Corps genouillé médian

C'est ainsi que de relais en relais, dans un circuit pour une grande part inconscient, le sujet est capable de suivre un son qui se déplace sans le secours des yeux, volontairement ou non.

Leur étude dans l'audition

L'étude des circuits fronto-sous-corticaux montre qu'il existe deux voies (directe et indirecte) qui sont antagonistes et régulent le tonus. Les noyaux de la base présentent une somatotopie. Leur action est liée au mouvement. Ils forment une boucle : cortex orbito-frontal, *striatum*, *pallidum*, thalamus, cortex frontal. Leur activité est « tranquille » au repos (tonus) et augmente lors des mouvements. Cette activité est dépendante du contexte. Le *pallidum* ne code que la direction que doit prendre l'action. Le *locus niger* et partiellement le *striatum* codent en fonction de la récompense. La préparation du mouvement et le mouvement ne prennent pas leurs sources dans les noyaux de la base.

On peut résumer l'action selon trois critères :

1. facilitation du mouvement focalisé en inhibant les autres ;
2. facilitation du mouvement spécifique adapté ;
3. facilitation du passage d'un mouvement à un autre.

Il est bien évident que toutes ces actions sont sous la dépendance du sujet qui associe à ces fonctions purement motrices des éléments cognitifs d'intentions, de contrôles sensitifs, de corrections pour affiner, de précisions qui imposent d'envisager le rôle des sens dans l'action. Prenons l'exemple de la justesse d'un violoniste qui rectifie sa note pour la faire osciller par le *vibrato* exactement de part et d'autre de la fréquence souhaitée. La note est imaginée (mémoire auditive) et anticipée (mémoire d'apprentissage), exécutée (motricité couplée à la boucle fronto-striatale) et corrigée (contrôle auditif).

Pour bien agir, il faut une sensibilité et une cognition intactes. Le moindre déficit se traduira par des problèmes dans l'exécution. C'est ainsi que des troubles auditifs (mémoire auditive) peuvent retentir sur l'action, à la fois dans son anticipation et dans sa correction, au cours du mouvement (comparaison avec un modèle mémorisé).

Les ganglions de la base ont un rôle dans les fonctions cognitives, attentionnelles et exécutives qui impliquent tous les sens et tout particulièrement l'audition dans bon nombre de circonstances.

■ En quelques lignes ■

Le cortex préfrontal joue un très grand rôle dans l'audition consciente. Comme pour les autres sens, il offre aux stimuli auditifs, des réponses adaptées.

On lui décrit trois régions :

- *latéro-dorsale qui se charge, en bouclant sur place, de chercher la réponse comme le fait la programmation informatique avec If... Then ; il mélange information avec émotion, environnement et état végétatif ; c'est la région où se prennent les décisions ;*
- *orbito-frontale qui comme pour les autres sens, offre aux stimuli auditifs, dans sa région postérieure, une réponse rapide et stéréotypée et dans sa région antérieure, une réponse retardée « raisonnée » adaptée aux particularités des stimuli et à leur environnement ainsi qu'à leurs éventuelles connotations émotionnelles jointes ;*
- *frontale médiale qui empêche, tant que faire se peut, les états somatiques d'interférer dans les réponses qui sont proposées.*

Les deux lobes préfrontaux n'ont pas la même fonction. À droite les réponses expriment une tendance à la dépression et à gauche une tendance à la joie et à l'euphorie. Le lobe préfrontal contribue à faire apparaître des attracteurs étranges au milieu de la cacophonie qui l'entoure non pas passivement mais par un travail d'attention soutenue qui implique toutes les formations corticales et sous-corticales. Il est le siège de la mémoire à court terme et le prélude aux autres mémoires à moyen et à long termes.

Les noyaux gris centraux : striatum et pallidum, dirigés par le lobe préfrontal en particulier, ont très souvent besoin d'informations sensorielles pour ajuster le mouvement. Striatum et pallidum associés au locus niger et au noyau rouge vont gérer à coup de boucles de rétroaction une multitude d'influx qu'il faut simplifier et coordonner, le tout au début de l'apprentissage, sous le contrôle du cortex. Mais dès que le geste est acquis, il n'est plus nécessaire de se référer à lui. Il n'est possible de régler un geste qu'avec le concours des sens et l'audition y est présente à plus d'un titre.

Pour approfondir

BADDELEY AD, HITCH GJ. Working memory. In : *Recent advances in learning and motivation*, vol. VIII. (Dornic S, Hrsg.), Academic Press, New York, 1974.

BROADBENT D. *Perception and communication*, Pergamon Press, London, 1958.

CAMUS JF. Les boucles fronto-striatales et leur importance en neuropsychologie. *Arobase*, 5, 1-2, 2001 : 17-34 www.arobase.to - (http://www.univ-rouen.fr/arobase/v5/camus.pdf)

COWAN N. Visual and auditory working memory capacity. *Trends Cogn Neurosci*, 1998, 2 : 77-78.

D'ESPOSITO M, BALLARD D, ZARAHN E, AGUIRRE GK. The role of the prefrontal cortex in sensory memory and motor preparation : An event-related fMRI study. *Neuroimage*, 2000, *11* : 400-408.

DELMAS A. *Voies et centres nerveux*, 10e éd;, Masson, 1991.

FUSTER JM. *The prefrontal cortex : Anatomy, physiology and neuropsychology of the frontal lobe.* 2. Aufl. Raven Press, New York, 1989.

GLASSMAN RB, LENIEK KM, HAEGERICH TM. Human working memory capacity is 7 ± 2 in a radial maze with distracting interruption : Possible implication for neural mechanisms of declarative and implicit long-term memory. *Brain Res. Bull.*, 1998, 47 : 249-256.

LAFLAMME D. « Neurone la cellule branchée ! », site Internet : http://www.csrs.qc.ca/montcalm/proj/neurones/menu.htm. 1999.

MINK JW. The basal ganglia : focused selection and inhibition of competing motor programs. *Progress in neurobiology*, 1996, *50*, 381-42.

OKADA YC, SALENIUS S. Roles of attention, memory and motor preparation in modulating human brain activity in a spatial working memory task. *Cereb. Cortex*, 1998, *8* : 80-96.

PETRIDES M, PANDYA ND . Projections to the frontal cortex from the posterior parietal region in the rhesus monkey. *J. Comp. Neurol.*, 1984, 228 : 105-116.

PILLON B., AGID Y. Le rôle des ganglions de la base dans l'organisation cognitive et comportementale. In : *Manuel de Neuropsychologie*, M. I. (ed.), Paris, Masson, 1996, 301-31.

PUJOL R. « Promenade autour de la cochlée », Site Internet : www.iurc.montp.inserm.fr ; Montpellier France, Unité INSERM 254, 1999.

QUNITANA J, FUSTER JM. Spatial and temporal factors in the role of prefrontal and parietal cortex in visuomotor integration. *Cereb Cortex*, 1993, *3* : 122-132.

ROWE JB, TONI I, JOSEPHS O, FRACKOWIAK RSJ, PASSINGHAM RE. The prefrontal cortex : Response selection or maintenance within working memory ? *Science*, 2000, *288* : 1656-1660.

SOBOTTA C. *Atlas d'anatomie humaine*, édité par PUTZ R., PABST R., édition française DHEM A., GOUAZÉ A, Paris, Éditions Médicales Internationales, 1994.

SQUIRE LR. *Memory and Brain*, Oxford University Press, New York, 1987.

TOMS M, MORRIS N, FOLEY P. Characteristics of visual interference with visuospatial working memory, *Br. J. Psychol.*, 1994, *85* : 131-144.

WICKELGREN I. Getting a grasp on working memory. *Science*, 1997, *275* : 1580-1582.

CHAPITRE 17

Les régions corticales et leurs connexions. Les asymétries hémisphériques. Les mémoires

Nous avons étudié à plusieurs occasions les connexions entre les diverses aires corticales. Toutes les zones sensorielles et motrices ainsi que les zones d'association échangent des informations en réalisant des boucles, le plus souvent, de rétroaction.

Le système nerveux, nous le verrons lors de l'étude de l'embryologie, est à la naissance fortement redondant. Il passerait de 400 milliards de neurones à 100 milliards lorsqu'il a fini sa maturation. Celle-ci est le résultat d'une structuration qui ne conserve que les neurones devenus fonctionnels parce qu'utilisés et ainsi sont construits des liens élaborés en circuits. De son côté, le développement de l'oreille consiste également à éliminer les cellules superflues, en stabilisant les circuits actifs. Ce câblage, avec nettoyage du superflu, commence dans les circuits primaires et se poursuit dans les circuits secondaires pour se prolonger dans les boucles de rétroaction des lobes frontaux.

À la fin de cette épuration constructrice de structures fonctionnelles, les neurones restants et utiles s'organisent du centre vers la périphérie dans des concentrations nucléaires opérationnelles. Les colonnes corticales qui sont l'unité fonctionnelle du cerveau se regroupent en faisceaux (maxi-colonnes), puis en aires et reçoivent les premières informations. C'est la nature des informations qui leur attribue leurs fonctions et aboutit à la formation des noyaux gris centraux. Les aires associatives permettent de mesurer les coïncidences qui existent dans les informations recueillies dans les aires sensorielles et motrices. Les aires frontales *organisent* dans le temps ces *coïncidences* d'informations.

Les connexions

Revoyons ces connexions sous un angle beaucoup plus physiologique qu'anatomique. Dans les systèmes sensoriels et nerveux et tout particulièrement pour l'audition, la dualité est la règle. Elle est faite pour rendre redondants avec des nuances, dans la forme et dans le temps, les *inputs* reçus et nécessite que les deux côtés communiquent entre eux et que, de la région du pont à la région temporale, chaque centre, chaque noyau échangent des informations (Fig. 17.1).

Fig. 17.1 – *Les connexions corticales*

1. Faisceau uncine
2. Faisceau longitudinal inférieur
3. Faisceau longitudinal supérieur
4. Forceps minor
5. Forceps major
6. Tapetum

De ces échanges ressort la possibilité d'une comparaison qui permet la localisation. C'est également du fait des différences d'un côté par rapport à l'autre qu'apparaissent des nuances qui modifient l'intentionnalité, la valeur, voire le sens des informations perçues. Un opéra de Mozart

Fig. 17.2 – *Fibres du corps calleux*
Il s'agit des fibres qui se dispersent dans l'hémisphère gauche. L'hémisphère droit est représenté en fond

se traite grossièrement dans le cerveau droit pour la partition musicale et dans le gauche pour le livret.

Quant à pouvoir expliquer, du point de vue physiologique, la préférence pour telle ou telle version, il faut faire appel à la mémoire où d'autres versions ont été enregistrées. Nous entrons ici dans la culture musicale.

Il est intéressant de rappeler trois commissures inter-hémisphériques : le corps calleux, le fornix et la commissure antérieure (Fig. 17.2).

- le corps calleux réunit la totalité des surfaces néopalliales ;
- le fornix met en relation les deux hippocampes ;
- la commissure antérieure appartient aux voies olfactives et unit les bulbes olfactifs entre eux ainsi qu'avec les *uncus* et les noyaux amygdaliens.

Les autres voies d'association mettent en communication les diverses aires corticales entre elles (Fig. 17.3). Ces voies d'associations offrent toutes les combinaisons possibles pour faire appel à toutes les réserves mnésiques de l'individu.

Les aires sensitives primaires

Les aires sensitives sont les aires somesthésiques, visuelles, gustatives, olfactives primaires (ces dernières, très réduites, siègent sur la face médiale du lobe temporal autour de l'amygdale) et *les aires auditives primaires* qui interprètent toutes les caractéristiques conscientes du son : le timbre, la hauteur et le rythme sans oublier les transitoires.

Les aires sensitives secondaires

Chaque aire primaire a son aire secondaire sauf l'olfaction.

Les aires motrices

Les aires motrices siègent sur le *gyrus* frontal ascendant. Chaque muscle y est représenté.

Pour l'audition et le langage, l'aire pyramidale de l'articulation des mots siège sur la frontale ascendante et l'aire extrapyramidale qui permet de traduire les pensées en paroles, en commandant à la respiration, aux muscles du larynx, de la langue, des lèvres… siège un peu en avant de la précédente. Le centre de l'agraphie est situé plus haut (chez 95 % des droitiers, il est dans l'hémisphère gauche).

Les centres auditifs primaires et secondaires ainsi que les centres visuels primaires et secondaires sont reliés aux centres de la parole et de l'agraphie (quadrilatère de Pierre Marie).

Les aires associatives

Les aires associatives auditives sont reliées aux aires primaires et aux autres aires associatives. Les aires associatives utilisent toutes les places laissées disponibles par les aires sensitives ou motrices. Leur fonction est donc plurimodale.

Les aires associatives temporales (Fig. 17.3) relient les aires sensorielles auditives, visuelles et le cortex entorhinal. Les aires pariétales relient les aires sensorielles et les aires motrices. Elles s'occupent donc des relations entre le schéma corporel et l'information visuelle (avec par exemple la coordination œil-main ou le positionnement du corps par rapport à un repère extérieur) ou l'information auditive (avec par exemple la production de la parole ou la localisation de sources sonores). Elles participent également à l'attention consciente.

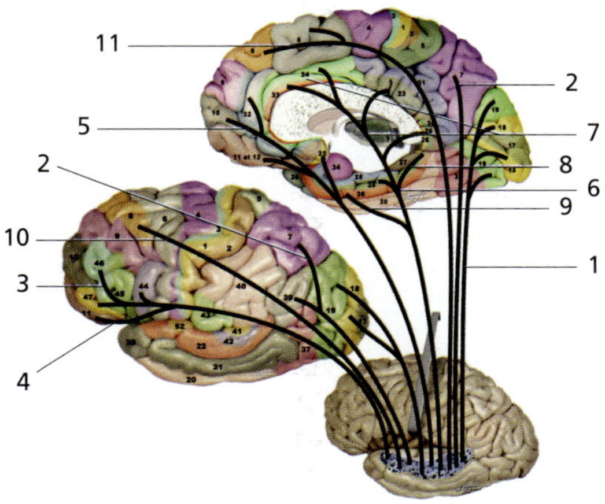

Fig. 17.3 – *Les relations des aires associatives auditives*

1. Avec l'aire visuelle
2. Avec l'aire pariétale postérieure
3. Avec la région préfrontale dorso-latérale
4. Avec l'aire orbito-frontale
5. Avec la région préfrontale médiale
6. Avec l'aire entorhinale
7. Avec l'aire cingulaire
8. Avec l'aire parahippocampique
9. Avec l'amygdale
10. Avec l'aire extrapyramidale
11. Avec l'aire de la motricité oculaire

Les aires frontales contrôlent et coordonnent l'expression du cortex associatif grâce à des rythmes biologiques internes reçus de structures extracorticales comme le *striatum* ou la formation réticulée. Le cortex frontal élabore ainsi l'organisation temporelle du comportement.

Récompenses et punitions

Insistons sur la différence entre un cortex secondaire et un cortex associatif. Un cortex secondaire est une région qui traite de façon élaborée des « *inputs* » ayant trait à une *modalité donnée* (aire visuelle, aire auditive, aire somato-sensorielle secondaires) ; cette région secondaire est donc nécessairement en aval d'une aire primaire. En revanche, l'aire associative est une aire qui reçoit des afférences *multi-sensorielles*.

On retiendra le fait que ces aires associatives multimodales ont en réalité aussi des « *inputs* » thalamiques particuliers.

Et, nous le savons, toutes ces connexions que nous venons de voir sont à la fois innées et secondaires à l'environnement. Comme le chaos, elles peuvent varier à l'infini mais dans des limites génétiques précises (détermination).

Le cortex auditif associatif se confond en partie avec le cortex auditif secondaire mais il doit être distingué dans ses autres aspects. Le schéma (Fig. 17.3) montre les diverses directions que ces connexions associatives peuvent prendre.

Ces connexions cortico-corticales sont de différents types :

- cortex sensoriel à cortex associatif ;
- cortex associatif à cortex frontal ;
- cortex associatif à système limbique ;
- cortex à régions sous-corticales (thalamus, *striatum*, tronc cérébral…)

Les connexions sont souvent réciproques et donc en circuit fermé.

Outre la zone de Wernicke, le cortex associatif comprend le noyau *accumbens* ou noyau du plaisir qui agit sur la vigilance et l'attention par : le système limbique, le thalamus, l'hypothalamus, la substance réticulée et les autres aires sensitives… Il reçoit de la strie terminale et de la substance réticulée par le faisceau longitudinal antérieur.

À l'arrivée d'un signal annonçant une récompense, donc après traitement, par le cortex sensoriel, d'influx provoquant une attirance ou un plaisir, l'activité d'une région particulière du mésencéphale, appelée *aire tegmentale ventrale*, se trouve augmentée. Cette aire libère alors de la *dopamine* dans le noyau *accumbens* mais aussi dans les noyaux du *septum*, l'*amygdale* et le cortex préfrontal.

Le noyau *accumbens* intervient alors dans l'activation motrice et le cortex préfrontal dans la focalisation de l'attention.

Ces régions sont reliées par ce que l'on appelle le faisceau de la récompense ou du plaisir.

En termes neuro-anatomiques, ce faisceau fait partie du « *Medial Forebrain Bundle* » (Fig. 17.4) ou faisceau olfactif basal ou faisceau médian du téléencéphale ou encore faisceau basal du proencéphale dont l'activation amène à la répétition de l'action gratifiante et de ce fait à la consolidation des traces nerveuses.

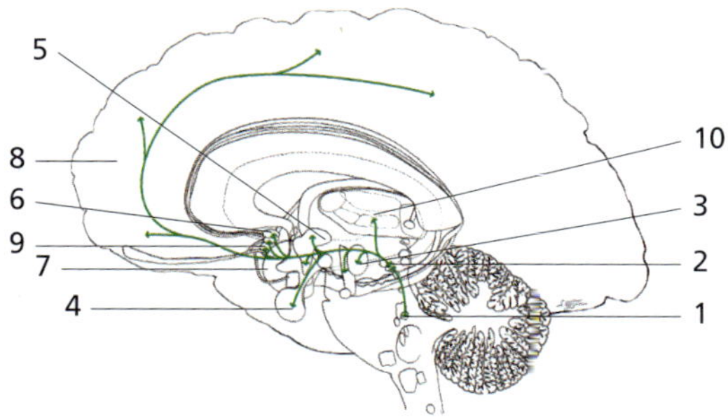

Fig. 17.4 – *Medial Forebrain Bundle*

1. Noyaux réticulés du raphé du pont
2. Noyaux réticulés mésencéphaliques
3. Noyau rouge
4. Hypophyse
5. Hypothalamus
6. Noyaux du septum
7. Amygdale
8. Cortex préfrontal
9. Noyau accumbens
10. Thalamus

Décrit par James Olds et Peter Milner, au début des années 1960, le *Medial Forebrain Bundle* est un faisceau d'axones qui part de la formation réticulée, traverse l'aire tegmentale ventrale, passe au niveau de l'hypothalamus latéral et continue jusqu'au noyau *accumbens* et aussi jusqu'à l'amygdale, au *septum* et au cortex préfrontal.

Le *Medial Forebrain Bundle* est composé de voies ascendantes et descendantes, incluant la majorité des voies utilisant les monoamines comme neurotransmetteur. Le système dopaminergique méso-cortico-limbique en est l'une de ses principales composantes. La réponse de l'hypothalamus agit non seulement sur le système végétatif mais aussi sur les secrétions hypophysaires. Tout l'appareil diencéphalique sécrétoire va répondre au *stimulus* attractif (Fig. 17.5).

À l'opposé, le système qui gère la répulsion, le déplaisir que les Anglo-Saxons appellent *Peri-*

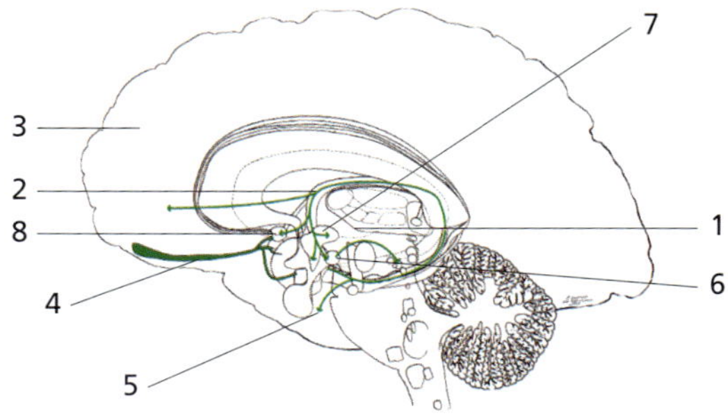

Fig. 17.5 – *La motivation*

1. Réticulée périventriculaire
2. Fornix
3. Cortex préfrontal
4. Tractus olfactif
5. Cortex entorhinal
6. Corps mamillaire
7. Hypothalamus
8. Noyaux du septum

Ventricular System (PVS) et que nous nommons circuit de la punition va entraîner peur et fuite. Du point de vue anatomique ce circuit met en cause l'hypothalamus, le thalamus et la substance grise périventriculaire du diencéphale. *L'Adreno Cortico-Tropic Hormone* ou ACTH est le médiateur responsable de cette peur avec fuite. Ce circuit motive l'individu à éviter ce qui fait mal ou qui repousse.

Mais les deux systèmes peuvent être débordés par la situation et Henri Laborit a montré qu'un troisième circuit se mettait en route à ce moment-là.

C'est le système inhibiteur de l'action, en anglais *Behavioral Inhibitory System*. Il met en cause le circuit hippocampo-septal ainsi que l'amygdale et les noyaux de la base. C'est le lobe préfrontal qui initie l'opération et deux médiateurs entrent alors en action : l'adrénaline fournit par le *locus cœruleus* et la sérotonine qui constitue le médiateur des noyaux du raphé.

Par conséquent, on peut dire que les circuits de la récompense et de la punition fournissent les motivations nécessaires à la plupart de nos comportements. On peut dire également que ces systèmes ajoutés au système inhibiteur permettent tous les apprentissages et expliquent également les échecs.

Les mémoires

C'est une fonction qui reste encore assez mal définie, ces dernières années cependant d'énormes progrès ont été réalisés. La neuroanatomie permet maintenant de décrire schématiquement trois mémoires :

- la mémoire de travail qui s'efface au fur et à mesure ;
- la mémoire à court terme que l'on pourrait qualifier de mémoire du présent un peu élargi ;
- la mémoire à long terme qui représente les acquis, la culture, l'histoire du sujet.

Les mécanismes d'acquisition sont maintenant à peu près connus mais ce qui pose problème ce sont surtout les mécanismes du rappel.

Tant que la conscience restera un mystère, nous aurons des difficultés à comprendre les mécanismes la concernant. La mémoire, en particulier de travail et à long terme, fait appel à cette conscience. Nous n'insisterons pas, ce serait artificiel, sur la mémoire auditive car, au stade où nous en sommes, tout est mélangé. La vue, le tact et surtout l'olfaction (émotions)… concourent à la mémoire auditive en même temps que l'audition.

Les différentes mémoires

Mémoire de travail

La mémoire de travail (appelée encore mémoire immédiate ou sensorielle) est même dénommée mémoire à court terme mais nous n'aimons pas cette dénomination qui correspond à une autre mémoire. C'est le cortex préfrontal dorso-latéral qui l'exploite. Ce cortex donne asile à un stockage temporaire pendant l'action. Le cortex préfrontal permet de maintenir disponibles certaines données nécessaires au raisonnement en cours. Pour ce faire, il lui faut coopérer avec plusieurs autres aires corticales auxquelles il soutire de l'information pour de brèves périodes.

Son fonctionnement intime conserve encore de nombreux points d'ombre. Il ne s'agit pas d'une modification anatomique de la cellule nerveuse comme la mémoire à long terme le laisse penser mais d'une modification transitoire dans laquelle interviennent des substances chimiques : la dopamine et la noradrénaline… Cette mémoire de travail n'est pas très extensible et son empan est relativement faible, pour des suites de chiffres par exemple, il est de 7 ± 2.

Une théorie actuelle permet de distinguer trois éléments à cette mémoire tampon : un « administrateur » central et deux « esclaves », une boucle phonatoire et un calepin audio-visuo-spatial. *Ce système maintiendrait une mémoire utile instantanée*, autant de temps que nécessaire. La boucle phonatoire maintiendrait une sorte de langage intérieur qui contiendrait les mots et expressions utiles dans le raisonnement en cours et les répèterait en boucle. Le calepin audio-visuo-spatial ferait de même avec les images mentales des significations et celles du contexte qui seraient liées au sujet traité. Pour coordonner le tout, le système « maître » réglerait l'ensemble en gérant les ressources attentionnelles, en sélectionnant certains éléments, en indiçant les autres, en réclamant d'autres informations… Des distractions, des contractions, des attractions sont possibles. Il s'agit d'un système complexe mais hiérarchisé par des inhibitions dont le mécanisme serait très près de réflexes acquis en ce qui concerne les calculs, les enchaînements, les apprentissages, etc.

C'est cette mémoire qui permet de situer les événements dans le temps, de les traiter, de les comprendre, de les utiliser en les faisant entrer dans un raisonnement plus complexe. Cette mémoire est très sensible au stress, à la capacité d'attention, à la fatigue et aux drogues… La mémoire de travail préside à l'indiçage et aux stratégies qu'il réclame.

Mémoire à court terme

La mémoire à court terme (nommée aussi abusivement, par certains, mémoire de travail) fait appel au système limbique. Cette mémoire est l'antichambre de la mémoire à long terme qui ne concerne qu'une partie de cette mémoire de proximité.

L'information va emprunter le circuit de Papez, ou circuit hippocampo-mamillo-thalamique. Il s'agit d'un sous-ensemble de connections qui relie les structures limbiques entre elles, selon le schéma suivant : l'information passe du cortex entorhinal à l'hippocampe puis, suivant le fornix, aux corps mamillaires et par le faisceau mamillo-thalamique au noyau antérieur du thalamus et au cortex cingulaire pour gagner à nouveau le cortex entorhinal après avoir relayé dans l'hippocampe. Ce sont ces boucles qui consolident cette mémoire à court terme et permettent au système limbique (grâce à des émotions récoltées au passage) de choisir les informations qui méritent d'entrer dans la mémoire à long terme.

À chaque boucle, c'est au niveau de l'hippocampe (*gyrus dente* et rhinencéphale) que débute la potentialisation à long terme (PLT ou LTP pour les Anglo-Saxons). Cette potentialisation initie la formation à la fois de facilité de passage de l'influx (plus de neuromédiateur présynaptique – glutamate – et plus de canaux postsynaptiques ouverts pendant plus longtemps pour laisser passer les ions) ainsi qu'une augmentation du nombre de ces récepteurs au niveau des épines dendritiques. Ces modifications ne sont en général pas durables mais peuvent persister plusieurs jours si la stimulation causale est forte.

D'autres modifications plus durables peuvent déformer la synapse de manière permanente mais elles se produisent plutôt dans d'autres aires destinées à la mémoire à long terme. Le médiateur qui va remplacer le glutamate pour initier cette mémoire à long terme est l'acétylcholine. C'est l'étape indispensable avant d'espérer une mémoire à long terme. Il faut que l'hippocampe décide, avec l'aide des émotions, ce qui mérite ou non d'être retenu.

Mémoire à long terme

La mémoire à long terme est beaucoup plus complexe. L'hippocampe, les lobes temporaux, de même que les structures du système limbique qui leur sont reliées, sont essentiels à la consolidation de la mémoire à long terme. L'hippocampe faciliterait l'association entre différentes régions corticales, couplant par exemple une mélodie entendue durant un souper aux images des personnes invitées, etc.

Le mécanisme qui modifie la synapse devient alors plus structurant pour le neurone. La LTP permet successivement :

- d'entamer des remaniements membranaires de la terminaison post-synaptique ;
- de perforer l'épine puis de dupliquer l'épine dendritique ;
- et si besoin de la séparer en une nouvelle épine, distincte.

La structure et les connexions de la synapse s'en trouvent considérablement modifiées allant jusqu'à créer de nouveaux réseaux. Ces modifications plastiques demanderont du temps pour être corrigées ou détruites.

Cette synaptogenèse liée à la plasticité adaptative des neurones pourrait revenir en arrière. Ce mécanisme inverse permettrait l'effacement des couplages d'ensembles de souvenirs qui s'estomperaient naturellement pour ne pas engorger la mémoire de souvenirs inutiles.

Ce qui va faire qu'un souvenir soit renforcé et éventuellement consolidé dans la mémoire à long terme dépend très souvent de facteurs « limbiques » comme l'intérêt suscité par l'événement, sa charge émotive ou son contenu gratifiant ou tout simplement sa répétition.

Un événement (mémoire événementielle), une structure de pensée (mémoire sémantique) vont tourner dans le circuit de Papez au point d'être remodelés et de pouvoir revenir dans la zone secondaire ou associative d'origine pour y trouver une place quasi définitive.

Ce serait le cortex préfrontal qui initierait la réactivation des souvenirs. Il serait sans doute programmé pour rappeler, grâce au système réticulé (attention), la région qui a conservé le souvenir. Ce serait le système d'éveil qui, lorsqu'il a joué son rôle qui est de sortir l'individu du sommeil, serait disponible pour diriger l'attention et le rappel.

Il convient de définir certaines notions qui concernent la mémoire à long terme. On distingue la mémoire procédurale (implicite) ou savoir-faire et la mémoire déclarative (explicite) ou pouvoir d'exprimer. Cette dernière a été subdivisée en mémoires épisodique et sémantique.

1. *La mémoire procédurale ou implicite* est celle de l'apprentissage (savoir comment). Dans ce domaine la mémoire est implicite ce qui signifie que nous pouvons voir le résultat sans être capable de l'exprimer, ni dans sa chronologie, ni dans sa technicité : par exemple faire de la bicyclette ou savoir nager. C'est au fond une mémoire musculaire, c'est la mémoire de l'organisme hypothétique de Szentagothai et Arbib déjà évoqué et dont nous reparlerons. Nous verrons, à ce propos, que sans continuité motrice, la perception n'a plus beaucoup de sens. Cette mémoire est rigide, inconsciente, totalement incluse dans une procédure. Les corps striés et le cervelet sont très impliqués dans cette mémoire. Cette mémoire est également la mémoire du conditionnement. Les réflexes conditionnés y sont inscrits et leur accessibilité est réduite à leur mise en œuvre ; ils sont aussi difficiles à acquérir qu'à effacer. On en rapprochera l'effet « d'amorçage » de la mémoire à long terme qui a sans doute son point de départ dans le système d'éveil mais utilise la mémoire procédurale pour initier le rappel.
2. *La mémoire déclarative ou explicite* est, à elle toute seule, un autre domaine (savoir que). Elle introduit la notion de conscience qui ne sera plus évoquée car nous ne savons pas à l'heure actuelle ce dont il s'agit. Elle est holistique, conditionnée, contextuelle mais permet de scinder la

complexité (décontextualiser). Son point de départ est l'hippocampe. Cette mémoire explicite est soit épisodique, soit sémantique :

- la mémoire épisodique ou autobiographique est la plus complexe car elle contient les événements de la vie, mais également l'orientation dans l'espace ou dans le plan du projet que nous nous sommes fixé ; elle permet de revivre les situations ; outre l'hippocampe qui initie cette mémoire, le thalamus et le cortex préfrontal sont nécessaires à l'encodage et les zones sensorielles secondaires ou associatives au stockage ; durant le rappel, l'individu est acteur et se regarde comme tel, ce qui implique que le contexte soit également mémorisé ; la mémoire épisodique est très sensible aux émotions qui ont accompagné sa constitution ;
- la mémoire sémantique correspond à la culture générale ; elle permet aux informations d'avoir une signification ; elle est le stock d'informations sur le monde dont l'individu dispose ; elle permet de se souvenir du sens des mots, des us et coutumes, des symboles, des abstractions, des concepts ; elle contient l'organisation et la fonction des objets, des phénomènes, des couleurs, des odeurs, des sons, des tableaux…

Les étapes de la mémoire

Encoder, stocker et restituer sont les trois étapes de la mémoire. Chacune d'elles correspond à un mécanisme différent mais chaque mécanisme peut faire appel aux deux autres.

L'encodage

Il est variable dans son initiation et dans sa réalisation :

- s'il est conscient, il suppose une réflexion qui siègera dans le lobe frontal et en partie dans le lobe pariétal (attention). Initiée par l'intérêt (ou la nécessité), l'attention, lorsqu'elle est impliquée, déclenche l'influx ; en passant dans le système limbique puis éventuellement dans les aires secondaires ou associatives, l'objet de l'attention se charge d'émotions ; la réflexion débutera dans le lobe frontal si l'ensemble atteint le seuil nécessaire à l'encodage ; il s'agit donc d'une démarche volontaire qui nécessite une action ;
- s'il est inconscient ou peu conscient, ce sont alors les émotions *seules* qui sont l'occasion de mettre en route le processus d'encodage.

Dans tous les cas on notera que les émotions sont les meilleurs facteurs d'encodage et qu'elles ne nécessitent aucun travail pour venir colorer les informations.

L'encodage consiste à réaliser des « liens », des associations par une première réflexion frontale puis par des rotations effectuées dans le système limbique. Au passage, inconsciente ou non, l'information peut et même doit s'associer à des émotions. Leur intensité conditionne la qualité du souvenir. Sans émotion, il est très difficile d'encoder pour longtemps.

L'encodage aboutit à donner du sens, du poids à ce qui est mis en mémoire. Cette mise en mémoire va comporter aussi les éléments qui vont avec le sens et le poids (c'est-à-dire le contexte) qui serviront, par la suite, à faciliter la restitution.

Le stockage

Le stockage ou engramme est variable dans sa solidité : de fragile à fort. L'oubli, dont nous parlerons plus loin, le menace. Parfois au contraire il lui rend service dans la mesure où il évite l'encombrement. Le stockage dépend des qualités du système nerveux, du travail fourni par le cerveau (entraînement) et bien sûr des circonstances contextuelles.

Les souvenirs sont d'autant plus faciles à consolider que l'encodage a fait appel à un processus rigoureux et que les circonstances, en particulier émotionnelles, ont été propices à cet encodage.

Certaines informations, tellement fragiles, ne supporteront pas l'épreuve du stockage et passeront dans l'oubli, d'autres, pour être mémorisées, devront être régulièrement réactivées par un nouvel encodage qui va « graver » le souvenir à chaque passage. Certaines enfin sont tellement fortes qu'elles sont « inoubliables » d'emblée.

La mémoire peut se réduire à une image ou au contraire se reconstruire avec des bases parfois imaginaires ou à tout le moins différentes de celles qui ont été à l'origine du premier stockage. Le sommeil (phase paradoxale) jouerait un rôle dans ce stockage.

Ce sont les synapses qui semblent être le siège de cette mémoire à long terme. Leur plasticité permet des contacts et la fabrication d'une multitude de liens qui, petit à petit, finissent par se résumer au lien nécessaire et suffisant pour permettre de passer l'action mémorisée à l'étage du dessous (mémoire plus réflexe que consciente).

Traiter du stockage d'un souvenir sans contexte est aussi ridicule que de traiter d'un son pur pour l'oreille qui ne perçoit que des sons complexes.

Chaque neurone peut à une occasion ou à une autre devenir le siège d'une trace mnémonique. Les zones du néocortex les plus propices à cette rétention d'informations sont les zones sensorielles secondaires ou d'association.

■ La restitution ou rappel

La restitution consiste à provoquer le retour à la conscience des éléments stockés. Les synapses semblent être le siège de cette mémoire à long terme.

L'amorçage du rappel peut être perceptif ou sémantique. Il peut être actif ou passif, il peut être évident ou nécessiter un long travail de récupération.

Il consiste, à l'occasion, à provoquer l'amorçage ou plutôt l'éveil du système limbique par un phénomène réticulaire d'attention (*locus cœruleus* mais aussi *gyrus* pariétal postérieur) qui proposera une succession d'adresses pour tenter d'ouvrir les chemins des aires secondaires et associatives permettant la réémergence de l'image recherchée.

Si quelque chose peut servir de modèle à la théorie du chaos, dont nous nous inspirons à chaque étape, ce sont bien ces restitutions qui sont parfois totalement imprévisibles mais restent déterministes et très sensibles aux « conditions initiales » si minimes soient-elles.

Elles sont soumises à l'entropie, ont les caractères d'un attracteur étrange, respectent l'invariant d'échelle, conduisent à des bifurcations pour sombrer dans le chaos ou de nouveau reprendre l'apparence d'un nouvel attracteur… Bref, l'encéphale traite notre pensée dans un ensemble stochastique où le linéaire n'a pas sa place.

Le rappel est facile si :

- toutes les opérations nécessaires à l'encodage et au stockage ont été correctement faites ;
- le stress, la fatigue ne sont pas présents à un moment ou à un autre.

Sinon, il faudra utiliser tous les moyens possibles du retour à la source, à la recherche répétée dans des circonstances qui pourraient permettre l'évocation d'un trait pertinent du souvenir… Il ne faut pas oublier le fait que la mémoire procédurale peut permettre d'amorcer un rappel ou une restitution qui pose problème.

Cette citation de Marcel Proust nous semble refléter assez bien ce qui se passe dans et hors les centres nerveux : « *La meilleure part de notre mémoire est hors de nous, dans un souffle pluvieux, dans l'odeur d'une première flambée, partout où nous retrouvons de nous-même ce que notre intelligence, n'en ayant pas l'emploi, avait dédaigné.* »

➤ L'oubli

Sa cause peut être un défaut d'enregistrement des données ou un effacement des traces ou une perturbation du processus de rappel. Littré donne de son côté cette définition : « perte du souvenir », ce qui suppose que ce que nous oublions peut être plus important que l'événement, la chose, le raisonnement qui sont recherchés.

« *Se souvenir ou oublier, c'est faire un travail de jardinier, sélectionner, élaguer. Les souvenirs sont comme les plantes : il y en a qu'il faut éliminer très rapidement pour aider les autres à s'épanouir, à se transformer, à fleurir. Ces plantes qui accomplissent leur destin, ces plantes épanouies se sont, en quelque sorte, oubliées elles-mêmes pour se transformer : entre les graines ou les boutures qui leur ont donné naissance et ce qu'elles sont devenues, il n'y a plus guère de rapport apparent ; la fleur, en ce sens, c'est l'oubli de la graine* (rappelons-nous le vers de Malherbe *qui continue cette histoire : "Et les fruits ont passé la promesse des fleurs")* » Marc Augé.

On pourrait en individualiser plusieurs types, à commencer par l'oubli de ce qui boucle dans la mémoire de travail, pour libérer la zone avant le travail suivant. De même, la mémoire à court terme peut être perturbée lors de l'encodage et enfin la mémoire à long terme peut ne plus être capable de la synaptogenèse qu'elle impose.

Accéder à la mémoire à long terme pose le problème mal connu de l'adressage et de la qualité de la trace mnésique qui a été laissée lors du 1er stockage. Nous ouvrons ici le chapitre des amnésies qui n'est pas notre propos.

Il est enfin également des oublis volontaires ou gérés par notre inconscient pour permettre de vivre au présent ; le deuil en est un bon exemple.

➤ Les métamémoires

Les métamémoires sont celles qui, pour une action donnée, mettent en jeu l'ensemble du système nerveux et non pas une zone donnée de ce dernier. Les métamémoires sont des ensembles qui permettent des jeux d'associations infinis.

Nous ne reviendrons ni sur les âges où il faut travailler ces mémoires d'ensemble, ni sur les exercices qui peuvent les améliorer mais nous voudrions insister dans ce chapitre sur les métamémoires que chaque individu se constitue et qui sont rarement évoquées alors qu'elles s'utilisent en permanence.

Leurs mécanismes et leur mise en action sont discutés mais ils doivent être présents à l'esprit de celui qui se penche sur la physiologie de la cognition. Les structures de pensée, les stratégies font toutes appel à ces métamémoires.

L'apprentissage

Nous l'avons vu, il est à rapprocher de la mémoire puisqu'il est issu de la mémoire dite procédurale. Il s'agit d'une faculté dont disposent l'homme et l'animal qui permet d'acquérir et de conserver, en les faisant parfois progresser, des techniques ou des sentiments capables d'influencer le comportement. Nous en avons vu le mécanisme.

L'expression du langage

Si l'on veut se faire une idée de la complexité du cerveau humain, il suffit d'imaginer les interactions que nécessite l'acquisition du langage et son utilisation dans une conversation ou pour écrire une lettre. Tout ce que nous venons de voir va être utilisé.

Il faut d'abord avoir les capacités innées que donne le cerveau d'un être humain comme nous l'avons vu avec le quadrilatère de Pierre Marie et ses dépendances (Fig. 17.6). Il faut mettre ces capacités en action dans la période appelée « critique » qui va de trois à six mois jusqu'à trois ou quatre ans et bien au-delà.

Au cours de cette période, l'enfant doit entendre et voir correctement. Il lui faut entraîner ses muscles pour articuler convenablement par mimétisme comme il entend ou reproduire avec sa plume ce qu'il voit. D'après Jean-Pierre Changeux, il lui faudrait stabiliser sélectivement ses synapses, en fonction de la qualité appréciée du travail d'apprentissage qui comporte une foule de tentatives dont la plupart aboutissent à un échec. Et cette stabilisation aboutit à garder les meilleures.

Parallèlement, l'enfant doit commencer à donner du sens aux mots, puis aux phrases qu'il apprend en même temps qu'il découvre l'importance de la syntaxe pour construire son langage. Il lui faut ensuite se détacher de la répétition pour créer lui-même ses propres expressions ou phrases.

Sa mémoire va entrer en jeu, non seulement sa mémoire implicite, procédurale mais également sa mémoire explicite : sémantique surtout. Il lui faudra associer ses émotions aux situations ou événements que le langage lui permettra d'analyser et de conceptualiser. L'imagination, la pensée, la réflexion vont venir coiffer le tout. Bref nous allons retrouver ici tous les éléments que nous décrivons depuis le début pour caractériser le monde du chaos dans lequel nous sommes complètement immergés. Notons au passage que nos capacités sont nombreuses à la naissance et que le fait de nous réduire à une langue nous restreint dans notre liberté et nos capacités... Le bilinguisme se travaille avant l'école (Fig. 17.6).

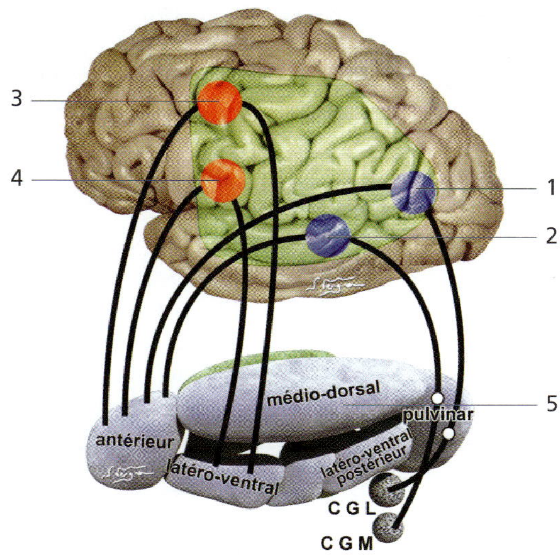

Fig. 17.6 – *Les circuits du langage*

1. Centre de la cécité verbale
2. Centre de la surdité verbale
3. Centre de l'agraphie
4. Centre de l'anarthrie
5. Thalamus

Il nous semble que tant que nous n'arriverons pas à recomplexifier ce que ces analyses de fragments d'action nous permettent d'intégrer, nous ne comprendrons que très partiellement les phénomènes que nous analysons.

Asymétries hémisphériques

Deux notions doivent être d'emblée précisées :

- les hémisphères ne sont pas identiques anatomiquement et fonctionnellement ;

- les asymétries sont présentes avant la naissance et ne sont pas dues à l'environnement ou au travail qui va suivre la naissance.

Mais ces asymétries sont considérablement modifiées par le travail fait par la suite pour développer telle ou telle partie des capacités de l'enfant (Fig. 17.7).

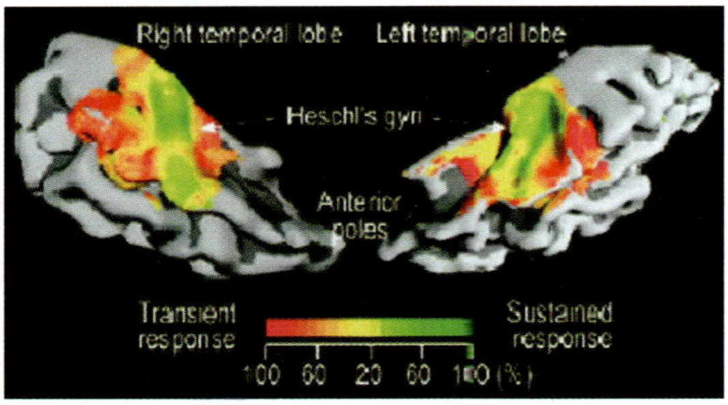

Fig. 17.7 – *Asymétrie temporale*

Les expériences faites en imagerie montrent les différences qui apparaissent dans le traitement du signal entre les deux hémisphères, en particulier dans les réponses aux *stimuli* soutenus.

Le chaos commence donc dès la conception et se poursuit toute la vie. Les qualités du résultat sont liées à la plastique neuronale. Le chaos est d'autant plus intéressant pour le sujet, qu'il conditionne par ses attracteurs étranges, son devenir intellectuel.

La dominance hémisphérique

Chez les droitiers :

- *l'hémisphère gauche assure* le contrôle du côté droit du corps, du langage parlé ou écrit, des capacités mathématiques et scientifiques, de la capacité à comprendre le langage des signes, du raisonnement ;
- *tandis que l'hémisphère droit* contrôle le côté gauche du corps, la sensibilité musicale et artistique, la perception de l'espace et des formes, l'imagination, la génération d'images mentales visuelles, auditives, tactiles, gustatives et olfactives permettant d'établir des relations spatiales.

Le cerveau gauche est le siège de la volonté de comprendre. Il est logique et euclidien. Depuis l'antiquité, il est privilégié dans nos études qui conviennent parfaitement aux droitiers. Pour les gauchers qui ne sont plus de nos jours contrariés, il n'en est pas de même et pour raisonner ils ne font pas systématiquement appel à la prééminence du cerveau droit. La prééminence d'un côté vaut pour la main mais aussi le pied, l'œil et l'oreille. Autant le droitier est organisé pour parler et pour raisonner presque uniquement avec son cerveau gauche, autant le gaucher a su organiser sa parole de manière complexe et se sert tantôt d'un seul côté (cerveau droit ou gauche) tantôt des deux. Plusieurs études récentes ont montré que les gauchers récupéraient beaucoup mieux d'une aphasie que les droitiers.

Les activités manuelles et langagières se développent de la même manière entre deux et cinq ans, époque où l'enfant exprime sa latéralité. Mais si le cerveau est fixé génétiquement, il permet néanmoins, pendant les premières années, une certaine adaptation du fait de son extrême plasticité (langues étrangères, récupération d'accidents cérébraux, pratique d'instruments de musique qui réclament très souvent une ambidextrie et doivent être, de ce fait, débutés très tôt).

Les dyslexiques et les personnes sans oreille musicale auraient une latéralisation du cerveau différente des lecteurs normaux. Ils ont une dominance de l'oreille gauche pour reconnaître les mots ou une capacité réduite de l'oreille droite. Il en serait de même pour le bégaiement. Ce bégaiement serait lié à une concurrence entre les deux cerveaux, la latéralisation n'étant pas exclusive. En ce qui concerne le chant, les deux cerveaux ne sont pas équivalents. Le cerveau gauche retient les paroles, le droit la mélodie. En ce qui concerne le langage il semble que les voyelles soient traitées par les deux cerveaux alors que les consonnes ne sont traitées que par le cerveau dominant.

Or la pédagogie actuelle ne s'intéresse qu'au cerveau dominant des droitiers, c'est-à-dire le cerveau gauche. Plus l'enfant est latéralisé tôt, plus il se limite dans la perception du monde mais plus il est performant à l'école. Si, effectivement, le langage est bien situé dans le cerveau de la raison, les capacités d'expression, de dialogue et de compréhension globale du discours se trouvent dans l'autre. Négliger le cerveau non dominant équivaut à réduire son imagination au profit d'une parfaite correction du langage.

Il serait très intéressant de faire travailler les deux cerveaux en harmonie pour mieux développer l'imaginaire des enfants et des adultes qu'ils deviendront. Et, s'il est nécessaire d'avoir une langue parlée qui exprime précisément ce qu'elle a à dire, le langage doit pouvoir faire appel aux métaphores, à la synthèse, à la globalité, à la créativité. Le cerveau droit a besoin du gauche mais le cerveau gauche n'est pas grand-chose sans le droit.

Nous voudrions faire remarquer comme R.J. Zatorre que nous sommes capables d'entendre et d'imager dans notre tête à la fois la musique avec ses finesses fréquentielles mais avec une certaine lenteur de traitement et les paroles qui réclament davantage de rapidité dans le traitement temporel mais ne nécessitent pas beaucoup l'utilisation des fréquences. Cette capacité à traiter simultanément la compréhension des paroles et le suivi mélodique d'une musique n'est possible que parce que les fonctions du cerveau droit permettent une étude fréquentielle très fine mais réclament du temps tandis que le lobe temporal gauche a la capacité de traiter très rapidement les *inputs* langagiers sans réclamer de temps.

Les fonctions des deux hémisphères peuvent se résumer comme suit.

- *L'hémisphère gauche*, en ce qui concerne le langage, est dominant chez les droitiers. Il s'occupe préférentiellement de la linguistique (en particulier pour ce qui est de la sémantique et de la syntaxe) et il est plus à même de s'engager dans des réflexions concrètes. Il est capable de générer volontairement des expressions faciales. Hémisphère normalement dominant pour le langage, il est le siège de la mémoire lexicale, de la syntaxe, du traitement phonologique et de la production de la parole. En ce qui concerne les capacités d'attention spatiale et de recherche visuelle, il est capable de détection systématique d'un objet quel que soit l'environnement. Plutôt analytique, il peut décomposer un ensemble en ses éléments.
- *L'hémisphère droit,* lui, dispose de quelques capacités de traitement de la parole mais plus rudimentaires et moins organisées que celles du gauche. Il est mieux à même de reconnaître des visages, surtout s'ils ne sont pas familiers. Il est responsable de l'interprétation des multiples expressions faciales involontaires. Il examine un environnement visuel de façon moins organisée. Il semble plus compétent pour les transferts d'attention. Il est dominant pour la synthèse des formes, le séquencement, la vision spatiale, les calculs mathématiques complexes, les aptitudes artistiques et musicales, le traitement des aspects non linguistiques de la communication, l'abstraction et autres fonctions similaires.

Le contrôle cognitif

La planification des actions, la mémoire et ses restitutions, les capacités d'attention, la hiérarchisation des praxies, l'élaboration des stratégies… réclament un contrôle constant. Ces contrôles sont d'autant plus nécessaires que la conscience intervient. Ils sont assurés par le lobe frontal.

La gestion des émotions

Il semble que le lobe frontal soit le gestionnaire des émotions mais chaque lobe y participe à sa manière, en gérant différemment les « humeurs » au sens moderne du terme.

L'hémisphère droit serait plus apte à traiter les émotions de base, primitives : telles que la peur, le recul, la répulsion, l'attirance. D'une manière générale l'hémisphère droit serait plus à même de gérer les émotions négatives et en particulier les états de tristesse, d'inquiétude. L'hémisphère gauche aurait une supériorité pour ressentir les émotions élaborées telles que la jalousie, l'amour, la honte, la fierté…

En fait plutôt que de parler d'hémisphère droit ou gauche, il serait préférable de parler d'hémisphère prépondérant ou dominant pour indiquer les capacités qu'il détient par rapport à l'hémisphère secondaire.

Finalement, les droitiers (hémisphère gauche dominant) sont assez bien organisés avec une procédure qui semble se répéter d'une manière plus stéréotypée tandis que les gauchers sont susceptibles d'adaptation plus personnalisée.

Les aires de Brodmann

Pour mémoire, nous avons représenté sur la planche qui suit (Fig. 17.8) les 52 aires de Brodmann qui ont un caractère évocateur de la fonction possible de l'aire cérébrale.

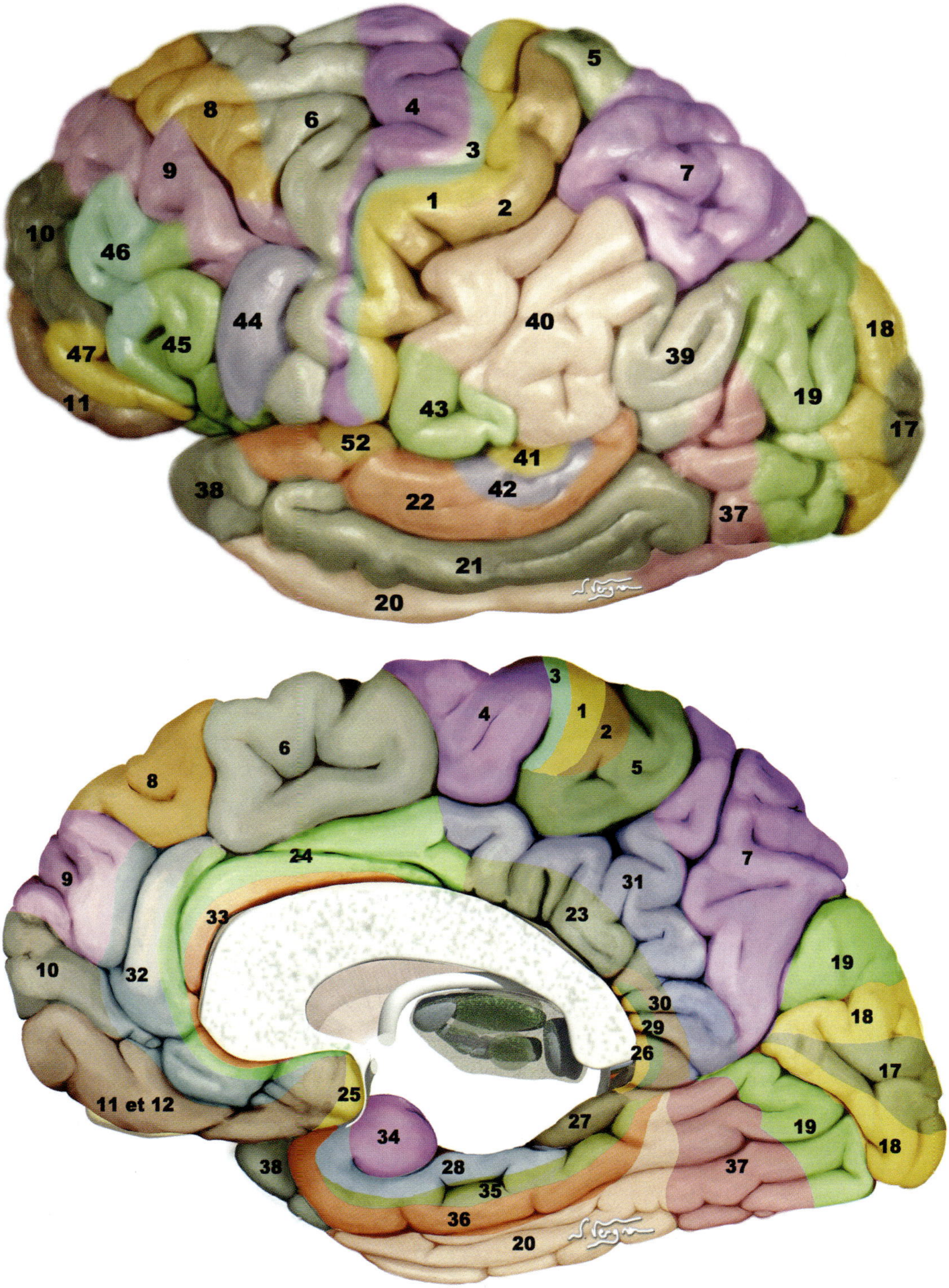

Fig. 17.8 – *Carte cyto-architectonique du cerveau*

■ En quelques lignes ■

Toutes les zones sensorielles et motrices ainsi que les aires d'association échangent des informations en réalisant des boucles, le plus souvent de rétroaction. Ces échanges se font d'un noyau à son homologue controlatéral ou d'un même côté dans des réseaux fonctionnels complexes. Ces réseaux sont le fruit d'une épuration initiale des 400 milliards de neurones du fait des câblages fonctionnels qui découlent des apprentissages.

Les échanges entre les deux côtés se font essentiellement par les commissures (fibres transverses) : le corps calleux, le trigone et la commissure antérieure sont les trois principaux moyens de communication pour l'audition. Mais les aires motrices, les aires sensitives et les aires associatives communiquent largement entre elles. Chaque communication définit une fonction ou tout du moins une partie de fonction précise. Les aires associatives temporales relient les aires sensorielles auditives, visuelles et le cortex entorhinal.

En suivant H. Laborit, on distingue deux grands réseaux comportementaux : celui de la récompense et celui de la punition. À l'arrivée d'un signal annonçant une récompense, donc après traitement sensoriel, l'aire tegmentale ventrale entre en action et libère alors de la dopamine dans le noyau accumbens mais aussi dans les noyaux du septum, l'amygdale et le cortex préfrontal. Pour la punition, c'est le système péri-ventriculaire qui est sollicité et met en cause l'hypothalamus, le thalamus et la substance grise péri-ventriculaire du diencéphale avec comme médiateur : l'ACTH.

On distingue la mémoire de travail qui s'efface au fur et à mesure. La mémoire à court terme que l'on pourrait qualifier de mémoire du présent un peu élargi et la mémoire à long terme qui représente les acquis, la culture, l'histoire du sujet... C'est le lobe frontal qui gère la mémoire instantanée, le système limbique (circuit de Papez) qui induit la mémoire à court terme et les aires sensorielles secondaires ou associatives qui amassent les éléments de la mémoire à long terme. L'encodage se fait sans doute du lobe frontal vers le système limbique puis grâce à l'acétylcholine dans les aires secondaires, le stockage se ferait sous la forme d'une modification synaptique et la restitution serait amorcée par le lobe frontal. Les métamémoires regroupent et harmonisent l'ensemble. L'apprentissage fait entrer en ligne de compte le système moteur qui n'a pas la faculté de retenir l'historique sous forme d'engramme. L'oubli enfin est nécessaire à la mémoire mais chacune des trois mémoires en a besoin différemment.

Quant à la dominance hémisphérique, on retiendra : pour l'hémisphère gauche, le contrôle du côté droit du corps, du langage parlé ou écrit, des capacités mathématiques et scientifiques, de la capacité à comprendre le langage des signes, du raisonnement ; pour l'hémisphère droit, le contrôle du côté gauche du corps, la sensibilité musicale et artistique, la perception de l'espace et des formes, l'imagination, la génération d'images mentales visuelles, auditives, tactiles, gustatives et olfactives permettant d'établir des relations spatiales.

La culture, les émotions et leur gestion, la « forme d'esprit »... dépendent des circuits créés dans l'enfance et remodelés toute la vie.

Pour approfondir

Augé M. *Les formes de l'oubli*, Paris, Manuels Payot, 1998, p. 24.

Baddeley A. *La mémoire humaine, théorie et pratique*, PUG, Grenoble, 1993.

Bear MF, Connors BW, Paradiso MA. *Neurosciences, À la découverte du cerveau*, Paris, Pradel, 1999.

Cabanac M. Pleasure : the common currency. *J. Theor. Biol.*, 1992, *155* : 173-200.

Changeux JP. *L'homme neuronal*, Fayard, Paris, 1983, 58-62.

Crottaz-Herbette S, Ragot R. Perception of complex sounds : N1 latency codes pitch and topography codes spectra. *Electroencephalography and Clinical Neurophysiology*, 2000, *111* : 1759-1766.

De Renzi E, Gentilini M, Pattacini F. Auditory extinction following hemisphere damage. *Neuropsychologia*, 1984, *22* (6) : 733-744.

Delmas A. *Voies et centres nerveux*, 10e éd., Masson, 1991.

Eimer M, Schröger E. The location of preceding stimuli affects selective processing in a sustained attention situation. *Electroencephalography and Clinical Neurophysiology*, 1998, *94* : 115-128.

Habib M. *Bases neurologiques des comportements*, 3e éd., Masson, Paris, 1998.

Kimura D. *The Asymetry of the Human Brain*. Scientific American, 1973, 70-73.

Kinsbourne M. Mechanisms of unilateral neglect. In : *Neurophysiological and neuropsychological aspects of spatial neglect*, Jeannerod M. (ed.), Amsterdam, Elsevier, 1987.

Laborit H. *L'agressivité détournée*, coll. 10/18, n° 527, Union Générale d'Édition, 1970.

LABORIT H. *L'inhibition de l'action. Biologie, Physiologie, psychologie, sociologie*, Masson, 1979.

LAFLAMME D. *Ginkgo : le remue-mémoire.* http.// www.csrs.qc.ca/MitchellMontcalm/proj/NEURONES/menu.htm.

LÜDI G. *L'enfant bilingue : chance ou surcharge ?* http:// www.romsem.uniba.ch/sprachenkoncept/ Annexe_8.html.

LURIA AR, SIMERNITSKAYA EG. Interhemispheric relations and the functions of the minor hemisphere. *Neuropsychologia*, 1977, *15*, 175-178.

MISHKIN M, APPENZELLER T. L'anatomie de la mémoire. *Américain scientifique*, 1987, *257* (6), 80-89.

PÉTRI H, MISHKIN M. Behaviorism, cognitivism et la neuropsychologie de la mémoire. *Scientifique américain*, 1994, *82*, 30-37.

Recherche, 289, numéro spécial sur le cerveau, juillet-août 1997.

SOBOTTA C. *Atlas d'anatomie humaine*, édité par PUTZ R, PABST R, édition française, DHEM A., GOUAZÉ A, Paris, Éditions Médicales Internationales, 1994.

SOROKER N, CALAMERO N, GLICKSOHN J, MYSLOBODSKY MS. Auditory inattention in right-hemisphere-damaged patients with and without neglect. *Neuropsychologia*, 1997, *35* (3), 249-256.

TREISMAN AM. Strategied and models of selective attention. *Psychological Review*, 1969, *76* : 282-299.

VINCENT JD. La biologie du plaisir. *Presse Med.* (Paris), 1994, *23* : 1871-1876.

WILLIAMS LINDA V. *Deux cerveaux pour apprendre.* Ed. Organisation, Paris, 1986.

Partie IV

Organisation du cerveau

CHAPITRE 18

Organisation structuro-fonctionnelle du système nerveux

Diviser une structure complexe en un maximum de composants individualisables est nécessaire pour la comprendre. Mais ce qu'on a rendu simple pour un élément de base devient tout à fait insuffisant pour intégrer l'ensemble. Et ne vouloir envisager que le tout n'explique pas non plus l'activité fonctionnelle de l'ensemble.

C'est à ce moment que la théorie du chaos devient intéressante car elle permet une vue holistique sans pour autant obliger notre cerveau à renoncer à ses connaissances linéaires. À quelque étape du développement d'un système, l'apparition d'éléments imprévus, si minimes soient-ils, peut au fur et à mesure des itérations transformer radicalement le résultat.

Dans l'étude d'un phénomène aussi complexe que celui de l'audition, notre démarche intellectuelle ne peut aller que d'étape en étape, déstructurant puis restructurant pour construire un fil conducteur qui va s'ordonner, puis se désordonner, puis s'ordonner à nouveau… (Fig. 18.1).

Si le fait de démonter une montre permet d'en comprendre le mécanisme, cela n'apporte aucune indication quant à l'heure ; connaître l'heure que donne une montre n'apporte aucune certitude sur l'exactitude de l'information. Savoir que l'heure est exacte et avoir compris le mécanisme ne donne pas non plus la certitude que demain l'heure fournie par la même montre sera la bonne. L'importance du moment et du temps est donc capitale à intégrer, c'est ce que permet la théorie du chaos.

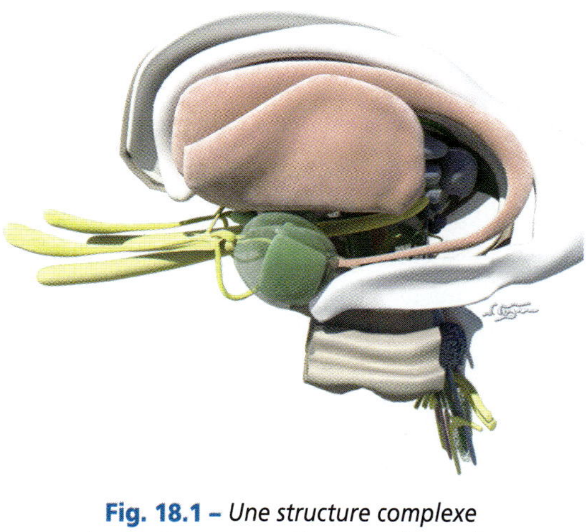

Fig. 18.1 – *Une structure complexe*
Les centres sous-corticaux profil gauche

De même, comprendre le fonctionnement du cerveau par fragments ne nous donne aucune notion de l'ensemble.

La pensée linéaire, euclidienne permet de diviser pour régner sur la science mais le système chaotique qui régit son fonctionnement ne se laisse pas bien fragmenter. Alors nos déductions sont des probabilités et encore, pour des cas particuliers et pour une très courte période.

Reprenons cependant ce que nous pouvons dire simplement des constatations précédentes. Pour chaque élément de base, la règle qui consiste à affirmer « aux mêmes causes les mêmes effets » est exacte mais petit à petit, au fur et à mesure que nous introduisons des éléments imprévus qui nous échappent complètement, les effets déterminés deviennent imprévisibles.

L'unité de base : le neurone

Comme nous l'avons vu, il comporte un corps cellulaire, des dendrites et un axone. Le corps cellulaire est unique et il y a 100 milliards de neurones dans la tête d'un homme adulte.

Déjà ces données sont approximatives et dépendent d'un grand nombre de facteurs. Chaque neurone possède entre 1 000 et 10 000 dendrites et son unique axone se termine par 10 000 boutons synaptiques connectables avec d'autres dendrites ou effecteurs (muscle par exemple). Si vous deviez dessiner trois neurones qui utilisent une épine dendritique par neurone récepteur, votre vie n'y suffirait pas.

Fig. 18.2 – *Une structure complexe Les centres sous-corticaux, vue inférieure oblique*

En général, chaque neurone a une information à donner ou à recevoir. Un seul neurone change et tout le système est en révolution. Lorsque tous les neurones fonctionnent, c'est la forme globale résultante qui compte, en se rappelant que la loi du tout ou rien y joue un grand rôle

Nous sommes dans l'incommensurable. Il est là, le changement, imprédictible, déterministe, convergeant vers un attracteur étrange dont la signification dépend exclusivement de ce que chacun de nous en fait quand il en a conscience. Continuer à réfléchir sur un neurone, sur un train de potentiels de pointe et même sur une aire cérébrale en action pour comprendre le fonctionnement de l'ensemble, ne permet d'aboutir qu'à des lois inexploitables. Globaliser le système, lui donner les lois qui sont celles du chaos et les formes que notre imagination nous offre, aura en revanche, une résonance qui nous touchera et sera en cohérence avec ce que nous vivons (Fig. 18.2).

Lorsque nous entendons (car c'est l'oreille qui nous intéresse mais elle ne représente rien, sortie de son contexte) un bruit bref ou continu, le comportement du système change. Il change tellement que ce qui se produit dans un cas peut être à l'inverse dans l'autre. Des expériences intéressantes illustrent notre propos.

En mesurant avec la méthode de la « *Blood Oxygen Level-Dependent* » (BOLD), la remnographie (imagerie par résonance magnétique) fonctionnelle a permis l'examen de l'activation du cerveau lors de stimulations sonores, sans avoir recours aux impulsions électriques des cellules nerveuses. Le méthode repose sur la mesure du flux dans les zones explorées qui « s'allument » lors de leur excitation.

Les constantes de temps ne sont pas les mêmes entre le signal électrique (en millisecondes) et celles du signal BOLD (en secondes). On devra donc avoir recours à des calculs mathématiques pour les corréler.

Par ailleurs, la commutation rapide des gradients magnétiques pendant l'acquisition des images génère un bruit de fond de 100 dB qui agit sur l'oreille avant même qu'un signal ne lui soit présenté. Pour pouvoir faire émerger les *stimuli* sonores, il a suffi d'utiliser, comme signal, les bruits de l'IRM.

Tout *stimulus* acoustique entraîne au début une activation « transitoire », bientôt suivie d'une activation « persistante », si le *stimulus* demeure. Il a été montré que ce ne sont pas les mêmes cellules nerveuses qui réagissent : un premier réseau prend en charge les activations transitoires et un autre réseau, les activations permanentes. Ces deux réseaux synaptiques temporels semblent relativement indépendants.

Ainsi lorsque le « *core* » (cœur) de la zone auditive primaire reçoit une information courte, l'image qu'il donne (IRMf) ressemble aux sons brefs, tandis que le domaine « *belt* » (ceinture) de la zone auditive secondaire (celle qui génère l'influx qui est destiné aux autres aires corticales) donne l'image de sons continus.

En principe c'est l'inverse, les informations du cœur sont persistantes et celles du domaine de la ceinture, transitoires. On ne comprend pas pourquoi le cortex réagit de cette manière mais ce qui est évident c'est que la durée du *stimulus* entraîne, selon la région du cœur ou de la ceinture, des réactions différentes et donc informantes.

Cette synergie représente sans doute, dans la cascade d'événements temporels qui se succèdent pour transformer les bruits en perceptions cognitives et émotionnelles, une réponse adaptative aux pressions environnementales.

De l'oreille au cortex

Cette prise de conscience globale est meilleure que l'étude du détail, mais encore insuffisante. Tous les sens participent à une écoute informante, par exemple la lecture labiale apporte en plus de celle de l'oreille la part de l'œil. Il existe également des composantes : végétative interne (émotions), culturelle, héréditaire, raciale, affective…

Le câblage des neurones qui commence peu après la conception et se perfectionne de manière fantastique de la naissance à l'âge adulte, persiste jusqu'à la mort. Ce câblage construit ou réorganise en permanence des réseaux, des circuits longs ou courts, des réflexes retardés, inhibés ou renforcés… qui laissent à chaque fois des traces dans le cerveau, traces qui vont, bien sûr, interférer, par comparaison, dans les décisions futures et les organisations réflexes de demain.

Les figures 18.2 et 18.3 incitent l'imagination à comprendre une image complexe dans sa globalité. Or elles sont considérablement simplifiées, débarrassées qu'elles sont d'une grande partie de leur environnement et surtout de tout le câblage !

Les composants, la dynamique, l'organisation du système nerveux

La plasticité cérébrale

Le neurone, dont la durée de vie normale est celle de son propriétaire, dispose de la faculté de se modifier sous l'influence aussi bien de l'environnement que de l'activité endogène de l'individu ou de sa propre activité de neurone. Il a la capacité d'améliorer ses aptitudes par le simple fait qu'il fonctionne. Il se perfectionne lui-même en travaillant. L'activité fonctionnelle du neurone modifie celui-ci et, de ce fait, se trouve elle-même modifiée. Le neurone fait preuve d'une très grande plasticité dans ses moindres actions. Cette propriété lui confère, entre autres, deux possibilités : l'apprentissage et la mémorisation.

La plasticité se situe au niveau des synapses : possibilité de modifier ses contacts avec les neurones voisins. Il n'y a pas d'autres modifications et, qui plus est, à l'œil nu, on ne voit rien de ces modifications qui sont ultramicroscopiques. Le cerveau ne change pas de forme.

La plasticité cérébrale n'est pas uniquement aléatoire, génétique ou sans limite. Il n'y a aucun plan extérieur qui préside à ce phénomène. La dynamique de cette plasticité est sous la dépendance d'une auto-organisation qui elle-même dépend de nombreux facteurs :

- des forces d'organisation atomiques qui engendrent d'autres formes atomiques, les regroupant en molécules diverses ;
- des propriétés physico-chimiques des molécules (attirance ou répulsion, acides ou bases, adhésion, hydrophobie ou hydrophilie…) ;
- des propriétés de la cellule, en particulier électriques ;
- de l'environnement et des conditions de vie : dans le noir, dans le bruit, dans une atmosphère particulière, avec des carences…

La complexité est telle, qu'elle devient inimaginable (Fig. 18.4). Il faut traiter avec l'ensemble des éléments en se rappelant sans cesse la théorie du chaos : extrême sensibilité aux conditions initiales, imprédictibilité, organisation autour d'attracteurs étranges, bifurcations, invariant d'échelle… et une

Fig. 18.3 – *Une structure complexe. Les centres sous-corticaux, vus par l'arrière*

organisation se fait jour puis, après un certain temps, disparaît… pour laisser la place à une autre…

➤ Les conditions du démarrage

Un certain nombre d'organisations existent au tout début et constituent le socle sur lequel les autres qualités du système vont pouvoir se développer en s'adaptant à l'environnement. Les comportements qui préexistent sont généralement élémentaires tels : le réflexe de succion, la marche automatique, le réflexe de Moro, les fonctions destinées à préserver l'homéostasie (le nouveau-né étant brusquement livré à lui-même), etc. Durant la période de ces comportements initiaux, il existe des « fenêtres d'apprentissage » au cours desquelles les capacités d'adaptation sont *maxima*. Les odeurs dans le cou de la maman, l'apprentissage de la langue maternelle, l'attrait pour la musique, etc., sont des exemples de la force de ces nouvelles acquisitions.

Il y a donc des neurones qui sont pré-connectés avant la naissance et qui permettent de mettre la « machine » en route. Ces unités « pré-câblées » sont limitées et simples, elles ne nécessitent aucun apprentissage apparent, elles ne peuvent que progresser et/ou se complexifier du fait de leur « usage » ou bien disparaître et être remplacées par de nouveaux câblages.

Il y a par ailleurs des « précâblages » ébauchés mais incomplets qui constituent l'apport génétique aux fonctionnalités qui vont ou pourront se développer par la suite.

Il y a surtout une multitude de combinaisons qui se créent, complexifiant déjà considérablement les structures nerveuses. C'est ainsi, par exemple, que

Fig. 18.4 – *Une structure complexe*
Les centres sous-corticaux vue de face

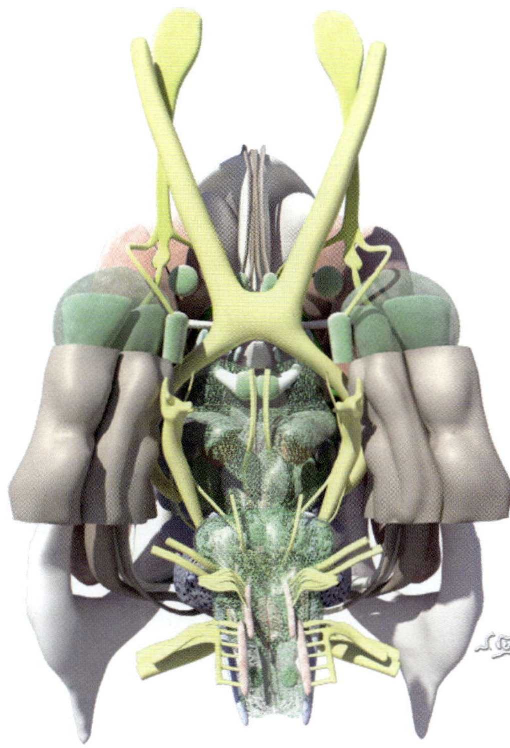

Fig. 18.5 – *Une structure complexe*
Les centres sous-corticaux, vue inférieure

l'équilibre de l'enfant fait appel à l'œil, au labyrinthe postérieur et à la sensibilité profonde

Son apprentissage est rapide et lui donne une certaine autonomie qui réclame, sans aucune conscience élaborée, la coordination d'un ensemble très complexe de fonctionnalités. Voici quelques exemples de coordinations « instinctives » : poursuite oculaire, marche, orientation, éjaculation, coordinations visuelle et/ou auditive et motrice…

Si on se met à rechercher les détails, on s'aperçoit que chaque neurone a sa vie propre et que, si certains vont disparaître (une grande majorité car non fonctionnels), d'autres vont subir une évolution d'une très grande richesse. Tous les intermédiaires étant possibles, chaque cerveau a la caractéristique d'être *unique*. Ce caractère, indéfiniment différent, tout en étant dans des limites strictes (c'est le déterminisme du chaos), relativement semblables, va encore augmenter tout au long de la vie avec les expériences vécues.

Certaines zones du cerveau vont se trouver à la croisée des chemins et, à cet endroit, une sorte de carrefour d'interventions va se créer : ce sont les noyaux gris. Ces centres localisés vont acquérir, du fait de leur situation, une spécificité qui s'inscrit dans des réseaux comme la neuro-anatomie permet de le constater.

Lorsqu'une opportunité se présente (interne ou externe ou les deux), le noyau est alerté et, si la loi du tout ou rien le permet, une réponse va être donnée sous la forme du déclenchement d'un comportement spécifique précis. Cette action auto-enclenchée va, bien sûr, en occulter d'autres qui auront été, de ce fait, « inhibées ».

C'est sa position dans le réseau qui permet à une structure spécifique d'émerger dans le système et d'y construire une place qui lui est ensuite réservée. On le voit, sur une structure déjà complexe apparaît une nouvelle complexification d'un niveau supérieur et ainsi de suite (Fig. 18.5). C'est l'invariant d'échelle que l'on aperçoit maintenant.

Certaines régions corticales sont tout à fait particulières comme la région préfrontale, la région pariétale ou l'aire cingulaire. Ces zones sont situées à des carrefours où la complexité est maximum.

Le fonctionnement

L'organisation du cerveau n'a pas de plan défini. Il n'y a aucun chef d'orchestre et comme le disait Herbert von Karajan pour caractériser un bon chef d'orchestre : « *Regardez les oiseaux, ils volent tous ensemble et ne se heurtent jamais sans pour autant que l'on voit qui dirige !* »

Dans notre cerveau, il n'y a pas une structure gouvernante. Le fonctionnement s'autorégule à coups d'inhibition et d'activation. Ces choix dépendent d'autres choix qui ont, eux aussi, une multitude d'entrées pour deux sorties dont l une sera inhibée.

À ce stade prenons un peu de recul. Les milliards de trains d'ondes de toutes sortes qui parcourent les milliards de kilomètres d'axones dans tous les sens, en s'arrêtant quelques instants à un carrefour, en changeant de route et s'éteignant ou au contraire en se renforçant, finissent par atteindre une zone motrice et déclenchent une action qui change la donne de manière importante et donc entraîne une nouvelle « partie » et ce, en quelques secondes…

Une remarque : plus la situation fait appel à des complexifications, plus la réponse tarde à apparaître d'où, en cas d'urgence, les courts-circuits « irraisonnés ». On conçoit la complexité, on conçoit qu'une petite information puisse permettre d'atteindre le seuil et de ce fait entraîner une réaction exagérée en stimulant un neurone moteur. On conçoit que ce neurone puisse jouer le rôle d'attracteur étrange pour le choix de la réponse et puisse changer le système plus ou moins radicalement. L'action est alors organisée mais son organisation est le prélude à une nouvelle désorganisation et ainsi de suite. On notera que le système change, s'autorégule, se complexifie, sans qu'il soit nécessaire de nommer un chef !

La structure, faite d'étages qui se superposent, allant du récepteur ou du muscle vers la moelle, le tronc cérébral, le mésencéphale, les noyaux gris centraux, le système limbique, la substance réticulée, les aires primaires, les aires secondaires, les aires associatives, les aires préfrontales ou pariétales, est sécable en deux : les zones du système nerveux qui agissent et celles qui coordonnent les actions.

Si localement au niveau du réflexe médullaire ou du tronc cérébral, la réponse se fait sur place et est spécifique, au-dessus les réponses sont globales et mettent en jeu des contrôles, des inhibitions, des activations, des systèmes réflexes. L'issue de ce fonctionnement est toujours incertaine à plus ou moins long terme. On peut parler d'impossibilité de prévoir la réponse dès que l'on atteint la complexité. C'est donc en fonction de la théorie du chaos qu'il faut maintenant concevoir tout ce qui touche à l'homme et à ses fonctions.

Par exemple l'écoute d'une symphonie de Mozart réclame une décomplexification analytique de l'espace-temps sonore puis une recomplexification où interviennent la culture, les goûts, les émotions, les expériences, le voisinage, le lieu, les interprètes, les images, l'état somatique, l'heure, le climat, la température, le moment, les conditions d'écoute… C'est seulement ainsi que, comme l'a écrit Sacha Guitry, « les silences qui suivent les symphonies de Mozart sont encore de Mozart ».

L'âme du système

Ce système est remarquablement économique (il ne consomme pratiquement pas d'énergie) mais le peu d'énergie dont il a besoin ne doit pas lui être compté sous peine d'accidents graves et souvent définitifs.

Où se trouve l'âme du système ? Et d'abord, existe-t-elle ?

Dans toute l'échelle des mammifères, la construction du système nerveux est la même. Chez l'homme elle est seulement plus complexe et surtout, celui-ci dispose d'un lobe préfrontal qui fait plus du tiers de l'ensemble à lui tout seul. La complexification ne rend pas pour autant le système plus compliqué.

Le moteur, l'âme (dans un sens non religieux) se trouvent incontestablement dans le système limbique. Ce sont eux qui, du lapin aux grands singes et à l'homme, donnent l'impulsion à l'ensemble par la gestion des émotions (que celles-ci soient attractives ou répulsives) et la mémoire à court terme. Ensuite, nous lui ajoutons un supplément d'adaptation au milieu extérieur mais les comportements de base de l'homme ou des premiers mammifères, sont les mêmes ou presque… Cependant, le temps aidant, le complexification fait que, même si les événements initiaux sont sensiblement identiques, nos comportements diffèrent. C'est le « presque », le « sensiblement » qui change tout, du fait de l'extrême sensibilité du système aux conditions initiales. L'expérience, le professionnalisme, le vécu, le travail accompli… peuvent transformer les réponses jusqu'à un point de non retour (entropie).

En ce qui concerne l'audition, par exemple, elle se fabrique, elle aussi, avec le temps et les expériences à condition de lui donner l'environnement propice et au bon moment. Ces moments appartiennent surtout à l'enfance qu'il faut utiliser le plus possible, pour qu'elle soit au faîte de toutes les prouesses dont le jeune est capable (langues étrangères, musique, attention…). C'est aussi permettre à l'oreille de fonctionner le plus longtemps possible et de lui éviter le déclin.

Les émotions

Une émotion serait liée à une *perception consciente* d'un état somatique particulier, produit par l'activation, isolément et/ou en réseaux, de structures « limbiques » spécifiques. C'est un phénomène involontaire, automatique, rapidement variable et contagieux. Les émotions introduisent une perception subjective particulière de l'état du corps.

Au cerveau reptilien (celui de l'instinct de conservation, celui qui provoque les instincts, les pulsions, les compulsions), s'ajoute le cerveau « limbique ». Il est le siège d'affects et d'émotions (désir, colère, peur, chagrin, joie, tendresse…). Il est également le siège des certitudes, des croyances et du jugement qui comme l'a écrit Descartes dans son Discours de la méthode « *est une opération mentale par laquelle l'esprit arrête de façon définie le contenu d'une croyance et le pose à titre de vérité* ». Mac Lean estime que les comportements rituels ont en plus une forte composante reptilienne.

À ces deux cerveaux sont venus s'ajouter un cerveau supérieur qui apporte une réflexion imaginative. Le tout-petit d'abord tourné vers lui-même qu'il considère comme étant le centre du monde, devient, peu à peu, altruiste et généreux. Il passe, progressivement et à la fois, d'un cerveau à un autre, ajoutant à chacun d'eux tout l'acquit antérieur par la mise en jeu de nouvelles connexions. Comme chaque cerveau a gardé une relative indépendance et que, au sein d'un même individu, tout n'est pas parfaitement harmonisé, c'est parfois le cerveau reptilien qui domine tandis qu'à chaque instant le cerveau limbique apporte son lot d'émotions. Finalement, le neo-cortex a beaucoup de mal à faire entendre sa voix, maîtriser les colères, les émotions, les stress…

Revenons sur le système olfactif et sa relation avec le système limbique. Tout le monde sait que nous n'avons que quelques mots pour parler des odeurs, elles sont attirantes ou repoussantes, elles sont recherchées ou bannies. Ce sont les amygdales et les cortex préfrontaux qui semblent être responsables de ces émotions olfactives. L'olfaction est *inconsciemment* impliquée dans tous les comportements de la vie et donne sa note personnelle à l'audition. Il est difficile d'en parler alors qu'elle est inconsciente, mais une « information qui sent mauvais » exprime bien le côté olfactif de ce qu'on a entendu. Ce pourrait donc être certains corps chimiques qui sans « odeur consciente » seraient les premiers événements initiateurs de l'émotion. Ensuite tout se passerait à l'intérieur de l'hypothalamus, avec de temps en temps des réactivations.

Quoi qu'il en soit, les émotions impriment un dynamisme à la pensée, elles lui donnent de « l'énergie » par les perturbations qu'elles entraînent. Elles sont par ailleurs très difficiles à contrôler et interviennent dans toutes les circonstances que ce soit dans les relations avec soi-même, avec autrui ou avec le monde.

Les sensations émotionnelles auraient leur origine dans le fait que certaines activités du système nerveux produisent des modifications physiologiques suffisamment importantes et spécifiques pour être perçues au niveau conscient par le système somato-sensoriel.

On pourrait donc supposer que les autres activités du système nerveux (corticales ou médullaires) n'ayant pas d'implications somatiques suffisantes, restent, soit inconscientes (exemple de la régulation de la tension artérielle), soit sans effet « affectif » (exemple de l'imagerie visuelle des formes géométriques) et donc non ou peu prégnante.

Au niveau subjectif, l'individu adulte exposé à une situation génératrice d'une émotion ne percevrait pas consciemment le traitement limbique et cortical, mais seulement ses effets périphériques (effets périphériques actuels produit par l'émotion en cours et rappel mnésique des sensations périphériques perçues antérieurement).

Après apprentissage d'une émotion, la nouvelle exposition à un contexte générateur de cette émotion entraînerait simultanément le traitement limbique des caractéristiques de la situation et le rappel des sensations subjectives passées, associées à cette émotion. Puis les effets périphériques du traitement limbique actuel seraient associés et *mémorisés,* réactualisant ainsi la représentation mnésique de cette émotion.

Par ces processus, la représentation subjective de chaque émotion serait dynamique et idiosyncrasique, propre au vécu singulier de chaque individu.

Les sentiments émotionnels correspondraient à l'amitié, l'amour, la camaraderie, l'amour filial, etc. Ils n'existeraient pas à la naissance, mais seraient acquis au cours du développement. Ils correspondraient à des émotions atténuées car dépourvues en grande partie de leur corollaire physique, et seraient sous-tendus principalement par des processus cognitifs.

Les émotions sont des processus adaptatifs, favorisant la survie de l'individu et de l'espèce. Leur exagération peut provoquer des maladies par les modifications qu'elles entraînent.

L'apprentissage

On pourrait définir l'apprentissage comme une modification durable de la dynamique fonctionnelle du système nerveux (aspects émotionnel, cognitif, comportemental ou psychique) d'un sujet (humain ou animal), provoquée par l'action de processus neuraux répétés. Nous avons vu l'importance des circuits fronto-striataux dans la construction et la conservation de ces processus de mémorisation.

Au final, l'apprentissage est une modification, relativement permanente, du comportement, qui marque un gain de connaissance, de compréhension ou de compétence.

Une synaptogenèse aurait été mise en évidence à la suite de tests d'apprentissage. D'autres auteurs pensent que le processus est plus fonctionnel qu'anatomique et, par ailleurs, ne fait pas appel aux mêmes structures nerveuses.

On distingue plusieurs formes d'apprentissage dont le mode le plus courant en milieu naturel se fait selon la méthode dite de « *l'essai-erreur* ». L'*imitation* est aussi une forme très répandue d'apprentissage. Une dernière forme d'apprentissage est dite par *tradition*, ce qui est une forme de proto-culture.

Quelques corrélations anatomo-cliniques

La destruction du complexe amygdalien entraîne chez le singe le syndrome de Klüver-Bucy avec tendance exagérée à procéder à un examen des objets en portant ceux-ci à la bouche, une abolition des réactions de peur, une diminution de l'agressivité, un état de soumission, une libido excessive. Les lésions limitées à l'hippocampe, bilatérales, provoquent une amnésie, globale ou antérograde. L'amygdale semble jouer un rôle dans l'association des souvenirs acquis par les différents sens.

La neuroanatomie de la mémoire peut se résumer comme suit. La mémoire est une suite d'événements moléculaires dont l'acétylcholine est le médiateur chimique. L'hippocampe et l'amygdale ont un grand rôle dans la mémoire. L'hippocampe joue ce rôle au niveau de la corne d'Ammon. La perte de mémoire est d'autant plus marquée que les lésions subies sont concommittantes sur l'amygdale et l'hippocampe et sont importantes.

La destruction du corps genouillé médial n'entraîne, semble-t-il, qu'une surdité minime. La destruction bilatérale, en revanche, entraîne une surdité totale. Si par ailleurs, les corps mamillaires dégénèrent lors d'un syndrome de Korsakoff par exemple, on verra se constituer petit à petit une amnésie antérograde globale.

L'hypothalamus joue également un rôle par la génération d'émotions qu'il rend possible.

Le cortex cérébral enfin conserve dans ses aires sensorielles secondaires où s'élaborent les impressions sensorielles, la trace de ce qui a été mémorisé.

Ce sont l'aire cingulaire et l'aire préfrontale qui se chargent de la gestion des sentiments et de l'émotion. Le rhinencéphale participe à ces émotions et également à la mémoire explicite. Le cortex préfrontal intervient dans la mémoire de travail et contribue à amorcer la mémoire à court terme. Cette dernière fait intervenir le circuit de Papez. La mémoire sémantique met en jeu le néocortex. Les corps striés et le cervelet sont très impliqués dans la mémoire procédurale. La mémoire déclarative intéresse l'hippocampe qui est également sollicité par la mémoire épisodique (en même temps que le thalamus et le cortex préfrontal).

L'hippocampe joue un rôle essentiel dans les processus de mémorisation mis en place chez les mammifères. Cette région du cerveau intervient lorsqu'il s'agit de mémoriser des faits et des événements (mémoire dite déclarative), et/ou de les lier entre eux (mémoire relationnelle). Mais ce rôle est éphémère.

Les informations installées initialement dans la région de l'hippocampe migrent au cours d'un processus de consolidation très lent, pour s'établir définitivement dans d'autres structures cérébrales.

Et, pour tenter de conclure

L'activité du système nerveux, mise en jeu par les variations énergétiques de l'environnement et donc liée à l'organisation même de ce système nerveux, est variable avec les espèces et même avec l'individu. Cette activité du système nerveux ne peut donner naissance qu'à un autre état d'activité nerveuse résultant soit d'une interaction avec le milieu extérieur, soit de l'activité même qui l'a précédée. Il y aura donc deux origines à l'activité nerveuse, l'une prenant naissance au contact de l'environnement, l'autre prenant naissance à partir d'un état d'activité immédiatement antérieur du système nerveux. La première caractérise la perception, la seconde la représentation.

Une remarque : lorsque nous inventons des machines douées d'intelligence artificielle nous leur donnons des principes généraux, des raisonnements d'experts, une logique globale en leur demandant ensuite de résoudre un problème particulier. Nous faisons fonctionner cette intelligence artificielle du global au particulier.

Notre système nerveux fait exactement l'inverse. Il part de systèmes très simples et semblables, les neurones, pour en faire des comportements très complexes et globaux, comme l'apprentissage ou la reconnaissance de formes (visages, situations…). C'est bien le monde du chaos dans lequel nous vivons.

Reprenons l'exemple de la remnographie fonctionnelle (IRMf) qui montre que tout *stimulus* acoustique entraîne d'abord une activation « transitoire » au début de la stimulation, bientôt suivie d'une activation « persistante » si le *stimulus* est maintenu. Ce ne sont pas les mêmes cellules nerveuses qui réagissent : un réseau prenant en charge les activations transitoires et un autre réseau, les activations permanentes. Ces deux réseaux synaptiques temporels semblent relativement indépendants. Ils représentent une base qui débute les transformations qui se font dans le cortex pour générer des perceptions cognitives et émotionnelles dont nous prenons ensuite conscience.

■ *En quelques lignes* ■

L'étude du système nerveux nous a appris que diviser pour régner n'était pas la bonne manière pour comprendre. Nous avons donc accepté de penser cette neurologie au travers des règles et des lois de la théorie du chaos.

Quand 100 milliards de neurones travaillent en harmonie, rien n'est plus prévisible. Au fur et à mesure que l'enfant grandit, il câble son cerveau avec ce qu'il apprend et qui ne sera jamais ce qu'apprend un autre. Toutes les vagues de l'océan sont les mêmes mais aucune n'a jamais la même forme. Deux êtres humains se ressemblent mais aucun n'est identique à l'autre.

Chaque action du cerveau crée un attracteur étrange qui organise dans le temps les actions, les pensées… Cette théorie nous permet de mieux imaginer ce que peut être l'audition quand elle est devenue perception intelligente et qu'elle se mélange avec toutes les autres fonctions. La plasticité cérébrale n'est pas uniquement aléatoire, génétique ou sans limite, elle est régie par une auto-organisation qui dépend de forces d'organi-

sation atomiques, des propriétés physico-chimiques des molécules, des propriétés de la cellule, en particulier électriques et de l'environnement. La complexité est telle, qu'elle devient inimaginable et qu'il faut la traiter de manière holistique.

Partant des 400 milliards de neurones, tout va s'organiser en câblant seulement 100 milliards de neurones avec des milliards et des milliards de connexions entre eux. À la naissance, lorsque des neurones se trouvent à la croisée des chemins, ils forment un noyau gris avec une fonction. Dans la complexité des trajets, parce qu'ils sont souvent utilisés, s'installent des mouvements d'ensemble créant transitoirement une zone où des traces sont laissées. Notre conscience est en éveil.

Une émotion serait liée à une perception consciente d'un état somatique particulier, produit par l'activation, isolément et/ou en réseaux, de structures « limbiques » spécifiques. Initiée par une perception olfactive et associée à un état du corps, elle provoquerait des réactions conscientes de bien-être ou de malaise.

De complexité en complexité la machine se met en route et construit sans cesse l'invariant d'échelle qui caractérise le chaos. Si l'âme existe, elle devrait siéger dans le système limbique et la conscience dans le cortex probablement préfrontal. Mais nous entrons dans l'imaginaire.

Les émotions sont dynamiques et se transforment en permanence. Elles revêtent au fur et à mesure de l'existence des aspects très complexes. Elles peuvent, atténuées, supporter les grands sentiments, l'amitié, l'amour, la haine...

L'anatomie et la physiologie expliquent pour partie les symptômes que l'on rencontre lors des pathologies nerveuses.

Notre système nerveux va du simple au complexe par le nombre d'opérations qui s'effectuent au moindre changement de l'énergie qui nous entoure. Notre activité nerveuse relève de deux modes d'action, l'un immédiat à la perception et l'autre retardé lié à la représentation consciente de cette variation d'énergie.

Pour approfondir

BOIRON C. *La source du bonheur est dans notre cerveau*, Éditions Albin Michel, Paris,1998.

CANNENPASSE-RIFFARD R. *Biologie, médecine et physique quantique*, Marco Pietteur éditeur, Résurgence, Embourg, 1997, 276-277.

CHANGEUX JP. *L'homme de vérité*, Odile Jacob Poches, Paris,2004.

CHANGEUX JP. *L'homme neuronal*. Hachette Littératures, Paris, 1983

CHANGEUX JP, CONNES A. *Matière à pensée*, Odile Jacob Poches, Paris, 2000.

CHANGEUX JP, RICOEUR P. *Ce qui nous fait penser*, Odile Jacob Poches, Paris, 2000.

CORSI. P (ss dir), *La fabrique de la pensée*, Electra, 1990.

CYRULNIK B. *Les nourritures affectives*, Odile Jacob, Paris, 1993, 244 p.

DAMASIO A. *Le sentiment même de soi, corps, émotions, conscience*, Odile Jacob, Paris, 1999.

DAVIDSON RJ. *The fonctional neuroanatomy of affective style in Cognitive neurosciences of emotion*, Oxford University Press, 2000.

DELMAS A. *Voies et centres nerveux*, 10e éd. Masson, 1991.

ECCLES JC. *Comment la conscience contrôle le cerveau*, Fayard, Paris, 1994.

EDELMAN G. *Biologie de la conscience*, Odile Jacob, Paris.

GOLEMAND D. *L'intelligence émotionnelle*, Robert Laffont, Paris, 1997, 421 p.

GOTTFRIED JA, O'DOHERTY J, DOLAN RJ. Appetitive and aversive olfactory learning in humans studied using event-related Functional Magnetic Resonance Imaging. *J. Neurosci.*, 2002, *22* (24), 10829-10837.

GOTTFRIED JA, O'DOHERTY J, DOLAN RJ. La mémoire, comment notre cerveau apprend, se souvient et oublie. *Les dossiers de la recherche*, février-avril 2006, n° 22.

HAXBY *et al.* The functionnal organization of human extra-striate cortex, *J. Neurosci.*, 1994, *14*, 6336-6353.

JEANNEROD M. *Esprit es-tu là ?*, Odile Jacob, Paris.

JEANNEROD M. *Le Cerveau machine*, Odile Jacob, Paris.

LEDOUX J. *The emotional brain*, New York, Weidenfeld et Nicolson, 1996.

MCADAMS S, BIGAND E. *Penser les sons : psychologie cognitive de l'audition* (ss dir. MCADAMS S), PUF, Paris, 1994. XVI, 402 p.

MESAROVIC, MACKO, TOKAHARA. *Théorie des systèmes hiérarchiques à niveaux multiples*, Economica, 1980.

PHELPS E. *Science et vie*, hors série n° 212, Quand l'émotion renforce la mémoire, septembre 2000.

PROCHIANTZ A. *À quoi pensent les calamars ?*, Odile Jacob, Paris.

SERON X. *La neuropsychologie cognitive*, Que sais-je ?, PUF, Paris 1993.

VON BERTALANFFY L. *Théorie générale des systèmes*, Dunod, 1973.

CHAPITRE 19

L'oreille, le son et l'espace. Le temps, la complexité

Nous avons vu que le son a une grande importance dans notre perception de l'espace. Il est évident que l'environnement, s'il veut être perçu, doit avoir la possibilité de se faire « entendre » par l'individu. Du point de vue phylogénétique, la pression pour que se développent simultanément un réseau nerveux et son appareil récepteur de l'espace est très grande à partir du moment où l'entité vivante est libre de ses mouvements. Le monde animal regorge d'exemples depuis l'orientation angulaire des poissons, le *sonar* des baleines et des chauves-souris en passant par la sélectivité spatiale des chouettes effraies. Selon les espèces, les qualités de discrimination de l'espace varient et généralement sont plus ou moins complétées par la vision. Chez l'homme, c'est cette vision qui semble primer.

C'est surtout l'environnement qui décide de nos besoins et malgré ses faiblesses, notre oreille, est suffisante en soi, pour les assurer. Mais, isoler l'oreille est très artificiel car elle est normalement couplée à l'œil et aux autres sens. Les actions, qui découlent de nos perceptions, sont le résultat de l'interprétation de l'ensemble des informations et non des informations « douteuses » d'un seul sens.

Pour un être primitif, une perception qui ne serait pas suivie d'une action n'aurait aucun sens. Reprenons l'exemple de l'organisme hypothétique (*Poissonculi* : Fig. 19.1) de Szentágothai et Arbib (1975). Il s'agit d'une sorte de poisson muni de deux nageoires, de deux yeux et d'un système nerveux primitif liant l'œil droit à la nageoire gauche et *vice versa*. Si une proie apparaît dans le champ du capteur droit, l'ordre est transmis à la nageoire gauche de se mouvoir et le poisson s'oriente alors vers la cible. Lorsque la proie est vue par les deux yeux, le cap se maintient par l'activité équilibrée des deux nageoires jusqu'à ce que la proie soit atteinte (Alain de Cheveigné). La perception d'une proie équivaut ainsi à un ordre moteur pour la rejoindre. On notera que l'œil donne l'*azimut* et le

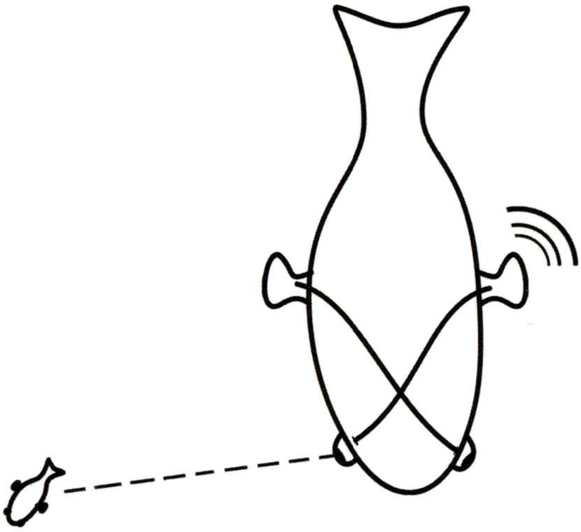

Fig. 19.1 – *Le poissonculi*

mouvement la distance à la seule condition que les deux systèmes soient couplés. Ce qui signifie que la perception ne peut pas se suffire à elle-même et a besoin que l'action lui fasse suite.

Lorsque l'environnement se complexifie, ce qui est pratiquement toujours le cas, le système pour évaluer et agir, fait de même. Ce n'est que très récemment que cette notion a été analysée et que la notion de choix multiples a été prise en compte dans l'explication physiologique proposée. Il est, en effet, important qu'on ne limite pas l'action à une moyenne entre deux ou trois solutions ce qui aboutirait à une action sans cesse inadaptée et sans aucun espoir d'amélioration. Entre courir après une proie, éviter un obstacle et échapper à un prédateur, le chemin moyen est forcément une erreur mortelle.

Tout cela pour préciser que pour vivre dans un milieu complexe, les deux notions précédentes ne suffisent pas. Il faut y ajouter des liaisons transversales entre le côté droit et le côté gauche. Ce supplément de traitement ajouté, permet d'effectuer des choix à condition qu'on introduise la mémoire qui va servir de référence pour la décision. On peut enfin ajouter des informations supplémentaires en associant à la perception bilatérale d'un son et au déplacement, un échantillonnage mémorisé dans l'immédiat et dans le temps, et éventuellement l'envoi d'un bruit sonde (*radar*).

Les possibilités d'analyse de l'espace

Reprenons le travail des deux oreilles pour analyser l'espace. Elles peuvent échantillonner dans le temps chaque caractéristique du son, ce qui situe l'individu par rapport à la source entendue. Elles peuvent également, en se déplaçant, enrichir cet échantillonnage en situant mieux la source sonore. Elles peuvent enfin émettre un son et le récupérer (*sonar*) et situer ainsi la distance précise qui les sépare de la source.

En spécialisant des neurones sur des informations identiques dans le temps et l'espace ou des informations différentes plus intenses ou plus précoces, l'audition donne déjà des informations utiles. Ces informations donnent un choix entre gauche et droite, en avant et en arrière, grâce à la différence interaurale des perceptions. On peut ainsi percevoir l'*azimut* de la source mais en aucun cas, chez l'homme, on ne peut calculer précisément la distance. On peut avec de l'expérience et une connaissance des situations, imaginer la distance avec des comparaisons d'intensité ou de fréquence, les graves disparaissant moins vite que les aigus quand on s'éloigne de la source… Mais c'est très approximatif. Si donc une grande habitude n'est pas là pour suppléer à notre pauvreté de réception, il faut nous adjoindre les mouvements de la tête et de l'œil pour assurer une plus grande précision dans l'interprétation de l'espace.

Pour interpréter l'espace, les centres nerveux vont jouer sur les informations droites et gauches et leurs connexions transversales étagées jusqu'au mésencéphale. Par inhibition soustractive, il est possible de renforcer considérablement une différence interaurale minime que ce soit en intensité ou en fréquence. Lorsque l'égalité entre les deux oreilles est parfaite, l'information est centrale. Dès qu'on atteint le corps genouillé, celui-ci fait office de « gare de triage » envoyant les informations dans le *colliculus* inférieur et un peu dans le *colliculus* supérieur pour finir de traiter l'espace tandis que le cortex reçoit les autres informations et utilise les conclusions de l'analyse spatiale sans y avoir réellement participé.

L'analyse des scènes auditives vécues

Nous avons besoin d'une structure sophistiquée pour différencier ce qui constitue notre environnement et répondre aux impératifs qui en découlent. Faut-il fuir ou au contraire venir au-devant ? L'engagement immédiat peut être lourd de conséquences. Notre perception de l'espace est bien meilleure dans le plan horizontal que dans le plan vertical (en principe moins utile car n'ayant pas exercé sur notre développement une pression aussi forte que pour les oiseaux par exemple).

L'homme, plus complexe, se construit un modèle avec plusieurs sources d'information et sa mémoire afin d'analyser l'espace. L'oreille ne fait que participer à cette analyse grâce à plusieurs stratagèmes :

- l'intensité (pour les sources dont la puissance habituelle est connue) ;
- le rapport d'intensité entre fréquences hautes et basses (les premières étant plus atténuées que les secondes par la propagation dans l'air) ;
- le rapport entre le son direct et le son réverbéré dans un espace clos, etc.

L'action complète cette collecte passive d'indices. Pencher la tête permet de juger de l'élévation, se rapprocher de la scène affine les indices, bouger latéralement permet une triangulation plus précise etc.

En pratique

L'oreille de l'animal est souvent beaucoup plus performante pour analyser l'espace que celle de l'homme. Or nous n'avons pas de gros problèmes dans la vie courante et ce traitement du son par rapport à l'espace nous suffit.

À partir du concept simpliste du poisson primitif de Szentágothai et Arbib, nous pouvons en déduire que, sans continuité motrice, la perception n'a pas d'intérêt. Les qualités du traitement de la perception peuvent se juger sur les qualités des actions produites. Enfin, l'action elle-même participe à la perception. On entre alors de plein pied dans la théorie du chaos. On ne peut plus jouer que sur des probabilités à court terme et des attracteurs étranges qu'il faut reconnaître dans leur globalité si l'on veut leur donner une forme qui a du sens.

À y regarder de plus près, la complexification va permettre beaucoup de choses. Il suffit avec notre poisson théorique de *s'orienter* jusqu'à l'équilibre des excitations bilatérales pour déterminer l'*azimut* de la source et, ensuite, de *s'avancer* pour déterminer, *a posteriori*, sa distance. L'action supplée à la perception (de Cheveigné). En retardant (par complexification) l'un des capteurs, il est possible, sans déplacement, de connaître l'*azimut*. Avec une gamme d'informations, on peut connaître la distance sans ajustement. Ce système peu performant donne avec une économie d'énergie considérable (pas d'action de déplacement du sujet) des résultats miraculeux. Ajoutons que le résultat est alors *prédit* avec peu de risques d'erreurs.

Le système est, de plus, adaptatif très rapidement et les cellules ciliées externes dont le rôle est moteur, interviennent pour compenser les pertes dissipatives augmentant ainsi la sensibilité et la sélectivité de la mécanique cochléaire.

Pour certains animaux, l'écholocation sert à localiser et à caractériser des proies. Dans certaines circonstances, l'homme s'en sert aussi pour éviter des obstacles ou sonder la structure spatiale d'un lieu (par exemple une grotte).

On a rapporté le cas de marins qui utilisent des sifflets pour se diriger à l'écho vers l'entrée du port. Les aveugles caractérisent les espaces et s'orientent en leur sein, en utilisant l'écho du bruit de leur canne, de leurs pas, ou de clics produits par leur bouche. L'homme préhistorique se dirigeait peut-être à la voix dans les cavernes, en utilisant comme points de repère des résonances particulières. La voix est une source puissante, relativement directive et dont la structure spectro-temporelle peut être finement contrôlée.

Une remarque concernant les animaux qui disposent d'une écholocalisation : la portée de celle-ci est limitée par l'atténuation liée au double chemin d'aller et retour et par la nature aléatoire de la réflexion. La portée de cette écholocalisation est étendue si l'écho est remplacé par la *réponse* d'un autre organisme. L'échange acoustique sert, soit à rejoindre un « ami » (partenaire, parent ou petit), soit à s'éloigner d'un « rival ou d'un ennemi » ou à le maintenir à distance, soit encore à se situer spatialement par rapport à un troupeau ou à une nuée. Un exemple remarquable d'analyse de scènes auditives est la localisation par les pingouins de leurs petits parmi des milliers d'autres (Aubin et Jouventin 1998).

Notre bon sens nous fait très souvent utiliser des métaphores dans lesquelles le son est désigné par l'espace. On parle de volume sonore ou de son haut ou de son bas. Nous acceptons, sans réagir, le concept de tonotopie. La stéréophonie nous donne l'idée de l'espace dans lequel nous percevons le son. Cette notion d'espace ajoute considérablement au « bonheur d'entendre ». Pour s'en convaincre, il n'est que d'avoir deux enregistrements de la même œuvre musicale, l'un en monophonie et l'autre en stéréophonie. Cette notion évidente est cependant très mal utilisée dans la vie courante. Ce n'est que depuis peu que l'on rembourse deux prothèses auditives aux malentendants !

De la complexité du système

Diviser pour régner permet certes de décomplexifier l'objet de la recherche mais aboutit à ce paradoxe qu'au moment de conclure, il n'y a plus de recherche. L'audition travaille de concert avec les autres sens, les connaissances, la mémoire et donc la culture. Surtout, elle n'a d'intérêt que dans l'action.

Si dans les actions simples, une réponse réflexe suffit, l'homme a besoin, pour être plus efficace et adapté, de dissocier quelques instants, perception et action afin de construire des prédictions plus élaborées. C'est sa manière de vivre le chaos dans l'organisation d'un attracteur étrange. Ce sont les aires associatives et particulièrement le lobe préfrontal qui lui permettent de vivre ainsi.

On comprend bien la nécessité pour l'homme d'enrichir sans cesse ses connexions des centres entre eux. La réflexion nécessite des connexions dans les deux sens : à la fois des aires sensorielles vers les aires associatives et des aires associatives vers les aires spécifiques sensorielles ou motrices.

Cet échange d'informations permet une pensée holistique et la construction d'images mentales, de représentations. Ces images sont non seulement visuelles mais aussi auditives, olfactives, tactiles. Elles peuvent être situées dans le temps et dans l'espace.

■ En quelques lignes ■

Partant du Poissonculi de Szentágothai et Arbib, nous avons essayé de montrer que la perception, vivant de l'action, sans cette action la perception devenait sans objet. La localisation est indispensable dès que l'on renonce à l'immobilité. L'oreille est l'organe le plus performant chez certains animaux (sonar des chauves-souris ou des baleines). Chez l'homme il est nécessaire de coupler l'audition (qui détecte la différence d'intensité entre deux sources et le moment exact d'apparition) avec l'œil pour avoir de bonnes performances. Plus l'environnement se complexifie, plus le système pour l'évaluer se complexifie aussi.

Pour approfondir

BADDELEY AD, HITCH GJ. Working memory. In : *Recent advances in learning and motivation*, vol. VIII (Dornic S, Hrsg.), Academic Press, New York, 1974.

BROADBENT D. *Perception and communication*, Pergamon Press, London, 1958.

CLÉRO JP, *Théorie de la perception, De l'espace à l'émotion*, coll. L'interrogation philosophique, PUF, Paris, 2000, 320 p.

COWAN N. Visual and auditory working memory capacity. *Trends Cogn. Neurosci.*, 1998, 2 : 77-78.

DAMASIO A. *Le sentiment même de soi*, Odile Jacob, 2002.

DE CHEVEIGNÉ A. The auditory system as a separation machine. In : *Physiological and Psychophysical Bases of Auditory Function*, BREEBAART J, HOUTSMA AJM, KOHLRAUSCH A, PRIJS VF, SCHOONHOVEN R (eds), Maastricht, The Netherlands, Shaker Publishing BV, 2001c, 453-460.

DE CHEVEIGNÉ A. Espace et Son. Colloque espaces de l'Homme, Collège de France, 14 au 14 octobre 2003, révisé le 21 décembre 2004. Site : http://recherche.ircam.fr/equipes/pcm/cheveign/pss/2004_Espace_Son. pdf.

DELMAS A. Voies et centres nerveux, 10e éd., Masson, 1991.

PHILIPONA, D, O REGAN, K. *Perception sensorimotorice de l'espace*, Université de Compiègne, 2004.

POSNER MI, WALKER JA, FRIEDRICH FJ, RAFAL RD. Effects of parietal injury on covert orienting attention. *J. Neurosci.*, 1984, *4*, 1863-1874.

CHAPITRE 20

De l'énergie solaire au bonheur

Préambule

Partant de l'idée que « la vie » n'est que « l'énergie solaire transformée » comme l'a imaginée Henri Laborit, on a pu dire que la vie faisait de la néguentropie (ou entropie négative), c'est-à-dire de l'ordre à partir du désordre de la matière inanimée et s'opposait ainsi au principe de Carnot. Un organisme vivant doit être envisagé comme un système capable d'ioniser la molécule d'hydrogène (H_2), support de l'énergie d'excitation provenant de l'action du photon solaire et de capter, pour la mettre en réserve, cette énergie d'excitation.

Ceci n'est vrai que dans le système relativement clos que constitue le système solaire, car, en fait, l'ordre de la vie se construit entièrement à partir de l'entropie solaire. On définit parfois l'*entropie* comme la mesure du désordre d'un système ou de sa prédictibilité. Il s'agit d'une notion qui fut introduite en thermodynamique en 1850 par Rudolf Julius Emmanuel Clausius (1822-1888), et selon laquelle « *dans tout processus chimique, l'entropie reste constante ou augmente, et, si elle augmente, le processus est irréversible* » (deuxième loi de la thermodynamique). L'irréversibilité s'explique par le fait que le nombre d'états possibles au final devient si grand qu'il ne peut y avoir de « retour en arrière ».

L'énergie solaire photonique a permis l'apparition de molécules complexes. La photosynthèse entretient ces molécules dans la complexité de structures vivantes. Pour maintenir en vie les structures animales complexes, il est indispensable que les molécules végétales soient déstructurées afin d'offrir l'énergie nécessaire au maintien des conditions de la vie, en quantité voulue. La photosynthèse est en quelque sorte un distributeur d'énergie « en petite monnaie ». La vie va ensuite se charger de recomplexifier les structures en leur donnant une forme plus touffue (une foule d'attracteurs étranges). C'est une source d'informations à faible coût d'énergie. L'énergie prend alors une autre signification, un autre sens qui nous paraît étrange.

La cellule, élément de base de l'être vivant, est soumise à ce deuxième principe de la thermodynamique et en se complexifiant, a besoin de l'énergie que lui fournit, à très faible coût, l'adénosine-triphosphate (ATP), grâce à la photosynthèse. Elle maintient ainsi dans des limites fonctionnelles son milieu intérieur. Elle va également maintenir un équilibre électrique, grâce à sa membrane, qui lui permet des échanges avec le milieu extérieur.

Et le chaos est toujours là ! Aujourd'hui, pour beaucoup, le monde est essentiellement une vaste association de fractales, fractales que l'on rencontre aux frontières imbriquées que constituent les enveloppes des êtres vivants. Pour ces membranes cellulaires, la vie est un équilibre entre deux gouffres et l'espace d'équilibre est étroit mais solide. C'est un puissant attracteur étrange vers un univers stable à condition de rester dans certaines limites. Il paraît difficile de survivre à plus de 50 °C de température centrale ou avec une pression artérielle de plus de 500 mm de mercure. Cet équilibre, entre deux limites, est particulièrement évident pour les composés qui interviennent au niveau intime des métabolismes, comme les systèmes enzymatiques. L'homme en pleine santé est un superbe bouquet de fractales et d'attracteurs étranges qui maintient l'équilibre de sa vie. Le chaos est donc un nouveau paradigme pour aborder, selon une approche fondamentale, l'étude des maladies de système, de la neurobiologie, des pathologies de « terrain », de la psychiatrie, de l'électrophysiologie, de l'embryologie, de l'anesthésiologie, de l'imagerie médicale, de l'audition… C'est aussi un nouvel outil pour l'épidémiologie, la génétique médicale, l'ingénierie biomédicale et la médecine préventive… Chacun de ces chapitres de la science médicale sera bientôt concerné par la prise en compte des fractales, à un niveau ou à un autre (James Gleick).

La complexité stabilise le comportement de la cellule dans des limites de plus en plus étroites et cette cellule ne devient plus sensible qu'à certaines énergies (cellules sensorielles), ne produit que certains composants chimiques (cellules glandulaires) et ne change de forme que sous certaines conditions. C'est le premier étage de la décomplexification, antichambre d'une nouvelle complexité.

La cellule élémentaire finira par produire des cellules nerveuses, nécessaires pour organiser l'activité de l'énorme quantité de cellules que contient un organisme vivant complexe. Ces cellules nerveuses accumuleront les mêmes informations (ou très peu différentes) qu'elles analyseront. Les itérations nécessaires à la vie créent les conditions d'un fonctionnement chaotique auquel chaque cellule participe également par les boucles de rétroaction qu'elle génère aux étages supérieurs du système nerveux. À chaque instant, des attracteurs étranges mettent provisoirement un peu d'ordre dans le système. Une action résultera des informations retenues et règlera la situation jusqu'à la prochaine fois. C'est dans cette façon de boucler autour d'informations/actions que nous retrouvons toutes les lois du chaos. Il n'y a aucune logique linéaire, ni dans la forme d'un homme, ni dans sa manière de s'adapter, ni dans son comportement affectif, ni dans ses choix professionnels…

C'est un fonctionnement qui nécessite une mémoire immédiate. On peut imaginer cette *mémoire immédiate*, de travail, sous la forme d'un neurone qui, ayant reçu suffisamment d'informations pour atteindre son seuil, déclenche un influx dans son axone. Cet axone dispose d'une collatérale qui retourne l'influx à ses propres dendrites avec ou sans intermédiaire. La boucle de rétroaction retarde l'information (d'autant plus que s'intercalent d'autres neurones) et permet sa rétention tant que dure la boucle. Ces boucles existent partout et sont très importantes dans le lobe préfrontal. Elles sont particulières dans l'hippocampe, siège de la *mémoire à court terme*. La réactivation de la mémoire à long terme n'est peut-être que la remise en route de la mémoire à court terme ou localement de la rétroaction de la mémoire de travail. Il est important de bien comprendre par ailleurs que les molécules protéiques ne sont pas le « support » d'un élément mémoire mais qu'elles transforment l'activité fonctionnelle de certains éléments du système nerveux de telle façon que ces derniers conservent alors une trace « fonctionnelle » de la variation d'énergie qui leur a donné naissance.

Les informations auditives sont chaotiques lorsqu'elles sont à l'état de pressions et le restent à l'état d'influx. Le cerveau est un remarquable fabricant d'attracteurs étranges. Lorsqu'il les gère, il fait apparaître un autre attracteur à coups d'inhibitions latérales. Ainsi le système nerveux est-il fait pour rendre la complexité qui nous entoure, claire à notre entendement… jusqu'à une certaine limite où nous devrons admettre… sans comprendre.

L'agressivité, la peur, la fuite mettent en jeu notre cerveau reptilien. L'oreille, notre système d'alerte majeur, y prend part et nos comportements s'ajustent alors dans le temps minimum possible.

Le système limbique nous fabrique des émotions (et informe l'hypothalamus). Ces émotions servent de moteur et nous imposent des choix qui engagent nos actions. Si nous avons gardé la survie comme réaction de base commune à tous les animaux, nous lui avons adjoint des subtilités qui nous font parfois faire ce que nous appelons des « bêtises » mais, dans l'ensemble, le système limbique est plutôt bénéfique.

Le système réticulé et le lobe pariétal transforment notre *alerte* en *attention* par sélection des circuits *d'éveil*. Quand notre attention l'exige, ils acceptent d'effacer ce qui n'est pas la cible. Il y a antagonisme entre le système limbique et le système réticulé du tronc cérébral. La peur empêche l'attention, l'attention ralentit la réponse.

Ajoutons le cortex et l'on commence à entrevoir comment nous sommes conditionnés à agir et comment, plus notre cortex ajoute de circuits, plus nous modifions l'ensemble du système en le surcomplexifiant.

Le système nerveux n'enregistre rien d'autre que des variations d'énergie survenues autour de nous.

Au début de la vie, le nouveau-né, le nourrisson, puis l'enfant plus tard, a des perceptions qui ne sont pas des « images » d'objets, mais des « éléments de variation énergétique » qui viennent du contact de leur organisme avec l'environnement. Ils enregistrent des variations d'énergie sonore (ouïe), lumineuse (vision), mécanique (tact), kinesthésique (poids), de concentration moléculaire ou ionique dans l'air (odorat), dans les liquides (goût). Ce n'est que par l'association fréquente (l'itération du chaos) de ces éléments entre eux que s'établira progressivement la notion d'objet, de volume, d'espace.

Par déterminisme, subvenant aux besoins de ses cellules, l'enfant assure les besoins de son corps. Les « molécules de mémoire » ne sont, comme les autres, que des conservations de traces d'énergie. Mises en relation par les neurones, ces traces d'énergie vont provoquer, par itérations liées à l'environnement, la constitution d'idées… Ces structures d'énergie vont se retrouver, au début, toujours du fait des répétitions, dans le cerveau du tout-petit qui, du fait de son équilibre électrique, devra, les réaménager à sa manière. Mais le système est ainsi fait qu'en raison des boucles qui s'établiront dans son lobe frontal, il va pouvoir associer les éléments énergétiques d'une manière un peu différente de celle dont il les a perçues. Il passionne, il phantasme. *Ecce Homo*.

Pour *imaginer*, l'homme dispose de trois qualités :

1. la mémoire pour avoir quelque chose à lier avec ce qu'il perçoit : plus il a de mémoire, plus les liens seront riches ;
2. la capacité de faire des liens et c'est le propre du système nerveux que de lier ses neurones entre eux ;
3. la faculté d'oubli du quotidien, du présent auquel il répond par habitude, par réflexes innés ou acquis ; il peut alors libérer la « pensée »…

L'homme est capable d'imaginer son environnement sous un angle nouveau dont la date d'apparition, la durée, la forme sont imprévisibles mais où tout est déterminé par le passé et le présent. L'homme peut aménager sa compréhension de l'environnement à sa convenance apparente mais il peut aussi revenir à l'état d'animal.

La liberté est un sujet de philosophie qui n'a plus beaucoup d'intérêt en physiologie. L'homme a libéré ses mains en se mettant debout, a augmenté la taille de son cerveau, il a modifié son pharyngolarynx ce qui lui a permis d'acquérir le langage et de modifier ses concepts… Il s'est bercé dans l'illusion de la liberté.

Ah ! Le langage… il est comme l'a dit Ésope, la meilleure et la pire des choses. Le langage réifie l'objet mental et n'est pas capable de faire beaucoup plus. Il se trouve donc très limité et ne traduit jamais exactement la pensée, la conscience, les concepts qui sont d'un tout autre niveau.

En revanche c'est notre moyen de communication mais là encore pour parodier Ésope il doit être manié avec prudence et comme le rappelle Victor Hugo : « Prenez garde aux choses que vous dites, tout peut venir d'un mot qu'en passant vous perdîtes ».

Grâce au langage, le passé peut rester présent. Il permet de transmettre…

L'abstraction reste l'affaire de chacun et si les noms sont les mêmes, les représentations sont différentes pour chaque être humain. Notre expérience peut être analogue, elle ne sera jamais identique.

Abordons maintenant la vie végétative et la vie consciente.

Pour maintenir l'organisme dans des conditions de vie satisfaisantes, nous avons besoin de deux types d'action suivant deux boucles différentes : l'une neuro-active, l'autre endocrino-végétative. La boucle externe neuro-active permet la capture d'informations du monde extérieur grâce à nos sens, pour nous adapter par une action musculaire. La boucle endocrino-végétative nous permet d'adapter l'organisme aux besoins de l'action musculaire de la première boucle.

Pour faire fonctionner ces deux boucles ensemble, nous avons besoin du système réticulé qui harmonise les actions à mener. Or nous ne sommes pas conscients de toute la vie végétative et c'est grâce aux émotions fournies par le système limbique, qui seront vécues au travers des réactions organiques périphériques qu'elles vont entraîner, que des réglages plus fins de l'action permettront d'éviter les erreurs passées et de trouver des solutions originales meilleures…

Et sur le plan auditif

En ce qui concerne le son, les fréquences et les volumes sonores, pour être compris, ont été transcodés en trains d'influx représentant les formes énergétiques d'origine. Des formes énergétiques nouvelles, générées par le glutamate, vont les faire passer de synapses en synapses. Ce passage est d'autant plus facile que les synapses sont habituées à des influx antérieurs de formes voisines. Il faut y ajouter tout ce qui vient des autres sens et de la mémoire « évoquée » à cette occasion. C'est par l'intermédiaire de l'acétylcholine que le système limbique provoque ce processus de mémorisation dans les aires secondaire (42) et associative (22). À chaque répétition, c'est la même chose tout en étant différent, à la manière de l'itération des données météorologiques qui se répètent sans jamais être réellement les mêmes.

Les neurones de l'aire auditive secondaire, sensibles à l'acétylcholine, vont, en même temps qu'ils font passer les ions par les canaux des terminaisons dendritiques, activer des protéines-kinases qui vont déclencher depuis l'ADN du noyau, qu'elles gagnent par le milieu interstitiel, la fabrication de protéines. Ces protéines sont les pièces détachées nécessaires à la formation d'un canal ionique. Ce nouveau canal vient s'ajouter aux autres au niveau de la terminaison dendritique ou axonale en cause. Il y aura donc davantage de canaux ioniques au niveau de cette terminaison. Au total, on obtient deux renforcements : plus de neurotransmetteurs et plus de canaux pour les recevoir. Les chances de faire passer des potentiels dendritiques capables de provoquer un potentiel d'action axonal sont alors considérablement augmentées. La trace mnésique comporte donc plus d'énergie sur une plus grande surface dans une zone qui, évoquée, parlera à la conscience « d'images énergétiques sonores ».

S'il est facile de concevoir une image sonore intemporelle, transcodée à partir des sons perçus, il est plus difficile d'entrevoir l'aspect éphémère de ces images d'influx qui changent au gré de la prosodie, de la mélodie, des mots eux-mêmes... comme les vagues de l'océan, la fumée d'une cigarette. Nous sommes tout à fait dans un monde chaotique déterministe et imprédictible.

À partir du bruit perçu pour la première fois, nous sommes génétiquement puis culturellement capables de faire des comparaisons et de trouver des ressemblances entre deux formes voisines. L'analyse des modulations de temps et d'espace, nous permet, par la répétition de pulsions sonores qui ne sont jamais rigoureusement les mêmes tout en étant proches, de comparer l'image présente avec celles enregistrées dans le passé. Cette capacité à conjuguer le passé au présent, à en avoir conscience mais aussi à en douter, nous permet des semblants de choix (l'hippocampe y participe). C'est le propre de la pensée que de mettre au présent le passé pour en faire du futur. Le passé peut nous ramener très en arrière, jusqu'à l'enfance mais le futur nous reste très proche. Comme dans toutes les structures chaotiques, déterministes et imprévisibles, le futur est imprédictible... pour notre cerveau.

Par exemple, après une acquisition sensori-motrice qui a demandé la mise en marche de tous les étages du système nerveux, le mécanisme acquis ne va plus réclamer l'avis des étages supérieurs, s'il se répète suffisamment. Les noyaux sous-corticaux suffisent pour gérer l'acquisition, libérant le cortex pour d'autres tâches. Et l'on peut aller plus loin et penser que la même opération peut se répéter en ne requérant que le niveau purement médullaire. Lors de l'exécution d'une œuvre pour piano, le pianiste professionnel joue les notes par réflexe médullaire et donne à celles-ci leur place et leurs nuances avec les noyaux gris centraux. En revanche, il « interprète » avec le cortex. Notre schéma est évidemment simpliste mais il illustre assez bien les étages sollicités lors d'une tâche complexe.

Bernard Renault, chercheur du CNRS à l'hôpital de La Pitié-Salpêtrière à Paris, nous parle d'études faites par des équipes de chercheurs qui se sont également intéressées aux représentations du corps au cours de l'apprentissage, par exemple du violon. « L'apprentissage du *vibrato* requérant une dextérité particulière du petit doigt, il était en effet envisageable que sa représentation soit différente des autres chez les violonistes. Les expériences ont corroboré cette hypothèse : si l'aire du pouce dans le cerveau est la même chez les violonistes et les autres, le petit doigt est cependant surreprésenté chez les premiers. De surcroît, cette surreprésentation est d'autant plus forte que le nombre d'années d'apprentissage est important. Ainsi chez un sujet ayant commencé le violon à l'âge de cinq ans et examiné à l'âge de 20 ans, l'aire cérébrale activée par le petit doigt est beaucoup plus importante que chez un sujet de même âge ayant commencé à apprendre le violon à 15 ans seulement. Cette étude n'est toutefois que rétrospective : nous ne savons pas si de jeunes adultes commençant l'apprentissage du violon à 20 ans présenteront dans quinze ans, ayant atteint un niveau similaire, une surreprésentation du petit doigt. Nous conjecturons pour notre part que cela sera le cas. Il est possible de modifier ses représentations corticales même à l'âge adulte. »

Pour illustrer notre propos, nous renvoyons le lecteur au film *Un violon dans la tête*, réalisé par Claude Edelmann. Ivry Gitlis donne une leçon de violon à un de ses élèves. Des techniques en imagerie cérébrale permettent de montrer les modifications que subit le cerveau tout au long de l'apprentissage musical. On voit l'extrême complexité de ce que nous avons tenté d'expliquer plus haut. Il existe bien d'autres expériences de ce type.

Quant à la mémoire, nous avons vu l'encodage et le stockage. Il reste à étudier *la restitution* dont on connaît beaucoup moins bien le mécanisme. Faire revenir à la conscience des images du passé est tantôt volontaire ou involontaire, tantôt facile ou difficile. En vieillissant, cette capacité de récupération semble de plus en plus malaisée à activer en particulier pour la mémoire à court terme (comme l'apprentissage et le stockage). Pour qui veut conserver sa cognition, il est indispensable de travailler à conserver ces fonctions le plus longtemps possible car plus un message est codé, élaboré, organisé, structuré, plus il sera facile à retrouver. La potentialisation à long terme est lente à s'installer et la migration des informations peut demander plusieurs semaines pour gagner la région du stockage (temps de fabrication des protéines). Enfin rien n'est définitif et les modifications synaptiques sont sans cesse remodelées en fonction de l'usage que nous en faisons et des besoins que nous en avons.

L'exemple le plus frappant est celui des acteurs, qui a plus de 80 ans, par volonté et plaisir de jouer encore une fois une pièce de théâtre, sont capables d'apprendre par cœur un nouveau texte qu'un adulte non entraîné ne saurait fixer dans sa mémoire.

La mémoire est une réorganisation permanente des souvenirs, c'est-à-dire des circuits qui seront capables de les réactiver en tenant compte des acquis de la dernière restitution. C'est ainsi que certains souvenirs, à force d'être répétés à l'identique ou presque, deviennent figés, infrangibles, monomorphes, alors que d'autres se réduisent, se complètent d'informations sans rapport, se déforment au point d'être très différents de ce qu'ils ont été...

Si nous ne faisons plus usage de notre mémoire, *l'oubli* s'installe, ce qui signifie que la synapse est inaccessible ou a perdu sa forme de travail (sa capacité de potentialisation à long terme, ses modifications anatomiques et fonctionnelles). Il faut rappeler qu'à partir d'un certain âge, les nouveaux encodages sont difficiles à réaliser et demandent un travail important. Mais on peut facilement entretenir les acquis. Il semble malgré tout, que l'oubli soit nécessaire à la mémoire pour faire de la place, pour libérer l'individu d'images dont l'affectivité serait nocive, pour éviter la paralysie du remords, des regrets... oublis des faits et/ou des charges émotives.

Il reste à envisager trois situations : l'audition réflexe, l'alerte et l'attention

L'audition réflexe met en jeu toute une série de mécanismes qui vont de la posture, de l'expression du visage, de la gestuelle, à la fuite ou au contraire à la recherche du plaisir... Ces réflexes, déclenchés par un bruit donné, nous adaptent à énormément de situations et sont indispensables à la vie courante, par exemple un enfant qui pleure dans la pièce voisine, une sirène d'usine, une présence soudaine... Toutes anomalies variées, jusqu'à l'absence de bruit qui est très stressante, sont motifs à alerte.

L'alerte est la première des grandes fonctions de l'oreille même si d'autres sens y participent. Elle existe chez tous les mammifères. Elle suppose que le type de bruit qui la provoque ait été antérieurement perçu et, en le comparant avec le bruit actuel, le sujet va s'adapter extrêmement rapidement.

Le tact permet une adaptation du même type. La vision ne permet l'alerte que si l'information se trouve dans le champ de vision et que nous sommes éveillés. L'olfaction est plus complexe et rejoint l'oreille sous bien des aspects. L'équilibration est quasiment inconsciente. Le goût entraîne le rejet immédiat.

L'attention doit être enfin abordée pour montrer son importance dans le tri que nous faisons des perceptions auditives. Il existe deux formes d'attention (si l'on oublie l'alerte) : l'une est volontaire et l'autre s'impose à nous involontairement. On distingue également l'attention sélective et l'attention partagée. On dit qu'elle est sélective lorsqu'une tâche réclame de la concentration alors qu'autour de soi l'environnement ne s'y prête pas. Au cours d'une conversation, l'attention est souvent partagée. Toute activité, pensée, réflexion, prise de conscience... réclament de l'attention. L'attention est le *starter* du fonctionnement cortical à moins que ce ne soit l'inverse !

À titre d'exemple « c'est votre attention que nous sollicitons dans la lecture de ces pages ».

Nous évoluons constamment dans un monde auditif qui ne peut jamais disparaître complètement comme le fait le monde visuel lorsque l'on ferme les yeux. C'est ainsi que notre attention va se partager. Nous sommes attentifs à écouter ce que nous avons choisi d'entendre mais disponible à la moindre sollicitation auditive autre.

Nous sommes également capables de générer des « images sonores mentales »

La description exclusivement sonore de cette attention est artificielle car, dès que nous abordons le néocortex, il nous est impossible d'isoler un sens des autres. Chacun d'eux et tous ensemble assurent une cohérence au monde qui nous entoure. On peut dire que chaque chose est relative à l'ensemble de l'univers et que l'isoler dans un mot suffit à lui enlever toute réelle signification. D'où en résulte l'absolue nécessité de raisonner en fonction de la théorie du chaos pour lui garder une signification.

Il nous semble intéressant d'insister sur l'adaptabilité de l'audition et l'importance de son fonctionnement répétitif dans sa constitution. Le champ auditif que l'oreille est capable de percevoir est immense. Il offre de multiples possibilités dont l'oreille tire partie dans la relation à autrui, pour la survie de l'individu, dans l'appréciation fine qui conditionne l'ambiance sonore. Ces capacités sont le fait des systèmes efférents de l'oreille, dont on mesure l'importance dans l'apprentissage, dans l'entretien et au cours du déclin de l'audition.

Nous avons vu que l'onde sonore complexe est transportée jusqu'à l'organe de Corti où elle est transposée en signal nerveux, à la fois passivement (résonance) et activement, d'une manière non linéaire, par les cellules ciliées internes. Utilisant les fibres de type I, myélinisées, l'information monte jusqu'aux noyaux cochléaires.

Dans ces noyaux cochléaires après croisement d'une grande partie des fibres, les informations sont décodées puis recodées en conservant les principales informations des sons complexes et en améliorant certains paramètres du message. Les nouvelles informations sont dirigées dans plusieurs voies. Grâce au proto-oncogène c-fos on a pu suivre les messages dans les relais auditifs du rat. Le complexe de l'olive supérieure et le mésencéphale permettent un rétrocontrôle de l'oreille moyenne et des cellules ciliées externes (par des fibres de type II, non myélinisées). Ces deux relais dirigent aussi l'influx vers le complexe lemniscal latéral et le *colliculus* inférieur.

Dans le thalamus, comme au niveau du noyau cochléaire, le « recodage » permet une distribution tonotopique ou non. À partir de ce niveau, toutes les fonctions inconscientes sont remplies, de la localisation de la source avec ses réflexes d'accommodation aux réactions les plus diverses. Tous les réflexes nécessitant une participation consciente sont à venir.

Quant au cortex primaire, il réagit surtout à l'enclenchement du son et ainsi peut finir de soustraire le bruit de fond entendu au début du signal sonore de manière à privilégier le son qui l'intéresse. Il passe ensuite le message dans l'aire secondaire pour un premier détour dans le système limbique et le lobe préfrontal (qui en plus a déjà reçu des informations sonores directement du *thalamus auditif*). Le message alors se charge d'émotion, se mémorise, se compare, s'interprète en retournant dans le lobe frontal et en échangeant dans les zones d'association…

« […] *Il est essentiel de mettre en exergue le fait que le système auditif est organisé de telle sorte qu'à pratiquement chaque projection afférente (ascendante) correspond la réciproque, à savoir une projection efférente (descendante). En plus du système olivocochéaire bien connu, la plupart des voies situées plus centralement sont organisées en projections réciproques ascendantes et descendantes. Dans le système auditif, plus peut-être que dans tout autre système sensoriel, les projections descendantes (efférentes) sont extrêmement présentes.* […] » E.-M. Rouillier, (1998).

« […] *Donc, on voit que ce cortex est capable en fait de moduler très finement les entrées tout près de la périphérie. Les systèmes efférents ne doivent pas être vus simplement comme un filtre passif, mais au contraire comme un filtre actif voire même un filtre adaptatif (Villa et al., 1991). Dans l'exemple de la projection corticothalamique, une manipulation expérimentale du cortex (activation ou inhibition) entraîne toute une gamme d'effets extrêmement complexes. Il n'y a pas un effet stéréotypé mais des effets très différenciés. Donc, le cortex selon un mécanisme de filtre adaptatif est probablement capable de laisser rentrer quelques composantes, de les accentuer et par contre de réduire d'autres composantes. Il est absolument essentiel de mettre plus en valeur ces systèmes efférents car ils jouent à n'en pas douter un rôle important pour les mécanismes d'attention, de compréhension.* […] ». E.-M. Rouillier, (1998).

Plus que jamais dans le chaos, la fonction crée l'organe.

La conscience, l'imagination et la liberté

La conscience est le fait de « *penser qu'on pense* » ou comme l'exprimait Bergson : « être conscient, c'est donc *être présent*, à soi comme au monde environnant ». Comme nous sommes pratiquement inconscients de ce qui se passe dans notre cerveau, notre imagination, qui, elle, est susceptible de nous promener n'importe où (du moins le croyons-nous), nous fait prendre ce « pseudo-espace à phantasmes » pour la possibilité de faire ce que nous voulons.

Nous avons l'art de nous mentir au point d'en jurer et d'être sidérés quand on a la preuve de l'erreur, puis de refaire une erreur du même type la fois suivante.

Si, en liant les informations entre elles, notre lobe préfrontal nous apporte la possibilité d'aller dans toutes les directions, il faut cependant reconnaître que ces directions sont limitées à notre vécu et aux mélanges d'informations déjà perçues et mémorisées.

Plus nous ajoutons d'expériences et d'informations, plus l'espace de notre imaginaire est grand. Le choix de liens augmente mais, lorsqu'il va falloir choisir pour agir, notre palette se réduira toujours au possible, même en y ajoutant ce qui n'est pas notre intérêt apparent.

Notre éducation, la société, vont, à l'aide de règles, nous permettre, après réflexion, de réduire l'aléatoire dans nos possibilités de réaction. Cette réduction de l'espace de choix est indispensable à la vie en société, en collectivité. Nous-mêmes aurons tendance à transformer nos choix réfléchis en automatismes, dans toutes les circonstances répétitives que nous vivons au quotidien. Il en résulte que nous réduisons, par l'expérience, notre imaginaire et ses conséquences.

En fait, le seul espace de liberté qui nous reste est la conscience que nous avons de notre possibilité d'actions différentes, originales devant un problème dont nous n'avons pas l'habitude. Nous ne sommes un peu libres que lorsque nous acceptons de sortir des automatismes et de nous remettre en cause… On peut aller jusqu'à dire, lorsque nous entrons dans une logique de chaos et que nous complexifions notre imagination, que nous entrons dans un moment de liberté.

Ajoutons les émotions, les récompenses et les punitions, notre *ego*… et nous comprenons qu'il nous est plus confortable de ne rien changer tout en répétant que nous sommes libres de le faire. En évoluant, en nous complexifiant, nous changeons simplement de déterminisme. Alors sommes-nous totalement libres ? non ; mais relativement libres ? oui et la liberté se construit au même titre que notre conscience et notre culture.

Quelques réflexions sur le bonheur

Pour être heureux, il faut en être conscient. Or, si l'on doit se résoudre à tenter de proposer une définition de la conscience (qui reste malgré tout indéfinissable), ce serait le fait de « penser qu'on pense ». Le bonheur semble être la prise de conscience d'un sentiment fait de l'aboutissement d'actions, de réalisations physiques ou intellectuelles passées. Et le plus souvent d'un passé proche. Mais ce peut être aussi la constatation d'une absence de malheur redouté ou bien la prise de conscience d'un moment de bon fonctionnement biologique, d'homéostasie.

Le bonheur se distingue clairement du plaisir par le fait qu'il est ultérieur à sa cause et qu'il nécessite la conscience, alors que le plaisir est simultané à sa cause et ne nécessite pas, voire oblitère, cette conscience.

La pensée s'ébauche à partir de nos perceptions et tout particulièrement de l'audition. Le système nerveux transforme les sons en pensées pleines d'émotions, un peu comme le langage viendra traduire notre pensée en ondes sonores. Ces allers et retours d'énergie nous traversent et sont nécessaires à l'équilibre que nous apporte la conscience de l'autre. C'est de cet équilibre que naît le bonheur. Pour se convaincre de l'importance de cette audition dans ces échanges vitaux, il suffit d'observer que les sourds sont très souvent tristes alors que, *a contrario*, malgré leur handicap, la plupart des aveugles conservent leur gaîté.

Alors, quand on prend conscience qu'on n'entend pas bien (la gêne arrive quand on perd 30 à 35 dB dans la zone conversationnelle du champ auditif), le bonheur quitte sournoisement notre existence, comme s'il n'avait plus sa raison d'être, comme s'il s'était créé un vide insupportable.

Conservons ces réflexions en mémoire pour aborder les chapitres qui vont suivre.

■ En quelques lignes ■

Le soleil est la source première d'énergie. Si nous sommes capable d'ioniser l'hydrogène, nous disposons de cette énergie pour passer du désordre (entropie solaire) à un ordre transitoire (néguentropie) qui nous convient. L'apparition de molécules complexes et la photosynthèse ont permis l'organisation du vivant, en offrant la possibilité de réduire l'énergie à ces quantités justes nécessaires (éliminant ainsi le pouvoir autodestructeur de l'énergie solaire excessive). À coup de complexifications fractales, la vie s'est organisée autour d'un équilibre précaire fait d'attracteurs étranges (vie cellulaire). Cette cellule devient capable de choisir son énergie et d'agir avec des choix liés à sa capacité de mémoire. Chaque variation d'énergie perçue peut être mise en mémoire.

Notre capacité de comprendre le complexe en le globalisant nous permet de créer des moteurs affectifs pour favoriser une réponse plutôt qu'une autre (peur, agressivité). Cette fonction est dévolue au système limbique. Nous avons aussi l'art de surcomplexifier. Ainsi, nous pouvons grâce à l'attention choisir notre préoccupation du moment en gardant la faculté d'alerte. Le cortex enfin ajoute la possibilité infinie de lier une pensée à une autre…

L'homme a des pulsions, imagine même l'absurde, cherche d'autres combinaisons que celles qu'il connaît… Il s'est créé un langage. Il procède à la gestion de son individu par une boucle endocrino-végétative et à une pensée consciente et active par une boucle neuro-active.

L'audition prend sa part dans cet ensemble. Elle crée des images que nous comparons à d'autres images sonores « qui font sens », avant de les lancer dans les circuits de la pensée où ces images perdent leur individualité mais conservent leur sens. Cet ensemble s'autogère tout en permettant l'action, en se projetant dans l'avenir. Mais il ne s'agit que de l'avenir proche car dans le chaos déterministe où nous sommes, l'avenir un peu lointain est imprédictible. L'oreille peut encore être considérée comme responsable de l'audition réflexe mais elle partage la responsabilité de l'alerte avec les autres sens : olfaction, goût, tact et vision. Quant à l'attention, elle va permettre de sortir de l'ensemble une fonction sensorielle et de lui faire donner le maximum. Cette capacité joue un rôle essentiel dans l'audition en particulier du langage et de la musique. Ainsi l'oreille s'adapte-t-elle au message et le rend-elle de plus en plus informant. Cette capacité de traitement où les fibres descendantes ont autant d'importance que les fibres montantes pour adapter l'organe en temps réel, montre à quel point la complexité est notre domaine et les lois du chaos sont celles de notre physiologie.

L'audition nous offre de grandes possibilités pour agrandir notre espace de liberté, enrichir notre conscience et par là, notre imagination. Notre bonheur dépend vraiment beaucoup d'elle. Préservons son intégrité.

Pour approfondir

CHANGEUX JP, CONNES A. *Matière à penser*, Odile Jacob, 1989

CHANGEUX JP. *L'homme neuronal*, Fayard, 1983

CHANGEUX JP. *Raison et plaisir*, Odile Jacob, 1994

KOHLER W. *Psychologie de la forme*, Gallimard, NRF, 1964.

Un violon dans la tête. Film de Claude EDELMANN (Les Films du Levant, 1992, 39 min.).

VIROLE B. *« Psychopathologie générale » Psychologie de la surdité*, DeBoeck Université, 2e éd. augmentée, 2000.

Partie V

Naissance, vie et mort de l'audition

Chapitre 21

Embryologie de l'oreille humaine

Pour comprendre comment vieillit l'oreille, il est nécessaire de savoir comment elle se construit et comment elle acquiert ses propriétés et ses capacités. Nous traiterons donc successivement de l'embryologie de l'oreille, de la conception à la naissance puis, à partir de cette date, nous envisagerons la formation de l'audition, l'enrichissement et le maintien des capacités auditives ainsi que les phénomènes que l'on rencontre lors du vieillissement de l'oreille.

L'organe est complexe, sa formation aussi. L'oreille est constituée de trois éléments : l'oreille interne, l'oreille moyenne et l'oreille externe. Trois feuillets fondamentaux de l'embryon entrent dans l'élaboration de ces éléments :

- *l'ectoblaste* étant à l'origine des cellules neurosensorielles de l'oreille interne et de l'épithélium qui tapisse l'oreille externe ;
- *l'endoblaste* fournissant la muqueuse de recouvrement de l'oreille moyenne, prolongement de celui de la trompe auditive ou trompe d'Eustache qui provient de la première poche pharyngienne ;
- *le mésoblaste* assurant la formation des cavités et conduits intra-osseux qui abritent l'oreille moyenne et l'oreille interne ; aussi à l'origine des *osselets*, de la partie fibreuse du tympan et des cartilages de l'oreille externe.

De la conception au tube neural

L'aventure de l'oreille proprement dite, commence avec celle du développement du tube neural.

L'œuf fécondé et nidé passe de quatre à huit, puis à 16, puis à 32 cellules ; il prend le nom de *morula* (Fig. 21.1) qui devient successivement au fur et à mesure de la multiplication cellulaire, la *blastula* puis la *gastrula* (Fig. 21.2).

Fig. 21.1 – *Quatre, 16 cellules... Morula, Blastula*

On notera qu'à chaque division, le contenant (zone pellucide) n'augmentant pas, c'est la cellule qui est plus petite. La morula doit son nom à la comparaison avec la mure. Le volume de l'embryon va croître dès la blastula et sort alors de la zone pellucide.

1. Embryon à quatre blastomères
2. Embryon à une douzaine de blastomères
3. Morula (une trentaine de cellules)
4. Blastula
5. Ectoblaste
6. Endoblaste
7. Mésoblaste

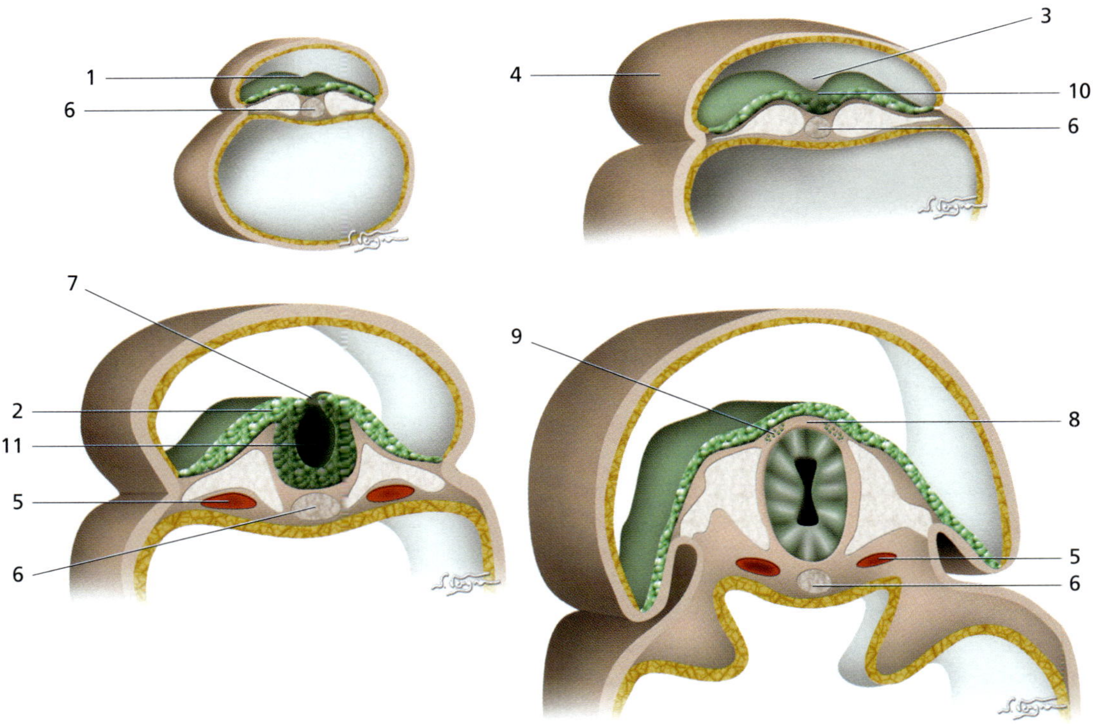

Fig. 21.2 – *Gastrula et tube neural*

1. Ligne primitive
2. Bourrelet neural
3. Gouttière neurale
4. Somite
5. Aortes primitives
6. Chorde
7. Fermeture de la gouttière
8. Séparation du tube neural
9. Crête neurale
10. Plaque neurale
11. Tube neural

À ce stade, l'œuf est à sa 3e semaine d'évolution et mesure à peine deux millimètres.

La *gastrula*, comporte trois feuillets (l'endoderme, le mésoderme et l'ectoderme). L'embryon présente alors une extrémité crâniale et une extrémité caudale. La construction du tube neural débute au 18e jour. Ce sont les cellules du mésoderme dorsal qui fabriquent des protéines inductives du tube neural permettant à certaines cellules de l'ectoderme de se différencier en cellules nerveuses embryonnaires : la plaque neurale. Cette plaque prend rapidement la forme d'une raquette.

L'enroulement sur elle-même de la partie neurale de l'ectoderme s'isole pour constituer un tube où persiste une cavité intérieure, futur canal épendymaire (Fig. 21.2). Ce tube neural en se formant individualise de part et d'autre de l'ancienne gouttière, deux crêtes neurales sous forme d'amas ganglionnaires qui deviendront les ganglions spinaux. L'évolution du tube neural se fait dans tous les plans de l'espace dorsal de l'embryon, à partir de la plaque neurale induite : c'est la neurulation.

La neurulation primaire va permettre au tube neural de se fermer à partir du 28e jour en commençant par la partie moyenne puis en gagnant les extrémités (Fig. 21.3). Le tube neural laisse de chaque côté la crête neurale au niveau de la moelle. La fermeture de l'extrémité céphalique est complètement achevée au 29e jour et l'extrémité caudale au 30e jour.

L'extrémité céphalique du tube neural s'est élargie et forme le système nerveux central. Il n'existe pas de crêtes neurales au niveau céphalique et les ganglions des nerfs crâniens sensitifs proviennent des placodes neurogènes. Ce sera donc le cas pour le nerf auditif (ganglions cochléaire et vestibulaire).

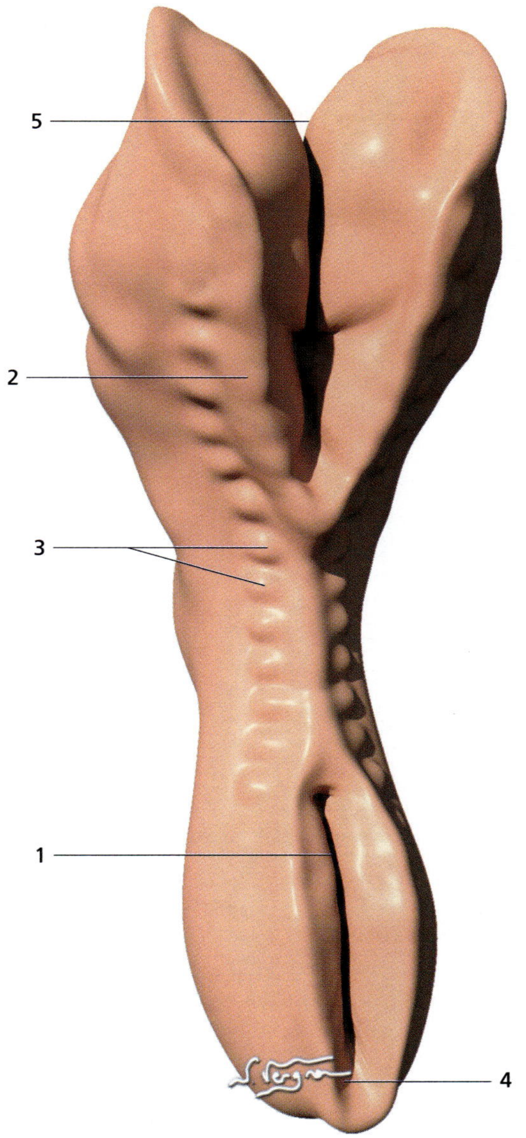

Fig. 21.3 – *Fermeture du tube neural (28e jour)*

1. Gouttière neurale
2. Bourrelet neural
3. Somites
4. Neuropore caudal
5. Neuropore rostral

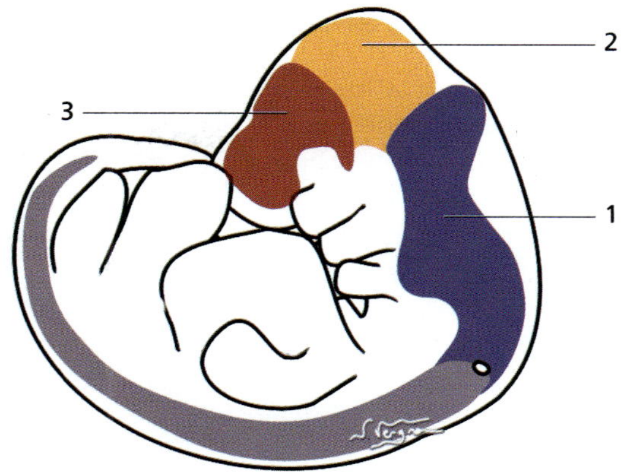

Fig. 21.4 – *Évolution du tube neural*
Stade à trois vésicules (5e semaine)

1. Rhombencéphale
2. Mésencéphale
3. Proencéphale

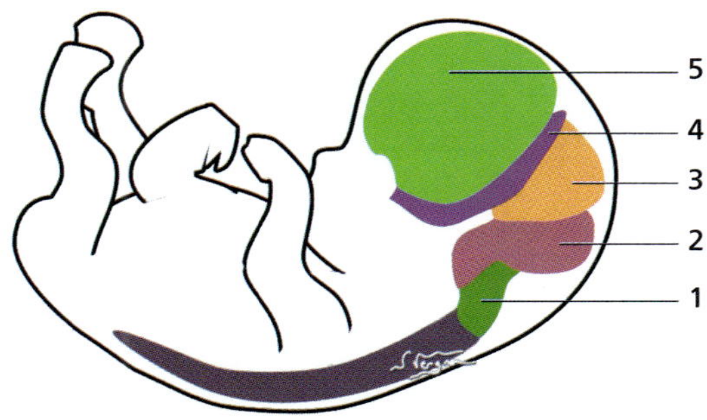

Fig. 21.5 – *Évolution du tube neural*
Stade à 5 vésicules (6e semaine)

1. Myélencéphale
2. Métencéphale
3. Mésencéphale (non divisé)
4. Diencéphale
5. Deux télencéphales

Le tube neural est d'abord divisé au niveau de son extrémité rostrale, d'arrière en avant, en trois vésicules (Fig. 21.4) :

- rhombencéphale ;
- mésencéphale ;
- proencéphale.

Ces trois vésicules correspondent aux trois organes primitifs des animaux inférieurs (audition pour le cerveau postérieur, vision pour le cerveau moyen et olfaction pour le cerveau antérieur).

Puis le tube neural divise en deux ses deux éléments extrêmes (rhombencéphale et proencéphale), ce qui fait en définitive cinq éléments (Fig. 21.5) :

- myélencéphale ;
- métencéphale ;
- *mésencéphale (non divisé)* ;
- diencéphale ;
- deux télencéphales.

Ce développement du tube neural se poursuit conjointement avec les arcs branchiaux et les placodes.

Les arcs branchiaux

À partir de la troisième semaine et parallèlement au développement du tube neural, cinq bourrelets apparaissent au niveau du mésencéphale et surtout du rhombencéphale, appelés arcs branchiaux ou arcs pharyngiens. Seuls les deux premiers arcs branchiaux nous intéressent (Fig. 21.6). Les arcs sont séparés par des fentes et des poches branchiales. La première fente sera le futur conduit auditif externe tandis que le pavillon se formera à partir de l'épiblaste et du mésoblaste des deux premiers arcs.

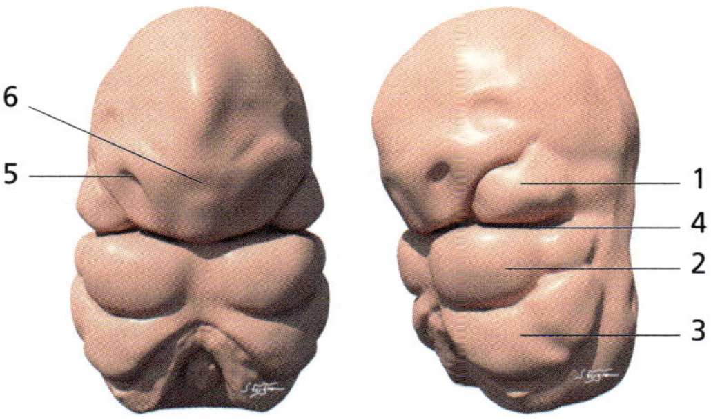

Fig. 21.6 – *Embryon à 26 jours : les arcs et fentes pharyngiennes*

1. 1er arc mandibulaire
2. 2e arc
3. 3e arc
4. 1e fente branchiale
5. Orifice narinaire
6. Zone olfactive

Ces arcs pharyngiens sont tapissés par l'ectoderme pour le premier tandis que l'ectoderme est en dehors et l'endoderme en dedans pour les suivants. Chaque arc contient un nerf, du mésenchyme provenant de la crête neurale qui va donner naissance à des éléments squelettiques, musculaires et à des artères nommées arcs aortiques.

Le premier arc est appelé aussi arc mandibulaire car il va donner naissance à la mandibule mais également au cartilage de Meckel qui régresse presque complètement pour ne laisser persister que le marteau et l'enclume. L'arc aortique disparaît. Le nerf branchial est le nerf trijumeau.

Le deuxième arc ou arc hyoïde ne donnera pour l'oreille que l'étrier, il laissera également la styloïde, le ligament stylo-hyoïdien et une partie de l'os hyoïde (Fig. 21.8).

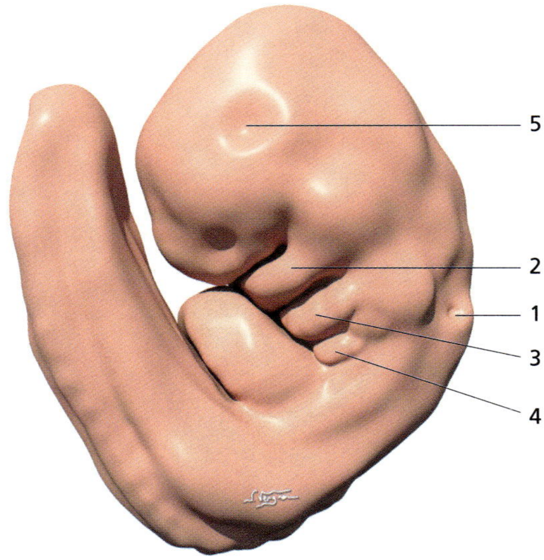

Fig. 21.7 – *Embryon humain de 26 jours*

1. Placode otique en voie d'invagination
2. 1er arc : mandibulaire
3. 2e arc
4. 3e arc
5. Placode optique

Entre chaque arc, on décrit :

- en dehors une fente pharyngienne ou branchiale et
- en dedans une poche pharyngienne ou branchiale.

Seule la première fente pharyngienne va persister sous la forme du conduit auditif externe et, autour, six bourgeons mésenchymateux recouverts d'ectoderme donneront naissance au pavillon de l'oreille (Fig. 21.13).

Toutes les poches pharyngiennes persistent. La première va constituer la trompe auditive, la caisse du tympan et le tympan lui-même (Fig. 21.7, 21.8 et 21.9).

La formation des trois oreilles

➤ Naissance de l'oreille interne

La naissance de l'oreille interne coïncide avec la neurulation et débute à la fin de la 3e semaine après la gastrulation. Elle apparaît au 22e jour dans la région crâniale latérale, à la partie postérieure du cerveau embryonnaire en arrière du 1er arc branchial au milieu du rhombencéphale, à la jonction des futurs myélencéphale et métencéphale. À ce

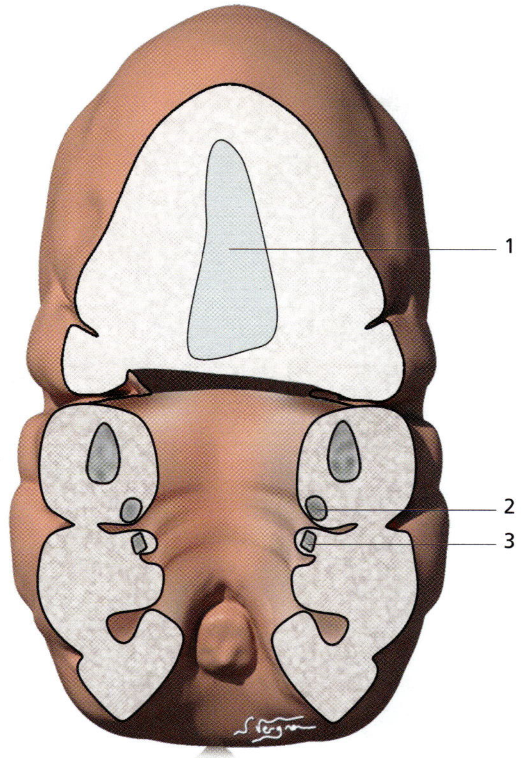

Fig. 21.8 – *Coupe des arcs, fentes et poches branchiales*

L'oreille externe et l'oreille moyenne dépendent des deux premiers (arcs, fente et poche)

1. Coupe céphalique montrant le canal épendymaire
2. Coupe du 1er arc montrant la mandibule et le cartilage de Meckel
3. Coupe du 2e arc avec le cartilage de Reichert qui donnera l'os hyoïde… et l'étrier

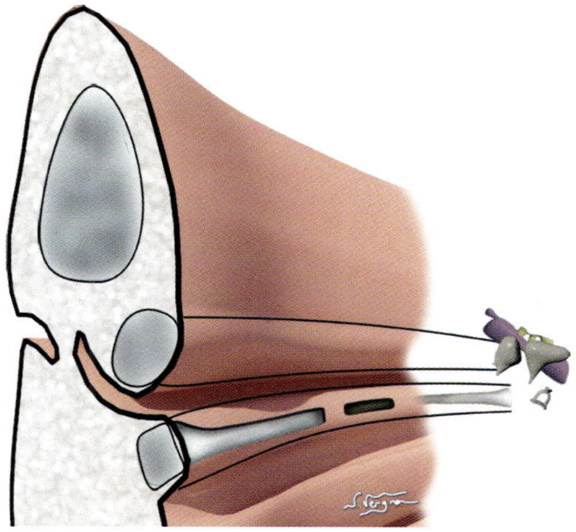

Fig. 21.9 – *1er et 2e arcs*

Pour le 1er arc, le diverticule de Meckel, qui longe le cartilage mandibulaire, disparaîtra sauf le marteau. Le mésenchyme voisin donnera l'enclume. C'est le 2e arc qui, après avoir donné l'os hyoïde, le ligament stylo-hyoïdien et la styloïde, fournira l'étrier.

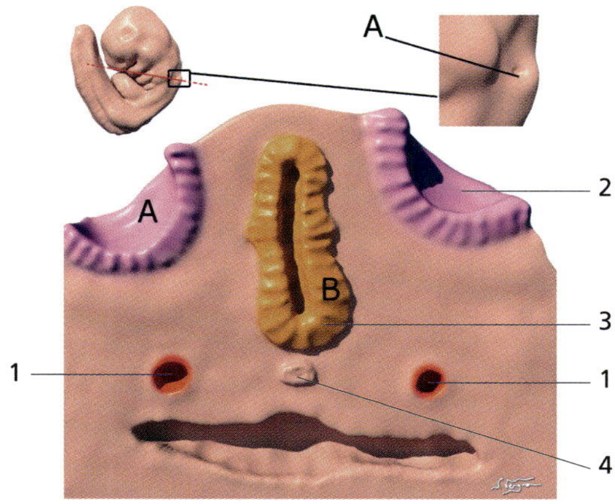

Fig. 21.10 – *Plaode otique (coupe transversale)*

1. Aortes primitives
2. Placode otique provenant de l'ectoderme (A)
3. Tube neural (B)
4. Chorde

niveau, la paroi latérale du tube neural présente de chaque côté une évagination qui vient au contact de l'épiderme sus-jacent induire la placode otique (Fig. 21.7 et 21.10).

Chaque placode s'invagine pour former une sphère ou vésicule otique qui finit par s'isoler de l'ectoderme de surface par apoptose des cellules de son pédicule (Fig. 21.11). Elle initie l'oreille interne.

La vésicule otique est à l'origine du labyrinthe membraneux et des deux ganglions vestibulo-acoustiques (Fig. 21.11). Cette maturation cochléaire commence vers la 9e semaine pour se terminer vers la 30e semaine.

La vésicule otique va se déformer par accroissement cellulaire différentiel et présenter trois portions : l'une fine donnera le canal endolymphatique et à son extrémité le sac endolymphatique, la deuxième constituera l'utricule et la troisième le saccule (Fig. 21.11). Ce saccule va voir son extrémité se multiplier et constituer un tube s'enroulant sur lui-même sur deux tours et demi : c'est le canal cochléaire (*ductus cochlearis*) qui restera uni au saccule par un fin canal le *ductus reuniens* (Fig. 21.11).

Fig. 21.11 – *Stades de formation de l'oreille interne de la placode à la cochlée*

Chaque schéma représente un stade de développement de la vésicule otique et de la VIIIe paire au contact de cette vésicule. (A) tissu provenant de l'ectoderme neural et (B) tube neural donnant la VIIIe paire. La ligne du bas montre l'échelle de grandeur de chaque stade d'évolution.

Certaines cellules de ce canal se différencieront en cellules ciliées externes (à texture musculaire), cellules ciliées internes (neurosensorielles). D'autres cellules construiront la strie vasculaire. D'autres enfin, formeront les cellules nerveuses bipolaires du nerf cochléaire directement rattaché au tube neural par le pédicule otique (Fig. 21.11).

C'est la crête céphalique qui donnera naissance à des dérivés mésenchymateux (mésectoderme) : les cellules gliales qui entoureront le nerf cochléaire ainsi que les cellules cartilagineuses de la capsule otique qui évolueront vers une ossification enchondrale.

Durant la dernière période de la grossesse, on note parfois la présence de deux rangées de cellules ciliées internes et de quatre ou cinq rangées de cellules ciliées externes. Les fibres afférentes sont très nombreuses et leur organisation autour des cellules réceptrices est encore anarchique, chaotique (Fig. 21.12).

Fig. 21.12 – *Cellules ciliées embryonnaires*

Image par M. Lavigne-Rebillard, extrait du site « Promenade autour de la cochlée » http://www.cochlee.info, par R. Pujol et coll., Montpellier

On peut voir des cellules ciliées externes surnuméraires sur une 4e et une 5e rangées, exemplifiant la disparition d'un grand nombre de cellules lors de la maturation des organes et de leur câblage nerveux.

Ces deux dernières caractéristiques montrent à quel point le développement, compte tenu de la génétique et des contraintes de la vie *in utero*, n'est à cette époque, que « conditionnel » tant du point de vue anatomique que physiologique. Dès la naissance, l'oreille va commencer à faire le ménage et à organiser ses caractéristiques en fonction du travail qu'on lui demande de faire (comme si un attracteur étrange l'obligeait à s'organiser ainsi). Elle va non seulement acquérir des fonctions mais modifier son anatomie en retirant la ou les rangées de cellules surnuméraires qui ne feraient qu'embrouiller la situation. Elle va également redistribuer le câblage nerveux et câbler à la demande les diverses cellules internes et externes. Cette évolution sera à son apogée vers l'âge de sept ans, l'organisation s'affinant jusqu'à l'âge adulte.

➤ L'oreille externe

La formation de l'oreille externe se précise à partir de la 6e semaine, le sillon entre les 1er et 2e arcs branchiaux délimitant en arrière l'amorce du méat acoustique externe (Fig. 21.13).

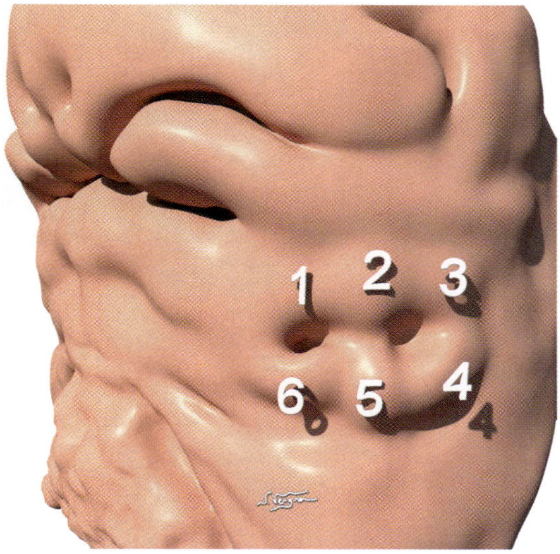

Fig. 21.13 – *Les six bourgeons de l'oreille externe*

L'ensemble dérive du premier sillon branchial. Le pavillon de l'oreille est formé par la confluence de six petits tubercules.

L'ectoderme fournit l'épiderme qui tapisse le méat auditif et recouvre le pavillon ainsi que les glandes cérumineuses associées. Progressivement la réunion des tubercules dessine le pavillon (Fig. 21.14).

L'ectoderme qui recouvre l'extrémité aveugle du méat auditif externe prolifère au point d'obstruer le conduit. Ce n'est qu'en fin de gestation et/ou après la naissance qu'il se résorbe, libérant le conduit (Fig. 21.16).

➤ L'oreille moyenne

La formation de l'oreille moyenne s'ébauche en même temps que l'oreille externe par une invagination de l'ectoderme au regard de la première poche

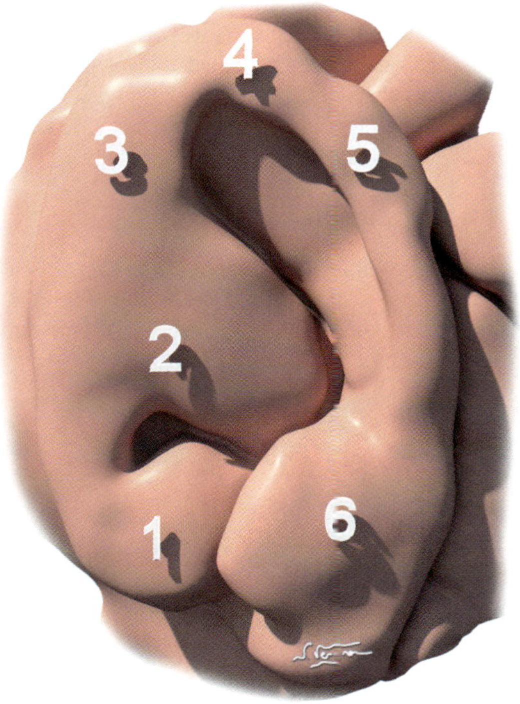

Fig. 21.14 – *La formation du pavillon*

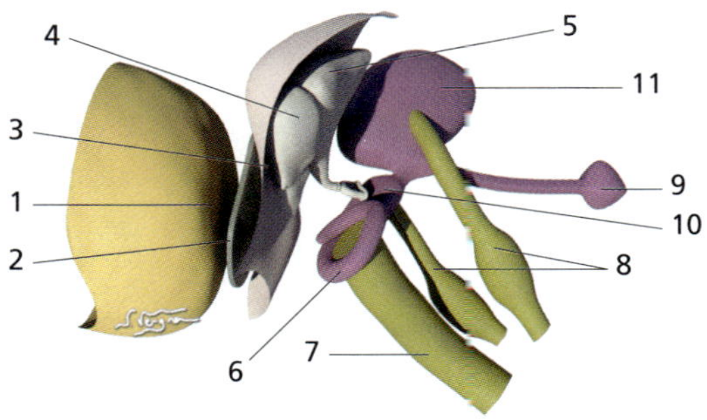

Fig. 21.15 – *Constitution de l'oreille moyenne*

On notera la formation du tympan avec la muqueuse de la caisse, la fibreuse et la couche externe dermique

1. Feuillet ectodermique du tympan
2. Couche moyenne fibreuse du tympan
3. Couche profonde muqueuse du tympan
4. Marteau embryonnaire
5. Enclume
6. Spire du limaçon
7. Nerf cochléaire
8. Nerf vestibulaire
9. Sac endolymphatique
10. Saccule
11. Utricule

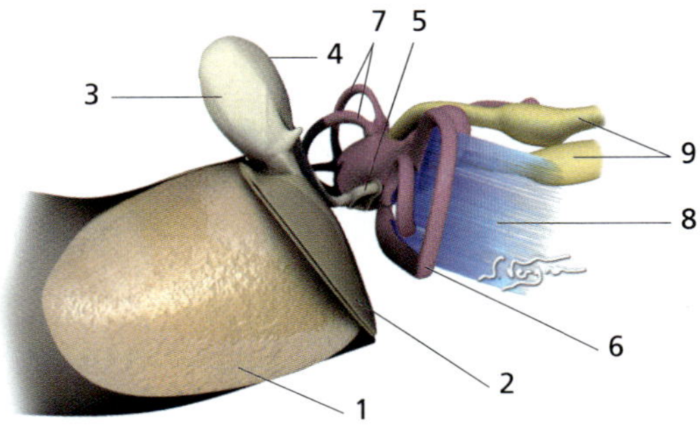

Fig. 21.16 – *Fin de la formation de l'oreille moyenne*

1. Bouchon muqueux
2. Tympan
3. Marteau
4. Enclume
5. Étrier
6. Enroulement cochléaire
7. Canaux semi-circulaires
8. Nerf cochléaire
9. Nerf vestibulaire

branchiale. Rappelons que cette première poche est tapissée par de l'ectoderme et non de l'endoderme comme les suivantes.

Le mésenchyme du premier arc a suivi un allongement en arrière et en haut. Le diverticule de Meckel longe la mandibule cartilagineuse et va disparaître sauf son extrémité postéro-supérieure qui deviendra le marteau. Le mésenchyme avoisinant va se condenser en enclume (Fig. 21.9).

Le deuxième arc a un cheminement plus caudal. Il suit le trajet du premier arc. À son extrémité dorsale, au niveau de l'enclume et du marteau, il donne l'étrier. Plus ventral, l'arc deviendra l'apophyse styloïde et encore plus ventral une partie de l'os hyoïde (Fig. 21.8 et 21.9).

L'invagination de la première poche va remonter en suivant le même itinéraire que le premier arc jusqu'aux trois osselets maintenant réunis et les englober en augmentant de volume, devenant la muqueuse de la caisse (Fig. 21.15 et 21.16).

Le tympan est donc représenté par le fond de la 1re fente pharyngienne qui constituait le conduit auditif externe. Une lame de mésenchyme se condense au niveau de cette 1re couche superficielle, épidermique. Elle deviendra la *pars tensa* du tympan. Puis la partie avoisinante de la muqueuse de la caisse qui au niveau du manche du marteau l'englobe complètement, incluant ce manche dans la texture du futur tympan, formera la couche interne.

C'est l'ébauche du tympan tandis que le mésoderme environnant élabore les trois osselets.

Le marteau ou *malleus* glisse son manche dans l'épaisseur du feuillet mésodermique de l'ébauche tympanique. Il s'articule par sa tête avec l'enclume ou *incus*. Cette dernière s'articule avec l'étrier ou *stapes*. L'étrier ferme la fenêtre ovale. Cette chaîne d'osselets comprend les ligaments et les muscles des osselets également d'origine mésodermique

Le mésoderme est également à l'origine de la cavité osseuse de l'oreille moyenne ou caisse du tympan et du feuillet fibro-élastique du tympan. Ce feuillet mésodermique assure la solidité du tympan. La face tympanique interne est recouverte par l'endoderme dérivé de la 1re poche branchiale et la face externe par l'épiderme dérivé de l'ectoderme du 1er sillon branchial.

La 1re poche branchiale finit par tapisser l'ensemble de la cavité de l'oreille moyenne et des éléments de la chaîne des osselets.

Au total, le conduit auditif et le pavillon sont d'origine ectodermique et mésodermique au niveau de la première poche endoblastique. L'oreille moyenne provient également de la 1re poche endoblastique mais la couche moyenne du tympan provient du 1er arc mandibulaire ainsi que le marteau et l'enclume. Quant à l'étrier, il provient du second arc ou arc hyoïdien.

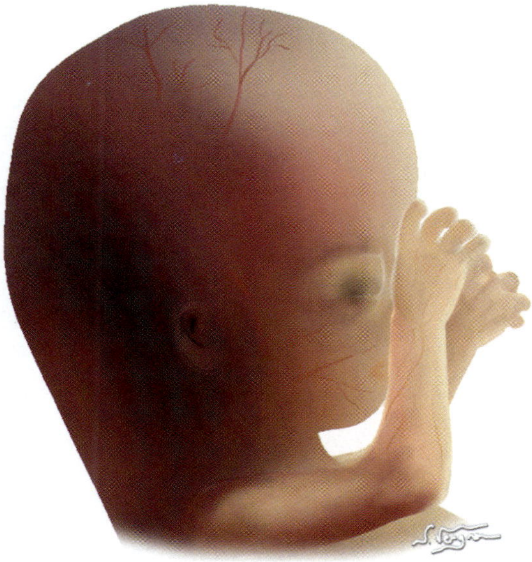

Fig. 21.17 – *À 3 mois*

■ *En quelques lignes* ■

L'oreille se construit à partir des trois feuillets embryonnaires : ectoderme (oreille interne et revêtement cutané), mésoderme (couche moyenne du tympan, cartilages et cavités osseuses et osselets) et endoderme (muqueuse de l'oreille moyenne et de la trompe auditive). Le tube neural prend naissance le 18e jour, l'oreille interne individualise sa placode au 22e jour, l'oreille externe et l'oreille moyenne apparaissent vers le 42e jour.

Le développement va se faire rapidement. La maturation de l'oreille interne, cochléaire, commence vers la 9e semaine pour se terminer vers la 30e semaine. La placode s'isole en vésicule otique qui se scinde en deux pour la cochlée et le vestibule. Le ductus cochlearis s'enroule sur deux tours et demi et s'organise pour présenter, les derniers mois de la grossesse, deux rangées de cellules ciliées internes et quatre ou cinq externes. C'est après la naissance que cette organisation finira de se mettre en place en détruisant le superflu au profit du fonctionnel (disparition des cellules ciliées surnuméraires et câblage des cellules restantes).

L'oreille externe se forme au détriment de la 1re fente branchiale, y compris la couche superficielle du tympan.

L'oreille moyenne commence par invaginer l'ectoderme de la 1re poche branchiale. Du diverticule de Meckel, il ne persiste que le marteau, l'enclume se formant au détriment du mésenchyme voisin, et c'est l'arc hyoïdien qui donne naissance à l'étrier.

Pour approfondir

ANTONELLI PJ, VARELA AE, MANCUSO AA. Diagnostic yield of high-resolution computed tomography for pediatric sensorineural hearing loss. *Laryngoscope*, 1999, *109* (10) : 1642-7.

CASSELMAN JW, OFFECIERS FE, GOVAERTS PJ *et al.* Aplasia and hypoplasia of the vestibulocochlear nerve : diagnosis with MR imaging. *Radiology*, 1997, *202* (3) : 773-81.

Elmaleh M, Francois M, Narcy Ph, Hassan M. Les malformations de l'oreille. In : *L'imagerie moderne en ORL*, Arnette, Paris, 1994.

Jackler RK, Luxford WM, House WF. Congenital malformations of the inner ear : a classification based on embryogenesis. *Laryngoscope*, 1987, *97* : 3 Pt 2 (40) 2-14.

Lasjaunias P, Moret J, Doyon D, Vignaud J. Exploration artériographique du nerf facial intra-pétreux : embryologie et aspect radio-anatomiques normaux (dynamic studies). *Journal Neuroradiology*, Springer Berlin/ Heidelberg, vol. 16, number *1*/december, 1978 :246-248.

Lavigne-Rebillard M. Image des cellules ciliées embryonnaires. Extrait du site « Promenade autour de la cochlée », http://www.cochlee.info, par R. Pujol et coll., Montpellier (figure 12).

Salamon G *et al.* Imagerie de l'œil, de l'oreille et du cerveau Springer-Verlag, Euthérapie, Paris Berlin Heidelberg, 1992.

Tuchmann-Duplessis. *Embryologie*, Masson, Paris, 1971.

Veillon F, Ouaksar H, Debry C, *et al.* Malformations de l'oreille. In : P. Bourjat, F. Veillon, *Imagerie radiologique tête et cou*, Vigot, 1995, 33.

CHAPITRE 22

Le développement de l'audition

On ne naît pas avec une audition mais avec la capacité d'en construire une pour s'en servir ensuite et, ce faisant, la perfectionner de plus en plus. L'oreille est apte génétiquement pour coder, d'une manière accessible au système nerveux, les modulations de pressions impulsionnelles qui nous entourent et que nous nommons ondes sonores. Cette capacité à tirer une information du chaos de pressions qui règnent autour de lui, n'est pas propre à l'homme. Beaucoup d'animaux ont également cette faculté. Tous les mammifères disposant d'une audition évoluée, s'assurent, grâce à cette perception, de très importants moyens d'information, source de liberté. Elle peut même être, dans certains domaines, plus performante que celle de l'homme (cachalots, chauve-souris...). Aucun d'entre eux, cependant, n'est capable, à l'égal de l'homme, de produire (phonation) et de capter (audition) un signal sonore (langage) ayant les qualités globales que donnent l'oreille humaine et les centres nerveux correspondants.

Cette aptitude d'acquisition est génétique mais va demander dès la naissance un très important travail pour construire le langage et comprendre la musique... Ces acquisitions se font d'autant plus facilement qu'elles sont proposées dans des créneaux d'âge adéquats.

Dans cet environnement de « bruits variés », il faut distinguer trois types de compétence de l'oreille : l'alerte, la musique et le langage et trois niveaux d'intégration : physico-chimique (de la pression à l'influx nerveux), neurologique (le devenir des influx d'origine sonore) et cognitif (ce que notre conscience est capable d'en faire). Chacune de ces aptitudes doit être définie et précisée au regard des capacités auditives de l'individu.

L'alerte est l'indice d'un événement inattendu, fréquemment un danger. C'est la fonction la plus spontanée de l'oreille qui est capable de gérer le signal jour et nuit, dans toutes les directions de l'espace et, parce qu'il y a deux oreilles, de localiser la source dans cet environnement. Cette fonction, souvent oubliée ou méconnue quand on parle de l'audition, est capitale pour la survie de l'individu. Avec l'expérience, elle s'acquiert passivement la plupart du temps. Le sourd profond est particulièrement vulnérable (dans la rue, pour répondre à quelqu'un qui frappe à la porte, pour entendre son enfant qui pleure la nuit...). La doléance d'un tel déficit est vivement exprimée. Rendre simplement la capacité d'être alerté par un bruit grâce à des prothèses auditives par exemple, est déjà une victoire importante contre l'isolement du sourd profond.

La musique est l'art de combiner des sons dans l'espace et la durée, d'après des règles variables selon les coutumes. C'est une sorte de langage primaire auquel certains animaux sont sensibles. Elle captive l'auditeur, l'émeut, s'il a la culture nécessaire pour la comprendre c'est-à-dire s'il est capable de faire référence à un vécu ou à une habitude auditive. Le rythme des sons est entraînant et évite la lassitude qu'entraîne la répétition d'un même mouvement (la danse, la marche...). La musique peut avoir une connotation émotive très importante. L'oreille de l'homme, en nous permettant d'entendre et de comprendre la musique, offre un très grand champ de bonheur.

Le langage est une fonction d'expression de la pensée et de la communication entre les hommes. Il peut être oral, écrit ou signé. Il est généralement protéiforme mais l'essentiel est fondé sur l'émission de paroles dont l'assemblage porte une signification. Cette communication est ressentie comme essentielle à l'équilibre psychique de l'individu. Sans l'audition ou avec une audition insuffisante, la communication orale est perturbée voire impossible.

La naissance du langage est innée et commence avec le premier cri qui renseigne sur l'état du nouveau-né dès son arrivée dans le monde. Puis, il va pleurer bruyamment pour réclamer à manger ou exprimer un malaise. Sa mère instinctivement va lui parler et cette pratique est cruciale pour que l'enfant parle le langage maternel en le copiant parfaitement. Grâce à son oreille, il va parler (la boucle audio phonatoire lui permet de régler finement ses émissions vocales) mais il va aussi construire son monde sonore.

L'alerte

Le mécanisme est étudié dans le chapitre que nous avons intitulé audition et espace. En ce qui concerne le développement de l'oreille, c'est la fonction, commune à l'homme et à l'animal, qui comporte une part innée comme le réflexe de Moro qui se réalise aussi bien en tirant sur les pieds du nouveau-né qu'en produisant un son brusque dans son environnement proche. Dans ce mécanisme, il existe une part purement réflexe, animale (après un bruit brusque ou violent), une part plus élaborée d'interprétation corticale simple (réaction aux sirènes des véhicules de secours) ou complexe (écoute de conseils).

La musique

L'oreille est aussi très appréciée pour sa capacité à la percevoir. Il semble logique de penser que le cortex humain a évolué en fonction du langage et de la musique, comme celui de la chauve-souris a évolué pour l'écholocalisation. Nous pouvons également nous demander quelles sont les bases neurobiologiques qui font que notre cerveau est si sensible à la musique. De plus la musique et le langage ont des points communs tels que la mélodie et la prosodie, le rythme, l'intensité…

Mais la musique est aussi très différente du langage. La preuve en est que nous n'utilisons pas le même hémisphère pour les deux activités. C'est l'hémisphère gauche qui préside à la parole et à la compréhension de celle-ci, c'est l'hémisphère droit qui s'active pour la musique. Dans le cas de la musique chantée, ce sont les deux hémisphères qui conjointement, mais l'un pouvant prédominer, entrent en action.

L'intonation a une grande importance dans l'apprentissage de la langue maternelle. Le nourrisson est apte dès la naissance à distinguer la prosodie du français de celle de l'anglais sans rien comprendre au langage. Il ne confondra pas les deux langues même s'il les apprend conjointement.

Une curiosité : chez l'adulte bilingue mais n'ayant qu'une langue naturelle, les images au *petscan* montre que la première langue va être traitée dans le cerveau gauche presque uniquement alors que la langue secondaire sera traitée par les deux hémisphères avec une prédominance pour le cerveau droit. Ainsi, le don naturel pour le langage ne s'exerce qu'au début de la vie, seul moment idéal pour apprendre à parler dans les meilleures conditions. S'il s'agit d'un acquis secondaire, les qualités du langage n'atteindront jamais celles des langages appris avec le cerveau gauche, au moment opportun.

Lorsque l'on fait entendre de la musique :

- si l'on s'adresse à des mélomanes, l'activité cérébrale déclenchée au *petscan* est importante et complexe car non seulement ils entendent la musique mais ils font, en même temps, une analyse des structures musicales entendues ;
- si les auditeurs sont eux-mêmes instrumentistes, cette activité cérébrale augmente lors des passages qui concernent leur instrument ;
- enfin l'activité cérébrale détectée dans les mêmes conditions chez les non-musiciens est beaucoup plus faible mais n'est jamais nulle.

Cette sensibilité indique à quel point l'oreille est capable implicitement de sentir les régularités élémentaires sous-jacentes de son environnement sonore.

La musique a été beaucoup moins étudiée que le langage mais il est possible de faire une comparaison avec le codage. Dans le nerf auditif le transport de l'information donnée par la parole nécessite deux opérations : un codage spatial (fréquentiel) et un codage temporel.

➤ Codage spatial

Pour le codage spatial, le spectre fréquentiel, par exemple d'une voyelle, est représenté par le profil de décharge de la totalité des fibres du nerf cochléaire. Le taux de décharge est maximal pour les fibres correspondant aux formants du *stimulus* tandis qu'il est plus bas pour les fibres de fréquences éloignées de la fréquence caractéristique. Par exemple, si on connaît les profils de deux chaînes de montagne, à la présentation d'une carte postale, en observant leur profil particulier on sera capable de préciser de laquelle il s'agit. C'est ce qui se passe avec le profil de l'ensemble des trains d'influx du nerf cochléaire pour une voyelle et non une autre.

Ceci permet d'expliquer que, même si nous changeons quelques caractéristiques d'un son complexe comme une voyelle prononcée par deux voix différentes, nous n'avons pas de problème à reconnaître la voyelle en question. De même pour une phrase mélodique, nous reconnaissons la courbe grâce à la fréquence fondamentale sans être gêné par le timbre d'un piano ou d'un violon. Ce système fonctionne très bien aux basses intensités mais il est moins fiable aux fortes intensités car plus elles augmentent, plus nous recrutons des fibres voisines de la fréquence caractéristique. Il existe, nous le savons, des fibres à seuil élevé et à activité spontanée basse et d'autres à seuil bas et à activité spontanée intense. Ces deux groupes de fibres permettent de créer deux canaux : l'un pour les faibles et les moyennes intensités et l'autre pour les fortes intensités. Ceci contribue au maintien de notre capacité de reconnaissance spatiale aux fortes intensités.

➤ Codage temporel

Quant au codage temporel, il est basé sur la périodicité des potentiels d'action. En réponse à une voyelle, pour une fibre donnée du nerf auditif, les potentiels d'action sont distribués au cours du temps de manière périodique (pics qui se répètent à intervalles fixes) et reflètent la périodicité du *stimulus*. Cependant, cette périodicité est plus ou moins bonne suivant la fibre considérée, plus exactement selon sa fréquence caractéristique (FC). En fait, la synchronisation est maximale dans les fibres dont la FC est égale aux deux premiers formants du *stimulus*. Pour résumer le mode de représentation temporelle, la voyelle apparaît également sous la forme d'un profil, mais dans ce cas le nombre de potentiels d'action est remplacé par la qualité de synchronisation. Il s'agit donc d'un profil de synchronisation dans le nerf auditif avec des pics dans les fibres dont la FC correspond aux formants. À nouveau, ce profil de synchronisation est représentatif du spectre de la voyelle présentée. Bien que ce mode de représentation soit basé sur le mode temporel (périodicité), il fait aussi appel à une notion spatiale car la FC joue un rôle. On peut donc parler de mode de représentation spatio-temporelle. En résumé, les sons complexes (parole ou musique) sont codés selon deux mécanismes de représentation (spatial et spatio-temporel) qui coexistent dans le nerf auditif.

Les modes de représentation dans le nerf auditif des *stimuli* complexes (parole et musique) sont relativement bien établis. Qu'en est-il des relais plus centraux, tel le noyau cochléaire ? Y a-t-il une préservation de cette représentation ou bien même éventuellement une consolidation de ces profils où ressortent de manière accentuée les formants à savoir les composantes principales qui permettent d'identifier le *stimulus* ?

Le codage temporel est en fait relativement bien maintenu pour certains types de cellules, particulièrement dans la partie ventrale du noyau cochléaire. Sur le plan des types de réponse, dans le nerf auditif, l'information est très stéréotypée en réponse à un son pur, toutes les fibres répondant de la même manière. Dans le noyau cochléaire, on observe toute une gamme de réponses différentes qui vont d'une réponse identique à celle du nerf à des réponses en dents de scie, des réponses limitées à l'enclenchement et des réponses avec des composantes inhibitrices. Certaines de ces cellules vont maintenir le codage spatio-temporel : ce sont les cellules présentant une réponse identique à celle des fibres du nerf auditif ou encore les cellules dont la réponse est limitée à l'enclenchement. Ces cellules préservant le codage temporel sont contactées par les fibres du nerf auditif au moyen de synapses très efficaces, très fiables dans le sens où un potentiel d'action qui arrive à la terminaison va générer avec 100 % de probabilité un potentiel d'action dans la cellule cible. En revanche, des cellules du noyau cochléaire caractérisées par une réponse en dents de scie ou comprenant une composante inhibitrice, montrent une dégradation drastique de la représentation temporelle ; elles vont maintenir la représentation spatiale basée sur le taux de décharge et même mieux, elles semblent montrer une certaine accentuation des pics sur le profil du taux de décharge par rapport au profil obtenu dans le nerf auditif.

La conception actuelle permet d'arriver à la conclusion que le cerveau possède des régions exclusivement dédiées à la perception musicale. Que ce soit la perception des intervalles, du contour d'une mélodie, de la consonance et de la dissonance d'une pièce, et même des émotions que la musique suscite, le cerveau « musical » est à l'œuvre.

Une partie de cette structure est universelle, comme les fréquences et tonalités que les gens reconnaissent. Une autre partie est spécifique à la culture dans laquelle une personne vit. Par exemple, les accords dans la musique occidentale diffèrent de ceux de la musique indienne. Chacun développe une sorte de modèle cérébral, de gabarit musical lui permettant, entre autres choses, de reconnaître les accords propres à sa culture. Le cerveau fragmente et analyse les différentes composantes de la musique. Dans le cas de la mélodie, le cerveau décode d'abord le contour.

Cette analyse se fait dans une région située dans le lobe temporal droit. En revanche, lorsque nous voulons déterminer avec plus de précision les intervalles entre chaque note de la mélodie, cette tâche s'effectue dans le lobe temporal gauche. Il y aurait des régions du cerveau spécifiques pour chaque aspect de la perception musicale. Tous les aspects de la musique semblent avoir leurs propres systèmes dans le cerveau.

En entendant une pièce de musique consonante (jugée plaisante), deux régions s'activent dans la partie inférieure du lobe frontal. Lors de l'écoute d'une pièce dissonante (jugée déplaisante), une petite région du système paralimbique s'active.

Il arrive, lors de l'écoute d'une pièce musicale, que nous ressentions un grand sentiment d'euphorie. Ce sont les régions responsables du plaisir, situées dans l'amygdale, qui s'activent alors, comme c'est le cas pour certaines drogues.

Quand nous fredonnons une chanson, nous activons la région du *planum temporale* du cortex auditif. Chose surprenante, lorsque nous écoutons l'enregistrement de cette même chanson, c'est en fait la même région qui s'active. De plus, lorsque nous devons aller fouiller dans notre mémoire pour retrouver la chanson, c'est une autre région, dans le cortex frontal, qui s'active. Dans les deux cas, il s'agit du système paralimbique, associé aux émotions.

➤ Le cerveau doué d'imagination

Le cerveau est doué d'imagination : il peut alors « revivre » d'une manière interne un trajet perceptif. En effet, nombre de personnes sont en mesure d'imaginer des musiques ou des attributs de celles-ci. On fait l'hypothèse que les bases perceptives du jugement émotionnel sont indépendantes de l'analyse consciente de sa structure. La composante émotionnelle de la musique n'est pas essentiellement liée à l'interprétation du musicien ni même à l'instrument ; elle est plutôt sous-tendue par la structure de la musique : le mode et le *tempo*, notamment. En outre, le jugement émotionnel de la musique se fait immédiatement dès les premières notes. Ainsi, la totalité du morceau n'est pas utile pour un tel jugement. Les composantes émotionnelles et cognitives du traitement de la musique semblent donc au moins en partie distinctes. Quels sont donc les mécanismes cérébraux qui sous-tendent l'imagination et la perception ?

Perception et imagination font l'objet d'une certaine similarité de traitement. Les lobes temporaux droit et gauche semblent impliqués tous deux dans ces types d'activité, même si les données obtenues par l'expérimentation sont en faveur d'une spécialisation hémisphérique du traitement.

Nous savons que l'aspect tonal de la musique se situe plutôt dans le cerveau droit et l'aspect phonétique relatif aux textes chantés plutôt dans le cerveau gauche, près de l'aire du langage de Wernicke. Est-ce la même chose en ce qui concerne l'imagination et la perception d'une même mélodie chantée ? Il semble que seul le lobe temporal droit joue véritablement un rôle crucial dans le traitement cognitif de l'imaginaire. De plus, la modalité perceptive paraît impliquer conjointement le cortex primaire (donc celui qui réceptionne directement les afférences sensorielles *via* le nerf auditif et les noyaux auditifs du tronc cérébral) et le cortex associatif ou les aires cérébrales secondaires qui l'entourent. À noter aussi qu'une petite aire du cortex moteur s'active lors des tâches imaginaires et perceptives. L'imagination d'une mélodie chantée ressemblerait davantage à l'activité motrice interne (se rechanter à soi-même) qu'à une réécoute passive de signaux musicaux stockés. L'imaginaire musical comporte toutefois une composante mnésique. À ce titre, des aires frontales connectées à des structures du traitement de la mémoire sont stimulées à chaque tâche « imaginaire ». Sont-elles alors la matérialisation de cette mémoire que l'on réactive physiquement quand on chante silencieusement pour soi une mélodie ?

Globalement, l'imaginaire auditif garde encore beaucoup de mystères. Mais il a été démontré que des attributs musicaux tels que la tonalité, les informations liées aux harmoniques, le timbre ou encore le *tempo* laissaient une trace sous forme d'images. Quant à savoir si chaque modalité sensorielle a son propre réseau de neurones, c'est une autre histoire ! L'hypothèse qui prévaut actuellement ne va pas dans ce sens : un même substrat neuronal serait responsable de l'intégration des différentes représentations sensorielles.

➤ Le cerveau mélodique

Le cerveau mélodique est mieux connu. La discrimination d'une mélodie (percevoir deux suites de notes différentes comme telles) ne requiert pas les mêmes aires cérébrales qu'une tâche de discrimination d'accords (c'est-à-dire de notes émises simultanément). La distinction mélodique, bien que faisant appel au cortex auditif gauche, semble dépendre largement du bon fonctionnement du lobe temporal droit. Décidément, contrairement à ce que certains pensaient, il y a beaucoup d'arguments en faveur d'un cerveau musical plutôt à droite. En revanche, distinguer des accords se ferait sans préférence hémisphérique.

L'intensité des vibrations sonores (ou sonie) module le codage fréquentiel des cellules ciliées internes. Dans le cortex auditif, la sonie fait également l'objet d'un traitement fin. On a pu mettre en évidence une région, située dans la partie postérieure du lobe temporal droit, qui entre en scène à chaque fois qu'un changement d'intensité survient. L'activité de cette zone n'est pas corrélée au degré de difficulté de la tâche perceptive, c'est-à-dire au degré d'*attention mobilisée*, qui affecte plutôt, quant à lui, d'autres régions neuronales. Ces neurones-ci détectent simplement de manière spécifique tout écart de sonie, que celui-ci soit grand ou petit.

➤ Le timbre

Le timbre, enfin, reste peut-être la dimension musicale la plus énigmatique. On a pu observer que la qualité d'attaque d'un instrument et/ou sa *structure spectrale* (ses différentes fréquences sonores) jouaient un rôle clé dans la reconnaissance de la source. Les propriétés acoustiques semblent donc contribuer fortement aux dimensions perceptives.

L'expérience révèle que certains paramètres sont essentiels pour distinguer deux instruments de musique : notamment l'enveloppe spectrale d'un son (c'est-à-dire sa « brillance », faible pour les sons « doux » et « veloutés » des violoncelles, par exemple) ainsi que son degré de fluctuation (la manière dont évoluent les différentes fréquences), ou encore le contour temporel du son (attaque rapide et chute exponentielle pour les sons frappés et pincés, attaque plus douce suivie d'une phase d'entretien de la vibration pour les sons soufflés et frottés... sans oublier les phénomènes de battement pour les cuivres). En résumé, des caractères physiques intrinsèques sont à la base des processus de perception du timbre.

Des expériences psychoacoustiques de jugement de dissemblances entre paires de timbres ont permis d'esquisser un espace du timbre. Ce dernier est défini selon des dimensions spectrales (de fréquence) et temporelles relatives aux sons. En ce sens, des jugements tels que « rond, grave, large » émanent de l'allure du centre de gravité spectral, tandis que d'autres, comme « pincé, soufflé », sont en relation avec le temps d'attaque. Une autre dimension intervient dans cet espace : l'évolution de l'enveloppe spectrale (ou contour des fréquences). En faisant varier ces trois dimensions, les chercheurs obtiennent des variations de jugement de similarités entre paires de timbres.

Il existe parfois des différences de structure entre les représentations sémantiques (sens des mots qualifiant les sons) et perceptives. Rappelons à ce sujet le « cas » du compositeur russe Shebalin, qui souffrait d'une aphasie sans amusie : il n'était plus en mesure de comprendre le langage, ni même de parler de manière intelligible, et pourtant il continua à composer sa musique. La littérature scientifique spécialisée regorge de cas inverses, c'est-à-dire de patients souffrant de défauts dans la reconnaissance d'airs ou de passages musicaux, sans aucune atteinte du langage. Cerveau et langage, cerveau et musique : que d'imbrications complexes !

Toujours est-il que, dans une salle de concert ou dans un salon, les mécanismes cachés de la perception et de la cognition musicales sont destinés à être oubliés, pour fonctionner d'autant mieux à notre insu... Le bonheur musical vient quand on cesse de décortiquer l'attracteur étrange qui nous apparaît.

Il semble intéressant de se demander comment les différents mécanismes neuronaux coopèrent entre eux ? Une hypothèse théorique, suggérée par différents auteurs, propose que ces structures actives interagissent dynamiquement par la synchronisation oscillatoire de leur activité neuronale. Ces assemblages sont définis comme des réseaux de neurones transitoirement reliés par des connexions réciproques dynamiques.

Il peut s'agir d'interactions entre neurones au sein d'une même aire ou d'aires voisines (différentes aires visuelles codant pour différents attributs d'un objet par exemple) : on parlera alors de synchronisation locale. Il peut aussi s'agir d'interactions entre aires distantes (aires sensorielles et aires frontales lors de certaines tâches cognitives par exemple) : on parlera alors de synchronisation à distance ou d'intégration à large échelle. Une telle synchronisation ou désynchronisation active d'assemblées neuronales permettrait dynamiquement l'intégration ou la ségrégation d'informations distribuées dans le cerveau, nécessaires à l'accomplissement d'une tâche donnée.

Le langage parlé

Le langage parlé ou langage naturel ne peut être assimilé au langage écrit qui à lui seul ne peut représenter le langage. Ce préambule établi, c'est le langage parlé qui nous occupe ici. Un concept se dégage immédiatement : les signaux acoustiques ont une relation extrêmement complexe avec leur perception. Comment l'auditeur fait-il face à une extrême variabilité de réalisation du signal pour construire la forme intégrée invariante perçue en final ? À partir d'une sorte de chaos initialement perçu, le système nerveux est brusquement attiré vers une forme connue. Les connaissances acquises par le sujet facilitent la perception et entrent pour une grande part dans la qualité du résultat.

Pour avoir une idée des conceptions actuelles, voyons les trois approches théoriques qui prévalent à l'heure actuelle.

La première conception fait appel au geste articulatoire qui serait considéré comme l'objet global de la perception. L'audition vient donc d'un goût inné de la reproduction de ce geste moteur à valeur phonétique.

La deuxième approche fait appel à l'expérience auditive et garde toute sa place au *stimulus* auditif comme principe activateur.

Une théorie plus moderne encore fait référence à la psycholinguistique refusant de limiter le langage à la perception de phonèmes même reliés entre eux mais d'une manière plus générale à l'ensemble phonétique, mots phrases, concepts, etc., réalisant un ensemble d'entités traduisant les intentions du locuteur et de l'auditeur.

Pour mieux comprendre le problème, voyons ce qui se passe chez le jeune enfant. Celui-ci est très tôt sensible à l'organisation globale de son environnement parlé : prosodie, phonétique .. Les aptitudes de l'enfant lui permettent de faire face aux variabilités de réalisation de la parole afin d'acquérir le système de sons propre à sa langue maternelle. Progressivement, il acquiert la capacité de discriminer finement tous les sons dans sa langue. En même temps, il perd la perception des contrastes pour les propriétés qui sont absentes dans cette langue qui est dorénavant la sienne. Ceci suppose que très rapidement (moins d'un an) son système auditif va se réorganiser profondément. Il passe ainsi d'un système *complètement « ouvert »* à un système *relativement « fermé »*. D où les accents et les difficultés qu'il rencontrera plus tard pour s'adapter aux langues dites « étrangères ».

Il y a par ailleurs une perception comparative de la segmentation du langage parlé. Le problème est de comparer les unités qui interviennent dans le signal de parole avec les unités significatives utilisées pour comprendre ce langage. On peut conclure que l'auditeur perçoit le *stimulus* de la parole et le compare avec l'organisation qu'il a su acquérir antérieurement. Le sujet doit donc, pour maîtriser le passage du niveau acoustico-phonétique au niveau de signification des mots, être capable d'en comprendre le sens exact.

Une particularité est de comprendre comment le sujet est capable de segmenter un signal continu parlé, d'une grande complexité et, de plus, très variable en unités significatives.

Une théorie connexionniste permet de réunir tous ces éléments dans une conception globale. C'est dans l'utilisation coordonnée d'un large ensemble de données linguistiques, d'un lexique mental acquis et d'une capacité à restaurer les objets sonores manquants, que l'auditeur réussit les reconnaissances qui lui sont nécessaires.

Pour illustrer la complexité du phénomène décrit ici prenons l'exemple du mot banque qui est prononcé avec /k/ à la fin lorsqu'il n'est pas suivi par un /d/. Dans l'exemple « Banque de France » le /k/ devient /g/. Or prononcé seul avec le /g/ final le mot banque n'est plus compris... Cet exemple montre à quel point l'auditeur doit prendre en compte l'occurrence de chaque élément qui lui est présenté. Dans un autre exemple : « *vocabulaire* », il n'est pas nécessaire d'avoir tout entendu pour que le message soit compris sans confusion possible puisque « *vocabu* » suffit.

Tout ce chapitre est destiné à montrer la complexité et l'aspect stochastique du langage qui doit rendre très prudent dans le traitement linéaire utilisé en pratique surtout lors des applications à la prothèse auditive et aux phénomènes de compensation après apparition d'un déficit.

Les moyens d'acquisition du langage

Nous l'avons écrit, pour parvenir à ces acquisitions, l'enfant doit réformer l'anatomie de son système auditif qui comporte beaucoup d'éléments en trop et a besoin de construire des réseaux. Cet apprentissage met en jeu la totalité des potentiels sensoriels de l'enfant et une curiosité innée pour tout ce qu'il découvre. Ces deux conditions de base sont essentielles pour lui permettre de profiter de la grande facilité qu'il a, dans les premières années de sa vie, à construire cette audition. En ce qui concerne la curiosité, elle semble liée, nous l'avons vu au cortège émotionnel que contiennent les sons et dont la composante corticale est consciente dès la 3e ou 4e année.

Pendant le développement *in utero*, le *fœtus* construit son oreille, il ne semble pas étonnant que l'on cherche à provoquer ou à augmenter les conditions favorables à ce développement ; le son en fait sûrement partie. Mais l'accord est loin d'être unanime pour confondre réception et entendement. Cependant, on sait avec certitude que l'anatomie de l'oreille est achevée avant l'accouchement. Des sons parviennent sûrement au *fœtus* au travers du liquide amniotique même si son conduit auditif est obstrué par des cellules embryonnaires ectodermiques. Cette audition n'est donc certainement pas celle dont il bénéficiera après la première respiration.

Des expériences faites pendant les derniers mois de la grossesse (lecture de textes et surtout musique) semblent accréditer que l'enfant est plus sensible après la naissance, à ce qu'il a déjà entendu dans l'utérus !

Pour notre part, nous réservons notre adhésion à de telles affirmations à la parution de travaux complémentaires qui viendront confirmer cette intuition.

Dès la naissance, le nouveau-né détecte la présence d'objets sonores, oriente sa tête et ses yeux dans leur direction et est capable de discriminer certaines de leurs propriétés. Il est très sensible aux caractéristiques rythmiques et mélodiques des séquences sonores. L'enfant est plus stimulé par les sons graves que par les sons aigus.

À partir de cette période postnatale, l'oreille va perdre progressivement des cellules nerveuses et des cellules réceptrices ciliées externes (4e et 5e rangées). Il ne faut pas confondre la réduction cellulaire organisationnelle avec ce que l'on a appelé la réduction due au vieillissement, cette dernière étant en réalité pour beaucoup (Collet) une diminution ou une perte de la plasticité cellulaire qui limite de plus en plus les capacités d'apprendre « du nouveau » mais laisse persister longtemps les fonctionnalités fréquemment utilisées.

Cette lente dégradation ne porte pas vraiment atteinte à la physiologie courante mais elle peut être mise en évidence à l'aide de l'audiométrie haute fréquence (qui n'est pas étudiée par l'audiogramme tonal habituel). Il existe des abaques qui précisent les courbes pour chaque âge de la vie en montrant bien que progressivement l'oreille perd sa capacité à percevoir les aigus (de 20 KHz à 4 KHz, voire moins vers 70 ans). Cette destruction des cellules les plus fragiles est non seulement le fait d'un vieillissement dit « normal » mais il est également proportionnel aux agressions dont l'oreille a été victime durant toute la vie. Son début est difficile à situer avec précision et bien sûr varie selon que l'oreille a été malmenée ou au contraire protégée. On peut voir des presbyacousies cliniques (gène sociale) commencer vers 40 ans et d'autres vers 75 ou 80 ans, voire plus.

Tout ce que nous mémorisons est appris soit involontairement, fortuitement, soit par exercices volontaires d'apprentissage. C'est l'origine des transformations anatomiques dont nous avons parlé et de la qualité des acquisitions dont bénéficiera l'adulte. Chaque acquisition corticale renvoie à la cochlée la formation correspondante et celle-ci avertie saisit encore mieux et plus rapidement ce nouvel attracteur étrange qui à son tour améliore les progrès du cortex. La maintenance de cet apprentissage nous fait entrer dans une boucle permanente de bénéfices réciproques. Que cesse le travail et aussitôt commence la régression.

Les sens de l'ouïe et du toucher sont plus développés chez les non-voyants que chez les autres. Ce phénomène est dû à la faculté du cerveau de réorganiser ses connexions entre les neurones.

La plasticité de l'oreille et de ses structures nerveuses est au maximum pendant la croissance, persiste à l'âge adulte et est encore tout à fait valable pendant la sénescence. L'oreille est prête à ses fonctions dès la naissance mais elle n'a pas encore donné l'occasion au cerveau de l'utiliser pleinement. Car, sans elle, le cerveau ne se développera pas et avec elle, tout peut se faire mais tout reste à faire. Au fur et à mesure des expériences, l'oreille va fournir au cerveau des informations sur tout ce qui l'entoure et plus elle fournit d'informations plus le cerveau augmente ses capacités. On dit que le développement du cerveau est achevé chez l'homme entre cinq et dix ans. Cette affirmation nous paraît devoir être nuancée. S'il s'agit de la période où l'apprentissage est simple sans travail particulier, on peut l'accepter, mais si l'on parle de la capacité d'apprendre en fournissant un effort de travail, les faits, l'expérience montrent que même à un âge avancé, l'homme est capable de modifier ses synapses et de faire encore et encore des progrès.

Les travaux récents démentent que le cerveau perde des cellules au cours du vieillissement. Nous y reviendrons. En revanche, la perte de neurones est considérable de la naissance à la maturité du cerveau mais, pour des raisons de structuration, de câblage, de fonctionnalité, ceci n'est pas un inconvénient, bien au contraire. L'apprentissage se fait selon deux mécanismes :

- ce qui est aléatoire et donc non redondant, disparaît ;
- ce qui est aléatoire mais redondant, actif, et à qui nous reconnaissons un certain déterminisme, persiste sous forme d'un attracteur étrange que chaque nouvelle répétition viendra renforcer.

L'excellence de la fonction s'établit par la répétition et se maintient avec elle, sinon elle est remplacée par une autre ou, si rien n'est fait, disparaît.

Rappelons quelques notions actuellement bien établies :

- des 400 milliards de neurones présents à notre naissance, nous ne conservons que 100 milliards de neurones utiles ;
- il existe une dizaine de formes différentes de neurones qui semble n'avoir rien de particulier chez l'homme par rapport aux autres mammifères ;
- du fait de la lenteur de transmission (100 m/s) de l'influx, chaque neurone provoque un ralentissement qui doit être considéré comme un temps de réflexion possible ; l'entraînement fait disparaître les relais devenus inutiles ;
- ce n'est pas le nombre de neurones qui importe mais le nombre et la qualité des connexions environ 10^{15} pour un être humain ; ces connexions ne sont jamais définitives, elles se fabriquent et s'entretiennent ou disparaissent ;
- la plasticité neuronale explique notre capacité à nous adapter et nous offre la possibilité d'acquérir même à un âge très avancé… ; mais, plus on avance en âge et plus les acquisitions nouvelles, ou leur entretien, demandent d'efforts ;
- les cellules sensorielles et nerveuses ne sont pas renouvelables et aujourd'hui nous ne savons pas encore comment les obliger à se renouveler.

Les chercheurs ont mis en évidence la notion de *réserve cérébrale* par stimulation du cerveau. Cette réserve permettrait ainsi de résister aux agressions du vieillissement et aussi à celles pathologiques des lésions vasculaires ou dégénératives.

Il semble donc qu'il ne faille plus parler de dégénérescence cellulaire liée au vieillissement, sauf si le cerveau est délaissé et ne travaille plus… Réduire le temps de travail de notre système nerveux et du corps qui le fait vivre, c'est réduire ses capacités et le bonheur de vivre… Et pour le cerveau les journées de travail sont de 24 heures.

Essai d'interprétation du traitement du signal

L'intelligence que l'on peut considérer comme le fruit du patrimoine génétique auquel vient s'ajouter l'environnement culturel et affectif ainsi que le fruit du travail passé, donne à notre cerveau la capacité d'avoir présente à l'esprit la signification du langage dans deux dimensions. Une *dimension holistique* comportant un petit nombre d'expressions, donnant la signification et une *dimension fragmentaire* faite d'une succession d'analyses portant sur tel ou tel aspect sémantique.

La conception actuelle ferait dépendre cette intelligence d'un équilibre subtil entre un traitement rapide et un traitement plus lent des signaux informatifs qui parviennent au cerveau.

Il faut du temps pour que nous « prenions conscience » du langage. Il faut du temps pour que la première impression devienne un mot dans notre langue usuelle qui sera à la fois le signifiant et le signifié.

Pour que nous soyons capables de faire preuve d'intelligence, il faut que les perceptions auditives mais également visuelles et, dans une moindre mesure, tactiles, gustatives et olfactives deviennent des sensations, puis que ces dernières prennent du sens. Cette signification s'impose à notre esprit au fur et à mesure que nous sommes capables de percevoir, stocker, analyser (c'est-à-dire capables, le plus vite possible, de comparer, de classer, de réagir). L'action qui suit est fonction des acquis passés et des informations présentes. À chaque nouveauté, nous devons pour faire preuve d'intelligence, ralentir le phénomène pour assurer toutes les opérations précédentes. Mais, lorsqu'il n'y a rien de nouveau, tous ces enchaînements prennent un tour automatique et réclament de moins en moins d'étapes avant de déclencher l'action.

Au début, la perception, puis son équivalent électrique analogique, véhicule l'information qui active un neurone.

Chez le jeune enfant mais également dans une moindre mesure toute la vie, si l'information est répétée, le nombre de neurones stimulés augmente et les liens qu'ils font entre eux se multiplient. Leurs « forces d'attachement entre eux » s'amplifient. Ainsi le stockage de l'information, sans réelle conscience, prend de la consistance et s'environne d'un contexte. Jean-Pol Tassin et les neurophysiologistes à la suite de John Hopfield appellent ce traitement de l'information : le traitement analogique rapide. Ils l'opposent au traitement cognitif.

Le traitement analogique

Le traitement analogique rapide serait la conséquence d'un traitement de particules selon la mécanique statistique appliquée aux réseaux neuronaux. Dans ce modèle, chaque neurone organisé en système interagit avec les voisins comme des molécules entre elles. Il ne s'agit pas d'additions simples mais de multiplications géométriques liées aux interactions et entrant dans la dynamique du chaos. Cette organisation nerveuse tend, comme le chaos, à s'ordonnancer autour d'un attracteur étrange. Elle est constituée de bribes de mémoire se réactivant les unes et les autres dans un bassin d'attractions.

Si l'entrée se répète, elle donne naissance à la mémoire qui serait une forme appropriée du neurone contenant sa propre énergie. L'intervention d'autres aires du cerveau va permettre de modifier ce traitement simple en le complexifiant avec tous les petits « bouts de mémoire » regroupés en fonction du temps ou de l'espace (même moment, même association de neurones). Un très grand nombre de neurones est groupé dans ce bassin d'attraction et si l'un d'entre eux est excité, tout le bassin peut se réactiver.

Dans ce modèle le cerveau traite plusieurs informations en parallèle et peut à tout instant en faire une information globale atteignant la conscience. Il est important de remarquer que ce bassin de mémoire ne contient pas que des informations objectives mais qu'il comporte également un grand nombre de données subjectives attachées solidement et colorant le souvenir. Ce sont des émotions, des affects, des états neurovégétatifs... La fiabilité de ce système a ses limites : le trait d'un visage, une note d'un morceau de musique évoquent une personne ou un air connu mais cette évocation peut être erronée. Rappelons que tout ceci se déroule dans l'inconscient. Il faut un traitement plus lent pour que toute la subtilité du conscient transforme ce premier traitement en traitement cognitif.

Le traitement cognitif

Une notion, déjà vue, doit d'emblée être présente à l'esprit : chez l'homme, des informations vont utiliser la mémoire dite de travail (qui n'a aucun rapport avec les mémoires à court et à long terme). Cette mémoire immédiate de travail va persister jusqu'à ce que le traitement de l'information ait réactivé un bassin d'attraction qui entre dans la réponse attendue. À l'aide de liens entre les différents bassins de mémoire, elle facilite les comparaisons, les analogies, l'appréciation des différences entre la situation présente et celles qui ont été réactivées à cette occasion. Le *petscan* permet de constater que l'essentiel de ce travail est réalisé dans le lobe frontal.

Ce dernier acquiert donc, du fait de sa capacité à maintenir une information jusqu'à l'obtention d'une réponse satisfaisante, un rôle capital dans l'intelligence humaine. Cette capacité de maintien de l'information en mémoire de travail augmente avec l'âge. Pratiquement nulle chez le nourrisson, elle augmente au cours de l'enfance et caractérise l'homme par rapport à l'animal dont la mémoire de travail est très réduite.

Ce traitement terminé, le sujet stocke ces informations sous forme analogique et ne garde pas trace du traitement cognitif qui sera à refaire, si besoin, jusqu'à ce que le circuit analogique soit si court qu'il devienne un réflexe conditionné.

Ce réflexe conditionné est à son tour un nouveau *stimulus* capable de réactiver l'ensemble du cerveau et d'ajouter de la complexité à la complexité existante. Cette richesse ajoute du contexte à la mémoire et à l'action, contexte qui déforme ensuite la mémoire et l'action.

On notera que ces déformations déplacent la mémoire d'un ensemble holistique et la font se réactiver pour d'autres détails changeant parfois radicalement l'action qui suit. Lorsqu'il s'agit de changer un réflexe conditionné, il faut d'abord annuler le premier avant d'acquérir le second.

Le passage du cerveau par tous les états que nous venons de décrire, se ferait en permanence.

Le conscient se résume à un ensemble unique quelle que soit sa taille, évoluant sans cesse et influant sur les informations nouvelles. Ce bouillonnement permanent persiste pendant le sommeil mais uniquement dans sa partie inconsciente.

➤ Introduction à une pensée chaotique

Un certain nombre de données vont conditionner l'intelligence :

- la vitesse de traitement et la quantité d'informations traitées ;
- la capacité à mémoriser ces informations et la rapidité de réactivation de cette mémoire analogique ;
- la capacité à prolonger le traitement cognitif des informations ;
- la complexité que ce traitement est capable d'intégrer ;
- la capacité à passer du mode analogique au mode cognitif en ajoutant des données ;
- la rapidité de traitement s'ajoutant à la durée que supporte le système nerveux lors du traitement cognitif.

Plus il y a de neurones :

- plus ils sont habitués à travailler ensemble ;
- plus ils sont capables d'augmenter leurs connexions ;
- plus ils sont capables d'ajouter d'autres connexions ;
- plus ces connexions sont de bonne qualité ;
- plus le réveil de la mémoire est rapide ;
- plus les liens entre les divers bassins sont importants ;
- plus chaque lien est utilisable séparément de l'ensemble…

Cette énumération est sans limites…

Nous sommes donc devant des phénomènes de base extrêmement simples. Mais du fait de leur grand nombre et de leur imbrication ces phénomènes sont susceptibles de générer des erreurs conceptuelles et surtout de les intégrer dans le système en les justifiant… Elles deviennent alors d'une telle complexité qu'elles empêchent toute analyse réductrice.

Il faut enfin distinguer le neuromédiateur du neuromodulateur. Le neuromédiateur (glutamate par exemple) est un élément chimique qui permet à l'influx qui court dans le neurone d'informer le neurone suivant qui lui est relié par une synapse. Il est présent ou alors la synapse ne fonctionne pas. Le neuromodulateur comme son nom l'indique va être capable, selon les cas, d'influencer la synapse positivement ou négativement. C'est le cas de la sérotonine, de la noradrénaline ou de la dopamine. Ce serait la dopamine qui maintiendrait le processus actif du temps cognitif. Si le maintien est suffisant, le lobe frontal offre la possibilité d'un regroupement de bassin significatif qui va permettre de modifier le stock analogique ; sinon l'opération est inefficace et n'entraîne aucune conséquence sur la mémoire analogique.

L'entrée en scène d'émotions, d'affects va modifier profondément le fonctionnement du lobe frontal.

Les doses de neuromodulateur, responsables du stress, sont incontrôlables et imprévisibles par l'individu. Elles conditionnent pourtant la forme que va prendre sa réaction lorsque apparaît le moment d'une bifurcation (point d'équilibre entre deux états). Cette dernière survient de manière aléatoire et fait ressentir à ce moment le nouvel état dans lequel se trouve l'individu (attracteur étrange). Ce qui explique l'intérêt du stress à petite dose et son action paralysante à haute dose.

On conçoit que la génétique puisse jouer un rôle essentiel dans l'intelligence. Celle-ci ne pourrait se façonner puis s'exprimer faute de matériel mais sans travail ni acquis culturel, le capital sensoriel, sous-employé, resterait très médiocre. Le rôle de l'environnement culturel et affectif reste essentiel dans le développement.

■ *En quelques lignes* ■

On ne naît pas avec une audition mais avec la capacité d'en construire une pour s'en servir ensuite et, ce faisant, la perfectionner toujours davantage. L'oreille est apte génétiquement à coder, d'une manière accessible au système nerveux, les modulations de pressions impulsionnelles qui nous entourent et que nous nommons ondes sonores. Ces acquisitions se font d'autant plus facilement qu'elles sont proposées dans des créneaux d'âge adéquats. Dans cet environnement de « bruits variés », il faut distinguer trois types de compétence de l'oreille : l'alerte, la musique et le langage et trois niveaux d'intégration : physico-chimique (de la pression à l'influx nerveux), neurologique (le devenir des influx d'origine sonore) et cognitif (ce que notre conscience est capable d'en faire). Chacune de ces aptitudes doit être définie et précisée au regard des capacités auditives de l'individu.

L'alerte dont on parle rarement est pourtant l'une des fonctions qui handicape le plus les malentendants (ne pas entendre une voiture qui surprend ensuite et fait peur, par exemple). Une prothèse auditive qui permettrait à un sourd profond d'entendre des bruits d'alerte serait déjà d'un grand secours. L'alerte résume presque totalement l'audition des animaux. La musique qui est l'art de combiner des sons dans l'espace et dans la durée selon des règles coutumières, est un langage primaire auquel beaucoup d'animaux sont sensibles. Tout joue : la mélodie, le rythme et une connotation émotive singulièrement renforcée par les paroles que l'on y ajoute. Le cerveau possède des régions uniquement dédiées à la musique dans le lobe temporal droit. Le langage est une fonction d'expression de la pensée et de la communication entre les hommes. Ce langage est protéiforme et est fondé sur l'émission de paroles dont l'assemblage apporte du sens. Il n'utilise pas le même hémisphère que la musique. C'est l'hémisphère gauche qui préside à la parole et à la compréhension de celle-ci, c'est l'hémisphère droit qui s'active pour la musique.

En ce qui concerne le langage parlé, progressivement, le jeune enfant, acquiert la capacité de discriminer finement tous les sons de sa langue. En même temps, il perd la perception des contrastes pour les propriétés qui sont absentes de cette langue qui est dorénavant la sienne. Ceci suppose que très rapidement (moins d'un an) son système auditif se réorganise profondément. Il passe ainsi d'un système complètement « ouvert » à un système relativement « fermé ». D'où les accents et les difficultés qu'il rencontrera plus tard pour s'adapter aux langues dites « étrangères ». On peut conclure que l'auditeur perçoit le stimulus de la parole et le compare avec l'organisation qu'il a su acquérir antérieurement.

L'oreille est prête à ses fonctions dès la naissance mais elle n'a pas encore donné l'occasion au cerveau de l'utiliser pleinement. Car, sans elle, le cerveau auditif ne se développera pas et avec elle, tout peut se faire mais tout reste à faire. L'intelligence applique au langage deux dimensions. Une dimension holistique, donnant la signification et une dimension fragmentaire faite d'une succession d'analyses sémantiques. La conception actuelle ferait dépendre cette intelligence d'un équilibre subtil des signaux informatifs qui parviennent au cerveau, entre un traitement rapide et un traitement plus lent. Nous appliquons à l'information soit un traitement analogique rapide, soit un traitement cognitif. Le traitement analogique multiplie de façon logarithmique inconsciente les données neuronales réalisant des attracteurs étranges (bouts de mémoire) qui se combinent avec d'autres en bassin de mémoire. Le traitement cognitif conscient se fait dans le lobe frontal en bloquant par des boucles un bassin de mémoire et en permettant d'en interroger un autre qui vient modifier l'ensemble. L'affectif joue ici un grand rôle.

L'oreille permet le développement de l'ensemble du cerveau et des sens ; en retour ceux-ci sont nécessaires au développement de l'audition.

Pour approfondir

Rosowski JJ. Models of external- and middle-ear function. In : *Auditory Computation*, Hawkins HL, McMullen TA, Popper AN, Fay RR (eds), Springer, New York, 1996, 55-61.

Rouvière H. (1954), *Anatomie humaine descriptive et topographique*, révisé par Cordier G, tome I, *Tête et cou*, Paris, Masson, 1994.

Sobotta C. *Atlas d'anatomie humaine*, édité par Putz R, Pabst R, édition française, Dhem A, Gouazé A, Paris, Éditions Médicales Internationales, 1994.

Tortora GJ, Grabowski SR. *Principe d'anatomie et de physiologie*, Anjou (Québec), Centre éducatif et culturel Inc., 1997.

Wever EG, Lawrence M. *Physiological Acoustics*, Princeton, USA, Princeton Univ. Press, 1954.

CHAPITRE 23

Vie et vieillissement de l'audition

Nous venons de voir que la vie de l'appareil cérébro-auditif débute chez l'embryon avant l'audition qui, elle, pour développer la capacité d'entendre et de comprendre a besoin d'un organe suffisamment constitué. Ainsi, au début, la vie de l'audition coexiste avec sa construction et, dès la maturité (25 ou 30 ans), va se confondre avec son vieillissement. Cette dernière période évolue très lentement, c'est donc très tardivement que ce vieillissement naturel fera sentir ses effets sur la qualité et la quantité des sons perçus ainsi que sur leur compréhension.

Le processus de vie de l'audition ne sera jamais en équilibre parfait bien longtemps. C'est l'usage qui en est fait qui permet à l'audition de se maintenir en vie et en bon état. L'audition, comme tous les sens, réclame un travail constant pour améliorer et/ou conserver ses performances à leur plus haut niveau. Par travail, nous entendons que le sujet fasse feu de tout ce qui se présente à lui, consciemment ou inconsciemment, volontairement ou involontairement, par jeu ou par inadvertance... Les circonstances importent peu, tout fonctionnement « normal » entretient et fait progresser. Tant que les oreilles sont « bonnes » ce n'est pas un gros travail mais si les oreilles viennent à perdre leurs moyens, il faut s'en préoccuper. Cette maintenance devient alors un travail actif, pénible même, mais indispensable.

Pour avoir une bonne audition, il faut beaucoup plus que l'oreille. Entre l'outil de perception et la compréhension du message, il est nécessaire qu'intervienne la partie du système nerveux qui est dédiée au récepteur auditif, c'est-à-dire pratiquement tout. Le vieillissement de l'audition doit être compris comme le vieillissement de cet ensemble.

Le système auditif va, en effet, vieillir et perdre progressivement les qualités de ses fibres nerveuses et des cellules qui le constitue, des cellules réceptrices (ciliées externes surtout) et des synapses qui les unissent.

Pour la fibre nerveuse, il s'agirait surtout de troubles de fonctionnement, d'erreurs d'organisation, de défauts de constitution sans que l'on puisse parler, comme dans les maladies dégénératives du système nerveux, de dégénérescence neurofibrillaire et/ou de disparition cellulaire. Le vieillissement limite de plus en plus les capacités d'apprendre « du nouveau » mais laisse persister longtemps et en bon état, les capacités anciennes fréquemment utilisées.

Cette lente dégradation ne porte donc pas vraiment atteinte, au début, à la capacité auditive dans la vie courante. Cependant elle peut être mise en évidence à l'aide de l'audiométrie haute fréquence (qui n'est malheureusement pas étudiée par l'audiogramme tonal habituel). Il existe des abaques qui précisent les courbes pour chaque âge de la vie en montrant bien que progressivement l'oreille perd sa capacité à percevoir les aigus (de 20 KHz vers sept ans à 4 KHz voire moins vers 80 ans).

Cette détérioration des cellules les plus fragiles est non seulement le fait d'un vieillissement dit « normal » mais elle est également proportionnelle aux agressions dont l'oreille a été victime durant toute la vie. Ainsi le tout début du vieillissement est difficile à situer avec précision et, bien sûr, varie selon que l'oreille a été malmenée ou au contraire protégée. On peut voir des presbyacousies cliniques commencer vers 40 ans et d'autres vers 80 ans, voire plus.

Dès lors, ou bien l'audition fonctionne dans de bonnes conditions et grâce à elle, l'individu acquiert de l'expérience en se spécialisant à la demande et en devenant expert dans les domaines que l'oreille a travaillé (musique, langues étrangères, moteurs de bateaux pour les sous-mariniers que l'on appelle « oreilles d'or », etc.) ou bien, elle s'altère. Les déficiences vont apparaître plus ou moins rapidement. Au vieillissement s'ajoutent des causes connues comme la prise de médicaments ototoxiques et/ou les traumatismes sonores ou blastiques sur l'oreille et maintenant de plus en plus les maladies dégénératives.

En résumé, si l'oreille et les centres nerveux sont normalement sollicités, les capacités d'entraînement, dues à la plasticité de l'appareil auditif, restent longtemps très grandes. Elles peuvent persister jusqu'à plus de 100 ans. En revanche, elles disparaissent rapidement si l'oreille n'envoie plus de message au système nerveux ou si le message n'a plus de signification.

Un jour arrive où les capacités de l'oreille ne couvrent plus les besoins courants. Une gêne sociale apparaît qui vient s'ajouter à toutes les autres déficiences de la personne âgée. L'oreille va progressivement mourir de cette lente destruction programmée.

Il faut insister sur le fait que la plasticité du système nerveux est telle que si l'individu travaille son oreille, les premières pertes dans le registre aigu peuvent se compenser et « *De même, on peut penser que dans la presbyacousie les neurones du cortex, qui ne servent plus à traiter les sons aigus (puisque l'oreille ne les code plus), "basculent" sur un traitement de fréquences plus graves et améliorent leur perception* », Rémy PUJOL (1999).

L'altération progressive de la sensation auditive caractérise la presbyacousie au sens strict du terme. La presbyacousie est liée à l'altération de la cochlée qui est de moins en moins capable d'extraire l'objet sonore des bruits de l'environnement et à celle du système nerveux qui est dédié à cette oreille.

L'interprétation donne du sens à l'information qui parvient aux centres. Cette information, altérée à la source, n'est pas non plus correctement utilisée. C'est alors l'agnosie auditive liée à l'âge qui s'ajoute à la presbyacousie. Elle ne se limite pas bien sûr aux messages verbaux mais altère également le non-verbal et tout l'environnement de l'audition, c'est-à-dire les autres sens, la motricité, les centres associatifs…

Faut-il parler de vieillissement normal ou de vieillissement pathologique ? La frontière entre les deux est plus que floue mais il est quand même possible de distinguer l'atteinte lente, sans à-coups, qui s'installe avec l'âge, de celle des accidents vasculaires, dégénératifs ou autres qui détruisent plus ou moins brusquement tout ou partie du système. Bien sûr, il ne s'agit pas d'une différenciation purement nosologique mais au contraire d'une distinction qui peut permettre de gérer le traitement de manière plus efficace.

La détérioration liée à l'âge ne demande pas la même approche que celle qui s'ajoute aux détériorations par artériosclérose ou trouble métabolique cellulaire. On devra aussi tenir compte du vieillissement physiologique de la mémoire qu'on ne confondra pas avec les atteintes pathologiques, maladie d'Alzheimer par exemple. La mémoire, rappelons-le, joue un rôle capital dans le stockage des acquisitions auditives, dans leurs comparaisons entre elles, dans leurs associations avec les autres données sensorielles et dans leurs prolongements imaginaires.

Il est donc difficile de reconnaître cliniquement la part qui revient à tous les phénomènes qui surviennent au cours de la vieillesse. Pour comprendre la presbyacousie, il faut la replacer dans son contexte et pour cela, faire une parenthèse et nous occuper des traumatismes sonores, des surdités toxiques et des maladies dégénératives les plus courantes du système nerveux.

Traumatisme sonore

Il en existe deux sortes : soit il s'agit d'un traumatisme uniquement lié à l'intensité excessive du son (boîte de nuit, baladeur, machine outil, marteau-piqueur…), soit il s'y ajoute un *blast* (explosion).

➤ Le traumatisme sonore par bruit trop fort et/ou trop longtemps

Le mécanisme est actuellement mieux élucidé. L'atteinte auditive est à la fois liée à l'importance mécanique des pressions sur les organes de l'oreille (interne en particulier) et à un hyperfonctionnement des cellules ciliées (lié à la durée de perception d'un son trop intense) entraînant des lésions consécutives à l'excès de production de glutamate (médiateur chimique de la synapse entre la cellule ciliée interne et les dendrites du nerf cochléaire).

Pour qu'il y ait traumatisme sonore, il faut :

- *une certaine intensité* des sons arrivant à l'oreille ; cette intensité est variable en fonction de la position du pavillon par rapport à la source, de la brusquerie d'apparition du son et de l'état de l'oreille au moment du traumatisme (fatigue, dans le silence, etc.) ;
- *une certaine durée* et plus celle-ci est pérenne, plus les dégâts seront importants.

Un bruit d'une intensité de 90 dB devra persister un long temps pour léser une oreille (plus d'une heure par exemple). Ce même bruit, très bref, est sans conséquences apparentes. En revanche, un bruit dont l'intensité dépasse 130 dB est toujours traumatisant quelle que soit sa durée.

Du point de vue clinique, les sons d'apparition brusque entraînent, en même temps que la perte auditive, une sensation douloureuse qui peut être très intense. Pour des intensités moindres, la gêne entraînée est souvent supportable et n'oblige pas à se soustraire à la proximité de la source. C'est d'ailleurs bien là le danger car plus le son est appliqué longtemps, plus les lésions seront importantes et irréversibles.

Dès que le traumatisme a cessé, le sujet perçoit un acouphène généralement aigu et ressent une nette sensation d'oreille bouchée avec diminution de l'audition. Tous les degrés peuvent se voir depuis l'exceptionnelle cophose immédiate et définitive jusqu'à la perte auditive minime et à l'acouphène qui disparaissent au bout de quelques minutes, à l'arrêt du traumatisme. Ajoutons qu'il existe parfois des vertiges associés aux signes auditifs et que ceux-ci disparaissent pratiquement toujours à l'arrêt du bruit. Il est enfin classique d'ajouter qu'une fois installés, les symptômes résiduels n'évolueront plus ni vers l'amélioration, ni vers l'aggravation à condition qu'il n'y ait plus de nouveau traumatisme.

Du point de vue audiométrique, le diagnostic est facile tant est stéréotypée la courbe. Il s'agit d'une encoche du champ auditif sur le 4 000 Hz qui va de la simple spicule jusqu'à l'amputation en « V », à base très large. La caractéristique du traumatisme sonore est que la perte maximum se situe sur le 4 000 Hz et remonte toujours un peu dès le 8 000 Hz.

On ne connaît pas bien les lésions qui sont imputables au traumatisme sonore, du moins au début ou quand le traumatisme est mineur. Dès que l'atteinte est visible, on note d'abord une disparition progressive des cils puis le métabolisme cellulaire s'altère et la cellule dégénère. Elle finit par disparaître définitivement. Il existe également des lésions collatérales avec des atteintes des cellules de soutien ou de la strie vasculaire. L'ensemble de ces lésions préexistantes est évidemment à prendre en compte quand débute la presbyacousie mais on ne connaît pas leur importance respective à ce moment.

Dans la période qui suit immédiatement le traumatisme, une perfusion de corticoïdes durant trois, quatre ou cinq jours et le repos au calme semblent donner des résultats intéressants. Passés ces quelques jours, il faut éviter à cette oreille fragilisée, toute nouvelle exposition aux bruits de plus de 80 dB. Des études cliniques mériteraient d'être entreprises.

Notre société se prépare des millions de sourds avec la vie moderne, les boîtes de nuit, la Formule 1, les chantiers, les machines-outils, les usines, le tir, les explosions, les baladeurs, les aéroports, la proximité d'autoroutes, le cinéma, les concerts de musique, la sonorisation de la moindre fête, les mariages… Les Romains déconseillaient de vivre à proximité des chutes d'eau car ceux qui vivaient dans leurs parages étaient tous sourds…

➤ Le traumatisme sonore après blast

À proximité de l'oreille, les armes à feu, les pétards, les explosions, le tir de feux d'artifice, l'explosion des *airbags* ou les intensités sonores supérieures à 150 dB ont des conséquences immédiates encore plus graves que le traumatisme sonore sans *blast*. Il s'y ajoute souvent des lésions du tympan voire de la chaîne ossiculaire. Il peut également exister des lésions mécaniques de l'oreille interne avec mélange de la périlymphe avec l'endolymphe. Les troubles auditifs sont immédiats et pratiquement toujours définitifs.

➤ L'éventuelle réparation

Dans certaines circonstances, les synapses détruites par la toxicité du glutamate en excès peuvent subir une certaine régénération. Si parfois elle peut permettre une *restitutio ad integrum*, le plus souvent la reconstruction des terminaisons nerveuses anormales est de mauvaise qualité.

Nous en rapprocherons les lésions par barotraumatisme dont la physiopathologie est très différente mais les séquelles très voisines.

Rappelons que, dans le cadre d'une profession, les lésions traumatiques occasionnées par le bruit sont à considérer comme une maladie professionnelle.

Surdité toxique

Certains produits toxiques surtout médicamenteux peuvent endommager l'audition. Ils sont très nombreux. On les range souvent en quatre catégories : les dérivés salicylés dont l'aspirine, les aminosides, les diurétiques et des médicaments divers.

Les mécanismes d'atteinte de l'oreille interne sont variés. Le plus souvent, les produits toxiques s'attaquent directement à l'organe de Corti ou au métabolisme des liquides dans lesquels cet organe baigne.

Dans d'autres cas, ces produits agissent au niveau des centres cérébraux, soit qu'ils les détruisent, soit qu'ils contrefassent leur action rendant les réponses aberrantes ou ininterprétables.

En ce qui concerne les antibiotiques aminosides, les atteintes sont dose-dépendantes et agissent sur l'oreille (aussi bien cochlée que vestibule) et sur le rein mais les destructions cellulaires pour le rein sont réversibles tandis qu'elles sont définitives pour l'oreille. Ces antibiotiques entraînent des baisses d'audition portant sur les fréquences aiguës mais à la longue atteignant les fréquences moyennes et graves. Ce sont les cellules externes de la 1re rangée qui disparaissent les 1res puis progressivement les autres rangées et les cellules ciliées internes. Les aminosides passent dans le canal de Corti depuis la strie vasculaire et s'insinuent sous la cuticule puis dans les cellules ciliées. La plus grande prudence s'impose donc dans leur utilisation sans raison vitale majeure. On signalera qu'il faut éviter tout bruit violent dans les suites d'une telle thérapeutique car il existe une synergie entre le bruit et ces antibiotiques pendant plus de six mois. Il faut avertir les malades du risque encouru.

En ce qui concerne les diurétiques, (les plus connus étant l'acide éthacrynique et le furosémide) l'effet est immédiat. Quelques minutes après la prise du médicament apparaît une baisse d'audition qui disparaîtra dès l'élimination du produit.

L'acide acétylsalicylique agit sur la cochlée de manière dose-dépendante et l'effet est réversible à l'arrêt du traitement. Ce produit provoque surtout des acouphènes et une baisse d'audition par un mécanisme d'oto-émission. L'aspirine pénètre dans le canal cochléaire par la strie vasculaire et modifie les équilibres ioniques ainsi que les contractions des cellules ciliées externes. Il en résulte que, si la dose suffisante est atteinte, il apparaît un acouphène avec baisse d'audition le plus souvent temporaire.

Il est intéressant de pouvoir disposer d'une liste assez complète des médicaments et produits susceptibles d'endommager l'oreille interne. Nous présentons la liste des noms génériques de produits ototoxiques (il ne s'agit jamais de noms commerciaux) que l'on retrouve dans la formule des médicaments (voir la liste en fin de chapitre).

Lorsqu'on est amené à prescrire de tels médicaments, il est indispensable d'instituer une surveillance audiométrique (comportant une étude des hautes fréquences). La fréquence des examens doit permettre de se rendre compte le plus vite possible de la moindre modification évoquant les premiers signes d'atteinte de l'oreille interne.

Maladies neurodégénératives du système nerveux

L'audition en relation avec ce type de maladies n'a pas été particulièrement étudiée. Et pourtant c'est un sujet tout à fait passionnant compte tenu du travail qui est demandé aux patients pour ralentir l'évolution de leur maladie et de l'importance de l'audition dans les options thérapeutiques utilisées.

Leur diagnostic est souvent très difficile au début, même pour des psychiatres chevronnés. L'important est d'essayer de comprendre où s'intègre la part de l'audition et de ses qualités dans l'évolution de la maladie.

Les principales maladies présentant des troubles cognitifs sont : la maladie d'Alzheimer, la maladie de Parkinson, les accidents vasculaires cérébraux, la sclérose latérale amyotrophique, la chorée de Huntington. Il y en a bien d'autres. Nous y reviendrons. Toutes ces maladies ont un pronostic souvent redoutable, des symptômes assez voisins au début qui sont difficiles à reconnaître entre eux et à distinguer d'un vieillissement normal.

Pour affirmer, avec certitude, le diagnostic, il faut souvent attendre l'autopsie…

Leur évolution est variable et leurs phases de progression sont, soit lentes, soit très rapides sans qu'on puisse avoir d'éléments de pronostic puisque tout est variable chez un même malade et d'un malade à l'autre.

Les lésions peuvent toucher les neurones comme les constituants de la substance blanche tels que la myéline, se limiter à des structures très précises ou s'étendre à l'ensemble du système nerveux, concerner l'enfant et l'adulte jeune ou au contraire faire partie de ce que l'on nomme les maladies liées au vieillissement.

Ce qui nous intéresse surtout, c'est la possibilité de ralentir la maladie par un certain nombre d'exercices qu'il faut faire pratiquer au patient dès les premiers symptômes. Ces exercices sont généralement les mêmes que ceux que l'on recommande aux personnes âgées bien portantes pour entretenir leur forme.

Or, ces exercices font tous appel à l'audition soit avant pour expliquer, soit pendant l'exécution, soit après pour donner des conseils. Ils réclament pour être compris une bonne capacité d'écoute et la presbyacousie, surtout lorsqu'elle est importante et entraîne une gêne sociale, peut empêcher de comprendre les messages.

D'un autre côté, le fait de perdre des neurones au niveau du système limbique (comme c'est le cas pour la maladie d'Alzheimer par exemple) ou dans les zones primaires, compromet la qualité de l'audition qui ne peut plus s'activer, même si la cochlée est encore capable de coder le message puisque les centres ne le reçoivent pas.

Chez la personne âgée, cet échange de mauvais procédés entre la presbyacousie portant sur l'oreille et les atteintes venant de la dégénérescence nerveuse va précipiter la régression.

Il nous semble donc logique d'imaginer qu'une prothèse auditive, portée très tôt et des deux côtés, permettrait d'éviter d'adjoindre aux pertes nerveuses celles liées à l'audition et d'éviter aussi la régression des tissus nerveux qui ne fonctionnent plus du fait de la défaillance du système sensoriel qui les alimente en influx.

Ralentir de quelques années cette régression nous semble déjà un gros progrès qui pourrait ne pas être difficile à obtenir. Nous y travaillons depuis plusieurs années.

Les différents types de vieillissement de l'oreille

Tous les éléments qui composent l'oreille interne vont subir une dégénérescence lente mais inéluctable. La réception des sons est un phénomène complexe qui met en jeu de nombreuses structures très fines. Il est des caractéristiques du son (harmoniques très aiguës) qui apportent le timbre, la chaleur, la beauté au son et qui n'ont que peu d'importance dans la compréhension de la parole (seuls les musiciens seront privés des qualités harmoniques). D'autres, au contraire, sont essentielles (aigus de la zone conversationnelle) pour capter les constituants du message et pouvoir le décrypter. Les sons aigus disparaissent très tôt au cours de la vie puisque le vieillissement de l'oreille commence vers 30 ans.

Nous n'en prenons conscience habituellement qu'après une cinquantaine d'années. À ce moment-là, ce sont les émissions vocales aiguës comme les « s », les « f », les « ch » (fricative *fe/se/che*) qui disparaissent et rendent les mots qui les contiennent ininterprétables.

Lors du vieillissement, il semble s'agir d'une dévascularisation progressive de la cochlée et de pertes de cils. Sélectivement, il s'agit de cils de la 1re rangée puis de la 2e et enfin de la 3e. Les cellules internes sont très rarement atteintes. Il peut en résulter une déperdition neuronale dans la mesure où la fonction réceptrice étant mal assurée, les fibres nerveuses concernées n'ont plus leur raison d'être. On note que la majorité des altérations histopathologiques résident à la fois dans la base de la cochlée où se trouvent les cellules ciliaires de la zone réceptrice des hautes fréquences et dans les neurones du nerf cochléaire correspondant à ces cellules.

- Les éléments élastiques de l'oreille interne deviennent de plus en plus rigides et ne sont plus capables de réagir de manière adéquate pour capter le son auquel le cerveau est habitué. L'oreille en change les propriétés acoustiques. On pourra parler, dans ce cas, de *presbyacousie de transmission.*
- La strie vasculaire peut également subir des modifications athéromateuses qui vont perturber la production électrique de la cochlée. Nous aurons donc des *presbyacousies striales*.
- Les cellules nerveuses et leurs fibres s'altèrent progressivement, il en résulte une *presbyacousie neurale*.

Chez les sujets âgés, les lésions sont multiples. Intriquées, elles deviennent de plus en plus difficiles à compenser. Nous voyons cependant l'intérêt d'une rééducation permanente en sachant que les possibilités de décoder restent diminuées, que l'apprentissage est difficile et la capacité d'acquérir des nouveautés de plus en plus réduite.

On notera également que lorsqu'on étudie le vieillissement chez le cobaye ou le rat, les lésions constatées semblent assez nettes et faciles à décrire. Il en est de même, si nous faisons la même étude en prenant le bruit comme seul facteur étiologique. En revanche, on ne s'étonnera pas si les événements se compliquent lors de l'étude des deux phénomènes en même temps chez le même patient.

Cette complexité devrait nous faire admettre que les lois euclidiennes, linéaires ne s'appliquent jamais en pratique à l'individu dans son ensemble et qu'il nous faut adopter une manière plus stochastique de penser la physiologie de l'être humain, puisque celle-ci fait partie du chaos.

Liste des médicaments ototoxiques (surdité et acouphènes)

Liste tirée d'une publication de S. Orin et D.O. Kaufman, 2002.

Pour la surdité

A. **Salicylates :** 1. aspirine et produits contenant de l'aspirine, 2. salicylates et méthyl-salicylates (en usage externe). (la toxicité apparaît avec des doses fortes et disparaît à l'arrêt du médicament).

B. **Anti-inflammatoires :** 1. diclofenac, 2. etocolac, 3. fenprofen, 4. ibuprofen, 5. indomethacin, 6. naproxen, 7. piroxicam, 8. sulindac, (les effets toxiques sont liés à la dose et réversibles à l'arrêt du médicament).

C. **Antibiotiques :**

1. *aminoglycosides* : a. amikacin, b. gentamycin, c. kanamycin, d. neomycin, e. netilmicin, f. streptomycin, g. tobramycin, (Les pertes de l'audition sont en général définitives).
2. *érythromycines* : a ; EES, b. E-mycin, c. Ilosone, d. eryc, e. Pediazole, f. Biaxin, g. zithromax. (ototoxicité uniquement en intraveineuse)
3. vancomycin
4. minocycline
5. polymixin B & amphotericin B (antifongiques)
6. capreomycin (anti-tuberculeux).

D. **Diurétiques :**

1. bendroflumethazide, 2. bumetadine, 3. chlor-thalidone, 4. acide ethacrynique, 5. furosemide, (rare en cas d'usage oral ; risque plus grand en cas d'injection).

E. **Chimiothérapie :**

1. bleomycine, 2. bromocriptine, 3. carboplatinum, 4. cisplatin, 5. methotrexate, 6. nitrogen mustard, 7. vinblastin, 8. vincristine,

F. **Quinine** (anti-malarial),

1. chloroquine phosphate, 2. quinacrine hydrochloride, 3. quinine sulfate

G. **Protecteurs des muqueuses :** Misoprostol.

Pour les acouphènes

A. **Pulvérisants et solvants :**

1. cyclohexane, 2. dichloromethane, 3. hexane, 4. lindane, 5. methyl-chloride, 6. methyl-n-butyl-ketone, 7. perchlor-ethylene, 8. styrene, 9. tetrachlor-ethane, 10. toluol, 11. trichloroethylene,

B. **Antibiotiques :**

1. aminoglycosides (comme ci-dessus), 2. amphotericin, 3. chloramphenicol, 4. minocycline, 5. polymyxine, 6. sulfonamides, 7. vancomycin.

C. **Anti-néoplastiques :**

1. bleomycin, 2. cis-platinum, 3. carboplatinum, 4. methotrexate, 5. moutarde azotique, 6. vinblastin,

D. **Diurétiques :**

1. acetazolamide, 2. bumetanide, 3. bendrofluazide, 4. chlorothalidone, 5. diapamide, 6. acide ethacrynique, 7. furosemide, 8. hydrochlorthiazide, 9. methylchlorthizide,

E. **Médicaments cardiaques :**

1. celiprolol, 2. flecainide, 3. lidocaine, 4. metoprolol, 5. procainamide, 6. propranolol, 7. quinidine.

F. **Agent psychopharmacologiques** (antidépresseurs, etc.) :

1. *amitryptiline*,

2. *benzodiazepines* : a. alprazolam, b. clorazepate, c. chlordiazepoxide, d. diazepam, e. flurazepam, f. orazepam, g. midazolam, h. oxazepam, i. prozepam, j. quazepam, k. temazepam, l. triazolam
3. *bupropion*, 4. carbamzepine 5. *diclofensine* 6. *doexpin* 7. *desiprimine* 8. fluoxetin 9. imipramine 10. lithium 11. melitracen 12. molindon 13. paroxetin 14. phenelzin 15. protriptilin 16. trazodon 17. zimeldi

G. Anti-inflammatoires :

1. aspirine, 2. acematacine, 3. benorilate, 4. benoxaprofen, 5. carprofen, 6. diclofenac, 7. diflunisal, 8. fenoprofen, 9. feprazon, 10. ibuprofen, 11. indomethacin, 12. isoxicam, 13. ketoprofen, 14. methyl salicylates, 15. naproxen, 16. D-Penicilliamin, 17. phenylbutazone, 18. piroxicam, 19. proglumetacin, 20. proquazon, 21. salicylates, 22. sulindac, 23. tolmetin, 24. zomepirac,

H. Glucocorticoïdes :

1. prednisolone, 2. ACTH,

I. Anesthésiques :

1. bupivacain, 2. tetracain, 3. lidocaine,

J. Antimalarial :

1. chloroquine, 2. hydroxychloroquine,

K. Toxiques divers :

1. alcohol, 2. arsenic, 3. caféine, 4. plomb, 5. marijuana, 6. nicotine, 7. mercure, 8. auronofin (gold), Ridaura.

■ En quelques lignes ■

Nous venons de le voir, la vie de l'appareil cérébro-auditif débute chez l'embryon avant l'audition qui est la capacité d'entendre et de comprendre. Au début, la vie de l'audition coexiste avec sa construction et, dès la maturité (25 ou 30 ans), elle va se confondre avec son vieillissement. Le système auditif va, en effet, vieillir et perdre progressivement les qualités de ses fibres nerveuses et des cellules qui le constituent, des cellules réceptrices (ciliées externes surtout) et des synapses. Le vieillissement limite de plus en plus les capacités d'apprendre « du nouveau » mais laisse persister longtemps et en bon état, les capacités anciennes fréquemment utilisées. Cette détérioration des cellules les plus fragiles est non seulement le fait d'un vieillissement dit « normal » mais elle est également proportionnelle aux agressions dont l'oreille a été victime durant toute la vie.

Si l'oreille et les centres nerveux sont normalement sollicités, les capacités d'entraînement dues à la plasticité de l'appareil auditif, restent longtemps très grandes. Elles peuvent persister jusqu'à plus de 100 ans. En revanche, elles disparaissent rapidement si l'oreille est inactive ou si une surdité met le système nerveux, dédié à l'oreille, au repos forcé. Au vieillissement s'ajoutent des causes connues comme la prise de médicaments ototoxiques et/ou les traumatismes sonores ou blastiques sur l'oreille et maintenant de plus en plus les maladies dégénératives du système nerveux.

Le travail que fait l'homme pour progresser ralentit le déclin s'il est poursuivi avant la décrépitude. Le jour où, malgré tout le travail, l'audition ne suffit plus il faut envisager une aide extérieure et les suppléances fonctionnelles. Moyennant quoi on peut entendre jusqu'à 100 ans. Répétons une notion importante : il faut toujours ajouter l'agnosie auditive à la presbyacousie, les deux étant indissociables. Pour comprendre la presbyacousie, il faut la replacer dans son contexte et pour cela, nous occuper des traumatismes sonores, des surdités toxiques et des maladies dégénératives du système nerveux les plus courantes.

Le mécanisme du traumatisme sonore est actuellement le mieux élucidé. L'atteinte auditive est à la fois liée à l'importance mécanique des pressions sur les organes de l'oreille (interne en particulier) et à un hyperfonctionnement des cellules ciliées (lié à la durée de perception d'un son trop intense) entraînant des lésions consécutives à l'excès de production de glutamate (médiateur chimique de la synapse entre la cellule ciliée interne et les dendrites du nerf cochléaire).

Pour qu'il y ait traumatisme sonore il faut qu'une certaine intensité des sons arrive à l'oreille. Cette intensité est aussi variable en fonction de la position du pavillon par rapport à la source, de la brusquerie d'apparition du son, de l'état de l'oreille au moment du traumatisme (fatigue, dans le silence, etc.) et d'une certaine durée. Plus elle est importante, plus les dégâts seront importants. Un bruit d'une intensité de 90 dB devra persister un long moment pour léser une oreille (plus d'une heure par exemple). Ce même bruit très bref est sans conséquence. En revanche, un bruit dont l'intensité dépasse 130 dB est toujours traumatisant. La caractéristique du traumatisme sonore est que la perte maximum se situe sur le 4 000 Hz et remonte toujours un peu dès le 8 000 Hz.

Certains produits toxiques surtout médicamenteux peuvent endommager l'audition. Ils sont très nombreux. On les range souvent en quatre catégories : les dérivés salicylés dont l'aspirine, les aminosides, les diurétiques et des médicaments divers. Les lésions sont parfois irréversibles. L'audition n'a pas été particulièrement étudiée en relation avec les maladies dégénératives du système nerveux. Les principales maladies qui présentent des troubles cognitifs sont : la maladie d'Alzheimer, la maladie de Parkinson, les accidents vasculaires cérébraux, la sclérose latérale amyotrophique, la chorée de Huntington. C'est la possibilité de ralentir la maladie par un certain nombre d'exercices qu'il faut faire pratiquer au patient dès les premiers symptômes. Or, ces exercices font tous appel à l'audition et là nous pouvons être utiles.

Les différents types de vieillissement sont liés essentiellement à des dévascularisations progressives. Il peut s'agir : d'une presbyacousie de transmission, d'une presbyacousie striale, d'une presbyacousie neurale. Chez les sujets âgés, les lésions sont multiples et intriquées.

Pour approfondir

BONFILS P, AVAN P. Techniques d'exploration du système auditif. *Encyclopédie médico-chirurgicale, Paris, Oto-rhino-laryngologie*, 1990 20175 A 10, 12-1990, 18 p.

CHANGEUX JP, CONNES A. *Matière à penser*, Odile Jacob, 1989.

CHANGEUX JP. *L'homme neuronal*, Fayard, 1983.

CHANGEUX JP. *Raison et plaisir*, Odile Jacob, 1994.

CHOUARD CH. Pollution sonore de la ville. *CR Acad. Sci.*, III, 2001 jul., *324* (7) : 657-661.

DULON D, ARAN JM, ZAJIC G, SCHACHT J. Comparative uptake of gentamicin, netilmicin, and amikacin in the guinea pig cochlea and vestibule. *Antimicrob Agents Chemother*, 1993, *30* (1) : 96-100.

GAVREAU V, CONDAT R, SAUL H. Infrasons : générateur, détecteurs, propriétés physiques, effets biologiques, *Acustica*, 1966, *17*, 1-10.

GRIBENSKI. *L'audition*, Que sais-je ?, PUF, 1994.

KOHLER W. *Psychologie de la forme*, Gallimard, NRF, 1964.

LEFEBVRE M. *Réduire le bruit dans l'entreprise*, INRS, ED 808, Paris, 1997.

LEIPP E. *Acoustique et musique*, Masson, 1976.

LETOURNEUX M, CAILLARD JF, ANDRIEU-GUITRANCOURT. Intoxication, pathologie du travail. *J. Pathologie ORL professionnelle EMC* (Paris), 16535 A-10, *3*, 1989.

MERY J. Le bruit. Intoxications. *Pathologie du travail. EMC* (Paris, France) 16781 A-30, *7*, 1988.

MOLLER A. Où les acouphènes sont-ils produits ?. *Tinnitussimo*, avril 1999, *n° 24*.

MOURET J, VALLET M. *Les effets du bruit sur la santé.* Ministère de l'Emploi et de la Solidarité, Comelli, Paris, 1998.

NORRIS CH. Drugs affecting the inner ear. A review of their clinical efficacy, mechanisms of action, toxicity, and place in therapy. *Drugs*, 1988, *36* (6) : 754-72.

OGAY S, PLOTON L, MENUHIN Y. *Alzheimer : communiquer grâce à la musicothérapie*, L'Harmattan, 1996.

SCHACHT J. Aminoglycoside ototoxicity : prevention in sight ? *Otolaryngol. Head Neck Surg.*, 1998, *118* (5) : 674-7.

TRAN BA HUY P, DEFFRENNES D. Aminoglycoside ototoxicity : influence of dosage regimen on drug uptake and correlation between membrane binding and some clinical features. *Acta Otolaryngol.*, 1988, May-June, *105* (5-6) : 511-5.

VIROLE B. *« Psychopathologie générale » Psychologie de la surdité*, 2e éd. augmentée, DeBoeck Université, 2000.

WERSALL J. Recent otological evaluation of aminoglycoside antibiotics. *J. Antimicrob. Chemother.*, 1984, *13* Suppl A : 31-6.

CHAPITRE 24

Du vieillissement à la mort cellulaire

Il nous a paru intéressant, pour comprendre les phénomènes cliniques que l'on observe lors du vieillissement et leur apporter la meilleure solution actuellement possible, d'aborder ce chapitre de sciences fondamentales et en particulier celui de la mort des cellules.

La *nécrose* est une mort cellulaire accidentelle qui interrompt sa vie faisant exploser la cellule. Cette nécrose n'est pas une mort « propre », elle laisse des débris cellulaires dans la région où elle est survenue et entraîne une inflammation par réaction autour de ces détritus. C'est une mort cellulaire passive, collective, toujours pathologique (la cellule répond à une agression) et qui provoque des dommages, en plus de la perte de la cellule. La cellule gonfle du fait de l'œdème et il se crée une inflammation accentuant la perméabilité cellulaire qui s'étend aux cellules voisines.

Tandis que l'*apoptose* (*apo* = éloigné et *ptose* = tomber) est une sorte de suicide cellulaire lié à un programme inscrit dans la cellule comme la chute des feuilles en automne. Elle peut survenir à la suite du vieillissement cellulaire normal ou être déclenchée par un agent chimique ou physique. Elle est propre et ne laisse aucune trace, prenant le temps de détruire à chaque instant les éléments que la mort produit. Depuis 1972, date de son individualisation, on commence à mieux connaître son mécanisme. Et surtout, on commence à cerner l'importance que ce mécanisme revêt dans la construction de la vie. Cette mort est active, individuelle et n'a pas de caractère pathologique obligatoire.

L'apoptose est absolument capitale pour permettre de modeler, de donner une forme à l'individu (exemple : chez le têtard pour faire disparaître la queue, chez l'homme pour créer les espaces interdigitaux, etc.). Elle est aussi nécessaire car, à chaque mitose, il peut être utile d'éliminer une cellule anormale ou dangereuse. En ce qui concerne l'audition, nous allons la retrouver dans plusieurs circonstances : au niveau des cellules de l'oreille, en particulier de la cochlée, mais aussi au niveau des cellules du système nerveux. Qu'on se souvienne que, pour la cochlée, l'embryon dispose de plusieurs rangées excédentaires de cellules ciliées internes et surtout externes qui sont supprimées au cours de l'embryogenèse car inutiles. De même, lors du câblage du cerveau du nouveau-né et du jeune enfant, les cellules qui ne sont pas fonctionnelles et qui ne sont pas câblées s'autodétruisent pour laisser la place à celles qui ont besoin d'agrandir ou de multiplier leurs connexions du fait de l'importance qu'elles prennent dans la fonctionnalité de l'individu.

L'apoptose participe ainsi aux mécanismes de contrôle de la prolifération cellulaire par l'élimination des cellules trop nombreuses ou anormales. En conséquence un dysfonctionnement ou un déclenchement inapproprié de cette mort cellulaire programmée modifie le devenir d'un tissu. Si l'apoptose ne fait pas son travail de régulation c'est un cancer qui apparaît ou une déficience immunitaire. À l'inverse, la suractivation de l'apoptose est à l'origine des maladies neurodégénératives.

Prenons l'exemple d'un neurone embryonnaire qui est en période de développement. Il va envoyer, comme ses voisins, son axone vers une cible naturelle. Pour cela, il est aidé par un chimiotropisme génétique qui balise sa route jusqu'aux dendrites ou au muscle ou à l'organe sensoriel cible. Il va s'éloigner des zones qui le repoussent pour aller vers celles qui l'attirent. Il ne peut que suivre cette route grossière mais suffisante pour l'amener vers un site de réception possédant des caractères spécifiques lui convenant. Il lui faudra, selon les régions, de quelques heures à quelques jours pour éviter la mort et profiter des attirances bénéfiques. Beaucoup de ses voisins seront entraînés dans l'apoptose. Lui-même, si la fonction ne vient pas relayer la génétique, subira le même sort. Mais s'il est un neurone élu, s'il fonctionne à longueur de journée, sa vie n'est pas en danger dans l'immédiat et il va pouvoir développer à volonté des synapses de plus en plus enrichissantes. « *Ce qui est codé génétiquement, ce n'est donc pas le fait que telle ou telle cellule va mourir*, écrit Jean-Claude Ameisen, *c'est le fait que la cellule ne va vivre que si elle trouve les bons facteurs de survie. Ce qui est codé, c'est une potentialité, pas un destin individuel.* »

Prenons maintenant le même exemple d'un neurone qui a réussi à survivre jusqu'à 75 ans et qui, relié à une oreille déficiente depuis plus de dix ans, a du mal à trouver des facteurs attractifs pour ne pas mettre en route son apoptose. C'est précisément l'objet de ce chapitre.

Il est licite, en plus, d'admettre qu'en réalité les pertes de neurones qui sont constatées chez les personnes âgées sont liées non pas au vieillissement naturel mais aux agressions de toutes sortes dont chacune de nos cellules a été la victime : anoxie, hypertension, traumatismes, bruits excessifs, médicaments ototoxiques... auxquelles il faut absolument ajouter, en y insistant, la baisse d'activité que peut provoquer l'âge avancé.

Ainsi la vieillesse n'est pas le début discret de pathologies à venir mais un état cellulaire différent de l'état habituel qui se traduit par une modification des cellules aux capacités amoindries alors que les fibres nerveuses n'ont pas disparu pour autant.

La mort cellulaire par apoptose

La mort cellulaire est-elle le fruit du hasard ou, au contraire, existe-t-il un programme génétique qui élimine les cellules d'une façon sélective et ordonnée ? Il semble bien que les cellules soient capables de se suicider en toute connaissance de cause.

Grossièrement, l'apoptose est une cascade d'événements qui débute par l'activation d'enzymes (protéases appelées caspases) dont l'action consiste à perturber l'activité cellulaire. La cellule n'est plus capable de maintenir son homéostasie puisqu'elle ne peut plus maintenir son intégrité, d'abord au niveau du cytosquelette puis au niveau de l'ADN.

On distingue l'apoptose physiologique de l'apoptose pathologique.

L'apoptose physiologique est le suicide cellulaire qui se produit au cours de l'évolution normale d'un individu y compris le vieillissement. Le moindre événement anormal est susceptible, faute de réparation, d'enclencher le processus ; par exemple : des signaux intracellulaires comme une mitose incomplète ou une anomalie de l'ADN ou encore des cellules en excès, l'absence de facteurs de croissance, des lésions de l'ADN ou la production intracellulaire de radicaux libres.

L'apoptose pathologique est induite par un facteur accidentel, exogène ou endogène, tel que radiations ionisantes ou modifications chimiques... Il peut alors s'agir d'un mécanisme par excès ou par défaut :

- par excès dans les maladies neurodégénératives du système nerveux (protéine tau), dans le SIDA (déficience immunitaire par destruction des lymphocytes T4) ;
- par défaut, entraînant syndromes tumoraux ou maladies auto-immunes.

Toute apoptose évolue selon trois phases : l'induction, l'exécution et la dégradation. L'induction est réversible, l'exécution est modulable mais la dégradation est irréversible et non modulable.

Du point de vue morphologique

Les modifications cellulaires et biologiques sont tout à fait particulières. Les cellules en apoptose vont, avant de disparaître, se contracter, se fragmenter, condenser leur noyau et se scinder en une grande quantité de petits morceaux enveloppés dans un sac cellulaire que les cellules voisines n'auront aucune peine à digérer. C'est une mort rapide et sans résidu.

D'un point de vue plus affiné, la cascade apoptotique met en place le mécanisme de suicide suivant :

- désorganisation de la membrane plasmique ;
- expression de signaux prophagocytaires ;
- condensation puis dégradation de la chromatine nucléaire en « barreaux d'échelle » ;
- formation de corps apoptotiques ;
- élimination complète des corps apoptotiques par les cellules adjacentes.

Du point de vue biochimique

On peut simplifier le processus de la manière suivante : pour débuter, l'apoptose a besoin d'un activateur et pour que cet activateur puisse être maîtrisé, il lui faut un protecteur qui est en général un inhibiteur de l'activateur, souvent présent parce que produit en permanence. Tant que cet équilibre est maintenu, la cellule ne déclenche pas son apoptose mais dès que le protecteur n'est plus produit ou qu'il est détruit ou neutralisé, l'apoptose commence.

Les facteurs de croissance ou les facteurs de destruction sont propres à chaque cellule et nous entrons dans la plus grande complexité compte tenu du nombre de situations possibles. Et ce n'est pas fini car certains facteurs sont inhibiteurs à certaines concentrations et activateurs à d'autres, ou encore ont un autre rôle sans rapport avec l'apoptose comme le cytochrome C, indispensable à la mitochondrie et facteur de déclenchement d'apoptose. Pour corser encore les choses, il semble que selon les tissus, les caspases (enzymes de mort) puissent avoir des actions inverses. Les caspases sont des enzymes extrêmement sélectives dont le rôle est principalement exécutif, c'est-à-dire qu'elles vont s'attacher à désactiver les voies protectrices et à activer des molécules qui vont, si elles les rencontrent, participer à la destruction cellulaire.

Le rôle joué par l'enzyme Poly (ADP-Ribose) polymérase ou PARP a été récemment mis en évidence et semble tout à fait capital car il s'agit, pour l'instant, du premier événement connu qui débute le processus d'apoptose (induction). Lorsqu'un bris survient au niveau de l'ADN, quelle qu'en soit la cause (rayons, certaines cytokines, absence de facteurs de croissance, lésions de l'ADN ou production intracellulaire de radicaux libres...), la PARP se fixe sur la cassure pour en assurer la réparation. Si la PARP n'est pas capable de réparer ou est de mauvaise qualité ou absente, l'apoptose débute. Il a été récemment démontré que l'on pouvait éviter l'action de l'enzyme PARP en faisant agir une autre enzyme (la prICE ou ICE signifie *Interleukine Converting Enzyme*) qui coupe la PARP et l'empêche de jouer son rôle précédent. Si l'on ajoute un inhibiteur de la prICE à des cellules cultivées *in vitro*, l'apoptose s'arrête.

Encore une fois, nous sommes plus que jamais dans un monde chaotique dont les règles ne peuvent pas être linéaires. À ce propos, partant des organismes isolés, tels les bactéries, Jean Claude Ameisen se demande à quoi pourrait servir un tel processus interne de mort.

➤ Quelle est donc la place de l'apoptose ?

Comment cette mort programmée a-t-elle pu prendre une telle place dans la construction et le maintien du vivant ? Jean Claude Ameisen ébauche une intéressante hypothèse. La mort cellulaire n'a pas forcément une finalité selon notre conception linéaire de la vie mais résulte de l'itération de facteurs qui ont fini par trouver, dans un attracteur étrange, leur équilibre. En amont tout est imprévisible, en aval tout est déterminé.

En prenant l'exemple des bactéries, on simplifie le système pour en voir apparaître le mécanisme. Ces bactéries s'infectent souvent avec des plasmides qui sont des parasites dont le ruban d'ADN secrète, avec l'aide de la bactérie, une toxine très résistante et un antidote à cette toxine assez labile (fragile). Tant que l'association toxine-antidote fonctionne, la bactérie vit normalement mais si l'antidote « fragile » vient à manquer, la toxine va déclencher l'apoptose de la bactérie. Au bout d'un certain temps et pour certaines bactéries, le code génétique du plasmide passe dans celui de la bactérie qui produisant à la fois l'activateur et le protecteur n'a plus besoin du plasmide. Cette bactérie peut s'introduire dans un organisme *eucaryote* et avoir pour cet organisme multicellulaire qu'elle infecte le même rôle que le plasmide. De fil en aiguille, la cellule accapare la bactérie dans ses mitochondries dont elle fera sa source d'énergie avec, bien sûr, le risque que le facteur protégeant qu'elle a acquis dans son ADN avec la toxine, vienne à être défaillant et la force à se suicider.

Voici un type de mécanisme qui offre, comme tous les attracteurs étranges, une extrême sensibilité aux conditions initiales, qui évolue dans le temps sans pouvoir être prévu autrement que statistiquement, qui est cependant déterministe sans le savoir et qui s'intègre dans une complexité fractale. Le système s'autogère dans le chaos. En complexifiant de plus en plus les mécanismes, nous pouvons arriver à imaginer la construction du système immunitaire ou du système nerveux.

Application à l'oreille...

Les éléments les plus fragiles de l'oreille interne sont ceux qui souffrent en premier du vieillissement, de l'ototoxicité ou d'un traumatisme sonore. L'ischémie entraînera également des lésions de la strie vasculaire et des modifications métaboliques lentes mais inéluctables qui contribueront à ajouter aux dégradations du vieillissement, des pathologies associées.

En ce qui concerne *l'ototoxicité,* elle dégrade en premier les cellules ciliées externes, d'abord au niveau de la rangée interne, puis des rangées moyenne et externe. Elle ne s'attaque aux cellules ciliées internes que pour des doses massives ou après une longue intoxication, entraînant alors une surdité totale. Ces lésions débutent à la base de la cochlée et se propagent progressivement jusqu'à l'*apex*.

Lors d'un *traumatisme sonore*, les lésions sont plus variées et s'attaquent à la fois aux cellules sensorielles et aux terminaisons nerveuses.

- En ce qui concerne les cellules sensorielles, les lésions, au début, désorganisent les cils, cassent les liens entre eux, entraînant leur fusion et finalement leur disparition. Ces lésions peuvent être réparées à condition de stopper le traumatisme et d'attendre la restauration pendant une quinzaine de jours au repos et dans le calme. Si le traumatisme persiste, les cellules ciliées externes éclatent et disparaissent avec les cellules de soutien (Hensen) en même temps que les structures basales sont atteintes. Des bruits explosifs très violents peuvent enfin faire exploser le canal de Corti et aboutir à une destruction complète d'une zone cochléaire, surtout au niveau des cellules spécifiques de la fréquence 4 000 Hz et de part et d'autre de cette région. L'audiogramme est alors caractéristique avec sa chute définitive en « V » sur le 4 000.
- Pour les terminaisons nerveuses, les lésions sont liées à une excitation excessive qui provoque une sécrétion de glutamate trop importante et toxique. Ces lésions siègent surtout au niveau des cellules ciliées internes (on ne connaît pas exactement le médiateur chimique pour les synapses de cellules ciliées externes). La surproduction de glutamate fait plus ou moins rapidement éclater la terminaison dendritique des fibres de type I. Parfois une reconstruction est possible. Si les lésions sont réversibles, cette restructuration de la synapse est fonctionnelle. Dans les autres cas, cette restructuration se fait par contact anormal de la fibre motrice avec la cellule ciliée interne. Elle n'est pas fonctionnelle.

Quant à *la presbyacousie*, ses lésions sont beaucoup moins bien connues, les études faites sur l'animal étant beaucoup plus délicates à extrapoler à l'homme. Les déficiences auditives liées à l'âge frappent tous les tissus : oreilles externe, moyenne et interne et cellules nerveuses. Tous ces constituants sont plus ou moins détériorés par le temps. Le tympan perd de sa souplesse, les mécanismes tubaires fonctionnent moins vite et avec moins de souplesse… Étudions chaque élément de l'oreille et du système nerveux.

Au niveau de l'oreille :

- La peau du conduit auditif externe est moins bien graissée par le cérumen, la migration de l'épithélium est ralentie, les bouchons de cérumen plus fréquents. L'épaisseur de la peau est moindre, la perte d'élasticité et la déshydratation entraînent des modifications dans la transmission de l'énergie. Ces altérations ont leur importance car les lésions inflammatoires étant plus fréquentes, elles entraînent des irritations locales aggravées par les grattages. Ce conduit supportera moins bien une prothèse et fera très souvent des bouchons de cérumen ou épidermiques quand un embout sera mis en place.
- La vascularisation du tympan est diminuée, fine et peu dense, sa texture moins souple, plus cassante. Les articulations entre les osselets sont plus rigides, les muscles et ligaments du marteau et de l'étrier sont atrophiés, leurs fibres dégénérées et leur vitesse de contraction est moins rapide. On note également des calcifications au niveau de la trompe auditive.
- La cochlée est également remaniée par le vieillissement au niveau de tous ses composants et on peut artificiellement (selon Schucknecht) décrire plusieurs types de presbyacousie cochléaire selon leur siège : cellules ciliées, synapses et fibres nerveuses cochléaires, strie vasculaire, cumulative (associant les causes déjà décrites). On a même décrit des presbyacousies cochléaires de conduction et métabolique.
- Au niveau des cellules ciliées, comme pour les traumatismes et l'ototoxicité, ce sont les cellules ciliées externes de la rangée externe du tour basal qui souffrent les premières, l'extension des lésions se faisant de la base vers l'*apex* et de dehors en dedans.
- Les cellules ciliées internes sont touchées très tardivement, de la base à l'*apex*.
- En ce qui concerne la détérioration des cellules ciliées, la majorité des auteurs actuels accuse les traumatismes et l'ototoxicité plus que le vieillissement lui-même. De plus, des travaux récents (Erway *et al.*, 2001) indiquent que la cellule la plus sensible à l'âge, génétiquement, est la cellule ciliée.
- Les piliers, les cellules de soutien Deiters ou Hensen peuvent également présenter des altérations.
- La strie vasculaire est aussi le siège de nombreuses lésions qui affectent son fonctionnement. Être à

l'origine d'un énorme potentiel endocochléaire réclame à la strie vasculaire, une intégrité de tous ses composants. L'état de la strie et son métabolisme influencent la qualité de l'endolymphe et en retour l'endolymphe affecte la production électrique. La formation de radicaux libres, du fait de processus oxydatifs, endommage les protéines, les lipides et l'ADN. Le rôle des mitochondries et de leurs dommages, lors du vieillissement, semble très important (cytochrome C dont la mitochondrie a besoin mais qui, s'il est libéré, amorce l'apoptose). Ce sont ces mitochondries qui produisent le plus de radicaux libres. Un rapprochement avec les maladies cardiaques a été fait, mettant en lumière l'intérêt, pour cette strie comme pour le cœur, d'une alimentation correcte, sans tabac, avec une vie active saine…

La mort naturelle des cellules nerveuses

L'importante perte de cellules nerveuses du ganglion de Corti, est sans doute le facteur majeur rencontré dans les déficiences auditives qui surviennent au cours du vieillissement de l'oreille. Cette perte est hors de proportion avec la dégénérescence de l'organe de Corti lui-même. Typiquement la dégénérescence des fibres nerveuses est complète comprenant les dendrites, le corps cellulaire et l'axone. La dégénérescence s'étend aux deux tours et demi de la cochlée. On notera que la perte auditive n'est ressentie que lorsque le taux de dégénérescence atteint un niveau considérable. Il n'y a, d'autre part, aucune relation entre les résultats de l'audiogramme tonal ou vocal et la quantité de fibres nerveuses disparues…

Ces pertes nerveuses endocochléaires font partie de l'ensemble des détériorations qui touchent le système nerveux.

Deux événements caractérisent le vieillissement du système nerveux ; l'amyloïdogenèse et la dégénérescence neurofibrillaire. Les dépôts de substance amyloïde entourés d'enchevêtrements neurofibrillaires forment ce qu'on appelle la plaque sénile. Or, ces deux événements se rencontrent également dans presque toutes les maladies neurodégénératives.

La différence est donc, non dans la nature des phénomènes mais dans leur proportion par rapport au tissu nerveux sain, restant. Ces deux événements ont pour cause, semble-t-il, la production de radicaux libres dans une sorte de cercle vicieux :

- diminution de la capacité de réduire ces radicaux que le fonctionnement quotidien produit ;
- radicaux nouveaux en excès qui entretiennent la surproduction…

L'ensemble de nos cellules produit des radicaux libres, normalement recyclés. S'ils ne le sont pas, ils conduisent à la mort des cellules et cette apoptose est pratiquement toujours bénéfique puisqu'elle permet à de jeunes cellules de venir remplacer celles qui ont fait leur temps, comme la chute des feuilles mortes en automne permet la pousse de nouvelles feuilles au printemps. Mais attention, le problème du système nerveux est qu'il ne remplace pas les cellules détruites.

Lors d'un stress oxydatif, il devient difficile de recycler tous ces radicaux et l'apoptose est alors excessive. Ce qui est alors désastreux pour le système nerveux.

La production de radicaux libres

Comment sont produits les radicaux libres et comment fait-on pour les éliminer ? Lorsque nous arrachons un groupement phosphate à l'ATP (Adénosine Tri-Phosphate), nous créons l'énergie dont la cellule a besoin en produisant de l'ADP (Adénosine Di-Phosphate). Ce faisant, il faut recharger cette molécule et son recyclage se fait dans les mitochondries.

C'est l'oxydation des nutriments qui va permettre de reconstituer l'ATP en apportant l'énergie par réduction des molécules alimentaires en atomes isolés d'hydrogène, de carbone et d'oxygène. Des enzymes métalliques (par exemple : les cytochromes déjà vus) en permettent le transport et en fin de réaction l'ATP est reconstruit avec production de CO_2 et H_2O. Si ce système de dépense d'énergie et de reconstitution du stock est dépassé (surconsommation d'oxygène ailleurs ou absence d'oxygène) il y a production de radicaux libres. La mitochondrie, lente à se remettre en marche quand le système revient en équilibre, libère des électrons qui vont se fixer hors de la mitochondrie sur des molécules d'oxygène. L'oxygène, devenu radicalaire OH*, peut alors débuter une apoptose. La superoxydase dismutase va éviter ce problème en neutralisant les radicaux libres par adjonction d'atomes supplémentaires, par exemple du carbone pour obtenir du CO_2 à éliminer. Si ce système est défaillant et offre

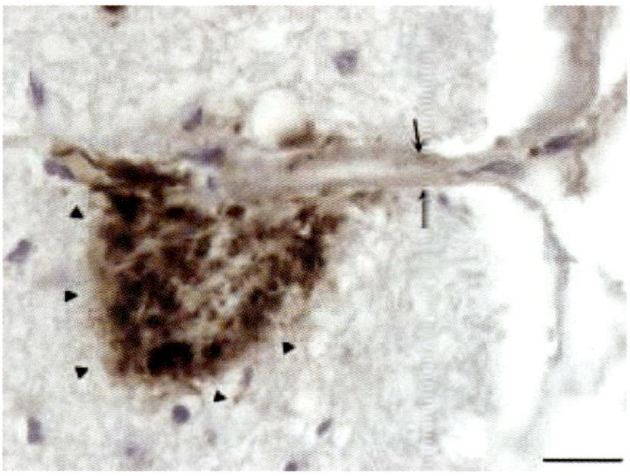

Fig. 24.1 – *Angiopathie amyloïde. Cortex cérébral. Patient atteint de la maladie d'Alzheimer*

Un anticorps dirigé contre le peptide A a été appliqué sur la coupe et est révélé en marron. Un vaisseau sanguin est indiqué par les flèches. Accolé à ce vaisseau, on distingue un dépôt de peptide A (têtes de flèche) qui semble issu du vaisseau d'où le terme d'angiopathie dyshorique (dys = trouble, horique = de la perméabilité) appliqué à cette lésion fréquemment rencontrée. Barre = 20 µm.

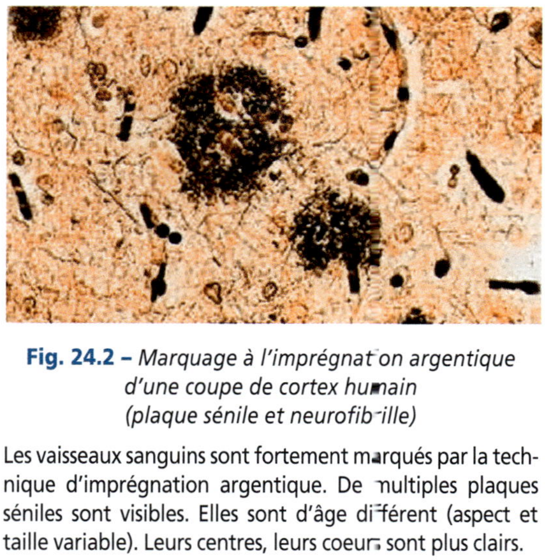

Fig. 24.2 – *Marquage à l'imprégnation argentique d'une coupe de cortex humain (plaque sénile et neurofibrille)*

Les vaisseaux sanguins sont fortement marqués par la technique d'imprégnation argentique. De multiples plaques séniles sont visibles. Elles sont d'âge différent (aspect et taille variable). Leurs centres, leurs coeurs sont plus clairs.

à l'oxygène des atomes d'hydrogène, il se forme de l'H_2O_2 qui va à son tour libérer des radicaux libres… Il existe d'autres enzymes qui éliminent les radicaux libres comme le glutathion et les catalases.

Lorsque nous sommes jeunes, le système ne produit pratiquement pas de radicaux libres mais en vieillissant ces radicaux libres deviennent de plus en plus nombreux et des apoptoses excessives débutent.

➤ L'amyloïdogenèse (Fig. 24.1)

Elle correspond à une pathologie d'une protéine appelé APP (*Amyloïd Protein Precursor*) qui existe dans toutes les cellules et joue plusieurs rôles dans la cellule nerveuse : croissance, interaction cellulaire, formation du cytosquelette, régulation du calcium, formation des synapses, plasticité neuronale, neurotransmission… Placée sur la membrane cellulaire, elle dépasse en dehors et en dedans. Une protéine kinase régularise l'APP en coupant les zones qui dépassent à l'intérieur et à l'extérieur de la cellule. Les deux fragments libérés sont solubles et rapidement éliminés. À la suite d'un mécanisme controversé (génétique ou acquis), la kinase découpe mal l'APP et le fragment libéré est rigoureusement insoluble, s'accumulant dans l'espace extracellulaire et constituant un début de plaque sénile. Or on sait que par un processus inconnu, la plaque sénile libère de l'H_2O_2 qui libère tout de suite deux OH* et initie une apoptose.

La plaque sénile créant des radicaux libres de plus en plus mal éliminés du fait du vieillissement, ceux-ci cherchent à s'équilibrer en arrachant à leur tour des atomes d'hydrogène à la membrane cellulaire. Celle-ci devient perméable et laisse passer des ions calcium qui entrent dans la cellule. Le calcium active plus que de raison des enzymes qui fabriquent des matériaux sans utilité.

Par exemple le travail en excès des PkC (Phospho-Kinases Calciques) qui, comme elles le font normalement, éliminent des fragments de membranes cellulaires en mauvais état et viennent maintenant éliminer des membranes en bon état. L'apoptose est alors précipitée (Fig. 24.2). Du même coup, la substance amyloïde va entrer dans la cellule et continuer à produire des radicaux libres qui iront attaquer l'ADN… L'apoptose est imminente.

➤ La dégénérescence neurofibrillaire

La dégénérescence neurofibrillaire (Fig. 24.4 et 24.5) est, elle aussi, une lésion caractéristique du vieillissement. Elle semble être précédée par l'amyloïdogenèse.

La dégénérescence neurofibrillaire est le résultat de l'accumulation de filaments hélicoïdaux appariés, appelés PHF (paires hélicoïdales de filaments). Les protéines *tau* (Fig. 24.3), anormalement phosphorylées, sont les constituants majeurs de cette PHF. Cette dégénérescence se présente au microscope sous la forme d'une structure torsadée. Le

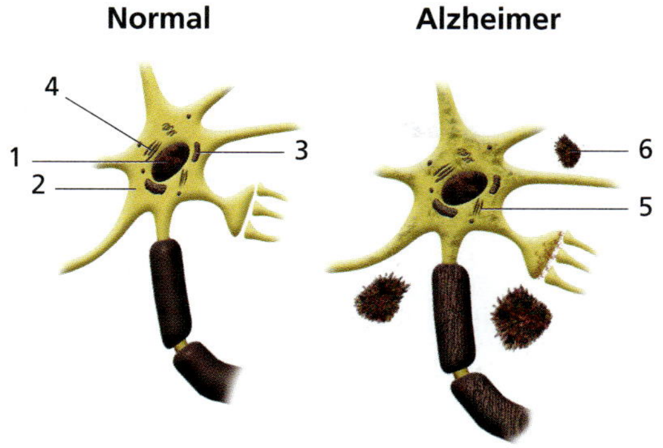

Fig. 24.3 – *Neurodégénérescence et plaques séniles*

1. Noyau
2. Corps cellulaire
3. Mitochondries
4. Filaments
5. Neurofibrille en voie de dégénérescence
6. Plaques séniles

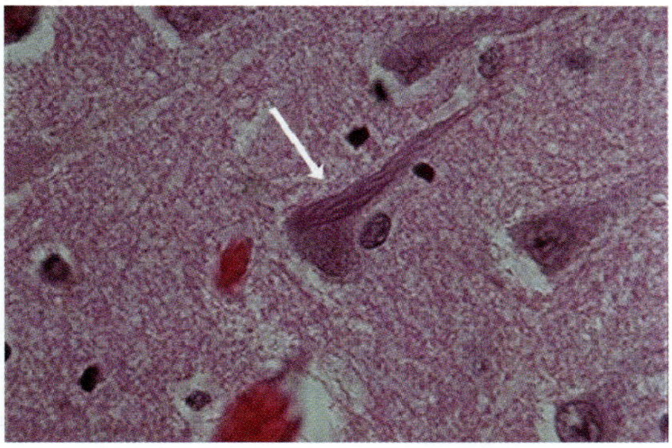

Fig. 24.4 – *Dégénérescence neurofibrillaire*

Les paires de filaments en hélice sont intraneuronales, et moulent les corps cellulaires. *(Noëlle Bons, Université Montpellier II).*

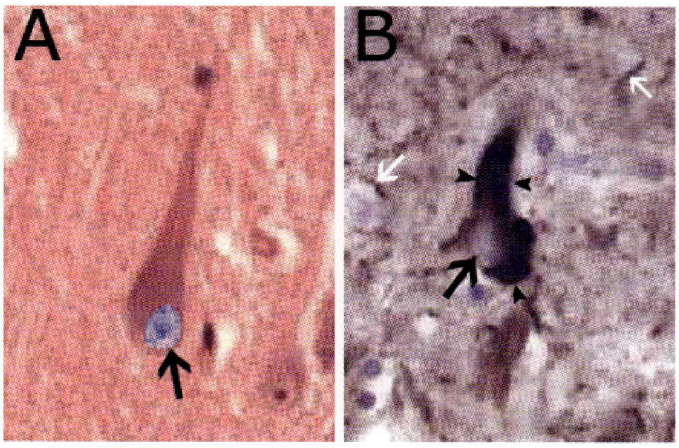

Fig. 24.5 – *Dégénérescence neurofibrillaire (DNF)*

A : Coloration d'un échantillon d'hippocampe provenant d'un patient atteint de maladie d'Alzheimer. Coloration par l'hématéine éosine. La DNF apparaît en bleu dans le corps cellulaire du neurone dont le noyau est indiqué par une flèche.

B : Un anticorps dirigé contre la protéine *tau* a été appliqué sur le même échantillon. Il est révélé en marron. Les têtes de flèche indiquent une dégénérescence neurofibrillaire dans un neurone dont le noyau est indiqué par une flèche. Les flèches blanches indiquent des fibres tortueuses (accumulation de protéine *tau* dans les dendrites).

© Charles Duyckaerts. Laboratoire de neuropathologie Escourolle, La Salpêtrière, 2006.

cytosquelette de l'axone est calibré et tenu en place par ces protéines *tau*.

Les microtubules, faisant partie du cytosquelette, sont des filaments constitués par l'assemblage de dimères de tubuline qui servent à transporter les matériaux synthétisés par le corps cellulaire du neurone vers les terminaisons nerveuses. Ils sont des structures labiles, stabilisées par les protéines *tau*. Les paires de filaments en hélice sont intraneuronales et moulent les corps cellulaires. Les protéines *tau* s'accumulent aussi bien dans les corps cellulaires des neurones que dans leurs prolongements. Il y a parfois une accumulation de neurites à la périphérie des plaques amyloïdes (formant ainsi les plaques séniles, appelées également plaques neuritiques). Au centre de la figure 24.5B, on peut observer une plaque neuritique.

Le neurone ne peut plus communiquer avec son extrémité axonale qui, ne recevant plus de message, ne peut se maintenir en vie et c'est tout le neurone qui va disparaître.

Vieillissement normal et pathologique du cerveau

Au cours du vieillissement normal, ce sont les régions hippocampiques entorhinales qui sont les plus fragiles et qui vont souffrir de l'accumulation de protéine *tau* et d'APP. C'est donc là que s'installe la dégénérescence neurofibrillaire et c'est à partir de là qu'elle va progresser. À 70 ans, il n'y a pratiquement pas de dégénérescence, à 75 ans, elle apparaît et reste discrète jusqu'à 100 ans et plus si la personne ne présente pas de pathologie surajoutée. Sa progression n'est jamais linéaire.

Au cours des maladies neurodégénératives, en particulier dans la maladie d'Alzheimer, l'envahissement par la dégénérescence neurofibrillaire, les plaques amyloïdes, les plaques neuritiques (prolongements nerveux contenant de la protéine *tau*) vont s'étendre aux aires associatives, en particulier temporales (T1 est particulièrement concernée) et frontales. Peu à peu, les phénomènes de compensation et de plasticité deviennent insuffisants et la démence apparaît. À la fin, la presque totalité du cortex est envahie.

La présence d'une dégénérescence anormale, dans les régions de l'hippocampe entorhinale et temporale associative ne permet pas de différencier le vieillissement cérébral normal d'une maladie d'Alzheimer à son tout début. En revanche son extension révèle effectivement la maladie qui alors est déjà évoluée.

Deux réflexions pour conclure

Si les aigus disparaissent et libèrent de la place corticale pour les sons intermédiaires, la plasticité accepte ces aigus comme des sons intermédiaires et les intègre mais est-ce un bénéfice ? Actuellement, on ne sait pas si c'est intéressant ou délétère ? En d'autres termes les bénéfices espérés d'une plasticité, telle que l'expose Lionel Collet, sont-ils utiles pour l'information ou constituent-ils un bruit de fond supplémentaire ?

Une forme sonore apportant une information est un attracteur étrange d'énergie sonore qui ne se répète jamais mais qui, de forme toujours très voisine (papillon de Lorenz), permet une reconnaissance et une assimilation à la précédente. La plasticité, si elle est utile, permet de rendre voisines des formes qui, avant, ne l'étaient pas. Elle peut aussi introduire un parasite qui éloigne encore plus de l'attracteur.

■ En quelques lignes ■

Il existe deux sortes de mort cellulaire l'accidentelle ou nécrose et la programmée ou apoptose. C'est cette dernière qui va nous retenir dans le vieillissement. L'apoptose participe aux mécanismes de contrôle de la prolifération cellulaire et son absence se retrouve dans le cancer.

Par chimiotropisme génétique, le neurone envoie son axone et ses dendrites vers des cibles dont les caractères lui conviennent. S'il trouve sa cible et, si la fonction ainsi créée se répète, le neurone vivra, sinon il mourra. Ce qui est codé n'est pas un destin mais un potentiel. L'anoxie, l'hypertension, les traumatismes, les bruits excessifs, les médicaments ototoxiques... auxquels il faut absolument ajouter la baisse d'activité que provoque l'âge avancé vont précipiter l'apoptose. Ainsi la vieillesse n'est pas le début discret de pathologies à venir mais un état cellulaire différent de l'état habituel qui se traduit par une modification des cellules aux capacités amoindries, alors que les fibres nerveuses n'ont pas disparu pour autant. On distingue l'apoptose physiologique de l'apoptose pathologique. L'apoptose physiologique est le suicide cellulaire qui se produit au cours de l'évolution normale d'un individu y compris le vieillissement. L'apoptose pathologique est de deux sortes : soit une apoptose par excès entraînant des maladies neurodégénératives du système nerveux ou des déficiences immunitaires (SIDA), soit une apoptose par défaut provoquant des maladies auto-immunes ou néoplasiques.

D'un point de vue anatomopathologique, la cascade apoptotique met en place le mécanisme de suicide suivant : désorganisation de la membrane plasmique, expression de signaux prophagocytaires, condensation puis dégradation de la chromatine nucléaire en « barreaux d'échelle », formation de corps apoptotiques, élimination complète des corps apoptotiques par les cellules adjacentes. Du point de vue biochimique, pour débuter, l'apoptose a besoin d'un activateur et pour le maîtriser, d'un protecteur. Tant que l'équilibre entre les deux est maintenu, la cellule ne déclenche pas son apoptose. Cet équilibre est un attracteur étrange, d'une extrême sensibilité aux conditions initiales, évoluant dans le temps sans pouvoir être prévu autrement que statistiquement, cependant déterministe sans le savoir et qui s'intègre dans une complexité fractale. Le système s'autogère dans le chaos. En complexifiant, nous pouvons arriver à imaginer la construction du système nerveux et son vieillissement. Les éléments les plus fragiles de l'oreille interne (cellules externes, surtout le rang interne de la base à l'apex), sont ceux qui souffrent en premier du vieillissement, de l'ototoxicité ou d'un traumatisme sonore. L'ischémie entraînera également des lésions de la strie vasculaire et des modifications métaboliques lentes mais inéluctables. Le traumatisme sonore et l'ototoxicité doivent être étudiés car ils précipitent le vieillissement.

Les cellules nerveuses vont suivre le même sort. Deux événements caractérisent le vieillissement du système nerveux : l'amyloïdogenèse et la dégénérescence neurofibrillaire. Les dépôts de substance amyloïde entourés d'enchevêtrements neurofibrillaires forment ce qu'on appelle la plaque sénile. Chaque élément de l'oreille va subir un vieillissement de sa structure et toutes les étapes sont possibles. Tous les tissus produisent des radicaux libres qui activent la mort cellulaire dans un cercle vicieux.

Pour approfondir

ALDERSON MR, TOUGH TW, DAVIS-SMITH T, BRADDY S, FALK B, SCHOOLEY KA, GOODWIN RG, SMITH CA, RAMSDELL F, LYNCH DH. Fas ligand mediates activation-induced cell death in human T lymphocytes. *J. Exp. Med.*, 1995, *181* : 71.

ALGECIRAS-SCHIMNICH A, SHEN L, BARNHART BC, MURMANN AE, BURKHARDT JK, PETER ME. Molecular ordering of the initial signaling events of CD95. *Mol. Cell. Biol.*, 2002, *22* : 207.

ALLSOP D, YAMAMOTO T, KAMETANI F, MIYAZAKI N, ISHII T. Alzheimer amyloid beta/a4 peptide binding sites and a possible « APP-secretase » activity associated with rat brain cortical membranes. *Brain. Res.*, 1991, *551*, 1-9.

ASHKENAZI A, DIXIT VM. Apoptosis control by death and decoy receptors. *Curr. Opin. Cell Biol.*, 1999, 11 : 255.

BASU S, KOLESNICK R. Stress signals for apoptosis : ceramide and c-Jun kinase. *Oncogene*, 1998, *17* : 3277.

BOUDET F, LECOEUR H, GOUGEON ML. Apoptosis associated with *ex vivo* down-regulation of Bcl-2 and up-regulation of Fas in potential cytotoxic CD8+ T lymphocytes during HIV infection. *J. Immunol.*, 1996, *156* : 2282.

CARMELLI D, SWAN GE, REED T, *et al.* The effect of apolipoprotein E epsilon4 in the relationships of smoking and drinking to cognitive function. *Neuro- epidemiology*, 1999, *18* : 125-33.

CHANG HY, NISHITOH H, YANG X, ICHIJO H, BALTIMORE D. Activation of apoptosis signal-regulating kinase 1 (ASK1) by the adapter protein Daxx. *Science*, 1998, *281* : 1860.

CROMPTON M. The mitochondrial permeability transition pore and its role in cell death. *Biochem. J.*, 1999, *341* : 233.

DELACOURTE A. Pathogénie de la maladie d'Alzheimer. *La lettre du neurol.*, 1997, *1* : 167-171.

EARNSHAW WC, MARTINS LM, KAUFMANN SH. Mammalian caspases : structure, activation, substrates and functions during apoptosis. *Annu. Rev. Biochem.*, 1999, *68* : 383.

FARNSWORTH C, FRESHNEY N, ROSEN L, GHOSH A, GREENBERG M, FEIG L. Calcium activation of Ras mediated by neuronal exchange factor Ras-GRF. *Nature*, 1995, *376* : 524-7.

FRANKE T, HORNIK C, SEGEV L, SHOSTAK G, SUGIMOTO C. PI3K/Akt and apoptosis : size matters. *Oncogene*, 2003, *22* : 8983-98.

GUYTON A. *Neurophysiologie*, Masson, Paris, 1984.

HAASS C, DE STROOPER B. The presenilins in Alzheimer's disease-proteolysis holds the Key. *Science*, 1999, *286* : 916-9.

LAFLAMME D. « Ginko : Le remue-mémoire », http://www.csrs.qc.ca/MitchellMontcalm/proj/GINKGO/, 1999.

LAFLAMME D. « L'art de neuromoduler », http://www.csrs.qc.ca/MitchellMontcalm/proj/NEUROMOD/index.htm, 1999.

LAFLAMME D. « Neurone la cellule branchée ! », site Internet : http://www.csrs.qc.ca/montcalm/proj/neurones/menu.htm. 1999.

LODISH H, BERK A, MATSUDAIRA P, ZIPURSKY L, DARNELL J. *Biologie moléculaire de la cellule*, trad. française : C. FRANÇOIS, 3e éd., De Boeck Université SA, New York, 1997, 925-987.

NAGATA S. Apoptosis by death factor. *Cell*, 1997, 88 : 355.

PASQUIER F. Classification des démences : critères cliniques et fondamentaux. In : EUSTACHE F, AGNIEL A (eds), *Neuropsychologie clinique des démences : évaluation et prise en charge*, Solal, Marseille, 1995, 19-33.

PUJOL R. « Promenade autour de la cochlée », Site Internet www.iurc.montp.inserm.fr, unité INSERM 254, Montpellier, 1999, France.

RONDEAU V, COMMENGES D, JACQMIN-GADDA H, DARTIGUES JF. Aluminium in drinking water and cognitive decline in elderly subjects : the Paquid cohort. *Am J Epidemiol.*, 2001, letter, in press.

SMALL DH, MCLEAN CA. Alzheimer's disease and the amyloid beta protein : What is the role of amyloid ? *J. Neurochem.*, 1999, *73* : 443-9.

TORTORA GJ, GRABOWSKI SR. *Principe d'anatomie et de physiologie*, Anjou (Québec), Centre éducatif et culturel Inc., 1997.

Partie VI

La presbyacousie

CHAPITRE 25

Les premiers signes

« Tout se détériore avec l'âge. On prend garde à la pathologie organique. Les altérations physiques, visibles, prennent place dans le souci d'améliorer les conditions de vie dans un élan très altruiste.

Maintenir en vie dans des conditions acceptables estompe le plus souvent que *le fait fondamental pour vivre est de pouvoir communiquer.* L'état fonctionnel de l'oreille est certes le premier mur qui limite cette relation. »

Jean-Claude LAFON

On a voulu transposer à l'oreille ce qui avait été trouvé pour qualifier le vieillissement de l'œil : la presbytie. Ce mot vient du grec « *presbutes* » et signifie vieillard. Avec « *akouein* » qui veut dire entendre, on pouvait former le mot presbyacousie.

Cette terminologie de presbytie est passée dans le langage courant avec l'idée du cristallin vieillissant. Or le mot presbyacousie ne peut aucunement représenter pour l'audition un mécanisme identique à celui qui modifie le cristallin.

La définition qui fait de la presbyacousie, le vieillissement de l'oreille ou plutôt de l'audition a sérieusement besoin d'être précisée.

Si l'on veut poursuivre encore un instant cette comparaison, disons que la presbytie est le vieillissement d'un organe alors que la presbyacousie est plurifactorielle. C'est le vieillissement d'une fonction tout entière.

Par ailleurs, l'oreille est un organe très sensible aux agressions : traumatisme sonore et intoxication par les produits oto-toxiques de plus en plus fréquents actuellement. Ces agressions ajoutent leurs effets délétères et peuvent précipiter, avant l'âge classique, l'individu dans la presbyacousie.

Il faut comprendre également dans la presbyacousie non seulement les phénomènes imputables au vieillissement dit « normal » mais également envisager les pathologies du troisième âge dont l'imbrication avec la baisse de l'audition fait qu'on ne peut pas les en dissocier.

Seule la théorie du chaos va permettre là encore, de cheminer dans la complexité des phénomènes éminemment stochastiques qui constituent la presbyacousie

Les premiers symptômes

Le début de la presbyacousie est sournois, pour l'intéressé. Ce caractère particulier du début qui touche la vie relationnelle conduit peu à peu au repli sur soi et à la solitude. Ce n'est pas son audition qui est mise en cause dans l'apparition de ce sentiment de mal-être, de restriction de la vie sociale, de communication difficile. Ce sont les autres qui sont accusés de s'exprimer mal, de ne pas faire d'efforts d'élocution.

Les sons correctement perçus sont vecteurs d'émotions et l'on éprouve parfois une certaine volupté à les entendre. Pour un patient débutant une presbyacousie, il s'agit d'une baisse du plaisir d'entendre ou d'une baisse de la qualité des sons, sans qu'il prenne conscience qu'il s'agit d'une perte de la perception des fréquences aiguës. Les sons restent de la même intensité et les presbyacousiques, à ce stade, n'ont pas l'impression d'être sourds. À la différence de la presbytie qui oblige dès le début à éloigner le livre jusqu'au moment où, même à bras tendus, on ne lit plus, il faut une baisse auditive déjà très importante pour être capable de penser que la difficulté que l'on rencontre est le fait d'une faiblesse de son oreille.

Pendant des années, les pertes vont se limiter aux hautes fréquences qui n'ont d'intérêt que pour enrichir le timbre d'une voix ou d'un instrument. Mise à part cette apparente infime modification que seule l'oreille très exercée d'un musicien peut percevoir, la presbyacousie n'a longtemps aucune traduction dans la vie courante. Un piano, une voix sont un peu moins chauds, un peu moins porteurs de « bonheur auditif ». C'est tout.

La première réaction qui consiste à augmenter la source sonore : mettre plus fort la radio ou la télévision, se rapprocher du locuteur, accuser la fatigue ou l'inattention ne fait que retarder la prise de conscience. Il est si difficile d'accepter d'être malentendant.

Le presbyacousique se plaint également d'être très gêné par le bruit ambiant ou par la multiplicité des interlocuteurs.

À ce tableau s'ajoutent parfois des acouphènes et plus rarement une hyperacousie douloureuse, c'est-à-dire une douleur qui apparaît lorsque l'intensité du son s'élève, ne serait-ce qu'un peu, au-dessus du niveau habituel.

Quant aux phénomènes d'instabilité, voire de vertiges, ils sont la règle après 60 ans, avec ou sans troubles de l'audition (tout le monde peut « chuter » après 60 ans). Il s'agit de l'équivalent de la presbyacousie au niveau des trois organes de l'équilibration : l'œil, l'oreille (le vestibule et les canaux semicirculaires de l'oreille interne), les organes tactiles (sensibilité profonde).

D'autres atteintes de l'oreille peuvent venir s'ajouter à ce tableau classique car la presbyacousie peut frapper tout le monde, même ceux qui ont déjà une pathologie de l'oreille ou du système nerveux.

Le vécu du presbyacousique au début du vieillissement

Chacun a son propre monde sonore. Il est le résultat de ses capacités génétiques, des circonstances de la vie, de son travail personnel. Passé 20 ou 30 ans, l'oreille et le système nerveux ont construit leur capacité de traiter l'énergie sonore. À ce stade, les capacités d'apprendre demeurent mais elles ne permettent plus jamais d'atteindre cette perfection que l'apprentissage offre, dans la prime enfance, à tous ceux qui ont deux oreilles fonctionnelles. Les années qui vont suivre consolideront ce qui est travaillé et feront disparaître les capacités qui ne seront pas répétées. Les itérations vont faire évoluer et progresser la « machine à construire de l'imagination et des émotions avec des énergies sonores ». Le reste meurt doucement sans qu'on s'en rende compte puisqu'on ne s'en sert pas.

Si l'on demande au presbyacousique de faire un peu d'introspection, il avoue que ce sont les femmes qui sont les plus difficiles à comprendre et que le bruit le gêne beaucoup. On peut expliquer ce phénomène par le fait que les sons graves représentent la majeure partie de l'énergie d'une onde sonore complexe et que les aigus n'en demandent pas beaucoup (analogie avec les haut-parleurs : les *tweeters* sont minuscules, les caissons de graves énormes). Or ce sont ces quelques pour cent d'aigus qui permettent de décoder le message en particulier les consonnes.

Ce que le presbyacousique ne dit pas, c'est qu'il ressent un mal de vivre. Il lui semble qu'il est moins disposé à être heureux… Mais tout cela n'a rien à voir avec l'oreille… c'est simplement, croit-il, le fait de vieillir qui lui donne ces sensations.

La personne atteinte comprend d'autant moins qu'auparavant elle n'avait même pas conscience de l'importance de l'audition dans sa vie. Il lui faut désormais à la fois en prendre conscience et accepter sa perte progressive.

Le chant des oiseaux, le bruit du gravier, le murmure des cigales sur la Côte d'Azur, sont la joie de vivre. On ne les entend pratiquement plus. Il est plus facile d'accuser le piano de ne pas être « bon » que d'accepter que ce soit l'oreille qui perçoive un son amputé de sa richesse harmonique.

En revanche, malheureusement, même avec une presbyacousie prononcée, on entend très bien les bruits désagréables : motos sans pot d'échappement, marteau-piqueur ou perceuse du voisin, musique intolérable des boîtes de nuit disco… On les entend même mieux qu'avant, du fait du recrutement cochléaire.

La vie devient triste et fade, l'isolement s'installe, il est même souhaité. La surdité s'est installée lentement, elle augmente, elle s'amplifie sournoisement. C'est la porte ouverte à la dépression.

Les premiers signes sont donc une perte de la qualité des sons puis de leur signification. Il faut faire répéter. Les sons paraissent moins riches, moins somptueux.

À quel âge peut-on situer le début de la presbyacousie ?

Cette question mérite une réponse nuancée. En effet, il est habituel d'affirmer que la presbyacousie débute dès 50, 60 ans, environ dix ans après la presbytie. C'est souvent exact. Mais faut-il faire débuter la maladie lorsque la perte d'audition est ressentie (c'est-à-dire lorsqu'il existe une perte de 35 dB en moyenne) ou dès les premières atteintes anatomiques.

Nous avons vu que les études physiologiques montraient que dès 30 ans le système auditif, comme les autres, commençait à vieillir. Si la fonction n'entretient pas la mécanique, un système de régulation élimine les cellules qui ne sont pas sollicitées.

C'est la variété et la constance des occupations auditives qui permettent à l'individu de conserver longtemps le plus large spectre auditif possible. La spécialisation peut même renforcer les acquis de manière moins évidente que pendant l'enfance mais de façon encore très appréciable.

Les tests audiométriques (Fig. 25.1) permettent de chiffrer dans le temps une sensation subjective avec une possibilité de comparaison relativement précise. L'audiométrie haute fréquence permet de constater que pour la majorité des sujets testés, l'audition commence à chuter sur les aigus à partir de 25, 30 ans, au point qu'il a été possible de décrire des courbes en fonction de l'âge (nous reviendrons là-dessus au chapitre des explorations fonctionnelles).

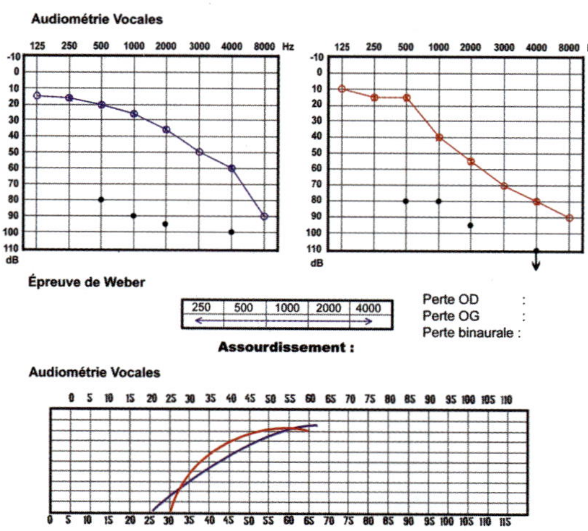

Fig. 25.1 – *Exemple d'audiogramme type*

La perte des aigus débute en théorie vers l'âge de 30 ans. La pratique courante de l'audiométrie haute fréquence (Fig. 25.2) permettrait un dépistage précoce, facile (ne nécessitant pas de cabine insonore) et fiable, d'une altération même minime des fréquences aiguës. Que l'évolution soit plus ou moins rapide, ce test serait à chaque fois l'occasion d'une éventuelle prise en charge et/ou d'un renouvellement des indispensables conseils qui visent à la protection de l'oreille.

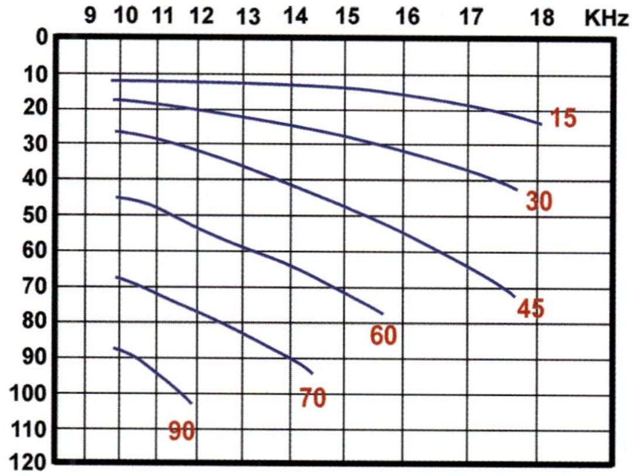

Fig. 25.2 – *Audiométrie haute fréquence Courbes selon l'âge*

Sa fréquence

Tout le monde est atteint un jour ou l'autre par le vieillissement de l'audition au même titre que celui de n'importe quelle fonction. Il s'agit donc uniquement d'un problème de date d'apparition des signes. À 45 ans, seules les personnes qui ont fatigué leur oreille, subi des traumatismes sonores, pris des produits ototoxiques, présentent déjà une gêne sociale. La plupart des gens commencent à souffrir au-delà de la cinquantaine, pratiquement tout le monde présente des problèmes vers 80 ans et très rares sont ceux qui entendent correctement après 90 ans.

Sa répartition et ses causes

Les Romains avaient constaté que les personnes qui demeuraient près des chutes d'eau étaient toutes malentendantes à la fin de leur vie. Beaucoup de musiciens classiques ou, surtout maintenant de variétés, présentent d'importantes baisses d'audition dès la cinquantaine. Il est plus que probable que les fanatiques des « *raves* » auront des troubles encore plus tôt. Ce sont les *traumatismes sonores* qui font le plus de ravages dans notre société. Plus rares mais tout aussi dangereux sont les *médicaments ototoxiques*.

Nous avons connu une jeune femme qui avait oublié, dix ans après, qu'elle avait été sauvée d'une leucémie par des antibiotiques ototoxiques. Elle accusait gravement la médecine de lui avoir volé ses oreilles. Ne pas pouvoir entendre ses enfants la mettait hors d'elle, elle aurait préféré mourir… elle vivait dans une dépression chronique.

Dépistage

Compte tenu de la simplicité et de la fiabilité de la recherche des seuils des sons hautes fréquences, le dépistage devrait se pratiquer dès l'enfance afin de pouvoir prévenir les personnes fragiles qui ont déjà entamé leur capital auditif (médecine scolaire). Chez eux, tout particulièrement, il devrait également être poursuivi toute la vie, de loin en loin, afin de permettre à ces personnes prédisposées de se protéger.

Il faudrait rechercher les seuils des hautes fréquences systématiquement pour permettre dès la cinquantaine de révéler avant toute conséquence irréversible le début des presbyacousies.

Insistons pour finir sur les examens complémentaires et sur l'importance des hautes fréquences pour asseoir le diagnostic au début. Cet examen n'est pas pratiqué de façon courante, il est pourtant très simple à réaliser et ne réclame pas de cabine insonore.

Nous savons que tout le monde sera atteint par la sénescence de l'oreille. La seule donnée intéressante, en pratique, est de savoir à quel moment de la vie ce vieillissement va apparaître afin, nous allons le voir, d'aider ces presbyacousiques à vivre avec leur atteinte auditive sans trop en souffrir.

Le dépistage, enfin, ne doit pas être compris comme le seul fait du spécialiste mais également de la médecine scolaire, du médecin généraliste, de la médecine du travail aux divers moments de la vie.

■ En quelques lignes ■

La presbytie est le vieillissement du cristallin tandis que la presbyacousie, qui devrait lui correspondre pour l'oreille, doit être considérée comme un vieillissement de tout l'appareil neurosensoriel. De plus, ce vieillissement de l'oreille se double de la facture des accidents passés, à savoir : les traumatismes sonores et les atteintes toxiques liées à des produits au premier rang desquels figurent les antibiotiques aminoglycosides.

À partir de 30 ans, l'oreille décline. Si la presbyacousie apparaît à 45 ans, c'est qu'elle est majorée par une autre atteinte. Si elle n'est perceptible qu'à 60 ans, c'est habituel. Si elle n'apparaît qu'après 80 ans c'est que l'oreille a été protégée toute la vie. Pour la dépister, il suffit de pratiquer systématiquement avec l'audiométrie habituelle, l'audiométrie haute fréquence.

Les premiers signes sont sournois et la personne incrimine d'abord ce qui l'entoure. Puis, petit à petit, elle prend lentement conscience de ce qui lui arrive en une dizaine d'années. Les acouphènes sont rares du moins au début s'il n'y a pas eu de traumatisme sonore. Une sensation d'oreille pleine parfois, une gêne dans le bruit, le fait de ne plus comprendre les mots que l'on semble entendre bien sont habituellement les signes révélateurs.

Du fait de ce début insidieux, le diagnostic n'est porté qu'au moment où apparaît la gêne sociale ce qui est beaucoup trop tard comme nous le verrons plus loin.

Pour approfondir

ALLISON J. Cognitive structure and receptivity to low intensity stimulation. *J. Psychol.*, 1963, *67*.

ARAN JM. L'amplificateur cochléaire. *Méd. Sci.*, 1990, *6* : 740-742 L.

DIXON NF. *Subliminal perception. The nature of a controversy.* Mc Graw-Hill, London, 1971.

DULON D, ZAJIC G, ARAN JM, SCHACHT J. Aminoglycoside antibiotics impair calcium entry but no viability and motility in isolated cochlear outer Hair cells. *J. Neurosci. Res.*, 1989, *24* : 338-346.

GUERRIER Y, UZIEL A. *Physiologie neuro-sensorielle et oto-rhino-laryngologie*, Masson, 1983.

HAROUTUNIAN D. *Les presbyacousies : manuel de rééducation de la compréhension pour surdités acquises*, Ortho éd., 2000 (59-Hazebouck : Impr. Indicateur des Flandres). 51 p.

LANGEVIN A. La construction des bornes d'âges. In : Le vieillissement comme processus, *Revue française des Affaires Sociales*, n° hors série, octobre 1997 : 37-53.

PREVEL M, DHOUIB S, AUBEL D, VERGNON L. Évolution de l'audition au cours de la vie. *La revue de gériatrie*, tome 28, n° 9, novembre 2003 : 735-40.

PREVEL M, DHOUIB S, AUBEL D, VERGNON L. La presbyacousie : signes diagnostic et conduite à tenir. *La revue de Gériatrie,* tome 28, n° 10, décembre 2003 : 807-20.

VERGNON L, ARAN JM, CAZALS Y. *et al.* Étude de corrélations anatomo-cliniques dans l'oreille interne humaine. In : *La Vie Médicale*, 1983, n° 19 : 14-27.

VERGNON L, FRAISSE P, BISMUTH A, BISMUTH C. Abord de la tolérance cochléo-vestibulaire des aminosides chez l'homme. Mise au point d'une méthodologie à propos d'un essai contrôlé comparatif dibékacine *versus* gentamycine, *La nouvelle presse Médicale*, 18 novembre 1982, 11, *n° 46*, Paris, Masson 1982 : 3459-3462.

VERGNON L, LAFFOLÉ P *et al.* Notre expérience de l'audiométrie hautes fréquences en pratique courante. In : *Compte rendu des séances de la Société française d'oto-rhino-laryngologie*, Congrès français ORL, septembre-octobre 1989, Arnette : 145-147.

ZATORRE RJ. Mécanismes cérébraux pour le traitement spectral et temporel pertinent à la musique et à la parole : *Rencontre IPSEN en ORL*, tome 4, L. COLLET, Y. CHRISTEN (eds), Paris ; Irwinn, 2000, 5-10.

Chapitre 26

Clinique de la presbyacousie

La première consultation

Les motifs de recours

D'après ce que nous avons vu, on ne s'étonnera pas que lors de la première consultation, ce soit souvent le conjoint qui soit à l'origine de la demande.

Des phrases comme : « Les gens parlent de plus en plus mal, surtout les femmes, la télévision émet de plus en plus faiblement et les commentateurs prononcent très mal… » sont monnaie courante.

Le patient est obligé de faire répéter souvent. Le « comment ? » fait partie des locutions préférées mais… il entend très bien, il entendrait même plutôt mieux car il ne supporte plus les bruits trop forts que font les motos, les trains et même la musique de sa télévision. De là à en déduire que ce sont bien les présentateurs qui font mal leur travail ou son poste qui marche mal, le pas est vite franchi. Bref, il entend très bien mais ne comprend plus la parole des autres…

Que de consultations commencent par « Je ne suis pas sourde ! Mais mon mari n'articule pas bien en vieillissant. C'est surtout pour lui faire plaisir que je suis venue vous consulter… ».

On va alors lui faire préciser que, dès qu'il y a le moindre bruit, tout se brouille, que le message n'a plus de sens. C'est la raison pour laquelle, les « Comment ? » se multiplient. Ils deviennent systématiques. En revanche, le patient ne se rend pas bien compte de la perte de qualité des sons, sauf s'il a une culture auditive.

Une seule chose pourrait attirer son attention, c'est le fait de faire répéter mais il peut se passer plusieurs années avant qu'il ne prenne conscience qu'il entend mal.

Toutes les situations peuvent donc se voir et, à l'extrême, cette première consultation peut ne jamais avoir lieu tant le début est sournois et les patients peu enclins à se rendre à l'évidence. Et puis, quand bien même notre presbyacousique se rendrait-il compte de son problème d'audition, que pourrait-il faire ? Combien de fois avons-nous entendu : « mon meilleur ami est comme moi, il a consulté, et même on l'a obligé à porter des prothèses qui ne lui apportaient rien ou plutôt des désagréments ; sans compter le prix. Elles n'amplifiaient que les bruits inutiles et lui faisaient mal à la tête et aux oreilles… » ; « Les appareils sont dans un tiroir et il a perdu son argent car elles sont très mal remboursées… » ; « La Sécurité sociale a raison de mal les rembourser car ces prothèses sont vraiment inutiles ! »

Les conditions de ce premier contact ne sont pas idéales mais elles ont l'énorme intérêt de placer le patient face à son médecin. Un dialogue peut s'instaurer et il ne faut surtout pas gâcher cette première occasion.

La consultation doit suivre un cours normal : examen de l'oreille à la recherche d'un bouchon de cérumen, bilan de l'audition avec audiogramme (tonal et vocal) avec tympanométrie et, si possible, recherche des seuils des hautes fréquences.

Bien que cet examen soit un peu artificiel et qu'une acoumétrie puisse suffire pour asseoir le diagnostic, c'est quand même l'audiogramme qui va permettre d'affirmer la presbyacousie. Il met, en effet, le médecin et le malade sur un pied d'égalité, il ne s'agit plus d'une affirmation vague d'un tiers mais d'une surdité « sur le papier » qui fait prendre conscience au patient que son oreille est « réellement atteinte » et permet à l'ORL de situer le niveau de la surdité de perception.

Il est d'autres circonstances de découverte de la presbyacousie.

Il peut s'agir d'un dépistage systématique ce qui est assez rare en France, sauf dans certaines professions exposées au bruit. Ce sera, dans ce cas, une découverte secondaire à l'audiogramme.

Parfois, c'est un patient dépressif depuis plusieurs années et le médecin qui le suit s'est rendu compte qu'il présentait des difficultés pour entendre et l'adresse alors à l'ORL.

Ce peut être encore un patient conscient de sa presbyacousie se décidant à consulter. Ce peut être également un audioprothésiste qui adresse le patient à l'ORL pour avis, après avoir fait quelques épreuves lui permettant de répondre à la demande de son client.

Certaines circonstances sont particulières. Il faut y penser devant ce parkinsonien ou ce patient atteint de maladie d'Alzheimer. Si les facultés sont trop atteintes, il sera difficile de mettre en évidence les signes de surdité mais il peut être important d'essayer d'aider ces patients. Nous y reviendrons.

Il peut s'agir enfin d'un patient dont l'audition est déjà atteinte pour diverses raisons telles que médicaments oto-toxiques, bruits intenses, otite chronique guérie, surdité congénitale et qui, s'étant habitué à son état, le voit soudainement s'aggraver. Il peut évidemment s'agir d'un bouchon de cérumen ou, si le patient est déjà appareillé, d'un problème lié à l'aide auditive. Mais c'est aussi l'occasion d'un nouvel examen qui découvrira une presbyacousie débutante.

Il en est de même au décours d'une otite chronique, d'une surdité congénitale, d'une maladie de Ménière ou de tout autre atteinte de l'oreille, antérieure à la presbyacousie.

La survenue d'acouphènes ou d'hyperacousie douloureuse provoque presque toujours une consultation spontanée en raison de la gêne occasionnée. Ces troubles se rencontrent chez le presbyacousique mais ils ne sont pas fréquents lorsqu'il s'agit d'un vieillissement naturel que rien n'est venu aggraver. En revanche, on les rencontre presque toujours après les traumatismes sonores ou lors des surdités toxiques.

Rappelons que l'hyperacousie douloureuse est un symptôme particulier qui survient alors qu'on entend mal et que le seuil d'audition est élevé. Une augmentation relativement minime de l'intensité sonore la provoque. Les douleurs liées à une trop forte intensité apparaissent au-delà de 120 dB. L'hyperacousie douloureuse peut se manifester à 70 ou 80 dB. Cette hyperacousie témoigne d'une maladie de la cellule réceptrice qui n'a plus son champ d'intensité normal. La surdité devient très pénible puisqu'on entend mal et, lorsqu'on parle plus fort, l'audition devient douloureuse. Cette hyperacousie peut exister pour une seule des deux oreilles et pour certaines fréquences seulement. Elle est pratiquement constante en cas de presbyacousie mais le recrutement étant faible ce ne sont que les bruits intenses qui sont mal supportés. Il n'y a pas de gêne dans la vie courante.

L'examen de l'audition devant faire partie de tout bilan général, certaines découvertes se feront par hasard.

L'interrogatoire

Son rôle est primordial. Nous avons l'habitude de systématiser le questionnaire en faisant préciser au patient s'il ressent :

- une baisse de la netteté des phrases qui lui sont dites ;
- une impression de sons « brouillés », de messages peu « clairs » ;
- une gêne ou une douleur aux sons de grande intensité ;
- une sensation d'un message « désagréable » ou « pénible » lorsqu'il y a du bruit.

On lui demandera également :

- s'il a l'habitude de faire répéter les personnes avec lesquelles il converse ;
- s'il doit augmenter le son de la télévision ou au contraire baisser le potentiomètre ;
- s'il entend toujours la sonnerie de la porte ou du téléphone ;
- s'il entend toujours correctement au téléphone ;
- s'il arrive dans les réunions à comprendre tous les interlocuteurs ;
- s'il est parfois surpris par un bruit extérieur qu'il n'a pas entendu (voiture par exemple) ;
- s'il entend les oiseaux quand ils piaillent, les grillons quand ils stridulent ou le vent qui siffle dans les arbres.

On s'enquerra également de l'existence d'acouphènes ou d'hyperacousie douloureuse. On précisera les antécédents personnels et si les parents avaient des problèmes auditifs, en particulier à la fin de leur vie.

On demandera s'il n'y a pas eu d'exposition au bruit ou de traumatisme sonore, si le patient n'a pas pris de médicament toxique pour l'oreille (certaines chimiothérapies comme le 5 FU, les antibiotiques de la famille des amino-glycosides, l'aspirine, les diurétiques, la quinine et ses dérivés… sont ototoxiques), s'il prend un traitement actuellement et lequel ?

On recherchera également tous les déficits qui pourraient aggraver la situation : troubles visuels non compensés, pertes de mémoire entrant dans le cadre d'une maladie d'Alzheimer, troubles du comportement…

➤ L'examen clinique

Il faut vérifier les tympans qui en cas de presbyacousie sont normaux ou présentent un certain degré de sclérose. Le reste de l'examen ORL est normal s'il n'y a pas d'autre problème que la presbyacousie.

Nous reviendrons sur les pathologies associées, les complications, les contre-indications à l'appareillage, les troubles neurologiques ou cognitifs... que l'examen peut permettre de découvrir et d'apprécier.

L'étude de la forme du conduit auditif externe, d'éventuelles pathologies cutanées, d'ostéomes, de cicatrices... sont à noter attentivement.

Les examens complémentaires

Ils sont aussi utiles pour le patient que pour le médecin. Pour faire le diagnostic de presbyacousie, une simple acoumétrie peut suffire et, tout médecin peut la pratiquer. Nos anciens en avaient une grande pratique et aboutissaient, comme nous, au diagnostic de la plupart des surdités.

➤ Classification des surdités

Le **B**ureau **I**nternational d'**A**udio**P**honologie (BIAP) classe les surdités en 4 catégories (Fig. 26.1) :

1. Surdité légère :
   sans aucune gêne sociale, de ce fait, ces surdités sont souvent ignorées par les personnes concernées. La perte auditive calculée sur une audiométrie est de 20 à 40 %.
2. Surdité moyenne :
   une gêne sociale apparaît et entraîne une fatigue due à l'intensité de l'attention nécessaire pour éviter les erreurs ou éviter de faire répéter. La perte auditive calculée sur une audiométrie est de 40 à 70 %.
3. Surdité sévère :
   la gêne sociale est extrême et le comportement s'en ressent. La perte auditive calculée sur une audiométrie est de 70 à 90 %.
4. Surdité profonde :
   toute vie sociale est pratiquement impossible sans une aide et un gros travail d'adaptation. La perte auditive calculée sur une audiométrie est supérieure à 90 %.

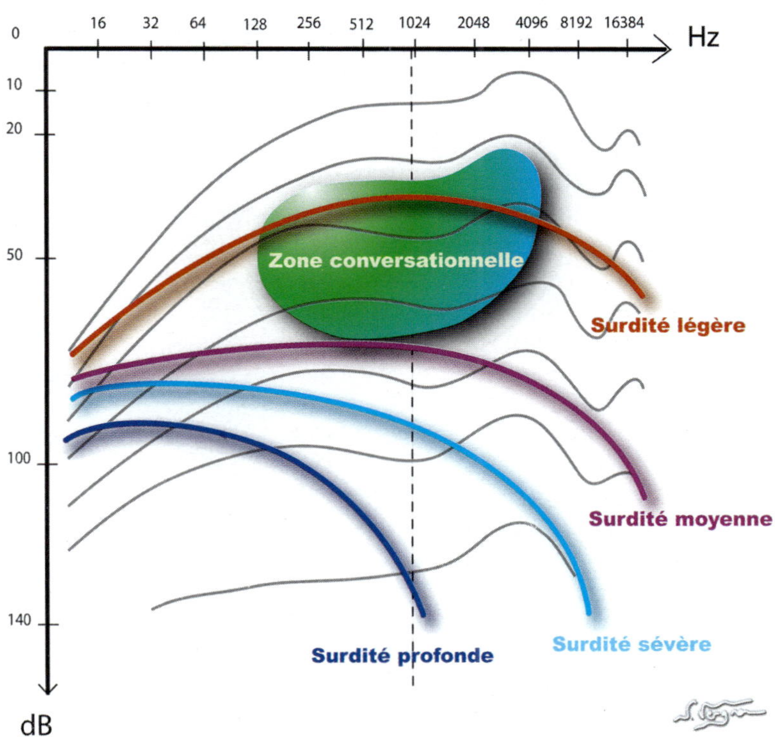

Fig. 26.1 – *Type de surdité selon la classification du BIAP*

L'acoumétrie

C'est un examen simple qui donne une excellente analyse des possibilités de l'oreille. Elle devrait faire partie de tout examen clinique courant. Elle se divise, comme l'audiométrie, en : acoumétrie instrumentale tonale et acoumétrie vocale.

L'acoumétrie instrumentale n'est pas la plus utile. Elle consiste à supposer que l'oreille de l'examinateur est la référence normale et à comparer la perception des diapasons de fréquences différentes (128, 256, 512, 1 024, 2 048 et 4 096 Hz) à 5 cm de l'oreille du patient et de la personne qui pratique l'examen.

On peut également utiliser deux tests : le test de Weber (un diapason placé sur le front est normalement perçu sur le milieu du crâne) et le test de Rinne en comparant l'audition aérienne à 5 cm du méat auditif avec l'audition osseuse, le diapason étant placé sur la mastoïde (normalement l'audition aérienne est meilleure et le son est perçu pendant 15 secondes de plus en conduction aérienne qu'en conduction osseuse).

L'acoumétrie vocale est beaucoup plus intéressante. Il faut commencer le test et poser une question avec une voix moyenne (voix habituelle). On continuera l'examen avec une voix plus faible ou plus forte selon les cas. Une réponse normale signifie que le patient entend, comprend et répond à la question posée. Après une réponse normale, l'examinateur diminuera l'intensité de sa voix jusqu'à fixer le seuil (voix basse, voix faible, voix chuchotée). Si le premier test échoue, on augmentera l'intensité de la voix pour trouver le seuil de réponse (voix haute, voix criée, voix hurlée et enfin on s'approchera à quelques centimètres du pavillon en parlant très fort).

Le type de question pour une acoumétrie vocale peut être :

1. Comment vous appelez-vous ?
2. Quel âge avez-vous ?
3. Où habitez-vous ?
4. Quelle est ou quelle était votre profession ?
5. Êtes-vous marié(e) ?
6. Avez-vous des enfants ?
7. Etc.

On retrouve facilement la classification du BIAP que nous venons d'exposer. Il faut savoir que la voix chuchotée est en principe perçue à six mètres et la voix forte à 40 mètres.

L'audiométrie

Elle comporte habituellement une audiométrie tonale, le test de Weber, une audiométrie vocale et une impédancemétrie avec recherche du réflexe stapédien. Elle devrait comporter, à notre avis, une audiométrie hautes fréquences, surtout s'il est nécessaire de tester les aigus, ce qui est le cas dans la presbyacousie. Cet examen nécessite une cabine insonore pour la plupart des tests (sauf pour les hautes fréquences).

L'audiométrie tonale débute l'examen. On teste en premier la bonne oreille s'il en existe une. On pratique d'abord une audiométrie aérienne avec les écouteurs. Elle consiste à faire entendre au sujet, oreille après oreille, des sons purs, unifréquentiels, (ces sons n'existent pas dans la nature) aux fréquences : 125, 250, 500, 1 000, 2 000, 4 000 et 8 000 Hz. On commence par des intensités très faibles au-dessous du seuil normal et on note le seuil sur le graphique au moment où le sujet perçoit le son (ce qu'il indique à l'examinateur en levant la main). L'audiométrie en conduction osseuse se fait avec le vibreur, oreille après oreille, de la même manière que pour l'audiométrie aérienne.

L'épreuve de Weber se pratique avec le vibreur. Ce vibreur placé sur le front produit le même effet que le diapason en acoumétrie.

L'audiométrie vocale consiste à faire entendre des listes de dix mots dissyllabiques, français, (listes de Fournier) ou mieux des listes de Lafon (test phonétique de Lafon) qui comportent des phonèmes sans signification (la langue et la culture n'ont plus d'influence) et dont l'interprétation est plus riche (mais ce test n'est pas d'usage courant). Le sujet reçoit cette liste avec une intensité qui commence à 40 dB au-dessus du seuil. Il faut avoir une liste de dix mots complètement perçus et une liste qui n'est pas répétée, pour pouvoir dessiner la courbe en pourcentage de mots compris.

L'impédancemétrie consiste à mesurer la compliance du tympan et des osselets face à la pression acoustique reçue.

La recherche du réflexe stapédien se fait sur quatre fréquences. Elle permet de savoir s'il est présent ou si, pour l'obtenir, il faut des pressions supérieures à la normale pour ces quatre fréquences : 500, 1 000, 2 000 et 4 000 Hz.

L'acouphénogramme est un examen peu pratiqué sauf par les audiologistes.

L'étude des vertiges peut se révéler utile dans certains cas. Il est de règle qu'après 60 ans, il existe des troubles de l'équilibre. On ne pratiquera cet examen que dans le cas d'une plainte exprimée par le patient. Les examens complémentaires à demander sont un vidéonystagmogramme, une stabilométrie ou une épreuve dynamique… On n'hésitera pas à demander l'aide d'un ophtalmologiste, d'un neurologue, d'un podologue, d'un psychiatre, d'un kinésithérapeute, d'un stomatologiste… Le vertige est un symptôme commun à beaucoup de spécialités.

Malgré cette énumération exhaustive, il faut veiller à rester raisonnable dans la demande d'examens complémentaires.

Le diagnostic de presbyacousie

Le diagnostic de presbyacousie est relativement facile à poser et pourtant il est rarement fait pour la raison qu'il n'est pas dans la culture française de se préoccuper de l'audition et que seuls ceux qui en souffrent à un degré avancé se plaignent de ce handicap.

Beaucoup de patients expliquent que leur père ou leur mère était « durs d'oreille » et qu'ils ont eu des difficultés d'audition à la fin de leur vie. Ils se sont eux-mêmes résignés à subir le même sort et n'en font surtout pas une histoire. Or durant la seconde moitié du XXe siècle l'âge de la mort a considérablement reculé et nous allons nous trouver devant une multitude de patients sourds, non pas quelques mois avant leur mort mais durant 20 à 30 ans.

Ainsi, s'il était possible en 1950 de ne jamais savoir qu'on était atteint de surdité, on ne peut plus, à l'heure actuelle, vivre ainsi.

Au terme de la consultation, nous allons rencontrer trois situations différentes :

- le patient veut une aide auditive et n'a pas besoin d'être convaincu de la nécessité de porter une prothèse et de s'y habituer ;
- le patient est trop âgé, trop handicapé sur le plan psychique pour qu'un essai d'appareillage soit envisageable ; il reste à l'aider psychologiquement et à essayer d'aménager tout ce qui l'entoure pour lui permettre de communiquer et de bénéficier de la fonction d'alerte et d'ambiance sonore de l'oreille ;
- le patient veut bien reconnaître qu'il y a un problème mais ne veut surtout pas envisager autre chose qu'un traitement médical ; or il n'y a aujourd'hui aucun moyen médicamenteux qui ait fait ses preuves ; d'ailleurs, accepter cette solution médicamenteuse ne ferait que différer le vrai traitement en ajoutant des risques…

Nous allons reprendre ces circonstances dans l'ordre inverse, c'est-à-dire en commençant dès la première consultation à reconnaître ce que le patient ne veut pas (l'aide auditive), du moins dans l'immédiat. Il ne faut surtout pas insister. Ces sujets âgés ne reviendront pas consulter si on ne convient pas avec eux d'une autre stratégie. Mieux vaut gagner du temps avant de conseiller les prothèses auditives qui « font vieux », sont humiliantes, se voient, ne sont pas belles et « *d'ailleurs beaucoup de leurs amis ont essayé et n'en veulent pas. C'est impensable de mettre de l'argent (c'est très cher) dans un tiroir…* » Inutile de se fâcher dès la première rencontre ! On demande un bilan complémentaire, c'est d'ailleurs ce qu'il faut faire pour tout le monde. Attention toutes les surdités des personnes âgées ne sont pas forcément seulement des presbyacousies, il faut penser à d'autres possibilités et les éliminer, tel un neurinome de l'acoustique (mais l'atteinte est unilatérale le plus souvent). C'est pourquoi on peut, en plus de l'audiogramme, demander un vidéo-nystagmogramme s'il y a des vertiges, des potentiels évoqués auditifs et une IRM si on suspecte une cause rétro-cochléaire ; dans l'immense majorité des cas, en fait l'audiogramme suffira.

L'audiogramme montre une surdité de perception portant uniquement ou presque sur les aigus. La courbe s'infléchit vers le bas et tous les degrés sont possibles jusqu'à la disparition complète des sons dès la fréquence 1 000 Hz.

On peut distinguer dans cette surdité deux éléments : l'un revient à la cochlée et entraîne un certain degré de recrutement, l'autre est rétro-cochléaire et dépend du vieillissement du système nerveux.

Cette déficience auditive entraîne des perturbations de l'audiogramme vocal qui n'est plus en rapport avec la courbe tonale. C'est tout, il n'y a rien d'autre que ces distorsions qui empêchent plus de comprendre que d'entendre. Les vertiges sont ceux de la personne âgée, les acouphènes sont assez rares.

■ En quelques lignes ■

C'est souvent le conjoint qui amène le patient à consulter car, dit-il, « il entend bien et ne comprend pas parce que les gens parlent de plus en plus mal ». Ce premier contact est important, il ne faut pas gâcher cette occasion. Après avoir éliminé une cause locale (bouchon de cérumen), on vérifie que le tympan est normal. L'examen clé est l'audiogramme qui montre une surdité de perception prédominant sur les aigus. La découverte peut se faire au cours d'un examen systématique ou pour une dépression, ou à l'occasion d'une autre maladie. On recherchera la prise de médicaments ototoxiques ou un antécédent de traumatisme sonore. Il existe souvent une hyperacousie douloureuse. Les acouphènes sont rares s'il n'y a qu'un vieillissement naturel de l'oreille.

On fera préciser les circonstances où le patient souffre de sa baisse auditive ainsi que les conditions de vie. On poursuivra l'interrogatoire à la recherche d'autres pathologies ou d'antécédents. On précisera la forme des conduits auditifs.

Nous l'avons dit, l'audiométrie fait le diagnostic mais l'acoumétrie au diapason ou à la voix suffit à porter le diagnostic. Il faut alors passer à des propositions thérapeutiques. Le problème est de savoir si le patient accepte ou non une aide prothétique. La plupart du temps le patient la refuse et pourtant il faudrait la faire accepter le plus vite possible pour avoir le maximum de chances qu'elle soit efficace. Il faut savoir attendre et revoir le patient pour ne pas lui forcer la main et obtenir l'effet inverse de celui qu'on souhaite pour lui.

Certains passages de ce chapitre ont été extrait d'articles de la Revue de Gériatrie *parues en 2003 et cités en référence*

Pour approfondir

ALCAINI M, GIARD MH, ECHALLIER JF, PERNIER J. Selective auditory attention effects in tonotopically-organized cortical areas. A topographic ERP study. *Human Brain Mapping*, 1995, *2* : 159-169.

COHN E. Hearing loss with aging, presbycusis. *Clin. Geriatric Med.*, 1999, *15* : 145-161.

DAUMAN R, LE HER F. À qui proposer un essai d'appareillage auditif chez l'adulte. In : *Le Concours Médical*, 2000, *122-09* : 591-594.

FERRANDEZ AM, TEASDALE N. Changes in sensory motor behavior in aging. *Advances in Psychology Series*, vol. 114, North-Holland, Amsterdam, Elsevier, 1996 ; 382-389.

GIARD MH, COLLET L, BOUCHET P, PEINIER J. Auditory selective attention in the human cochlea. *Brain Res.*, 1994, *633* : 353-356.

GOLDSMITH T. *« The Biological Roots of Human Nature » : forging link between evolution and behavior*, NY Oxford University Press, 1991.

HAWKINS JE. Comparative otopathology : aging, noise and ototoxic drugs. *Adv. Otorhinolaryngol.*, 1973, *20* : 125-141.

HERMAN P, MEYER B, TRAN BA HUY P. Qu'est-ce qu'une surdité ? Physio-pathologie des surdités appareillables. In : *Suppléance instrumentale de la surdité : les aides auditives*, Paris, Société française d oto-rhino-laryngologie et de pathologie cervico-faciale éd., 1998, 41-54.

KIRIKAE I, SATO T, SHITARA T. Study of hearing in advanced age. *Laryngoscope*, 1964, *74* : 205-221.

LANGEVIN A. La construction des bornes d'âges. In : Le vieillissement comme processus, *Revue française des affaires sociales*, n° hors série, oct. 1997 : 37-53.

PERBAL S, POUTHAS V, VAN DER LINDEN M. Time estimation and amnesia : A case study. *Neurocase*, 2000, *6* : 347-356.

PERLS T. Les centenaires. *Pour la Science*, 1995, *209* : 88-91.

PREVEL M, DHOUIB S, AUBEL D, VERGNON L. Évolution de l'audition au cours de la vie. *La Revue de gériatrie*, tome 28, *n° 9*, nov. 2003 : 735-40.

PREVEL M, DHOUIB S, AUBEL D, VERGNON L. La presbyacousie Signes Diagnostic et conduite à tenir. *La Revue de Gériatrie*, tome 28, *n° 10*, déc. 2003 : 807-20.

PREVOST P, VUILLEMIN C. Épidémiologie de la perte d'autonomie fonctionnelle en maison de retraite. *La Revue de Gériatrie*, Asnières, Edimedica, tome 26, supplément C au n° 10, 2001, 104 p : C41-c48.

SAUVAGET E, TRAN BA HUY P. La presbyacousie diagnostic et prise en charge, *Le Concours Médical*, tome 124/21, 2002 : 1449-1452.

VANNESTE S, POUTHAS V, WEARDEN JH. Temporal control of rhythmic performance : A comparison between young and old adults. *Experimental Aging Research*, 2001, *27* : 83-102.

VANNESTE S, POUTHAS V. Timing in aging : The role of attention. *Experimental Aging Research*, 1999, *25* (1) : 49-67.

CHAPITRE 27

Évolution de la presbyacousie

L'évolution d'une presbyacousie ne peut se faire que vers l'aggravation. D'une part, le vieillissement va se poursuivre et entraîner des lésions dues au non-fonctionnement de certains éléments de l'oreille ou du système nerveux et, d'autre part, les possibilités de compensation vont progressivement disparaître.

Mais cette évolution peut varier dans sa forme et dans le temps : certaines presbyacousies vont suivre lentement le cours des années, d'autres, au contraire, brûler les étapes. Il en est qui vont être aggravées par des affections intercurrentes, voire même par des agressions sur l'oreille (traumatisme sonore ou produits toxiques). Tout peut donc se voir mais nous allons tout d'abord nous intéresser à la forme classique, non compliquée et livrée à elle-même car, c'est la situation la plus fréquente.

Évolution spontanée

Plusieurs cas possibles :

➤ Évolution spontanée de la forme habituelle non compliquée

L'évolution de la presbyacousie, comme de toute surdité, peut être caractérisée par une formule : « un malentendu qui s'installe ». Au-delà d'un jeu de mot, c'est la description d'une situation qui n'a pas d'autre issue que de couper le presbyacousique de son entourage.

Au début, la lenteur d'évolution, le côté sournois de l'aggravation entraînent une relative bonne tolérance. Or, c'est de cette période initiale dont il faudrait profiter pour prendre les dispositions nécessaires. L'intéressé, qui est à mille lieues d'imaginer ce qui l'attend, ne se sent pas concerné.

On pourrait penser que les professionnels de l'audition, les spécialistes de l'écoute comme les musiciens ou les sous-mariniers (appelés oreilles d'or…) savent ce que sera leur devenir. Et pourtant, ils sont parfois piégés comme les autres par la surdité qui s'installe et qu'ils ne veulent pas admettre.

Avant de poursuivre, il est intéressant de donner les raisons qui nous semblent être à l'origine de cette méconnaissance des problèmes.

Pour s'en convaincre, il suffit de penser aux attentats qui ont eu lieu en France et dont on énumère les séquelles des victimes en évoquant les dommages corporels, les dommages psychologiques, les dommages matériels… On ne nous parle pas souvent des dommages auditifs qui sont quasi constants et qui vont avoir des conséquences très graves dans l'avenir de tous ceux qui ont vécu ces événements… Le plus souvent, ces victimes présentent initialement des lésions préoccupantes qui occultent celles de l'oreille d'autant plus que le blessé ne s'en plaint pas et qu'elles ne se voient pas.

Les barèmes d'indemnisation de l'audition et de l'olfaction sont ridiculement bas, ne serait-ce que par rapport à ceux qui concernent la vision… Nous avons déjà évoqué l'inconscient collectif d'une nation qui n'a pas pris la mesure des réalités. En ce qui concerne la presbyacousie, une connotation de vieillesse se greffe sur le handicap (c'était le cas au siècle dernier pour la vision).

De plus, le malentendant croit qu'il est capable de cacher son infirmité et que, s'il est attentif, personne ne s'en rendra compte. Bien sûr, ses attitudes le font remarquer plus encore. Il finit par être le seul à croire que rien ne se voit et que tout va bien… Ce comportement est source d'une grande fatigue et de stress qui vont faire entrer le malentendant dans une spirale de dépression.

Pour se comporter ainsi, il y a encore bien d'autres raisons : les changements de son environnement sonore sont arrivés tellement lentement qu'il s'y est habitué, démontrant ainsi la remarquable plasticité du cerveau pour compenser une déficience pendant très longtemps. Les sourds font rire et sont ridicules, il n'est donc pas question d'accepter cette infirmité, autant la masquer aussi longtemps qu'on le peut. Par ailleurs, ils pensent que les prothèses auditives vont travailler « à la place de l'oreille » ! Accepter des prothèses, c'est accepter d'être vieux ! En plus c'est cher et ça ne marche pas !

On doit à la vérité de reconnaître que les aides auditives présentent beaucoup d'inconvénients avant d'être le réel et efficace traitement de la presbyacousie. Non seulement les prothèses sont chères (comme les patients le répètent à qui veut les entendre…) mais elles sont très mal remboursées, bien que quelques progrès aient été réalisés ces dernières années. De plus, elles sont difficiles à supporter au niveau du conduit auditif externe. Au début, elles amplifient surtout les bruits inutiles, ceux qu'on voudrait ne pas entendre. Certains sons, déformés, ne « sonnent » pas naturels… L'idée de porter des prothèses, n'a rien d'attrayant et beaucoup de patients (presque un sur deux en France) qui en ont fait l'effort, sans avoir réalisé les difficultés d'adaptation, s'empressent de les mettre dans un tiroir parce qu'ils sont restés au stade des inconvénients, sans accéder aux profits.

Cette situation explique pourquoi les personnes atteintes de presbyacousie sont si peu enclines à se faire traiter et préfèrent, au début, attendre et voir.

L'évolution va donc produire cette lente dégradation dont nous avons parlé, la personne va comprendre de travers, ne pas s'en rendre compte ou plutôt l'accepter car il n'y a rien à faire et la descente aux enfers commence sur un malentendu. Et ce malentendu va se prolonger…

En fait, on ne s'habitue pas à la gêne sociale qu'entraîne cette déficience, contrairement à ce que l'on pense au début quand la baisse d'audition est faible. L'évolution de ce vieillissement rend la vie de plus en plus difficile d'autant que cette déficience n'est pas isolée mais touche tous les organes de la personne âgée. Quand on prend tout à fait conscience de ce qui arrive, il devient extrêmement difficile de compenser la perte.

Or il n'y a pas de « traitement curatif ». Tout l'avenir est dans la compensation acceptée parce que longuement expliquée.

Les réponses n'ont plus de rapport avec les questions mais les presbyacousiques résistent, les gens n'ont qu'à parler plus clair et on les comprendra… Il faut une attention extrême pour que les confusions ne soient pas de plus en plus fréquentes. Une gêne insidieuse liée au risque de ne pas comprendre et un *stress* permanent s'installent sans qu'ils soient rattachés à leur cause. D'autant que parallèlement, les motos, les avions, les outils font de plus en plus de bruit, au point parfois d'être insupportables… Le presbyacousique est d'abord gêné au restaurant, dans les assemblées et autres situations du même genre et cela va retentir sur son caractère. Il devient irascible, agressif, revendicatif. Il est très difficile de faire plaisir à un malentendant. Ces troubles du caractère ne sont pas rattachés à leur cause mais mis sur le compte du vieillissement ou tout simplement d'une mauvaise passe…

Il faut dire un mot de l'entourage du malentendant car ce dernier n'est pas seul à souffrir du « malentendu ». Il est très difficile de vivre avec un presbyacousique. Pour celui qui doit répéter, expliquer, s'interrompre sans cesse, la situation est également pénible à vivre et le caractère de l'un retentit sur celui de l'autre. Alors lentement, faute de réponse adaptée, le sourd va s'isoler et remâcher sa rancœur…

Ajoutons à cela qu'il est pénible de voir un conjoint, un proche s'enfoncer impuissant dans un tel mal-être

Si dans l'entourage, quelqu'un réussit à convaincre le presbyacousique de consulter, il est fréquent que son généraliste se sente souvent démuni, méconnaissant les moyens de compensation encore très mal diffusés dans le milieu médical.

Être la risée d'une réunion ou d'un dîner de famille, ne plus comprendre les informations du journal télévisé, être tous les jours de mauvaise humeur parce qu'on craint de ne pas entendre le réveil, la sonnette d'entrée, le téléphone, ne plus pouvoir discuter avec quelqu'un, ne pas avoir de vrais contacts avec ses petits-enfants qui évitent ce grincheux qui répond à côté… Et ne même pas disposer d'un traitement !

Si le presbyacousique a pu être correctement orienté vers un spécialiste de l'audition, on peut espérer obtenir un résultat acceptable, les aides auditives ayant été présentées et utilisées comme il faut. Et, plus tôt commencera la prise en charge, meilleurs seront les résultats.

La meilleure récompense du thérapeute, c'est de rendre le bonheur perdu car le presbyacousique et son entourage sont malheureux !

➤ Évolution spontanée précoce et rapide

Dans certains cas, la presbyacousie survient vers 40 ans. Dans ces formes, on retrouve le plus souvent des antécédents de traumatisme sonore ou la prise de médicaments ototoxiques. Il peut également s'agir d'un diabète, avec sa microangiopathie et sa neuropathie, ou d'une dyslipidémie, en particulier l'hypercholestérolémie dans laquelle l'artériosclérose semble jouer un rôle.

L'évolution de la perte auditive n'est pas linéaire et progresse selon une courbe exponentielle. Tant qu'elle n'atteint pas 30 ou 40 dB de perte, la presbyacousie est bien vécue. En revanche, dès que la perte dépasse 40 dB, le presbyacousique est brusquement très gêné.

Évolution spontanée ralentie

Cette éventualité est plus rare que les deux précédentes. L'oreille, protégée la vie durant, le vieillissement survient tardivement dans d'excellentes conditions d'environnement. L'atteinte auditive est, jusqu'à un âge très avancé, tout à fait compatible avec une vie normale sans aucune gêne sociale. Si l'on pratique un bilan audiométrique, on note une baisse d'audition mais elle ne dépasse pas 35 dB sur les fréquences 1 000 et 2 000 Hz.

Dans tous les cas

Quelles que soient la date d'apparition et la rapidité d'évolution, une surdité avec distorsion s'installe toujours pendant le vieillissement et, à 100 ans, rares sont les vieillards qui ne présentent pas de baisse d'audition handicapante. Somme toute, à cet âge, ce qui doit étonner n'est pas l'apparition de troubles de l'audition mais plutôt le fait qu'on ne les constate pas...

Peut-on vraiment prévoir l'évolution de la presbyacousie ? Honnêtement non. Mais il est des éléments qui peuvent donner une bonne idée de ce que l'audition va devenir. Ces éléments, on les retrouve dans les antécédents de la personne. Il est bon de l'interroger de la manière suivante :

- avez-vous pris des substances toxiques pour l'oreille : antibiotiques du type amino-glycosides, diurétiques, acide acétylsalicylique, quinine ? ;
- avez-vous été exposé sans protection à des bruits violents ou répétés durant de longues périodes ? ; cette dernière question doit être précisée par exemple tondeuse à gazon, scie électrique, machines-outils, sports mécaniques, boîtes de nuit disco, baladeurs... (les causes sont tellement banales et diverses qu'il est rare d'y penser) ;
- avez-vous des antécédents pathologiques qui aient pu endommager, à un moment ou à un autre, votre audition (méningite, oreillons, otites...) ?

Chacune des sources toxiques pour l'oreille raccourcit la vie des cellules ciliées et va précipiter l'évolution de la presbyacousie. La presbyacousie elle-même aggrave sa propre évolution si rien n'est fait pour la combattre.

On pousse les capacités d'adaptation au maximum et, quand le handicap est trop grand, il est trop tard pour modifier ses comportements et faire l'adaptation nécessaire. Même la suppléance prothétique n'apporte plus de solution.

Évolution compliquée

Dépression, isolement, troubles du caractère, troubles cognitifs sont les conséquences de la perte de communication qu'entraîne la presbyacousie. Mais d'autres altérations dues à l'âge peuvent émailler l'évolution et l'aggraver.

Il faut insister sur trois problèmes particuliers : la dépendance, la malvision et les troubles neuropsychologiques, en particulier de la mémoire. Il est, nous l'avons vu, déjà pénible de mal entendre mais, s'il s'y ajoute une autre gêne fonctionnelle, la vie devient particulièrement insupportable.

Nous avons vu que les traumatismes sonores et les produits toxiques pour l'oreille venaient précipiter les événements. D'autres affections vont venir compliquer une presbyacousie et en premier lieu la maladie d'Alzheimer mais également la maladie de Parkinson, les accidents vasculaires cérébraux et toutes les maladies pourvoyeuses de troubles cognitifs.

Nous voudrions insister sur le problème des patients atteints de maladie d'Alzheimer. Cette maladie fait actuellement l'objet de nombreuses recherches sans que pour autant troubles cognitifs et troubles auditifs aient été étudiés conjointement. Devant ce constat, nous avons, pour notre part mené, une enquête sur 319 personnes institutionnalisées et âgées de plus de 74 ans (étude AcouDem). Les conclusions en sont que les sujets ayant une gêne sociale due à une perte auditive ont 2,48 % de plus de risques d'être déments.

Voyons maintenant les conséquences de deux symptômes qui émaillent parfois l'évolution de la presbyacousie et qui font partie du tableau classique de cet handicap : les acouphènes et l'hyperacousie douloureuse.

Lorsqu'ils existent, les acouphènes peuvent revêtir beaucoup d'aspects. Ils sont source d'une réelle détérioration de ce que va vivre le presbyacousique. Ces acouphènes peuvent être relativement acceptables lorsqu'ils sont perçus dans le calme et le relatif silence. Ils sont gênants pour s'endormir mais ils peuvent être finalement acceptés avec une prise en charge correcte. Lorsqu'ils sont d'intensité moyenne, ils perturbent alors gravement la vie du presbyacousique qui se voit poursuivi partout où il va par ce bruit insupportable qui l'irrite au plus haut degré. Les acouphènes peuvent même dominer le tableau clinique au point d'invalider gravement et certains patients parlent de mettre fin à leurs jours si on ne fait rien pour eux. Les acouphènes sont difficiles à traiter et il est rare que le patient ne vienne pas consulter pour eux. Il supporte sans rien dire sa baisse d'audition mais il ne veut plus entendre ses acouphènes. Il est alors d'autant plus intéressant de proposer une prothèse auditive que celle-ci peut par sa seule présence améliorer l'acouphène et avec un *masking* l'atténuer ou parfois même, le faire disparaître. Répétons que ces acouphènes qui sont très fréquents après un traumatisme sonore surviennent généralement dans la presbyacousie des patients qui en ont été victimes.

Il reste à étudier l'hyperacousie douloureuse. C'est alors le comble de ce qui peut arriver au niveau de l'audition puisque, non seulement le patient est malentendant et ne peut plus participer à la vie de communication indispensable à l'équilibre de tout un chacun, mais en plus, il doit supporter un sifflement (ou autre) tout aussi désagréable et le moindre bruit lui cause des douleurs parfois très violentes… Il semble en effet difficile de faire pire. De plus les traitements sont longs, délicats et rarement couronnés de succès. Cette hyperacousie douloureuse est, elle aussi, surtout présente lorsqu'on retrouve une intoxication par des médicaments toxiques pour l'oreille ou après une explosion. Ce ne sont pas, à notre sens, des conséquences d'un vieillissement habituel de l'oreille.

➤ Les conséquences de la presbyacousie non traitée

Il faut souligner l'importante part de mauvaise prise en charge de l'infirmité, particulièrement sensible en France. Les Danois, les Allemands, les Canadiens, pour ne citer qu'eux, sont beaucoup plus attentifs à ce vieillissement de l'oreille et surtout considèrent la surdité comme la malvoyance ou n'importe quelle autre infirmité.

Pour économiser nos forces et notre attention, beaucoup de tâches font appel aux réflexes et pour l'audition les occasions sont nombreuses. Beaucoup de locutions, de phrases toutes faites sont répétées et ne contiennent que peu ou pas d'informations tout en permettant un temps de réflexion. Notre langue maternelle nous permet de grandes performances avec des informations incomplètes ou déformées. Mais ces mécanismes d'économie qui ne compromettent pas le résultat, ont leurs limites. Une fois ces limites atteintes, il faut faire appel à des ressources d'attention, de concentration. On peut s'approcher du locuteur en lui demandant de parler plus fort et surtout de bien articuler… (La lecture labiale, dans un hall de gare par exemple nous permet de comprendre ce qui est dit si nous regardons le locuteur). On peut aussi fuir le local bruyant ou demander à ce que tout le monde ne parle pas en même temps, etc.

Pour comprendre la situation du presbyacousique, il suffit de se remémorer le film que nous avons vu sans sous-titres dans une langue que nous maîtrisons mal ou le *staff* auquel nous avons participé dans cette même langue. Nous sortons de cette épreuve, exténués et en ayant manqué beaucoup d'informations. C'est ce qui se passe pour le presbyacousique et la fatigue est donc le premier retentissement qu'il va exprimer. Une fatigue qui se répète tous les jours mais, à la différence de notre exemple de la langue étrangère, plus nous séjournons dans le pays plus nous améliorons la situation. Pour le presbyacousique c'est l'inverse. Il va ajouter à la fatigue, les *stress* de ne pas comprendre, de répondre de travers, d'être ridicule. Il va se compliquer encore la vie en voulant cacher son infirmité ou en essayant d'en atténuer les conséquences par des astuces ou des pirouettes… et rien ne va s'arranger.

Petit à petit, lentement, devant l'indifférence, il devient de plus en plus irritable, tout est prétexte à sa colère qu'il exprime pour s'excuser, pour ne pas accepter ce qui lui arrive et quand il l'acceptera, ce sera l'isolement.

Cet isolement est la conséquence inéluctable de la baisse de compréhension due à la presbyacousie. Celui-ci est, bien sûr, encore aggravé par une baisse de la vision, des difficultés à sortir, à marcher, de la fatigue, du stress, des troubles caractériels…

En même temps que la presbyacousie, on rencontre souvent d'autres vieillissements

En tout premier, il faut envisager les *troubles de l'équilibre*. Ils frappent l'oreille interne (labyrinthe postérieur) et les deux autres sens qui participent à son maintien : la vue et la sensibilité profonde. Ils sont constants mais à des degrés divers. Nos maîtres nous répétaient que tous les gens de plus de 60 ans « chutaient ». Les finesses que réclame sans cesse notre équilibre, deviennent de plus en plus difficiles à exécuter. La Sécurité sociale édite une brochure destinée à les prévenir, tant elle est consciente de la fréquence des accidents graves que ces troubles de l'équilibre peuvent entraîner. Ils ne facilitent pas la vie du presbyacousique et participent à son isolement.

À côté de ces troubles, il faut faire une place importante aux *troubles de la vision*. Non pas tant la presbytie qui est actuellement bien corrigée et qui ne se heurte plus, comme la presbyacousie encore, à ce refus de traitement pour des raisons d'esthétique ou de vieillissement mal accepté que les *basses visions* qui empêchent toute lecture labiale et dont nous verrons l'importance dans la vie courante et dans le suivi des presbyacousiques. Il est certain que les troubles de la vision sont très mal ressentis par les patients malentendants. On en rapprochera la dégénérescence maculaire liée à l'âge (DMLA).

Le vieillissement touche tous les organes et il faut insister sur les troubles de la *locomotion* qui viennent s'ajouter aux troubles de l'équilibre pour cloîtrer le presbyacousique chez lui et augmenter encore sa solitude.

De même *les mains* des personnes âgées sont souvent déformées et malhabiles ce qui va compliquer les possibilités d'appareillage auditif lorsque la prothèse est trop petite. Une personne âgée qui vit seule peut être incapable de mettre ses prothèses ou de changer les piles…

Des maladies peuvent s'associer à la presbyacousie

Il faut encore envisager les associations de pathologies, soit connues, soit qui vont se révéler dans les années qui suivent le début clinique de la presbyacousie.

Il est important de rappeler que le vieillissement normal, naturel, consiste en un ralentissement avec perte d'initiative. Une certaine tristesse peut se rencontrer chez la personne âgée non seulement lorsque les circonstances s'y prêtent (perte d'un proche par exemple) mais également pour des causes qui peuvent sembler peu importantes à un sujet plus jeune. Tout ceci est normal.

Presbyacousie et états dépressifs

« Les sourds sont tristes alors que les aveugles sont gais ». Ce dicton montre à quel point la perte de la communication orale est lourde de conséquences sur le vécu des personnes atteintes de presbyacousie avec gêne sociale. La rapidité d'apparition de ces états dépressifs est fonction de la nature de chacun. Les états larvés ne mettront pas longtemps à devenir patents pour certains malades mais d'autres peuvent résister longtemps avant de succomber à la dépression.

On estime que 30 % des patients atteints de dépression du sujet âgé ne sont pas diagnostiqués. On a trop facilement tendance à accepter que la personne âgée soit « normalement » triste et ralentie. Il est, on le voit, difficile de faire la distinction entre le ralentissement, la perte d'activité et d'initiative de la dépression et le vieillissement naturel… Toutes les personnes âgées, enfin, ont quelques troubles de la mémoire.

Il existe trois grands cadres de dépressions :

1. la dépression qui survient au cours de la psychose maniaco-dépressive ; c'est une dépression endogène, qui vient de l'intérieur de l'individu et non de son environnement ;
2. la dépression d'ordre pathogène : elle est très fréquente et survient à l'occasion d'un *stress*, le plus souvent sur une personnalité atteinte de névrose ou de troubles pathologiques ;
3. la dépression qui survient comme symptôme d'une autre maladie : tumeur cérébrale, certaines épilepsies, schizophrénies, etc.

La dépression qui se dévoile au cours de la presbyacousie est évidemment du 3e type.

Il faut insister sur le fait qu'un état dépressif suit toujours une déficience auditive avec gêne sociale, après quelques années de surdité. C'est un peu la conséquence logique de la perte plus ou moins importante de la faculté d'entendre et donc de communiquer.

Un état dépressif n'a pas de signes pathognomoniques. Ce ne sont donc que plusieurs symptômes assemblés qui vont permettre le diagnostic.

On évoquera la possibilité d'un état dépressif devant certaines manifestations d'apparition récente :

- la tristesse de l'humeur qu'elle soit verbalisée ou exprimée par le corps (mimique, gestuelle ou pleurs) ; cette humeur dépressive peut revêtir de nombreux aspects ;
- l'absence d'intérêt devant des événements ou activités qui retenaient l'attention jusque-là ; il y a un ralentissement psychomoteur ;
- la détérioration de la pensée avec idée de culpabilité, idée d'infériorité, de déchéance, d'échecs… ;
- la diminution de la concentration, de l'attention, de la mémoire ; le sujet s'en plaint de façon excessive ; c'est la mémoire à court terme qui est touchée comme dans l'Alzheimer ;
- les propos suicidaires ou tournant autour de la mort, une demande d'euthanasie… ;
- une agressivité inhabituelle, un comportement provocateur… ;
- des troubles du sommeil des plus variés… ; le plus souvent à type d'insomnie.
- une asthénie sans raison apparente ; un fléchissement de la volonté ; les sujets se plaignent d'avoir une fatigue insurmontable et ils ne prennent aucune initiative pour surmonter cela (sur les plans professionnel, familial et social) ; ils sont complètement passifs, repliés sur eux-mêmes, inactifs ; cela peut aller jusqu'à ne plus se laver ; toute leur activité se dégrade ;
- des troubles de l'appétit ;
- des plaintes portant sur tout et rien, une somatisation… ;
- des douleurs erratiques…

Ces changements de comportement chez une personne âgée doivent alerter et si la perte d'audition n'est pas connue, y faire penser. Or, dans toute la littérature que nous avons consulté, curieusement, l'éventualité d'une surdité comme cause de l'état dépressif n'est jamais mentionnée de manière formelle. Il semble même qu'on invoque tout, avant de penser à cette possibilité. Inversement, toute découverte d'une surdité chez une personne âgée doit inciter à faire une recherche de dépression.

Les symptômes et leur association sont indispensables pour affirmer qu'il s'agit bien d'un épisode dépressif caractérisé. Ils sont répartis en trois catégories :

a) Des critères généraux obligatoires :

- l'épisode dépressif doit persister depuis au moins deux semaines ;
- iI n'est pas imputable ou en relation avec la prise d'une substance psycho-active ou avec une maladie (troubles de l'humeur liés à l'hypothyroïdie par exemple).

b) La présence d'au moins deux des trois symptômes suivants :

- humeur dépressive présente pratiquement toute la journée, presque tous les jours, signalée par le sujet (se sent triste, vide, par exemple) ou observée par l'entourage (pleurs, par exemple) ;
- perte de l'intérêt ou du plaisir pour des activités habituellement agréables ;
- réduction de l'énergie ou augmentation de la fatigabilité.

c) La présence d'au moins un des sept symptômes suivants :

- perte de la confiance en soi ou de l'estime de soi ;
- sentiments injustifiés de culpabilité excessive ou inappropriée ;
- diminution ou augmentation de l'appétit presque tous les jours avec une perte ou un gain de poids significatif en l'absence de régime ;
- insomnie ou hypersomnie presque quotidienne ;
- modification de l'activité psychomotrice, caractérisée par une agitation ou un ralentissement (signalée par le sujet ou observée par l'entourage) ;
- diminution de l'aptitude à penser ou à se concentrer (signalée par le sujet ou observée par l'entourage), se manifestant, par exemple, par une indécision ou des hésitations ;
- pensées de mort ou idées suicidaires récurrentes, ou comportement suicidaire de n'importe quel type dans les formes les plus graves.

Au total on doit avoir les deux critères obligatoires et au moins quatre des symptômes suscités. L'épisode dépressif caractérisé induit une souffrance morale significative ou une altération de la vie personnelle et professionnelle.

Selon la sévérité des symptômes, l'épisode dépressif est qualifié de :

- « léger » lorsqu'il a peu ou pas de symptômes supplémentaires par rapport au nombre nécessaire répondant au diagnostic ; l'altération de la vie personnelle, relationnelle ou professionnelle est minime ;

- « sévère » lorsque plusieurs symptômes supplémentaires par rapport au nombre nécessaire pour le diagnostic sont présents (notamment les idées suicidaires) et qu'ils perturbent les relations personnelles, relationnelles ou professionnelles ;
- « modéré » lorsque les symptômes et l'altération de la vie personnelle, relationnelle et professionnelle sont compris entre ces deux extrêmes.

Les circonstances favorisantes de la dépression du sujet âgé sont nombreuses, on retrouve en particulier :

- la solitude et l'isolement social ; la dépression est plus fréquente chez les personnes qui n'ont pas un entourage attentif ;
- les changements de mode de vie, les séparations, les deuils ; la perte des rôles sociaux (la retraite par exemple) peut jouer un rôle de « déclencheur » de l'état dépressif ; le veuvage joue aussi un rôle important dans la survenue des symptômes dépressifs ;
- une maladie handicapante (la perte d'autonomie) peut aussi déclencher un état de dépression.

L'apparition des symptômes de la dépression est retardée chez le sujet âgé par rapport à l'adulte d'âge moyen. Leur expression est plus modérée et, à tort, ils peuvent être attribués au vieillissement normal :

- la douleur morale devient pathologique lorsqu'elle envahit la totalité de la vie de la personne âgée ;
- le ralentissement atteint la pensée et l'activité physique ;
- les troubles du sommeil et l'insomnie se traduisent par des réveils angoissants la nuit ou un réveil matinal précoce ; à l'inverse une hypersomnie est possible ;
- une fatigue surtout matinale ;
- des troubles de l'appétit entraînent une anorexie avec perte de poids ; à l'inverse une prise de poids excessive est possible ;
- une perte d'intérêt pour les activités habituelles ;
- une irritabilité inhabituelle ;
- des troubles anxieux importants, des propos délirants, une agitation ;
- troubles de la mémoire ou difficultés de concentration ;
- des troubles intestinaux ;
- des douleurs musculaires et articulaires.

La dépression peut être masquée en particulier lorsque les symptômes physiques sont au premier plan.

Il est rare que l'état dépressif de la personne malentendante soit aigu et qu'il nécessite une hospitalisation du fait du risque de suicide par exemple. Le plus souvent, c'est un état larvé. Les signes doivent être minutieusement recherchés si on ne veut pas passer à côté. Il ne faut pas hésiter à faire appel à un psychiatre si besoin. C'est cet état qui fait dire que les sourds sont tristes.

Ces états dépressifs mineurs font souffrir le malentendant et son mal-être doit être pris en charge. En général, si on obtient un bon résultat avec l'appareillage et son adaptation dans le temps, les signes dépressifs disparaîtront. Ils ne persisteront que dans le cas d'une personne âgée qui aurait eu ces tendances dépressives bien avant d'avoir des problèmes d'audition.

Pour conclure, le fait d'appareiller convenablement et précocement les presbyacousiques est le meilleur traitement préventif et curatif de cette dépression qui les guette. C'est encore une fois le problème du bonheur des personnes âgées.

Presbyacousie et Alzheimer

Cette maladie, dont la fréquence croit au fur et à mesure que nous reculons l'âge de la mort, est actuellement l'objet de nombreux travaux scientifiques que ce soit pour clarifier sa clinique, pour asseoir son diagnostic (avant l'autopsie), pour tenter d'enrayer sa progression inexorable vers la démence…

Il faut souvent trois à cinq ans pour qu'on évoque le diagnostic possible de maladie d'Alzheimer. Pertes de mémoire, troubles du langage et de la motricité, confusion mentale, incontinence, agitation, déambulation sont les manifestations de ce que l'on appelait jadis démence sénile et dont on sait actuellement qu'il s'agit de maladie d'Alzheimer, pour 80 %.

Nous n'insisterons pas sur la difficulté que l'on rencontre pour poser le diagnostic et sur l'intérêt de savoir le plus tôt possible si l'on est bien en présence de cette affection. En pratique, il s'écoule souvent plus de dix ans avant que les premiers signes de démence fassent leur apparition. Le fait d'utiliser cette période pour inciter la personne âgée atteinte à pratiquer des exercices de mémoire, des jeux de société, des activités stimulant l'esprit, pourrait avoir une influence sur l'évolution de la maladie dont l'apparition serait retardée.

On peut supposer qu'une presbyacousie viendrait pour le moins singulièrement compliquer le travail de ces patients et pourrait précipiter l'évolution vers la démence.

La maladie d'Alzheimer, maladie neurologique dégénérative, est la cause la plus fréquente de troubles cognitifs (50 à 80 %). Elle évolue progressivement vers une déchéance mentale et physique associée à une perte de l'autonomie.

Les troubles cognitifs et par la suite la démence sont définis comme la détérioration du fonctionnement :

- de la mémoire ;
- du jugement ;
- du raisonnement ;
- du langage ;
- du programme gestuel (apraxie) ;
- de la reconnaissance des objets et des visages (agnosie).

À côté de ces déficiences des fonctions intellectuelles, il existe aussi une perturbation de la personnalité, des émotions et de l'humeur.

L'origine de la maladie d'Alzheimer est encore inconnue mais les lésions spécifiques présentes dans le cerveau sont identifiées. Ces deux types de lésions (la plaque sénile liée au dépôt de protéine β-amyloïde et la dégénérescence neurofibrillaire) provoquent une perturbation importante du fonctionnement des neurones puis leur mort. Ces lésions prédominent au début au niveau de l'hippocampe.

C'est une maladie qui apparaît le plus souvent tardivement dans la vie, mais qui n'est pas due à l'âge. Celui-ci n'est qu'un facteur de risque important parmi d'autres. Dans la majorité des cas, la maladie se déclare autour de 70 ans. Il existe des formes précoces, rares, qui débutent avant 65 ans. En France, actuellement 900 000 personnes sont atteintes par la maladie. On diagnostique 70 000 nouveaux cas par an.

Les *troubles de la mémoire* sont les signes les plus fréquents au début de la maladie. Ils gênent le patient. Le plus souvent, ils sont remarqués par un membre de la famille ou de l'entourage. Mais, le diagnostic de probabilité de la maladie d'Alzheimer est fait au cours de l'entretien, de l'examen clinique et des examens complémentaires

L'entretien avec le sujet ou un membre de son entourage recherche le mode d'apparition des troubles de la mémoire des faits récents. Il évalue le retentissement des troubles sur les activités de la vie quotidienne (utilisation du téléphone, des transports, prise des médicaments, gestion des finances). Au début de la maladie, il est souvent difficile de faire la différence entre dépression et maladie d'Alzheimer, d'autant que les deux peuvent coexister.

L'examen apprécie l'état général, psychologique et cardiovasculaire, mais aussi le degré de vigilance et les déficits sensoriels et moteurs. L'examen neurologique reste longtemps normal dans la maladie d'Alzheimer. Il est capital que le médecin fasse des tests d'évaluation intellectuelle et psychologique du patient : ce sont eux qui font le diagnostic.

Ces tests sont environ une dizaine. Aucun d'entre eux ne peut à lui seul assurer le diagnostic de la maladie. L'association de trois tests apporte une certitude suffisante en pratique. Les trois tests les plus souvent utilisés et qui font consensus sont le MMS (Mini Mental State parfois suivi par E pour Examination), le test de l'horloge et le test de fluence verbale ou des cinq mots :

- le MMS explore les fonctions cognitives : mentales (jugement, mémoire, organisation mentale, orientation dans le lieu, le temps, jugement sur les personnes…) et perceptives (schéma corporel, relations spatiales, reconnaissances…) ;
- le test de l'horloge permet lui aussi d'étudier les fonctions cognitives : les praxies (l'attention, le langage, l'orientation dans le temps et l'espace), et exécutives (planifier, organiser et mener à bien des tâches complexes) ;
- la fluence verbale : le patient est incité à dire en une minute le plus possible de noms d'animaux qu'il connaît ;
- le test des cinq mots : on donne une liste de cinq mots qui doivent être répétés immédiatement puis, après un intervalle, sans et avec indiçage ; on note les erreurs sur la première et la dernière répétition (sur 10).

Les examens complémentaires (analyses de sang, scanner ou IRM cérébraux) permettent d'éliminer une autre cause à ces désordres psychiques et de voir l'état de l'hippocampe.

L'évolution de la maladie se fait toujours vers l'aggravation avec démence puis mort. Après une période relativement stable (deux à trois ans), l'évolution se fait vers une aggravation progressive plus ou moins rapide. Les troubles de la mémoire s'accentuent, le patient a tendance à répéter les mêmes choses. Il oublie au fur et à mesure. La désorientation dans le temps et dans l'espace est totale, au point de se perdre dans sa propre maison.

Le langage se réduit, tant en rapidité d'élocution qu'en vocabulaire. L'apraxie (troubles de la manipulation des objets et de la gestuelle) se majore : elle touche l'habillage et entrave tous les gestes de la vie quotidienne, jusqu'à la dépendance totale. L'agnosie (troubles de la reconnaissance) touche les visages familiers. La non-reconnaissance des proches est une étape difficile à vivre pour l'entourage.

L'agnosie des objets contribue à la dépendance car certains objets ne sont pas utilisés à bon escient. Le comportement et la personnalité se modifient : déambulations incessantes, hallucinations visuelles ou auditives, agitation, idées fixes, désintérêt affectif vis-à-vis de l'entourage... L'état neurologique se dégrade : la rigidité des membres s'accentue, la marche devient impossible.

À partir du diagnostic, l'évolution de la maladie est d'environ huit à dix ans. D'une façon générale, les patients atteints par la maladie d'Alzheimer sont plus fragiles et décèdent de complications de maladies organiques d'autre nature.

Les seuls traitements disponibles actuellement sont symptomatiques (inhibiteurs de la cholinestérase). Ils ont montré une amélioration modeste sur les activités de la vie quotidienne dans les stades légers à modérés de la maladie. Ces traitements peuvent avoir des effets secondaires. Ils sont instaurés par le spécialiste (neurologue, psychiatre ou gériatre) et suivis en collaboration avec le médecin de famille. Il s'agit d'un problème de société, le malade ayant besoin d'une structure spécialisée.

De nombreuses pistes sont en cours d'exploration pour la mise au point de traitements agissant non plus sur les symptômes mais aussi sur les lésions spécifiques de la maladie.

Les structures d'accueil du patient restent le problème majeur dès l'apparition de la démence. Des établissements spécialisés se mettent en place. Ces places risquent d'être insuffisantes en raison de l'augmentation du nombre de cas liée au vieillissement de la population. Le maintien à domicile du patient, souvent difficile pour le conjoint et les proches, est cependant possible.

On peut citer différents modes d'accueil :

1. le « domicile renforcé » : maintien du patient à domicile avec un service de soins infirmiers, une kinésithérapie, le passage d'une aide-ménagère, d'une auxiliaire de vie ;
2. les séjours temporaires, programmés pour soulager la famille ; ils se font soit en milieu hospitalier soit en maison de retraite ;
3. les centres d'accueil de jour permettent d'allier un service hospitalier au maintien à domicile ; des activités manuelles et de stimulation intellectuelle sont proposées ;
4. l'institution spécialisée : la décision d'entrée en institution est prise lorsque le maintien à domicile du patient est jugé impossible voire dangereux.

Il existe des associations de malades et de familles de malades (France Alzheimer) qui apportent un soutien et une aide aux malades mais aussi à leur famille. Ces associations permettent, par exemple, d'orienter l'entourage du malade dans le choix d'un système de protection juridique adapté (curatelle ou tutelle).

Nous proposons de donner quelques règles d'approche d'un patient Alzheimer. Voici quelques suggestions pour communiquer efficacement avec une personne atteinte de la maladie d'Alzheimer :

- éliminer de l'environnement toutes les sources de distraction : télé, radio, foule, etc. ;
- se placer directement devant la personne et la toucher doucement afin de provoquer un contact visuel ;
- maintenir le contact avec les yeux ;
- parler doucement et clairement, à voix haute ;
- donner les consignes une à la fois (étape par étape) ;
- utiliser un langage simple et clair ;
- utiliser le langage non verbal : sourire, montrer des objets, faire des gestes, etc. ;
- répéter ;
- se montrer rassurant et patient.

Compte tenu de l'hypothèse plus que probable de l'existence d'une presbyacousie, il serait intéressant de savoir si le fait de réduire le handicap auditif serait de nature ou non à modifier la rapidité d'évolution vers la démence. Ce travail est actuellement en cours mais il faudra quelques années pour valider ou non l'hypothèse.

Presbyacousie et Parkinson

La maladie de Parkinson se caractérise par une dégénérescence progressive des neurones dopaminergiques nigro-striés responsables d'un déséquilibre biochimique et fonctionnel au sein des boucles motrices extrapyramidales.

La maladie de Parkinson est différente de la maladie d'Alzheimer. La démence qu'elle entraîne est beaucoup plus facile à diagnostiquer que celle de l'Alzheimer. La presbyacousie peut frapper un patient porteur de cette maladie mais les problèmes seront à peu près les mêmes que lors des états dépressifs que nous avons vu. La différence se fera dans l'évolution qui ne sera que retardée par une prise en charge correcte de la presbyacousie.

Cette maladie est une affection chronique dégénérative du système nerveux central qui se caractérise par la mort prématurée de cellules nerveuses situées dans le *locus niger*, impliquées dans le contrôle des mouvements. Les premiers signes cliniques apparaissent quand environ 2/3 des cellules sont mortes.

Le début de la maladie (vers 60 ans souvent) est marqué par quelques signes banals :

- une jambe plus raide ;
- une jambe qui saute ;
- une fatigue inexplicable ;
- une sudation plus importante à tout moment ;
- une douleur dans l'épaule qui dure depuis plusieurs mois ;
- des maladresses répétitives ;
- une difficulté à écrire (les caractères deviennent de plus en plus petits au fur et à mesure de la ligne) ;
- un tremblement de repos des membres inoccupés ;
- une marche qui débute par un piétinement, avec apparition rapide de la fatigue ;
- des douleurs dans la nuque.

Le diagnostic de la maladie de Parkinson reste clinique. Il s'avère aisé devant la triade classiquement observée à la phase d'état associant : une akinésie, un tremblement de repos et une hypertonie plastique.

Ce diagnostic se révèle souvent plus difficile, en particulier dans les formes de début pauci-symptomatiques. Parfois aussi l'entourage est alerté par le ralentissement global, engendré par l'akinésie.

Seul l'examen anatomo-pathologique permet de porter un diagnostic rétrospectif de certitude en montrant la dégénérescence des neurones pigmentés nigro-striés et la présence d'inclusions intra-neuronales spécifiques, les corps de Lewy.

Le traitement médicamenteux ne résume pas la prise en charge thérapeutique du parkinsonien. La physiothérapie et le soutien psychologique occupent une place importante à tous les stades de cette maladie chronique. Actuellement des espoirs très prometteurs relèvent de la neurochirurgie, de la stimulation, des possibilités de greffes.

La presbyacousie vient encore compliquer les conditions relationnelles. Le parkinsonien est gêné pour régler sa prothèse mais aussi du fait de la rigidité pour tourner la tête vers la source sonore.

Nous n'avons pas traité ici des maladies de Parkinson non idiopathiques

■ Presbyacousie et les autres troubles cognitifs (vasculaires...)

Si les étiologies diffèrent, chacune des déficiences cognitives ajoute à la presbyacousie et il paraît intéressant, là plus qu'ailleurs, de lutter par tous les moyens contre l'état dépressif que la malentendance entraîne immanquablement à la longue.

■ Presbyacousie et diabète, HTA, tabagisme

Certains facteurs étiologiques ou d'aggravation de la presbyacousie peuvent nécessiter un traitement spécifique ou des mesures préventives (hyperlipémie, hypertension artérielle, tabagisme, exposition au bruit, etc.).

La vascularisation de l'oreille interne est de type terminal. Ainsi toute micro-angiopathie peut entraîner une déficience auditive. Le traitement repose sur la correction des troubles métaboliques (diabète, HTA, etc.) et sur les drogues anti-ischémiques.

Il est fort regrettable qu'inversement tout sujet diabétique, hypertendu... ne soit pas examiné sur le plan auditif.

■ Presbyacousie et déficiences de la vision, les basses visions

La presbytie aurait mérité un chapitre spécial si les préjugés qui l'entouraient, il y a une cinquantaine d'années, n'avaient pas pratiquement disparu. Il n'en est malheureusement pas de même pour l'audition. Il nous a semblé de première importance, étant donné les conseils que nous voulons donner, d'utiliser avec l'appareillage bilatéral tous les moyens de suppléance pour créer une nouvelle langue accessible à l'oreille presbyacousique et de parler des maladies susceptibles de ne plus permettre une suppléance oculaire.

Les basses visions sont d'actualité et font l'objet de recherches multiples. Parmi ces déficiences visuelles, une pathologie ressemble beaucoup à la presbyacousie, c'est la dégénérescence maculaire liée à l'âge (DMLA).

Il s'agit d'une altération maculaire, acquise, non héréditaire, non inflammatoire, atteignant les personnes de plus de 50 ans, qui se traduit par une baisse progressive de la vision aboutissant à une perte de la vision centrale.

Ces patients ne deviennent pas aveugles mais perdent tout le champ de vision utile pour la lecture, la conduite, la vision fine. Ainsi, ils gardent généralement une autonomie avec possibilité de se déplacer, de se promener, mais ne peuvent plus lire, regarder la télévision ou conduire.

Les signes cliniques qui amènent à la consultation sont souvent les mêmes : augmentation du besoin de lumière pour lire, déformations de l'image au centre du champ visuel associées à une baisse d'acuité visuelle variable.

À plus ou moins long terme, cette pathologie affecte les deux yeux. C'est pourquoi, le patient doit consulter le plus tôt possible afin de s'assurer d'un suivi médical permettant une prise en charge précoce et une auto-surveillance régulière.

La DMLA peut se présenter sous différentes formes qui se répartissent en deux grands groupes.

- La forme atrophique ou sèche (75 % des cas) se caractérise par une disparition spontanée des cellules de la rétine.
- La forme néo-vasculaire ou humide (25 % des cas) est la plus sévère des deux et se caractérise par un développement de vaisseaux anormaux détruisant localement les tissus. Cette forme est divisée en sous-groupes selon la visibilité des néo-vaisseaux lors des examens spéciaux du fond d'oeil (angiographie). Les néo-vaisseaux occultes, peu visibles lors de ces examens, sont les plus fréquents (80 %). Inversement, les néo-vaisseaux visibles, plus rares (20 %), ont une évolutivité sévère et généralement rapide.

Des complications peuvent apparaître dans l'évolution naturelle de ces formes d'étiologie vasculaire : décollement oedémateux d'une partie de la rétine, communications anormales entre les vaisseaux de la rétine et ceux de la choroïde, déchirures des couches profondes de la rétine. La forme fibro-gliale constitue le stade terminal d'évolution de la DMLA. Les lésions sont alors irréversibles.

Une DMLA commence habituellement par une déformation des images (métamorphopsie). Elle sera détectée par la grille d'Amsler (Fig. 27.1). Il faut donc tester chacun de ses yeux, en fixant le point rouge central. La grille environnante ne doit pas apparaître déformée (Fig. 27.2), cela nécessiterait une consultation en urgence chez un ophtalmologiste.

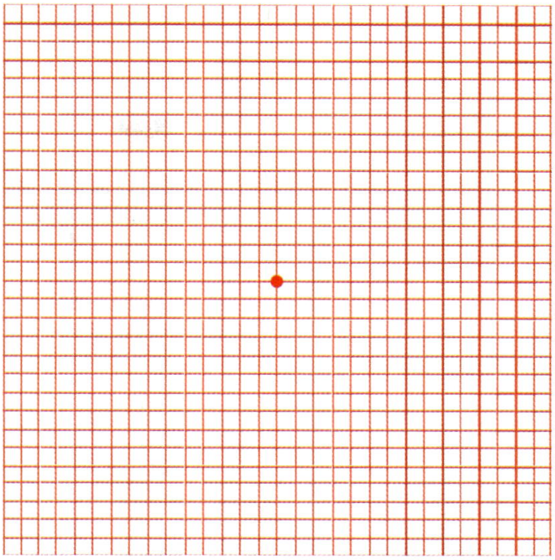

Fig. 27.1 – *Grille d'Amsler*

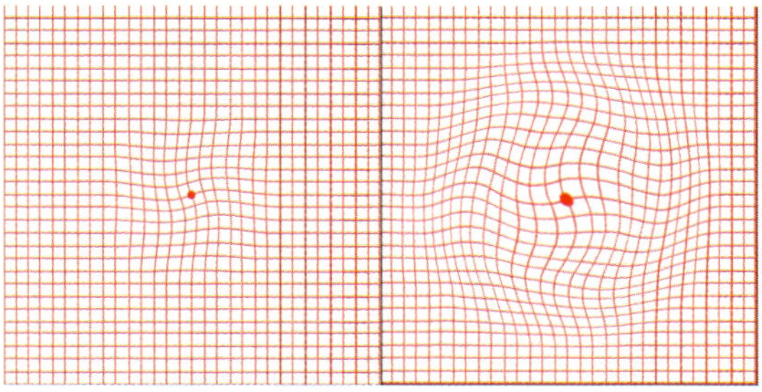

Fig. 27.2 – *Les images perçues en cas de DMLA*

Pour illustrer cette pathologie nous donnons, ici, des exemples de déformation des images perçues par les sujets atteints de DMLA (Fig. 27.3).

Des progrès ont été faits dans le traitement de la forme humide. De même qu'il faut insister sur la prévention de la presbyacousie, il faut protéger l'œil d'une exposition au soleil (lunettes fumées).

Il existe bien d'autres causes de basse vision chez le sujet âgé et il faut en tenir compte lorsqu'on proposera par exemple d'utiliser la lecture labiale pour améliorer la perception d'une personne appareillée. Nous reviendrons là-dessus lorsque nous aborderons les pages consacrées à la compensation.

D'autres pathologies donnent aussi des métamorphopsies à tout âge, et doivent aussi amener à consulter en urgence (néovaisseaux maculaires du jeune, tumeur, membrane épirétinienne par exemple).

Fig. 27.3 – *Exemple de déformation des images perçues par les sujets atteints de DMLA*

1. Vue d'une image par un sujet sain.
2. Vue de la même image par un sujet atteint d'un début de DMLA : les lignes verticales se déforment.
3. Évolution de la maladie : déformation très nette des lignes verticales.
4. La vision centrale devient floue, conduisant à une invalidité importante, même si la vision périphérique est préservée.

Évolution traitée de la presbyacousie

Elle sera vue dans le prochain chapitre consacré au traitement dont elle constituera la matière. Disons tout de suite que sans avoir la capacité d'influencer l'évolution spontanée que nous venons d'envisager, la prise en charge de telles personnes âgées presbyacousiques permet de leur éviter pratiquement toujours cette évolution catastrophique.

■ *En quelques lignes* ■

L'évolution d'une presbyacousie ne peut se faire que vers l'aggravation.

Dans sa forme habituelle, l'évolution se fait très lentement et n'inquiète pas le patient. Tout est prétexte à retarder la prise de conscience et les changements de comportements qui seraient les mieux adaptés à la situation. Comme il n'existe pas de traitement curatif et que l'idée de porter des aides auditives est souvent jugée insupportable, lentement la dégradation fait son chemin. Les distorsions finissent par ôter tout sens au message encore perçu et l'isolement menant à un état dépressif chronique s'installe. Le sourd n'est jamais content et refuse d'admettre son état. Irascible, dépressif, replié sur lui-même, le malentendant vit un cauchemar qu'il fait partager aux autres. Il existe des formes à évolution très lente, d'autres qui brûlent les étapes. La fatigue, le stress, les troubles du comportement vont s'ajouter aux acouphènes et à l'hyperacousie douloureuse. Les troubles de la vision, de la locomotion et de l'habileté manuelle complètent souvent le tableau.

Des maladies peuvent s'associer à la baisse de l'audition, au premier rang desquelles nous trouvons la dépression. Cette maladie mérite d'être décrite car elle survient à un moment ou à un autre au décours d'une presbyacousie.

Son diagnostic est difficile car elle peut revêtir de nombreux aspects, aussi faut-il y penser et pour en faire le diagnostic, respecter les consensus qui demandent le regroupement de plusieurs symptômes (tristesse, désintérêt, détérioration de la pensée, diminution de la concentration, propos suicidaires, troubles du sommeil, agressivité, asthénie...). On attribuera à la maladie son degré de gravité : léger, modéré ou sévère. Il faudra traiter ces patients sans oublier l'aide auditive qui s'impose.

La maladie d'Alzheimer est la plus fréquente des démences et doit être recherchée systématiquement. Les troubles peuvent porter sur la mémoire, le jugement, le raisonnement, le langage, le programme gestuel, la reconnaissance des formes. On dépistera les troubles cognitifs avec des tests psychomoteurs qu'il faudra répéter en cas de doute. La surdité semble considérablement aggraver les troubles cognitifs.

La maladie de Parkinson n'entraîne de démence qu'en fin d'évolution. Il faut y penser systématiquement comme pour la maladie d'Alzheimer devant un patient âgé qui se plaint d'une baisse d'audition.

Dans ces cas les troubles auditifs compliquent singulièrement l'une ou l'autre maladie.

Les basses visions vont aussi venir compliquer les suppléances que l'on peut proposer et en particulier la lecture labiale. Parmi les basses visions citons la dégénérescence maculaire liée à l'âge, équivalente pour l'œil de la presbyacousie. Cette dégénérescence peut rendre impossible le complément visuel indispensable à la baisse d'audition même appareillée.

Pour approfondir

ARCAND M, HÉBERT R, *Précis pratique de gériatrie*, Maloine, Paris, 1987, 629 p.

CATHEBRAS P. Démarches diagnostiques et évaluation, *Neuro-psy*, n° spécial : Dépression et comorbidité somatique, 2000, 10-20.

COSCAS G. *Dégénérescences maculaires acquises liées à l'âge et néovaisseaux sous-rétiniens*, Masson, 1991.

DEFEBVRE L, VÉRIN M (avec la coll. de BLETON JP, BROUSSOLLE E, CHRYSOSTOME V *et al.*). *La maladie de Parkinson*, Masson, 2006, vol. XI, 220 p.

DEROUESNÉ C. Mini-mental state examination. *Rev. Neurol.*, 2001, *157*, 567-71.

EHRENBERG A. *La fatigue d'être soi*, Odile Jacob, 1998.

FOLSTEIN MF *et al.* Mini Mental State : a practical method for grading the cognitive state of patients for the clinician. *J. Psychiatry Research*, 1975, *12*, 189-198.

HÉBERT R *et al.* Validation de l'adaptation française du Modified Mini-Mental State (3MS). *Revue de Gériatrie*, 1992, *17*, 443-450.

JOUVENT R *et al.* Le ralentissement psychomoteur dans les états dépressifs : construction d'une échelle d'évaluation quantitative, *L'Encéphale*, 1980, *4* : 41-58.

KIELHOLZ P. *La dépression masquée*, Paris, Masson, 1973.

LAZORTHES G. *L'ouvrage des sens*, Flammarion, Paris, 1986, 224 p.

LEPINE JP *et al.* Première étude paneuropéenne de la dépression en population générale : DEPRES (Depression Research in European Society), *Int. Clin. Psychopharmacol.*, 1997, *12* : 19-29.

MCDOWELL *et al.* Community screening for dementia : the Mini Mental State Exam (MMSE) and Modified Mini-Mental State Exam (3MS) compared. *J. Clinical Epidemiology*, 1997, *50*, 377-383.

NAEYAERT K. *S'accommoder des pertes sensorielles : la vue*, Conseil consultatif sur le troisième âge du Canada, mars 1990.

OGDON J *et al.* You're depressed ; No I'm not : GPs and patients different models of depression, *Br. J. Gen. Practice*, 1999, *49* : 123-124.

POUCHAIN D, DUPUY C, SAN JULLIAN M, DUMAS S, VOGEL MF, HAMDAOUI J, VERGNON L. La presbyacousie est-elle un facteur de risque de démence ? Étude AcouDem GRAP (Groupe de Recherche Alzheimer Presbyacousie). *La Revue de Gériatrie*, 2007, tome 32, *n° 6* : 439-45.

SCILLEY K, JACKSON GR, CIDECIYAN AV, MAGUIRE MG, JACOBSON SG, OWSLEY C. Early age-related maculopathy and self-reported visual difficulty in daily life. *Ophthalmology*, 2002, *109* (7) : 1235-42.

SERRES M. *Les cinq sens*, Grasset, Paris, 1990, 381 p.

TENG et CHUI. The Modified Mini-Mental State (3MS) examination. *J. Clininical Psychiatry*, 1987, *48*, 314-317.

TING TD, OH M, COX TA, MEYER CH, TOTH CA. Decreased visual acuity associated with cystoid macular edema in neovascular age-related macular degeneration. *Arch Ophthalmol.*, 2002, *120* (6) : 731-7.

What is Parkinson's Disease, Parkinson Study Group. May 2001 <www.parkinson-study-group.org/What% 20is% 20Parkinson% 20Disease. html>.

CHAPITRE 28

Conduite à tenir

Lorsqu'on a porté le diagnostic de presbyacousie, tout reste à faire. Le problème, en effet, se complique du fait d'un grand nombre de facteurs qui, pour les uns, ont trait aux possibilités thérapeutiques et, pour les autres (les plus nombreux), sont liés à l'environnement et au presbyacousique lui-même. Tout va, pour ainsi dire, concourir à empêcher de résoudre le problème posé.

Il est, en effet, bien rare que la personne ait réalisé tôt, c'est-à-dire à un stade où une prothèse auditive et un suivi attentif auraient permis, non pas de guérir mais de compenser le handicap.

La conduite à tenir devant un presbyacousique n'est donc pas univoque bien qu'elle fasse appel dans presque tous les cas aux mêmes propositions thérapeutiques, les prothèses, le suivi orthophonique et la coopération du sujet. Ce ne sont donc pas les solutions qui changent mais la manière de les appliquer selon chaque patient et selon ce que l'on peut légitimement espérer.

Plus la personne est avancée en âge, plus la presbyacousie est importante, plus la personne présente des handicaps associés, plus son comportement est hostile aux propositions faites, plus sa coopération est problématique, plus elle est seule dans la vie, moins bonnes sont les chances de compensation.

Traiter une presbyacousie c'est faire espérer au patient une possibilité d'écoute tout à fait correcte malgré sa déficience auditive. Ajoutons qu'il n'y a aucun traitement curatif (ayant fait ses preuves) connu à ce jour qui soit légitimement proposable à un presbyacousique.

Ce principe posé, nous avons les moyens d'offrir une vie quasi normale aux presbyacousiques sous quatre conditions. Les quatre règles de base :

1. commencer le plus tôt possible, avant la gêne sociale ;
2. faire accepter le port de deux aides auditives (si les deux oreilles présentent des capacités à entendre, mêmes faibles) ;
3. accompagner le presbyacousique jusqu'à l'habituation complète à ses aides auditives (c'est-à-dire plusieurs années) et lui apprendre à bénéficier de tous les moyens de compensation possibles, en particulier l'orthophonie ;
4. obtenir une collaboration parfaite de la personne en cause et de sa famille.

Deux possibilités thérapeutiques s'offrent aux professionnels de l'audition qui veulent lutter contre ce handicap : le traitement préventif et le traitement palliatif. Pour des raisons de cohérence, nous allons commencer par le traitement palliatif en réservant le traitement préventif à la fin de ce chapitre.

Le fait de raisonner en intégrant la théorie du chaos va modifier notre comportement vis-à-vis des possibilités qui nous sont offertes, des manières de les présenter, de les adapter au patient et vis-à-vis de l'accompagnement qui s'impose.

Le traitement palliatif

Au terme de notre consultation vue au chapitre précédent, nous allons nous trouver devant quatre situations différentes :

- Le patient veut une aide auditive et n'a pas besoin d'être convaincu de la nécessité de porter une prothèse et de s'y habituer avec un important travail personnel. Il reste à faire deux prescriptions : les prothèses et l'orthophonie.
- Le patient est trop âgé, trop handicapé sur le plan psychique pour qu'un essai d'appareillage soit envisageable. Il reste à l'aider psychologiquement et à essayer d'aménager tout ce qui l'entoure pour lui permettre de communiquer et de bénéficier de la fonction d'alerte et d'ambiance sonore de l'oreille (l'orthophonie est essentielle).
- Le patient veut bien reconnaître qu'il y a un problème mais ne veut surtout pas envisager autre chose qu'un traitement médical voire chirurgical. Or, nous l'avons dit, il n'y a aujourd'hui aucun moyen médicamenteux qui ait fait ses preuves et aucune intervention n'a jamais été proposée pour s'opposer au vieillissement.

- Le patient refuse malgré tous les efforts que l'on peut faire pour le convaincre. Il sait qu'il n'y a pas d'autres traitements que ceux qu'on lui propose mais il ne veut en aucun cas accepter l'idée de porter des appareils auditifs (cette situation n'est pas rare).

Il faut d'emblée considérer que les deux premières situations sont exceptionnelles en France où il existe manifestement un déficit de culture en ce qui concerne l'audition. Nous envisagerons donc essentiellement les deux dernières situations pour suivre le processus qu'il faut mettre en place afin d'arriver à traiter chaque presbyacousie.

Devant le vieillissement de l'oreille, nous distinguerons les acteurs suivants : le patient, son entourage proche, le médecin et le spécialiste ORL, l'audioprothésiste, l'orthophoniste. L'objectif est simple, chacun de ces acteurs doit concourir à entretenir à tout prix un moyen de conservation du capital auditif.

Les actions sont : tout faire pour adapter une prothèse auditive bilatérale utile, faire travailler la personne âgée à conserver ce qui reste d'audition ainsi qu'à utiliser toutes les compensations possibles.

Envisageons successivement : avant et après l'adaptation des aides auditives

➤ Avant les aides auditives

Quels que soient le moment où le patient consulte, l'état de l'audition, l'âge, le pronostic envisagé, il faut proposer une prothèse auditive bilatérale, le plus vite possible. C'est un dogme. Cela ne signifie pas que la prothèse auditive sera utile à chaque fois mais il faut la faire essayer.

Rappelons-nous les règles qui président au monde du chaos. Le système est très sensible aux conditions initiales, il est déterministe et totalement imprévisible à moyen et surtout à long terme. Chacun de nous a « son audition » qu'il s'est construite durant toute sa vie et qui lui est propre.

Ne revenons pas sur le cas simple du demandeur de prothèse qui est tout de suite dans la deuxième période, celle de l'adaptation à l'appareillage.

Le plus souvent, il y a un gros travail à faire pour arriver, ne serait-ce qu'à un essai d'appareillage. Mais, reprenons chacun des acteurs pour préciser son rôle.

■ La personne malentendante

En premier lieu, il va falloir lui faire *prendre conscience* de sa déficience auditive et la lui faire *accepter*. Or, devant le début sournois, la difficulté à saisir au départ les conséquences du handicap surtout dans le contexte de rejet développé par l'entourage, il est indispensable de rester persuasif et de refuser de céder à la tentation d'abandonner cette voie qui reste au demeurant la seule.

■ L'entourage du malentendant

L'entourage joue un rôle considérable en s'adaptant à la situation et en donnant au malentendant une bonne image de ses efforts et de l'aide auditive dont il a besoin. Il manque souvent à l'appel et c'est dommage.

■ Le médecin et le spécialiste ORL

Le médecin et le spécialiste ORL ont aussi une responsabilité majeure dans la suite des événements. La règle, nous l'avons écrit, est d'amener, le plus vite possible, d'une manière ou d'une autre, le patient à se prendre en charge et à porter une aide auditive bilatérale.

En ce qui concerne le médecin, il est souvent mal informé du problème de la presbyacousie. Il interroge rarement son patient sur les qualités de son audition après 50 ans et si celui-ci lui en parle, comme la demande est assez faible du fait du mode de début de la baisse d'audition, il a tendance à minimiser le problème et à remettre à plus tard, « si les ennuis persistent ou s'aggravent ». C'est justement ce qu'il ne faut pas faire car nous sommes en présence d'un cas favorable pour un résultat optimal. Il serait capital de l'adresser immédiatement à un ORL pour obtenir le diagnostic exact et mettre en route le processus que nous avons décrit.

Quant à l'ORL, lui aussi est victime de la société française qui ne voit pas du tout l'audition comme elle considère la vision. Le patient va souvent consulter sans avoir été vu préalablement par un médecin généraliste.

Ce peut être également l'audioprothésiste qui lui adresse le patient pour avis et délivrance d'une ordonnance permettant le remboursement des aides auditives.

L'ORL fait le diagnostic de presbyacousie (nous avons vu ce problème au chapitre précédent). S'il propose d'emblée un appareillage bilatéral et adresse le patient à l'audioprothésiste, il risque d'essuyer un refus. Il lui faut donc expliquer, comme nous l'avons déjà dit, qu'il s'agit d'une baisse d'audition qui est naturelle et qui va s'aggraver lentement si l'on n'apporte pas une solution rapide. Il doit faire prendre conscience que c'est la fonction qui crée et entretient l'organe ainsi que le cerveau en état de marche. Le patient doit mesurer l'intérêt de se mettre immédiatement en situation de correction pour conserver toutes ses facultés. Cet exercice peut demander beaucoup de temps. Il fera les examens audiométriques dont il a besoin.

Il faut expliquer au patient qu'il doit accepter le port de deux aides auditives (si la deuxième est possible) auxquelles il devra s'habituer. Il faut lui expliquer que cette habituation n'est pas aisée et qu'elle demande quelques efforts. Il faut lui faire remarquer que plus tôt il portera les aides auditives plus il aura de facilité pour s'y habituer. En effet, si la surdité n'est pas trop importante, le patient n'aura besoin de la prothèse que dans des circonstances particulières (théâtre, repas familiaux…), il pourra l'enlever en cas de gêne ou si une irritation du conduit en rend le port douloureux. Cette manière de faire lui donnera du temps pour s'habituer.

Les explications doivent aussi aborder le problème du port de deux aides auditives. Il est illogique d'appareiller comme si nous n'avions qu'une seule oreille. Utiliser les deux oreilles, c'est se donner le plus de chances possibles de retrouver une situation physiologique avec une sensation de bonheur d'entendre.

Il est également nécessaire de donner au patient une vue de l'évolution qui l'attend sans prothèse et des difficultés qu'il rencontrera lorsque l'atteinte aura finalement mis au repos forcé certaines cellules nerveuses qui risquent de mourir faute de travail. Il faut parler esthétique, parler du vieillissement qui ne signifie pas être vieux si toutes les fonctions continuent à apporter leurs quotes-parts… Bref, il faut tenter de lui faire prendre conscience qu'il vaut mieux avoir des lunettes pour pouvoir lire et des aides auditives pour pouvoir converser.

Passons en revue les indications et les contre-indications que l'ORL doit prendre en compte pour conseiller son patient.

Les acouphènes ne sont pas forcément une contre-indication. Certains sifflements ou bourdonnements peuvent être majorés par la prothèse mais la plupart sont améliorés. Ces acouphéniques méritent vraiment d'essayer une prothèse qui peut jouer le rôle de masqueur et les aidera à compenser les pertes d'aigus.

Les surdités trop importantes et/ou trop anciennes n'ont plus le capital de cellules corticales pour interpréter le message perçu. Il vaut donc toujours mieux appareiller tôt. Mais ne jamais renoncer à appareiller tard, le résultat est imprévisible.

Les suppurations du conduit auditif externe sont une contre-indication. Il peut s'agir d'une otite externe microbienne ou mycosique, d'une otite moyenne chronique réchauffée ou évolutive. Le port de la prothèse est contre-indiqué tant que va durer la suppuration. Il est parfois nécessaire, pour traiter l'otite chronique, d'intervenir sur l'oreille avant de proposer l'appareillage sur un conduit sec. Il existe des prothèses qui, implantées sur la mastoïde, permettent d'éviter le conduit purulent (prothèses BAHA utilisées également pour les agénésies d'oreille). Nous y reviendrons.

Le conduit auditif supporte mal les prothèses et il faudra prévenir le patient de l'importance d'une hygiène de la prothèse et des difficultés d'habituation qu'il va sans doute rencontrer.

Une perforation sèche du tympan n'est pas une contre-indication en soi mais elle risque de poser des problèmes à l'audioprothésiste pour réaliser l'embout. De même, l'existence d'ostéomes du conduit auditif peut conduire à une intervention préalable pour calibrer celui-ci.

L'âge du patient n'est pas non plus une contre-indication mais il faut alors déconseiller des prothèses trop petites que des mains arthrosiques ne pourront pas manipuler correctement. Chez le malvoyant, il peut être ardu d'expliquer la manipulation des prothèses.

L'ORL expliquera également les risques de l'absence de prothèse : désintérêt vis-à-vis du monde extérieur et isolement, heurt avec la famille, modifications du caractère, dégénérescence des cellules nerveuses centrales par non-fonctionnalité…

Au total, la meilleure manière de prescrire une prothèse est d'en conseiller l'essai.

Il reste un problème qui est très souvent abordé par l'intéressé : celui de l'esthétique. Il est surprenant de voir à quel point le fait de porter une prothèse auditive est mal vécu. Les patients sont prêts parfois à renoncer à la prothèse ou à ne prendre qu'une prothèse inadéquate pour que « ça ne se voit pas ». Malgré tout, il vaut toujours mieux accepter le port d'une prothèse insuffisante plutôt que de forcer la main du patient. L'aide même minime, en permettant l'habituation, peut parfois faire basculer le malentendant dans l'acceptation d'un appareillage correct.

Un certain nombre de règles doivent être connues quand on propose à un presbyacousique des prothèses auditives :

- il doit être volontaire et non le faire, poussé par son entourage ;
- il faut lui proposer un essai qui doit être suffisamment long pour permettre un choix ;
- les deux oreilles doivent être appareillées sauf surdité totale de l'une d'elles ;
- même si le bénéfice « *semble nul* », on conseille cependant les prothèses car il faut souvent des mois, voire des années, pour exploiter ses appareils ;
- plus l'appareillage est précoce pour des surdités minimes au moment de la mise en place, meilleur sera le résultat à long terme ;
- il faut obtenir la coopération du malade et de l'audioprothésiste ;
- il est indispensable de vérifier régulièrement les progrès réalisés pendant les premiers mois ;
- il est de plus en plus souhaitable d'accompagner par les conseils d'un ou une orthophoniste spécialisé(e), les premières années d'utilisation.

Il est nécessaire d'avoir du temps pour ne pas brusquer la mise en condition que réclame la prise de conscience de la surdité et de ses conséquences.

Certains arguments semblent plus efficaces que d'autres. Mais le fait d'expliquer le devenir de cette baisse de l'audition qui ne peut que s'aggraver avec le temps, de montrer l'isolement qui guette le sourd avec le rejet des autres qui supportent mal ce handicap et la mauvaise qualité de vie qui en résultera… ne provoque pas toujours le renversement de situation que l'on attend. L'un des meilleurs arguments est finalement de montrer la réalité de la dégradation psychique qui va en découler en partant de l'idée que la fonction crée l'organe et que, faute d'entendre, la partie du cerveau qui est dédiée à l'audition va mourir. Cet argument (exact) est souvent celui qui déclenche la prise de conscience.

À partir de là, l'accompagnement de tous les intervenants devient capital. Souvent très touchée par ce qu'elle comprend et sentant bien que le combat va être difficile, la personne âgée se décourage, surtout si les frais sont élevés, les réglages de la prothèse délicats, la famille absente ou non coopérante, le médecin lointain, l'audioprothésiste occupé…

L'intérêt de l'appareillage précoce est évident. La correction de ce type de surdité est difficile, il manque des fréquences aiguës qui, lorsque les cellules ciliées internes correspondantes ont disparu, ne peuvent être compensées. Il faut d'une part augmenter ce qui reste pour entendre et faire apprendre à comprendre un langage nouveau, avec peu d'aigus. Il est nécessaire d'utiliser la lecture labiale le plus possible.

Pour réussir, il faut du temps, c'est-à-dire plusieurs mois ou années. Or du temps quand la gêne sociale est apparue et que la surdité peut être qualifiée de moyenne, il n'en reste plus beaucoup avant de décourager les plus valeureux. C'est la raison pour laquelle nous plaidons pour un appareillage précoce qui :

- offre la possibilité au début de n'utiliser l'appareil qu'en cas de nécessité ;
- permet le port progressif de plus en plus longtemps ;
- laisse au cerveau le temps d'apprendre les nouvelles sonorités ;
- donne l'usage des appareils ;
- rend les déformations des sons intégrables par le cerveau sans *hiatus*.

Les aides auditives

On ne soulignera jamais assez la responsabilité de l'audioprothésiste dans la qualité du résultat d'un appareillage.

La presbyacousie, en effet, est une surdité très délicate à appareiller. Elle ampute l'oreille de fréquences que la prothèse compense mal du fait des distorsions. Augmenter l'intensité des fréquences aiguës (ce que toutes les aides auditives sont capables de faire) n'augmente pas forcément la qualité de la perception, si les cellules ciliées qui leurs sont dévolues sont absentes. Ce n'est donc qu'au niveau de cellules seulement déficientes que l'amplification pourra être d'une certaine efficacité.

Le rôle de l'audioprothésiste est complexe. Le technicien doit se doubler d'un fin psychologue, habitué au sourd. Il se trouve devant un problème difficile où chaque décibel compte et il est surprenant de voir combien, parfois, un gain minime peut changer la vie du malentendant.

Nous avons vu plus haut comment le patient peut arriver jusqu'à l'audioprothésiste :

- tantôt le malentendant vient après lecture d'une publicité ou directement ; dans ce cas, sans esquiver la demande, il convient d'expliquer qu'on ne peut lui donner satisfaction sans l'avis d'un spécialiste ORL, seul apte à prescrire un appareillage, après examen ;

- parfois le patient vient pour un deuxième avis ; il a déjà vu l'ORL et/ou un autre audioprothésiste ; l'importance des sommes à engager peut l'inciter aussi à faire jouer la concurrence ;
- enfin le malentendant est adressé par un ORL et il est possible de le prendre en charge immédiatement.

L'écoute du patient est essentielle pour cerner son attente. Il se mélange souvent le désir d'entendre pour redevenir comme avant et la crainte que « ça se voit ».

L'information souvent répétée est indispensable pour lui indiquer ce qu'il peut attendre des prothèses et les limites qu'on ne pourra pas dépasser. Il n'est cependant pas nécessaire de prolonger trop longtemps l'explication, mais faire un essai en prévenant qu'il faudra sans doute quelques séances pour affiner les réglages. L'information c'est aussi dire quels sont les obstacles à surmonter, les contraintes à accepter et expliquer l'aide qu'on peut apporter.

Des problèmes de l'embout jusqu'à l'audition

Un premier choix doit avoir été fait avant d'aborder le problème pratique de l'embout. Faut-il un contour d'oreille ou est-ce l'indication (et/ou le choix du malade) d'une prothèse intra-conque ou d'un intra-canal ? Le moulage du conduit va, en effet, permettre de fabriquer à la mesure, l'adaptateur de la prothèse.

La réalisation de l'embout est une étape importante pour la qualité du résultat. Pour un contour d'oreille, il sera raccordé à la prothèse, pour un intra-canal, il sera le corps de la prothèse elle-même. Aujourd'hui des appareils ne nécessitent plus la création de cet embout.

L'embout réalisé, le premier essai doit être très prudent pour ne pas traumatiser le patient. De même il vaut mieux augmenter progressivement le gain auditif que devoir réduire une puissance qui aurait été douloureuse.

Lors des essais le patient va faire progressivement :

- la découverte des nouvelles sonorités, des bruits et des voix ; c'est la première des habituations ;
- puis la découverte de sa propre voix, à la lecture à voix haute puis dans les conversations courantes ;
- la compréhension du langage et la reconnaissance de la voix des autres viendront au fur et à mesure que le malentendant reprendra confiance en lui ;
- au début les bruits de la rue, ceux des pots d'échappement de certaines motos, des sonneries, de la pluie, des travaux peuvent nécessiter de ne pas porter la prothèse à l'extérieur… ;
- les discussions en groupe ou les manifestations publiques viendront compléter l'expérience.

L'audioprothésiste va montrer comment mettre et retirer l'appareil. Les personnes âgées ont beaucoup de mal à faire cet exercice. Il leur faut des prothèses simples et suffisamment volumineuses pour être facilement manipulables.

Chemin faisant, l'audioprothésiste reviendra sur les diverses informations qui ont été données pour les compléter ou les modifier au fur et à mesure que le patient apprendra à bénéficier de ses prothèses. Il est bon d'avoir proposé une période de prêt où les frais, en cas de refus d'acheter, se limiteront à la fabrication de l'embout.

Pendant toute cette période, on recommandera de ne pas forcer et de retirer la prothèse si elle occasionne une gêne trop importante. En prenant le temps et en n'exagérant pas les contraintes, on permettra à « l'habitude » de s'installer sans heurt. On rassurera en expliquant que c'est la même chose pour tous les patients. Une prothèse auditive est l'un des appareillages les plus difficiles à supporter, surtout au début, et réclame plusieurs mois pour donner le meilleur résultat possible.

On insistera encore une fois sur l'entretien et le nettoyage de l'embout et de la prothèse. On précisera le changement de pile et les garanties qui sont offertes. Il convient de savoir qu'un appareillage intra-conduit dure rarement plus de cinq ans et qu'un contour d'oreille dépasse souvent sept à huit ans.

Après l'appareillage

Tout reste à faire car tout est possible… Mais il est nécessaire de s'habituer à la prothèse avant d'en juger les résultats.

La psychoacoustique est un domaine qui n'est pas encore très connu. Les caractéristiques psychiques des sons et de leur assemblage peuvent être à l'origine d'émotions, de réflexes, de comportements de toutes natures qui peuvent paraître, même aux professionnels, difficiles à intégrer.

Dans la tête, il n'y a ni son, ni bruit, ni musique, ni parole mais à partir des pressions transportées par l'air, l'oreille mesure des caractéristiques qu'elle transforme en potentiels d'action et en trains d'ondes électriques. Toute une série de cellules nerveuses vont être sollicitées et des influx nerveux vont partir dans tous les sens, oui… mais pas dans n'importe quel sens ! Malheureusement nous ne connaissons pas les règles qui président à cette dynamique de notre pensée.

Jean-Claude Lafon insistait beaucoup sur l'importance de la notion de temps et les capacités de l'oreille à nous en faire prendre conscience. Le rapport entre l'oreille et la temporalité a certainement beaucoup plus d'intérêt qu'on ne lui en accorde. Le port d'une prothèse auditive doit permettre de raccourcir le temps de compréhension, la vitesse d'exécution, la rapidité d'intégration globale.

Dans le cerveau, ces nouvelles formes seront décryptées comme ayant un contenu (quand elles en ont, c'est-à-dire quand elles sont comparables à des acquis antérieurs) sinon elles poseront une question : « de quoi s'agit-il ? » S'il s'agit d'intégrer de nouvelles formes et qu'elles ne sont pas trop nombreuses, c'est relativement facile. Si au contraire, c'est une interrogation permanente, l'adulte et *a fortiori* la personne âgée, ne sont plus capables de s'adapter (contrairement à l'enfant jeune qui le fait par nature) et vont réagir sous forme de rejet.

Il faut dire un mot de la fonction hédonique de l'oreille que nous n'avons que suggérée plus haut. Selon l'écoute, le contenu du message ou sa forme (musique, poésie, voix de l'être aimé…), le son vont engendrer plus ou moins de plaisir. *A contrario*, certains sons (bruits désagréables ou trop intenses) peuvent avoir un grave retentissement psychologique et/ou entraîner des destructions plus ou moins importantes de l'oreille. Une prothèse auditive peut même apporter une gêne supplémentaire, inconnue jusqu'alors.

Dans une première étape, il faut permettre au malentendant de se servir de sa prothèse. Nous avons du mal à comprendre les explications données quand nous achetons un magnétoscope… Le sourd va avoir à régler ce type de problèmes.

Il faut ensuite rétablir l'échange verbal direct dans la conversation, renouer à nouveau les liens avec l'entourage. Au début, l'inconfort de la prothèse l'emporte sur ses bénéfices. Ce n'est que plus tard que le véritable plaisir « d'entendre » reviendra. Mais il reviendra comme le prouvent les avis de beaucoup de malentendants appareillés depuis longtemps.

Le problème esthétique intervient souvent dans le choix final même si rationnellement il n'a rien à voir avec le problème posé. Il faudra, bien sûr, le prendre en compte dans la mesure du possible.

Les ORL et plus encore les généralistes sont encore peu nombreux à bien connaître le handicap des malentendants. D'une part, peu proposent d'appareiller et, quand ils le font, ils se satisfont d'une seule prothèse, d'autre part, ils ne préviennent pas ou mal les patients des problèmes qui devront être surmontés pour parvenir à un bon résultat. Il faut exprimer ici l'intérêt, à chaque fois que c'est possible, de l'appareillage bilatéral. Les temps sont révolus où on attendait que la deuxième oreille « se prenne » (c'est-à-dire que la perte auditive devienne socialement gênante) et où on adaptait un appareil uniquement à la meilleure oreille. Le tissu nerveux central, faute d'informations, subissait une involution au point qu'il n'était plus possible ensuite de rectifier l'erreur en appareillant, le patient entendant sans comprendre. Il est fondamental d'apprécier l'évolutivité de la surdité et de proposer immédiatement d'appareiller la mauvaise oreille et si les deux sont touchées (plus de 20 dB de perte sur le 2 000), les deux seront appareillées. Il convient de rappeler que le coût des prothèses et leur faible remboursement par la Sécurité sociale sont des facteurs qui entrent en jeu pour une part importante au moment de la décision d'appareillage.

Un audioprothésiste, même bien formé, n'a pas souvent les moyens de lutter contre les préjugés et les fausses vérités, surtout lorsqu'il doit faire face à des demandes incompatibles avec le résultat souhaité. Il ne peut pas non plus proposer un appareillage bilatéral, si celui-ci n'est pas médicalement prescrit… Et pourtant, le fait d'avoir deux oreilles fonctionnelles augmenterait considérablement la qualité de l'audition (confort et intelligibilité).

En l'absence de tests pour évaluer une prothèse auditive, faute d'éléments scientifiques, force est de recourir à l'essai prolongé et à l'avis du patient. C'est ce que font beaucoup d'audioprothésistes mais pour seulement une courte période (quinze jours, trois semaines…), ce qui est mieux que rien mais encore insuffisant. Il faut plus de temps pour permettre au malentendant de bénéficier complètement du matériel (plusieurs mois, voire années).

Et si la prothèse n'est pas efficace ou simplement refusée !

La situation est nettement moins favorable. Il est tout de même important de dire un mot des implants cochléaires très étudiés actuellement mais dont les indications et les résultats méritent d'être discutés.

Il existe deux sortes d'implants : l'implant qui est destiné à remplacer l'oreille interne et celui qui vient aider une oreille interne défaillante au travers de l'oreille moyenne.

Éliminons tout de suite les prothèses cochléaires destinées aux sourds profonds ou totaux. Il s'agit de techniques très pointues qui réclament encore des recherches. Outre les risques de toutes sortes, ces implants réclament pour être utiles, des années de travail impossibles à demander à une personne âgée. D'ailleurs, la presbyacousie n'est pas reconnue actuellement comme une bonne indication pour ces implants. Un implant revient à 20 500 € environ.

Il y a peut-être une piste avec les prothèses à ancrage incudien. Contrairement à une aide auditive qui apporte le son dans le conduit auditif externe (oreille externe) ou qui conduit l'impulsion électrique dans la cochlée (oreille interne), ce type de prothèse amplifie la vibration sonore au niveau de la branche descendante de l'enclume (oreille moyenne). Il s'adresse soit à des patients porteurs d'une aide auditive mal supportée par l'oreille externe, soit à des surdités de perception très sévères *qu'aucun appareillage classique n'améliore* mais dont les restes auditifs sont encore suffisants pour traiter les vibrations fournies par la prothèse. Les avantages de cet implant sont de laisser libre l'oreille externe, d'être invisible car facilement couvert par les cheveux, d'améliorer la palette offerte aux surdités de perception avant l'implant cochléaire. Les inconvénients sont l'intervention chirurgicale nécessaire pour mettre en place l'implant (patient en bonne santé), les possibilités de complications (infections, panne matérielle), les risques lointains qui ne sont pas connus (nécrose de l'enclume, atteinte de l'oreille interne à la longue…).

La recherche dans ce domaine est très active et il y a beaucoup d'essais qui sont menés actuellement. Il convient d'être très prudent dans ce domaine en ne proposant pas ce qui est encore du domaine de la recherche.

Venons-en à l'orthophoniste. Cet acteur de la chaîne thérapeutique n'intervient malheureusement pas assez souvent actuellement.

Pourquoi les malvoyants auraient-ils la possibilité de changer de lunettes pour faire des travaux manuels, pour lire, pour sortir, à double foyer ou à verres progressifs et pourquoi les malentendants ne disposeraient-ils que d'un appareillage dont l'adaptation serait faite une fois pour toute en chambre insonore. Il faudra évoluer dans ce domaine si l'on veut éviter que près de la moitié des prothèses auditives ne finissent dans un tiroir. Il faudrait également permettre au malentendant de régler lui-même ses prothèses. C'est ce qui, demain, donnera les meilleurs résultats. D'ici là, il faut utiliser tous les moyens pour permettre cette adaptation dans les meilleures conditions.

Le rôle de l'orthophoniste est non seulement de faire travailler l'oreille avec les nouvelles sonorités mais de compenser le plus possible le manque d'aigu par une lecture labiale.

L'utilisation de la *lecture labiale,* bien qu'innée mais incomplète, doit s'apprendre pour être complètement efficace et il est dommage que cela n'entre pas dans le suivi normal d'un appareillage auditif. Dans un hall de gare, au cours d'un repas où il y a de nombreux convives, nous sommes obligés de regarder notre interlocuteur pour comprendre ce qu'il nous dit. Pour le sourd qui est naturellement dans ce genre de situation, développer la lecture labiale serait d'un grand intérêt. Ceci pourrait entrer dans une rééducation fonctionnelle faite avec les prothèses pour améliorer l'habituation et surtout réduire les délais de celle-ci.

L'orthophoniste mais aussi tous les intervenants doivent aider à « l'entraînement de l'oreille ». Les aspects de cet entraînement sont des plus variés. Il faut parfois tout réapprendre :

- entendre les bruits de l'environnement puis les oublier comme lorsqu'on entend normalement et qu'on finit par ne plus entendre les sons qui nous environnent ;
- dans d'autres cas, c'est la lecture labiale qui viendra au secours du malentendant qui peine à suivre une conversation ;
- ailleurs, il faudra accepter de parler sa propre langue comme une langue étrangère !

Le malentendant passera de l'optimisme à la désillusion, de l'espoir au désenchantement. La moindre fatigue voire aggravation de l'audition seront mal vécues. Tout est prétexte à déstabiliser un sourd.

Il semble très important que la chaîne des intervenants auprès des presbyacousiques soit capable d'être « à l'écoute » de celui qui n'entend plus ou plutôt qui recommence à entendre mais « autrement ». Il est le seul capable d'expliquer ce qu'il perçoit ou voudrait percevoir. Le meilleur moyen pour s'entraîner à porter des prothèses auditives est de les avoir en état de marche dans les oreilles.

Ensuite, il faudra aider à découvrir « les plus » que ces aides auditives apportent. Il faudra enfin faire oublier ce qu'elles ont de contraignant. En France le rejet est tel que ces conseils ne sont pas superflus, loin de là.

L'idéal serait de pouvoir donner à chaque presbyacousique français la même série de conseils que donnent à leurs patients nos voisins canadiens, danois ou allemands.

- faites savoir à tous votre problème d'audition ainsi, chacun pourra vous parler clairement et directement ; expliquez-leur qu'il est inutile de parler très fort et surtout qu'il ne faut pas crier ;
- ne cachez pas votre prothèse et faites en sorte qu'elle soit toujours visible de vos interlocuteurs ;
- assurez-vous que vous pouvez bien voir la bouche de vos interlocuteurs ; si nécessaire, demandez-leur de vous faire face ;
- donnez le bon exemple en parlant vous-même distinctement ;
- soyez patient et demandez gentiment que l'on répète si vous n'avez pas compris ; il ne sert à rien de faire croire que vous avez compris si ce n'est pas le cas ;
- n'ayez pas honte de ne pas avoir compris quelque chose ; faites-le avec humour et dites-vous que même pas sourd votre voisin n'a peut-être pas compris non plus et que vous lui rendez service !
- et surtout, si vous n'entendez pas correctement, assurez-vous que l'appareil est propre et que la batterie est en bon état ;

Le travail post-appareillage peut et doit être entrepris par tous et au premier chef par l'audioprothésiste qui doit au cours du suivi offrir au sourd toute sa patience et son professionnalisme. Les gains apportés par un appareillage bilatéral précoce peuvent être considérablement améliorés par une éducation de plusieurs mois, voire années. Car la baisse d'audition ne va pas s'améliorer, bien au contraire. Mais, si la prothèse a été portée tôt, si le travail d'adaptation a été fait correctement et en permanence au fur et à mesure de l'évolution, si les prothèses ont été correctement corrigées à la demande, si la personne âgée a accepté, si… toutes les bonnes volontés ont concouru à comprendre la situation, alors personne ne sera plus sourd à 100 ans.

C'est plus notre refus de considérer les malentendants et surtout le presbyacousique comme un handicapé « ordinaire » qui complique la situation d'autant que la personne âgée ne fait rien pour en sortir. C'est moins l'infirmité qui pose problème que notre mauvaise manière de la gérer.

Le traitement préventif

La prévention est du plus haut intérêt. Tout ce qui peut entamer le capital auditif se paie et se paie cher. Notre oreille est fragile et la vie courante pleine d'agressions possibles. La meilleure des préventions est dans l'information faite le plus tôt possible. C'est aux jeunes qu'il faut apprendre ce qu'est l'audition et ce qui la détériore car ils sont particulièrement exposés aux traumatismes sonores :

- son des *raves* ;
- baladeur ;
- boîte de nuit…

Bien protéger la nature commence par protéger l'homme. À côté du caractère protectionniste de la prévention, il faut inciter sur le développement des capacités auditives :

- reconnaissance des sons ;
- apprentissage des langues étrangères ;
- musique et reconnaissance des instruments ;
- bruits de la vie…

C'est une des vocations de l'école qui est très insuffisante aujourd'hui. Un dernier aspect est de rappeler la toxicité de certains médicaments à éviter autant que possible.

Nous ne reviendrons pas sur les traumatismes sonores ni sur les produits ototoxiques. Ils ont été étudiés. En revanche c'est ici qu'il faut encore insister sur les nuisances du bruit, nuisances dont l'action immédiate est de perturber le comportement de l'individu et dont les symptômes sont plus neurologiques qu'auditifs.

Une grande campagne d'information sur l'audition aurait le même intérêt que celles qui ont été faites sur le SIDA ou sur la mucoviscidose. Les changements de mentalité auraient alors l'occasion de se produire dans des délais beaucoup plus rapides.

Le fait de passionner les Français à comprendre comment fonctionnent nos sens, serait aussi valorisant que bien des sujets qui font l'objet d'une grande diffusion en librairie, à la télévision, dans les journaux, à la radio…

Alors nous résumons la prévention selon trois mots : information, formation et dépistage, ce dernier n'ayant d'intérêt que si la population a changé de mentalité. Sans cela, nous continuerons à avoir peur de mal entendre et à ne rien faire d'autre.

■ En quelques lignes ■

La difficulté n'est pas dans le choix thérapeutique mais dans l'application de ce choix. Car les traitements n'ont pour but que de compenser le mieux possible le déficit qu'il n'est pas possible de traiter aujourd'hui. Les conditions idéales sont : la précocité du traitement, l'acceptation du port de deux aides auditives, l'accompagnement de la mise en place et l'orthophonie ainsi que la collaboration de la famille.

Le traitement palliatif consiste à faire accepter le port de deux prothèses auditives. L'acceptation et le temps d'adaptation vont conditionner pour une bonne part le résultat. Chacun à son rôle à jouer :

- *le malade doit accepter et travailler au résultat ;*
- *la famille doit aider et non déconseiller ;*
- *le médecin doit toujours s'en préoccuper tôt, et adresser à l'ORL ;*
- *l'ORL doit « se hâter lentement », pour obtenir la motivation de son malade ;*
- *l'audioprothésiste doit écouter avant tout le patient et lui apprendre à demander la correction de ses réglages à partir de son vécu.*

Avant l'appareillage les acteurs doivent chacun dans leur champ de compétences faire accepter l'essai. Pendant l'appareillage, c'est à l'audioprothésiste d'être patient et habile pour permettre une découverte adaptée de la prothèse au patient et du patient à la prothèse. Après l'appareillage, outre les conseils d'usage, il faut l'apport de l'orthophonie ne serait-ce que pour permettre l'apprentissage de la lecture labiale qui améliore considérablement les résultats et surtout offre l'ultime compensation en cas d'aggravation inopinée et définitive. Il faut également apprendre au patient le bon usage et l'entretien des appareils.

De l'embout à l'audition le chemin est long et difficile mais il est toujours bénéfique au patient qui le veut. S'habituer demande du temps et du travail. Ce n'est qu'au tout début, avant les troubles patents, qu'on peut se laisser aller à une habituation naturelle.

Après l'appareillage, il faut que le patient découvre qu'il devra toute sa vie osciller entre une adaptation personnelle et les possibilités d'adaptation de l'appareil. Les changements de prothèse seront toujours délicats et il lui faudra sans cesse trouver des astuces pour éviter les inconvénients de sa situation.

Le traitement préventif consiste à éviter le plus possible les traumatismes sonores, les agressions liées à certains produits chimiques (médicament) et à apprendre à se servir de ses oreilles. C'est un véritable changement de mentalité qu'il faut proposer aux Français.

Pour approfondir

BIZAGUET E, VEIT P. Les avancées en prothèse auditive. *Réadaptation*, 1994, *414* : 21-23.

BOUCCARA D. Intérêt du dépistage de la presbyacousie et de l'évaluation de son retentissement. *Commentaire in abstract ORL-Pneumo-Allergo*, 2002, *n° 5* : 14.

CHAPPUIS R. *La psychologie des relations humaines*, Que sais-je ?, PUF, 1986.

CHÉRY-CROZE S, VESSON JF. Acouphènes et prothèses auditives. In : *Rapport sur la prothèse auditive. Société française d'ORL et de pathologie cervico-faciale*, Paris, Arnette, 1998 : 243-250.

CYRULNIK B. *Les nourritures affectives*, Paris, Odile Jacob, 1993.

DAUMAN R, ARTHAUD P. Appareillage auditif de la personne âgée. In : *Suppléance instrumentale de la surdité : les aides auditives*, Paris, Société française d'oto-rhino-laryngologie et de pathologie cervico-faciale, 1998, 223-234.

FERRANDEZ AM, TEASDALE N. Changes in sensory motor behavior in aging. *Advances in Psychology Series*, vol. 114, North-Holland, Amsterdam, Elsevier, 1996, 382-389.

IRVINE DR, RAJAN R. Injury- and use-related plasticity in the primary sensory cortex of adult mammals : possible relationship to perceptual learning. *Clinic Experimental Pharmacol. Physiol.*, 1996, *23* (10-11) : 939-47.

MARTIN H, MARTIN C. Presbyacousie et presbyacousie accélérée. In : Lafon JC, Sénescence de la relation, Besançon, *Bull. Audiophonologie*, vol. 15, n°s 3 et 4, Lafon, 1981 : 247-253.

MERZENICH MM, JENKINS WM, JOHNSTON P, SCHREINER C, MINER SL, TALLAI P. Temporal processing deficits of language-learning impaired children ameliorated by training. *Science*, 1996, *271* : 77-80.

MOORUCCI JP, COOL J. *L'appareillage auditif*, Paris, Masson, 1992.

PERBAL S, POUTHAS V, VAN DER LINDEN M. Time estimation and amnesia : A case study. *Neurocase*, 2000, *6* : 347-356.

PERLS T. Les centenaires. *Pour la Science*, 1995, *209* : 88-91.

POUCHAIN D, DUPUY C, SAN JULLIAN M, DUMAS S, VOGEL MF, HAMDAOUI J, VERGNON L. La presbyacousie est-elle un facteur de risque de démence ? Étude AcouDem-GRAP (Groupe de Recherche Alzheimer Presbyacousie). *La Revue de Gériatrie*, tome 32, *n° 6*, juin 2007 : 439-45.

VANNESTE S, POUTHAS V, WEARDEN JH. Temporal control of rhythmic performance : A comparison between young and old adults. *Experimental Aging Research*, 2001, 27 : 83-102.

VANNESTE S, POUTHAS V. Timing in aging : The role of attention. *Experimental Aging Research*, 1999, *25 (1)* : 49-67.

VIROLE B. *Figure du silence. Essais cliniques autour de la surdité*. Éditions Universitaires, Paris, 1990.

Partie VII

La suppléance instrumentale

CHAPITRE 29

Les aides auditives : historique

Prolégomènes

Faire l'historique de l'aide auditive permet de saisir comment, au fur et à mesure que l'on comprenait les mécanismes de l'audition, on a tenté de suppléer à ses insuffisances. Au regard des progrès passés, il est logique d'espérer de nouveaux progrès dans l'avenir.

Quand l'homme ignore, il fait appel aux dieux et s'invente des solutions souvent absurdes. Tandis que les Égyptiens déifiaient les enfants sourds, les Romains les tuaient et au Moyen Âge, on en faisait des débiles, frappés par l'esprit. Ils étaient donc enfermés dans des asiles de fous. Il n'est pas rare encore qu'aujourd'hui, on les ignore ou on en rit.

Il n'a été possible de prendre réellement en compte la presbyacousie que depuis très peu de temps. Ce qui est logique car elle apparaît tard au cours du vieillissement et n'était donc pas rencontrée souvent quand l'âge moyen de la mort se situait en dessous de 50 ans. Par ailleurs, le monde n'est vraiment traumatisant pour l'oreille que depuis l'avènement de l'industrie et de la musique moderne. Quant aux premières prothèses, elles n'étaient pas adaptables car elles ne corrigeaient pas les distorsions et il était techniquement impossible de décomposer le son pour n'amplifier que les fréquences aiguës plus ou moins détruites.

En effet, si le système de codage, c'est-à-dire la cochlée, n'était pas en cause dans la déficience auditive, il suffirait d'augmenter le volume sonore pour rendre une audition quasi normale. C'est le cas de la compensation instrumentale des surdités de transmission pure pour lesquelles on rencontre surtout des problèmes d'embout (pièce qui s'introduit dans le conduit auditif), après infection et/ou intervention sur l'oreille moyenne, par exemple.

Dès que certaines fréquences sont perdues, un phénomène de distorsion apparaît qui va singulièrement compliquer l'adaptation des aides auditives en ajoutant au problème d'amplification celui du remplacement des fréquences altérées, ce qui est beaucoup plus difficile et parfois impossible.

Fig. 29.1 – *1er cornet acoustique (trombone)*

Un certain nombre d'images historiques (Fig. 29.1 à 29.7) montre que depuis l'antiquité, l'homme a tenté d'aider les personnes malentendantes par diverses astuces, à commencer par l'augmentation du volume d'air que le pavillon de l'oreille permettait de concentrer dans le conduit auditif. La main placée en conque, les coquillages ou les cornes d'animaux aménagées ont permis d'apporter un peu d'aide mais les gains étaient faibles. De plus, ces techniques n'amélioraient en rien les qualités du son distordu que perçoit le presbyacousique.

Le vieillissement de l'oreille aboutit à une disparition progressive des fréquences élevées. La presbyacousie commence par la disparition des 20 000 Hz puis, de proche en proche, des fréquences voisines moins aiguës gagnant progressivement vers les fréquences moyennes. Tant que les bruits courants sont perçus, ce n'est que le timbre qui change

Fig. 29.2 – *Cornet acoustique (trompe)*

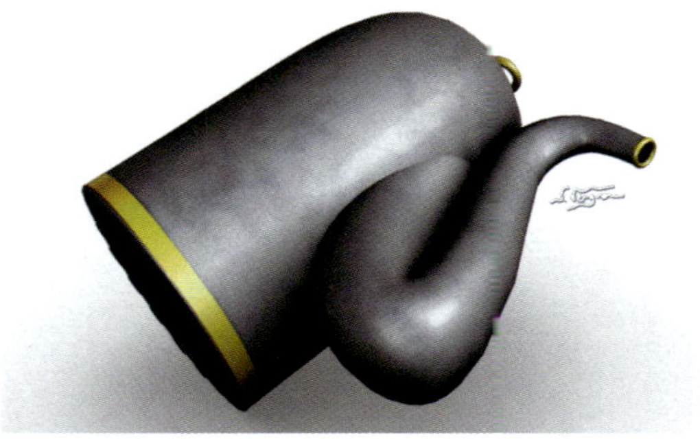

Fig. 29.3 – *Cornet acoustique (pipe)*

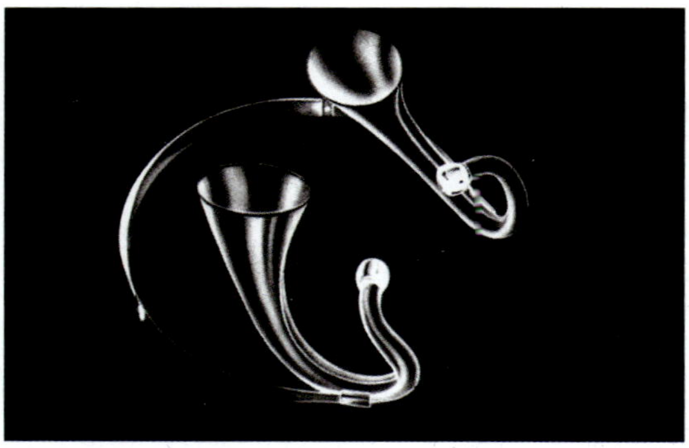

Fig. 29.4 – *Et en stéréo, s'il vous plait !*

Fig. 29.5 – *Le cornet aidait à vivre sourd !*

Fig. 29.6 – *Le canon n'arrangeait rien !*

mais dès que les fréquences perdues mettent en cause certains sons ou certains phonèmes, la reconnaissance devient délicate, voire impossible, en cas d'ambiguïté.

Il était donc habituel, jusqu'à une période relativement récente, de dire aux patients âgés qui consultaient leur ORL pour surdité, qu'il n'y avait pas grand-chose à faire, et, pour ne pas paraître trop pessimiste, de leur faire avaler quelques remèdes éventuellement efficaces plus sur un plan psychologique que biologique.

Jules César, Martin Luther, Ludwig van Beethoven, Georges Washington, Thomas Edison, Edward VII, Winston ChurchilL, Gabriel Fauré, Bédrich Smétana,

Jean Jaurès et bien d'autres... se sont débrouillés avec les moyens du bord. Il existe une représentation de Beethoven dirigeant un orchestre avec dans la bouche une immense tige métallique qui, divisée en deux, reposait sur le plancher de la scène. Il pouvait entendre au moins le départ des musiciens et quelques notes fortes et graves.

De nos jours, Ronald Reagan, Henry Fonda, bénéficiaient tous les deux de prothèses bilatérales et semblaient peu affectés par leur handicap... Bill Clinton n'a pas, semble-t-il, la moindre gêne et porte deux aides auditives sans aucun complexe.

En ce qui concerne les prothèses modernes nous pouvons distinguer trois périodes qui ont permis de passer de l'amplification modeste de l'intensité à la réalisation de véritables petits ordinateurs capables de gérer des bandes de sons. On est tout à fait capable, aujourd'hui, d'amplifier exclusivement ce qui manque à une oreille presbyacousique, à la condition que ni la cellule réceptrice, ni les fibres nerveuses qu'elle informe ne soient mortes.

Ce survol très rapide permettra de mieux comprendre comment, à chaque stade de la connaissance des mécanismes de l'audition et des progrès techniques, correspondra un nouveau type d'appareillage

Fig. 29.7 – *Tout est bon pour entendre !*

Les temps modernes

➤ Des cornets acoustiques aux prothèses à charbon

Jusqu'à la fin du XIXe siècle, le peu que pouvaient apporter les trompes et autres cornets acoustiques relevait davantage d'un bricolage astucieux que d'un réel travail scientifique. Cependant, il faut saluer un certain nombre de systèmes qui offraient un peu d'amélioration aux malentendants. Il n'était alors question que d'augmenter le volume sonore, ce qu'on fait encore aujourd'hui pour une presbyacousie débutante mais avec d'autres moyens.

À partir du jour où l'électricité a été découverte, tout a changé. Un microphone, un amplificateur et un écouteur pouvaient déjà améliorer de manière substantielle l'intensité sonore. Mais alors, deux obstacles se sont présentés : l'encombrement et le poids. Pour bénéficier de ces premières aides, il fallait être à côté d'une table et bien sûr, ne pas en bouger (Fig. 29.8). Pour diminuer ce fil à la patte, il était nécessaire de miniaturiser l'appareillage et de le rendre plus léger. Il aura fallu un siècle pour y parvenir.

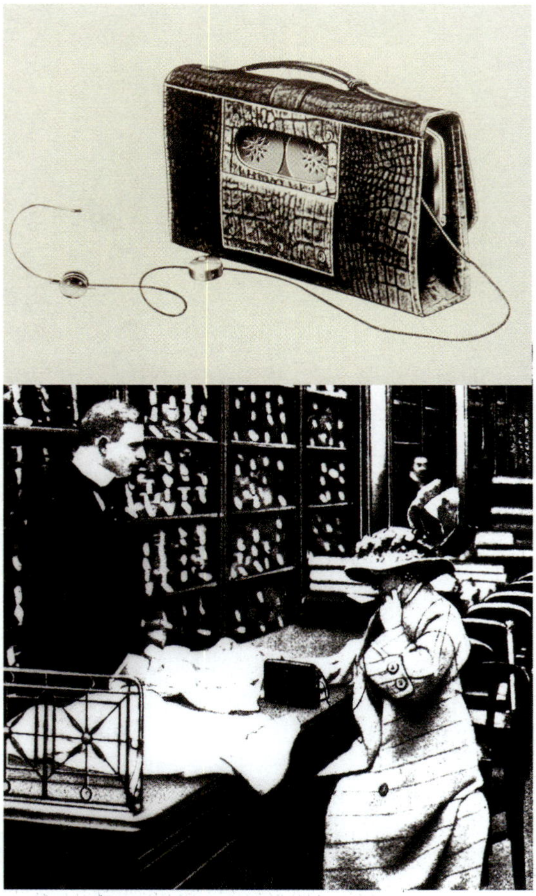

Fig. 29.8 – *Encombrement et imagination*

Fig. 29.9 – *1re miniaturisation*

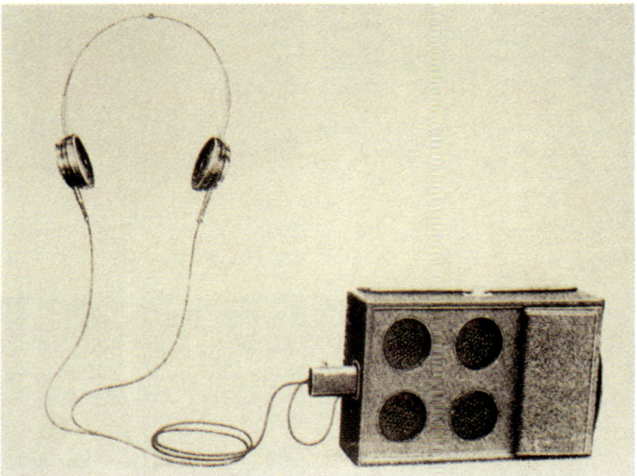

Fig. 29.10 – *Et même un essai de stéréo*

Signalons que les premiers microphones à charbon ont été contemporains de cette période. Après l'apparition des premiers téléphones est venue l'idée d'en faire aussi une aide pour les déficients auditifs. Le microphone était constitué de grains de charbon qui se déformaient sous la pression des ondes sonores et produisaient un courant électrique. Un amplificateur à lampe augmentait l'intensité du courant et une membrane, mobilisée par un électroaimant, restituait l'onde sonore augmentée à l'oreille du malentendant (Fig. 29.9, 29.10 et 29.11).

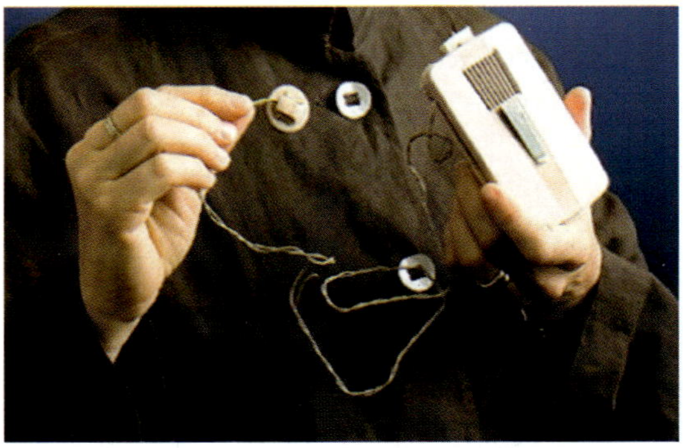

Fig. 29.11 – *Miniaturisation 1940*

De la prothèse à charbon à l'électronique

Quand les postes de radio à lampes sont venus remplacer les postes à galène, ce fut une grande avancée car il devenait possible d'accroître l'intensité des sons mais ces amplifications apportaient d'importantes distorsions. Ces prothèses restaient cependant encore assez volumineuses même si elles pouvaient être portées plus facilement (Fig. 29.9)

Il faut insister ici sur l'importance que revêt la source d'énergie dont on va s'efforcer de réduire le volume au fur et à mesure des progrès, le problème étant de concilier le faible encombrement avec le maintien d'une capacité assurant une quantité et une durée d'énergie acceptables

On s'est donc également attaché à miniaturiser la prothèse et à la faire fonctionner avec une consommation très faible puisque c'est dans ce dernier domaine que les améliorations restaient possibles.

Simultanément, ces nouveaux appareils vont permettre de commencer de faire varier la fréquence et l'intensité assez grossièrement, il est vrai.

De l'électronique à l'informatique

C'est toujours la téléphonie qui va provoquer les améliorations puisque c'est pour elle que les premiers transistors ont vu le jour. Mais comme Graham Bell avait inventé le téléphone (Fig. 29.12) en essayant de trouver quelque chose pour compenser la perte auditive de sa femme, c'était là, un juste retour des choses.

Tous les chercheurs de l'époque avaient réalisé qu'il n'y avait de progrès possible qu'en améliorant l'électronique et la qualité de la transformation analogique des courants produits. C'est ce qui fut

Fig. 29.12 – *Les premiers téléphones*

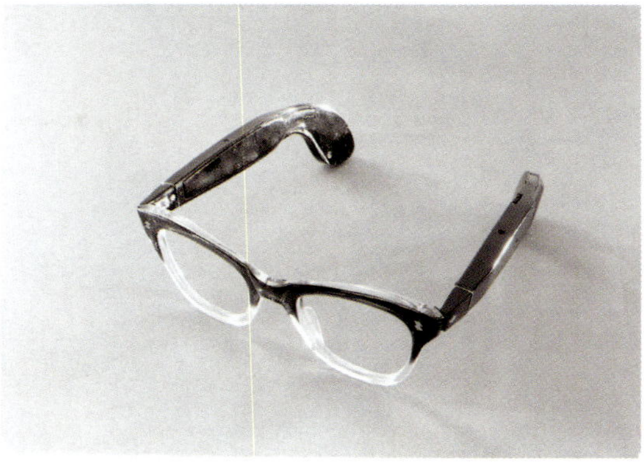

Fig. 29.13 – *Les lunettes auditives*

Elles offraient deux prothèses et donc la stéréophonie. De plus, elles permettaient la conduction osseuse sans serre-tête et offraient l'appareillage en CROSS. Ce système est intéressant si une oreille est morte. Le microphone étant placé côté sourd, un fil transporte le son de l'autre côté, l'oreille saine reçoit le son avec un décalage par rapport au son direct (fausse stéréophonie). Mais... les lunettes étaient lourdes à porter et pressaient les mastoïdes !

fait avec la haute fidélité qui vit le jour dans les années 1950 et également avec la stéréophonie.

Remarquons au passage que ce dernier progrès, capital pour ceux qui aiment la musique, n'a pas été appliqué à la prothèse auditive puisque le remboursement de deux prothèses n'est devenu la règle que très récemment en France. Pourtant, tous les professionnels de l'audition savent que cette stéréophonie (Fig. 29.13) facilite beaucoup la compréhension, surtout dans le bruit !

C'est également au début des années 1950 que le premier appareil mis sur l'oreille et comprenant tout, c'est-à-dire le microphone, l'écouteur, l'amplificateur et la pile, vit le jour. Ce premier « contour d'oreille » (Fig. 29.14) fut un succès mais nettement plus limité en France que dans tous les autres pays.

Les progrès en matière de miniaturisation faits par la NASA, conduisirent à rendre les prothèses encore plus petites. Les appareils devinrent pratiquement invisibles. Ils étaient, au début, moins fiables et moins performants que les contours d'oreilles mais, petit à petit, ces défauts disparurent. Aujourd'hui, il ne persiste qu'un problème de puissance. Ces prothèses « *intras* » seront bientôt presque aussi performantes tout en étant nettement moins apparentes.

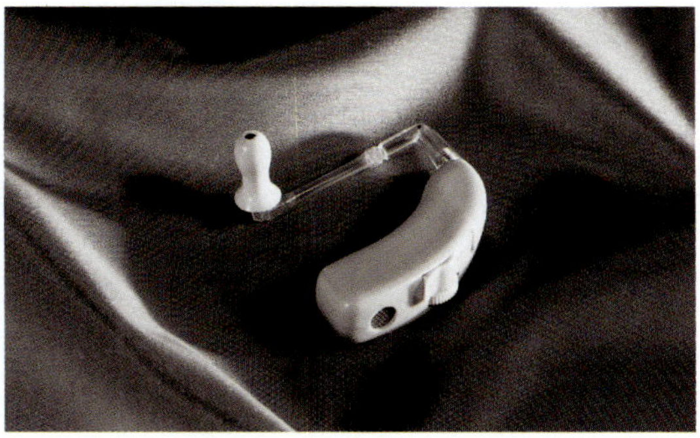

Fig. 29.14 – *Un des premiers contours d'oreille*

On est ainsi parvenu à faire tenir une puce et tout le nécessaire pour avoir un microordinateur dans chaque oreille.

Les appareils auditifs sont un bel exemple des retombées de découvertes faites dans un domaine et utilisées dans un autre. On se rappelle le téléphone et la prothèse de l'épouse de Graham Bell. Ce fut d'abord le téléphone « grand public » qui a bénéficié à la prothèse auditive, c'est maintenant l'oreillette miniaturisée pour les malentendants qui est utilisée par les policiers, les militaires, les journalistes de télévision, les cosmonautes, les conducteurs automobiles pour leur portable... (Fig. 29.15). Ils s'en servent, souvent de manière ostentatoire

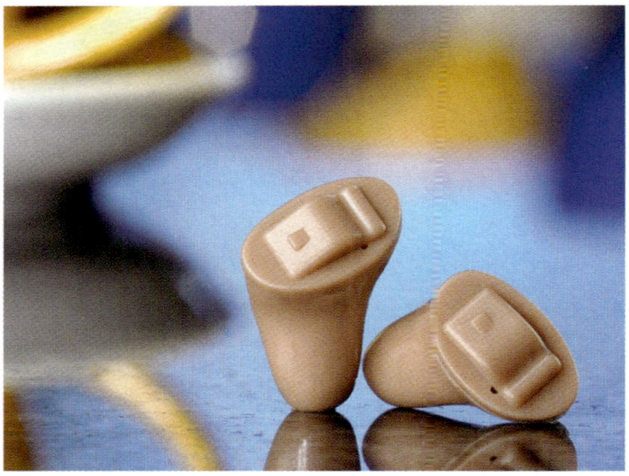

Fig. 29.15 – *On mesure les progrès*

Fig. 29.16 – *En moins de 100 ans (en encart, un intra moderne)*

alors que les malentendants, ayant honte de leur surdité, n'en veulent pas (Jacques Chirac) !

Il y a là un bel exemple des retombées de découvertes faites dans un tout autre domaine pour une utilisation dans celui de la santé mais ce qui est regrettable c'est que l'appareillage des malentendants n'ait jusque-là été considéré que comme une maladie orpheline car les oreillettes servent aux policiers, aux militaires, aux journalistes de télévision, aux cosmonautes… Les qualités de reproduction du son ont également été améliorées pour les mélomanes grâce à l'industrie du disque, de la télévision, de la radio et du cinéma. Il serait bon, aujourd'hui, que ce soit pour les malentendants que l'on fasse ces progrès, juste pour eux, pour leur oreille aux performances étranges par rapport à une oreille normale (Fig. 29.16).

Le son que la prothèse doit apporter à cette oreille, au champ auditif modifié, devra donc être, lui aussi, modifié pour tenir compte des distorsions. Un son normal ne correspond pas aux besoins. J.-Cl. Lafon avait remarqué dans les années 1960 que certains de ses enfants sourds sévères préféraient leurs anciennes prothèses soi-disant bien meilleures que les nouvelles. D'après Lafon, l'enfant s'était construit une audition avec les parasites de ses prothèses auxquels il avait donné une puissance d'information, une valeur significative.

Ce qui gênait le bienentendant apportait au malentendant, quelque chose. Lafon pensait, vers la fin de sa vie, qu'il fallait inventer des « sons artificiels » et que c'était dans cette direction que devaient porter les recherches si l'on voulait changer quelque chose au monde des malentendants lors de la construction ou de la reconstruction de leur audition.

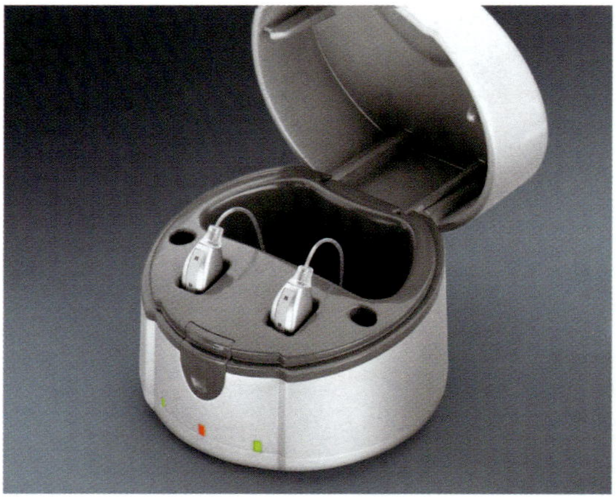

Fig. 29.17 – *Les prothèses de demain*

Nous passerons très vite sur les progrès que font tous les jours les aides auditives modernes. C'est à qui ajoutera une commodité, une astuce technique, une complexification permettant des réglages de plus en plus fins. Pourtant, malgré ces trésors d'ingéniosité, des progrès restent à faire.

Et pourtant, il y en a eu des progrès, citons : le potentiomètre, l'embout sur mesure pour remplacer l'écouteur, l'évent, les lunettes auditives, le système en CROSS, le vibreur pour la mastoïde, la digitalisation de tout ou partie, le microphone qui, en s'améliorant, devient directionnel. Les deux oreilles sont équipées et on peut même régler l'appareil depuis la poche… Malgré toutes ces avancées, les prothèses sont toujours très mal remboursées, elles gardent une connotation qui fait vieux, les piles ont une durée de vie encore assez courte et les Français, mal informés, demeurent, contrairement au reste du monde, farouchement opposés à leur usage.

D'ici très peu de temps les prothèses (Fig. 29.17) vont encore s'améliorer :

- plus de piles mais des accus rechargeables, elles deviennent écologiques ;
- possibilité de réglage à distance grâce à un équipement Bluetooth ;
- conservation automatique des réglages proposés par l'utilisateur ;
- possibilité d'utiliser un téléphone.

➤ Conclusion

Pour terminer cet historique, nous aurions voulu donner quelques statistiques qui concernent l'audition des Français (2006). Malheureusement dans notre pays, il n'y a aucune statistique officielle sur laquelle on pourrait se baser et force est de prendre à droite et à gauche des chiffres sur lesquels, personne ne s'accorde. À chaque fois nous verrons que les fourchettes sont très larges et permettent toutes les interprétations.

Il y aurait entre 4 et 12 millions de Français atteints d'une surdité nécessitant un appareillage ! Ce qui ferait entre 7 et 14 % de la population qui souffrirait d'une surdité accompagnée d'une gêne sociale !

Il y a environ un million de prothèses qui équipent les Français (ce chiffre reste approximatif alors qu'il serait relativement facile à connaître auprès des distributeurs car on connaît tous les ans le nombres de prothèse vendues, 320 000 en 2006). Ce nombre augmente très faiblement tous les ans. On pense qu'un déficient auditif sur deux met son ou ses aides dans un tiroir. Ce n'est que depuis peu que la Sécurité sociale rembourse, (toujours assez mal), les deux appareils.

La presbyacousie représenterait aujourd'hui entre 80 et 95 % des surdités et ce chiffre serait en constante augmentation du fait de l'allongement de la vie.

Un enfant sur mille naîtrait avec des troubles auditifs.

Il semble intéressant qu'une étude épidémiologique sérieuse, confiée à des personnes compétentes, soit entreprise si nous voulons améliorer la situation sociale des malentendants. Il est, en effet, très difficile pour une assurance, si importante soit-elle, d'engager des remboursements sur des chiffres aussi variables que 4 ou 12 millions de personnes ayant besoin d'aides auditives. Les budgets ne sont évidemment pas les mêmes dans les deux cas.

■ *En quelques lignes* ■

L'histoire montre que ce n'est que depuis très peu de temps que l'on commence à s'intéresser à l'appareillage auditif des presbyacousiques. De nombreuses tentatives ont été proposées pour améliorer la communication des malentendants, qu'il s'agisse des cornets acoustiques ou autres bricolages plus ou moins astucieux jusqu'à nos appareils modernes. Nous distinguerons trois périodes depuis la naissance des prothèses auditives à nos jours.

Nous sommes partis des cornets acoustiques pour les premières prothèses à charbon, bientôt suivies des appareillages électroniques. Nous avons vu les progrès de la miniaturisation. L'informatique est venue apporter ses capacités de traitement du signal.

Les premières prothèses remontent à la découverte de l'électricité. Un microphone, un amplificateur et un écouteur permettaient de bien meilleurs résultats mais les prothèses étaient encombrantes et interdisaient tout déplacement.

Les problèmes étaient ardus : il fallait miniaturiser, les sources d'énergie prenaient trop de place et ne duraient pas assez longtemps. Ces problèmes sont pratiquement résolus, l'informatique a permis de régler bon nombre de distorsions. Il reste à savoir ce qui est nécessaire au presbyacousique et à le lui offrir. C'est l'objectif de demain.

Pour approfondir

BIZAGUET E., VEIT P. Les avancées en prothèse auditive. *Réadaptation*, 1994, *414* : 21-23.

BRUNET AS. Porter un appareil auditif a changé ma vie (Trois témoignages recueillis). In : *Top Santé, n° 118*, juil. 2000, 3 p.

DUMONT A. *Implant cochléaire, surdité et langage*. Éditions de Boeck Université, 1996.

FRACHET B *et al. La communication, modalités, techniques et symboles*, Paris, Arnette, 1991.

LE MAIRE B. *Histoire des sourds en Belgique, en France et dans les autres pays*, De Boek, 1993.

RAPHAËL S. L'oreille numérique. In : *Science et avenirs*, août 1996, p. 44-45.

Chapitre 30

Les aides auditives : fonctionnement

Technique de fonctionnement

Le propos de ce chapitre n'est pas de permettre au lecteur de fabriquer lui-même une prothèse auditive mais de comprendre son principe et sa réalisation. Il permettra aussi au débutant de satisfaire sa curiosité et de se familiariser avec ces petites merveilles de technologie.

Le principe est simple : pour remplacer l'oreille défaillante, l'aide auditive doit capter le son, l'amplifier et le travailler de telle manière qu'il devienne non seulement audible mais compréhensible (Fig. 30.1).

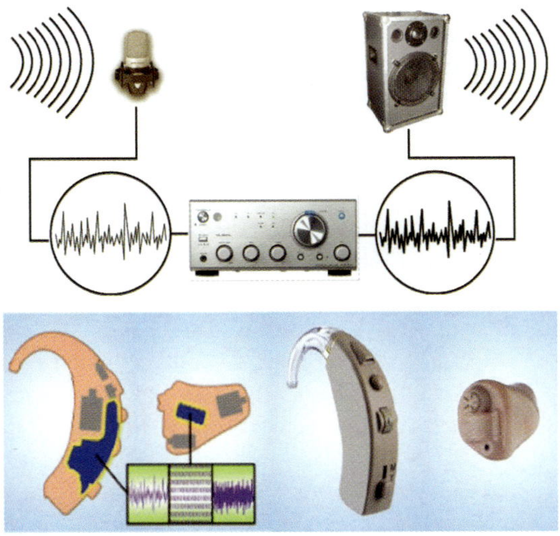

Fig. 30.1 – *Le schéma de base*

À chacune de ces étapes correspond une pièce de l'appareil qui présente des avantages et des inconvénients pour l'oreille déficiente. Augmenter les premiers et diminuer les seconds est l'objectif de tous les professionnels de l'audition.

Capter le signal

C'est le rôle du microphone qui non seulement est sensible aux modifications de pression qu'engendrent les sons mais est capable de générer, en temps réel et à la suite de cette capture, un courant électrique dont les variations sont sensées reproduire, le plus exactement possible, celles des sons originaux. C'est un codage analogique à peu près comparable à ce que ferait l'oreille moyenne, si elle produisait du courant en se déformant.

Tous les micros actuels utilisés dans les prothèses auditives sont du type « électret ». Ils sont constitués par deux petites plaques métalliques qui du fait de leur proximité réalisent une capacité. La plaque arrière est fixe, la plaque avant reste mobile, susceptible d'être mise en mouvement par l'onde sonore. Ce changement de position entre les plaques modifie la valeur de la capacité, ce qui génère un courant électrique.

Il est évident qu'aucun microphone n'a de bande passante équivalente à celle qu'utilise une oreille normale et les sons, dès le microphone, sont amputés de beaucoup d'harmoniques.

Le microphone peut être directionnel (avec une plaque mobile) ou omnidirectionnel (si l'on capte le son sur les deux plaques métalliques mobiles). On peut également obtenir un effet directionnel en utilisant deux microphones habilement positionnés dans l'espace.

Dans les espaces d'échange (conférence, cinéma) on peut enfin transmettre le signal grâce à une boucle d'induction. Le principe est le suivant : les signaux sonores captés par les microphones sont amplifiés et envoyés sur un fil électrique qui ceinture la salle. Le courant circulant dans ce fil crée un champ magnétique modulé par la voix, à l'intérieur de la salle. Un bobinage placé dans ce champ magnétique sert de capteur et reproduit le signal initial qui, convenablement amplifié, est envoyé sur un écouteur (l'écoute est excellente). On évite ainsi de mettre un micro face à un haut-parleur (disposition donnant des résultats médiocres et ajoutant du larsen).

La prothèse auditive utilise soit la bobine, soit le micro, soit les deux en même temps.

Le microphone est un élément faible dans la chaîne que représente la prothèse. Il induit des sons,

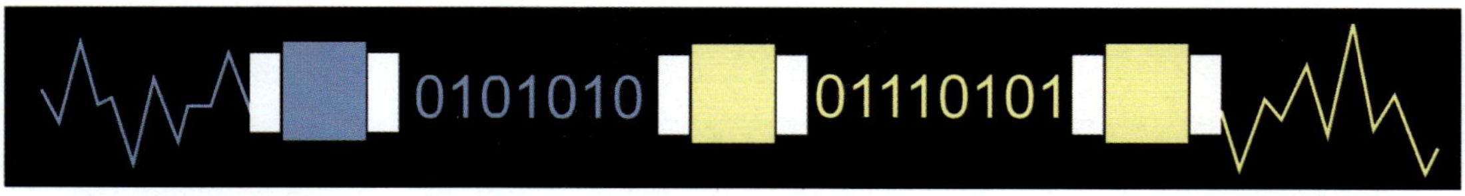

signal d'un son - convertisseur A/D - signal numérique - traitement du signal - nouveau signal numérisé - convertisseur D/A - signal analogique

Fig. 30.2 – *Les opérations de l'analogique au numérique puis retour à l'analogique*

de qualité médiocre, nasillards et métalliques. C'est l'une des raisons qui fait abandonner l'appareillage quand il n'est pas immédiatement nécessaire. S'il lui reste assez d'audition pour entendre sans passer par le microphone, le presbyacousique débutant préfère surseoir et c'est justement là l'erreur à ne pas commettre.

Transformer le signal reçu en un signal audible pour le déficient auditif

Dès que le signal est devenu un courant électrique modulé à l'identique de l'onde sonore, il est amplifié. Cette amplification est devenue, au fil des années, d'une grande complexité. Nous sommes loin des quatre ou cinq réglages que permettaient les résistances qui équipaient les appareils des années 1960/1970.

Jusqu'à aujourd'hui une amplification comprenait deux étages : un préamplificateur et un amplificateur de puissance. Les réglages numériques de niveau, en sortie d'un convertisseur D/A (digital/analogique) sont responsables d'une dégradation sensible du signal (bruits). Le préamplificateur restait donc indispensable pour améliorer le signal entrant dans l'amplificateur à un niveau de qualité offrant moins de prise à la dégradation. Les nouveaux amplificateurs numériques ne nécessitent plus de préamplificateurs ni de convertisseur D/A mais sont d'un prix beaucoup plus élevé.

La numérisation est d'un intérêt incontestable. Les premiers essais remontent aux années 1970 mais le volume nécessaire était incompatible avec le volume disponible dans les appareils. Il a fallu attendre 1995 pour voir le premier appareil numérique dans le commerce. C'est probablement la révolution la plus importante depuis la découverte de l'électricité pour permettre d'atteindre des niveaux exceptionnels de qualité face au problème des surdités de perception.

La numérisation

Un signal analogique est représenté par une variation continue de la « tension », variation que l'on peut déterminer en fonction du temps (Fig. 30.2).

- Un signal numérique est représenté par une suite de 0 ou de 1. Les valeurs sont fournies par échantillonnage à des intervalles de temps définis. Les variations sont donc « discrètes », c'est-à-dire non continues.
- Transformer une onde électrique sinusoïdale continue dans le temps en une suite de chiffres 0 ou 1 est assez simple (encore fallait-il y penser). On découpe l'onde continue en une suite d'images instantanées. L'onde est échantillonnée. Par itérations successives, on reproduira les déformations du son et par la multiplicité des échantillons, l'image se rapprochera de l'image continue.

Lors de l'échantillonnage au temps zéro, nous obtenons par exemple la valeur analogique de 0,76. Nous savons que toutes les valeurs se trouvent par convention entre – 1 et + 1 volt (valeurs extrêmes de la courbe). Nous disposons de 16 bits pour échantillonner le prélèvement dans l'unité de temps entre deux échantillonnages. La médiane se trouve au départ sur la ligne zéro. Tout ce qui est au-dessus de cette ligne est comptabilisé 1 et tout ce qui est en dessous 0.

Pour convertir un signal analogique (que nous prenons donc arbitrairement à 0,76 volt) en un signal numérique, nous pouvons écrire :

- lors du 1er tour, *le chiffre 1* puisque 0,76 est au-dessus de la médiane ;
- lors du 2e tour, la médiane étant alors à 0,50 puisque nous divisons par deux l'écart entre les nouvelles valeurs extrêmes, *le chiffre 1* puisque 0,76 est au-dessus de la nouvelle médiane ;
- lors du 3e tour, la nouvelle médiane étant à 0,75, toujours *le chiffre 1* ;
- lors du 4e tour, la médiane = 0,875 et le *chiffre est 0* puisque 0,76 est en dessous ;
- lors du 5e tour, la médiane de 0,750 et 0,875 = 0,812 5, *le chiffre 0* ;

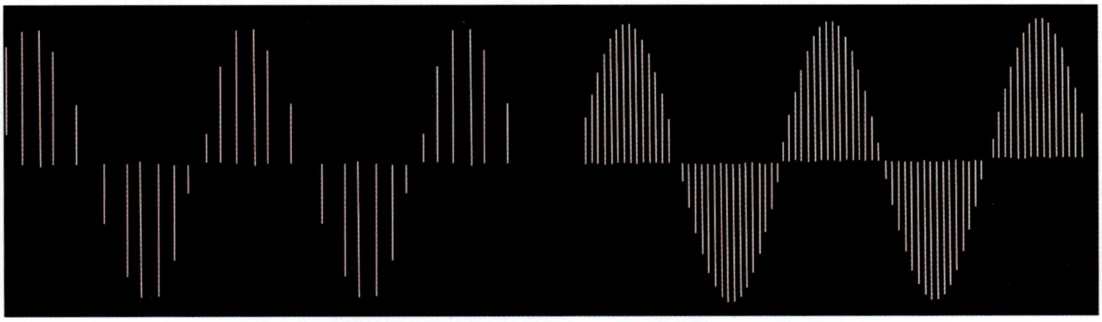

Vitesse d'échantillonnage en fonction du temps

Fig. 30.3 – *Deux échantillonnages*

- lors du 6e tour, la médiane de 0,7500 et 0,8125 = 0,78125, *le chiffre 0* ;
- lors du 7e tour, la médiane de 0,75000 et 0,78125 = 0,765625, *le chiffre 0* ;
- lors du 8e tour, la médiane de 0,750000 et 0,765625 = 0,757812, *le chiffre 1*, puisque 0,76 est au-dessus de la médiane ;
- lors du 9e tour, la médiane de 0,757812 et 0,765625 = 0,761 718, *le chiffre 1* ;
- lors du 10e tour, la médiane de 0,757812 et 0,761718 = 0,759812, *le chiffre 0* ;
- lors du 11e tour, la médiane de 0,759812 et 0,761718 = 0,760765, *le chiffre 1* ;
- lors du 12e tour, la médiane de 0,759812 et 0,760765 = 0,760 288, *le chiffre 1* ;
- lors du 13e tour, la médiane de 0,759812 et 0,760288 = 0,760050, *le chiffre 1* ;
- lors du 14e tour, la médiane de 0,759812 et 0,760050 = 0,759831, *le chiffre 0* ;
- lors du 15e tour, la médiane de 0,759831 et 0,760050 = 0,759940, *le chiffre 0* ;
- lors du 16e tour, la médiane de 0,759940 et 0,760050 = 0,759995, *le chiffre 0* et on en restera là, la précision étant tout à fait satisfaisante.

Grâce à ces 16 bits, chaque échantillon sera donc étalonné à une valeur très voisine de la valeur exacte, pendant l'unité de temps (Fig. 30.3).

L'échantillon suivant étalonné de la même manière remettra la valeur à sa place exacte et ainsi de suite selon le nombre d'échantillons. Il faut se souvenir que le processeur doit faire tous les calculs dans le temps qui sépare deux échantillonnages et recommencer avec le suivant.

Mais attention, plus on est précis, moins le processeur aura de temps pour recueillir les données.

Lorsqu'on échantillonne un signal complexe, avec un grand nombre de prélèvements, et qu'on attribue une valeur numérique à chaque échantillon, il est possible de traiter le signal et ensuite de lui redonner une forme analogique à partir du même code que celui qui a servi à l'échantillonner (Fig. 30.4). Durant le passage en numérique, il est alors possible de faire subir aux chiffres, à l'aide d'algorithmes, des transformations et, mis à part ces modifications, on restitue pratiquement parfaitement le signal originel avec le convertisseur numérique/analogique de l'écouteur. Ceci n'était pas possible avec des systèmes purement analogiques qui apportaient plus ou moins de distorsions au fur et à mesure des traitements.

Entre le convertisseur Analogique/Numérique qui suit le micro et le convertisseur Numérique/Analogique qui précède l'écouteur, on place un amplificateur numérique qui ne nécessite pas de préamplificateur ou un amplificateur analogique qui nécessite un préamplificateur numérique où s'effectueront les transformations souhaitées (Fig. 30.4).

Avant l'amplification, on peut donc faire subir au signal complexe numérique, tous les algorithmes imaginables sans introduire d'autres modifications que celles qui sont souhaitées.

Actuellement, seul le traitement du signal est numérisé et l'amplificateur est toujours analogique, pour des raisons de coût mais on réintroduit quelques distorsions. Nous verrons également qu'il n'est plus nécessaire d'utiliser le convertisseur D/A pour l'injecter dans l'écouteur avec les amplificateurs modernes analogiques de classe D.

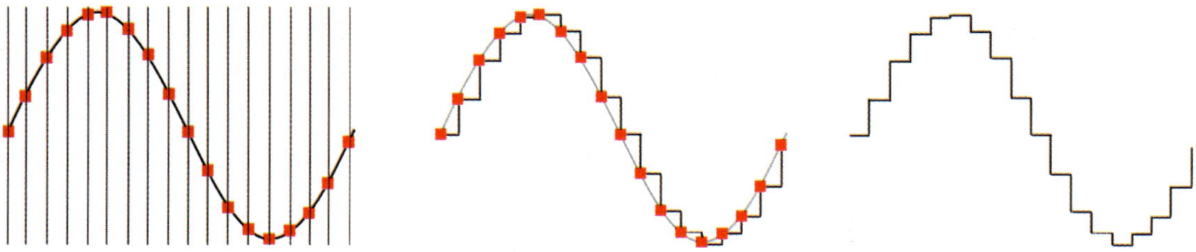

Fig. 30.4. - *Principe de l'échantillonnage avec son résultat*

Pour utiliser correctement un signal numérique, il faut un algorithme (règles opératoires propres à un calcul informatique). Cet échantillonnage permet d'utiliser cet algorithme pour une programmation dont l'horloge va temporiser les opérations et donc décider de la vitesse d'exécution.

L'échantillonnage conditionne la qualité de la conversion Analogique/Numérique Il consiste à prendre une image d'un instant de la courbe analogique d'un signal sonore et à répéter cette opération à un rythme adéquat. On obtient une courbe qui, au lieu d'être lissée, est hachée et faite de marches successives (Fig. 30.4). L'ensemble reproduit la forme du signal analogique qui lui a donné naissance. Il est possible à l'aide d'un convertisseur D/A de la transformer de nouveau en une courbe analogique par un simple lissage. La fréquence d'échantillonnage a, on le comprend, une énorme importance dans la qualité du signal numérique. Mais on ne peut pas échantillonner à l'infini.

Le signal sonore analogique, ne peut pas être échantillonné à une fréquence inférieure au double de celle de la fréquence la plus aiguë dudit signal (théorème de Shannon ou Nyquist) afin de garder une précision suffisante. Sans cette règle, il pourrait exister deux sons différents pour le même résultat numérique (Fig. 30.5).

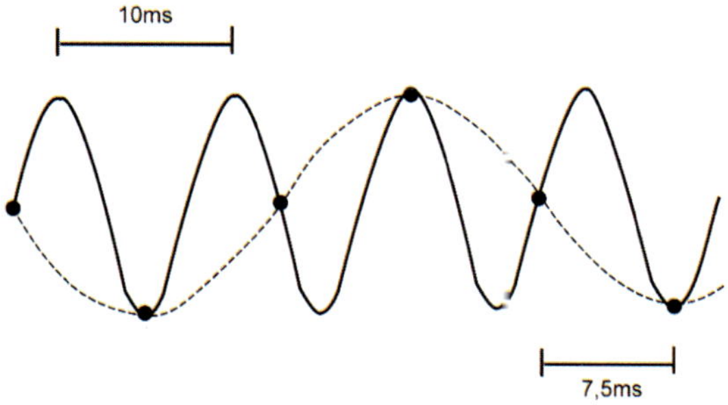

Fig. 30.5 - *Théorème de Schannon*

La largeur de bande sonore ne dépassera donc jamais la moitié de la fréquence d'échantillonnage. En d'autre termes, le signal analogique doit être échantillonné à une fréquence au moins égale au double de la fréquence la plus aiguë du signal à numériser.

En pratique, la plupart des prothèses utilisent 16 kHz de fréquence d'échantillonnage (Fig. 30.3 et 30.6). Si la vitesse d'échantillonnage est trop lente, il se produit un « *aliasing* » : existence de deux signaux qui peuvent être représentés par le même échantillonnage. Son maximum de rapidité est limité par les possibilités de la calculatrice.

Pourquoi ne pas échantillonner plus notre signal ? Parce que les possibilités des meilleurs écouteurs actuels ne dépassent pas 8 KHz et le théorème de Shannon ne demande que 16 KHz. On notera que plus on échantillonne plus on consomme et plus la taille du processeur devient importante. Il est donc inutile d'aller au-delà. L'amplitude de numérisation est appelée quantification et est montrée dans la figure ci-après (Fig. 30.6).

Le nombre de bits permet de calculer la dynamique de l'appareil : pour 12 bits on a 72 dB, pour 16 bits, 96 dB. On se souvient que la dynamique d'une oreille normale n'est guère supérieure à 100 dB. Le chiffre de 96 dB est tout à fait suffisant, certains fabricants proposant 12 bits (72 dB) ou 14 bits (84 dB).

Revenons au calcul binaire pour expliquer plus complètement le procédé qui régit le DSP (*Digital Signal Processing*) ou microprocesseur. On ne va plus parler de diodes, résistances, capacités ou transistors mais d'algorithme c'est-à-dire d'une équation appliquée à un signal numérique. Par exemple pour filtrer un nombre binaire correspondant à une valeur du signal sonore complexe, on lui adjoint un coefficient qui l'abaisse ou l'élève selon ce qui est nécessaire. On peut répéter cette opération pour tous les signaux et décomposer les signaux à l'envi

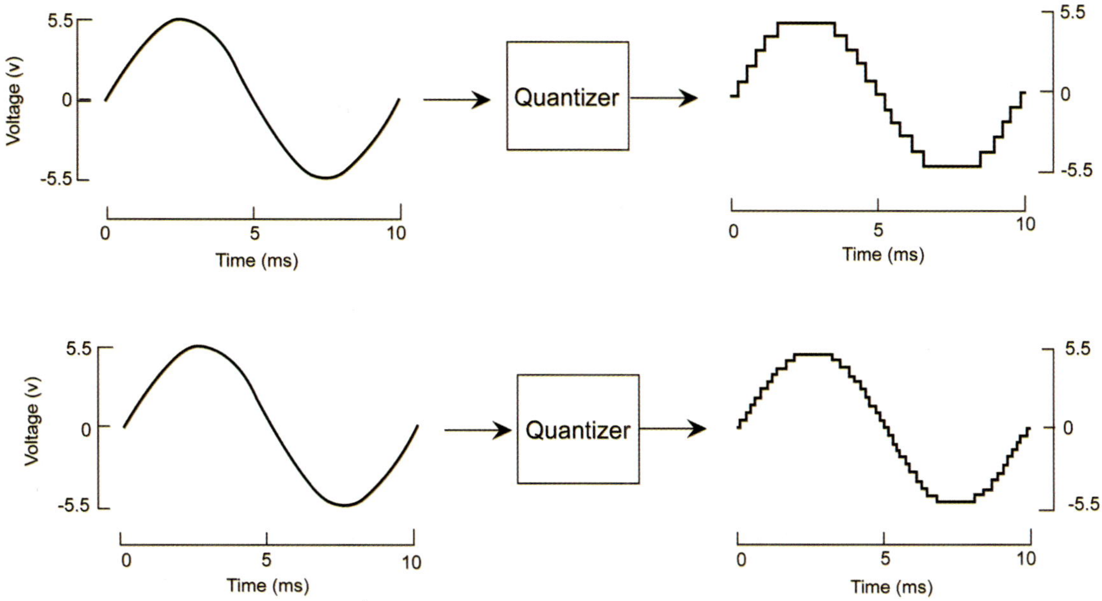

Fig. 30.6 – *Quantification (vitesse de l'échantillonnage)*

Fig. 30.7 – *L'ensemble des éléments d'une prothèse*

ou presque. On notera qu'il s'agit de coefficients multiplicateurs qui sont *non linéaires* si l'on veut qu'ils correspondent aux besoins de l'oreille.

Aujourd'hui, il existe une autre manière de numériser un signal avec 1 seul bit. Il ne s'agit plus de mesurer la valeur absolue d'un signal par rapport à un référent mais de mesurer la valeur par comparaison à la précédente. Le signal vaut 1 s'il est supérieur ou 0 s'il est inférieur. On répète l'opération sur un nombre de 20 bits, cadencée à une vitesse de 32 KHz. C'est le convertisseur le plus utilisé actuellement, on l'appelle Σ/Δ (*Sigma/Delta*).

On peut maintenant présenter le schéma théorique d'une aide auditive actuelle (Fig. 30.7). Dans le cas du numérique, on l'a vu, le préamplificateur est en quelque sorte remplacé par le processeur et le convertisseur digital/analogique. Il reste à étudier les traitements que l'on peut faire subir au signal capté et numérisé.

Le traitement du signal

Toute cette technologie a un but : permettre d'apporter à l'oreille du malentendant un signal approprié à son cas. Or aucune surdité ne ressemble à une autre et chaque patient à un type de déficit qui lui est propre. Il faut donc faire un compromis entre l'idéal et ce qu'il est possible de faire d'une part et une moyenne de réglage d'autre part compte tenu des limites actuelles de l'adaptation des aides auditives et des bornes possibles du numérique.

Il est important de ne plus travailler en linéaire pour adapter ensuite le résultat obtenu, « avec les moyens du bord ». Il vaut mieux changer nos habitudes intellectuelles et, d'emblée, raisonner avec une pensée stochastique. Ce sera la conclusion de ce livre mais nous tenions à le faire remarquer dès à présent.

Revenons à ce qui est fait aujourd'hui et qui varie tous les jours, compte tenu de la rapidité des progrès depuis l'avènement de la numérisation.

Augmenter l'intensité du son est bien sûr une nécessité mais encore faut-il que l'oreille soit capable d'encaisser l'augmentation d'intensité et ce n'est pas souvent le cas (en particulier s'il existe un recrutement comme dans toute presbyacousie). Il faut donc moduler ce son et les appareils modernes le font très bien à l'aide d'une compression du signal qui permet de limiter l'amplification pour l'empêcher de dépasser la capacité de tolérance de l'oreille. Cette compression, grâce à la numérisation, va être distribuée aux fréquences qui la réclament.

La compression est la principale distorsion volontaire que l'on fait subir au signal d'entrée pour limiter le plus possible l'inconfort des presbyacousiques. Elle consiste, à l'aide d'une boucle de rétroaction, à supprimer les bruits trop forts qui incommoderaient et même traumatiseraient l'oreille, surtout s'ils subissent encore une amplification.

Il y a longtemps que les industriels avaient compris l'importance de cette compression pour rendre acceptable une aide auditive. On a d'abord limité tout simplement le niveau de sortie de l'appareil puis on a tenté d'améliorer cette compression en traitant les transitoires de ces bruits c'est-à-dire la mise en route de la compression (temps pour qu'elle soit efficace) et sa disparition (temps de remise du signal en relation avec l'entrée dans la prothèse). Voilà une distorsion importante qui va servir au malentendant mais qui va aussi lui apporter des inconvénients en supprimant parfois des informations nécessaires à la compréhension de la parole si la personne qui parle crie à cause du bruit…

Lorsqu'on fait une moyenne pour essayer de satisfaire le plus grand nombre, il faut se mettre dans la tête qu'on ne va satisfaire personne. L'oreille « moyennée » n'existe pas dans ce monde chaotique.

Il est possible actuellement d'adapter beaucoup mieux la compression en la faisant jouer dès les sons faibles pour l'adapter de manière non linéaire, en temps presque réel, aux bruits environnants et à la parole. On vient au chaos par petites touches…

Il est également possible d'adapter la compression selon les bandes de fréquences souhaitées. On peut alors supprimer les sons graves qui correspondent en général aux bruits et garder le maximum de sons aigus qui correspondent à la parole mais là encore c'est une adaptation « moyenne » qui ne correspond pas à tous les environnements, ni à tous les sujets.

On peut, bien sûr, affiner encore les courbes de réponses en fonction de données particulières liées

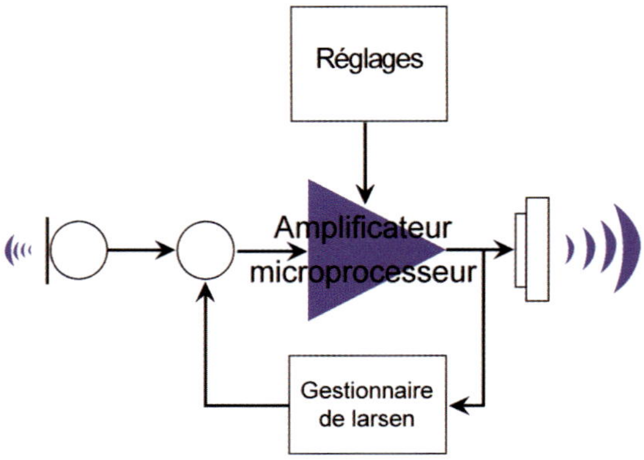

Fig. 30.8 – *Le traitement du signal*

au milieu, au type de surdité, aux demandes du patient… (Fig. 30.8).

Multiprogrammation, prothèses multicanaux, angle de captation télécommandé, miniaturisation, amélioration des circuits et de la programmation des algorithmes… vont faire progresser les appareils mais l'oreille du presbyacousique restera la même.

De plus la mémoire de l'appareil permettra de traiter les problèmes à partir de références de plus en plus nombreuses…

Quant aux distorsions, elles ont des effets bons et mauvais à la fois.

Ces distorsions sont la hantise des professionnels de l'audition mais… dans quelle mesure faut-il craindre ces déformations ?

Les distorsions

Deux sortes de distorsions existent : les distorsions physiques que l'on mesure en comparant le son à l'entrée et à la sortie de l'appareil et les distorsions psychiques, non mesurables.

On pourrait définir ces dernières comme la perception subjective d'une onde sonore, différente de ce que sa complexité structurelle aurait laissé imaginer (par comparaison à une moyenne supposée normale) en observant ses caractères physiques. C'est assez impalpable et sans grande possibilité de contrôle objectif.

Revenons à l'acoustique. À la base, il existe des distorsions de volume (intensité), de tonalité (fréquence), de timbre (complexité harmonique) et de temps (transitoires et séparation des signaux dans le temps). Ces distorsions sont connues en clinique : il s'agit du recrutement pour l'intensité, de la diplacousie pour la fréquence, de la perte du pouvoir séparateur et de la rémanence pour le temps. La distorsion de timbre va entraîner une perte de la qualité des sons dont on mesure tous les jours la réalité à l'écoute d'un concert sur un petit transistor par rapport à une chaîne Hi Fi… Les sons ne sont pas les mêmes.

C'est notre capacité à discriminer deux sons de formes différentes qui nous permet d'entendre le langage. La différence peut être minime car elle est souvent associée à d'autres différences, en particulier la signification du mot. Par exemple Paris n'a rien à voir avec un pari et pourtant la forme pour l'auditeur est la même. Nous y reviendrons plus loin.

Les distorsions de fréquences (tonalité) ont fait l'objet d'études nombreuses. Elles sont souvent importantes mais curieusement, elles ne semblent pas entraîner beaucoup de troubles de l'intelligibilité. C'est la raison pour laquelle nous n'en parlerons plus.

En ce qui concerne les distorsions d'intermodulation (son non harmonique par rapport au son original donnant un son grinçant), elles sont difficilement mesurables physiquement du fait de leur grand nombre mais leurs qualités ne semblent pas non plus beaucoup affecter la compréhension du langage.

Les distorsions de saturation (volume) sont plus intéressantes. Elles sont la conséquence du fait qu'on sort du fonctionnement linéaire. Elles sont augmentées parfois par des coefficients multiplicateurs énormes qui peuvent les rendre ces distorsions très perturbantes et certaines conditions initiales influencent grandement la suite des opérations. Ces distorsions relèvent de causes variées : trop grande intensité imprévue des niveaux d'entrée, gain trop élevé…

Il existe également des distorsions de phase (fréquence), liées le plus souvent à des défections du système auxquelles l'oreille est peu sensible ou à des programmations inappropriées dans certaines conditions, ou encore à des bruits de fond…

En fait, bien des distorsions gêneraient une oreille normale mais n'ont pas de traduction dans le cas des presbyacousies. Cependant l'inverse est possible. Nous sommes dans le chaos, comme toujours tout est plus ou moins imprévisible et on en est réduit à diminuer la part de raisonnement scientifique prédictif pour la remplacer par le tâtonnement minutieux et inventif. Nous pensons, qu'il faut abandonner ou plutôt mettre au deuxième plan ces essais de mesure des distorsions. Ils ne mènent à rien en pratique et occultent le seul moyen dont dispose le technicien pour s'assurer la meilleure maîtrise des distorsions : l'avis du patient.

Nous pensons qu'il serait intéressant que les techniciens ingénieurs qui fabriquent les appareils auditifs ne quittent pas leur activité à 60 ans mais qu'ils continuent à créer ou à améliorer leurs appareils auditifs avec pour référence leurs propres oreilles. Ils construiraient des appareils dont les caractéristiques moyennes seraient bien meilleures que celles issues de la Hi Fi. Ce serait ensuite aux patients presbyacousiques d'affiner les réglages, à l'aide de logiciels que ces mêmes ingénieurs auraient conçus, pour obtenir le meilleur résultat possible. De plus, comme la presbyacousie évolue, les réglages suivraient l'évolution de chaque presbyacousie.

La cochlée normale crée des distorsions, la cochlée pathologique en ajoute, le monde ambiant s'emploie, avec le bruit, à tout faire pour gêner le voisinage. Hélas, notre niveau culturel nous rend inconscients des dangers et incapables de prendre des mesures pour les éviter.

Quoi qu'il en soit, les distorsions que l'oreille normale ne supporte pas, peuvent avoir, pour une oreille malentendante, des caractéristiques lui permettant de reconnaître des sons. Comme l'imaginait J.-Cl. Lafon, les progrès à venir se feront davantage avec des sons « artificiels », utilisables par une oreille amputée de ses aigus, plutôt que dans la Hi Fi pour sourd !

Dans ces conditions, après sa capture, le son a subi du fait des caractéristiques physiques du microphone certaines distorsions. La numérisation ne va pas modifier de manière importante ces distorsions mais l'amplification va en créer et même en ajouter volontairement avec sa compression sélective ou son écrêtage. Il en sera de même pour l'écouteur.

➤ L'amplificateur lui-même

Actuellement l'amplificateur est souvent un amplificateur analogique de classe D. Même analogique (cf. plus haut), il convient parfaitement à l'écouteur. En effet, il amplifie le signal d'entrée en le transformant d'abord en un signal rectangulaire de haute fréquence dont le rapport de phase est proportionnel au signal d'entrée. Il amplifie ce signal et l'injecte directement dans l'écouteur qui l'accepte comme un signal analogique puisque le signal haute fréquence reproduit la même image que le signal originel qu'on lui a fait traiter. Cet amplificateur consomme peu, a de très bonnes qualités acoustiques, est facile à miniaturiser et peut s'adapter au traitement numérique rectangulaire.

En revanche, il n'est pas très puissant et présente, du fait de sa transformation dans les très hautes fréquences, des distorsions fréquentielles dues à la fréquence de son horloge interne.

Certains amplificateurs électroniques permettent d'alimenter l'écouteur en transformant une modulation fournie par le micro et le processeur en un signal électrique plus puissant. En principe le signal arrive à faible tension et à forte impédance pour ressortir à un niveau de tension élevé et à faible impédance.

Le signal sortant du microphone ou du convertisseur peut avoir des fluctuations qui vont générer, par leur multiplication liée à l'amplification, des distorsions qui peuvent être considérables. Il faut donc, dans beaucoup de cas, utiliser un préamplificateur pour limiter cet inconvénient. Le préamplificateur reste en plus indispensable pour connecter d'autres sources… telles qu'une boucle magnétique par exemple.

Il faut reconnaître que notre objectif n'est pas encore atteint : le signal est imparfaitement adapté au malentendant. Et, il reste une dernière source de distorsion : l'écouteur.

Restituer le signal amélioré grâce à un écouteur

L'écouteur reste basé sur le principe de la mobilisation d'un diaphragme par un électro-aimant. Le diaphragme vibre comme le lui impose cet électro-aimant et reproduit mécaniquement dans l'air les impulsions fournies par la source électrique qui l'anime. Ces écouteurs sont constitués d'une bobine entourant un électro-aimant.

Seule une écoute subjective permet de connaître approximativement les distorsions engendrées par l'écouteur puisqu'il n'y a plus rien après pour étudier le résultat à la sortie. Il n'y a que l'oreille du sujet. Ces distorsions portent surtout sur les graves et nous savons leur importance dans le « bonheur d'entendre ».

Quant au larsen, de gros progrès ont été réalisés à ce niveau mais il persiste encore, dans certaines circonstances, des occasions de produire cet effet :

- le fait de mâcher déplace l'embout et peut générer du larsen ;
- le vieillissement des cloisons entre micro et écouteur dans la prothèse peut en provoquer également.

Pour aller plus loin :

- on peut réduire le gain au pic de fréquence qui résonne mais on perd aussi des informations utiles ;
- on peut opposer au larsen un signal inverse ce qui élimine la fréquence en cause mais pour être efficace, il faut une bande qui dépasse celle du larsen et on perd également de l'intelligibilité.

Pour finir

Nous avons vu tout ce que la technologie utilisait pour adapter les aides auditives à tous les types de surdité. Mais nous n'avons pas encore parlé de l'adaptation du sujet à ces aides auditives. Or cette adaptation existe et elle est indispensable. Il faut prendre du temps pour aider le malentendant à travailler à l'adaptation de son oreille à l'appareillage au même titre qu'un musicien travaille son oreille pour entendre ce que le non-musicien n'entendra jamais. Certaines distorsions pourraient être utilisées comme informations à condition qu'elles soient perçues et toujours perçues de la même manière pour que l'oreille connaisse le sens qu'il faut leur donner (Lafon).

Nous ne ferons que citer les prothèses destinées aux surdités profondes ou totales. Disons tout de suite que ces surdités ne sont, pour ainsi dire, jamais le fruit d'une presbyacousie.

En ce qui concerne les surdités profondes, trois possibilités d'appareillage sont actuellement dans le commerce :

- La prothèse acoustique à renforcement spectral : Emily.
- La prothèse acoustique à renforcement temporel : SIVO.
- La prothèse acoustique à renforcement spectral et temporel : *alpha* et *bêta* de *oméga* (Lafon).

En ce qui concerne les surdités totales, les implants cochléaires sont la seule solution envisageable. Les implants du tronc cérébral sont du domaine de l'expérimentation.

En ce qui concerne les surdités rétro-cochléaires et centrales, les implants du tronc cérébral seraient envisageables à titre expérimental.

■ *En quelques lignes* ■

Pour capter le son, il faut un microphone. C'est une structure qui, en se déformant selon les pressions reçues, délivre un courant électrique proportionnel. Actuellement le micro « électret » est constitué de deux plaques métalliques dont l'une est fixe. La proximité des deux plaques leur fait réaliser une capacité qui varie avec les mouvements de la plaque mobile.

Pour transformer le signal, il faut un amplificateur ou plutôt un préamplificateur suivi d'un amplificateur pour trouver le meilleur niveau pour transformer le son sans ajouter des distorsions non souhaitées. Aujourd'hui, les amplificateurs numériques ne nécessitent plus cette préparation du signal. Ils sont d'une grande fidélité. Après digitalisation du signal on le traite en lui faisant subir toutes les transformations souhaitées puis on l'injecte dans l'écouteur.

Il faut bien sûr amplifier le son mais surtout ne pas dépasser les capacités « d'encaissement » de l'oreille pour ne pas rendre l'appareillage douloureux et dangereux. De plus, en cas de distorsions de timbre, il ne faut amplifier que les fréquences déficientes. Chaque distorsion peut être plus ou moins bien prise en compte. Par ailleurs, on peut modifier les autres qualités des sons à volonté.

L'appareil peut présenter des aberrations par rapport à l'oreille réceptrice et il faut aussi en tenir compte. Le larsen peut être éliminé, etc. Ces aberrations ne sont pas toutes des inconvénients et il faudrait savoir en profiter.

Pour approfondir

Bizaguet E, Veit P. Les avancées en prothèse auditive. *Réadaptation*, 1994, *414* : 21-23.

Frachet B. *et al. La communication, modalités, techniques et symboles*, Rapport édité par la Société française d'oto-rhino-laryngologie et de pathologie cervico-faciale, Paris, Arnette, 1991.

Morgon A. *et al. Suppléance instrumentale de la surdité : les aides auditives.* Rapport édité par la Société française d'oto-rhino-laryngologie et de pathologie cervico-faciale, Arnette, Paris, 1998.

Ricketts, T. Impact of noise source configuration on directional hearing aid benefit and performance. *Ear Hear.*, 2000, *21* (3) : 194-205.

Van Dijkhuizen JN, Festen JM, Plomp R. The effect of frequency-selective attenuation on the speech-reception threshold of sentences in conditions of lowfrequency noise. *J. Acoust. Soc. Am.*, 1991, *90* : 885-894.

Weiss M, Neumann AC. Noise reduction in hearing aids. In : *Acoustical Factors Affecting Hearing Aid Performance*, Studebaker GA, Hochberg I (eds), Allyn and Bacon, 1993, 337-52.

CHAPITRE 31

Types d'aides auditives

Différents types d'aides auditives

Tous les fabricants ont dans leur catalogue les quatre types d'aides auditives que nous présentons ci-dessous (Fig. 31.1) : le contour d'oreille, l'intra-conque, l'intra-canal et l'intra-conduit.

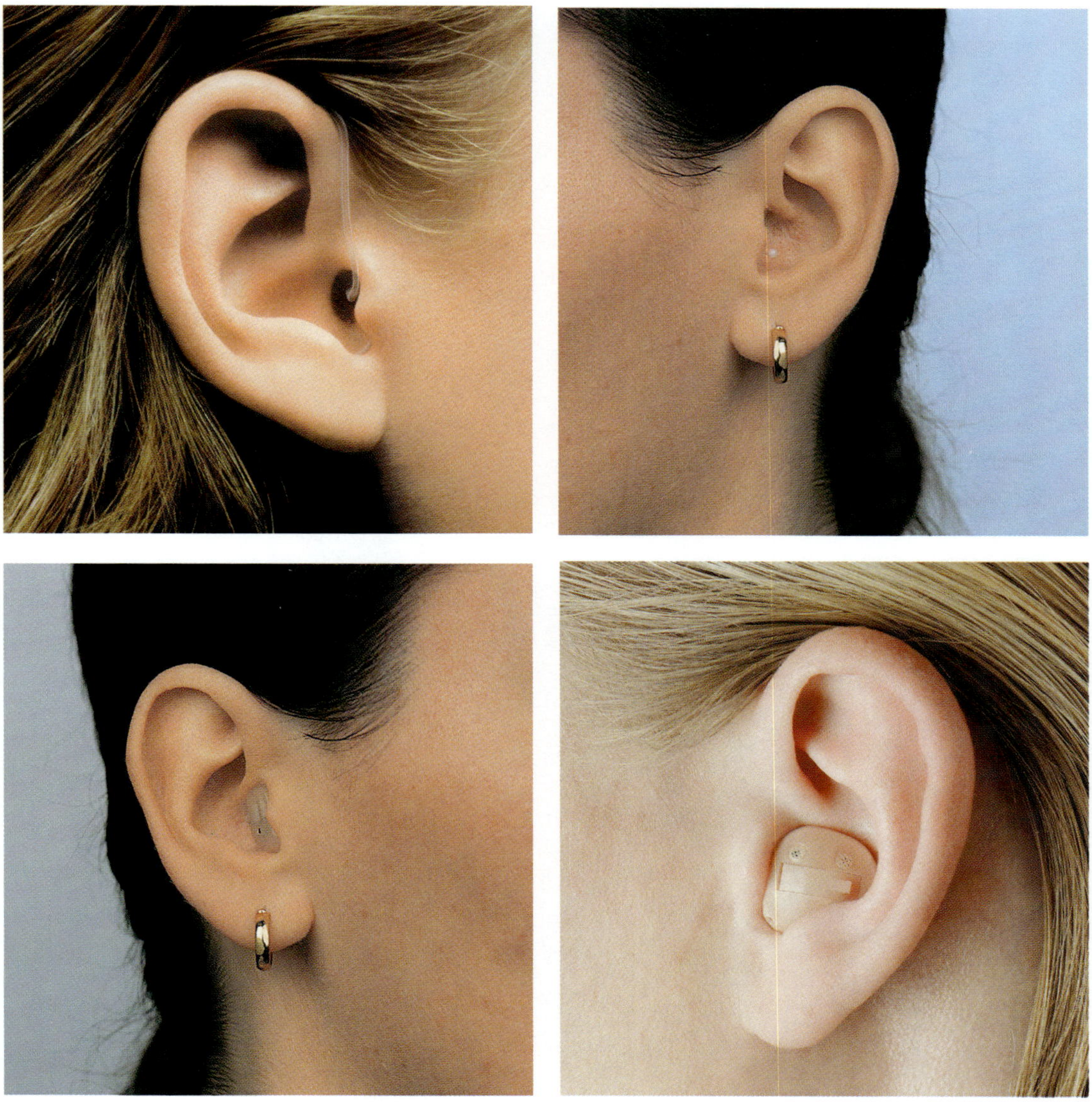

Fig. 31.1 – *Les différents types d'aide auditive portées*

Chacun de ces appareils a ses avantages et ses inconvénients. Ils permettent le plus souvent de trouver ce qui convient. Encore faut-il accepter son handicap et vouloir y faire face.

Les appareils sont de trois types (Fig. 31.2) :

- ceux qui sont d'une forme standard et dont seul l'embout est fait sur mesure : les contours d'oreille ;

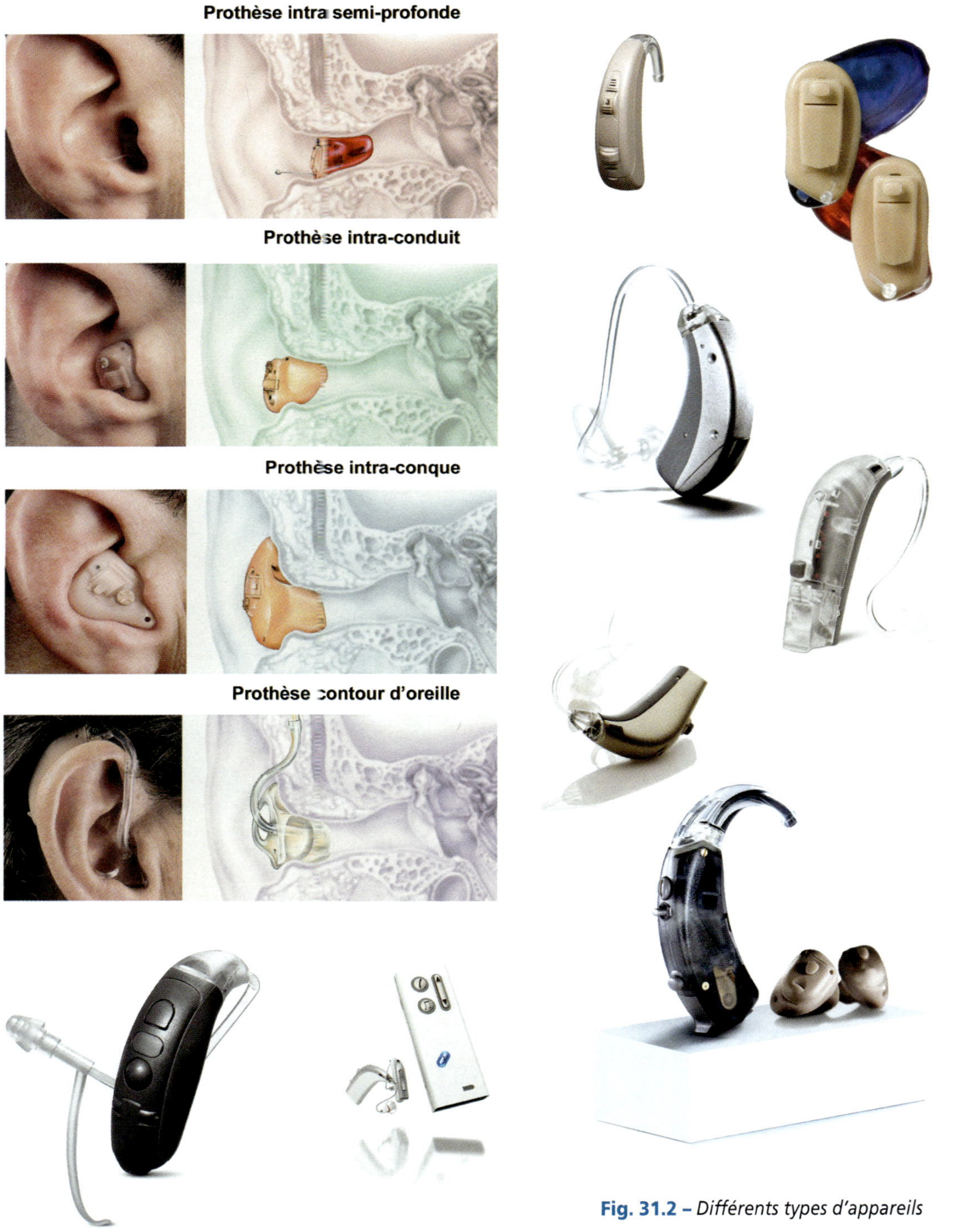

Fig. 31.2 – *Différents types d'appareils*

- ceux qui sont contenus dans l'embout lui-même, transformé en une coque creuse, pour recevoir tous les constituants de l'appareil ; plus cet embout sera petit, moins il contiendra de constituants quelle que soit la miniaturisation ; la pile, toute petite, ne durera pas aussi longtemps que celle d'un contour d'oreille ;
- ceux, intermédiaires entre les deux, dont l'électronique est derrière le pavillon (comme le contour) et l'écouteur dans le conduit auditif (comme l'*intra*) ; ce sont les derniers-nés de l'industrie ; ils présentent plus de puissance pour une taille plus petite et une qualité sonore supérieure à celle des contours ; l'aération du conduit et le confort d'écoute sont bien meilleurs que ceux de l'*intra*.

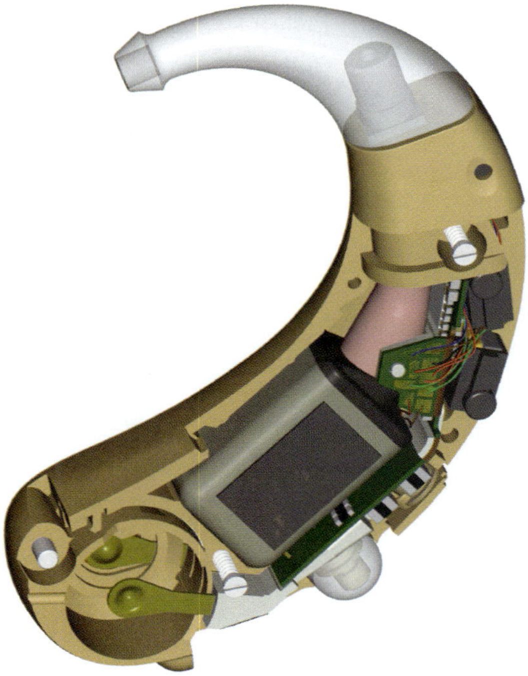

Fig. 31.3 – *Un ancien contour d'oreille analogique*

➤ Le contour d'oreille

Le corps de l'appareil se place derrière le pavillon. Il est relié à l'embout par un tube souple, en plastique, qui moule la partie supérieure du sillon rétro-auriculaire (Fig. 31.3, 31.4 et 31.5). Ce tube est visible dans sa partie antérieure quand il rejoint l'embout auriculaire. Ce dernier est moulé sur mesure. Les plus petits n'excèdent pas 2,5 cm et pèsent moins de 10 grammes.

Les formes se sont affinées et sont maintenant disponibles avec des teintes se rapprochant de la couleur des cheveux. Les contours d'oreille restent majoritairement utilisés, représentant actuellement les deux tiers des appareils adaptés en France. Leur taille permet, avec la miniaturisation, de répondre à la quasi-totalité des problèmes auditifs. Ils sont actuellement irremplaçables. Les batteries plus grosses durent plus longtemps.

Malgré cela, ils ont mauvaise presse car ils sont apparents et font « vieux », ne cherchant pas à dissimuler le handicap. Mais ils permettent une richesse de réglage incomparable. Il faut donc savoir les présenter tels qu'ils sont car les problèmes psychologiques et esthétiques risquent d'être difficiles à régler avec ce type d'aide.

Ils doivent être réservés à ceux qui les acceptent volontiers compte tenu du service qu'ils leur rendent. Une surdité légère dont les problèmes psychologiques sont majeurs ne saurait en bénéficier.

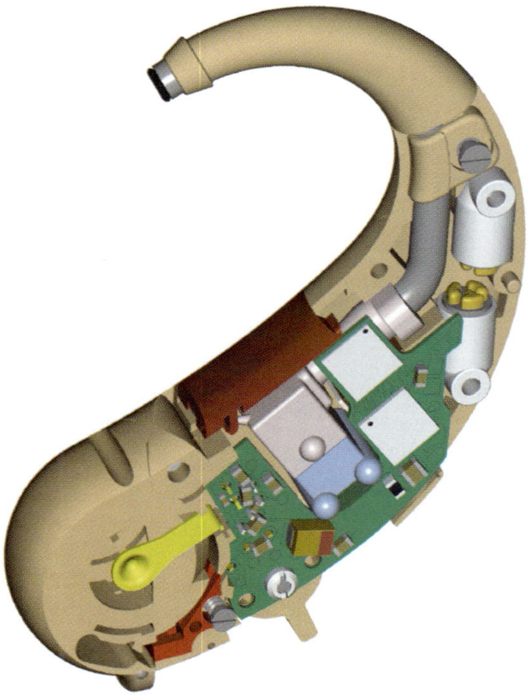

Fig. 31.4 – *Un contour moderne digitalisé*

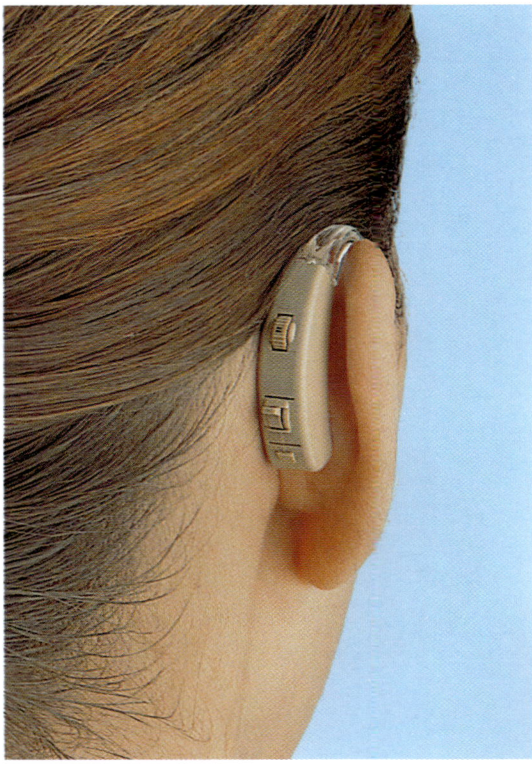

Fig. 31.5 – *Vue postérieure du contour d'oreille*

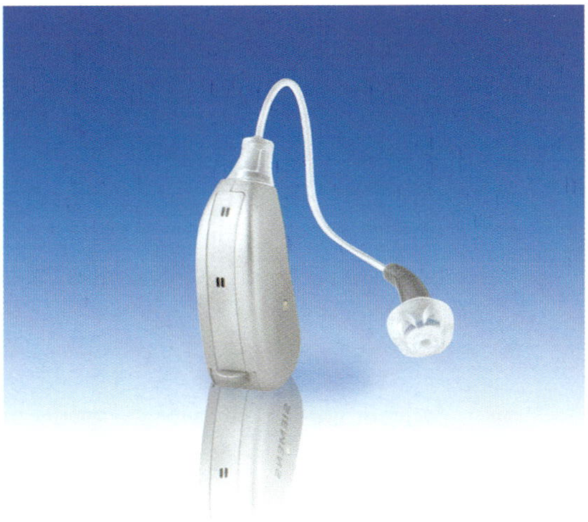

Fig. 31.6 – *Le RIC et son embout*

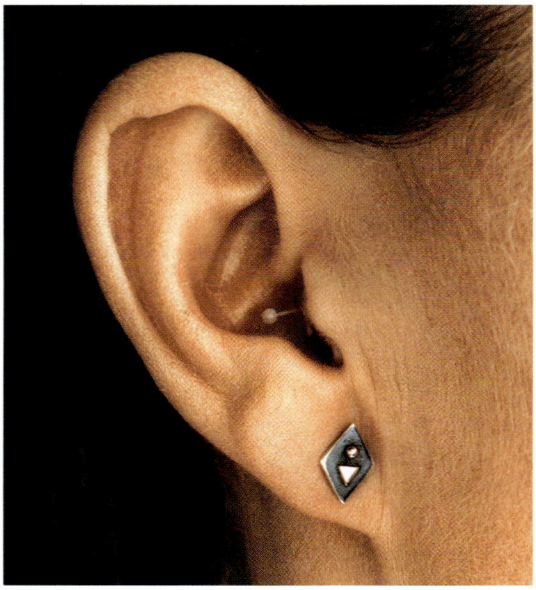

Fig. 31.7 – *L'intra CIC, à peine visible*

➤ Le RIC (*Reciever in the canal*)

C'est le modèle d'aide auditive le plus récent (Fig. 31.6). Le corps de l'appareil, très petit, disparaît derrière le pavillon. Un câble très fin le relie à l'écouteur situé au fond du conduit auditif. Contrairement au contour, le son est émis à proximité du tympan ce qui en améliore la qualité acoustique et augmente aussi la pression sonore. Des pertes importantes peuvent donc maintenant être corrigées avec des petits appareils d'une très grande discrétion.

➤ L'intra-canal CIC (*Complete in the canal*)

C'est le plus petit de tous les appareils auditifs (Fig. 31.7). Il s'introduit complètement dans le conduit auditif externe et un petit fil de nylon permet son extraction. Il convient parfaitement pour un premier appareillage alors qu'on découvre les premières difficultés. Il n'altère pas l'image corporelle et ne demande pas de longues explications psychologiques. Ils sont fabriqués à partir d'un moulage du conduit auditif externe, dans lequel entre toute l'électronique. Il réclame de bons yeux et une certaine dextérité pour le nettoyage et la mise en place dans le conduit.

Il faudra donc être très réservé avec une personne malvoyante et dont les mains ne sont pas agiles (personne âgée). Ils sont impossibles à fabriquer lorsque le conduit auditif est malformé, opéré, trop étroit, sinueux, coudé… Ils sont trop petits pour recevoir de grosses piles et ne conviennent pas lorsque l'amplification demande beaucoup d'énergie.

➤ L'intra-conduit

Un peu plus gros que le précédent il va affleurer l'orifice externe du conduit auditif. Il permet d'avoir des piles plus puissantes et contient plus de matériel électronique. Il est encore peu visible mais il n'est pas complètement dissimulé. Il peut dans certains cas permettre d'accepter un appareillage qui se veut discret. Il est utilisable dans des cas plus difficiles à appareiller que ceux qui sont réservés à l'intra-canal.

Il présente les mêmes inconvénients que l'intra-canal concernant les malformations du conduit auditif externe.

➤ L'intra-conque

Il est intermédiaire entre le contour et les intras-conduits ; visible dans la conque, il peut contenir presque autant de constituants que le contour d'oreille.

Tous ces appareils, contours, RIC et intras sont disponibles en numérique. En raison de la coiffure, ces aides auditives sont souvent plus facilement dissimulables chez la femme.

Les aides particulières

➤ Les appareils à ancrage osseux : BAHA

Dans certains cas, il peut être intéressant d'utiliser la transmission osseuse du son pour le conduire jusqu'à l'oreille interne.

La prothèse à ancrage osseux BAHA (*Bone Anchored Hearing Aid*) est un vibreur fixé sur la mastoïde, lors d'une intervention chirurgicale (Fig. 31.8).

Il existe d'autres modèles de prothèse par conduction osseuse qui utilisent soit un serre-tête soit des lunettes auditives. Le serre-tête est difficile à supporter pour la plupart des patients, du fait de l'importante pression qu'il impose à la peau. Les lunettes, plus discrètes, sont aussi plus confortables car elles n'imposent plus une forte pression sur la peau pour transmettre la vibration sonore.

La conduction osseuse court-circuite l'oreille externe et l'oreille moyenne. Bien qu'elle soit de moins bonne qualité que la transmission normale des sons au travers du système tympano-ossiculaire, la conduction osseuse est tout à fait indiquée pour corriger la perte de transmission pure ou très légèrement labyrinthisée.

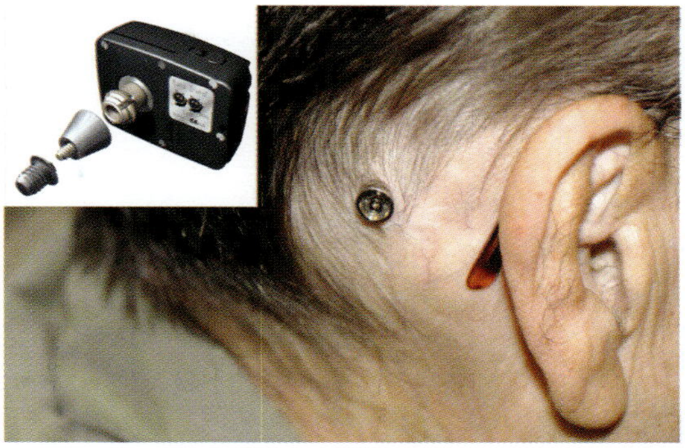

Fig. 31.8 – *Prothèse BAHA : Boîtier*

Les indications sont limitées mais intéressantes, en particulier lorsqu'une surdité nécessite le port d'une prothèse auditive et que celle-ci n'est pas possible à mettre en place. C'est le cas de certaines maladies :

- aplasie d'oreille ;
- suppuration du conduit auditif pour otite externe ou otite chronique ;
- autres pathologies du conduit auditif externe ;
- après intervention mutilante de l'oreille moyenne…

BAHA ne corrige que les surdités de transmission. Une surdité de perception est une contre-indication. Il est donc très rare que le presbyacousique en ait besoin.

La prothèse BAHA est constituée d'une part d'une vis en titane (la fixture) de 3 à 4 mm de long implantée en arrière de l'oreille, dans l'épaisseur de l'os mastoïdien et d'autre part, sur cette vis en titane, vient se fixer un pilier qui traverse la peau, sur lequel viendra s'amarrer la prothèse proprement dite. Celle-ci se met et se sort à volonté, sans la moindre difficulté. Cette prothèse est habituellement entièrement dissimulée par les cheveux.

Les résultats pour les aplasies semblent meilleurs que ceux de la chirurgie fonctionnelle qui est actuellement presque abandonnée.

Une infection et un déplacement de la vis d'ancrage peuvent se voir. La vis à travers la peau est parfois mal vécue. Elle n'empêche aucun geste chirurgical esthétique sur l'aplasie.

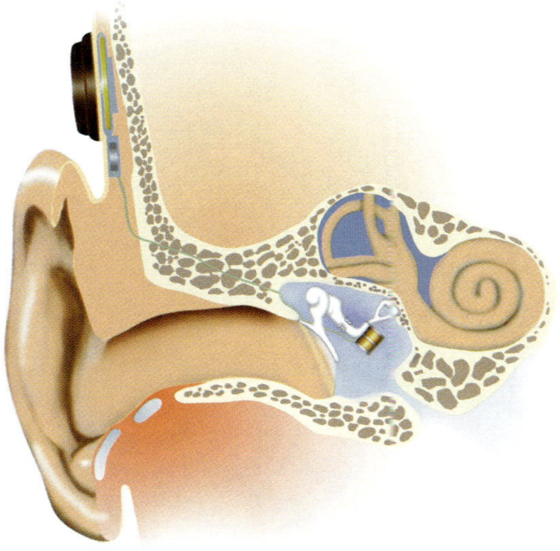

Fig. 31.9 – *L'implant d'oreille moyenne*

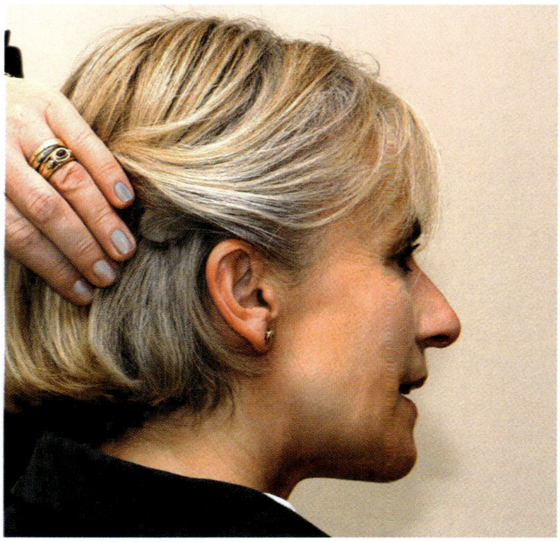

Fig. 31.10 – *L'implant d'oreille moyenne.* La partie externe masquée par les cheveux

L'implant de l'oreille moyenne pour surdité cochléaire

Ce type d'appareil comporte trois parties (Fig. 31.9) :

- l'une, un électroaimant, le *Floating Mass Transducer* (FMT), fixé par voie chirurgicale sur la branche descendante de l'enclume ;
- la deuxième, un récepteur, fixé à la mastoïde sous la peau ;
- la troisième (partie externe Audio Processeur), l'aide auditive proprement dite, maintenue en place par un aimant (Fig. 31.10).

Cet implant est destiné aux patients qui ont une *perte de perception* moyenne à sévère, ou une perte sur les aigus « en pente de ski ».

Mais les indications s'élargissent actuellement vers les surdités mixtes avec mise en place du FMT directement sur l'étrier ou sur la fenêtre ronde.

Ses indications « classiques » (surdités neurosensorielles) : patients adultes de plus de 18 ans en échec d'appareillage avec des prothèses auditives externes ou qui ne peuvent porter ces dernières pour des raisons médicales : obstacles anatomiques (par exemple malformation de l'oreille externe, atrésie du conduit…).

Le rôle d'une prothèse auditive habituelle est seulement d'*amplifier le son.* Avec l'implant de l'oreille moyenne, le son est capté par un microphone, amplifié et transmis directement à l'un des osselets (l'enclume) sur lequel est fixé un électroaimant, sans passer ni par l'oreille externe ni par les autres éléments de l'oreille moyenne.

Le conduit auditif externe est libéré, en supprimant les problèmes engendrés par l'embout d'une aide auditive habituelle. Les problèmes de larsen n'existent pratiquement pas. Les implants externes sont masqués par les cheveux.

Apporter une meilleure amplification à la cochlée par stimulation directe de la chaîne des osselets semble une bonne indication pour une presbyacousie avancée.

Les complications possibles sont celles de toute intervention chirurgicale mais aussi à court et moyen terme, l'infection, la panne matérielle… la nocivité sur l'oreille interne.

Depuis dix ans de nombreuses publications ont précisés les indications mais n'ont pas encore fait le point sur les résultats. Si les premiers résultats sont prometteurs, les risques à plus long terme ne sont pas vraiment connus.

L'implant de l'oreille interne ou implant cochléaire

Le rôle de l'implant cochléaire est de *transformer les sons en courant électrique* utilisable par le cerveau.

Ce type d'appareil est une *prothèse implantable* par *voie chirurgicale* dans la boîte crânienne. Il est destiné aux personnes qui ont une *surdité profonde* de perception et qui ne peuvent pas bénéficier d'une prothèse ou aide auditive habituelle.

Cet implant est toujours constitué de trois parties (Fig. 31.11) :

- un contour d'oreille muni d'un microphone et d'une antenne émettrice ;
- un boîtier externe chargé de traiter les informations sonores transmises par le microphone ;
- un récepteur placé sous la peau derrière le pavillon de l'oreille ; ce récepteur comporte une antenne et un porte-électrodes qui traverse l'os temporal jusque dans l'oreille interne.

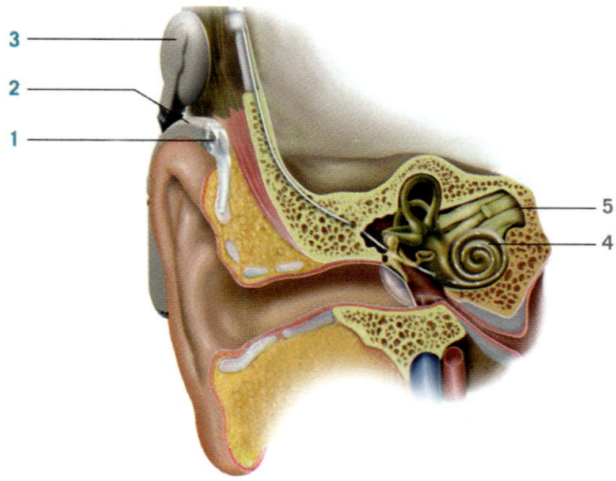

Fig. 31.11 – *Le principe de l'implant cochléaire*

1. Microphone
2. Processeur
3. Antenne
4. Porte-électrodes
5. Nerf auditif

Un implant cochléaire ne *restitue pas une audition normale.* Dans tous les cas, il faut une longue éducation et l'apprentissage d'un nouveau langage pour bénéficier au mieux de l'implant.

Certains résultats sont spectaculaires. Le patient sourd peut suivre une conversation dans 30 % des cas. Dans les autres cas, l'implant lui permet seulement de percevoir des sons sans une compréhension « véritable ». Il a alors une « fonction d'alerte » (sonnerie, bruit d'une voiture…).

Selon les règles de bonne pratique établies, l'implant de l'oreille interne est contre-indiqué : pour les patients non motivés – par exemple ceux qui utilisent déjà le langage des signes français (LSF), pour les patients avec un terrain psychologique fragile, pour les patients qui ont une anatomie de l'oreille non adaptée ou une infection locale.

Il est recommandé une vaccination contre le pneumocoque pour tous les candidats à l'implant de l'oreille interne.

Dans les centres qui pratiquent cette intervention, l'équipe comprend un médecin, un chirurgien, un phoniatre, un orthophoniste et un psychologue.

Malgré ses imperfections, l'implant cochléaire est la seule solution pour éviter à certains patients la surdité totale. Il donne de bons résultats chez l'enfant après l'acquisition du langage. Il est très rarement indiqué chez les personnes âgées.

Plus l'implantation est précoce (avant sept ou huit ans), meilleur est le résultat. À ce jour, la recommandation française est de ne pas réaliser d'implant cochléaire avant l'âge de deux ans.

➤ Complications possibles

Des complications peuvent apparaître : résultats imparfaits, acouphènes, vertiges, méningites… Elles sont rares et souvent surmontables. Une panne du matériel peut obliger à une nouvelle intervention chirurgicale.

Le suivi, les problèmes de contrôle du matériel, le changement des piles constituent des contraintes importantes. Il reste un problème majeur, essentiellement pour l'enfant : celui du changement de l'élément intracochléaire qui doit se faire au bout de 7 ans en moyenne. Combien de changements pourront être supportés par l'oreille ? Nous n'avons pas le recul suffisant pour le dire.

➤ Les dernières avancées techniques

Les progrès dans le domaine de l'aide auditive sont extrêmement rapides et si aujourd'hui, il s'agit plus d'aménagements utilisant toutes les possibilités que d'une révolution, il semble que l'adaptation des prothèses soit demain possible même pour les surdités les plus difficiles à compenser.

Il reste un dernier domaine qui doit être discuté, ce sont les embouts ailettes en silicone souples. Nous y reviendrons au prochain chapitre.

■ En quelques lignes ■

Il existe quatre types d'appareil : les contours d'oreille, les intras-conduits, les intras-conques et les intras-canaux. Les plus performants sont les plus gros et le contour d'oreille permet une utilisation optimale sauf pour ceux qui ne « veulent pas que ça se voit ».

Pour les contours d'oreille, seul l'embout est à faire sur mesure. Pour les autres ils sont plus ou moins dans le conduit et le moulage de ce dernier doit donner la place à tout l'appareil.

Les contours d'oreilles sont déjà très miniaturisés et permettent de répondre à la quasi-totalité des besoins. Cachés dans le sillon rétro-auriculaire, ils sont visibles du fait du tube plastique qui les relie à l'embout. Les batteries sont volumineuses et durent longtemps. L'intra-canal est le plus petit de tous, caché entièrement dans le conduit, il se retire grâce au fil de nylon qui dépasse du méat. Les piles sont minuscules et durent peu. Il est très bien accepté esthétiquement. L'intra-conduit est un peu plus gros mais reste discret et l'intra-conque visible permet presque de mettre autant de composants que dans le contour.

Certaines prothèses permettent d'appareiller des cas particuliers. Si le conduit est inapproprié, une prothèse à ancrage mastoïdien offre une alternative très intéressante (BAHA). Les indications sont limitées. Il faut une intervention pour la placer la première fois. L'implant d'oreille moyenne voit ses indications encore plus limitées. Un électro-aimant placé sur l'enclume ébranle l'oreille sous l'impulsion d'un processeur audio qui comporte micro et amplificateur et transmet ses informations par un fil glissé dans l'oreille moyenne.

Quant aux implants cochléaires, ils permettent aux patients présentant une surdité presque totale d'avoir une audition qui bien qu'imparfaite permet d'améliorer sensiblement la communication au prix d'un très gros travail. Poser un implant consiste à introduire à l'aide d'une électrode un courant électrique destiné à stimuler les cellules et le nerf cochléaire à sa naissance. Malgré ses imperfections et ses risques, l'implant cochléaire est la seule solution pour éviter à certains patients la surdité totale. Il donne d'assez bons résultats chez l'enfant après l'acquisition du langage. Il est très rarement indiqué chez les personnes âgées.

Pour approfondir

Baker MJ. Argumentation et co-construction des connaissances. *Interaction et Cognitions*, 1996, vol. 1, n° 2/3 : 157-191.

Bizaguet E, Veit P. Les avancées en prothèse auditive. *Réadaptation*, 1994, *414* : 21-23.

Catalogues des audioprothésistes sur le net.

Jamet E. L'apport des technologies de l'information et de la communication dans les documents techniques. *Psychologie française*, 2002, *47* (1) : 33-40.

Mayer RE. *Multimedia learning.* Cambridge, Cambridge University Press, 2001.

Morgon A *et al. Suppléance instrumentale de la surdité : les aides auditives.* Rapport édité par la Société française d'oto-rhino-laryngologie et de pathologie cervico-faciale, Arnette, Paris, 1998.

Ricketts T. Impact of noise source configuration on directional hearing aid benefit and performance. *Ear Hear.*, 2000, *21* (3) : 194-205.

Chapitre 32

L'adaptation des aides auditives

« L'oreille ne s'use plus si l'on s'en sert. »

Une adaptation de qualité

Au début, le presbyacousique est inconscient de son état et n'imagine même pas qu'il entend mal. Plus tard, gêné, il a essayé dans de mauvaises conditions une aide auditive, mais il refusera pendant très longtemps d'entendre grâce à des « engins pareils ». En France « *on préfère attendre qu'entendre* ».

Quand la situation est devenue invivable, qu'on est malheureux et grognon, il est souvent trop tard pour remédier au mal, les aides auditives n'étant à ce moment ni supportées, ni efficaces, faute de cellules nerveuses pour traiter les informations reçues.

Parfois, malgré le retard, les résultats de l'appareillage sont acceptables, mais très loin de ce qu'ils auraient pu être si la prothèse avait été proposée à temps. Le presbyacousique se plaindra encore et toujours de son sort. Notons cependant qu'aujourd'hui de trop rares personnes, ayant pris conscience de la nécessité d'un appareillage précoce, envisagent cette solution de façon plus sereine. Malgré tout, il reste encore beaucoup à faire dans ce domaine.

Il faut donc rappeler qu'une aide auditive devrait être portée dès les premiers symptômes de baisse de l'audition. Pour cela, il faut un certain degré d'éducation concernant l'audition et son vieillissement. Il faut également que toute la chaîne des professionnels de l'audition ne commette pas d'erreur. Il faut transformer le slogan en « ne jamais attendre pour entendre ».

Les lois du bon appareillage

Voici quelques principes qui nous semblent de bon sens mais qui demandent encore à être répétés.

Première règle fondamentale : appareiller très tôt

Contrairement aux idées reçues et qui datent de l'époque héroïque où les premières aides auditives répondaient bien mal aux besoins des presbyacousiques, il faut appareiller tôt pour de nombreuses raisons :

- non seulement la fonction crée l'organe mais elle l'entretient ; si les cellules nerveuses, dépendantes des cellules ciliées qui sont en voie de disparition, ne sont pas sollicitées, elles vont dégénérer et finir par mourir quelques mois après celles-ci ; mortes, rien ne pourra plus les remettre en service ; il ne faut donc jamais leur donner l'occasion d'être inactives, même temporairement ;
- lors du vieillissement la partie du cerveau dédiée aux oreilles doit s'adapter à ce qui reste d'audition ; pour cela, il faut du temps et l'adaptation sera bien meilleure si elle se fait progressivement, par petits paliers ; l'âge venant, le temps manque et la reconstruction d'une nouvelle audition devient de plus en plus difficile ; en effet, la presbyacousie s'accompagne alors d'un vieillissement de tout le système nerveux, et pour un même résultat le sujet devra travailler plus avec moins de moyens ;
- ainsi, plus on aura la volonté de s'adapter en douceur à l'appareillage, plus le travail se fera progressivement et meilleur en sera le bénéfice ; on conseillera, lorsque l'appareillage n'est pas une nécessité permanente absolue « le port à doses croissantes » : quelques minutes, puis quelques heures, puis quelques jours, sur quelques années ; d'autres préféreront s'y habituer d'emblée ; tout doit être personnalisé, propre à chaque cas ;
- en l'état actuel de nos connaissances, le meilleur moyen de retarder le vieillissement, c'est de l'empêcher de se produire en ne donnant aucun répit à notre biologie ; l'inaction pour une personne âgée, c'est le début de la mort ; regardez, au contraire, ces grands-mères de 70 ans qui, parce que les parents en sont empêchés, doivent élever de jeunes enfants ; rien ne les fait plus vieillir ; accepter de se mettre au repos, c'est jouer perdant et contre soi ;

- une personne âgée qui se couche ne se relève plus ; c'est exactement la même chose pour les oreilles et il ne faut pas attendre des années pour remettre au travail les cellules vieillissantes.

Deuxième règle fondamentale : appareiller des deux côtés

Il est incompréhensible que l'on en soit encore à se demander s'il faut un ou deux appareils ! Cette absurdité a eu des conséquences délétères.

Le monocle n'a jamais été propice à la vision. Il semble que les ophtalmologistes aient compris plus tôt que les pouvoirs publics et certains membres du corps médical que la bilatéralité n'avait rien du gadget pour riche mais qu'elle est indispensable à un fonctionnement sensoriel normal.

Vouloir entendre sans la localisation des sons est réellement une absurdité. C'est construire une audition sur un demi-cerveau là où tout doit être redondant et où la possibilité d'apprécier les différences fait toute la distinction entre celui qui comprend et celui qui ne fait qu'entendre.

C'est le fait que les deux oreilles véhiculent le même message avec d'infimes différences qu'elles savent parfaitement utiliser, qui permet de comprendre dans presque toutes les circonstances de la vie.

Mettre un presbyacousique en monophonie, alors qu'il aurait déjà le plus grand mal à compenser avec deux oreilles, crée un handicap supplémentaire. Toute la physiologie que nous avons étudiée, nous fait comprendre l'importance d'avoir deux yeux, deux mains, deux pieds et *deux oreilles.* Appareiller d'un seul côté, quand il est possible de tenter une correction bilatérale, est une *faute grave et inadmissible* médicalement.

Troisième règle : ne pas rebuter le presbyacousique

Décourager une personne âgée qui fait l'effort de tenter quelque chose pour ralentir et compenser son handicap débutant, serait criminel. Or, les raisons d'en arriver là sont nombreuses.

À tous les stades de la mise en place de l'appareillage, l'audioprothésiste, l'entourage médical et familial doivent apporter leur soutien.

C'est dire qu'il est indispensable de ne plus :

- brusquer l'achat ;
- imposer des règles trop strictes ;
- exiger d'emblée un port permanent ;
- oublier le suivi adaptatif ;
- être pressé.

Mais au contraire :

- écouter les moindres doléances ;
- se réjouir des plus infimes progrès ;
- supporter avec le presbyacousique les difficultés de la mise en place ;
- être patient.

Une dernière raison de ne pas l'accabler, c'est que la personne âgée n'a pas le choix de la thérapeutique et qu'il n'y a actuellement, et pour encore un certain temps, pas d'autres possibilités que cet appareillage bilatéral, précoce et *bien adapté.*

Quatrième règle : l'adaptation doit être minutieuse

Cette adaptation réclame deux conditions :

- d'abord que les aides auditives soient faites « sur mesure » pour chaque oreille ; ne pas se contenter, lors d'un premier essai, du préréglage d'usine avec un embout tétine ou une canule ;
- ensuite que le sujet apprenne à s'adapter aux aides auditives et les règle au mieux selon sa propre audition.

Tout l'avenir en dépend. Une adaptation en deçà des besoins mais non gênante est préférable à une bonne adaptation mal supportée.

Ainsi on comprend mieux que les critiques faites aux aides auditives bien prescrites soient, à notre avis, souvent mal fondées. En réalité, le patient se plaindra plus d'un manque d'habitude à porter ou à utiliser ses appareils que d'un défaut dans la conception ou l'adaptation de ces derniers. On touche là les imperfections qui existent dans tout système de suppléance. À nous de les connaître et de les rendre supportables au mieux.

Pour toutes les raisons susdites, devant une contre-indication, beaucoup étant transitoires, mieux vaut différer la mise en place de l'appareillage en attendant que la situation se clarifie.

Certaines contre-indications peuvent être revues avec l'ORL, c'est le cas par exemple des ostéomes du conduit qui peuvent être traités avant la mise en place de l'appareil, s'ils constituent un obstacle à une prise d'empreinte correcte.

Cinquième règle : l'adaptation permanente au progrès et à la presbyacousie

Dans un système où tout bouge, où rien ne peut être définitif, la recherche de la perfection est illusoire. Une presbyacousie débute en moyenne vers 60 ans (en fait c'est très variable) et le presbyacousique devra changer tous les cinq ans, ses deux aides auditives. Ce qui lui fera changer cinq à six fois ses deux appareils, s'il doit vivre jusqu'à 100 ans. Durant ces années d'évolution il y aura de grands changements non seulement dans son audition mais également dans les prothèses qu'il portera. Tandis que l'audition se détériorera, les aides auditives s'amélioreront. Le presbyacousique devra s'adapter en permanence et c'est à nous de lui en donner l'envie et de lui apprendre comment vivre ce handicap.

L'adaptation à une aide auditive est évolutive :

- à court terme, pour la rendre appropriée aux lieux calmes, aux milieux bruyants, aux salles de réunions, aux spectacles, aux conversations à plusieurs, à la musique… ;
- à moyen terme, si l'on peut donner très progressivement au sujet la capacité d'ajuster lui-même les sons sortants, à ses nouveaux besoins ;
- à long terme, lors des changements, il faudra être très prudent avant de faire essayer une nouvelle technologie et donner le temps nécessaire à l'adaptation en fonction des changements d'acquis que ce nouvel appareillage réclamera.

Bref, c'est la paix dans la tête du presbyacousique qu'il faut chercher et non une perfection qu'il est, dans l'état actuel des choses, illusoire de lui faire espérer.

■ Sixième et dernière règle : c'est le presbyacousique qui sait

Et, il est le seul à savoir. Car personne ne peut se mettre à sa place. Vouloir comparer son audition à la nôtre et faire pour lui comme pour nous est une absurdité. C'est également la raison pour laquelle, ces publicités qui vantent les nouvelles prothèses en prétendant qu'elles rendent une audition normale à ceux qui les portent, nous semblent mensongères et dangereuses ! Nous ne sommes pas capables de remplacer une oreille ou un cerveau défaillant. Il est malhonnête de le faire croire. Ce sont de telles pratiques qui rendent sceptiques les malentendants et font régner un climat de doute sur le travail que nous faisons.

Il nous semble qu'il y aurait un énorme progrès, dont on ne soupçonne sans doute pas le retentissement, si l'on pouvait admettre que nous sommes incapables de régler la prothèse d'un autre. C'est au presbyacousique de chercher, grâce à des logiciels, ce qui lui paraît le meilleur pour sa vie courante et de lui permettre d'accéder au maximum de paramètres de réglage. Il restera malgré cela beaucoup de travail pour l'audioprothésiste car le presbyacousique aura besoin d'apprendre à se servir des outils que l'on mettra à sa disposition afin d'ajuster le réglage des aides auditives à ses besoins.

Que ce soit difficile, nous n'en disconvenons pas mais que ce soit impossible est tout à fait inexact. Les personnes âgées s'adaptent à beaucoup de situations à condition de leur en laisser le temps et de les accompagner comme nous-même avons été accompagnés à l'école. Combien d'entre nous étaient « nuls en maths » jusqu'au jour où un professeur leur a permis de les comprendre. Il faudrait que la personne âgée (pas trop âgée puisque nous préconisons qu'elle ait moins de 70 ans) dise que, grâce à son audioprothésiste, *elle a compris comment régler son appareil* et non qu'il lui a bien réglé. Ce serait tout bénéfice pour le résultat, si l'on veut bien se souvenir de l'évolutivité des choses et du besoin constant de nouveaux réglages. Régler une prothèse tous les cinq ans, revient rapidement à se contenter du préréglage d'usine !

La mise en place : en pratique

Il y aura donc trois périodes : avant, pendant et après la mise en place.

➤ Avant la mise en place : convaincre doucement

Ce devrait être le rôle de la famille, de son médecin, de l'ORL et/ou du gériatre mais, en pratique, peu de personnes vont s'en soucier, d'autant que la « victime » fait semblant d'ignorer ses difficultés le plus longtemps possible.

Les Français, le presbyacousique, la famille du presbyacousique, le médecin de famille et les professionnels de l'audition ont tous une responsabilité qu'ils sous-estiment dans le résultat de l'appareillage. Il y a un grand besoin de formation et d'éducation de la société en ce qui concerne l'audition et tout particulièrement son vieillissement.

On doit accepter cette évolution vers la presbyacousie afin de la vivre et de la traiter comme une chose normale et naturelle. Ainsi la famille ou l'entourage ne seront plus un obstacle à un appareillage précoce.

La mise en place des deux aides auditives : un temps délicat et minutieux

L'approche de l'audioprothésiste

Le presbyacousique est maintenant devant l'audioprothésiste qui doit tout mettre en œuvre pour dédramatiser la situation. On se rend compte combien ce premier contact est important. Il est même très utile que les conditions d'accueil (collaborateurs, salle d'attente, etc.) mettent d'emblée l'intéressé en confiance et lui procurent les moyens de communication que sont brochures, petits films et autres prospectus, bornes interactives…

La prescription : ses conséquences

Vu par l'audioprothésiste la prescription classique relève du médecin traitant ou plus souvent de l'ORL.

Il peut s'agir d'une première consultation ou d'un renouvellement. Mais il n'est pas rare qu'une personne vienne attirée par un message publicitaire ou recommandée par un ami.

C'est la confrontation entre l'avis de l'audioprothésiste et la prescription médicale qui doit permettre d'aboutir au meilleur consensus.

On ne devrait plus voir de prescription de prothèse unilatérale. Nous affirmons qu'en dehors de cas bien spéciaux (une seule oreille touchée, une contre-indication définitive sur une oreille, l'impossibilité d'appareiller une oreille, le refus « éclairé » du patient…), *il faut deux appareils* pour entendre correctement. Il est impensable d'attendre un bon résultat d'un appareillage unilatéral.

Bien plus, compte tenu de l'évolution de la presbyacousie, si malheureusement on commence à n'appareiller qu'une seule oreille, lorsqu on reconnaîtra enfin qu'il est indispensable d'équiper les deux, tout le travail fait avec le premier appareillage sera à recommencer avec le second.

On va s'assurer qu'il n'y a pas de contre-indications car elles posent de nombreux problèmes. Il est toujours préférable qu'elles soient dépistées par l'examen du praticien et signalées dans la prescription. Cette dernière sera nécessaire pour monter le dossier de remboursement. Cette prescription et l'audiogramme qui l'accompagne sont les premiers pas vers une bonne approche du patient.

Malgré cela, il est intéressant pour l'audioprothésiste de pratiquer un audiogramme pré-prothétique. C'est un *test* pour dépister les surdités fluctuantes et diminuer les risques d'erreur dus à la subjectivité de ce type d'examen. L'audioprothésiste ajoute souvent des tests particuliers comme la recherche du seuil de tolérance par exemple. Et c'est encore un *moment privilégié* pour améliorer la relation avec le patient.

Il est facile alors de comprendre que l'audioprothésiste se doit dans un premier temps d'examiner attentivement les conduits auditifs externes. On appréciera leur forme, la présence d'un rétrécissement ou, comme le signale l'ORL, les séquelles d'une intervention. Ce bilan permet une première orientation et débouche sur une question : faut-il et pourra-t-on utiliser un intra-auriculaire ?

Voyons tout d'abord la conduite à tenir lorsque la ou les complications sont surmontables ou transitoires. Elles sont essentiellement liées à la forme du conduit ou à la présence d'un écoulement ou tout simplement d'un bouchon de cérumen :

- si le conduit auditif externe est trop déformé, voire fermé (malformation congénitale, chirurgie par voie endaurale, sténose évolutive, ostéomes…), et si ces contre-indications sont transitoires, il faudra surseoir à l'appareillage ;
- si un embout de contour d'oreille n'est pas envisageable, on devra utiliser une prothèse à implantation mastoïdienne (prothèse BAHA, utilisant la conduction osseuse et court-circuitant l'oreille moyenne, ou un vibrateur utilisant la conduction osseuse avec lunettes ou boîtier).

Insistons pour dire que ce type de prothèses est une solution de dernier recours. Les conduits auditifs plus ou moins détruits lors d'une intervention pour otite chronique, la bonne réserve cochléaire des surdités de transmission permettent très souvent des appareillages en conduction aérienne excellents quand la presbyacousie n'est pas installée.

Deux situations se rencontrent essentiellement selon que les difficultés sont :

- modérées, s'il s'agit d'une technique fermée aux dégâts minimes ;
- importantes, après chirurgie ouverte avec ou sans constitution d'une petite caisse ; les possibilités d'adaptation de l'appareillage sont délicates et l'on devra « inventer un embout » dont la forme risque d'être assez bizarre.

L'analyse de l'audiogramme

La courbe classique du presbyacousique est facilement repérable au premier coup d'œil. Il peut se faire que cette courbe de base soit majorée par une autre affection (d'où l'intérêt de la prescription et de l'avis de l'ORL) ou bien que la presbyacousie débutante ne soit pas facile à apprécier. Ce dernier cas, que nous aimerions voir très régulièrement, est malheureusement rare en France.

En plus de sa nécessité technique, refaire l'audiogramme nous donne aussi l'occasion d'avoir un contact avec le patient. Il permet d'expliquer une deuxième fois où se situent les éléments auditifs perdus et leurs conséquences. Nous avons besoin des seuils aériens et osseux, bien que les fabricants ne tiennent pas toujours compte du Rinne pour les calculs de préréglage. Plus le Rinne est important, plus l'écouteur devra être puissant. Nous précisons également dans notre étude de l'audition, les limites d'inconfort du patient car leur connaissance est indispensable au réglage de l'appareil. Pour recueillir les seuils, nous préférons la méthode descendante qui est plus rapide et donne le temps de refaire la vocale avec les listes de Lafon plutôt que celles de Fournier. Nous savons que cette méthode descendante est un peu moins précise que la méthode montante mais elle fait gagner du temps et nous en avons l'expérience.

Les chiffres sont entrés dans le logiciel dont dispose maintenant chaque audioprothésiste. Nous utilisons les critères du BIAP (Bureau International d'AudioPhonologie) et nous sommes très attentifs à la gêne sociale que le patient exprime.

Nous avons, à la fin de ce premier contact, une idée de la valeur moyenne de la surdité présentée. Ce premier audiogramme est fait avec le casque, tous nos examens seront faits ensuite en champ libre. Notre principe de base est de ne pas saturer le patient et de ne pas éveiller en lui des interrogations auxquelles nous aurions du mal à répondre dans l'immédiat. Les audiologistes américains poussent les tests beaucoup plus avant, nous ne pensons pas que ce soit nécessaire.

■ L'analyse de la personnalité du patient

Il faut tenter de cerner la personnalité du patient. Dans le contexte actuel de notre culture et compte tenu du handicap qu'il faut essayer de compenser, cette approche de chaque presbyacousique qui vient pour acquérir des aides auditives, revêt une importance capitale. C'est, en effet, à notre avis, l'étape déterminante dans le résultat de l'appareillage et la qualité de la compensation. C'est un long travail dans lequel la moindre faute risque de tout compromettre. La perspective d'un possible résultat médiocre ou la prise de conscience qu'on est victime d'un « faux espoir » est aussi néfaste, dans un cas comme dans l'autre.

Cette analyse s'intéresse aux éléments suivants :

L'âge : il est important car, plus on est jeune, plus on a de chance d'avoir une bonne adaptation aux aides auditives. Quand nous parlons d'âge, nous entendons âge physiologique, car c'est ce qui importe.

La vision : la malvision rend la manipulation et le nettoyage des appareils difficiles et, plus grave encore, le presbyacousique ne pourra plus s'aider de la lecture labiale.

L'habileté manuelle : que sa diminution soit d'origine neurologique ou rhumatismale, elle rend l'installation de l'aide dans l'oreille plus ou moins délicate.

La motivation : elle est finalement ce qui compte le plus car au-dessus de toutes les théories, puisque nous sommes dans l'incapacité de prévoir le résultat final, il est indispensable que cet appareillage soit « désiré », que sa mise en place soit acceptée et que son adaptation soit bien supportée. Il est de notre devoir de ne pas gâcher les bonnes volontés, de donner des réponses concrètes et de rester très disponible. Ce, d'autant que nous n'avons aucune idée précise et scientifique des réactions d'un sujet face à notre expérience des appareillages. Notre comportement est souvent basé sur des impressions tout à fait subjectives qui, à l'usage, nous semblent plus fiables que les données scientifiques que fournissent l'audiogramme ou le logiciel ! Nous ne sommes sûrs que d'une chose : un presbyacousique qui veut trouver une solution est bien plus prêt du but qu'un patient qui attend tout de ses prothèses.

Le problème esthétique, partie intégrante de la motivation, mérite une attention particulière. S'il existait des prothèses invisibles pour appareiller, beaucoup plus de presbyacousiques seraient candidats. Tout appareil est ressenti un peu comme une modification de l'aspect de la face mais surtout comme l'affichage d'un handicap. L'individu sort de son image corporelle habituelle et cela lui est difficile à supporter. Un sujet relativement jeune se sent propulsé dans le troisième âge et les personnes beaucoup plus âgées croient perdre leur dignité, montrer leur dépendance et devenir infirmes au regard de l'entourage. C'est la raison pour laquelle il est préférable de proposer l'aide la plus discrète possible dès le début et faire rapidement ressentir les bénéfices à mieux entendre pour convaincre de regarder la réalité en face. Ensuite, le problème esthétique devient plus facilement secondaire. Mais contrairement aux lunettes, la prothèse auditive n'est pas prête à devenir une coquetterie.

Il faut également mettre l'accent sur l'importance du suivi de l'adaptation de l'oreille à l'appareillage. Il peut être long mais finalement toujours très fructueux. Il ne faut pas hésiter à faire appel à l'orthophonie ou autres aides que peut procurer l'entourage au sens large du terme.

Le choix du matériel, le choix de la marque

Nous en avons dit quelques mots en abordant le problème de l'esthétique mais il reste à faire des choix qui, tout en conciliant les désirs du patient, correspondent à ses besoins. Le presbyacousique est le seul à les connaître.

Le choix des micros et des écouteurs est aujourd'hui imposé par le fabricant.

Pour un même type, les appareils aujourd'hui sont tous assez voisins, présentant chacun des avantages et des inconvénients. L'expérience nous amène à proposer des appareils en fonction de telle ou telle raison

Lors d'un premier appareillage, il convient surtout de ne pas brusquer le patient par un choix perfectionniste qui risque d'entraîner un rejet.

Lors d'un renouvellement, il faut certes faire bénéficier le patient des progrès du matériel mais en tenant compte des anciens appareils auxquels il était habitué et qui lui donnaient de « bonnes sensations », sensations qui risquent de disparaître avec les nouveaux matériels.

De nombreux logiciels permettent un calcul automatique du gain, de la pente, du niveau de sortie, de la compression, à partir de l'audiométrie. Les appareils modernes offrent une grande latitude de réglages dont il faudrait faire profiter le patient en lui donnant un logiciel et en lui apprenant à s'en servir selon ses propres sensations. Ce n'est pas encore possible aujourd'hui mais à notre avis, c'est l'avenir.

L'écrêtage, le seuil d'enclenchement de la compression, les facteurs de compression, les temps de retour seront aussi méticuleusement ajustés.

Les appareils multicanaux ainsi que la multidirectivité des microphones et les multiprogrammes ont permis de proposer de nombreuses solutions aux problèmes des malentendants. Mais ces progrès nous amènent à des réglages dont nous ne pouvons pas prédire l'impact car il s'agit de réactions en chaîne qui sont calculées en théorie à partir d'une moyenne. Ils sont donc toujours très difficilement transposables à un individu donné.

Pour les contours numériques, on peut faire appel à des modèles à un, deux ou trois micros.

Avec un micro, il n'est pas possible de faire varier la captation des sons. Avec trois micros on peut installer un mode semi-directionnel, directionnel ou très directionnel. De plus ces appareils disposent de plusieurs mémoires et on peut adapter chaque mode différent sur un programme différent. Plus la directivité est importante, meilleure est la compréhension dans le bruit. En plus, il est possible de faire des réglages avec des compressions différentes et des adaptations à la musique, aux milieux bruyants, etc. Toutes ces sophistications ont leurs conséquences sur les prix.

L'embout ou le moulage

La prise d'empreinte est un élément déterminant pour le bon fonctionnement des aides auditives. Ce temps réclame délicatesse et prudence. On peut utiliser une simple seringue avec un mélange 50/50 et une souplesse de pâte plus ou moins importante (30 ou 40 *shores* déterminent le degré d'élasticité, de souplesse) ou bien se servir d'un pistolet mélangeur qui injecte la pâte de manière plus continue.

Auparavant, l'examen otoscopique a vérifié une dernière fois que le conduit auditif externe était bien libre. Il a permis de glisser une protection, le plus prêt possible du tympan.

Il s'agit d'injecter dans le conduit auditif externe, un mélange qui se moule sur les parois et durcit en se polymérisant. On réalise ainsi l'empreinte. Le mélange utilisé est un mélange primaire/durcisseur 50/50. L'injection peut se faire :

- soit avec une seringue qui permet de varier la composition du mélange ;
- soit avec un pistolet mélangeur avec lequel le mélange est toujours le même mais l'injection est alors continue et homogène.

L'injection à la seringue est plus délicate mais elle présente des avantages.

À partir de cette empreinte, le fabricant réalise la coque définitive pour les *intras* et l'embout pour les contours d'oreilles.

La matière de l'embout et sa forme ont une importance dans sa tolérance par le conduit auditif et dans les caractéristiques acoustiques perçues par le presbyacousique.

Les embouts durs ont une durée de vie importante et sont faciles à meuler. On peut modifier leur forme si besoin, augmenter l'évent facilement et poser facilement un vernis pour vitrification (matériel nécessaire : un four à UV, un pinceau et du vernis). Ces embouts offrent une étanchéité correcte.

Les embouts mi-durs mi-souples, souples, voire très souples sont à envisager préférentiellement pour les surdités sévères ou profondes. Plus l'embout est souple et meilleure est l'étanchéité. Mais attention aux brûlures du conduit auditif externe.

Les embouts souples s'imposent dans les surdités profondes.

Il faut savoir que la matière dans laquelle l'embout est fabriqué conditionne sa durée de vie : les embouts mous s'altèrent plus rapidement.

Nous pouvons disposer d'une dizaine de formes depuis : la coquille qui prend toute la conque, la demi-conque dont la canule ne sort presque pas du conduit, la canule avec un épaulement, la canule avec une patte de fixation vers le haut et le bas en forme de pince de crabe, jusqu'à l'embout squelettique en forme de coquille creusée en son milieu…

Plus la surdité est importante, plus il faut s'orienter vers des embouts étanches, types conques ou demi-conques. Des évents de décompression peuvent être utiles dans la mesure où le larsen n'apparaît pas.

La matière aussi varie : les silicones offrent une très bonne étanchéité mais font craindre des brûlures. De plus ces derniers sont difficiles à meuler.

L'embout provoque souvent des problèmes d'intolérance cutanée.

Le traitement de vitrification offre une bonne réponse à ces derniers, mais on ne peut pas le pratiquer sur les embouts souples. Il peut se faire sur des embouts en *acryl* dur ou sur des coques UV, pour les *intras*. Il est impossible de faire tenir ce traitement de surface sur des embouts souples ou sur les coques d'*intra* en céramique.

Pour les allergies, les embouts souples offrent une alternative intéressante mais il faut tenir compte du degré de la surdité car proposer un embout trop étanche génère une autophonie importante. Il semble que pour les *intras*, la céramique ou le nylon donnent une réponse à ce type de problème. Aujourd'hui différents matériaux sont proposés, citons : l'or, la céramique…

Il est parfois difficile de reconnaître la nature allergique ou non d'une réaction cutanée et il est des cas où le conduit ne supporte rien. C'est alors qu'un embout de type « *Iros* » (tube) peut être utilisé. Il est mis à l'extérieur du conduit dans la conque et maintiendra la sortie du son au méat.

Parfois ce type d'embout est responsable d'un larsen. Pour l'éviter on peut placer le microphone en CROOS volant sur l'autre oreille, le microphone à main ou le microphone branché sur un sabot posant des problèmes identiques.

Nota : très récemment de nouveaux embouts ouverts (embouts ailettes en silicone souple) sont maintenant fournis avec les appareils et ne nécessitent plus la prise d'empreinte. C'est un énorme progrès pour le confort des patients. Mais leur petitesse (diamètre d'ouverture 1 mm) font qu'ils ont tendance à s'obstruer facilement avec le cérumen et souvent nous préférons équiper nos aides auditives d'un embout sur mesure. Cependant, ces embouts peuvent permettre une acclimatation rapide à avoir quelque chose dans l'oreille… Il faudra donc que le temps vienne confirmer les avantages et surtout pallier les inconvénients.

L'évent

Il s'agit d'un petit canal percé dans l'embout ou dans l'*intra*. Il diminue l'impression d'oreille pleine et/ou d'autophonie et améliore sensiblement le confort.

Il peut être remplacé par une valve (réducteur d'évent) ou occuper totalement l'embout qui est creux. Le reste d'audition naturelle récupère alors directement les sons. En effet, si l'embout est parfaitement étanche et donc bien adapté, il crée une sensation de surpression sur le tympan qui entraîne une résonance désagréable.

La présence d'un évent modifie l'enveloppe tonale des sons en augmentant l'importance des sons graves. Plus l'évent est important, moins les sons graves amplifiés seront présents. Quand l'embout est totalement ouvert, il ne sert qu'à conduire et à maintenir l'amplification des aigus dans le conduit auditif externe. Ce système permet de supprimer l'amplification des graves si l'oreille ne présente qu'une perte sur les aigus.

Mais dans la pratique, l'audioprothésiste ne peut pas augmenter indéfiniment le diamètre de l'évent car un larsen risque d'apparaître. Il doit composer entre le trop large avec larsen et le trop étroit qui est inconfortable.

Enfin les contraintes de fabrication limitent elles aussi la taille de l'évent.

Si nous tentons d'obtenir les évents les plus larges possibles, c'est pour répondre à la bonne conservation des graves dans les bilans audiométriques des presbyacousiques et parce qu'il est toujours préférable de conserver le plus possible l'audition naturelle du patient.

La compression

La compression, c'est-à-dire l'AGC (*Automatic Gain Control*), existe sous deux formes différentes : l'AGC I (*Input*) et l'AGC O (*Output*). On contrôle, en effet, le gain de deux façons : soit en modifiant le potentiomètre, soit en augmentant la compression. On augmente la compression en s'opposant au signal d'entrée ou de sortie par un signal identique en opposition de phase. Il existe des logiciels pour agir sur ces deux moyens de contrôle.

Selon la méthode de préréglage utilisée (Nal, Pogo, Berger, etc.) la compression ne s'enclenche pas au même moment. On peut comprimer tôt et donc obtenir une dynamique importante ou comprimer plus tard et réduire alors cette dynamique. La dynamique est la capacité de faire varier l'amplification entre les sons faibles et les sons forts.

Les appareils mono-canaux permettaient d'agir sur les niveaux d'entrée faibles (à 40 dB), les niveaux moyens (à 60 dB) et les niveaux forts (à 90 dB), mais sur une seule bande de fréquence de 125 à 8 000 Hz. Aujourd'hui les appareils numériques utilisent plusieurs canaux (2, 4, 6, 8, jusqu'à 32). Il est possible d'activer des compressions sur plusieurs bandes de fréquences.

Le rôle d'une compression n'est pas uniquement de contrôler le gain. Il est aussi possible d'agir sur le temps d'attaque et le temps de retour (transitoires). Certains appareils permettent de jouer sur ces deux facteurs à la fois (compression duale ou syllabique pour l'attaque) et (50, 200, 500 ms pour le retour). L'utilisation de ces paramètres est intéressante en présence d'un recrutement (zone d'audition réduite entre seuil et inconfort).

Le facteur de compression varie de 1 (compression linéaire) à 3 voire 4 (compression curvilinéaire), suivant les fabricants. Il s'agit du coefficient directeur de la droite représentant la compression.

Dans le cas d'un renouvellement de prothèses analogiques, il faut être vigilant pour ne pas trop ou pas du tout comprimer le signal car le malentendant n'a pas cette habitude sonore. Même si l'on augmente le gain, la sensation est totalement différente. Le presbyacousique se plaint de « sons sourds » ou étouffés.

Lors des premiers équipements, la question est de savoir s'il faut comprimer un peu ou beaucoup. Cette réponse dépend des habitudes de chacun. Certains pensent qu'il faut habituer le malentendant à une dynamique importante avec un gain faible, d'autres estiment qu'il faut comprimer tard et mettre un gain moyen. La réponse est donnée, à notre avis, par le patient lui-même.

Pour qu'il puisse choisir, il faut proposer plusieurs réglages au malentendant et noter ses réactions immédiates ou différées. En fonction des résultats on modifiera la compression en :

- adaptant les facteurs de compression (seuil d'enclenchement, coefficient directeur) ;
- ajustant les temps d'attaque ou de retour.

Ceci doit améliorer le confort, faire qu'il y ait moins de bruit dans la rue, que les sons faibles ne paraissent pas trop importants, etc.

La plupart des logiciels permettent de poser des questions au malentendant et orientent vers des solutions de réglage. Mais il devient parfois difficile de maîtriser l'ensemble des corrections apportées. C'est la raison pour laquelle les fabricants développent de plus en plus d'aides automatiques aux réglages. Il faut rester prudent dans leur utilisation.

L'écrêtage en fonction de l'audiogramme

L'écrêtage ou PL (*pic liping*) ou bien transformation en un signal carré doit être mis en place systématiquement afin de protéger l'oreille. Il s'agit d'un « *air bag* » qui se déclenche en cas d'accident sonore dangereux.

L'audioprothésiste se pose deux questions :

1. faut-il limiter le niveau de sortie de tous les appareils ? ; les écoles diffèrent et, pour notre part, il semble indispensable de protéger le malentendant des agressions urbaines amplifiées par ses appareils même au prix d'une détérioration du son ;
2. faut-il se baser sur le seuil d'inconfort ou sur l'apparition de douleurs ? ; nous préférons le seuil d'inconfort car pour ce niveau, le patient nous prévient à temps.

Les prothèses multi-canaux

Les appareils multi-canaux permettent d'avoir des compressions sur chaque canal ce qui offre une grande souplesse de réglage.

Remarquons tout de suite que la certitude d'avoir adapté le bon appareil à la bonne personne est totalement subjective.

La plupart des appareils vendus sont numériques donc la question de l'analogique se pose de moins en moins mais il faut être vigilant pour ne pas tomber dans l'excès, ne pas croire, non plus, que « qui peut le plus peut le moins ». Pour notre part, l'adaptation consiste à trouver le meilleur compromis entre le produit, le prix et l'efficacité (c'est-à-dire l'avis du patient).

Les accessoires de l'aide auditive

Ils varient selon le type de matériel : pour les contours d'oreille, il est possible d'adapter, si besoin, un système de micro à main relié à un sabot sous l'appareil ou un système HF (haute fréquence) avec un récepteur. Cela permet une grande directivité de la captation lorsque l'on est confronté à un problème d'intelligibilité dans le bruit. Pour les conférences (amphithéâtres), ce système donne une bonne compréhension. Les microphones à main, en prise directe sur le sabot audio, sont peu souvent utilisés car ils affichent le handicap et sont difficiles à mettre en place par le malentendant.

Les systèmes HF sont plus simples mais leur prix élevé est un facteur limitant. Ces outils offrent de nombreuses possibilités : écoute à distance raisonnable, meilleures conditions d'écoute de la télévision…

Les boucles d'induction sont utilisées soit pour la télévision soit pour le téléphone. Pour ce dernier, il faut un renfort d'induction car la bobine couplée au téléphone simplement ne suffit pas. Pour la télévision, il faut faire courir au sol un câble d'induction dans lequel circule un courant induit. Dans les salles de spectacle, l'oreille barrée (Fig. 32.1) affichée à l'entrée, indique l'existence de ce champ d'induction.

Ce qu'on est en droit d'attendre d'une aide auditive

La satisfaction des malentendants doit être notre première préoccupation et notre but final. Une aide auditive doit répondre à des critères de qualité, de fiabilité et d'efficacité. L'ensemble des fabricants propose des solutions contours ou *intras* fiables et performantes. Ces appareils sont en constant progrès mais ils ne peuvent pas permettre au malentendant de faire l'économie d'un travail personnel qui doit être associé à l'acquisition des aides auditives.

Fig. 32.1 – *L'oreille barrée*

Les limites de l'appareillage

Une fois l'appareillage accepté, mis en place, le presbyacousique tombant souvent dans un excès inverse a tendance à attendre beaucoup de l'aide, beaucoup plus qu'il ne devrait. À ce stade, on doit lui pardonner d'ignorer les avantages et les inconvénients des aides auditives. Lui faire percevoir peu à peu les limites de l'appareillage doit lui permettre de renoncer aux miracles espérés mais aussi d'accepter qu'il s'agit au total d'un progrès qu'il faut mériter et que les idées de signes de vieillissement sont bien accessoires.

Malgré ces limites, les patients satisfaits de leur sort, bien que nombreux, ne doivent pas nous laisser sous-estimer l'importance des déceptions.

Envisageons les doléances les plus fréquemment rencontrées

La gêne sur l'oreille et dans le conduit est très vite oubliée quand on prend l'habitude de porter régulièrement sa prothèse. Il faut reconnaître que la première année, cette habituation réclame beaucoup de détermination.

Les obligations liées au port des appareils sont également un obstacle au début mais à la différence de la gêne, celles-ci vont persister. Il s'agit de contraintes de :

- nettoyage des appareils ;
- changement des piles ;
- bouchons de cérumen ;
- précautions pour ne pas les abîmer quand on les met en place ou qu'on les retire, pour ne pas les mettre dans l'eau, ne pas les casser ou ne pas les laisser tomber ;
- vérifications… de temps en temps…

La prothèse est très longtemps fiable mais le vieillissement des composants entraîne des distorsions qui à la longue peuvent *gêner* ou au contraire *aider* celui qui les porte. Il faudra savoir conserver des défauts qui sont utiles au malentendant. Le changement d'appareil est souvent attendu comme un miracle ce qui est rarement le cas et il ne faudrait pas que, malgré les progrès faits depuis le précédent achat, le presbyacousique regrette ses vieux appareils. La marge de modification est souvent étroite.

L'état physique et donc l'état auditif ne vont pas s'améliorer en vieillissant. On va courir pendant toute la vieillesse de tous ces presbyacousiques après des améliorations qui n'arriveront pas. C'est la règle de ne jamais baisser les bras. Gagner dix ans chez une personne âgée, c'est parfois gagner toute sa vie.

Il faudra savoir se contenter de ce que l'on a en fonction d'éléments comme la culture du patient, sa motivation, son état physique ou mental, sa capacité de récupération, l'évolution de l'arthrose, de la vue, le travail effectué dans la journée, les désirs exprimés…

Les complications de l'appareillage

Il faut préciser que les complications sont rares et souvent minimes.

Les traumatismes sonores sont prévenus par l'appareillage lui-même et l'audioprothésiste qui a du métier ne mettra jamais l'oreille d'un patient en danger. Il faut cependant faire très attention pour ne pas courir de risques d'accident dans ce domaine.

Le conduit auditif peut mal supporter l'embout. Des bouchons de cérumen, des irritations, des blessures, des écoulements sont possibles et réclament toute notre attention (otites externes). Au moindre doute on demandera au patient de consulter son ORL. Il n'y a pas d'autres complications habituelles des prothèses.

Les prothèses à ancrage osseux ou les implants sont beaucoup plus délicats à surveiller mais débordent notre propos.

Nous voudrions signaler une complication à laquelle il est rarement fait allusion : c'est la maladresse de l'audioprothésiste qui ne va pas permettre au patient de s'habituer progressivement mais sûrement aux appareils. Une prothèse mal prescrite, inadéquate, mal réglée, mal ajustée peut entraîner un rejet par le patient, rejet qui va singulièrement compliquer la suite du traitement. C'est là une véritable complication pour le malade mais aussi pour tous ceux qui ensuite lui demanderont s'il est content de ses appareils… C'est ainsi qu'une erreur peut entraîner de graves conséquences en enfermant le patient dans l'isolement et le malheur.

Les règles de l'appareillage

Elles ont été explicitées au début de ce chapitre. Il faut : un appareillage bilatéral, le plus tôt possible, On doit accompagner le patient jusqu'à l'habituation complète et le suivre à vie. Il est nécessaire d'avoir une grande écoute du malentendant pour le motiver et de s'attacher à une adaptation minutieuse. Le malade a toujours raison à condition que cette raison soit canalisée par l'expérience et les conseils de l'audioprothésiste. Il doit être informé des contraintes avant la vente. Il faut l'aider à se familiariser avec la lecture labiale et le plus possible, l'adresser à l'orthophoniste.

Fiche de conseils

Toutes les fois qu'il est possible d'informer le patient, il faut accompagner ces informations d'une fiche de synthèse écrite. Nous présentons une fiche que nous donnons au patient lors d'une première visite ou que nous plaçons sur la table, à sa disposition, dans la salle d'attente.

Nous conseillons de donner au patient, au fur et à mesure des rencontres, des fiches rédigées, expliquant complètement le sujet qui a été abordé. À titre d'exemples, citons les fiches dont nous nous servons : le nettoyage de l'appareil, l'hygiène de l'oreille, éviter le larsen, en cas de complications, si votre appareil vous blesse, comment mettre l'appareil…

Nous proposons en annexe un exemple de fiche qui permettrait de faire naître des consensus évitant le pire sans nous priver du meilleur.

Après la mise en place : le suivi attentif

Audioprothésiste et/ou orthophoniste sont appelés à travailler largement ensemble, c'est ce que nous allons voir dans les chapitres qui suivent.

Un mot sur le prix et l'avenir des aides auditives

Nous ouvrons là un chapitre qui, normalement, ne devrait pas être dans ce livre. Nous avons cependant tenu à mentionner ces problèmes que l'on rencontre pratiquement avec chaque patient. Ces difficultés seront traitées en France en fonction du contexte bien particulier dans lequel se trouve actuellement notre nation. Le retard culturel dont nous souffrons ne permet pratiquement à personne de comprendre globalement la situation de l'aide auditive.

La presbyacousie, souvent comparée à la presbytie, est une atteinte neurosensorielle et non transmissionnelle. Une paire de lunettes ne réclame pas le même travail d'adaptation qu'un appareillage auditif. Le fait de voir flou n'empêche aucunement le contact humain. L'aveugle n'est jamais coupé du monde. Porter des appareils auditifs, quand on est presbyacousique, c'est s'obliger à apprendre une langue étrangère. Or notre comportement ne tient pas compte de ces différences (ignorées par la plupart) et nous remboursons très mal les lunettes et les appareils auditifs.

Notre ignorance est telle que nous ne connaissons que de manière très approximative le nombre de malentendants dans notre pays, ce qui rend impossible de prévoir un budget par une compagnie d'assurance ! Bref, nous avons un comportement inadapté face à la presbyacousie et nous ne faisons rien pour changer cet état de fait.

Une grande compagnie d'assurance nous a demandé de créer un devis qui évite qu'une prothèse sur deux finisse dans un tiroir. Nous lui avons proposé le « devis confiance » qui partait de l'idée que seul le presbyacousique qui portait ses prothèses au bout de trois mois devait être pris en charge. Nous demandions simplement une indemnisation pour l'essai de ceux qui ne se seraient pas habitués à l'appareillage.

Cette manière de procéder éviterait l'achat inutile des appareils, permettrait au patient de bénéficier d'un suivi avant vente, motiverait l'audioprothésiste au résultat… Mais il y a de grandes réticences à procéder ainsi dans les conditions du marché français.

En effet, le prix de vente des appareils en France n'est pas imposé par une quelconque législation. On rencontre donc de grandes disparités entre les divers laboratoires d'audioprothèse. Pour expliquer ces différences, les audioprothésistes invoquent les loyers, les taxes, le fait d'être dans une grande ou une petite agglomération… En réalité c'est un peu l'anarchie dans les prix. Dans d'autres pays (et peut-être bientôt en France), il est possible de dissocier le prix de vente de l'appareil du montant de l'adaptation et des services rendus autour de cet appareillage.

Certains appareillages se font rapidement, d'autres demandent beaucoup de temps. Il faudrait savoir en cas d'échec reprendre les appareils avec, bien sûr, indemnisation à sa juste valeur du travail effectué, du temps passé et du matériel fait sur mesure (embout, coque…).

Il serait, nous semble-t-il, souhaitable de créer un ordre des Audioprothésistes qui éviterait les dérives et sanctionnerait les abus. À tous le moins une régulation s'impose qui, si elle n'est pas librement engagée, sera un jour imposée.

Les évolutions prévisibles sur tous les plans

Nous avons déjà esquissé une réflexion sur l'évolution des prix afin d'être complet. Nous voulons maintenant revenir sur les évolutions prévisibles dans le domaine de la recherche. Actuellement de nombreuses équipes cherchent dans le domaine du vieillissement de l'oreille et certaines équipes semblent avancer dans l'idée qu'il est sans doute possible de ralentir cette mort naturelle de l'oreille. La prévention, si elle était efficace, aurait de très heureux effets en ne précipitant pas l'évolution vers le handicap. Mais il est actuellement impossible d'imaginer que les aides auditives puissent ne plus être utiles aux personnes malentendantes et ayant une gêne sociale. Il est donc très important, en ce qui nous concerne, de travailler à améliorer non seulement le produit qui a devant lui un grand avenir mais également sa prescription et sa mise en place. La conception même de notre manière de faire doit être évaluée et modifiée en conséquence.

Pour nous il faut chercher dans :

- la fréquence des réglages ;
- le fait que l'appareil puisse lui-même se modifier avec le temps et selon les circonstances ;
- le fait que sa mémoire lui permette d'envisager de nombreuses situations correspondant à la vie courante ;
- le fait que tout passe par le patient et qu'il n'ait que quelques manœuvres simples pour adapter lui-même ses prothèses à ses besoins.

Pour ce qui est des fabricants, il est difficile d'avoir des informations tant la concurrence est grande et le travail accompli ces dernières années est la preuve de la vitalité de cette branche des professionnels de l'audition. Nous devrons donc prendre l'habitude de nous adapter le plus vite possible à leur progrès.

Proposer un modèle de protocole de mise en place

Nous voudrions, en annexe, ajouter quelques notes et protocoles qui pourraient servir à nos collègues et qui, modifiés par leurs soins, feraient avancer toute la profession.

L'orthophoniste

Ce corps de métier doit maintenant faire partie du suivi car il garantit l'avenir et enrichit le présent. Nous allons y venir.

L'appareillage auditif du presbyacousique : possibilités et limites

Le principe de l'appareillage

Une surdité peut altérer soit la quantité de son perçu, soit la qualité de ce son, soit les deux à la fois. On appelle ces défauts des distorsions. Le presbyacousique entend avec des distorsions quantitatives et qualitatives.

L'étendue du champ auditif est considérable. Pour la parole, nous n'utilisons dans la vie courante qu'une très faible partie de ce champ (zone conversationnelle).

La prothèse auditive augmente le volume sonore, privilégie certains sons mais ne peut en aucun cas remplacer des cellules ou des fibres nerveuses auditives manquantes.

Chaque surdité est un cas particulier et réclame une prothèse adaptée. Il est très difficile de prévoir, sans un essai pratique, l'aide qui sera la plus efficace. Cette adaptation est le fruit d'essais répétés et patients.

En dehors des prothèses classiques (contours d'oreille, intra-auriculaires), il existe des prothèses à vibreurs qui peuvent être fixées derrière l'oreille dans la mastoïde et des implants que l'on met chirurgicalement au contact ou dans l'oreille interne appelée cochlée. Il est indispensable, à chaque fois que cela est possible, d'entendre des DEUX OREILLES. La stéréophonie améliore beaucoup la compréhension des messages.

Les possibilités des aides auditives

Les surdités de transmission qui n'altèrent pas, en principe, la qualité du son peuvent très bien être corrigées par une aide auditive Les résultats sont excellents.

En revanche, lorsque la fréquence du son (grave ou aigu) est mal perçue, il s'ensuit des distorsions. Celles-ci sont très difficiles à corriger. La disparition d'une fréquence (aiguë par exemple dans la presbyacousie) n'est pas corrigeable et la prothèse ne peut que renforcer les fréquences voisines si elles existent encore. Ce type de surdité (perception) fait qu'on entend les bruits mais que l'on ne comprend pas les mots.

Certains patients sont mieux corrigés avec des prothèses analogiques, d'autres, les plus nombreux, préfèrent les prothèses numériques.

Rappelons qu'une prothèse auditive est constituée d'un micro, d'un amplificateur, d'un écouteur (ou vibreur) et d'une pile pour fournir l'énergie, placés dans un tout petit boîtier (que l'on peut introduire dans l'oreille).

S'il n'y a pas d'autre solution et si le port de deux prothèses auditives améliore tant soit peu l'audition, IL FAUT PORTER CES PROTHÈSES. C'est le seul moyen d'éviter de voir les centres nerveux, dévolus à l'audition, se détruire faute de perception.

C'est dire l'urgence d'appareiller les surdités, mêmes faibles.

Les limites des appareils modernes

Un sourd restera toujours sourd et aucune prothèse n'équivaudra à une oreille. Mais les progrès récents ont permis d'améliorer beaucoup de malentendants qui jusqu'ici ne trouvaient pas de réponse pour améliorer leur perte auditive.

Le changement des piles (remboursé par la SS) constitue une contrainte de même que le nettoyage et l'entretien de l'appareil. Il existe aujourd'hui des systèmes rechargeables.

L'embout qui introduit le son dans le conduit auditif peut blesser l'oreille, provoquer une irritation ou des bouchons de cérumen. Il est toujours une gêne dans l'oreille, souvent pendant de longs mois. De la qualité de l'embout dépend l'adaptation de la prothèse.

Une prothèse trop petite ou trop sophistiquée est difficile à proposer à une personne âgée, même si elle est efficace. C'est dire l'intérêt de ne pas attendre.

L'évolution de la surdité, les conditions d'audition, les lieux sont à chaque fois des problèmes pour le patient, aucune prothèse n'ayant la souplesse d'adaptation de l'oreille.

Les gains apportés par un appareillage bilatéral et précoce peuvent être considérablement améliorés par une éducation de plusieurs mois, voire années, pour adapter le patient à ce nouveau mode d'écoute (lecture labiale).

■ *En quelques lignes* ■

Rares sont les patients, ayant porté très tôt les aides auditives dont ils avaient besoin, qui n'ont pas eu d'excellents résultats auditifs. Le plus souvent l'appareillage est tardif et c'est soit un échec soit un demi-succès. Il ne faut jamais attendre pour entendre.

Nous avons dégagé six principes de base pour que l'appareillage donne satisfaction :

1. *appareiller tôt : plus on aura la volonté de s'adapter en douceur à l'appareillage, plus le travail se fera progressivement et meilleur en sera le bénéfice ; appareiller à l'âge où l'on dispose encore de tous ses moyens et où l'on présuppose que les aides auditives seront forcément nécessaires ;*
2. *appareiller des deux côtés : cet appareillage bilatéral est maintenant remboursé par la Sécurité sociale et rien ne justifie le port d'une seule prothèse si l'on peut en avoir deux ;*
3. *ne pas rebuter le presbyacousique : c'est dire qu'il est indispensable de ne plus brusquer l'achat, imposer des règles trop strictes, exiger d'emblée un port permanent, oublier le suivi adaptatif, être pressé mais au contraire écouter les moindres doléances, se réjouir des plus infimes progrès, supporter avec le presbyacousique les difficultés de la mise en place, être patient ;*
4. *être minutieux dans l'adaptation : l'opération ne peut pas être menée rondement, chaque cas étant un cas particulier où tout va compter ;*
5. *tenir compte de l'évolutivité de la presbyacousie et de l'adaptation ;*
6. *c'est le presbyacousique qui sait et, à condition de le conseiller, il faut le laisser faire ; ce qu'on peut lui apprendre, c'est à se servir de l'appareillage y compris de l'ordinateur et de son logiciel.*

On distinguera avant la mise en place, pendant et après. Avant, on convaincra doucement sans forcer. Pendant, on sera minutieux et patient, pour pouvoir tout essayer. Il est bon de refaire l'audiogramme, d'étudier la personnalité du patient pour mesurer la motivation, de peser les arguments pour le choix du matériel, l'embout ou le moulage, l'évent, la compression, l'écrêtage, la prothèse multicanaux et les accessoires... Après, bien expliquer au patient ce qu'il peut attendre et ce qu'il ne peut pas avoir. La situation de la vente des prothèses réclame des modifications qui devraient voir bientôt le jour. On adressera le plus souvent possible le patient à l'orthophoniste.

Pour approfondir

Baker MJ. Argumentation et co-construction des connaissances. *Interaction et Cognitions*, 1996, vol. 1, *n° 2/3* : 157-191.

Beck DL. Programmable Instruments and successive approximations. *The Hearing Review*, 1997, *4* (1) : 21-26.

Bizaguet E, Veit P. Les avancées en prothèse auditive. *Réadaptation*, 1994, *414* : 21-23.

Jamet E. L'apport des technologies de l'information et de la communication dans les documents techniques. *Psychologie française*, 2002, *47* (1) : 33-40.

Jenstad LM, Van Tassel DJ, Ewert C. Hearing aid troubleshooting based on patients' descriptions. *J Am Acad Audiol.*, 2003, *14* (7) : 347-360.

Kuk F. How flow charts can help you troubleshoot hearing aid problems. *The Hearing Journal*, 1997, *52* (10) : 46-52.

Mayer, RE. *Multimedia learning*, Cambridge, Cambridge University Press, 2001.

Morgon A *et al. Suppléance instrumentale de la surdité : les aides auditives.* Rapport édité par la Société française d'oto-rhino-laryngologie et de pathologie cervico-faciale, Arnette, Paris, 1998.

Ricketts T. Impact of noise source configuration on directional hearing aid benefit and performance. *Ear Hear.*, 2000, *21* (3) : 194-205.

Partie VIII

Un nouveau regard sur le langage

CHAPITRE 33

Presbyacousie et suppléances fonctionnelles

« [...] Les premières facultés qui se forment ou se perfectionnent en nous sont les sens. Ce sont donc les premières qu'il faudrait cultiver. Ce sont les seules qu'on oublie ou celles qu'on néglige le plus [...] »

Jean-Jacques ROUSSEAU (*Émile II*)

Ne disposant d'aucun traitement curatif à offrir pour restaurer l'intégrité de l'audition qui vieillit et les suppléances instrumentales n'apportant pas une compensation parfaite, il reste un important travail d'adaptation à proposer au presbyacousique. Ce chapitre et les suivants revêtent donc une grande importance car ils exposent le complément indispensable à la prise en charge instrumentale : l'accompagnement orthophonique de la mise en place des stratégies de compensation.

Nos formations médicales ne nous préparent pas à solliciter la participation active du patient. Accepter un dépistage, consulter sont déjà des démarches trop rares. Concéder de porter deux aides auditives est loin d'être la règle. Accepter au surplus les contraintes d'une rééducation, les modifications comportementales et de fonctionnement cognitif qu'elle suppose, est difficilement envisageable et nécessite un accompagnement.

Pourtant cette conception de la prise en charge des presbyacousiques est prônée par beaucoup tels que Lionel Collet, Paul Avan, Jean-Luc Puel, Martine Orhesser… entre autres.

Bien avant qu'apparaisse une gêne sociale, il faut s'efforcer de maintenir en bon état son audition, de conserver des relations de qualité avec autrui, relations qui ne peuvent être protégées qu'avec l'accès à la compréhension et ainsi préserver la qualité de vie. Poursuivi longtemps, l'accompagnement donnera des résultats inespérés. En revanche, s'il est entrepris tardivement ou abandonné rapidement, les conséquences neurologiques de la surdité deviendront de plus en plus difficiles à compenser. Le projet qui nous anime est que le presbyacousique courageux puisse ne jamais être coupé du monde relationnel et toujours communiquer efficacement jusqu'à la fin de sa vie.

La lecture labiale, une attention auditive différente, la suppléance mentale, l'optimisation des capacités mnésiques et déductives, l'utilisation consciente des compétences langagières muées en véritables performances, l'interprétation des comportements non verbaux, l'usage d'une nouvelle attitude communicative et sociale vont agir favorablement sur le repli social lié au déficit d'intelligibilité.

Qu'entend-on par « suppléances fonctionnelles » ?

Deux suppléances vont conjointement s'étayer pour remédier à la perte auditive : la suppléance instrumentale et la suppléance fonctionnelle. Aucune n'est préférable à l'autre, ni ne s'y substitue. Mais au contraire, elles sont liées, c'est dire que l'une sans l'autre perd une bonne part de son efficacité. L'appareillage auditif constitue le volet instrumental de cette suppléance, la prise en charge orthophonique en constitue la part fonctionnelle. Tout comme l'amputé a besoin d'une éducation par la kinésithérapie pour utiliser sa prothèse, le presbyacousique a besoin d'apprendre à se servir au mieux de ses appareils et à s'adapter à ses nouvelles conditions d'écoute. Nous allons voir que la suppléance fonctionnelle ne se limite pas à quelques conseils de nettoyage des appareils ou d'acceptation de son handicap mais qu'elle demande un réel investissement.

Le préalable d'un appareillage bilatéral, précoce et correctement adapté étant acquis, la personne presbyacousique gagnera à apprendre :

- à écouter d'une manière différente, plus attentive, plus axée sur certaines caractéristiques de la communication verbale et sur une utilisation intensive des restes auditifs (éducation auditive) ;

- à regarder de manière différente ce que l'interlocuteur donne à voir : des éléments de la parole accessibles par la lecture labiale, la mimogestualité et les gestes du corps, les mimiques accompagnatrices, les postures, la distance interpersonnelle, les états émotionnels et les réactions affectives (communication non verbale) ;
- à se servir des règles syntaxiques et des éléments sémantiques du message encore entendu et donc des compétences langagières communes ;
- à anticiper, à déduire ce qu'il est possible de compléter dans la phrase ; le presbyacousique cherchera dans le contexte un apport d'informations (syntaxe, thème de la conversation, association d'idées, probabilité d'émission, pertinence des informations, gestion de l'implicite) ;
- à optimiser les capacités mnésiques pour pouvoir traiter en temps réel toutes les informations verbales et non verbales mises en corrélation pour accéder au sens (mémoire de travail).

Si cette tâche est réalisable avec un effort personnel, elle ne peut être efficacement réussie qu'avec l'accompagnement de l'orthophoniste dont les compétences en matière de compréhension et d'expression orale sont irremplaçables. D'ailleurs, il n'y aurait que pour le presbyacousique que cet accompagnement serait omis puisque dans tous les autres domaines de la perte auditive (implant cochléaire, enfant appareillé, surdités de l'adulte…), l'orthophoniste fait naturellement partie des soignants impliqués.

Qu'apporte ici la théorie du chaos et de la complexité ?

L'approche thérapeutique et le suivi actuels des presbyacousiques ne permet pas de répondre à leurs besoins et nécessite une nouvelle conception du soin.

La théorie du chaos introduit directement cette nouvelle approche qui s'inscrit en fait dans le paradigme de la complexité (Edgar Morin).

Sur le plan épistémologique, science qui étudie la construction des connaissances, « la perspective qui consiste à réduire la complexité à un petit nombre de lois est de plus en plus abandonnée ». Le paradigme de simplification de Descartes n'a plus cours actuellement car « la science d'aujourd'hui doit faire face à un univers fragmenté et à une perte de certitude, à un réexamen de la place du hasard et du désordre ainsi qu'à une prise en considération des évolutions, mutations, crises et bouleversements en lieu et place des états stables et permanents. Cela implique une modification des méthodologies et des logiques d'investigations du réel en matière de recherche » et au-delà de leur application en matière de rééducation et de pratique médicale.

La théorie du chaos implique ce que l'on dénomme en physique une « sensibilité critique aux conditions initiales » d'où l'importance aiguë de la prise en compte du contexte et de l'état initial du patient. Selon cette théorie « une cause très petite qui nous échappe détermine un effet considérable que nous ne pouvons prévoir » ce qui nous fait invoquer le hasard. Ainsi dans le domaine du trouble auditif, de petites différences initiales d'acuité auditive en engendrent de très grandes sur le plan de l'accès au sens des messages. La prédiction du handicap mais aussi des effets du traitement instrumental et fonctionnel devient impossible : cela nous renvoie à « l'effet papillon » décrit dans cette théorie. L'avenir à moyen ou long terme est imprédictible. Il est utopique de prédire le résultat d'un appareillage ou l'effet de la suppléance fonctionnelle car les facteurs qui en émaillent l'évolution sont tellement nombreux qu'ils sont au-delà de nos capacités « d'entendement ». Évitons donc les avis péremptoires sur les contre-indications sous prétexte que la personne est trop âgée, trop ceci ou pas assez cela. Toujours tout essayer, tout conseiller et remettre en cause les résultats à chaque instant sont les seules attitudes efficaces.

Nous pouvons tenter de prédire les résultats ou les difficultés les plus immédiats. L'expérience montre que des appareils qui semblent donner lors du premier essai un bon gain prothétique ne sont pas forcément ceux qui seront portés. Le miracle, jugé improbable pour certains patients, peut cependant se réaliser. Le voilà le chaos, très sensible à d'infimes conditions de départ pouvant brusquement *bifurquer* d'un côté ou de l'autre (du repli à la renaissance). Nous affirmons donc ce postulat : *tout* peut et doit être *tenté*, sans jamais s'acharner.

S'il n'y a rien à espérer du temps seul, puisque la presbyacousie évolue inéluctablement vers l'aggravation, il faut reporter tous les espoirs sur les résultats d'un effort bien dirigé, soutenu et prolongé.

Force sera aussi dans le temps de s'adapter aux nouvelles conditions d'audition et de compréhension et d'espérer que ce soit *suffisant* pour maintenir une vie sociale correcte. Aider un presbyacousique est donc une aventure de longue haleine.

Il sera aussi nécessaire d'apprendre à manier volontairement des informations linguistiques et paralinguistiques jusque-là inconscientes mais connues et redécouvertes sous un autre regard, avec une autre écoute.

Nous savons bien qu'il n'est pas aisé d'apprendre une nouvelle langue pendant sa scolarité. Changer son regard sur la communication, changer ses habitudes sociales et langagières l'est encore plus quand la vieillesse ne facilite pas les apprentissages. Plus cette éducation sera débutée « jeune », plus le résultat obtenu sera efficient.

Tous les maillons de la chaîne des professionnels de l'audition ont leur importance et personne n'a l'exclusivité du soin qui donnera satisfaction. Le traitement de la presbyacousie nécessite le recours à une équipe pluridisciplinaire. Mais, pour que le patient en profite pleinement, il réclame aussi un changement d'état d'esprit des acteurs en cause : patients, professionnels, entourage familial et social, et, à une échelle plus générale, la société. Il est regrettable qu'on n'accède pas à une meilleure connaissance de nos sens (vue, audition…) durant le cursus scolaire.

Les aides auditives, les conseils des médecins et des audioprothésistes sont nécessaires mais la qualité finale des résultats dépend du malentendant lui-même et de sa volonté de s'adapter à sa « nouvelle audition » grâce à l'orthophoniste. Il est inacceptable aujourd'hui de dire à un patient qu'on n'a rien à lui proposer pour l'aider à comprendre. Il est intolérable de regarder passivement le presbyacousique sombrer dans l'isolement et la dépression.

➤ En pratique, que peut-on attendre de cette théorie du chaos et du paradigme de la complexité ?

En ce qui concerne le langage oral, entendre doit conduire à comprendre les autres pour maintenir la communication dont tout un chacun a un besoin vital. La *complexité* des mécanismes de compréhension doit nous faire réfléchir sur l'intérêt de mettre tous les sens au service de l'accès au sens.

Selon B. Cyrulnik : « le monde interhumain est un monde de sens… un monde où nos sens prennent du sens… Il faut aussi une théorie pour voir le monde… ». Il ajoute dans son ouvrage *Les Nourritures affectives* « l'observation la plus naïve exige un savoir ordonné dans une théorie… une perception sans théorie ne peut pas induire de représentation ».

Pour percevoir efficacement, « il faut des règles pour voir, pour donner forme au monde et mieux le percevoir ». Perceptions visuelles et auditives, sélection dans l'univers visuel et auditif des informations pertinentes exigent attention, discrimination. Une mise en corrélation des informations sensorielles multiples lors des opérations mentales de traitement du langage verbal et non verbal s'impose. La suppléance mentale pourra alors s'organiser à partir d'un système cognitif et perceptif complexe.

Pour comprendre, il faut donc :

- être attentif avec tous ses sens puis intégrer tout cet apport sensoriel pour interpréter et mettre en cohérence les informations fournies par l'oreille, l'œil, le toucher, l'olfaction, voire le goût ;
- identifier le train d'informations audiovisuelles, multisensorielles, perçu ;
- entendre, se « tendre vers », orienter son écoute ; cette écoute attentive devra être « recalibrée », adaptée, si l'audition passive n'est plus suffisante ;
- discriminer, extraire dans ce qu'on a entendu et vu, ce qui appartient aux propos auxquels on se veut attentif, de ce qui est bruits environnants ou gestes parasites sans intérêt immédiat ;
- déduire la signification, quitte, faute d'avoir tous les éléments, à reconstituer ceux qui manquent pour apporter la certitude du sens ; on fait alors appel à la connaissance culturelle du monde, à la structure de sa langue et à une attitude pragmatique (analyse de la situation, contexte, sens possibles, incohérences, évidences…).

➤ Quels sont les changements à obtenir ?

Les changements concernent à la fois l'individu et la société mais aussi le regard que doit porter le professionnel sur sa pratique.

■ L'évolution commence, à l'école, par une éducation sensorielle, cognitive et mnésique

Cessons de penser qu'il est normal de former des enfants ne connaissant rien de leur corps et des organes des sens. L'étude de l'homme est capitale dans une éducation et pour l'heure les programmes font peu de place à l'audition.

À l'école et dans sa famille, l'enfant prend conscience de tout ce qui l'entoure à la période la plus propice pour acquérir les notions essentielles dont il aura besoin toute sa vie. Si on laisse passer ce stade du développement, il sera beaucoup plus difficile de réparer les lacunes à l'âge adulte, encore moins au cours de la sénescence.

Apprenons aux enfants comment fonctionnent les oreilles et les précautions qu'il faut prendre pour les protéger du bruit et des produits toxiques.

Apprenons-leur également comment il faut nous comporter avec une personne qui n'entend pas bien.

Apprenons-leur les capacités perceptives d'analyse des sons : hauteur, intensité, rythme, timbre et au-delà les caractéristiques phonétiques et acoustiques des sons de leur langue.

Apprenons-leur à développer ce sens auditif qui apporte tant d'émotions et de bonheur (la poésie, la musique, l'écoute de l'autre et de sa voix, la participation à la vie, la compréhension d'un enseignement, l'alerte d'un danger…).

Et, plus généralement donnons une plus grande importance à la connaissance de l'homme biologique et physiologique et bien d'autres problèmes seront mieux gérés par la même occasion. Les sens sont les outils de l'« intelligence enfantine ».

Et toute cette éducation doit venir, dès la maternelle, afin de compléter, développer et parfois remplacer l'éducation qu'apporte l'entourage de l'enfant.

L'éducation influe également sur les parents

En tant que parents, il nous est impossible d'apprendre à nos enfants ce que nous-même ne connaissons pas. Au début, ce sera donc aux enfants de former leurs parents en leur expliquant ce qu'est l'audition et ce qu'il faut faire pour la garder… Ensuite les événements reprendront leur cours normal et les parents joueront leur rôle d'éducateurs en matière de prévention.

Le changement continue avec les enfants

On peut espérer que devenus parents, les enfants de demain apprendront à leurs enfants qu'il est dangereux de jouer avec des pétards, d'aller dans les lieux trop bruyants… que l'on peut s'amuser sans gâcher son avenir et sans se nuire.

En même temps qu'on apprend l'anglais, l'allemand, l'italien ou l'espagnol mais aussi la musique, le chant, on « ouvre » son oreille à la discrimination d'autres sons. Cet entraînement peut faciliter l'habituation aux modifications acoustiques subies avec la presbyacousie.

Le processus de mutation doit se prolonger à l'âge adulte

En évitant soi-même les bruits et les produits toxiques et en comprenant qu'un sourd demande une écoute particulière, une coopération pour s'intégrer. De gros efforts restent à faire pour que la « malaudition » ne soit pas oubliée dans la lutte médiatisée contre les handicaps.

Tout se perpétue encore à 50 ans

Quand subrepticement la presbyacousie s'installe, la personne saura qu'il ne faut surtout pas attendre. Elle comprendra la nécessité de consulter pour faire le point et éventuellement de commencer, par un essai d'appareillage, à lutter pour gagner. Celui qui sacrifie à cette pratique multiplie ses chances d'être heureux et d'entendre à 100 ans, chances qui, avec les progrès de la médecine, vont en augmentant.

Le travail est de tous les instants de la vie

Le travail est un préalable au plaisir. Aux contraintes de « rééducation » et d'adaptation correspondra « en différé » le plaisir de surmonter son handicap, de retrouver l'estime de soi et de redécouvrir sa langue, etc. Et puis, l'art des rééducateurs est aussi de faire travailler dans le plaisir et selon les besoins et les intérêts de chaque patient !

Mais il est nécessaire également et surtout d'être réflexif, d'accepter la complexité de l'être humain en demande de soin et de tenir compte de son contexte. La réussite de cette entreprise ne peut aboutir que dans l'interdisciplinarité et dans une formation initiale ou continue des praticiens et des patients qui prennent en compte les liens entre les disciplines.

Comment faire bon usage de la prothèse ?

Seul le presbyacousique peut faire bon usage de ses aides auditives. En matière « d'impressions sonores » celui qui sait, qui sent, c'est le presbyacousique lui-même. Ce patient « sentinelle » de sa propre santé a beaucoup à nous apprendre.

Tout ORL a pu faire l'expérience du manque de motivation affichée par son patient en matière d'audioprothèse. En pratique la motivation manque à la plupart des personnes âgées quand on aborde le sujet de leur baisse d'audition. Qui donne, cette motivation : l'éducation, la jeunesse, la crainte de ce qui va arriver ? Or, ces trois raisons font défaut puisque l'éducation auditive, les patients n'en ont pas eu ; la jeunesse, ils l'ont perdue ; la crainte de ce qui va arriver, ils n'en ont aucune notion.

Comment leur donner la motivation indispensable ? Quel plan d'action mettre en œuvre ? S'occuper de l'éducation des enfants, de l'information des entendants et des soignants, de la formation et de l'accompagnement des malentendants sera, non sans difficultés, le seul remède possible.

C'est alors que la chaîne des spécialistes de l'audition entrera en scène. Une fois les acteurs au fait de ce qu'il faut faire et le presbyacousique motivé pour prendre en charge sa baisse auditive, encore faudra-t-il qu'il se trouve face à un professionnel qui partage ce point de vue.

Former les professionnels fait partie des priorités. La « vente forcée » des prothèses auditives est vouée à l'échec sur le plan humain et social. Le rôle du médecin ou de l'audioprothésiste est donc de montrer l'intérêt de la prothèse, son caractère indispensable et l'acquisition du matériel est ainsi mieux vécue. Ensuite le bon usage de l'aide auditive dépendra aussi de son acceptation définitive et de son utilisation accompagnée par l'orthophoniste.

Comment accepter ?

L'acceptation doit être soutenue par la motivation et plus les aides seront portées tôt, plus il sera facile de s'y habituer. Le plus souvent, leur port sera progressif, les aides seront retirées au bout de quelques instants ou bien portées d'abord quand elles sont utiles (en réunion, en groupe, au spectacle, dans les moments familiaux, en conversation duelle…). L'habitude se prend alors en quelques mois insensiblement. D'autres préféreront ne plus les quitter ; à chacun sa manière de s'adapter et il faudra respecter tous les comportements dès lors qu'ils conduisent à « l'habituation ». On ne doit jamais aller contre le gré du presbyacousique.

Les « sons perçus » ne sont évidement pas comme « avant » et ne le seront plus jamais. Il faudra donc user de patience et faire comprendre qu'une fois habituée, l'oreille oubliera ses « hôtes » et au contraire sera gênée, en l'absence des appareils. L'exemple des lunettes est souvent bien compris et permet au patient de réaliser ce qu'est l'habituation.

Mais les aides auditives sont plus complexes à adapter que les lunettes et la gêne, qu'elles provoquent, difficile à accepter alors qu'on a encore à peine besoin d'entendre mieux et qu'elles déforment tous les sons.

C'est ce cap qu'il faut franchir et ce cap ne sera franchi que lorsque l'état d'esprit des patients aura évolué, qu'ils auront pris conscience de ce qui va leur arriver, s'ils vivent vieux et qu'ils ont négligé leurs oreilles. Le soutien des professionnels, agissant avec une conception commune, est très important, pour les aider dans ce domaine.

Comment utiliser ?

Dès les premières séances d'essayage, il faut :

- donner les bons conseils d'usage et d'entretien car cela en facilitera l'usage :
  - en apprenant à exécuter les bons gestes ;
  - en ne donnant pas une minuscule prothèse à des mains arthrosiques qui ne pourront même pas la manipuler pour la mettre dans son oreille ;
- simplifier l'emploi :
  - en consacrant du temps au presbyacousique pour qu'il apprenne à en maîtriser le réglage, en lui permettant de le faire lui-même, le plus vite possible ; personne, nous l'avons vu, ne sera plus performant que lui en situation réelle pour adapter son appareillage à ses restes auditifs ;
  - en rendant les prothèses plus simples d'emploi et les logiciels qui permettent de les ajuster plus aisés d'utilisation ; il serait bon d'aider le presbyacousique à comprendre comment on les règle plutôt que de se substituer à lui ; même si tous les presbyacousiques ne peuvent pas faire, seuls, cette démarche, il faut permettre à ceux qui en sont capables, d'en bénéficier ;
  - en étant à l'écoute de leurs remarques souvent très judicieuses ;
- encourager le presbyacousique à envisager avec un/une orthophoniste toutes les autres stratégies de compensation qui ajouteront voire révèleront les bénéfices des aides auditives et ainsi tirer partie de tout ce qui peut aider à la compréhension d'autrui.

Tout ce qui précède est évidement plus facile à réaliser à 50 ans qu'à 85 ans… D'où l'incontournable nécessité de la précocité de la mise en place des prothèses et de la lutte contre l'ignorance du public en ce qui concerne sa future baisse d'audition.

Il est indispensable de se rappeler sans cesse que la presbyacousie fait partie du vieillissement et que s'il est possible de la ralentir, de la compenser, il n'est pas possible de l'empêcher. Il est donc nécessaire d'utiliser la période qui précède l'accentuation de ce handicap pour en atténuer le plus possible les effets.

L'implanté dont on s'occupe beaucoup après l'implantation n'est pas plus méritant que l'appareillé en externe dont on ne s'occupe que sur un plan instrumental. Il nous faut changer notre concept de traitement « palliatif » de la presbyacousie et faire travailler le presbyacousique à conserver son audition aidé de deux prothèses et non lui fournir deux appareils sans accompagnement suffisant.

La mise en place, l'organisation de la suppléance fonctionnelle et instrumentale s'initient chez le médecin, s'installe chez l'audioprothésiste et s'amplifient chez l'orthophoniste. Il est bon que ces corps de métier travaillent conjointement avec l'ORL pour que le patient ait un suivi cohérent. Il est indispensable, sous peine d'être discrédité, que la démarche et le discours restent les mêmes tout au long de la chaîne des intervenants.

■ En quelques lignes ■

Quand on ne peut pas guérir, il faut compenser et deux sortes de suppléances sont à combiner : la suppléance instrumentale que nous avons vue et la suppléance fonctionnelle qu'il est temps d'aborder car elle compte autant que la précédente.

Le préalable d'un appareillage bilatéral, précoce et correctement adapté étant acquis, la personne presbyacousique gagnera à apprendre :

- *à écouter d'une manière différente, plus attentive, plus axée sur certaines caractéristiques de la communication verbale et non verbale ;*
- *à se servir le plus possible de la lecture labiale ;*
- *à anticiper, à prévoir ce qu'il est possible de « deviner » dans la phrase qu'elle entend ; le presbyacousique cherche dans le contexte ce qui peut induire du sens pour le ou les mots qui ne sont plus correctement perçus.*

La théorie du chaos et le paradigme de la complexité permettent sans préjuger du résultat final de réorganiser une éducation qui s'adapte en permanence aux besoins de l'individu. Il s'agit pour le patient d'adopter un nouveau regard sur la communication à plus de 60 ans. Il s'agit pour les professionnels d'envisager les pratiques médicales en tenant compte de la complexité d'un être humain à la fois biomédical, psychologique, social et de la complexité des contextes dans lequel il évolue.

Pour l'orthophoniste, l'aide auditive est indispensable pour pouvoir travailler les restes auditifs dans les meilleures conditions. Pour l'audioprothésiste, c'est voir son travail valorisé par le patient lui-même. Pour le médecin, c'est la satisfaction de proposer au patient presbyacousique une prise en charge unifiée reposant sur des auxiliaires compétents. Pour la société, c'est tirer profit d'une solution thérapeutique qui prenne en compte ses impératifs économiques et ses préoccupations éthiques.

Les changements doivent commencer à l'école par une meilleure culture auditive. L'intervention des parents doit changer également pour prendre en compte l'importance de tout ce qui a trait à l'audition. Par la suite les enfants apporteront aux parents âgés, la sollicitation et le soutien qui entraînera leur adhésion. L'orthophonie permet de tirer pleinement partie des aides auditives. Elle apprend à accepter de travailler pour mieux accéder au sens et à profiter du travail. Au premier rang des moyens d'améliorer l'intelligibilité : la lecture labiale et l'éducation auditive.

Le travail personnel et la volonté d'aboutir à un résultat doivent être accompagnés par tous les professionnels et l'entourage du patient.

Pour approfondir

AUVRAY M, LENAY C, REGAN JK, LEFÈVRE J. Suppléance perceptives, immersion et informations proprioceptives. *Arob@se*, 2005, *1* : 94-113.

BARGUES ML. *Mal entendre au quotidien*, Seuil, 1992.

BOUDON R. *La place du désordre*, PUF, 1984.

CARSON AJ, PICHORA-FULLER MK. Health promotion and audiology : The community-clinic link. *J. Acad. Rehabilitative Audiol.*, 1997, *30* : 1-23.

FERRAND P, TRÉANTON AM, *Le bilan orthophonique, manuel à l'usage des orthophonistes*, 1984.

GREEN LW, KREUTER MW. *Health promotion planning : An educational and environmental approach,* 2e éd., Mountain View, CA, Mayfield, 1991.

KRICOS P. Characteristics of the aged population. In : *Hearing care for the elder adult : Audiologic rehabilitation*, Kricos PB, Lesner SA (eds), Boston, Butterworth-Heineman, 1995, 1-20.

LAFON JC. *Le test phonétique et la mesure de l'audition*, Eindhoven, Ed. Centrex, 1964.

MC GURCK H, MACDONAD J. Hearing Lips and Seeing Voices, *Nature*, 1976, *264*, 1976 : 746-748.

MORIN E. *La méthode 1. La nature de la nature*, Seuil, 1977.

PAIVIO A, *Mental Representation, A Dual Coding Approach*, New York, Oxford University Press, 1986.

PEARSONS K, BENNETT RS, FIDELL S. *Speech levels in various noise environments*, Prepared for Office of Resources and Development, Environmental Protection Agency, Bolt Beranek and Newman Inc., Report n° 328, 1976.

PERRON M. *Communiquer avec des adultes âgés « la clé des sens »*, Chronique Sociale, Lyon 1996.

POURTOIS JP, DESMET H. *Épistémologie et instrumentation en sciences humaines*, Mardaga, 1997.

PRIGOGINE I, STENGERS I. *La nouvelle alliance*, Gallimard, 1979.

SACHS O. *Des yeux pour entendre, voyage au pays des sourds*, Le Seuil, Paris, 1990.

SALOMON G (ed.). Hearing and the aged. The European Conserted Action Project. *Acta Otolaryngologica*, Supplement, 1991 : 476.

STACH B, SPRETNJAK ML, JERGER J. The prevalence of central presbycusis in a clinical population. *J. Am. Acad. Audiol.*, 1990, *1* : 109-115.

VAISSIÈRE J. *La Phonétique*, Que Sais-Je, PUF, 2006, 125 p.

VYGOTSKY L. *Pensée et langage*, Paris, La Dispute, 1997, 159 p.

Chapitre 34

Presbyacousie et orthophonie

Les éléments d'un tout, examinés séparément, permettent de mieux cerner la structure exacte de chaque élément de l'ensemble complexe dont on doit analyser la nature. Encore faut-il, après avoir déstructuré l'objet, le restructurer et que cette reconstruction ressemble à l'objet initial. En matière de compréhension, cette procédure simplificatrice qui consiste à démonter pour voir par petits morceaux, n'a pas que des avantages et peut même conduire à ne plus rien comprendre à l'ensemble, tant les compétences engagées dans cette fragmentation de cet accès au sens, sont transversales. Comme Edgar Morin, il nous faut bien admettre que « Comprendre signifie intellectuellement appréhender ensemble, *com-prehendere*, saisir ensemble (le texte et son contexte, les parties et le tout, le multiple et l'un) ».

Suivant l'évolution des sciences linguistiques, les premiers fondements de l'orthophonie se sont attachés au déficit d'expression orale du langage. Le mécanisme de construction du sens, de la compréhension orale est encore à l'étude mais les orthophonistes sont aux avant-postes de l'application de ces recherches.

Patients et médecins ont donc longtemps été persuadés que l'orthophoniste ne pouvait pas aider les malentendants âgés. Il en résulte aujourd'hui que cet(te) orthophoniste n'est que trop rarement sollicité(e) lorsqu'on est en présence d'une baisse d'audition. Comme corollaire également, les orthophonistes qui prennent en charge les presbyacousiques ne sont pas nombreux et si l'on compte des orthophonistes très brillant(e)s dans le monde de l'enfant sourd, celles et ceux qui ont dédié leur carrière à la presbyacousie sont encore trop rares.

Et pourtant, il y a beaucoup à faire dans ce domaine : de la lecture labiale aux suppléances mentales, en passant par l'éducation auditive lors des premiers contacts avec les appareils, sans oublier la sollicitation des motivations et le travail à réaliser en général pour apprendre aux presbyacousiques à comprendre avec une « autre oreille ».

Souvenons-nous de l'œuvre de Mme Suzanne Borel-Maisonny qui a tant fait pour les enfants sourds. Elle a, nous en sommes persuadés, bouleversé l'éducation et l'avenir des petits sourds qui lui étaient confiés. Les personnes âgées doivent pouvoir aussi bénéficier de telles prises en charge orthophoniques.

L'orthophoniste et l'accès audiovisuel au sens

Il nous semble indispensable de donner quelques définitions préalables à la compréhension de la complexité des mécanismes en jeu.

Le langage

Le langage est considéré comme le support et le véhicule de la communication entre les êtres mais également de la pensée intérieure, de l'image de soi, de la réflexion… Le langage oral est constitué de signes qui unissent des concepts à des images acoustiques (signifié-signifiant) et non des choses à des noms. Il est *audiovisuel* et non purement auditif, c'est-à-dire audible dans l'« oralisation » mais également visible dans sa réalisation labio-faciale.

Un signe linguistique est l'union d'un concept, un contenu sémantique (signifié), et d'une image mentale acoustique qui peut être oralisée (signifiant). On notera que l'émission du signifiant est « temporelle », éphémère tandis que le signifié est permanent dans le temps. Par ailleurs, le signifiant s'efface pour laisser place au signifié dans la recherche du sens.

Pour comprendre la suite linéaire des sons que représente la parole, il faut la découper en unités de sens. Cette segmentation sélective doit être mémorisée, emmagasinée temporairement (mémoire de travail) pour en analyser le contenu sémantique. Or, ce traitement disparaît en quelques secondes, pour faire place au sens. Nous avons choisi d'intituler ces chapitres « un nouveau regard sur le langage » mais nous aurions pu y adjoindre d'emblée la notion de regard sur la parole, concrétisation individuelle, très personnelle, de la langue

La *double articulation du langage* est une caractéristique universelle des langues. Cette double articulation permet à partir d un nombre limité de phonèmes (unité sonore vocalique ou consonantique de base) de créer une quantité presque infinie d'énoncés. Cette propriété s'appuie sur un certain nombre de règles, propres à chaque langue maternelle, qui gèrent toutes les combinaisons possibles.

Ainsi les phonèmes se combinent en morphèmes (grossièrement assimilés à la notion de mots) qui sont les plus petites unités porteuses de signification. Ces morphèmes se combinent eux-mêmes, avec des règles de syntaxe, en phrases L'organisation de la « première articulation » permet, avec un relatif petit nombre de signes lexicaux (« mots »), de construire des énoncés exprimant toutes nos expériences nouvelles sans avoir besoin d'inventer des émissions sonores différentes à chaque fois. La « deuxième articulation » combine quelques dizaines de productions phoniques pour obtenir la forme vocale des unités de la première articulation.

On pourrait reformuler cela de la manière suivante : la première articulation est constituée par les unités significatives que sont les unités lexicales et grammaticales (*morphèmes*) ; les unités distinctives dépourvues de *sens* en elles-mêmes (*phonèmes* vocaliques et consonantiques) forment la base d'organisation de la *deuxième articulation.*

Voilà les données universelles que tout sujet qui veut communiquer doit combiner. Le presbyacousique va rencontrer une problématique particulière. Il lui manque une partie du message (phonèmes ou morphèmes) ce qui le conduit à faire des confusions ou carrément à ne pas comprendre le sens du message.

Nous avons actuellement dans un domaine voisin, celui de l'implant cochléaire, beaucoup travaillé mais ces pratiques concernent surtout les enfants, peu d'adultes ayant été implantés. Elles pourraient désormais éclairer des techniques particulières pour la personne âgée malentendante et gênée socialement, dans le contexte d'appareillage classique.

➤ La lecture labiale

La première méthode d'aide face au déficit d'accès au sens qui vient à l'esprit des soignants est la lecture labiale. Bien qu'elle fasse l'objet du dernier chapitre, il faut en dire ici quelques mots. L'apport de la vision dans l'audition est beaucoup plus importante que nous le pensons. Dans le bruit d'un hall de gare, nous ne comprenons notre interlocuteur que dans la mesure où nous regardons ses lèvres. Il nous est impossible, sans l'aide d'un regard scrutateur, de déchiffrer un message dans un tel brouhaha ambiant.

Le presbyacousique, en perdant la capacité d'entendre les fréquences aiguës, est un peu dans une situation analogue. La quantité d'informations qu'il perçoit ne lui permet plus, avec certitude, de retrouver à partir d'un signifiant « tronqué », le signifié. L'apport de cette « lecture » lui permet de comprendre dans certains contextes mais pas dans tous (par exemple pour tous les phonèmes à caractéristiques articulatoires communes et donc ambiguës). En s'orientant vers la source sonore, en étant beaucoup plus attentif, en lisant naturellement sur les lèvres, le presbyacousique va être capable de se masquer pendant longtemps la réalité de sa baisse auditive. Ajoutons qu'il se persuade instinctivement que ses interlocuteurs parlent de plus en plus mal. Il consultera alors trop tard. On peut, en travaillant, améliorer considérablement cette lecture labiale et donner au malentendant une arme efficace pour comprendre même avec une baisse d'audition évolutive.

Mais la lecture labiale n'est pas la seule possibilité d'aide que l'orthophoniste peut apporter au presbyacousique.

La part de communication gestuelle dans ces suppléances fonctionnelles possibles s'adresse cependant beaucoup plus aux enfants sourds qu'aux personnes âgées presbyacousiques.

Néanmoins, certaines d'entre elles peuvent être utilisées au moins très partiellement. Citons d'abord celles qui sont spécifiques à l'enfant sourd.

■ La langue des signes française (LSF)

La langue des signes ne veut plus avoir aucune relation avec le versant auditif de la communication. Elle code gestuellement l'intégralité du message. Elle sort effectivement le sourd de sa prison invisible et lui permet d'échanger mais le condamne à n'échanger qu'avec une certaine catégorie de personnes : les autres sourds pratiquant la langue des signes et les personnes entendantes qui l'ont apprise.

Il n'est pratiquement pas possible d'apprendre cette langue des signes pour une personne âgée et son entourage. Ce langage peut être acquis dans l'enfance et il n'est pas question de l'enseigner à une personne âgée même si certains signes ou gestes imagés utilisés ponctuellement par l'entourage pourraient venir apaiser le climat des échanges.

Le français signé

Par une gestuelle imagée, les signes de la LSF viennent organiser le langage mais cette fois en conservant la syntaxe du français.

L'alphabet des kinèmes assisté (AKA)

L'observation attentive du visage permet d'identifier des mouvements bucco-faciaux auxquels il est possible d'associer les gestes spécifiques de cet alphabet qui permettent de contourner les confusions possibles entre phonèmes de réalisation articulatoire proche et qui traduisent de plus l'intonation de la phrase.

La dactylologie

C'est la manière de signer les 26 lettres de l'alphabet français. Cette manière de coder les mots permet à ceux qui l'utilisent de les épeler. Cette méthode mériterait mieux que son sort actuel avec des patients âgés.

Le langage parlé complété

La main placée près du visage donne un code à tous les phonèmes de la langue. Ce n'est pas une langue puisque les mouvements de la main n'ont de sens que s'ils accompagnent la parole. Ce langage pourrait venir en aide à un presbyacousique qui n'aurait pas une totale satisfaction avec sa prothèse et sa rééducation. Il ne serait pas trop compliqué à apprendre si la personne et son entourage ont encore assez de vitalité pour s'y atteler. Mais il ne permettrait pas une communication extra-familiale.

Répétons que le presbyacousique peut travailler la perception audiovisuelle de la parole sans aucune exclusive. Certains éléments de ces méthodes, associés à une bonne lecture labiale, peuvent s'additionner judicieusement et apporter *un complément* dont on n'a pas le droit de priver le presbyacousique qui le demande. Les orthophonistes peuvent lui en exposer les principes et l'aider à les accepter avec son entourage.

Venons-en à un « langage » qui pourrait être plus approprié à l'âge et aux besoins du presbyacousique et qui est accessible à tous les membres de son entourage.

La gestuelle « normale »

Pour renforcer certains éléments d'un discours, nous avons tous depuis notre enfance, compris les bénéfices d'y associer des gestes et des mimiques plus ou moins stéréotypés ou personnalisés. Il existe même des personnes dont on dit qu'elles parlent plus avec leurs mains qu'avec leur bouche comme par exemple dans les pays méditerranéens.

Cette manière de renforcer le discours est affaire de culture. L'interlocuteur a la possibilité d'offrir au presbyacousique une aide appréciable à la compréhension en faisant bon usage de cette gestualité accompagnatrice de la parole[1].

Mais revenons au patient presbyacousique en situation de face-à-face conversationel : les stratégies de positionnement et de posture doivent être choisies judicieusement pour tout voir mais aussi mettre à l'aise son interlocuteur (proxémie). Il ne faudrait donc pas cacher sa surdité mais au contraire l'affirmer pour bénéficier de l'aide de l'entourage. Cet usage des pays du Nord ne se pratique pas chez nous, ce qui est dommage.

La gestuelle peut apporter beaucoup. Non pas la gestuelle signant ou exprimant un autre alphabet mais tout simplement la gestuelle habituelle renforçant le discours, valorisant certains mots, minimisant certains autres, exprimant nos émotions, nos intentions… Il faut savoir offrir et demander la pareille à son interlocuteur dans cette mimogestualité de la communication non verbale.

1. Ouvrons une parenthèse sur un autre domaine de la gestualité : le travail de la motricité manuelle fine peut permettre à une personne âgée d'améliorer l'usage de ses mains et ainsi d'être plus à l'aise dans la manipulation de ses appareils auditifs. Les réglages, la mise en place quotidienne, le changement des piles, le nettoyage en seront facilités et autonomisés.
Ce travail d'habileté manuelle sera d'autant plus facile à faire accepter qu'on s'adressera à des personnes moins âgées qui, dès les premiers signes de baisse d'audition, s'habitueront au port de ces appareils. Une personne qui porte des prothèses depuis longtemps n'aura aucun problème avec elles jusqu'à sa mort. En revanche, si le port des appareils est débuté trop tard, il sera beaucoup plus difficile d'en faciliter l'usage pratique.

L'orthophoniste et la motivation

Faire travailler en permanence toutes les fonctions que l'on veut préserver devrait être la devise de la personne qui a dépassé 65 ans. Ces jeunes personnes âgées font du bridge, des mots croisés, de la marche, de la lecture, s'occupent du jardin et des petits-enfants… bref, elles ne s'arrêtent jamais et ont toutes les chances de garder une jeunesse qu'on leur enviera.

Privilégier le plus longtemps possible le contact avec les autres et conserver son « élan vital »… c'est l'art de bien vieillir. Il est juste d'aspirer à un « repos bien gagné » mais si l'on veut poursuivre une existence heureuse, il ne faut surtout pas confondre repos professionnel et inaction. Et pour se maintenir, cette culture du travail à vie, entrecoupé de courts repos compensateurs, devrait être initiée dès l'enfance.

Parlons une fois encore de la motivation soutenue dans le temps. Son existence est la garantie d'un résultat. Dans cette motivation, la personnalité du presbyacousique lui-même est prépondérante avec le soutien de son entourage et chacun apportera ce que sa bonne nature lui permet d'apporter. Mais elle n'est pas suffisante car si le médecin, l'audioprothésiste ou l'orthophoniste n'ajoutent pas leur pierre à l'édifice, aucune motivation ne durera.

Conserver sa motivation pour lutter contre la presbyacousie est l'arme la plus sûre

Le presbyacousique a besoin de voir se rétablir son statut social et affectif au fur et à mesure des efforts consentis et du temps consacré. L'orthophoniste se doit d'aider son patient à dépasser obstacles et paradoxes.

L'orthophoniste apportera soutien, dans les moments de fatigue ou de découragement, et aide lorsque son patient affrontera les difficultés à accéder au « sens ».

Il lui faut aussi « surdévelopper » ce que le patient a su utiliser spontanément, lui apprendre à s'adapter à son interlocuteur et à désamorcer les réactions jugées agressives.

L'orthophoniste se doit de restaurer la confiance dans les capacités de changement tant il est vrai que les erreurs d'interprétation commises n'appartiennent qu'à une phase ordinaire de tout apprentissage avant que l'activation du *feed-back* autocorrectif n'entre en jeu.

Par les informations données sur les troubles, les explications sur les objectifs thérapeutiques choisis avec le patient, l'orthophoniste concourt aussi à l'apaisement de l'angoisse.

Cette reconstruction valorisante soutiendra la motivation, le fonctionnement cognitif et affectif. Engager l'entourage familial dans cette dynamique de changement, former le patient mais aussi ceux qui lui sont chers font partie intégrante du travail de l'orthophoniste.

Les médecins, les audioprothésistes, les orthophonistes, les laboratoires de langue, la famille, les enfants doivent eux-mêmes ne rien négliger pour apporter leur aide, sans oublier que la presbyacousie s'installe en même temps que d'autres handicaps. L'individu doit toujours être assisté dans sa globalité.

Prendre soin de la personne avec toutes ses spécificités et selon ses besoins propres (professionnels, sociaux et familiaux) et non se limiter à ses difficultés de compréhension, telle est la mission que doit se donner tout(e) orthophoniste.

Il faudrait aussi et surtout dire au presbyacousique qu'il va apprendre la lecture labiale avec une assistance auditive. Les résultats d'une telle conception seraient infiniment meilleurs pour tous les intervenants. Qu'on en juge : le presbyacousique lui-même attendrait plus de son travail que des prothèses et ainsi leur donnerait toutes les chances d'être pleinement efficaces. Son travail favoriserait les réglages et le suivi de l'audioprothésiste. L'orthophoniste pourrait ainsi offrir au presbyacousique une palette bien plus large de moyens compensatoires.

■ En quelques lignes ■

L'orthophoniste a sa place dans l'équipe que nécessite la compensation d'une perte auditive. Malheureusement dans la pratique sa compétence n'est pas assez sollicitée.

La suppléance fonctionnelle comporte trois registres à gérer pour permettre au presbyacousique d'accéder au sens des messages : la suppléance mentale, la suppléance audiovisuelle, la suppléance des autres sens.

La suppléance audiovisuelle est certainement celle qui va aider le plus directement le patient mais elle demande un travail auquel le sujet doit être habitué d'où l'importance de la commencer le plus tôt possible, alors qu'elle n'est pas immédiatement utile.

Le langage est constitué de signes linguistiques qui unissent des concepts (signifié) à des images acoustiques (signifiant). La double articulation lui donne une puissance énorme de construction avec des outils pertinents en nombre limité. Mais le langage est audiovisuel. Ainsi s'ajoute à l'oreille toute une série d'« informations gestuelles visibles » qui aident à comprendre et peuvent même compenser tout ou partie d'une perte auditive : la lecture labiale et la « mimogestualité » normale mais également, pourquoi pas, des éléments de la langue des signes, l'alphabet des kinèmes assisté, le français signé, la dactylologie, le langage parlé complété.

Le presbyacousique, privé de son audition dans les fréquences aiguës, se trouve dans la situation de ne pas comprendre le langage comme nous le subissons dans l'écoute en milieu bruyant qui masque tout ou partie du message.

L'orthophonie ne limite pas son rôle à l'accès audiovisuel au sens. Elle peut aider à l'utilisation des aides auditives, des restes auditifs et concourir à la conservation des performances de tous les sens et du traitement des informations qu'ils fournissent. Elle aide à gérer la mimogestualité et se préoccupe du maintien de la qualité du langage oral. Elle a un rôle important auprès de l'entourage du sourd.

Pour terminer nous voudrions insister sur le rôle que l'orthophoniste peut avoir sur le vécu de la surdité. Son travail de proximité favorise la motivation dont celui-ci doit faire preuve pour réussir à compenser son handicap. À ce titre et par ses compétences en matière d'apprentissage, il/elle est un partenaire indispensable dans l'équipe qui va entourer le presbyacousique.

Pour approfondir

BARGUES ML. *Mal entendre au quotidien*, Seuil, 1992.

BERAHA JP. Recherche sur la pertinence des indices acoustiques de la parole chez le malentendant appareillé. *Bulletin d'Audiophonologie*, université de Besançon, *5*, 1978.

BINNIE CA. The future of audiological rehabilitation : Overview and forecast. *J. Acad. Rehabilitative Audiol. Monographs*, 1994, *27* : 13-24.

CHAMBON F, TOUROLLE M. Le langage parlé complété – un outil qui rend visible la langue orale. *Communiquer*, 1992, n° 108.

COCHET H. *Complexité en formation*, L'Harmattan, coll. Éducation et formation série références, 1996.

CUTLER A, MEHLER J, NORRIS D, SEGUI J. A language-specific comprehension strategy. *Nature*, 1983, *304* : 159-160.

DUPOUX E, PALLIER C, SEBASTIAN N, MEHLER J. A destressing a deafness French ? *J Mem Lang*, 1997, *36* : 406-421.

GASKELL MG, MARSLEN-WILSON WD. Phonological variation and inference in lexical access. *J. Exp. Psych. Hum Percept Perf.*, 1996, *22*, 144-158.

JUST MA, CARPENTER PA, KELLER TA, EDDY WF, THULBORN KR. Brain activation modulated by sentence comprehension. *Science*, 1996, *274*, 114-116.

KRICOS PB, LESNER SA ((eds). *Hearing care for the elder adult : Audiologic rehabilitation.* Boston, Butterworth-Heineman, 1995.

LANDERCY A, RENARD R. *Éléments de phonétique*, Bruxelles, Didier, 1977, 270 p.

LÉON P. *Phonétisme et Prononciation du Français*, Paris, Armand Colin, 2005, 192 p.

LIBERMAN AM, MATTINGLY IG. The Motor Theory of Speech Perception Revised. *Cognition*, 1985, *21* : I-36.

LUTMAN ME. Hearing disability in the elderly. *Acta Otolaryngologica*, 1991, suppl. 476 : 239-248.

MARSLEN-WILSON W. Function and process in spoken word recognition. In : *Attention and Performance X : Control of Language Processes*, BOUMA H, BOUWHUIS DG ((eds), Laurence Erlbaum, Hillsdale, 1984, 125-150.

MARTINET A. *Eléments de linguistique générale*, Armand Colin, U-prisme, 1982.

MCAAMS S, BIGAND E. *Penser les sons. Psychologie cognitive de l'audition*, PUF, 1998.

MICHAUX Y (ss dir.). *Le cerveau, le langage, le sens*, Université de tous les savoirs, vol. 5, Poche Odile Jacob, 2002.

MORIN E. *Les sept savoirs nécessaires à l'éducation du futur*, Seuil, 2000.

MUNOT P, NÈVE, FX. *Une Introduction à la phonétique*, Liège, Editions du Céfal, 2002, 212 p.

OHALA JJ. Against the direct realist view of speech perception. *J. Phon.*, 1986, *14* : 75-82.

ORANGE JB, PURVES B (eds). Discourse and aging [Special issue]. *J. Speech-Language Pathol. Audiol.*, 1996, *20* (2).

PISONI DB. On the Perception of Speech Sounds as Biologically Signifiant Signals, *Brain Behav. Evol.*, 1979, *16*, 1979 : 330-350.

SEGUI J. Surdité phonologique et perception du langage. *Rev. Neuropsych.*, 1993, *3* : 397-406.

SEGUI J. Language perception in visual and auditory modalities : Similarities and differences. In : *International Perspectives on Psychological Science*, vol. 2 : The State of the Art, D'YDEWALLE G, EELEN P, BERTELSON P ((eds), Lawrence Earlbaum, Hove, 1994, 119-134.

SEGUI J, WANQUIER-GRAVELINES S. La perception du langage parlé. Rééducation orthophonique. *FNO*, 1995, vol. 33, n°182.

VAISSIÈRE J. *La Phonétique*, Paris, PUF, 2006.

WAUQUIER-GRAVELINES S. Organisation phonologique et traitement de la parole continue. Thèse du doctorat, université de Paris VII, 1993.

YAGUELLO M. *Alice au pays du langage. Pour comprendre la linguistique*, Seuil, 1981.

Chapitre 35

Presbyacousie, psychologie et cognition face à la perte d'intelligibilité

Qu'il y ait très peu d'orthophonistes qui répondent aux quelques demandes des devenus sourds et que les ORL ou médecins prescripteurs aient rarement l'idée de faire une prescription dans ce sens n'a rien d'étonnant. La société ignore le problème et, bien sûr, les professionnels sont à son image. Si l'on n'a rien appris sur l'audition et la compréhension du langage, ni à l'école, ni pendant ses études supérieures, il est difficile ensuite d'exercer sa réflexion sur le sujet. Pourquoi n'enseigne-t-on pas les sens à nos enfants, nos étudiants et surtout l'audition qui a une telle importance dans la communication tout au long de la vie et qui est si nécessaire au bonheur ?

Le devenu sourd par presbyacousie est un être qui s'est lentement déstabilisé, désocialisé et replié si graduellement qu'il ne s'est pas rendu compte que la tendance dépressive qui s'installait, était en relation avec ses difficultés pour entendre et comprendre.

Insistons tout de suite sur la particularité du presbyacousique. Il est non seulement un devenu sourd mais également une personne qui se sent vieillir tous les jours. Hier, il perdait ses cheveux, perdait la qualité de sa vision. Aujourd'hui, c'est un problème d'arthrose ou de circulation sanguine. Demain, ce sera un tremblement, un essoufflement. Le presbyacousique n'est donc jamais quelqu'un qui n'a à gérer que les méfaits de sa surdité. Pour peu que sa vision ne lui permette pas de « lire » la parole, le voilà réduit aux informations fournies par ses aides auditives, s'il veut bien les accepter, les supporter et s'y adapter…

Pour un sujet normal, la parole vient naturellement « à l'oreille » sans besoin d'aller la chercher pour en disposer. Pour le presbyacousique, ce temps de la parole et du sens qui vient à soi est révolu ; il va falloir aller à sa rencontre en s'appuyant sur des repères visuels et des compétences cognitives. Et cette quête n'est pas facilitée par des interlocuteurs qui ignorent tout du drame qu'ils ont sous les yeux ou qui, sauf exception, se trouvent démunis pour aider. Annie Dumont et Christian Calbour dans « voir la parole » décrivent les particularités du ressenti des patients presbyacousiques et de leur entourage et les conditions dans lesquelles s'inscrivent leurs interactions.

Le face-à-face obligatoire dans lequel doivent se dérouler les échanges modifie les règles culturelles et sociales. Il contraint le patient à une proximité déstabilisante pour les deux interlocuteurs gênés.

Par ailleurs, le presbyacousique doit parfois affronter l'intolérance ou du moins ce qu'il juge comme tel. Il perd de son naturel et de sa bienveillance dans les échanges. Les réactions bilatérales agressives face à l'incompréhension induisent rejet, méfiance désarroi et impatience. Dans un autre registre, la compassion, le parler « ralenti et hyperarticulé » de son entourage sont vécus comme dégradants. Devenu parfois dépendant de sa famille ou de ses voisins qui jouent le rôle d'interprète, l'individu perd son autonomie.

Face à cette souffrance qui se réactive dans chaque acte quotidien, le sujet modifie son mode de vie, évite les contacts sociaux et familiaux.

Même les infirmières, les médecins, méconnaissent souvent l'audition et surtout les conséquences sociales et personnelles que sa perte induit et ce ne sont pas les études faites, il y a de nombreuses années, qui peuvent aider car l'enseignement ignorait alors l'oreille et sa fonction. Notons cependant que depuis quelques années, la recherche a bien progressé dans ce domaine.

La perte du caractère automatique de la compréhension signe une perte de repères de communication. En devenant sourd, le sujet est immergé « dans un univers de perceptions sonores imprécises et d'incompréhension des messages ». Le handicap de communication génère alors des surhandicaps sociaux, professionnels, culturels, avec leur lot « d'inquiétude latente et de charge émotionnelle ».

Le vécu quotidien s'alourdit lorsque le presbyacousique se trouve confronté aux limites de son appareillage ou à celles des propositions médicales mais aussi aux réactions de ses partenaires et à ses propres réactions affectives dans le « déséquilibre » de ses relations avec ses interlocuteurs.

Les efforts d'écoute et de maintien de l'attention visuelle et intellectuelle vont générer fatigue et découragement. La compréhension devient un sujet d'incertitude avec la perte de confiance, d'estime de soi et l'anxiété qui l'accompagnent.

Cette forte anxiété va dramatiser les symptômes, ligoter les capacités créatrices d'imagination, de déduction et d'anticipation. Elle va culpabiliser le patient qui ne se sentira plus « estimé » par ses partenaires. Le sentiment de culpabilité résonne également avec l'incapacité à comprendre.

Pour se protéger, le sujet nie les difficultés devenues trop anxiogènes et retarde d'autant plus la première consultation. Cette anxiété, non remaniée par un travail de deuil, ne trouve pas d'échappatoires apaisantes et limite la motivation et les efforts des facultés intellectuelles nécessaires.

Comme l'écrit Simone Veil : « Peu à peu le devenu sourd se retire de la société qui se trouve par là amputée d'une fraction importante des siens ».

Inutile de compter, comme cela se fait pour un malvoyant, sur cette société qui entoure le presbyacousique pour l'aider, l'entraîner vers un effort qui est indispensable pour défier le handicap. Pourtant un jour ou l'autre, beaucoup d'entre nous seront concernés ! La communauté sociale, au lieu de faciliter l'insertion du malentendant, rend le sentiment d'abandon et de rejet plus pesant.

Ah ! le bonheur de communiquer ; on n'en perçoit la richesse que lorsqu'on l'a perdu. Pour un presbyacousique la vie devient un perpétuel « malentendu ».

Pour entendre, la personne qui souffre de presbyacousie doit utiliser au maximum ses *restes auditifs* et une *aide prothétique bilatérale* s'impose. Elle doit de surcroît utiliser la *lecture labiale* ce qui suppose qu'elle perçoive ce qui peut être vu de la parole, qu'elle l'interprète et qu'elle vienne parfaire ce qui n'a pas été vu en le complétant par déduction et association.

Que peut-il bien se passer dans la tête d'un sourd qui ne peut plus communiquer normalement ? C'est une question qu'il ne faut pas éluder. Elle conditionne sa vie et la nôtre pour peu qu'on s'intéresse à lui.

Il faut parler de *l'isolement*. Certes, ce peut être le calme réclamé par une personne qui vit dans le tohu-bohu ; le silence l'apaise mais ici le silence est plutôt une transformation de la parole en bruits sans signification. Cette coupure des autres est vécue comme imposée, elle est synonyme de solitude, d'errance. La dépression est quasi constante après quelques mois de ce lourd handicap. Le malentendant se sent persécuté, il croit être la risée de certains (ce qui n'est malheureusement pas toujours faux). Tout l'irrite, sa peur de ne pas comprendre, sa timidité qui l'efface, les réactions de son entourage.

On ne peut pas se mettre dans la situation d'un sourd. En fermant les yeux, on peut concevoir la situation d'un aveugle mais pour l'audition, les conditions sont différentes : des bruits persistent mais ils n'ont plus de signification et ils peuvent même être très gênants. En revanche, même pour une oreille saine, l'absence de bruit environnemental est insupportable (l'oreille ne dort jamais). Les nazis, pendant la Deuxième Guerre mondiale, avaient conçu une torture intolérable. Ils plaçaient le récalcitrant dans une cabine insonore dont il ne pouvait pas sortir et le silence faisait son œuvre. Les professionnels qui font toute la journée des audiogrammes, en cabine insonore, savent bien qu'à la fin de la journée ils sont abrutis de silence. L'impression de liberté, de vie, de joie qui envahit quand on sort d'une cabine insonore, le sourd ne l'a jamais.

Lors du premier rendez-vous avec un malentendant, toute une série de comportements sont observables. Il est évident que l'ancienneté de la surdité, son importance, sa rapidité d'installation, l'entourage et ses réactions, l'état psychique et physique (autres handicaps) doivent être recherchés pour guider l'ORL, l'audioprothésiste et l'orthophoniste. Le regard anxieux qui s'accroche aux leurs, l'effort pour ne rien manquer, le comportement de l'accompagnant et la quête du presbyacousique qui se retourne sans cesse pour quémander une approbation ou une aide donnent une assez bonne image de la situation à laquelle le devenu sourd est confronté et de son vécu de la déficience auditive.

L'objectif majeur est de s'accorder avec la réalité du patient qui nous fait confiance. S'agit-il d'un patient qui est prêt, qui sait ce qu'il vient faire et qui veut s'en sortir ou bien d'un être coupé du monde et qui ne sait plus ce qu'il doit faire pour communiquer à nouveau ? Les deux situations sont tellement différentes au début qu'on serait tenté de faire un pronostic. L'expérience nous a appris à n'en rien faire. La plupart des patients ignorent tout de ce qui leur arrive et de ce que nous pouvons faire pour eux. Certains sont convaincus qu'ils n'ont aucune chance de sortir de l'impasse tandis que d'autres sont d'emblée sûrs qu'en quelques leçons, ils auront la maîtrise de la lecture labiale et que cela suffira.

Pratiquement tous ignorent tout de la performance qu'ils vont devoir réaliser pour, de nouveau, communiquer avec les autres. C'est donc progressivement que se fera jour le devenir du travail fait en commun. Les échanges, la patience, la volonté de bien faire, la qualité des conseils et des compétences mises en jeu, la forme employée pour aider, tout va jouer en faveur du sourd ou au contraire, par leur absence, conduire à l'échec…

Si le patient s'est habitué, sans aide extérieure, à sa surdité et à réaménager ses habitudes et ses repères de fonctionnement langagier et de vie, il considère avec effroi les nouvelles stratégies à adopter, les nouvelles perceptions à discriminer. Bouleverser ses habitudes et ses repères devenus inefficaces, consentir à des changements vont lui paraître, dans un premier temps, des obstacles insurmontables et générer, par-delà même, encore plus de « résistances ». Colère et sentiment d'injustice peuvent le submerger. Il faudra aussi déjouer les préjugés quant à l'efficacité ou aux limites de l'appareillage et de la rééducation.

Connaître le vécu du presbyacousique nous permet d'adapter nos comportements thérapeutiques. C'est ce que nous commençons à entrevoir dès la prise de contact. Nous allons donc, avec notre propre expérience et celle de notre patient, mettre en place une dynamique qui sera sans cesse ajustée, modifiée, adaptée aux résultats que nous constaterons avec lui.

Plus de 80 % des déficients auditifs ont plus de 65 ans. Certains ont développé en parallèle des troubles cognitifs ou des pathologies qui limitent leurs ressources face au handicap et génèrent eux-mêmes d'autres incapacités.

Certains surhandicaps peuvent rendre les stratégies de compensation très malaisées. Les basses visions, les troubles de la mémoire, les vertiges, les acouphènes peuvent rendre cette éducation extrêmement problématique. Il faut parfois se donner un peu de temps pour ne pas décourager à jamais le malentendant. Il faut surtout le dépister dès le début et donc interroger soigneusement le malade et son entourage.

Le bilan orthophonique doit faire l'inventaire de tout ce qu'il est possible d'utiliser par la suite : nature de la demande, comportements, stratégies de compensation avec ou sans lecture labiale, capacité à reconnaître les indices faciaux, qualité de la communication actuelle, possibilités d'expression, compétences phonologiques (sons du langage), lexicales, syntaxiques, capacité d'attention, de mémoire à court et long terme, capacités visuelles et auditives restantes, qualité de la voix, de la posture, de l'articulation…

Il est indispensable que le presbyacousique fasse le deuil de son état antérieur. Cette étape est nécessaire pour qu'il se prenne en charge, dédramatise la situation, accepte les erreurs et positive son combat. Le presbyacousique doit prendre conscience qu'il lui faut intégrer de nouvelles stratégies d'analyse et de compréhension des échanges, mettre en place d'autres moyens sur la base de schémas fonctionnels différents. Faute de quoi lorsque la plasticité cérébrale ne lui permettra plus d'acquérir du nouveau, il devra alors se contenter de son sort. Il lui faudra défier le handicap. Cela ne se fera pas sans modification des fonctionnements visuels, cognitifs et sans inventivité.

Bien que les entrées auditives soient défaillantes, le cerveau, lui, continue à fonctionner comme s'il recevait des entrées « réalistes activant des processus de compréhension automatisés, acquis dans la vie d'entendant, instantanés et presque inconscients ». Ce cerveau « rebelle » résistera autant que son utilisateur à l'activation de procédures à emprunter volontairement.

On conseillera au patient de maintenir la communication, de se faire entendre car il est indispensable pour échanger que le schéma de la communication soit circulaire. Le devenu sourd perd très vite le goût de parler et même de chercher à comprendre. Il est indispensable de briser le cercle vicieux dans lequel il est entré.

Il lui faut ensuite perfectionner ses compétences langagières, analyser sa propre articulation, prendre conscience de la manière dont le langage est structuré, dont la parole est produite et comparer ses performances avec la parole des autres.

Nous ne voyons, n'entendons, ne donnons du sens qu'à ce que nous avons appris à reconnaître, entendre et voir dans l'univers sonore et visuel environnant.

Tout ce que nous venons d'exposer va nous permettre de mieux connaître la personnalité du malentendant. Nous devons gagner sa confiance et l'aider à se positionner dans une dynamique d'espérance et de succès car il nous reste un travail fondamental à faire : lui apprendre ce qu'est la suppléance mentale et l'usage qu'il doit en faire pour devenir un expert dans l'art subtil de lire sur les lèvres et expert aussi de son langage.

La suppléance mentale déjà évoquée se fonde sur nos compétences linguistiques. Elle fait appel à la ou plutôt aux mémoires et à notre capacité à faire des liens. Elle bénéficie de nos apports culturels, des aptitudes phonétiques, syntaxiques et sémantiques d'analyse de la langue… Elle révèle l'être profond, son histoire de vie, sa structure de pensée… Elle nécessite un support pour se mettre en route. Il lui faut des indices, des signes. Il lui faut un contexte, un thème. Elle s'enrichit de l'affectif et de l'imagination. Mais au final, elle représente l'individu dans ce qu'il a de plus intime, dans ses désirs les plus secrets, ses préoccupations, ses inhibitions… « Le maniement du conscient et la révélation de beaucoup d'inconscient » influencent l'exercice de la suppléance mentale.

Les qualités à cultiver sont bien plus la vitesse d'association, la vivacité d'esprit, la mémoire de travail, la rapidité d'intégration que le bagage culturel, le niveau d'études ou le niveau social, tant il est vrai que « mieux vaut tête bien faite que tête bien pleine » (Montaigne).

Il faut demander au sourd de faire feu de tout bois, de « faire sens » de toute information : une expression du regard, une mimique, une attitude permettant de voir que l'interlocuteur va parler ou au contraire qu'il a fini et qu'il est temps de lui répondre. « Un sourire, une moue, un haussement d'épaules, un hochement de tête sont autant d'éléments pour régler le temps de parole, prendre son tour, s'arrêter pour laisser place à une alternance indispensable à l'équilibre du dialogue… » Cette aisance que le sourd a perdu par manque d'informations auditives, il doit la retrouver en appréciant d'autres éléments visuels qui lui paraissaient secondaires quand l'audition était performante.

Les restes auditifs non stimulés vont se dégrader. La préservation de ce capital résiduel est primordiale toujours au prix d'une « éducation auditive » accompagnée par l'orthophoniste.

Il faut également prendre en compte la rapidité d'installation de la presbyacousie. Là encore, une presbyacousie galopante est rare et il faut des traumatismes sonores ou des produits ototoxiques pour l'induire tôt dans la vie et lui faire brûler les étapes. Donc, encore une fois, il est pratiquement toujours possible de se préparer à perdre l'audition dans ce vieillissement généralement lent et progressif. Encore faut-il être capable de le prévoir sans se contenter de demander au patient d'attendre que les choses se précisent en prétextant « qu'il n'y a pas grand-chose à faire » et en prescrivant un traitement médical dont on sait qu'il n'y a rien à attendre.

Il faut enfin ne jamais oublier d'anticiper pour ne pas subir. Afin de nous permettre de communiquer longtemps, il est nécessaire de montrer encore une fois ce que nous pourrions faire sans budget supplémentaire mais uniquement en éduquant enfants et adultes à se préparer à vieillir dans le meilleur état envisageable comme nous les préparons à entrer dans la vie avec le meilleur bagage éducatif possible. L'éducation à la santé fait partie des rôles fondamentaux des professionnels.

Pour les patients que nous voyons encore jeunes, qui sont décidés à lutter, qui savent que seuls leurs efforts seront payants et qui se mettent au travail dès la cinquantaine, les perspectives de réussite à une suppléance très correcte face à la déficience auditive croissante sont maximales : l'aide auditive, la lecture labiale et les modifications comportementales et fonctionnelles feront leurs oeuvres. Nous avons une mission à accomplir pour que ce soit la règle et non l'exception.

On le voit, sans participation active et motivée, pas de bons résultats : ce sont les fondations sur lesquelles repose la réussite. Il reste à acquérir des qualités de regard et d'audition qui ne vont pas l'une sans l'autre.

Pour que la lecture labiale devienne un réflexe, il est nécessaire de travailler un certain nombre de mécanismes qui sont peu utilisés dans la vie courante d'un normo-entendant. Il faut apprendre à distinguer le moindre mouvement facial, quelles que soient les circonstances et la lumière ambiante. Il est nécessaire d'avoir une bonne vue, au besoin corrigée, et d'augmenter la vitesse de perception et de discrimination aussi bien dans le balayage et l'exploration qu'au cours du suivi. Il est indispensable d'extraire le trait pertinent visible des sons de la parole, de le mémoriser pendant toute la phrase, de l'interpréter en temps réel. Il faut pouvoir tourner la tête pour voir longtemps sans bouger le corps, être attentif sans arrêt, savoir scruter sans fatigue. Il est nécessaire enfin de combiner toutes ces performances avec celles que l'on va demander à l'oreille.

Car pour bien lire sur les lèvres, il est bon de coordonner les perceptions visuelles avec les restes auditifs et lever ainsi certaines ambiguïtés. Ces restes auditifs ne se travailleront pas sans prothèse mais le fait d'en porter ne dispense absolument pas du travail. Il faut en effet comprendre que mettre l'audition en inactivité, c'est aussi mettre le langage au repos puis la cognition et… la régression ne sera pas longue à suivre.

Travailler son audition a aussi pour but d'éviter l'apparition, faute d'un *feed-back* efficace, d'une voix monotone, sans expression et la dégradation de l'expression orale mais également d'activer des zones d'audition et d'intégration qui, sans ce travail, seraient perdues (par dégénérescence). Le presbyacousique n'en voit pas toujours l'intérêt et il faut lui expliquer que la mise au repos entraînera des effets graves pour tout ce qui dépend de l'organe qui ne travaille plus. Tout exercice humain, sportif ou cognitif, demande un entraînement sans lequel aucune performance n'est possible et ce sont deux vraies performances que de lire sur les lèvres et de garder ses facultés intellectuelles avec un handicap comme la baisse d'audition.

On fera travailler avec et sans bruit de fond afin de montrer qu'avec de la patience et une attention orientée on peut comprendre avec une presbyacousie même dans le bruit si on y ajoute les performances de la lecture labiale et de la suppléance mentale. On éduquera dans le bruit à toutes les intensités sonores accessibles en ajoutant ou en retirant des aigus ou des graves, dans des ambiances variées.

Il faut constituer ce matériel sonore qui n'existe pratiquement pas en France et, reconnaissons le, même dans d'autres pays. Nous avons des progrès à faire mais nous avons les bases et nous voyons la direction à suivre. Nous y travaillons.

Pour montrer l'intérêt de cette éducation auditive et visuelle, on fera souvent des comparaisons avec le son uniquement, la vue seulement et les deux à la fois en enregistrant les performances et en comparant les résultats d'une séance à l'autre, d'un mois à l'autre. Le véritable objectif est de donner confiance au presbyacousique et de lui faire découvrir sa propre manière de construire ce nouvel accès à la compréhension d'un message audiovisuel avec tous les sens, y compris l'oreille.

Aucune approche n'est universelle et c'est à nous de construire avec le patient sa logique, sa langue, sa façon d'organiser les données, sa manière de concevoir et d'avoir des résultats, l'aider de notre savoir-faire et savoir être professionnel, lui rendre confiance, le rassurer. Ce travail de longue haleine ne se terminera jamais même si notre part disparaît ou reste infime. Avoir aidé son patient à se prendre en charge et à s'investir dans ce long voyage vers le maintien de la communication est ici notre raison d'être.

S'occuper de quelqu'un avec soin concerne autant les professionnels que l'entourage et la société. Alors la question « qui soigne ? » perd de sa pertinence. « Se soigner », se faire à soi-même les soins nécessaires ou « se faire soigner » pose « les problèmes de la compréhension de la relation de soin et du partenariat dans l'action de soigner ». Si soigner signifie « persévérer ensemble dans l'existence », comme l'écrit Bernard Honoré, alors le patient lui-même, sa famille, les professionnels et la communauté sociale ont leur rôle à jouer.

Une prise en charge efficace et « rentable » du patient suppose une bonne entente entre les professionnels car il y va de leur crédibilité que cela se fasse en milieu hospitalier ou en pratique de ville.

Il est indispensable que chaque professionnel d'une équipe pluridisciplinaire puisse s'appuyer sur ses collègues, pour ce qui n'est pas de sa compétence ou ce qui aurait pu lui échapper. L'entourage, la famille et, en particulier, la personne qui s'investira dans l'accompagnement, deviendront aussi des partenaires, des « répétiteurs » à domicile. Ce peuvent être le conjoint, le fils ou la fille, un voisin, un ami qui accepteront de s'investir pour soutenir l'entraînement des séances, travailler sur l'articulation, comme ils l'auront appris en accompagnant le presbyacousique aux séances chez l'orthophoniste. Nous avons besoin, le presbyacousique a besoin de la bonne volonté et de la compétence de chacun comme c'est le cas pour les aveugles ou beaucoup d'autres handicaps pour lesquels la tierce personne est reconnue et même remboursée par la Sécurité sociale. On mesure le chemin qui reste à faire pour l'audition.

Pour terminer, lorsque l'appareillage est possible, la lecture labiale se présente comme le complément indispensable de la prothèse auditive, puisqu'elle permet de « visualiser » certains signaux acoustico-phonétiques, que les difficultés d'intégration, liées à la surdité de sénescence, amputent. Lorsque l'appareillage n'est pas possible, la lecture labiale jointe aux stratégies cognitives de compréhension restent les seuls moyens d'accéder au sens (si l'on excepte l'écrit ou le graphisme) pour le devenu sourd.

■ En quelques lignes ■

L'expérience nous montre l'insuffisance de l'aide aux personnes âgées devenues malentendantes et ce n'est pas étonnant car toute la population ignore en quoi consistent l'audition et la compréhension. Une petite révolution est à imaginer pour changer cette situation.

Un préalable : en aucun cas l'aide de l'orthophoniste ne peut se substituer au port de deux aides auditives bien adaptées. Mais ces dernières sont tout à fait insuffisantes à elles seules pour reconstruire une audition identique à celle d'avant. L'orthophoniste doit permettre au porteur de ces deux prothèses de percevoir au mieux mais aussi d'interpréter et de compléter ce qui n'a pas, malgré une technologie de plus en plus performante, été perçu. Il faut par ailleurs ne pas méconnaître les réels troubles réactionnels face à la surdité : l'isolement, la solitude permanente liés au manque de communication. Il en découle anxiété et dépression. Bien vite s'y ajoute le désespoir quand les premiers efforts ne donnent pas le résultat escompté. On peut également parler d'abattement lorsqu'on entrevoit la somme d'efforts à accomplir...

C'est là que, quel que soit son état, le presbyacousique a besoin d'un(e) orthophoniste pour comprendre, accepter et travailler utilement. La « rapidité intellectuelle » est un atout, c'est pourquoi nous proposons de commencer très tôt le travail d'adaptation. Mais il faut savoir que le moindre progrès est bénéfique et que chaque pas sur le chemin du sens apporte une amélioration. Tout le monde doit y participer mais si quelqu'un peut beaucoup, c'est l'orthophoniste dont le savoir-faire et le savoir-être en matière de communication langagière permet au sourd de vaincre par son courage. Si la prothèse est, par malheur inefficace, la lecture labiale et l'entraînement d'un système cognitif complexe reste l'ultime moyen de toujours communiquer.

Pour approfondir

Bess FH, Lichetenstein MJ, Logan SA *et al.* Hearing impairment as a determinant of function in the elderly. *J. Am. Geriatr. Soc.*, 1989, *37* : 123-128.

Chappuis R. *La psychologie des relations humaines*, Que sais-je ?, Paris, PUF, 1986.

Cohn E. Hearing loss with aging, presbycusis. *Clin. Geriatric Med.*, 1999, *15* : 145-161.

Dumont A., Calbour C. *Voir la parole. Lecture labiale. Perception audiovisuelle de la parole.* Coll. Orthophonie, Masson, 2002.

Gates GA, Cooper JC. Incidence of hearing decline in the elderly. *Acta Otolaryngol Stockh*, 1991, *111* : 240-248.

Honoré B. *Soigner, persévérer ensemble dans l'existence*, Seli Arslan, 2001.

Karacostas A. *Surdité et bien-être. Contribution de professionnels sourds et entendants à l'amélioration des pratiques en santé mentale et surdité*, Ed. Charles Léopold Mayer, 1997.

Kirikae I, Sato T, Shitara T. Study of hearing in advanced age. *Laryngoscope*, 1964, *74* : 205-221.

Le Ny JF. *Comment l'esprit produit du sens*, Odile Jacob, 2005.

Martin H, Martin C. Presbyacousie et presbyacousie accélérée. In : Lafon JC, Sénescence de la relation, Besançon, *Bull. Audiophonol.*, 1981, vol; 15, n° 3 & 4, ed. Lafon : 247-253.

Mulley GP. Preparing for the late years. *Lancet*, 1995, *345* : 1409-1413.

Paillat P. *Vieillissement et vieillesse*, Que sais-je ?, PUF, 1993.

Recasens G, Ancri J. Vieillesse et vieillissement : considération et modèles psychosociaux, Elsevier, Paris, *Guide pratique de psycho-gériatrie*, tome 2, 1994 ; 174-179.

Vanneste S, Pouthas V, Wearden JH. Temporal control of rhythmic performance : A comparison between young and old adults. *Experimental Aging Research*, 2001, *27* : 83-102.

Veil S. Préface de *Lecture sur les lèvres et conservation de la parole*. Editions médicales et universitaires, ISBN 7211 ; 001-7.

Vergnon L. Et l'audition, y pensez-vous ? « Au bonheur d'entendre ». In : *La Revue de Gériatrie*, 2002, Asnières, Edimedica, tome 7, n° 3 : 145-148.

Virole B. *Figure du silence. Essais cliniques autour de la surdité.* Éditions Universitaires, Paris, 1990.

Chapitre 36

Presbyacousie et lecture labiale

Ces petites phrases ont trois sens différents pour un normo-entendant :
« Cet homme est énormément bête.
Cet homme est énorme et m'embête.
Cet homme est ténor mais m'embête. »
La mélodie et ses brisures, l'intonation et le contexte vont permettre de choisir la véritable intention communicative.

De l'incertitude du regard sur la parole

De l'incertitude dans la réception, la perception et la compréhension orale

Entendre n'est pas synonyme de comprendre. « Entendre reflète le fonctionnement du système auditif, comprendre celui du système neurologique. »

L'audition d'un presbyacousique appareillé fournit de nouvelles informations qu'il peut assimiler à des bruits sans toujours les identifier comme sons signifiants d'où un décodage difficile. Le sujet sourd doit apprendre à faire sens de ces sons modifiés, parfois inconfortables, pour optimiser les bénéfices de l'appareillage, d'autant que les aides auditives véhiculent désormais des informations sonores qui n'étaient plus perçues avant leur port. Les capacités de sélection puis d'analyse auditive du patient gagnent à être affinées, toujours à dessein d'améliorer l'intelligibilité dans une éducation auditive accompagnée.

L'audition permet de percevoir le *continuum* sonore de la parole puis il faudra trier, segmenter et ne conserver, pour les opérations mentales menant à la compréhension, que les informations jugées pertinentes. Mais qu'est-ce qui reste perceptible des caractéristiques acoustiques, articulatoires, fonctionnelles des phonèmes (sons du langage) lorsque le sujet ne peut plus les entendre avec précision ?

Conjointement aux productions sonores voire même de façon anticipée, la parole offre un film quasi ininterrompu d'images labio-faciales variables pour un même message et selon l'interlocuteur. Comme J.-P. Le Ny dans son ouvrage *Comment l'esprit produit du sens*, nous pouvons dire que le sens « entre dans l'esprit » par l'œil et l'oreille.

La lecture « labiale »

La lecture labiale se définit comme la reconnaissance de phonèmes de la parole et de mots à partir du décodage d'indices labiaux : « lecture » de mouvements des lèvres mais aussi de la mâchoire, du menton, des dents, de la langue, des joues, c'est donc d'une lecture « oro-faciale » de la parole (A. Dumont) qu'il s'agit, d'autant que s'y ajoutent des informations visuelles faciales accompagnatrices, des mimiques non verbales, porteuses aussi de sens (mouvements des yeux par exemple).

La définition de l'Unesco englobe aussi dans cette lecture les mouvements des mains et du corps, indices visuels de communication non verbale, c'est dire si cette lecture globale est une lecture du corps. Comme le dit encore A. Dumont, c'est à « une perception (audio) visuelle de la parole » que le sujet doit se référer pour accéder au sens.

Ajoutons que nous articulons « au rythme de 100 à 200 mouvements par minute, à la cadence d'un mot toutes les 400 ms, évoqué parmi les 30 000 mots usuellement utilisés ». On mesure alors la performance à entraîner et les compétences à convoquer. Trop rares sont ceux qui peuvent se prévaloir de « lire » la parole efficacement sans aide spécialisée.

La conception traditionnelle de la lecture voudrait remplacer les « lettres » à déroulement spatial et les assimiler dans la lecture labiale aux sons à déroulement temporel codés en indices faciaux (lecture de sons, de gestes un par un). Mais à chaque unité phonétique (unité de 2e articulation) ne correspond pas un mouvement labial spécifique. Ce codage est donc par essence lacunaire.

➤ Ambiguïté des indices visuels de la parole

« D » se prononce en donnant du bout de la langue au-dessus des dents d'en haut, « DA », nous dit Molière dans Le Bourgeois gentilhomme… mais avec « DI » peut-on encore concevoir la réalisation de ce mouvement lorsque la production de la voyelle « I » est préparée alors que la consonne n'est pas encore émise (phénomène de coarticulation à l'intérieur de la syllabe) ?

Comment à partir d'indices visuels, fugaces, précaires, instables, invisibles, confondus, variables selon l'interlocuteur ou le contexte, peut-on accéder au sens par la lecture labiale ?

De multiples méthodes d'apprentissage sont utilisées mais toutes s'accordent sur la distinction entre plusieurs types de gestes articulatoires à percevoir, reconnaître, trier, sélectionner, compléter et interpréter pour accéder au sens.

- Certains gestes articulatoires invisibles, tels la vibration laryngée (différentiation entre phonèmes sourds et sonores) et l'élévation/abaissement du voile (différentiation entre phonèmes oraux et à résonance nasale), ne peuvent être détectés visuellement. Ces traits articulatoires absents de la modalité visuelle d'accès à la parole ne permettent donc pas de discriminer t, d et n par exemple.

  Certains lieux d'articulation (intra-buccaux), réalisés au fond de la gorge par exemple (k, g, r), sans participation labiale rendent certaines syllabes et au-delà certains mots non différentiables (bar/bras/bas par exemple).
- Certains gestes articulatoires, visibles certes, ont la même image labiale (même configuration des lèvres) tandis qu'ils sont auditivement différents. Ils sont peu discriminants dans un même groupe de sosies labiaux. Il faudra alors sélectionner celui qui correspond au mot le plus adapté. De même que des phonèmes peuvent être sosies sur le plan visuel (quand on les prononce, on voit la même chose sur les lèvres), une même séquence labiale peut correspondre à deux mots différents : pinson, pression, pinceau… écrire, guérir. D'autres ont des formes labiales trop proches pour être toujours différenciées par la vue (a, e, è, in, an, o de « porte » par exemple).
- Certains gestes articulatoires visibles sont transformés par des phénomènes de coarticulation, ils vont déstabiliser les mouvements articulatoires. Par exemple le « t » et le « l » sont visibles dans « tard » et « lard » mais pas dans « tour » et « lourd ».

  Les indices d'un phonème se chevauchent, s'influencent, se transforment, se révèlent ou se neutralisent selon leur association avec les phonèmes juxtaposés (contexte vocalique ou consonantique). Le « s » de « so » n'est pas visible car les lèvres se sont arrondies en préparation de l'articulation du « o » qui le masque.

Pour mieux considérer les ambiguïtés des images fournies par le film des gestes articulatoires, installons-nous devant un miroir et silencieusement, sans chuchoter, constatons que, bien sûr, certains mots sont facilement identifiables : appel, chat, lavabo… dans leur contexte mais que reconnaître en articulant silencieusement : « curieux, juriste, gourde, gros, exercices ou choucroute… » ? Il est impossible de différencier, par exemple encore, pain, baie, mère, bec, main et près ? Complexifions encore un peu ce jeu de lecture labiale. Certains mots tels que « serrurier et écolier » se présentent sous la même forme « labiale » mais n'ont pas le même sens ! Les facteurs lexicologiques (choix du mot correct) et contextuels vont participer à l'élaboration du sens. Des stratégies de traitement des informations vont s'avérer indispensables pour comprendre et lever les incertitudes qui émaillent la construction du sens.

M. Istria donne un excellent exemple pour illustrer ce propos. Imaginons la séquence : « j'ai acheté une choucroute chez le charcutier ». Le presbyacousique est capable en situation de voir et de comprendre « j'ai acheté… chez le charcutier ». Le film visuel des phonèmes de a/che/té par exemple ne peut donner lieu à aucune ambiguïté de sens : aucun autre mot français ne correspond à cette séquence articulatoire. Mais si le malentendant a perçu aussi la fin de la phrase, il se demande : « acheté quoi ? ». En effet, l'articulation de « choucroute » est vue comme une simple avancée des lèvres qui pourrait tout aussi bien correspondre à la réalisation d'un « u », d'un « ou », « on », « ch » ou « j ». Ce que le sujet peut déduire, c'est qu'il ne s'agit pas de « jambon », « pâté » ou « saucisse » : leurs images labiales ne sont pas compatibles avec une unique avancée prolongée des lèvres. Le bon labiolecteur doit, pour comprendre, faire intervenir le contexte et sa signification en éliminant « l'incompatible ».

Plus il connaît sa langue sur le plan syntaxique, phonétique et sémantique, plus il évoque rapidement les possibilités du lexique, plus il aura de facilité à deviner juste à coups de paris successifs. Mais au lieu de comprendre « choucroute » dès le milieu de la phrase, il va devoir mémoriser les éléments perçus (auditifs et visuels) jusqu'au bout de la séquence de parole d'où l'importance aussi de ses performances mnésiques.

« Un tiers des phonèmes sont en partie reconnaissables au niveau labial » nous disent A. Dumont et C. Calbour dans leur remarquable ouvrage « Voir la Parole ».

Les informations fournies sont incomplètes et ambiguës du fait de la présence de sosies labiaux ou des phénomènes de coarticulation. Or la qualité de l'extraction des invariants définissant chaque phonème est primordiale pour accéder au sens. À 15 phonèmes consonantiques différents ne correspondent que six images articulatoires différentiables. À 13 phonèmes vocaliques correspondent seulement trois ou quatre images différentes. Les confusions sont donc possibles même si elles s'atténuent avec leur position finale ou initiale dans le mot.

Variabilité des modes articulatoires de chaque interlocuteur, phénomènes d'interférences entre phonèmes, sosies labiaux rendent aussi la lecture labiale travaillée isolément moins performante car le rendement final de la lecture « labiale » dépend aussi des repères langagiers du lecteur et de ses connaissances visuelles et praxiques en matière d'articulation.

« Conscience du mouvement » et indices visuels de la parole

C'est en prenant conscience des mouvements que l'on fait soi-même pour parler que l'on peut mieux les reconnaître dans l'observation puis la « lecture » sur autrui d'où un travail nécessaire d'articulation et de parole que le presbyacousique doit réaliser sur lui-même.

Quand il « imagine » un mouvement, qu'il le lit sur autrui et quand il l'effectue vraiment, ce sont les mêmes zones corticales qui sont activées.

Ce travail de précision articulatoire et de praxies motrices fait partie intégrante de celui de la lecture de la parole car il permet de fixer, de mémoriser, conscientiser les images motrices et d'instaurer un « contrôle » moteur des perceptions visuelles et auditives.

Lever les incertitudes pour accéder au sens

Avec « l'inter-rétroaction » des suppléances sensorielles et mentales

La lecture de la réalité passe par trois étapes où la perception ne se réduit pas à la simple réception des données du réel. Les informations sensorielles sont sélectionnées, décodées, interprétées :

- étape sensorielle : repérage de caractéristiques des signaux acoustiques et visuels ;
- étape perceptive : catégorisation, regroupement, mise en forme des données sensorielles ;
- étape cognitive : interprétation des données et attribution d'un sens.

Tous ces mécanismes sont potentiellement ralentis et déstructurés chez le presbyacousique sans qu'apparaisse dans un premier temps une gêne véritable mais insidieusement la désafférentation fait son œuvre avec « l'endormissement des fonctions ».

Sous le contrôle constant des ressources attentionnelles, de la concentration, plusieurs étapes de travail vont coordonner suppléance sensorielle et suppléance mentale :

- saisie visuelle et auditive pertinente, détection et discrimination : sélectionner ce qu'on veut capter malgré le parasitage (filtrage) ;
- segmentation du message dans le film continu de la parole visualisée : dans l'enchaînement des sons ou des images, le sujet doit opérer des découpages en unités de sens ;
- mémorisation des segments (phonèmes ou morphèmes) en mémoire de travail ;
- identification et évocation rapide du lexique (et de sa polysémie), préalable à son traitement sémantique (sens) ;
- élimination des hypothèses erronées en fonction du contexte verbal et non verbal ;
- mémorisation des sous-traitements déjà opérés ;
- suppléance mentale : confrontation avec la connaissance de la langue (jugement grammatical et sémantique) et de la situation car le message n'a de sens qu'en rapport avec son contexte ;
- accès au sens.

C'est au maniement de toutes ces opérations que le presbyacousique va devoir être reconditionné.

La suppléance sensorielle va pouvoir s'étayer sur l'apprentissage de la lecture « labiale », l'éducation auditive et les performances de l'appareillage.

La suppléance mentale s'appuie sur des facteurs :

- contextuels (thème du message et circonstances d'émission) ; par exemple, le degré de probabilité de chapeau, chameau, jabot, jambon, à séquences visuelles identiques, diffère selon le contexte ;
- lexicologiques : des choix de mots sont à opérer en permanence dans notre construction du message et le presbyacousique va devoir comme tout « compreneur » faire le voyage inverse du locuteur depuis les sons jusqu'au sens en éliminant les possibilités incohérentes ou par exemple les pseudo-mots ; « chocolat » et « jougoulin » offrent la même image labiale mais le second ne fait pas partie du lexique français ;
- syntaxiques : les relations qu'entretiennent les mots entre eux selon des lois syntaxiques sont aussi au service du sens ; pour « calculer » ce sens, le presbyacousique peut aussi s'appuyer sur sa conscience syntaxique lorsque ce qu'il a perçu lui paraît « agrammatical ».

Cette suppléance mentale complète les repères visuels et les restes de perception auditive en les intégrant et les interprétant rapidement.

Nous constatons donc que « l'inter-rétro-activité » à l'intérieur d'un système complexe est présente à tous les niveaux de l'accès au sens et de la communication. Interrétroaction donc au niveau :

- des phonèmes ;
- des mots (niveau lexical) ;
- des structures syntaxiques ;
- des connaissances intuitives conscientisées ou acquises en rééducation ;
- des compétences mnésiques (mémoire de travail, mémoire à court terme et mémoire à long terme) ;
- des restes auditifs « restimulés » et des nouvelles perceptions auditives ;
- des informations verbales et non verbales ;
- entre interlocuteurs…

Avec l'orthophoniste : une conduite accompagnée entre l'analyse et la synthèse

L'orthophoniste convoque dans sa pratique toute une constellation de disciplines qui gravitent autour du langage. Ce soignant puise sa richesse dans la pluralité et la complémentarité de sa formation et de son exercice. Chaque pan de son activité généraliste (pathologies du langage oral et écrit en construction ou atteint neurologiquement, pathologies oto-rhino-laryngologiques, pathologies de la communication…) lui fournit des ressources et des connaissances scientifiques pour accompagner aussi au plus près de ses difficultés, de ses besoins et de ses compétences propres, son patient presbyacousique.

L'activation interactive de fonctions neurologiques qui se conjuguent peuvent générer des troubles interactifs s'autoaggravant comme dans un problème mathématique : une faute de calcul ou de séquence de raisonnement aboutit à une ou des erreurs qui s'accumulent et interagissent. La technicité de l'orthophoniste doit venir réhabiliter la compréhension orale à tous les stades de la construction du sens en faisant « travailler » toutes les fonctions requises. Puis il/elle s'attachera à automatiser les acquis.

En matière de lecture « labiale », compétences analytiques et synthétiques vont se conjuguer. Il faut apprendre au patient à détecter et discriminer les images labiales qui correspondent aux différents phonèmes en gardant à l'esprit les phénomènes de coarticulation, les phonèmes et mots-sosies et invisibles. Il devra s'entraîner à « ne pas essayer de tout comprendre » mais accéder aussi au sens en se servant du contexte et de sa mémoire. Sans s'attacher à tout prix à reconnaître chaque phonème dans un travail analytique, il ne devra pas abandonner sa quête et ceci, même si quelques mots ou portions de mots seulement ont été perçus. Cette conception privilégie l'accès au sens et non un décodage analytique initial complet.

Regarder, avec l'attention et les connaissances acquises ou redécouvertes en rééducation, des indices visuels captés avec pertinence rend la compréhension plus efficace, la mémorisation plus aisée. Ces indices s'amalgament aux indices acoustiques fournis par l'appareillage, affinés par une solide éducation auditive.

L'orthophoniste explique les limites et contraintes de la lecture « labiale » et l'usage que le patient peut faire de son potentiel langagier (lexique, syntaxe, sémantique), des informations de la communication non verbale, de l'optimisation de sa mémoire, de ses capacités déductives puisées dans le contexte et le bagage culturel pour compenser et accéder au sens.

Avec la technicité de son thérapeute du langage, il lui faudra réunifier les informations visuelles et auditives, même partielles, dans un système cohérent pour identifier les phonèmes et les mots. Il s'attachera à permettre à son patient d'automatiser les nouveaux modes perceptifs et leur traitement cognitif.

Le presbyacousique va devoir compenser le décalage entre la perception des informations et le sens qui ne parvient à la conscience que de manière parcellaire.

Le presbyacousique a besoin de l'aide d'un expert formé, patient, présent en continu. L'orthophoniste est en position privilégiée pour assurer l'accompagnement, la recomposition et la consolidation de ce qu'il/elle lui a appris à analyser.

Dans un contexte de repli sur soi du patient, l'orthophoniste a pour mission de restaurer la réception de la parole (d'augmenter son « audibilité » et sa « visibilité ») mais aussi son désir de communication et son estime de soi en assurant le succès de ses compétences sensorielles et cognitives muées en véritables performances.

Cette conception de la prise en charge du patient, qui pourtant répond adéquatement à ses besoins, est peu promue par manque d'informations du patient et de sa famille. On ne peut que le déplorer.

L'engagement de l'entourage

La prise en charge veut aussi prévenir les risques de désadaptation sociale et familiale. Les méfaits du vécu de la perte auditive font l'objet du chapitre précédent mais insistons sur l'importance de solliciter la coopération de l'entourage, d'engager un partenaire, d'atténuer les réactions agressives en informant le « répétiteur » des difficultés qu'affronte le sujet et des moyens de l'aider pour le bonheur de tous.

L'efficacité finale de cette « lecture oro-faciale » va dépendre de la qualité des traitements cognitifs coordonnés et celle-ci est propre à chaque sujet. Mais les acquis d'abord fragiles se perdent sans un entraînement continuel d'où l'importance du travail personnel du patient et de l'aide de l'entourage.

En définitive

Selon certaines études, « l'apport des informations visuelles conjugué au traitement auditif améliorerait de 11 dB l'intelligibilité perceptive ». Cet apport, loin d'être négligeable, suffirait à légitimer pour le presbyacousique la « plus value » à attendre de son travail rééducatif pour accéder au sens.

Les performances de sa suppléance mentale et de son potentiel langagier vont influer aussi sur le rendement final de sa lecture oro-faciale. Le presbyacousique s'appuie aussi sur les qualités de son traitement cognitif et mnésique. Il doit exercer ses aptitudes extra-linguistiques, sociales et culturelles. Il doit réinvestir, au travers du contexte, son pouvoir d'évaluation, de déduction, d'anticipation, de sélectivité, de réajustement des hypothèses de sens envisagées.

Dans ce voyage à deux vers le sens, l'orthophoniste, comme un « second au combat », face à la complexité des stratégies compensatoires et de la déficience, soutient et guide son patient dans son effort pour se réapproprier sa vie relationnelle.

■ *En quelques lignes* ■

Il ne suffit pas d'entendre, il faut encore comprendre. Les sons restitués par les aides auditives ne suffisent pas à accéder au sens lors d'une presbyacousie. Il faut leur apporter par d'autres suppléances des indices permettant de « calculer » le sens du message perçu.

Les images labio-faciales permettent d'offrir un complément d'informations. Mais ce système d'analyse est lacunaire et ne permet pas de lever toutes les ambiguïtés.

Certains gestes articulatoires sont invisibles, d'autres se ressemblent, d'autres enfin sont variables selon les circonstances. Les sources de confusion sont donc très nombreuses.

Il existe des moyens de lever cette ambiguïté et le fait par exemple de prendre aussi conscience des gestes articulatoires sur soi-même facilite leur reconnaissance chez l'interlocuteur. Cette conscience motrice de la parole permet de décoder nombre d'indices visuels.

Pour accéder au sens, le devenu sourd, presbyacousique, devra :

- *regarder, avec l'attention et les connaissances acquises ou redécouvertes en rééducation, des indices visuels captés avec pertinence ;*
- *percevoir les données sensorielles remaniées ;*
- *interpréter le message reçu en lui donnant du sens.*

De multiples séquences et opérations doivent se succéder et interagir : saisie des perceptions, segmentation, mémorisation, identification, élimination des erreurs, mémorisation des sous-traitements, suppléance mentale, accès au sens. Ces séquences sont le résultat de

« l'inter-rétroaction » des suppléances sensorielles et mentales.

La suppléance mentale est le fruit de l'interaction de plusieurs facteurs contextuels, lexicologiques, syntaxiques. Elle est présente à tous les niveaux pour exploiter au mieux les restes auditifs et les apports visuels.

Toutes ces opérations réclament effort et persévérance et ne sont réellement possibles qu'avec l'accompagnement d'un(e) orthophoniste, de l'entourage et l'investissement du patient lui-même mais également de tous les acteurs qui ont concouru jusque-là à mettre le presbyacousique dans des conditions de réussite.

Pour approfondir

Calbour C, Dumont A. *Quand vision et motricité donnent plus de sens à l'audition.* Entretiens d'orthophonie, Expansion scientifique française, 2002.

Dumont A. *Les apprentissages du sens dans le paysage des surdités.* Entretiens d'orthophonie. Expansion scientifique française, 2001.

Garric J. *La lecture labiale* (préface de Simone Veil). Ed. Arcos, 1984.

Haroutounian D. *Les presbyacousies. Manuel de rééducation de la compréhension pour surdités acquises.* Orthoédition, Les cliniques d'orthoédition, 2000.

Haroutounian D. *Manuel pratique de lecture labiale.* Solal, coll. Tests et matériels en orthophonie, 2002.

Istria N, Nicolas-Jeantoux C, Tamboise J. *Manuel de lecture labiale. Exercices d'entraînement*, coll. d'orthophonie, Masson, 1996.

Istria N. *De la reconnaissance labiale dans les surdités acquises de l'adulte. Des interrogations d'une pratique aux fondements d'une discipline : résultats d'une recherche.* Entretiens d'orthophonie. Expansion scientifique française. 1991.

Pailler JP. Rééducation de l'audition et de la lecture labiale dans la presbyacousie appareillée. *Bull; Audiophonol.. Ann. Sc. Univ.*, fr-C-1998-vol. 33, n° 182.

Chapitre 37

Une conclusion... est-elle possible ?

L'équipe acoustique de l'*École centrale de Lyon* utilise un modèle informatique dans lequel les étudiants ont dû introduire du chaos par l'intermédiaire d'un champ turbulent à composante aléatoire dans le calcul de la dispersion acoustique. Les résultats ainsi obtenus sont sans précédent : les chercheurs ont enfin réussi à simuler, pour les étudier, les phénomènes acoustiques tels qu'ils ont lieu dans la réalité.

Cet exemple, parmi tant d'autres, illustre combien il paraît difficile aujourd'hui de parler de son et d'audition et par conséquent « d'accès au sens » sans faire référence à la théorie du chaos.

La pensée linéaire permet d'analyser pour comprendre mais comprendre seulement des parcelles de vérité. Une pensée et une pratique médicale fragmentée, sans synthèse, sans remise en lien ultérieure, courent le risque de se réduire et de ne plus pouvoir appréhender la complexité du réel et donc, ici, la complexité du système auditif. Soyons-en conscients. Et qui plus est, toute tentative de recomplexification à l'extrême est aussi vouée à l'échec.

En matière de « contresens », nul n'est à l'abri des ambiguïtés de compréhension, pas même un « normo-entendant ». C'est encore plus vrai pour les malentendants.

« Souffrants, les prêtres (ou les maîtres) baisent la traîne pour briller ». Voilà ce qu'un presbyacousique pourrait comprendre tandis que nous disons : « souvent les prêtres baissent la tête pour prier ». Ou bien « Posséder la pose des pannes ne suffit pas pour être un bon madré praticien » alors que la phrase émise était : « posséder la bosse des maths ne suffit pas pour être un bon mathématicien ».

Ceci illustre les difficultés. Ces quelques phrases ne permettent pas l'extraction du sens, à partir des seuls éléments de lecture labiale et mènent à une interprétation erronée voire à une impasse. Alors sans recours à sa suppléance mentale, à ses compétences linguistiques, à son bagage culturel, nulle correction ne peut remettre le malentendant sur la voie du sens.

C'est la possibilité de faire des comparaisons, des associations avec des idées, des liens avec des souvenirs, des images, des gestes, des sons déjà entendus, vus, produits ou imaginés qui permet l'appréhension du sens exact des énoncés :

Sleon une édtue de l'Uvinertisé de Cmabrigde,
l'odrre des ltteers dnas un mot n'a pas
d'ipmrotncae, la suele coshe ipmrotnate est que
la pmeirère et la drenèire soit à la bnnoe pclae.
Le rsete peut êrte dnas un dsérorde ttoal
et vuos puoevz tujoruos lrie snas porlblème.
C'est prace que le creaveu hmauin
ne lit pas chuaqe ltetre elle-mmêe,
mias le mot cmome un tuot.

Et… qu'il privilégie, hors de la période des premiers apprentissages écrits, l'accès au sens plutôt que le déchiffrage strict des mots isolés.

Ce qui est vrai pour l'expression écrite, visuelle du langage l'est aussi pour son expression orale. La dénomination « théorie du chaos » a été employée pour décrire et résumer les découvertes de Lorenz et leurs développements par ses successeurs. Ces termes reflètent assez mal la rigueur de la conception scientifique que renferment ces nouveaux paradigmes. Ce pont jeté entre le déterminisme et le pur hasard ouvre une voie révolutionnaire pour aborder les systèmes complexes qui constituent la vie.

L'étude de l'audition ne pouvait se soustraire à cette intégration ; mais ce nouveau paradigme ne fait qu'accompagner nos besoins de connaissance. Les lois physiques de l'acoustique, replacées dans leur contexte chaotique, restent le seuil incontournable pour la connaissance de l'onde sonore.

Anatomie et physiologie de l'appareil auditif se doivent d'être étudiées dans leur ensemble, c'est-à-dire depuis la réception de l'onde sonore par le pavillon de l'oreille jusqu'au cortex. C'est pourquoi nous avons jalonné la progression du texte par de nombreux schémas originaux qui font clairement percevoir la complexité du système, la richesse des ramifications et des connections, le grand nombre des bouclages. Preuve ainsi faite, s'il le fallait encore, qu'aucun de nos sens peut fonctionner indépendamment.

Ce magnifique outil qu'est l'oreille, malgré tous ses systèmes d'auto protection, est fragile. Il est indispensable de le protéger le plus tôt possible des agressions de plus en plus fréquentes et plus spécialement des toxicités médicamenteuses et du bruit, véritable fléau qui touche entre autre une jeunesse inconsciente du danger.

Toutes les précautions n'empêcheront pas l'audition de vieillir. À un âge variable, autour de la soixantaine, avec de grandes variations, vont se poser les problèmes de la prise en charge du malentendant.

La société doit s'investir dans cette démarche de santé publique. Mais c'est avant tout aux praticiens qu'il faut apporter une meilleure information afin qu'ils puissent remplir leur rôle auprès des familles et du presbyacousique.

L'expérience montre combien le futur malentendant aura de difficultés à accepter son handicap, puis à se décider à consulter l'audioprothésiste

L'ORL, l'audioprothésiste et l'orthophoniste vont devoir expliquer, persuader ; patienter pour espérer aboutir à un résultat.

Il faut adapter l'aide auditive au presbyacousique…

La meilleure aide est celle qui apporte la meilleure possibilité de substitution à ce qui ne peut pas être rendu par une simple amplification du son.

Mieux vaut diminuer l'importance de l'amplification du départ pour la remplacer par la possibilité de faire des analogies et des corrections en chemin.

Comme sur le plan visuel, une caricature avec quelques traits pertinents nous permet plus sûrement de reconnaître son modèle qu'un bon et fin dessin reproduisant une expression rare.

P. Avan, B. Hugon, F. Degève et L. Guerra précisent dans le rapport sur les aides auditives qu'ils ont écrit en 1998 :

« De plus, la notion de distorsion en tant que défaut est particulièrement pertinente dans le cas d'une aide auditive car elle fait partie des conséquences du processus naturel de vieillissement des composants. Le sujet appareillé peut ne pas les remarquer, voire s'habituer insidieusement alors que la qualité des signaux de sortie se dégrade. C'est lors d'un nouvel appareillage que la disparition des distorsions est parfois notée, et cette fois de manière négative malgré l'amélioration objective des messages transmis : en effet, le sujet « habitué » à utiliser les distorsions va devoir reconstruire son système de références. C'est donc une importante responsabilité de savoir détecter les distorsions gênantes d'une aide auditive assez tôt pour y remédier efficacement. ».

Il faut aussi adapter le presbyacousique à la prothèse

Il est nécessaire de prendre du temps pour aider le presbyacousique à travailler pour adapter son oreille comme un musicien la travaille pour discriminer ce que le non-musicien ne perçoit pas.

Aidons le presbyacousique à s'adapter à l'aide auditive et non l'inverse. La prothèse universelle n'existe pas. Les audioprothésistes devront mettre au point des aides ajustables en temps réel et les orthophonistes aider les patients à s'y adapter également en temps réel.

L'importance des distorsions a été notée dans les chapitres qui précèdent mais n'a pas aujourd'hui de traduction dans l'adaptation des appareils au quotidien.

Proposons que l'audioprothésiste, qui a confié deux aides pour un essai d'appareillage, donne également un logiciel de réglage avec son mode d'emploi au malentendant. Celui-ci pourra, avec l'aide de son orthophoniste, régler lui-même sa prothèse ou du moins fournir les éléments nécessaires à l'audioprothésiste pour un réglage idéal de l'appareil. Le rôle de l'audioprothésiste sera alors d'apprendre au malentendant à se servir du logiciel. L'orthophoniste enfin, devra accompagner le presbyacousique dans son cheminement vers l'accès au sens à partir de l'optimisation de ses compétences et de ses perceptions affinées.

Le travail d'adaptation à ce nouveau regard sur la parole, vue et entendue, sera facilité si cette conception thérapeutique basée sur une gestion transdisciplinaire de la complexité est proposée très tôt.

Apprendre à vieillir, comme nous avons appris à grandir et à devenir adulte, poursuivre la formation continue jusqu'à la dernière minute, demander à des personnes âgées, « les vieux-vieux », d'être les formateurs des « jeunes-vieux » : voilà l'avenir car soigner c'est non seulement maintenir la vie à l'échelle de l'individu mais encore à l'échelle des professionnels et de la société.

La retraite, prise comme un arrêt d'activité sous prétexte d'un repos bien gagné, a un impact lourdement pénalisant sur les dégradations galopantes liées au vieillissement.

Traiter les événements avec plusieurs possibilités d'adaptation et faire des choix à courte échéance en remettant tout en cause, à tout instant, c'est utiliser la théorie du chaos et c'est ce dont notre audition et notre compréhension ont besoin.

Nous voudrions insister sur l'importance des émotions, de l'attention, des renforcements positifs et finalement de la motivation dans le fonctionnement du cerveau humain. Ceci s'applique parfaitement à la perception et au traitement cognitif des sons, car nous entendons et comprenons avec des phénomènes que nous ne voulons pas reconnaître aujourd'hui.

Notre capacité à fabriquer des « attracteurs étranges » refuse de se soumettre à des règles linéaires qui ne sont, pour nous, que des illusions du réel, inutilisables au quotidien. Les phénomènes de compréhension et d'audition font appel à des processus cognitifs et perceptifs complexes et ne peuvent être traités que dans la transdisciplinarité d'une théorie qui défie la complexité.

Les théorèmes de Gödel sur l'incomplétude et l'inconsistance ont montré que l'on ne pouvait pas étudier un système si on en faisait partie. Rappelez-vous le crétois qui disait que les crétois étaient tous menteurs. Notre quête du savoir ne peut pas nous conduire à une certitude de vérité et nos prédictions resteront à jamais des incertitudes. Si nous nous entêtons dans cette voie, nous aurons des lois inadaptées et pour lesquelles les exceptions seront plus nombreuses que la règle.

L'essai que nous vous avons présenté consiste à réutiliser notre cerveau pour ce qu'il sait faire car, s'il n'est pas très doué pour théoriser, il l'est beaucoup plus pour observer et globaliser. Nous avons plus de facilité à donner un avis définitif, le nôtre, qu'à démontrer, pas à pas, que les règles que nous nous imposons pour *prouver* la véracité de notre pensée, sont les bonnes.

La théorie du chaos ne va pas effacer toutes les autres et nous conduire à jeter le bébé « linéaire » avec l'eau du bain. Les sciences que nous avons apprises ont toute leur place et servent à avancer au fur et à mesure que nous les « inventons ». À nous de terminer chaque chapitre par une recomplexification dans laquelle la loi linéaire trouve sa place.

Nos impressions sont souvent bien meilleures que nos jugements. Voir des milliards et des milliards de courants électriques qui s'opposent, s'additionnent, s'ignorent… et imaginer le résultat, est impossible. Mais nous pouvons entrevoir ce qui se passe d'une manière holistique et déterministe.

Jusqu'aux années 2000, pour une presbyacousie, les règles étaient ;

- on ne peut rien faire, c'est une surdité de perception ;
- un vasodilatateur aide… psychologiquement ;
- un seul appareil suffit ;
- un essai de trois semaines permet de conclure ;
- un ou deux réglages permettent de voir si l'appareillage est correct ;
- un suivi n'apporterait rien de plus…

Et d'après la vente des piles on se rend compte que la moitié des appareils finissent dans un tiroir !

Aucune machine ne nous donnera jamais l'état de la pensée d'un homme et aucun logiciel n'entendra à la place d'un malentendant. Lui indiquer ce qui va lui donner le meilleur résultat est impossible mais mettre à sa disposition ce que les derniers progrès permettent de faire, lui donner les moyens de s'en servir et le laisser choisir à sa manière ce qui est bon pour lui, par tâtonnement, par logique, par intuition, c'est lui permettre de faire « ses » attracteurs étranges avec ce dont il dispose.

Ce ne sont ni le médecin qui guérit, ni l'audioprothésiste qui appareille, ni l'orthophoniste qui enseigne, ni le fabriquant qui crée l'aide auditive universelle mais le malentendant qui « seul » peut gérer ce que nous mettons à sa disposition.

Nous vivons dans un chaos qui s'organise et se désorganise au gré d'un déterminisme que nous ne pouvons pas prédire. Il faut laisser l'oreille dans ce chaos dont elle ne peut ni sortir, ni se passer, pour lui permettre de rester fonctionnelle et utile.

En définitive…

Il est sans doute possible de conclure que devant une telle complexité, qui défie l'entendement, la théorie du chaos offre des perspectives qui permettent de voir l'audition sous un autre angle, ou plutôt sous une forme mieux adaptée à notre entendement.

La vision holistique offerte par cette conception des systèmes dynamiques, permet :

- De découvrir un monde que nous n'avons jamais réussi à mettre en équation, comme la forme des vagues, de la fumée, de la cochlée, du pavillon de l'oreille que nous reconnaissons bien qu'aucune de ces formes ne se ressemblent point par point. De leur découvrir des règles universelles et de les faire entrer dans un monde déterministe mais bien sûr imprévisible…

- De commencer à mieux comprendre comment des millions de synapses peuvent, après bifurcation, entrer dans le chaos ou former un attracteur étrange, aboutissant à une idée globale d'une chose ou d'une action ou d'un être vivant…
- D'imaginer comment se conçoivent les événements que nous vivons, comment leurs innombrables interactions les rendent imprévisibles alors qu'ils sont parfaitement déterminés. D'imaginer également ce qui nous pousse ou nous retient dans nos réactions d'adaptation dont nous pouvons cependant mieux préciser les tenants et les aboutissants.

Certes, nous n'avons pas révolutionné la vie des cellules de l'oreille, leur mort est toujours inéluctable. Comme toujours, nous n'avons fait que reculer un peu les limites du problème mais cette manière holistique, chaotique, de concevoir anatomie, physiologie et pathologie, sans faire table rase des acquis du passé, nous semble plus ouverte, plus proche des doléances exprimées par le patient. Si ce dernier perçoit ainsi une meilleure prise en charge et en ressent les effets bénéfiques, si son état lui semble plus supportable et que le soignant le constate objectivement… Pour nous, c'est déjà beaucoup et il faut continuer.

Glossaire

Abaque : représentation graphique destinée à faciliter les calculs.

Abducens : qui éloigne vers l'extérieur.

Abducteur : se dit d'un muscle qui écarte du centre d'une zone anatomique.

Accumbens : voir noyau *accumbens.*

Acide gamma amino butyrique : voir GABA.

Acouphène : bruit subjectif perçu sous forme d'un sifflement, d'un bourdonnement, d'un jet de vapeur, etc.

Actine : protéine contractile qui se rencontre en particulier dans les muscles.

Adénosine triphosphate : source d'énergie pour les êtres vivants, coenzyme de groupement phosphate. Trois stades : ATP, ADP et AMP.

Adénylate cyclase : enzyme importante et second messager pour la conversion de l'ATP vers l'AMPc.

Adhésio interthalamique : encore appelé noyau *reuniens*, tissu nerveux joignant les deux thalamus au travers du IIIe ventricule, réunit les deux zones réticulées des deux thalamus.

Aditus : entrée, orifice d'entrée.

Aditus ad antrum : orifice situé entre la paroi postérieure de la caisse du tympan et l'antre mastoïdien.

Admittance : inverse de l'impédance et s'exprime en siemens (voir siemens).

Adrénaline : voir noradrénaline

Adrénergique : se dit d'un centre utilisant la noradrénaline comme médiateur.

Afférence : élément entrant, arrivant.

Agénésie : défaut congénital de développement d'un organe.

Agnosie : incapacité de reconnaître avec les sens alors qu'il n'y a ni troubles sensoriels élémentaires, ni troubles de l'expression verbale, ni détérioration intellectuelle.

Agraphie : impossibilité d'exprimer par écrit ses pensées ou ses sentiments.

Aire caudale : voir extrémité caudale.

Aire cingulaire : voir *gyrus* cingulaire.

Aires de Brodmann : à partir de la structure du cortex, Korbinian Brodmann a délimité des zones qui ont une apparence histologique semblable. Ces régions sont numérotées de 1 à 52.

Aire auditive primaire : voir cortex auditif primaire.

Aire auditive secondaire : voir cortex auditif secondaire.

Aire auditive associative : voir cortex auditif associatif.

Aire du schéma corporel : ensemble de connexions sensitives et motrices de l'aire pariétale somesthésique aux aires sensorielles et au thalamus...

Aire piriforme : voir cortex piriforme.

Aire septale : voir *septum.*

Akinésie : difficulté ou impossibilité d'exécuter des mouvements musculaires volontaires.

Aléatoire : que rend incertain, dans l'avenir, l'intervention du hasard.

Algorithme : énoncé dans un langage défini d'une suite d'opérations permettant de résoudre un problème par un calcul.

Aliasing : *artefact* introduit dans un signal sous-échantillonné lors d'une conversion analogique/digital.

Alveus : bande de substance blanche qui borde en dehors la corne d'Ammon, véhicule les axones des cellules pyramidales de l'hippocampe jusqu'à la *fimbria.*

Ambiens : voir *gyrus ambiens.*

Ammon (corne d') : ou CA pour corps de l'hippocampe qui a une forme ressemblante. Divisée en quatre régions CA1, CA2, CA3, et CA4.

Ammoniens (champs) : zones de l'hippocampe, voir corne d'Ammon.

AMPcyclique : = AMPc, ou adénosine monophosphate cyclique, a un rôle d'intermédiaire dans la neurotransmission.

Ampoule : récipient.

Ampoules des canaux semi-circulaires : renflements de l'extrémité antérieure, contiennent l'organe récepteur de l'équilibre dynamique ; elles sont situées à la base des canaux semi-circulaires.

Amusie : trouble de l'expression ou de la compréhension discriminante des bruits musicaux ; la qualité de cette dégradation semble dépendre du niveau de connaissance musicale du sujet.

Amyélinique : dépourvu de gaine de myéline, se dit d'un neurone de type II.

Amygdale : groupe de noyaux, faisant partie du système limbique, situé dans le rostre du lobe temporal en avant de l'hippocampe et du *gyrus dente* et jouant un rôle dans les émotions, surtout peur et rejet.

Amyloïde (substance) : protéine de structure physique β-plissée que l'on rencontre dans les maladies neurodégénératives.

Amyloïdose : = amylose, maladie liée à la présence de substance amyloïde.

Amyloïdogenèse : production de substance amyloïde.

Anarthrie : impossibilité d'articuler des sons, des pensées ou des sentiments.

Anastomose : jonction entre deux conduits ou canaux.

Angle ponto-cérébelleux : situé entre le pont, le cervelet et la face endocrânienne postérieure de l'os pétreux, laisse passer le paquet acoustico-facial entre le sillon bulbo-protubérantiel et l'orifice interne du conduit auditif interne.

Anse lenticulaire : fait partie des faisceaux striataux et unit *putamen* et thalamus.

Anthélix : pli, placé en avant de l'hélix et qui se dédouble en haut.

Antitragus : petite saillie située en bas de l'anthélix, en arrière du conduit auditif externe et opposé au tragus.

Antre : cellule la plus importante de la mastoïde ; elle communique avec la caisse par l'*aditus ad antrum*.

Antrum : voir antre.

Apex : sommet.

Apophyse : terme ancien, voir processus.

Apoptose : suicide cellulaire ou mort programmée des cellules, mort propre sans déchets. S'oppose à la nécrose.

Appétence : désir de se nourrir, mais aussi d'achat ou de consommation pour un produit (drogue par exemple).

Apraxie : incapacité d'exécuter des mouvements volontaires dans un but déterminé.

Aqueduc de Sylvius : voir canal de Sylvius.

Astrocyte : cellule gliale assurant le soutien, la protection et la nutrition des neurones.

Arc hyoïdien : voir 2e arc branchial.

Arc mandibulaire : voir 1er arc branchial.

Archencéphale : cerveau primitif représenté par le rhinencéphale.

Archéocervelet : partie du cervelet que l'on retrouve chez les vertébrés primitifs et dédiée à l'équilibration.

Archipallium : cerveau des vertébrés inférieurs, il se résume à l'olfaction. Mais chez l'homme il faut ajouter le rhinencéphale dont la fonction, beaucoup plus importante, gère les émotions et l'attirance ou le rejet. C'est le système limbique.

Area dentata : voir *gyrus dente.*

Area postrema : initie le vomissement et centre détecteur de toxiques, elle siège de part et d'autre du sillon médian postérieur autour du IVe ventricule dans le tronc cérébral.

Astrocyte : cellule nerveuse qui fait partie du tissu de soutien (substance gliale), assure le fonctionnement adéquat des neurones.

ATP : voir adénosine triphosphate.

Atrium : partie inférieure de la caisse du tympan, correspond à la presque totalité du tympan, contient de l'air.

Attentif : voir être attentif.

Attention : de trois types : alerte, attention involontaire et attention volontaire. C'est une faculté qui permet d'attacher son esprit sur un événement ou une personne, qui mérite éventuellement une réponse appropriée.

Attique : partie supérieure de la caisse du tympan contient la tête du marteau et le corps de l'enclume.

Attracteur : c'est un ensemble vers lequel tout système dynamique évolue en l'absence de perturbations. L'attracteur peut être *ponctuel* (pendule vers la position de repos), *ponctuel périodique*, (positions extrêmes d'un pendule entretenu), *étrange* (le papillon de Lorenz), *spatial* (système cellulaire différencié).

Auricule : voir pavillon de l'oreille.

Autophonie : normalement nous n'entendons pas notre voix quand nous parlons. Si le sujet entend spontanément sa voix sans qu'il soit nécessaire de le lui demander, il y a autophonie.

Axone : extrémité terminale unique d'un neurone qui présente un bourgeon terminal avec 10 000 jonctions synaptiques.

Bandelette olfactive : conduit les influx olfactifs du bulbe aux noyaux de la base (*uncus*, amygdale, noyaux du *septum*).

Bandelette optique : conduit les influx visuels du chiasma au corps genouillé latéral.

Battement : perception sonore due à l'interférence de deux sons, de fréquences fondamentales très voisines.

Bec de cuiller : saillie conique creusée juste en avant de la fenêtre ovale pour permettre la réflexion du tendon du muscle du marteau (ou processus cochléariforme).

BIAP : Bureau International d'AudioPhonologie. Organisme international, reconnu pour la valeur de ses évaluations.

Bifurcation : terme utilisé par les « chaoticiens » pour désigner l'instant où un phénomène change son évolution en offrant des possibilités contradictoires. À titre d'exemple : évolution de la courbe de croissance d'une population en fonction de sa reproduction et de ses conditions de vie. Selon le coefficient de reproduction, l'évolution se fait vers la disparition, la multiplication géométrique, ou le chaos.

Bilan orthophonique : prescrit par le médecin, c'est un entretien et une série de tests qui visent à dépister et identifier un trouble : de l'audition (dans le sens comprendre), de la voix, de la parole, du langage, de la déglutition, des capacités logique-mathématiques…

Bouchon épidermique : embryologie ; restes épidermiques qui obstruent pendant quelques jours après la naissance le conduit auditif externe du nouveau-né.

Boucle de rétroaction : ou *feedback*, phénomène qui permet à une fibre nerveuse d'envoyer par une collatérale un *influx* à la cellule qui la précède et qui lui a déjà envoyé le premier *influx*, soit pour stopper soit pour recommencer. Se réalise alors un effet *feedback* qui stoppe le temps permettant un arrêt plus ou moins prolongé sur un phénomène (voir rétroaction).

Boucle limbique : part du striatum ventral (noyau caudé, *putamen* et *accumbens*), reçoit de l'amygdale, l'hippocampe, le cortex cingulaire, atteint le *pallidum*, puis le noyau dorsal du thalamus qui projette sur les cortex préfrontal et cingulaire.

Bourrelet du corps calleux : voir *splenium.*

Bourrelet du tympan : voir ligament annulaire.

Bouton synaptique : = renflement, extrémité de l'arborisation terminale d'un neurone. Un bouton synaptique = partie présynaptique d'un axone d'un neurone et partie postsynaptique d'une dendrite d'un autre neurone.

Bras conjonctival : unit un *colliculus* à son corps genouillé, il est inférieur (audition) ou supérieur (vision) selon le nom du *colliculus* dont il est issu.

Bruit : sensation auditive liée à un phénomène sonore. Il faut distinguer *le bruit parasite aléatoire* (pas exclusivement sonore) que l'on considère comme un biais observationnel venant s'ajouter à l'observation d'un son ou d'un autre bruit non parasite, *du bruit informant,* ne serait-ce que de son existence. C'est un phénomène aléatoire.

Bruit de fond : tout ce qui est perçu et considéré comme non informant. Se dit aussi bien pour l'audition que la vision ou toute autre perception.

Bulbe : Renflement en forme de tubercule.

Bulbe olfactif : siège des corps cellulaires du deuxième et dernier neurone de l'olfaction, il repose sur la lame criblée de l'ethmoïde et contient les cellules mitrales.

Bulbe rachidien : partie inférieure du tronc cérébral au-dessus de la moelle, il est le siège des noyaux gris vitaux.

CA1 : pour corne d'Ammon 1, entre *subiculum* et CA2, partie de l'hippocampe.

CA2 : pour corne d'Ammon 2, entre CA1 et CA3, partie de l'hippocampe.

CA3 : Pour corne d'Ammon 3, entre CA2 et CA4, partie de l'hippocampe.

CA4 : hile entre *gyrus dente* et l'hippocampe proprement dit.

Cadhérines : protéines Ca^{2+} dépendantes, exprimées à la surface des cellules pour en assurer l'adhésion.

Calmoduline : protéine capable de changer de conformation en s'associant à quatre Ca^{2+}, elle devient la Ca^{2+} calmoduline. Ce changement déclenche une cascade de réactions.

Calotte : coiffe, toit, voir *tegmen.*

CAM kinase II : en anglais c'est la calcium/calmoduline-dépendant *protein kinase* famille d'enzymes qui active les MAP kinases. Rappelons que les kinases phosphorylent et les phosphatases déphosphorylent.

Canal cochléaire : créé par un dédoublement de la lame spirale, il est limité en haut par la membrane de Reisner et en bas par la membrane basilaire. Il s'enroule dans le canal spiral de la cochlée entre la rampe tympanique et la rampe vestibulaire. Il contient l'organe de Corti.

Canal de Fallope : traverse de part en part le rocher, présente trois parties séparées par le coude et le genou ; ce canal contient le nerf facial.

Canal de la pyramide : situé dans le *sinus tympani ;* il contient le muscle de l'étrier.

Canal de Sylvius : ou aqueduc de Sylvius conduit le liquide céphalorachidien du IVe ventricule au IIIe entre mésencéphale et diencéphale.

Canal endolymphatique : conduit qui fait communiquer le sac endolymphatique avec l'utricule et la saccule par une division en deux branches en « Y ».

Canal ionique : protéine membranaire perméable à un ou plusieurs ions.

Canal spiral : c'est le nom donné à l'enroulement cochléaire ; il comporte deux tours et demi et est divisé en trois canaux : le canal cochléaire avec au-dessus la rampe vestibulaire et en dessous la rampe tympanique.

Canaux semi-circulaires : Participent à l'équilibration dynamique, ces éléments sont placés dans les trois plans de l'espace et présentent une ampoule dans laquelle les cils des cellules sensorielles baignent dans un liquide huileux.

Capacités mnésiques : qualité et quantité de la mémoire ; recherchées soit par les orthophonistes soit par les neuropsychologues : on tente de mesurer les capacités mnésiques, langagières, praxiques, gnosiques des patients sur la base de tests standardisés.

Cartilage de Meckel : axe cartilagineux du premier arc branchial chez l'embryon et le fœtus dont il ne restera que le marteau et l'enclume

Caspases : pour *cysteinyl-aspartate-cleaving proteases* ; ce sont des enzymes impliquées dans l'apoptose, (les procaspases sont inactives), elles sont activées par TNF, FAS ou des signes de stress… Activées, elles sont capables de scinder d'autres protéines.

Catalase : enzyme qui catalyse la destruction de l'eau oxygénée procurant de l'oxygène aux cellules qui ne peuvent vivre sans.

Catatonie : état d'inertie motrice et psychique alternant avec des états d'excitation, proche de la schizophrénie.

Caudal : voir extrémité caudale.

Cavum : voir naso-pharynx.

Cécité verbale : impossibilité de comprendre le sens des mots écrits et de comprendre les idées exprimées sous forme écrite.

Cellule de Claudius (en dehors des cellules de Hensen) : cellule de soutien de l'organe de Corti.

Cellules de Deiters : cellules de soutien des cellules ciliées externes avec lesquelles elles font corps.

Cellule de Hensen : cellule de soutien de l'organe de Corti.

Cellule de Schultze : c'est le neurorécepteur de l'olfaction situé dans la tache jaune des fosses nasales.

Cellule de Schwann : cellule de soutien du neurone auquel elle apporte la myéline.

Cellules EE : excito/excitatrices, deux cellules nerveuses homologues échangent un *influx* qui se trouve renforcé au départ et à l'arrivée.

Cellules EI : excito/inhibitrices, deux cellules nerveuses homologues arrêtent l'*influx*, la seconde étant empêchée en recevant l'*influx* de la première.

Cellules mastoïdiennes : cavités plus ou moins grandes creusées dans la mastoïde et contenant de l'air ; la plus importante est appelée antre mastoïdien.

Cellules microgliales : voir microglie.

Cellule mitrale : avec la cellule de Schultze, constitue les deux neurones de l'olfaction ; elle est située dans le bulbe olfactif.

Centre de la cécité verbale : voir cécité verbale.

Centre de la surdité verbale : voir surdité verbale.

Centre médian : noyau réticulé central du thalamus.

Centre oculo-cortico-céphalogyre : centre cortical (aire 8) qui commande aux mouvements conjugués des yeux et de la tête lors d'une alerte sonore par exemple.

Centre réticulaire du thalamus : voir noyau central du thalamus.

Cerveau limbique : hippocampe et amygdale région septale *gyrus* cingulaire : émotion, conscience de l'autre…

Cerveau néo-mammalien : dispose de la pensée, contrôle les émotions, abstractions… cerveau des mammifères.

Cerveau reptilien : comporte tronc cérébral, noyaux de la base et olfaction.

Champ auditif : représente les limites de l'oreille humaine pour percevoir la fréquence et l'intensité des sons.

Chaos (théorie du) : Cette théorie traite des systèmes dynamiques qui sont à la fois déterministes et non prédictibles du fait de l'extrême sensibilité aux conditions initiales et de leur récurrence.

Chémorécepteur : voir chimiorécepteur.

Chiasma optique : croisement de fibres des nerfs optiques en avant de l'*infundibulum* ; donne naissance aux bandelettes optiques.

Chimiorécepteur : organe sensoriel réagissant aux propriétés chimiques d'un corps ou à la forme des molécules. Goût ou olfaction.

Chimiotropisme : attirance liée à un agent chimique.

Choane : = entonnoir. Orifice postérieur de la fosse nasale, narine postérieure.

Cholinergique : se dit d'un centre utilisant l'acétylcholine comme médiateur.

Chorde : structure mésodermique axiale (Chordo mésoderme) qui sera à l'origine des vertèbres.

Chromatine : substance de base des chromosomes eucaryotes, correspondant à l'association de l'ADN et des protéines histones.

Cinésie : aptitude ou propension au mouvement. S'utilise en général pour construire des mots composés.

Cingulaire : qui a trait à l'aire cingulaire.

Cingulum : faisceau de substance blanche qui court à l'intérieur du *gyrus* cingulaire.

Circonvolution de Heschl : voir cortex auditif primaire.

Circuit : se dit d'une série de neurones réunis entre eux pour une fonction déterminée.

Circuit de la motivation : voir circuit du plaisir.

Circuit de Papez : circuit limbique impliqué dans la mémoire à court terme.

Circuit des émotions : circuit complexe impliquant système limbique, cortex associatifs et hypothalamus.

Circuit du plaisir : implique système limbique, *striatum*, noyau *accumbens* et substance réticulée en empruntant le *medial forebrain bundle*.

Coarticulation : selon les phonèmes qui l'entourent, un phonème n'est pas prononcé de la même manière, ex : « u » dans annuel et actuel.

Cochlée : constitue le labyrinthe osseux antérieur dédié à l'audition, il est constitué par un tube enroulé sur lui-même sur deux tours et demi et contient l'organe sensoriel de l'audition.

Cochléotopie : correspondance sur la rampe cochléaire entre une fréquence et sa localisation au niveau d'une cellule ciliée interne.

Collatérale de Schaffer : fibre qui assure le retour de l'*influx* de CA3 à CA1 fermant la boucle *intra*-hippocampique.

Colliculus inférieur : noyau pair du mésencéphale, placé sur la voie auditive (*lemniscus* latéral) en dernier relais avec le corps genouillé médian avant le cortex auditif primaire (équivalent thalamique).

Colliculus supérieur : noyau pair du mésencéphale, placé sur la voie visuelle (bandelette optique) en dernier relais avec le corps genouillé latéral avant le cortex visuel primaire (équivalent thalamique).

Colonne : disposition verticale de l'architecture physiologique du cortex, chaque colonne répondant à une somatotopie. Chaque colonne est complétée par une collerette d'autres colonnes dont la fonction est la même mais qui jouent un rôle annexe, appelées maxi-colonnes.

Comma : plus petit intervalle audible entre deux fréquences.

Commissure : faisceau de fibres qui joignent deux centres corticaux homologues.

Commissure blanche antérieure : joint les deux amygdales et cortex piriforme ainsi que les bulbes olfactifs entre eux.

Commissure blanche postérieure : joint tous les noyaux diencéphaliques postérieurs entre eux.

Commissure de Gudden : joint, en suivant le tractus optique, les deux *colliculi* inférieurs et les deux corps genouillés médians.

Commissure de Meynert : fait communiquer les deux noyaux du même nom en passant derrière le *tuber.*

Commissure inter-fornix : voir *psalterium.*

Commissure inter-habénulaire : fait communiquer entre eux les deux noyaux de l'*habenula.*

Commissure inter-thalamique : voir adhésio inter-thalamique.

Commissure sous-optique : fait communiquer les noyaux ventraux de l'hypothalamus en passant sous la bandelette optique en bas et en arrière de l'hypothalamus.

Commissure transverse du tuber : ou faisceau transverse du *tuber*, fait communiquer entre eux les éléments gris du *tuber* en passant par en arrière.

Communication : capacité à être à l'écoute des autres et réceptif aux informations fournies par l'environnement ; capacité à mettre en forme les informations, à transmettre et établir la relation et le *feed-back* nécessaire à la compréhension mutuelle.

Communication non verbale : système de communication couvrant les messages traités par l'ensemble des médias individuels sauf le médium linguistique.

Communication verbale : se fait par le langage qui est la faculté de mettre en œuvre un système de signes linguistiques (la langue) permettant la communication et l'expression de la pensée.

Complexe olivaire supérieur noyaux réticulés protubérantiels dédiés à l'audition.

Complexité : notion utilisée en philosophie (épistémologie), en physique, en informatique ou en sciences de l'information. remplace une intelligence classique de la causalité, linéaire, catégorielle et disjonctive par le jeu des interactions et des rétroactions dans le chaos menant à une représentation holistique et systémique.

Compliance : élasticité du milieu dans lequel se déplace l'onde sonore.

Compulsion : impossibilité de ne pas accomplir un acte ; générateur d'angoisse.

Concept : représentation mentale générale et abstraite de quelque chose. Idée d'un objet conçu par l'esprit, permettant d'organiser les perceptions et les connaissances.

Conduit auditif externe : canal cartilagineux puis osseux, tapissé de peau et fermé par le tympan, il fait partie de l'oreille externe avec le pavillon dans lequel il s'ouvre.

Conduit auditif interne : canal creusé dans la pyramide pétreuse et s'ouvrant sur la face endocrânienne postérieure de cet os, livre passage au paquet acoustico-facial dans l'espace ponto-cérébelleux.

Cône d'émergence : partie de l'axone sans myéline près du corps cellulaire d'un neurone (zone gâchette).

Confusion : action de confondre une chose avec une autre, résultat de cette action, erreur.

Connexion : fibre nerveuse unissant deux centres nerveux entre eux.

Conque : coquillage, caverne. Zone creusée du pavillon de l'oreille où débouche le méat du conduit auditif externe.

Contexte : circonstance dans laquelle quelque chose se produit ou existe ; dans un énoncé, environnement linguistique d'une unité lexicale, qui contribue à en dégager le sens.

Contextualiser : remettre ou mettre dans son contexte.

Convergence : plusieurs neurones contactent tous le même neurone.

Corde du tympan : 2e branche du nerf facial après celle du muscle de l'étrier, fait partie des nerfs du goût et se termine dans la langue après avoir traversé la caisse du tympan et suivi la scissure tympano-squameuse antérieure.

Corps bordant : voir *gyrus dente.*

Corps calleux : lame de substance blanche qui fait communiquer entre eux les deux hémisphères.

Corps de Lewy : inclusions sphériques cytoplasmiques à l'intérieur de cellules nerveuses corticales dans certaines démences : Parkinson, démence à corps de Lewy…

Corps de Luys : noyau sous-thalamique

Corps genouillé : reçoit le bras conjonctival d'un *colliculus* inférieur (audition) : il est alors médial ou d'un *colliculus* supérieur (vision) : il est alors latéral. Représente un métathalamus pour l'audition et la vision car est le dernier relais avant le cortex.

Corps godronné : voir *gyrus dente.*

Corps mamillaires : noyaux de la base du crâne rattachés à l'hypothalamus et recevant le fornix.

Corps restiforme : pédoncule cérébelleux supérieur.

Corps trapézoïde : noyau médian du complexe olivaire supérieur.

Cortex auditif associatif : siège à la partie inférieure de T1 sur sa face externe. Il constitue la zone de mise en relation avec les autres cortex en particulier visuel. Aire 22 de Brodmann.

Cortex auditif primaire : occupe la face supérieure de la 1re circonvolution temporale et comprend la circonvolution de Heschl et le *planum temporale*. Ce cortex intègre les sons sans leur donner de signification. Appelé « *core* » par les Américains. Aire 41 de Brodmann.

Cortex auditif secondaire : siège sur T1 et entoure complètement le cortex auditif primaire. C'est la zone de la gnosie auditive, de la compréhension, du sens de ce qui a été entendu. Aire 42 de Brodmann.

Cortex entorhinal : ou olfactif ou hippocampique ou rhinencéphale, ou cortex piriforme ; il préside à l'élaboration des émotions avec l'aire cingulaire ; situé sur T5, il ouvre la voie du *subiculum* à tous les cortex.

Cortex parahippocampique : prolonge en arrière le cortex hippocampique ou entorhinal.

Cortex para-rhinal : c'est le cortex sous-calleux, petite zone du lobe frontal autour des noyaux du *septum*.

Cortex péri-amygdalien : entoure l'amygdale et les cinq petits *gyri* au niveau du rostre du lobe temporal.

Cortex péri-rhinal : situé sur T4, est séparé du cortex entorhinal par le sillon rhinal.

Cortex piriforme : au niveau du rostre du lobe temporal autour de l'amygdale et de l'*uncus* et autres petits *gyri*.

Cortex rétrosplénial : aire corticale située en arrière et autour du *splenium* du corps calleux.

Cortex rhinal : voir cortex piriforme

Cortex sous-calleux : voir cortex pararhinal.

Corticifuge : fibres nerveuses partant du cortex.

Corticipète : fibres nerveuses arrivant au cortex

CREB : Voir protéine CREB.

Crête falciforme : processus osseux qui coupe horizontalement le fond du conduit auditif interne en deux parties, elles-mêmes subdivisées en deux par une ligne virtuelle verticale. Ainsi le fond du conduit est divisé en 4 quadrants.

COS : = complexe olivaire supérieur.

Cuticule : petite plaque qui recouvre le pôle supérieur des cellules ciliées et sur laquelle s'insèrent les cils.

Cybernétique : science et technique des systèmes capables d'autorégulation programmée grâce à des processus de réception et de traitement de l'information, et à des boucles de rétroaction. L'appareil de pilotage automatique des avions, le thermostat d'une chaudière ou le régulateur d'une centrale sont des machines cybernétiques

Cycle nycthéméral : cycle métabolique régissant la succession veille/sommeil.

Cytosol : phase liquide où baignent les organites cytoplasmiques.

Cytosquelette : squelette de la cellule.

Dactylologie : permet de représenter toutes les lettres par la position des doigts.

Décontextualiser : sortir un fragment d'un ensemble afin de l'analyser pour lui-même.

Décussation : croisement en X des fibres du système nerveux central pour l'autre côté du corps. Propriété indispensable au fonctionnement intelligent des neurones.

Déduire : conclure après une analyse logique de tous les éléments en présence.

Dégénérescence neurofibrillaire : Formation anormale interneuronale rencontrée dans les processus dégénératifs séniles.

Dendrite : extrémité réceptrice, unique ou presque toujours multiple (1 000 à 10 000 par neurone), d'un neurone en relation soit avec un autre neurone, soit avec un organe sensoriel.

Dentatus : présentant des dents.

Dente : présentant des dents.

Dentelé : présentant des dents.

Déphasage : deux ondes sont déphasées lorsqu'elles ne sont plus ou pas superposables dans le temps.

Désafférentation : interruption du mécanisme de transport des *influx* provenant des sensibilités. Génère presque toujours des douleurs insupportables et non soulagées par la morphine.

Desmosomes : ce sont des jonctions intercellulaires à forte cohésion mécanique.

Déterminisme : explique que ce qui arrive est rigoureusement lié à ce qui a précédé.

Deuxième arc branchial : ou arc hyoïdien laissera persister la styloïde, les ligaments et muscles stylo-hyoïdiens, la grande corne de l os hyoïde et l'étrier.

Diapason : instrument en forme de fourche qui, si on le choque donne un son presque pur dont la fréquence varie avec la forme des branches. Après le choc, le son émis s'épuise lentement. Un diapason est dit entretenu si une énergie lui est fournie en continu.

Diatonique (gamme) : musique, échelle de notes se suivant naturellement de demi-tons ou de tons entiers en demi-tons ou tons entiers.

Diencéphale : siège au-dessus de la tente du cervelet et constitue le cerveau intermédiaire. Il comprend le thalamus, l'hypothalamus et les noyaux de la base.

Diffraction : comportement des ondes lorsqu'elles rencontrent un obstacle qui ne leur est pas complètement transparent.

Diplacousie : perception d'un même son comme deux sons de fréquence différente ou deux sons séparés par un court intervalle de temps.

Discret : se dit d'un ensemble discontinu.

Discriminer : séparer tous les éléments de l'information afin de ne perdre aucun détail.

Divergence : un neurone contacte beaucoup de neurones

DMLA : dégénérescence maculaire liée à l'âge.

Double articulation : propriété universelle qu'ont les langues naturelles de s'articuler à deux niveaux distincts, celui des morphèmes (unités significatives en nombre indéfini) dépendant de celui des phonèmes (unités non significatives en nombre restreint).

Écaille du temporal : partie d'os plat qui délimite une grande partie de la fosse temporale.

Échoïque : image psychique d'un son comparable à un son naturel.

Éducation : ensemble des interventions concourant au développement et à la socialisation de l'individu

Éducation auditive : ensemble des interventions qui permettent d'établir ou de reconstituer une écoute et une compréhension correcte.

Efférences : éléments sortants.

Effet feedback : voir boucle de rétroaction.

Effet larsen : voir larsen

Émotion : sensation psychique accompagnée d'une sensation physique, gérée par le système limbique et l'hypothalamus.

Empan : c'est la mesure de la capacité de rétention de la mémoire de travail. Elle est limitée, par exemple pour les chiffres, elle est de 7 ± 2.

Enchondral : cartilagineux voir ossification enchondrale.

Enclume : l'un des trois osselets de l'oreille moyenne.

Encodage : manière dont la mémoire procède pour coder ce dont elle doit se souvenir.

Endocytose : mécanisme de transport de molécules ou de particules (virales ou bactériennes) vers l'intérieur de la cellule. C'est un mécanisme actif. Une partie de la membrane cellulaire englobe la substance ou l'élément à faire traverser et l'introduit ainsi dans le cytoplame.

Endolymphe : liquide visqueux circulant dans le canal cochléaire et baignant les cellules ciliées auditives.

Engramme : trace laissée par un souvenir dans le cerveau.

En opposition de phase : deux signaux (sinusoïdaux ou non) de même fréquence peuvent varier en même temps ou avec un décalage dans le temps appelé déphasage. Ils sont dits en opposition de phase s'ils sont dans le même temps mais de signe inverse (on dit également que le déphasage = 180 degrés).

En phase : deux signaux (sinusoïdaux ou non) de même fréquence peuvent varier en même temps ou avec un décalage dans le temps appelé déphasage. Ils sont dits en phase s'ils sont dans le même temps et de même signe (on dit également que le déphasage = 0 degré).

Enroulement cochléaire : voir cochlée

Ensemble-limite : voir attracteur.

Entorhinal (cortex) : voir cortex entorhinal.

Entourage : ceux qui vivent auprès de quelqu'un, prise en compte de toutes interactions qui composent la cellule familiale.

Entropie : entité physique destinée à mesurer le degré de désordre d'un système, surtout utilisée en thermodynamique.

Épendymocrinie : à point de départ du IIIe ventricule, cette sécrétion assurée par l'organe sous-commissural, l'organe subfornical et l'organe paraventriculaire, joue un rôle endocrine.

Épendymocytes : cellules délimitant les cavités du système nerveux central.

Épine dendritique : spicule situé sur une terminaison dendritique et présentant un ou plusieurs canaux ioniques.

Epiphyse : ou glande pinéale, située en arrière du IIIe ventricule, est responsable de la sécrétion de mélatonine et son rôle dans la régulation des rythmes biologiques est admis.

Épithalamus : comprend l'*habenula* ou strie thalamique et le noyau de l'*habenula*. Il représente une des voies olfactives terminales. Il met en relation les noyaux du *septum* et le noyau interpédonculaire (par le faisceau rétroflexe de Meynert).

Épitympanique : placé sur le tympan ou sur la caisse du tympan.

Épreuve de Rinne : la conduction aérienne est meilleure que la conduction osseuse. Un diapason placé à 5 cm du méat auditif est perçu 15" de plus que sur la mastoïde, chez un sujet normal. Si ce Rinne positif s'annule, le patient présente une surdité de transmission.

Ergotrope : qui présente de l'ergotropisme, avide d'activité, entraîne des dépenses énergétiques parfois brusques et importantes et s'oppose au trophotropisme.

Espace des phases : il correspond aux limites du degré de liberté d'un système. C'est un espace mathématique abstrait où un seul point suffit à décrire complètement l'objet à un instant donné.

Espace perforé antérieur : situé à l'extrémité antérieure de la scissure de Sylvius sur la face ventrale du lobe frontal, laisse entrer des vaisseaux et la racine moyenne de la bandelette olfactive (formant le tubercule olfactif à ce niveau) vers l'amygdale.

Espace ponto-cérébelleux : voir angle ponto-cérébelleux.

Être attentif : mettre tous ses sens en éveil, en particulier l'audition, pour ne pas manquer la moindre information qui se présente.

Étrier : l'un des trois osselets de l'oreille moyenne.

Eucaryotes : constituent un groupe d'organismes unicellulaires ou pluricellulaires définis par leur structure cellulaire.

Excitation/inhibition : renforce l'action de l'*influx*, une fibre reçoit un *influx* et le renforce tandis que les voisines se voient inhibées par le même *influx* (voir cellules EE et EI).

Exocytose : libération de grosses molécules hors de la cellule par un mécanisme qui consiste à envelopper dans une membrane la substance à éjecter, puis la membrane s'unit à la membrane cellulaire et fait ainsi traverser la substance. C'est un mécanisme actif.

Exponentiel : dont l'exposant est variable ou inconnu. En mathématique, en économie et en biologie, on parle d'un phénomène à croissance exponentielle (ou géométrique) lorsque la croissance en valeur absolue de la population est proportionnelle à la population existante, c'est-à-dire lorsque le taux de croissance est constant. On exprime alors souvent la croissance sous forme d'un pourcentage : une croissance de 10 % par an signifie que la population est multipliée par 1,1 chaque année. Ainsi, pour une population initiale de 1 000 individus : on démontre en mathématiques qu'une croissance exponentielle conduit la taille de la population à croître de plus en plus vite vers μ (voir mu [μ]). Une croissance exponentielle s'exprime : pour un phénomène discret (on prend des mesures à intervalles réguliers) sous forme d'une suite géométrique ; pour un phénomène continu (on essaie de calculer ce qui se passe entre deux mesures consécutives) sous forme d'une fonction exponentielle.

Extrémité caudale : du côté de la queue, s'oppose à l'extrémité céphalique ou rostre.

Extrémité rostrale : du côté du rostre, de la tête.

Faisceau : ensemble de fibres nerveuses réunies.

Faisceau arqué : faisceau de fibres unissant deux circonvolutions voisines.

Faisceau basal du proencéphale : voir *medial forebrain bundle.*

Faisceau cérébello-rubro-thalamique : fait partie du système extrapyramidal qui régit les mouvements associatifs.

Faisceau de Gudden : voir commissure de Gudden.

Faisceau de Vicq d'Azyr : voir faisceau mamillo-thalamique.

Faisceau mamillo-tegmental : fait partie de l'hypothalamus, du système limbique et de la formation réticulée : jouerait un rôle dans la mémoire, les émotions, le plaisir et l'olfaction.

Faisceau mamillo-thalamique : ou faisceau de Vicq d'Azyr relie le corps mamillaire au noyau antérieur du thalamus. Il fait partie du circuit de Papez.

Faisceau olfactif basal : voir *medial forebrain bundle.*

Faisceau rétroflexe : (de Meynert) unit le ganglion de l'*habenula* avec le ganglion interpédonculaire.

Faisceau transverse du tuber : voir commissure transverse du *tuber.*

Fasciola cinerea : fait suite au *gyrus dente* et donne naissance au nerf de Lancisi ou *indusium* gris latéral.

Feedback : voir *larsen.*

Fenêtre ovale : située à la base du canal cochléaire, elle est obturée par l'étrier qui communique les pressions acoustiques à la rampe vestibulaire à travers elle.

Fenêtre ronde : située à la base du canal cochléaire, elle est fermée par une membrane et s'ouvre dans la rampe tympanique.

Fente de Bichat : = voir fissure choroïdienne.

Fente synaptique : espace extrêmement fin séparant l'axone du neurone émetteur des dendrites du récepteur d'une synapse chimique.

Fibre amyélinique : fibre dépourvue de gaine de myéline, neurone de type II.

Fibre de type I : voir fibre myélinisée.

Fibre de type II : voir fibre amyélinique.

Fibre myélinisée : neurone dont l'axone (le plus souvent, mais ce peuvent être les dendrites), est pourvu d'une gaine de myéline. Encore appelée neurone de type I.

Fimbria : située entre *gyrus dente* et hippocampe, elle recueille les fibres de ces deux organes. Elle se prolonge par le *fornix* dont elle est l'origine.

Fissure choroïdienne : = fente de Bichat, passe entre hippocampe et mésencéphale en dedans de la corne temporale du ventricule latéral.

Fissure hippocampique : fissure qui s'insinue entre hippocampe et cortex entorhinal.

Fixture : mot anglais ; partie fixe d'une machine. élément fixe d'une prothèse auditive, ancrage.

Floculus : = flocon. Partie du cervelet.

Foramen : = trou, orifice.

Forceps antérieur : ou *minor*, fibres antérieures du corps calleux qui font communiquer les deux régions internes des lobes frontaux.

Forceps postérieur : ou *major*, fibres du corps calleux qui font communiquer entre elles les deux aires visuelles.

Formant : fréquence vocale correspondant à l'émission de phonèmes plus particulièrement des voyelles.

Formation limbique : voir système limbique

Formation réticulée : = substance réticulée qui s'étend de la moelle au thalamus sur tout le tronc cérébral, constituée d'un *reticulum* et de noyaux, elle n'est ni motrice, ni sensitive mais joue un rôle dans les choix et l'harmonisation des actions.

Fornix : naît de la *fimbria* pour se jeter dans le corps mamillaire, voie de sortie principale de l'hippocampe.

Fractal : objets mathématiques irréguliers ou fragmentés au point de finalement tous se ressembler plus ou moins.

Français signé : système sémantique gestuel qui représente la langue française codée en signes.

Fréquence (d'un son) : inverse de la période. C'est le nombre d'oscillations de la matière par seconde. Désigne la hauteur d'un son.

Fréquence caractéristique : C'est la fréquence la plus grave (elle est toujours la plus intense) d'un son complexe comportant une ou plusieurs fréquences multiples de cette fréquence.

Fréquence fondamentale : voir fréquence caractéristique. Terme employé en musique.

GABA : abréviation pour acide gamma amino butyrique, neuromédiateur, joue un rôle inhibiteur, souvent dans le stress.

GABAergique : se dit d'un centre utilisant le GABA comme médiateur.

Gaine de l'axone : voir gaine de myéline.

Gaine de myéline : entoure les axones (et parfois les dendrites) des nerfs de type I.

Gamme : échelle de notes établie par répartition selon une convention. Ex : gamme diatonique, chromatique… C'est la succession des intervalles entre deux notes qui subdivisent une octave. Une gamme « classique et tempérée » comporte sept notes : *do* (ou *ut*), *ré, mi, fa, sol, la, si*, par octave.

Ganglion : au niveau du système nerveux désigne un amas de substance grise, un centre nerveux avec une fonction particulière (voir noyau).

Ganglion de Corti : = voir ganglion spiral.

Ganglion de l'habenula : amas de corps cellulaires de neurones situés sur le dôme thalamique et reliés aux noyaux du *septum* par l'*habenula* et au noyau interpédonculaire par le nerf rétroflexe de Meynert. Fait partie de l'olfaction.

Ganglion de Scarpa : corps cellulaires des fibres du nerf vestibulaire (branche du VIII) situé dans le conduit auditif interne.

Ganglions d'Andersch et d'Ehrenritter : ganglions supérieur et inférieur du IX.

Ganglions du septum : situés sous le rostre du corps calleux juste en avant de la lame terminale, au nombre de deux (sous-calleux et du septum proprement dit), impliqués dans la sexualité, les émotions...

Ganglion spiral : = ganglion de Corti, corps cellulaire des fibres du nerf cochléaire, partie auditive du nerf auditif (VIII c).

Géniculé : coudé ; litt. : petit genou.

Génome : ensemble des chromosomes et donc des gènes qui commandent l'organisation héréditaire d'un organisme vivant ou d'une espèce.

Gestes articulatoires : ensemble des mouvements laryngo-bucco-vélo-linguo-faciaux impliqués dans l'émission vocale limités par les possibilités anatomiques et propres à une langue.

Gestualité : ou gestuel ; s'oppose tout en s'y associant à l'oralité. Voir communication non verbale.

Gestuel : voir gestualité.

Glande pinéale : voir épiphyse.

Glande pituitaire : voir hypophyse.

Glène : cavité recevant la tête d'un autre os.

Glène mandibulaire : cavité qui reçoit le condyle mandibulaire.

Glie : = colle.

Globe : en forme de ballon.

Glomus : enroulé sur lui-même, en forme de pelote.

Glosse : = langue.

Glutathion : glutathion peroxydase, une des molécules chargées de neutraliser les radicaux libres (antioxydants).

Gnosie : perception, connaissance élémentaire. Capacité de reconnaître à l'aide des sens la forme, la signification... des choses.

Gradient de pression : variation spatiale ou temporelle d'une pression définie. Différence de pression entre deux points permettant à un corps présent de s'écouler de la pression la plus élevée vers la pression la plus faible.

Guanine : base purique, nucléotide dans l'ARN et l'ADN, elle s'associe souvent à une protéine qui devient alors une protéine G. Comme l'adénine elle peut libérer du phosphate, en passant de GTP (triphosphate) à GDP (diphosphate) et GMP (monophosphate) libérant de l'énergie.

Gyrus : = circonvolution. Équivalent (en petit) d'aire ou de lobe.

Gyrus ambiens : fait partie des cinq petits *gyri* qui entourent l'amygdale au niveau du rostre du lobe temporal.

Gyrus cingulaire : constitue avec l'*indusium* gris l'hippocampe dorsal. Il contient un faisceau de substance blanche le *cingulum*, joue un rôle très important dans la mémoire et les émotions.

Gyrus de Heschl : situé sur la face supérieure de T1, correspond à l'aire auditive primaire. On lui rattache le *planum temporale* situé en arrière et formant l'aire 41 de Brodmann. C'est l'aire de l'intégration, la gnosie viendra ensuite.

Gyrus de l'uncus : voir uncus

Gyrus dentate : voir gyrus dente.

Gyrus dente : partie ancienne de l'hippocampe.

Gyrus dentelé : voir gyrus dente.

Gyrus diagonal, intra-limbiscus et semi-lunaire : font partie des cinq petits *gyri* qui entourent l'amygdale au niveau du rostre du lobe temporal.

Gyrus entorhinal : couvre, sur T5, la partie sous-jacente à l'hippocampe.

Gyrus para-amygdaloïdes : au nombre de cinq, ils entourent l'amygdale, *gyri ambiens*, semi-lunaire, *intra-limbicus*, diagonal et *uncus*.

Gyrus parahippocampique : situé sur T5 entre le *gyrus* hippocampique ou (entorhinal) et l'aire spléniale.

Gyrus préhinal : sur T4 juste en dessous de la scissure rhinale qui le sépare du cortex entorhinal.

Gyrus rectus : circonvolution du lobe frontal constituant la face médiale du lobe à côté du *gyrus* sus-orbitaire.

Gyrus sus-orbitaire : c'est la partie du lobe préfrontal surplombant l'orbite.

Habenula ; ou strie thalamique ou strie médullaire (petites rênes = petites courroies) conduit l'*influx* du ganglion de l'*habenula* aux noyaux du *septum ;* on la rattache à l'olfaction.

Habenula perforata : orifice de sortie hors de l'organe de Corti des fibres du nerf cochléaire et entrée des dites fibres dans le *modiolus*.

Haptique : image d'une perception tactile naturelle.

Harmonieux : subjectif = agréable à l'oreille.

Harmonique : dont la fréquence est un multiple entier du son fondamental.

Hasard : ce qui arrive sans être prédictible car ne correspondant ni à la logique ni à l'attente habituelle.

Hauteur d'un son : voir fréquence.

Hélix : pli qui circonscrit l'oreille externe.

Hétérolatéral : de l'autre côté.

Hiatus : qui reste ouvert, présente une ouverture.

Holistique : complet, total, dans son ensemble.

Homéostasie : équilibre des grandes fonctions indispensables à la vie.

Homolatéral : du même côté.

Homonculus sensitif : c'est la représentation proportionnelle de chaque élément du corps au niveau du cortex pariétal pour les sensibilités extéroceptive et proprioceptive.

Homotopie : à une place identique.

Hypocrétine : ou orexine, deux sortes A ou B, sécrétées dans l'hypothalamus, jouent un rôle dans l'éveil et l'inhibition du sommeil paradoxal. L'absence entraîne la narcolepsie.

Hypophyse : glande neuro-endocrine appendue au système nerveux.

Hypothalamus : noyaux diencéphaliques considérés comme centre terminal du système végétatif. Joue un grand rôle dans les émotions.

Hypotympanum : récessus constituant la paroi inférieure de la caisse du tympan, creusé de nombreuses cellules.

Iconique : image semblable à la nature.

Identifier : reconnaître tout ce que les sens présentent à l'esprit.

Idiosyncrasie : disposition particulière d'un individu à réagir à un événement extérieur ; réactivité personnelle aux agents avec lesquels il est en contact

Image labio-faciale : représentation mentale des mouvements des lèvres, de la bouche, de l'expression du visage pour reconnaître un mot, une phrase d'un locuteur...

Impédance : à un courant électrique ou à une onde sonore alternative, le milieu oppose une résistance appelée, dans ce cas, impédance et exprimée en Ohms...

Impédancemétrie : examen de l'impédance de la caisse du tympan.

Incisure rhinale : incisure qui sépare T4 et T5 soit le cortex entorhinal du cortex préhinal.

Incomplétude (théorie de l') : fait remarquer tous les manques qui émaillent toujours tous les ensembles que l'on voudrait complets. Caractère d'un système hypothéticodéductif qui contient des propositions indécidables.

Inconsistance (théorie de l') : fait ressortir les contradictions qui émaillent toujours toutes les argumentations.

Incus : voir étrier

Indicer : Fournir une information pour permettre la reconnaissance.

Indusium gris : constitué par la strie terminale (médial) et le nerf de Lancisi qui prolonge le *fasciola cinerea* ou *gyrus* fasciolaire, issu de l'hippocampe, ce sont deux bandes de substance grise qui contournent le corps calleux et font partie de l'hippocampe dorsal.

Inhibition/excitation : voir Excitation/inhibition.

Inositol triphosphate : voir IP3

Input : entrée, se dit d'un influx arrivant dans une extrémité terminale d'une dendrite, d'un muscle, d'un organe...

Insula : aire cérébrale enfouie dans la scissure de Sylvius, présentant deux parties : antérieure et postérieure. La partie antérieure est en relation étroite avec le cortex limbique et joue un rôle dans l'attribution des réponses viscérales de l'hypothalamus aux émotions perçues. La partie postérieure est dévolue à l'audition et à l'expression de la peur, de la tristesse et de la douleur.

Intégration neuronale : un neurone seul n'est rien. Les réseaux de neurones reçoivent et envoient des myriades d'influx et finalement le neurone est intégré dans ce réseau selon les choix qui lui sont proposés et qu'il accepte.

Intégrer : faire entrer dans un système tout ce qui lui est utile. Pour nous faire entrer dans la pensée tous les apports des sens.

Intensité d'un son : importance du déplacement des molécules. Indique la force d'un son, son volume sonore.

Intralaminaire du thalamus (réseau) : *reticulum* qui entoure les noyaux du thalamus et appartient à la formation réticulée.

Invariant d'échelle : particularité des objets fractals lors des itérations qui reproduisent, quelle que soit l'échelle, toujours le même motif. Ce principe d'invariant d'échelle a été étendu à tous les systèmes dynamiques et permet de parler de l'universalité de la théorie.

Ion : atome ou molécule qui a gagné ou perdu un ou plusieurs électrons.

Ionotrope : voir récepteur ionotrope

IP3 : inositol triphospate second messager produit par l'hydrolyse d'un phospholipide.

Ipsilatéral : du même côté.

Isomorphe : ayant la même forme.

Isthme de la trompe auditive : partie rétrécie entre la trompe osseuse et la trompe cartilagineuse.

Itérer : répéter en boucle. Un processus itératif est un processus qui se répète identique à lui-même, de nombreuses fois.

Jacobson (nerf de) : voir nerf tympanique

Jonction : action de joindre deux éléments ou deux choses.

Jonction interthalamique (Noyau) : substance grise appartenant à la formation réticulée, encore appelé noyau *reuniens* ou adhésio interthalamique.

Jonction nerveuse : voir synapse.

Kinèmes : mouvements bucco-faciaux identifiables, permettent la lecture labiale.

Kinési : mouvement

Kinesthésie : ensemble des sensations qui peuvent être transmises aux centres par les muscles et les articulations (étirement, position…), sensibilité profonde des muscles, concerne aussi l'oreille interne.

Koch (triangle de) : en partageant en trois les bords d'un triangle on peut conduire son périmètre à l'infini sans presque rien changer à sa surface. Théorie du chaos de Koch

Labyrinthe : Réseau compliqué de chemins et de galeries. Ensemble des parties composant l'oreille interne. Le labyrinthe antérieur est la cochlée (audition), le labyrinthe postérieur est l'appareil vestibulaire (équilibration).

Lame criblée : appartient à l'ethmoïde, fine pellicule osseuse située au niveau du toit des fosses nasales et livrant passage aux filets du nerf olfactif.

Lame spirale : elle se détache de la paroi interne du canal spiral et se dédouble pour créer le canal cochléaire. La partie supérieure de la lame donne naissance à la membrane de Reissner et la lame inférieure à la membrane basilaire.

Lame terminale : très fine, tendue entre le *rostrum* (bec) du corps calleux en haut et le *chiasma* optique en bas.

Langage gestuel : langage exprimé uniquement avec des gestes.

Larsen : effet de rétroaction acoustique : le son d'un émetteur proche d'un récepteur est retransmis amplifié à l'émetteur.

Latence : délai entre une action et l'apparition de ses conséquences

Lecture labiale : voir lecture labio-faciale.

Lecture labio-faciale : lecture sur les lèvres, labiolecture, lecture bucco-faciale (corporelle), ou encore lecture de la parole technique ; consiste à suivre uniquement le mouvement des lèvres, de la bouche, l'expression du visage pour reconnaître un mot, une phrase.

Lemniscus latéral : dédié entièrement à l'audition, il conduit les *influx* auditifs au *colliculus* inférieur et au corps genouillé médian.

Lemniscus médian : ou ruban de Reil ou voie spinothalamique pour les sensibilités, il conduit la sensibilité de tout le corps au thalamus, dernier relais avant le cortex.

Lexicologie : technique d'analyse du langage qui mesure le nombre de mots (unités lexicales) différents utilisés à l'oral ou à l'écrit.

Liaison transversale : unit des organes homologues de part et d'autre de la ligne médiane.

Ligament : faisceau de tissu fibreux réunissant les articulations.

Ligament annulaire : ou bourrelet, entoure le tympan et s'insère dans le *sulcus* creusé dans le tympanal au fond du conduit auditif externe

Ligament spiral : s'interpose entre la membrane basilaire et la paroi externe du canal spiral.

Ligaments tympano-malléaires antérieur et postérieur : replis fibreux, de part et d'autre du col du marteau, dans lesquels chemine la corde du tympan.

Ligand : molécule qui s'unit à une autre pour lui assurer une fonction précise qui lui échapperait sans cela.

Limbe : partie tout interne de la lame spirale, formant le sillon spiral interne.

Linéaire : voie logique de la nature pour les philosophes grecs. La fonction linéaire est la fonction qui à tout réel x associe le réel ax. La courbe représentative de cette fonction est une droite.

Liquide endolymphatique : liquide épais et visqueux qui circule dans le canal cochléaire et dans le labyrinthe postérieur. L'organe de Corti est placé dans ce liquide qui est sécrété par la strie vasculaire.

Liquide périlymphatique : il circule dans les rampes tympanique et vestibulaire, il est proche du liquide céphalorachidien.

Lobe : grandes divisions du cerveau.

Lobe frontal : partie antérieure du cerveau très développée chez l'homme.

Lobe limbique : partie basale et médiane du cerveau. Considéré comme primitif et aussi développé chez l'homme que chez les autres mammifères.

Lobe occipital : dédié à la vision.

Lobe pariétal : latéral, joue un rôle dans les perceptions tactiles, l'attention, le schéma corporel.

Lobe temporal : baso-latéral, on peut lui donner trois rôles : l'audition, les émotions et l'olfaction.

Lobule : partie graisseuse inférieure du pavillon de l'oreille.

Locus cœruleus : noyau réticulé du toit du mésencéphale produisant de l'adrénaline.

Locus niger : encore appelé *substantia nigra*, il fait, comme le noyau rouge, partie de la substance réticulée et du système extrapyramidal. Son médiateur est la dopamine. On lui distingue la *pars compacta* et la *pars réticulata*.

Lyre de David : voir *psalterium*.

Maladie neurodégénérative : voir neurodégénérative.

Malleus : voir Marteau.

Mammalien : = mamelle, se dit pour mammifère.

MAP kinase : *mitogen activeted protein kinase*, intervient dans l'activation de gènes.

Marteau : l'un des trois osselets de l'oreille moyenne.

Masking : procédé consistant à injecter dans l'oreille un bruit similaire à l'acouphène perçu, à un niveau d'intensité supérieur, pour le « masquer ».

Mastoïde : base de la pyramide pétreuse, c'est une tubérosité située derrière l'oreille, contenant des cellules aériennes qui communiquent entre elles et avec la caisse du tympan. Le muscle sterno-cléido-mastoïdien y a ses insertions hautes.

Maya : civilisation précolombienne d'Amérique centrale (Yucatan)

Maxi-colonne : voir colonne.

Méat : orifice d'un canal.

Méat auditif : se dit aussi bien pour l'ouverture en dehors du conduit auditif externe que pour l'interne. Il est donc nécessaire de préciser le méat concerné.

Mécanique quantique : voir théorie des *quanta*.

Mécano-récepteur : récepteur sensoriel réagissant à la pression sous quelque forme qu'elle soit : audition, tact, équilibration.

Médiale : valeur qui partage un ensemble d'éléments en deux groupes égaux.

Médian, iane : qui est placé au milieu, se situe près du milieu.

Medial forebrain bundle : circuit de la récompense. Circuit court appelé aussi faisceau olfactif basal ou faisceau basal du proencéphale. Il est ascendant et descendant. Son médiateur est la dopamine.

Médiateur (chimique) : molécule qui, dans la fente synaptique, permet à l'*influx* de passer de l'extrémité axonale à l'extrémité dendritique de deux nerfs accolés dans une synapse chimique.

Mediolus : cône créé par l'enroulement du canal spiral dans lequel sortent les filets du nerf cochléaire. Il fait partie du labyrinthe antérieur.

Membrana tectoria : membrane épaisse, amarrée au limbe et posée sur les cils de l'organe de Corti. Les cils des cellules ciliées externes sont fichés dans la membrane, ceux de la cellule cillée interne sont libres dans une encoche.

Membrane basilaire : constitue, avec la lame osseuse spirale, la base du canal cochléaire. Sa longueur est inversement proportionnelle à celle de la lame spirale.

Membrane de Reissner : faite de deux couches de cellules, elle constitue la limite supérieure du canal spiral qui contient l'organe de Corti et qu'elle sépare de la rampe vestibulaire.

Membrane de Schrapnell : voir *pars flaccida.*

Mémoire : permet à l'esprit de conserver et de se rappeler des expériences passées. Du point de vue physiologique, cette faculté semble le fait d'une modification du neurone à la fois dans sa fonction avec l'introduction de boucles de rétroaction et dans sa forme par la création d'épines dendritiques.

Mémoires (les) : au nombre de trois : de travail, à court et long termes.

Mésencéphale : comprend les pédoncules cérébraux, l'espace triangulaire qui les sépare et le *tectum.*

Mésial, le : située entre le milieu et un autre élément plus latéral.

Métabotrope : voir récepteur métabotrope.

Métamorphopsie : déformation perceptuelle des images.

Métencéphale : Protubérance annulaire ou pont.

Microglie : cellules détectrices des anomalies des neurones, elles se chargent aussi du nettoyage en devenant macrophages.

Microtrabéculaire (réseau) : a de nombreux synonymes (filaments cytoplasmiques, cytosquelettiques, du cytoplasme, du cytosquelette). Participe au squelette de la cellule en lui donnant son caractère gélatineux.

Microtubule : fibre constitutive du cytosquelette cellulaire en particulier des neurones. C'est un tube dont la paroi est constituée par 13 dimères de tubuline.

Mimique : geste ou expression visuelle (grimace) qui exprime une pensée.

Mimogestualité : comportement non verbal pour exprimer avec des mouvements naturels le contenu d'un message pour faciliter la compréhension.

Mitochondrie : reliquat de l'inclusion d'une bactérie dans le cytoplasme des cellules, elle est chargée de fournir l'énergie.

Mnémonique : qui a rapport à la mémoire, qui aide à mémoriser.

Monèmes : voir morphèmes lexicaux.

Monoamine : molécule ne comportant qu'une fonction amine, se dit par exemple pour le glutamate médiateur excitateur.

Morphème : la plus petite unité de son porteuse de sens possible dans un énoncé.

Morphèmes grammaticaux : s'ils appartiennent à une classe ouverte : « lave », « vite », lune ».

Morphèmes lexicaux : ou monèmes, s'ils appartiennent à une classe fermée : « tu », « à », « et ».

Morphèmes libres : s'ils peuvent constituer un mot « le », « beau » ;

Morphèmes liés : s'ils sont rattachés à une base : « on dans ouvrons » et « re dans refaire ».

Motivation : ce qui enclenche chez un individu une action et en assure la poursuite. Il faut reconnaître à ce mot une grande ambiguïté. Envisagé ici sous l'angle purement biologique.

Mu (μ) : espérance ou moyenne en mathématiques statistiques.

Muscle de l'étrier : sort de la pyramide juste en arrière de l'étrier dans le *sinus tympani.*

Muscle du marteau : situé dans un canal qui longe la trompe osseuse, il en sort au bec de cuiller pour se fixer après un coude sur le processus antérieur du marteau.

Muscle élévateur du voile : longe la trompe auditive en dehors et sa tension permet au voile du palais de venir obstruer le cavum.

Muscle ptérygoïdien : muscle de la mastication. Au nombre de deux par côté. S'insère sur le processus ptérygoïde et sur la mâchoire.

Muscle tenseur du voile : longe la trompe en dedans, abaisse le voile du palais et ouvre le cavum.

Myélencéphale : bulbe rachidien.

Myéline : substance constituée de couches alternées de lipides et de protides, servant d'isolant à la fibre nerveuse et accélérant le transport de l'*influx.*

Narcolepsie : maladie caractérisée par une tendance irrépressible au sommeil, serait due à l'absence d'orexine.

Nanogramme : 1 ng $= 10^{-12}$ kg.

Naso-pharynx : segment supérieur du pharynx (arrière-nez), situé en arrière des choanes ou narines postérieures.

Nécrose : mort accidentelle des cellules, s'oppose à l'apoptose, elle laisse des détritus, occasionne inflammation et cicatrice.

Néguentropie : facteur d'organisation des systèmes physiques sociaux ou humains qui s'oppose à l'entropie (désorganisation).

Néocervelet : partie la plus évoluée du cervelet chargée du contrôle de la motilité volontaire.

Néopallial : néocortex

Nerf ampullaire : il existe pour chaque ampoule des canaux semi-circulaires un filet nerveux provenant du nerf vestibulaire (branche du VIII) qui leur est destiné.

Nerf cochléaire : partie auditive du nerf auditif (VIII c).

Nerf de Jacobson : voir nerf tympanique.

Nerf facial : VIIe paire crânienne, naît dans le tronc cérébral, sort du crâne par un trajet intrapétreux et innerve la face.

Nerf intermédiaire de Wrisberg : son noyau est voisin du noyau du VII qu'il accompagne jusqu'au ganglion géniculé ; c'est un des nerfs du goût.

Nerf sacculaire : filet nerveux provenant du nerf vestibulaire (branche du VIII) destiné à la saccule.

Nerf trijumeau : V^e^ paire crânienne. Est le nerf de la sensibilité de la face et de la motricité de la mandibule.

Nerf tympanique : première branche du IX, il pénètre dans la caisse du tympan pour former le nerf petit pétreux et se terminer dans le ganglion otique. Les fibres post-ganglionnaires innervent la glande parotide. Il assure l'innervation sensitive des muqueuses de la cavité tympanique et de la trompe auditive.

Nerf utriculaire : filet nerveux provenant du nerf vestibulaire (branche du VIII) destiné à l'utricule.

Nerf vestibulaire : partie équilibration du nerf auditif (VIII v).

Neurexine : protéine d'adhésion présynaptique.

Neurocrinie : se dit de la transmission ponctuelle d'un neurotransmetteur à l'intérieur d'une synapse.

Neurofibrillaire (dégénérescence) : voir dégénérescence neurofibrillaire.

Neurolemméocyte : voir cellule de Schwann.

Neuroligine : protéine d'adhésion postsynaptique

Neuromodulateurs : substances qui ne propagent pas directement l'*influx* nerveux mais influencent plutôt la synthèse, la dégradation ou la recapture des neurotransmetteurs. Leur action de régulation peut aussi s'exercer au niveau de nombreux récepteurs extra-synaptiques, plutôt qu'au niveau de sites purement synaptiques.

Neurone : cellule nerveuse.

Neurones à glutamate : essentiellement dans les noyaux réticulaires bulbaires et mésencéphaliques.

Neurones à histamine : situés dans l'hypothalamus postérieur en particulier les corps mamillaires.

Neurones à orexine : situés dans l'hypothalamus latéral autour du fornix, participent à l'éveil.

Neurone de type I : neurone rapide dont l'axone (le plus souvent) est pourvu d'une gaine de myéline qui s'interrompt à espaces réguliers (noeuds de Ranvier).

Neurone de type II : neurone lent, dépourvu de gaine de myéline mais groupé avec d'autres autour d'une cellule de Schwann.

Neurone spécialisé : neurone qui par sa place et l'importance des *influx* qu'il reçoit se voit figé dans une fonction.

Neurosécrétions : sécrétions établies par des cellules hypothalamiques ayant une activité endocrinienne mais qui vont couler jusqu'à l'hypophyse sans être sécrétées par elle. Peuvent agir à distance en suivant le trajet d'un nerf.

Neurotransmetteur : médiateur libéré dans la fente synaptique des synapses chimiques. Ex : glutamate, acétylcholine…

Neurulation : formation du futur système nerveux.

Nœud de Ranvier : zone dépourvue de myéline des axones (ou plus rarement des dendrites) des neurones de type I.

Noradrénaline : on en trouve principalement dans le *locus cœruleus* et le *gyrus dente*, joue un rôle dans l'éveil, l'attention

Noyau accumbens : situé sous la tête du noyau caudé dans la région sous-lenticulaire, il est également appelé noyau du plaisir.

Noyau amygdalien : voir amygdale.

Noyau basal de Meynert : ou noyau *basalis* magnocellulaire ou *nucleus basalis* de Meynert, situé juste en dessous de la commissure blanche antérieure, il est le grand producteur de l'acétylcholine.

Noyau caudé : ganglion de la base au même titre que le thalamus et le noyau lenticulaire. Il fait partie du *striatum* avec le *putamen* et participe aux fonctions motrices extrapyramidales.

Noyau central du thalamus : principal noyau réticulé du thalamus.

Noyau cochléaire : 2e neurone de la voie auditive, situé au niveau de la protubérance annulaire et envoyant les trois stries auditives vers le complexe olivaire supérieur ou vers les *lemnisci* latéraux.

Noyau de l'habenula : voir ganglion de l'*habenula.*

Noyau de Meynert : voir noyau basal de Meynert.

Noyau dorsal de la calotte : situé dans la portion mésencéphalique de la substance réticulée.

Noyau dorso-médian du thalamus : fait partie des noyaux réticulés du thalamus.

Noyaux du complexe olivaire supérieur : voir complexe olivaire supérieur.

Noyau du corps mamillaire : voir corps mamillaire.

Noyau du corps trapézoïde : noyau médian du complexe olivaire supérieur.

Noyau du lemniscus latéral : s'interpose entre le noyau cochléaire et le *colliculus* ou le corps genouillé sur la voie auditive lemniscale latérale.

Noyaux du septum : situés sous le rostre du corps calleux, ils ont une grande importance dans la vie sexuelle et émotive.

Noyaux du toit : se dit du métathalamus : corps genouillés et *colliculi*, voir *tegmen.*

Noyaux gris centraux : ce sont le thalamus et ses dépendances, le noyau lenticulaire et le noyau caudé.

Noyau interpédonculaire : centre régulateur des activités corticales, il est médian et unique entre les deux pédoncules. Rôle de filtrage et d'inhibitions des afférences corticales qui lui parviennent.

Noyau lenticulaire : ou noyau lentiforme, fait partie des noyaux de la base avec le noyau caudé. Comprend trois divisions de dehors en dedans : *putamen* (partie du *striatum*) et *globi pallidi* interne et externe (*pallidum*).

Noyau lentiforme : voir noyau lenticulaire.

Noyau masticateur du V : noyau moteur du trijumeau, innerve le muscle du marteau.

Noyau reuniens : voir adhésio interthalamique.

Noyau rouge : situé dans la calotte pédonculaire, il comporte deux parties : le paléo et le néorubrum. Il fait partie du système extrapyramidal et peut être considéré comme faisant également partie de la substance réticulée.

Noyaux sous-opto-striés : ce sont les noyaux sous-thalamiques, corps de Luys et *zona incerta* ainsi que le noyau rouge et le *locus niger.*

Noyaux striés : = conjonctions du noyau caudé et du noyau lenticulaire. Voir *striatum* et *pallidum.*

Noyaux sous-thalamiques : les plus importants sont le corps de Luys et la *zona incerta.*

Noyau suprachiasmatique de l'hypothalamus : est responsable de l'horloge interne.

Obex : partie basse du quatrième ventricule.

OBP : voir *odorant binding protein.*

Oculo-céphalogyres (mouvements) : déplacements rotatoires de la tête et des yeux pour suivre ou rechercher quelqu'un ou quelque chose.

Oculo-cortico-céphalogyre (centre) : centre cortical (aire 8) qui commande aux mouvements conjugués des yeux et de la tête pour repérer la source lors d'une alerte sonore par exemple.

Odorant binding protein : molécule capable de se lier avec une molécule odorante et de la présenter à un récepteur sur les cils des cellules de Schultze.

Oligodendrocyte : cellule de soutien des neurones qui produit la myéline dans le système nerveux central.

Olive bulbaire : située à la partie supérieure du bulbe, elle fait partie du système réticulé.

Ondes sonores : propagation d'une *perturbation d'une molécule* produisant sur son passage une variation réversible de propriétés physiques locales entraînant une sensation auditive. Seule l'énergie est transportée, pas la matière.

Ondes stationnaires : deux ondes de même fréquence, dans un même milieu, génèrent des ondes stationnaires.

Opposition de phase : deux ondes qui sont superposables dans le temps mais inversées dans leur position par rapport à la position de repos.

Oralisation : néologisme professionnel pour indiquer le caractère oral de la parole, du langage, du discours afin de réserver le mot « oralité » pour la tendance à porter à la bouche, à lécher, à manger toutes sortes d'objets.

Orexine : voir hypocrétine A ou B.

Organe de Corti : organe récepteur de l'audition. Il comporte des cellules réceptrices, les cellules ciliées internes et des cellules musculaires, les cellules ciliées externes qui accordent les cellules ciliées internes au son perçu.

Organe septal : récepteur olfactif secondaire serait à l'origine des phéromones chez l'homme avec l'organe voméro-nasal.

Organe voméro-nasal : récepteur olfactif secondaire, serait à l'origine chez l'homme des phéromones avec l'organe septal.

Organisation : propriété d'un système capable à la fois de maintenir et de se maintenir, et de relier et de se relier, et de produire et de se reproduire (Edgar Morin).

Organogenèse : mise en place des organes de l'embryon entre la 5e et la 8e semaine de grossesse.

Orthophoniste : paramédical spécialisé dans les troubles de l'audition, de la voix, de la déglutition

Os pétreux : voir pyramide pétreuse.

Os temporal : os du crâne situé latéralement et contenant l'oreille. Il est composé de trois parties : la pyramide pétreuse, l'écaille et le tympanal.

Os tympanal : os du crâne, partie du temporal, constitue la partie antéro-inférieure du conduit auditif osseux externe.

Oscillation : mouvement pendulaire.

Ossification enchondrale : processus d'ossification à partir du cartilage de croissance pendant la période de développement de l'enfant et de l'adolescent.

Ototoxicité : ce qui est toxique pour l'oreille interne comme l'aspirine et les dérivés salicylés, les aminoglycosides, les diurétiques…

Oubli : incapacité à retrouver quelque chose ou un événement ou une personne dans sa mémoire. Perte d'un souvenir.

Output : sortie, se dit d'un *influx* qui sort d'un axone.

Paléencéphale : cerveau de base des mammifères, s'arrête au diencéphale compris.

Paléocervelet : centre de la posture et de la régulation de la gestuelle.

Pallidum : noyau moteur paléencéphalique, il comprend les deux noyaux interne et externe du noyau lenticulaire. Encore appelé *paleostriatum*.

Pallium : manteau, signifie cortex cérébral.

Paquet acoustico-facial : ensemble des nerfs facial (VII), intermédiaire de Wrisberg (VII *bis*), auditif cochléaire (VIII C) et auditif vestibulaire (VIII V).

Paradigme : ensemble de mots qui peuvent se substituer à d'autres.

Parole : faculté d'exprimer et de communiquer la pensée au moyen du système des sons du langage articulé, émis par les organes phonateurs.

Pars compacta : partie du *locus niger*.

Pars flaccida : partie supérieure du tympan, très mince, participant au dôme attical.

Pars reticulata : partie du *locus niger*.

Pars tensa : partie basse du tympan, très résistante, constituant la paroi externe de la caisse du tympan.

Pauci : pauvre, peu.

Pavillon de l'oreille : ou auricule, extrémité évasée faisant suite au conduit auditif externe renforçant l'intensité des sons par sa forme en entonnoir.

Pédoncule cérébral : situé immédiatement au-dessus de la protubérance annulaire à la partie supérieure du tronc cérébral, il livre passage aux grandes voies du système nerveux.

Pellucide : transparent, du latin *pellucidum*.

Pentamère : se dit d'un canal ionique qui est constitué de cinq articles.

Perception : La perception est le phénomène de conscience qui nous relie au monde sensible par l'intermédiaire de nos sens

Perikaryon : voir *soma*.

Périlymphe : liquide de l'oreille interne circulant dans les deux rampes tympanique et vestibulaire de la cochlée.

Période : durée d'une oscillation complète d'un son pur.

Petscan : détection simultanée (en coïncidence) de photons lors de leur collision avec un positon émis par une molécule de fluor 18. C'est une technique d'imagerie qui étudie plus la fonction que l'organe.

Phagocytose : capture et ingestion des particules solides inertes ou vivantes du milieu ambiant par certaines cellules (leucocytes et macrophages)

Phase : constante angulaire caractéristique d'un mouvement périodique. Deux ondes sonores sont dites en phase lorsqu'elles sont parfaitement superposables dans le temps et de même signe par rapport à la position de repos.

Phénomène de résonance : voir résonance.

Phéromones : hormone sexuelle spécifique à la femme ou à l'homme entraînant une attirance pour le partenaire sexuel.

Phonème : la plus petite quantité distinctive, possible d'isoler dans une chaîne parlée.

Phoniatre : médecin spécialisé dans les troubles de la voix et de l'élocution.

Phosphatases : ces enzymes déphosphorylent et les kinases font le contraire.

Phospholipase C : enzyme qui transforme les phospholipides en acides gras. Quatre classes : A, B, C, D.

Photorécepteur : organe sensoriel réagissant à la lumière : œil.

Phylogenèse : Étude de l'évolution des espèces.

PKA : voir protéine kinase A

Placode : mince surface ectodermique au niveau de la tête de l'embryon qui donnera naissance à un système sensoriel.

Planum : plan.

Planum temporale : partie postérieure du cortex auditif rattachée à l'aire primaire (41) et débordant vers le lobe pariétal à l'extrémité postérieure de la scissure de Sylvius.

Plaque sénile : Regroupement de neurones en dégénérescence qui se rencontre dans le cerveau âgé mais aussi, et en plus grand nombre, dans les processus dégénératifs du système nerveux central.

Plasmide : molécule d'ADN distincte de l'ADN chromosomique, capable de réplication autonome.

Platine de l'étrier : base de l'étrier placée dans la fenêtre ovale et surmontée des branches.

Pli tympano-malléaire : voir ligament tympano-malléaire

Polysémie : se dit d'un mot qui *de facto* peut avoir deux ou plusieurs sens (ex : hôte peut qualifier celui qui reçoit ou est reçu).

Polysynaptique : un neurone va s'articuler avec plusieurs autres neurones.

Pompe sodium/potassium : enzyme transmembranaire permettant d'échanger les ions sodium avec les ions potassium contre leur gradient de pression.

Pont : voir protubérance annulaire.

Posture : position de tout ou partie du corps appropriée à une action ou une intention.

Potentiel d'action : élément constitutif de l'influx nerveux = modification brutale, rapide et locale du potentiel de repos d'une cellule excitable.

Potentiel d'action postsynaptique : voir potentiel d'action.

Potentiomètre : résistance à trois bornes dont on peut faire varier la valeur ohmique entre deux points, par simple action mécanique sur un axe rotatif ou rectiligne.

Praxie : capacité d'exécuter des mouvements volontaires dans un but déterminé.

Premier arc branchial : ou arc mandibulaire donnera la mandibule tandis que le diverticule de Meckel ne laissera persister que le marteau et l'enclume.

Presbyacousie : vieillissement naturel de l'oreille.

Presbyacousie mécanique : liée à la perte des propriétés biomécaniques des organes de l'oreille y compris la cochlée.

Presbyacousie nerveuse : liée à une dégénérescence nerveuse.

Presbyacousie sensorielle : par atteinte des cellules sensorielles.

Presbyacousie striale : encore appelée métabolique, liée à une atteinte de la strie vasculaire.

Prestine : protéine contractile récemment découverte dans la paroi des cellules ciliées externes, qui est voltage dépendante et s'allonge ou se raccourcit avec le déplacement d'un ion (Cl^-) qui s'intercale dans ses replis et lui permet un changement de forme à la vitesse requise pour correspondre à la fréquence des sons les plus rapides du champ auditif humain (20 kH).

Probabilités : c'est le rapport du nombre de cas recherchés au nombre de cas possibles.

Processus : en anatomie, tubérosité ou apophyse, ex. processus styloïde. En chaotique, séquence de phénomènes dynamiques (mouvements, réactions chimiques, activités cellulaires, opérations techniques ou comportements, interactions humaines) menant à des résultats déterminables. En analyse des systèmes, tout changement dans le temps de matière, d'énergie ou d'informations qui se produit dans le système, traitant ces variables d'entrée et le menant aux variables de sortie.

Processus cochléariforme : voir bec de cuiller.

Processus lenticulaire : portion recourbée de la longue branche de l'enclume s'articulant avec la tête de l'étrier et sur laquelle s'insèrent des fibres du muscle de l'étrier.

Processus styloïde : épine osseuse, reliquat embryonnaire du 2e arc, accolée à la mastoïde engainée par le processus vaginal et donnant attache au bouquet musculo-tendineux de Riolan.

Processus vaginal : petite surélévation qui engaine le processus styloïde au contact du trou stylo-mastoïdien par où sort du rocher le nerf facial.

Processus zygomatique : voir zygoma.

Proencéphale : renflement embryonnaire des futurs télencéphale et diencéphale.

Promontoire : relief du 1er tour de spire du limaçon sur la paroi interne de la caisse du tympan.

Prosodie : La prosodie est l'ensemble des règles de prononciation d'une langue, et, plus spécifiquement, de la langue littéraire (surtout poétique), qui peuvent concerner la longueur des voyelles, des syllabes, les intonations, les accents, les rythmes, les rimes, etc.

Protéine CREB : séquence intermédiaire responsable de la modulation de transcription des gènes, activée par l'AMPc et protéine kinase A (PKA). Elle se lie avec CRE pour activer l'ARN et mettre en route un processus de fabrication de protéine.

Protéine G : protéine membranaire couplée à une protéine G pour Guanine qui comme l'adénosine peut prendre trois formes : GTP, GDP, GMP libérant à chaque fois une molécule de phosphore (énergie utilisée pour déclencher la suite).

Protéine kinase : enzyme favorisant la phosphorylation, la PKA est AMPc dépendante. Elle stabilise l'adhésion moléculaire.

Protéine tau : sert à stabiliser les microtubules des filaments qui servent au transport des matériaux construits dans le neurone vers les terminaisons. Altérée par l'amyloïde β dans la maladie d'Alzheimer.

Prototympanum : renfoncement de la paroi externe de la caisse à sa partie supérieure dans lequel s'ouvre la trompe auditive.

Protubérance annulaire : située dans le tronc cérébral entre le bulbe et les pédoncules cérébraux, elle est le siège des noyaux cochléaires et le cervelet lui est amarré par les pédoncules cérébelleux.

Proxémie : c'est la distance physique qui selon les règles et les coutumes doit s'établir entre les individus selon les circonstances.

Psalterium : fibres commissurales entre les *fornix* encore appelée lyre de David, fait communiquer entre eux les deux hippocampes par les *fornix*.

Psychoacoustique : étude des sensations sonores ressenties lors de l'écoute de sons

Psychologue : professionnel qui possède une formation universitaire spécialisée en psychologie.

Ptérygoïdien : voir muscle ptérygoïdien.

Pulsion : tendance permanente et habituellement inconsciente qui dirige l'activité d'un individu.

Pulvinar : noyau postérieur du thalamus, joue un rôle important dans les sensibilités, même dans l'audition et la vision, en plus des *colliculi* et des corps genouillés.

Putamen : noyau le plus externe du *pallidum*, fait partie fonctionnellement du *striatum* avec le noyau caudé, élément des voies motrices extrapyramidales.

Pyramide : saillie dans le sinus tympani, en dessous du genou du nerf facial, prolongeant le canal osseux du muscle de l'étrier avant sa sortie vers la tête de l'étrier.

Pyramide pétreuse : fait partie de la partie basse de l'os temporal ; c'est une pyramide à quatre faces endo et exocrâniennes avec une base encore appelée mastoïde.

Quadratique : augmentation de volume de l'onde sonore dans les trois dimensions de l'espace parce que située dans le quadrant d'une sphère divisée en quatre par deux plans perpendiculaires entre eux et passant par le centre.

Quadrilatère de Pierre Marie : zone du cortex cérébral consacrée au langage ; située sur l'hémisphère gauche chez les droitiers.

Quanta : pluriel de *quantum.*

Quantique : voir théorie des *quanta*.

Quantum : quantité indivisible d'une grandeur physique.

Queue : partie terminale voir caudale.

Queue de l'enclume : courte apophyse.

Queue du noyau caudé : partie terminale de l'arc que fait le noyau caudé avant de se terminer dans l'amygdale.

Radiation : rayonnement, flux de particules. Se dit des faisceaux de fibres sensitives qui partent des noyaux centraux vers le cortex.

Radiation auditive : faisceau de fibres allant du corps genouillé médial au cortex temporal (*gyrus* de Heschl, aire 41).

Radiation optique : faisceau de fibres visuelles allant du corps genouillé latéral au cortex occipital.

Radiation thalamique : faisceau de fibres sensorielles épicritiques se rendant du thalamus à l'aire pariétale ascendante.

Rampe tympanique : canal qui court dans le canal spiral, en dessous du canal cochléaire, communique à l'*apex* avec la rampe vestibulaire et s'ouvre dans la caisse du tympan au niveau de la fenêtre ronde.

Rampe vestibulaire : canal qui court dans le canal spiral, au-dessus du canal cochléaire, communique à l'*apex* avec la rampe tympanique et s'ouvre dans la caisse du tympan au niveau de la fenêtre ovale.

Raphé : couture, suture, jonction. Se dit des noyaux de la formation réticulée, proches du canal épendymaire ou des ventricules : à titre d'exemple le *locus cœruleus* en fait partie

Rayonnement : processus d'émission ou de transmission d'énergie sous forme de particules ou d'ondes électromagnétiques, ou d'ondes acoustiques.

Réactivation : ou restitution se dit lorsqu'on retrouve dans sa mémoire le souvenir recherché.

Récepteur glutamatergique : canal ionique qui s'ouvre lors de la présence d'un médiateur, ici le glutamate. Trois grands types : NMDA, AMPA ou KA.

Récepteur ionotrope : protéine membranaire comportant trois, quatre ou cinq éléments, change de conformation à l'ouverture de son canal ionique spécifique à un ion (Na^+, K^+, Cl^-, Ca^{2+}), transforme un message chimique en message électrique instantanément.

Récepteur métabotrope : protéine membranaire (sept domaines) qui enclenche une succession de réactions lorsqu'on lui présente un neurotransmetteur (glutamate, acétylcholine, noradrénaline, sérotonine, GABA…). Généralement couplé à une protéine G.

Récepteur muscarinique : récepteur métabotrope sensible à l'acétylcholine.

Récepteur nicotinique : récepteur ionotrope perméable aux ions sodium, ayant l'acétylcholine comme médiateur.

Récessus ou Recessus : dépression, par exemple : récessus sous-facial dans la caisse du tympan ou *sinus tympani*.

Récessus hypotympanique : voir *hypotympanum*.

Récessus sous-facial : voir *sinus tympani*.

Recrutement : (à ne pas confondre avec le recrutement des physiologistes). = réduction du champ auditif de l'intensité. Le patient entend avec un seuil de perception plus élevé (surdité) et un seuil douloureux plus bas (intolérance à des bruits habituellement sans douleur).

Récursif : qui présente des récursivités.

Récursivité : se dit d'un programme qui fait appel à lui-même au cours de son exécution.

Réflexe de Moro : si l'environnement du bébé change brusquement (bruit, mouvement vif, traction sur les jambes…), il écarte les deux bras symétriquement, relève les jambes et se met à pleurer. Ce réflexe disparaît vers l'âge de trois mois.

Réflexe du muscle du marteau : réaction réflexe du muscle du marteau qui permet une accommodation de l'oreille moyenne aux bruits.

Réflexe stapédien : réaction réflexe du muscle de l'étrier qui permet une accommodation aux bruits de l'oreille moyenne.

Réflexion : changement de direction d'une onde (son, lumière, etc.) sur un corps interposé.

Réfraction : déviation de la direction de propagation d'une onde (sonore ou non) lorsque celle-ci change de milieu.

Région caudale : voir extrémité caudale.

Région frontale dorso-latérale : surtout impliquée dans la mémoire de travail, siège de l'analyse, de la prévision…, siège de l'imagination.

Région frontale médiane interne : région d'échange avec le système limbique, en arrière réponse rapide, en avant réponse réfléchie.

Région frontale sus-orbitaire : contrôle les états somatiques pour limiter la subjectivité des choix et des réponses.

Région orbito-frontale : voir région frontale sus-orbitaire.

Région préfrontale : partie toute antérieure du cerveau Son importance chez l'homme (1/3 de la masse totale du cerveau) est considérable dans la réflexion, l'analyse, le choix des réponses… Elle est le siège de la mémoire de travail.

Région rostrale : voir extrémité rostrale.

Région septale : voir *septum*.

Réifier : transformer en chose ce qui est mouvant, dynamique ou ce qui est de l'ordre de la simple représentation mentale.

Rémanence : persistance partielle d'un phénomène après disparition de sa cause.

Remnographie : image de la répartition dans l'organisme de certains atomes à partir de leur résonance magnétique nucléaire (RMN).

Réseau intrathalamique du thalamus : voir intralaminaire du thalamus.

Réseau microtrabéculaire : voir microtrabéculaire.

Résonance (phénomène de) augmentation de l'amplitude d'une vibration lorsque la fréquence des vibrations imposées par une source sonore devient égale ou diviseur entier de la période propre du système.

Résonateur : appareil qui vibre par phénomène de résonance.

Restitution : voir réactivation.

Réticulé : voir système réticulé.

Réticulum : fin réseau, soit de cellules, soit de vaisseaux.

Réticulum du thalamus : voir intralaminaire du thalamus.

Rétroaction : actions des variables de sortie d'un système sur ses variables d'entrée, soit directement (flux autonome) soit indirectement par l'intermédiaire de son environnement.

Reuniens : (voir noyau *reuniens*)

Réverbération : rayonnement réfléchi d'un son (lumière ou chaleur) sur une surface.

Rhéobase : courant électrique minimal requis pour obtenir une réponse d'une fibre musculaire ou nerveuse.

Rhombencéphale : renflement embryonnaire des futurs myélencéphale et métencéphale (bulbe et pont).

Rinne : voir épreuve de Rinne

Rocher : voir pyramide pétreuse.

Rostre : extrémité céphalique, s'oppose à caudal.

Rythme : manière dont sont distribués et se répètent les intervalles venant interrompre régulièrement une émission sonore continue. L'incidence du rythme sur la psychologie est très importante.

Saccule : partie du labyrinthe qui utilise des otolithes pour indiquer une situation dans l'espace.

Sac endolymphatique : contient et résorbe le liquide endo-labyrinthique.

Saltatoire : qui sert à sauter.

Scissure calloso-marginale : délimite le *gyrus* cingulaire.

Scissure rhinale : voir incisure rhinale

Scissure tympano-squameuse antérieure : contient la corde du tympan au sortir de la caisse du tympan.

Segmentation : en linguistique, c'est le fait d'identifier les unités élémentaires du langage (mots).

SEL : voir système efférent latéral.

Selle turcique : creusée dans le sphénoïde à la jonction avec son homologue, elle reçoit l'hypophyse.

SEM : voir système efférent médian.

Sémantique : branche de la linguistique qui étudie le sens des mots et des phrases ainsi que leur évolution.

Sensibilité : propriété d'un être vivant de ressentir les modifications du monde extérieur et d'interpréter ses sensations.

Sensibilité extéroceptive : celle des téguments, c'est-à-dire dont l'origine est ectodermique ; elle est très fine chez l'homme.

Sensibilité intéroceptive : toutes les informations issues des viscères et donc de l'endoderme.

Sensibilité proprioceptive : vient de l'intérieur du corps c'est-à-dire de tout ce qui est d'origine mésodermique. On en décrit deux, consciente ou inconsciente, cette dernière s'exerçant surtout pour le tonus.

Séparateur (pouvoir) : propriété de l'oreille qui consiste à séparer deux sons l'un de l'autre.

Septale (aire ou région) : comprend les ganglions du *septum*, le *septum pellucidum*, la région de l'*habenula*, et le cortex frontal sous-calleux. A un rôle très important dans les comportements, en particulier sexuels.

Septum : cloison, clôture, se dit à la place de cloison nasale par exemple.

Septum (ganglions du) : ce sont les ganglions sous-calleux et du *septum* proprement dit, jouant un rôle capital dans le comportement et la sexualité.

Septum pellucidum : (encore appelé *septum lucidum)* fine membrane qui sépare les deux lobes cérébraux. Ce sont deux couches de matières blanche et grise dont la lésion n'est pas sans conséquences.

Sérotonine : neuromédiateur, lié aux états de stress et de rejet.

Sérotoninergique : se dit d'un centre utilisant la sérotonine comme médiateur.

Shore : mesure de dureté des caoutchoucs et des élastomères.

Siemens : (symbole S) unité dérivée de conductance électrique du système international (SI), nommée ainsi en hommage à Werner von Siemens. Un siemens correspond à la conductance électrique d'un conducteur ayant une résistance électrique d'un ohm. L'ancien nom de cette unité est le mho (ohm épelé à l'envers) dont le symbole est un Ω renversé dans le sens de la hauteur.

Signe linguistique : entité formée par la réunion d'un signifié (un concept) et d'un signifiant (une forme sonore ou image acoustique).

Signifiant : qui est chargé de sens. manifestation matérielle du signe ; suite de phonèmes, de lettres ou de caractères, qui constitue le support d'un sens.

Signifié : voir concept.

Sinus latéral : voir *sinus* sigmoïde.

Sinus sigmoïde : grosse veine qui draine vers la jugulaire interne une grande partie du sang veineux de la boîte crânienne ; jouxte en arrière la mastoïde.

Sinus tympani : encore appelé récessus sous-facial, placé sous le genou du nerf facial, contient la pyramide d'où sort le tendon du muscle de l'étrier.

Soma : corps cellulaire d'un neurone.

Somatotopie : représentation fine et précise de chaque partie du corps au niveau des noyaux gris et du cortex sensitif du cerveau.

Somesthésie : sensibilité tactile.

Somite : structure para-axiale du mésoderme qui donnera naissance entre autres aux muscles praravertébraux

Son (le) : sensation auditive engendrée par une onde acoustique due à la vibration d'un corps. C'est un phénomène périodique produit par la vibration très rapide sur place d'une molécule, qui se propage de proche en proche avec déplacement de l'énergie mais sans déplacement de matière.

Sonie : mesure de perception acoustique par rapport à une intensité de référence et exprimé en phone.

Sosies labiaux : phonèmes différents mais dont la prononciation présente la même image labiale.

Splenium : partie toute postérieure du corps calleux servant souvent de repère anatomique : cortex rétrosplénial.

Stéréocils : nom donné aux cils des cellules ciliées de l'organe de Corti.

Stimulus : cause déclenchante d'un phénomène nerveux, c'est un courant électrique.

Stochastique : se dit d'une donnée aléatoire et dépendant du temps. Se dit également pour un système comportant une ou plusieurs données aléatoires.

Stockage : manière et endroit pour conserver ce qui est encodé dans la mémoire.

Striatum : noyaux moteurs palé-encéphaliques, comprennent le noyau caudé et le *putamen* (noyau externe du noyau lenticulaire).

Strie médullaire : voir *habenula.*

Stries acoustiques : au nombre de trois, elles s'interposent entre les filets efférents du noyau cochléaire et les centres supérieurs. Elles sont situées au niveau de la protubérance annulaire du tronc cérébral.

Strie terminale : c'est la lame médiale de l'*indusium* gris ou hippocampe dorsal qui unit la corne d'Ammon avec les noyaux du *septum.*

Strie thalamique : voir *habenula.*

Strie vasculaire : située sur la paroi latérale du canal cochléaire, cette strie est la pile de la cochlée.

Subiculum : fait partie de la formation limbique, situé dans l'hippocampe entre le cortex entorhinal et la corne d'Ammon.

Substance amyloïde : voir amyloïde

Substance innominée : = noyau sous-thalamique ou *zona incerta.* Voir ce dernier nom.

Substance innominée de Reichert : située dans la région sous-thalamique, elle fait partie des noyaux sous-thalamiques au même titre que le corps de Luys et la *zona incerta.*

Substance noire : voir l*ocus niger.*

Substantia nigra : voir *locus niger.*

Substrat : base qui permet un développement sur quoi s'exerce une action. Cette base peut être de la matière, une énergie, une théorie…

Sulcus olfactorius : voir incisure rhinale

Sulcus tympanique : creusé dans le tympanal, c'est un sillon qui permet d'insérer le bourrelet du tympan sur tout le pourtour de l'extrémité interne de l'os tympanal.

Suppléance mentale : lève les ambiguïtés par un exercice intellectuel permettant de trouver le sens à partir du contexte, sans en avoir tous les éléments nécessaires.

Surdité de perception : surdité liée à la perception neurosensorielle du son à partir de l'oreille interne.

Surdité de transmission : surdité liée à la mécanique de captage et d'amplification du son (oreilles externe et moyenne).

Surdité mixte : surdité alliant une surdité de perception et une surdité de transmission.

Surdité verbale : impossibilité de comprendre les mots ou les idées exprimés par oral.

Surhandicap : association de plusieurs handicaps avec des troubles importants de la personnalité.

Synapse : jonction entre l'extrémité axonale d'un neurone et l'extrémité dendritique d'un autre. Il en existe trois types : chimique (le plus fréquent), électrique ou mixte.

Synaptogenèse : capacité qu'ont les terminaisons nerveuses d'augmenter le nombre de leurs épines dendritiques sous l'action d'influx répétés.

Syndrome de Klüver-Bucy : perte de l'affectivité, tendances orales, boulimie, hyperactivité sexuelle et agnosie auditive et visuelle, à début brutal au décours d'encéphalite par exemple.

Syndrome de Korsakoff : dû à l'absence de vitamine B1, lié à l'alcoolisme et à la malnutrition. Perte de mémoire, fabulations, apathie sont les symptômes de cette dégénérescence des corps mamillaires.

Syntaxe : branche de la linguistique qui étudie la façon dont les morphèmes libres (les mots) se combinent pour former des syntagmes (nominaux ou verbaux) pouvant mener à des propositions (indépendantes ou principales/subordonnées, relatives), lesquelles peuvent se combiner à leur tour pour former des énoncés.

Système : ensemble de concepts présentés sous une forme coordonnée selon une règle.

Système dynamique : système qui évolue dans le temps en fonction des causes et des effets de ces causes.

Système efférent latéral (SEL) : circuit réflexe local chargé de l'adaptation des cellules ciliées internes. L'adaptation se fait au niveau du bourgeon dendritique sous la cellule ciliée interne (CCI). Boucle à trois neurones : CCI, nerf cochléaire, complexe olivaire supérieur (noyau latéral), nerf vestibulaire, synapse sous CCI. Tous les centres peuvent l'influencer.

Système efférent médian (SEM) : circuit local réflexe qui permet l'adaptation des cellules ciliées externes (CCEs). Trois boucles à trois neurones : 1. cellule ciliée interne (CCI), nerf cochléaire (NC), COS (noyaux médial et trapézoïde), nerf vestibulaire (NV), CCEs – 2. CCE, NC, COS, NV, CCEs – 3. CCE, NC, COS, NV controlatéral et CCEs controlatérales. Tous les centres supérieurs peuvent l'influencer.

Système limbique : = lisière, ensemble complexe regroupant à la fois l'archencéphale et de nombreux éléments du paléencéphale : gère les émotions, la mémoire et entre dans les choix que peut faire un individu.

Système olfactif : constitué par la muqueuse olfactive, le nerf, le bulbe et la bandelette olfactifs.

Système réticulé : étendu de la moelle au diencéphale, il n'a ni rôle moteur, ni sensitif, ni végétatif mais coordonne l'ensemble des informations diffuses qu'il reçoit en une information exécutable et cohérente.

Systématique : qui est ordonné méthodiquement.

Systémique : adjectif qui se rapporte à l'analyse des systèmes ou parfois nom désignant cette analyse elle-même. Ne pas confondre avec systématique car une systémique comporte à la fois de l'ordre et du désordre

T1 : Ire circonvolution temporale, pratiquement entièrement dédiée à l'audition.

T4 : siège du cortex préрhinal.

T5 : V^e^ circonvolution temporale, présente un repli sur elle-même appelé hippocampe et est le siège du cortex entorhinal et parahippocampique.

Tache jaune : zone haute de la muqueuse nasale qui contient le récepteur olfactif : la cellule de Schultze.

Tapetum : fibres postérieures du corps calleux qui font communiquer les aires visuelles et auditives entre elles.

Tau : voir protéine tau.

Tectum : toit.

Tegmen : coiffe, couverture, toit. Se dit de la région qui coiffe le mésencéphale et comporte les noyaux du métathalamus : *colliculi* et corps genouillés.

Tegmentum : pour *tegmen.*

Téléologie : étude des fins, de la finalité. Science des processus de finalisation.

Téléonomie : ensemble des finalités qui orientent l'ensemble des processus d'un système. Elles ne se confondent pas nécessairement (ni même fréquemment) avec les buts consciemment désirés ou voulus par les acteurs du système.

Temporal : os du crâne comprenant l'écaille, la pyramide pétreuse et le tympanal.

Temporalité : terme abstrait mais qui se veut concret, représentant le temps vécu par la conscience.

Temps de Lyapunov : temps nécessaire pour que deux mouvements, initialement semblables, s'écartent l'un de l'autre de manière imprévisible. C'est le temps mis pour passer d'un état stable au chaos.

Tendon : élément de tissu fibreux qui s'interpose entre les fibrilles musculaires et la zone d'insertion osseuse d'un muscle.

Tendon du muscle de l'étrier : sort de la pyramide pour s'insérer sur la tête de l'étrier et le processus lenticulaire de l'enclume.

Tendon du muscle du marteau : sort au niveau du bec de cuiller en angle droit avec les fibres du muscle du marteau et va s'insérer sur le processus antérieur du marteau.

Thalamo-cingulaire : un grand nombre de fibres vont de certains noyaux du thalamus au *cortex* cingulaire, en particulier les fibres du circuit de Papez qui joignent le noyau antérieur à la région postérieure du *gyrus* cingulaire.

Thalamus : noyau diencéphalique sensitif et faisant partie également de la substance réticulée, dernier relais avant le *cortex*.

Théorie de l'incomplétude : voir incomplétude.

Théorie de l'inconsistance : voir inconsistance.

Théorie des quanta : ensemble des théories et des procédés de calcul issu de l'hypothèse des *quanta* d'énergie (Planck).

Théorie du Chaos : voir chaos

Thrombospondine : famille des glycoprotéines extracellulaires, joue un rôle dans les contacts intercellulaires pour réguler leur prolifération ou leur développement.

Timbre : nombre d'harmoniques d'un son complexe lui donnant ses caractères sonores (flûte, violon, clarinette, etc.).

Tonotopie : chaque fréquence sonore à sa représentation tout au long des voies auditives de la cochlée jusqu'au *cortex* primaire.

Trabéculaire (réseau) : se dit des fibres musculaires du cœur.

Trabécule : fin prolongement qui se détache d'une paroi pour faire saillie dans une cavité.

Trace : empreinte que laisse après son passage un être, un objet ou une idée.

Tractus : ensemble de fibres répondant à une fonction spécifique.

Tractus mamillo-tegmental : unit le corps mamillaire avec le noyau dorsal de la calotte et la réticulée mésencéphalique.

Tractus mamillo-thalamique : ou de Vicq d'Azyr, unit les corps mamillaires et le noyau antérieur du thalamus.

Tractus olfactif : bulbe et bandelette olfactifs.

Tractus olivo-cochléaire : voie réflexe auditive pour adapter les cellules réceptrices, fonctionnant dans les deux sens et empruntant à l'aller le nerf cochléaire et au retour le nerf vestibulaire.

Tragus : petit processus cartilagineux doublé de peau, qui surplombe le méat du conduit auditif externe en avant et en dehors.

Transducteur : transforme une énergie mécanique en énergie électrique. C'est le lot des cellules réceptrices.

Transduction : conversion d'un phénomène mécanique en un phénomène électrique.

Transitoire : partie du signal répondant à son évolution rapide, correspondant à l'attaque et à la décroissance de ce signal. Si l'on chante « do » en prononçant le « o » pendant longtemps, on peut assimiler le « d » à la partie transitoire du son, et le « ooo » à la partie purement harmonique.

Transporteurs nerveux : protéines chargées du transport des matériaux fabriqués dans le noyau jusqu'aux terminaisons nerveuses en vue d'une synaptogenèse. ou de réparations (dynéïnes et kinésines).

Triangle de Koch : voir Koch.

Trigone : voir *fornix*.

Trompe auditive : petit conduit qui permet à l'air de l'arrière-nez de pénétrer dans la caisse du tympan pour équilibrer les pressions avec la pression atmosphérique.

Trompe d'Eustache : ancienne dénomination de la trompe auditive.

Trophotrope (qui présente un trophotropisme) : avide de nourriture. Inverse = ergotropisme.

Tuber : saillie, bosse.

Tuber cinereum : amas de substance grise, appendu à l'hypothalamus dont il fait partie. Il conduit à l'hypophyse.

Tubercule quadrijumeau : voir *colliculus.*

Tympan : timbale, tambourin. Membrane tendue au fond du conduit auditif externe et armée par le manche du marteau.

Tympanal : voir os tympanal.

Tympano-ossiculaire (système) : comprend le tympan, le marteau, l'enclume et l'étrier.

Uncus : un des cinq noyaux péri-amygdaliens.

Utricule : partie du labyrinthe qui utilise des otolithes pour indiquer une situation dans l'espace.

Valvule de Tarin : bandelette à la partie inférieure du IVe ventricule

Valvule de Vieussens : bandelette à la partie supérieure du IVe ventricule

Vergence : grandeur qui sert à caractériser les propriétés de focalisation d'un système.

Vertiges : sensation subjective de déplacement des objets ou de l'individu, les uns par rapport aux autres ou inversement.

Vestibule : partie de l'oreille interne (labyrinthe osseux postérieur), participant à l'équilibration statique.

Vigilance : état d'activation du *cortex* cérébral pendant la phase de veille du cycle nycthéméral, sous la dépendance de la formation réticulée activatrice du tronc cérébral.

Voie spino-thalamique lemniscale : voir *lemniscus* médian.

Voiles médullaires : supérieur et inférieur, ils entourent les pédoncules cérébelleux.

Voile du palais : muscles tapissés de muqueuse buccale. Encore appelé palais mou, il complète le palais osseux en arrière

Zona incerta : noyau sous-thalamique ou substance innominée, fait partie de la substance réticulée et joue un rôle important dans la motilité extrapyramidale.

Zone : région.

Zone conversationnelle : espace sur le graphique audiométrique correspondant aux fréquences et aux intensités utilisées lors d'une conversation dans la vie courante.

Zone gâchette : voir cône d'émergence.

Zone perforée antérieure : voir espace perforé antérieur

Zonule : petite zone

Zygoma : = joug, nom donné à un processus qui, du temporal à l'os malaire, passe en pont sur la partie basse de la fosse temporale et crée un passage pour le muscle temporal.

Index

D

E

L

M

N